最高人民法院民事审判指导丛书

房屋买卖租赁案件审判指导

最高人民法院民事审判第一庭　编

法律出版社
LAW PRESS·CHINA
北京

图书在版编目(CIP)数据

房屋买卖租赁案件审判指导 / 最高人民法院民事审判第一庭编. -- 北京 : 法律出版社, 2022
ISBN 978 - 7 - 5197 - 6941 - 3

Ⅰ. ①房… Ⅱ. ①最… Ⅲ. ①房屋纠纷 - 审判 - 案例 - 中国 Ⅳ. ①D925.118.25②D922.385

中国版本图书馆 CIP 数据核字(2022)第 134306 号

房屋买卖租赁案件审判指导
FANGWU MAIMAI ZULIN ANJIAN SHENPAN ZHIDAO

最高人民法院民事审判第一庭 编

责任编辑 慕雪丹 章雯
装帧设计 李瞻

出版发行 法律出版社
编辑统筹 法商出版分社
责任校对 赵明霞
责任印制 胡晓雅
经　　销 新华书店

开本 710 毫米×1000 毫米 1/16
印张 39　字数 762 千
版本 2022 年 12 月第 1 版
印次 2022 年 12 月第 1 次印刷
印刷 固安华明印业有限公司

地址:北京市丰台区莲花池西里 7 号(100073)
网址:www.lawpress.com.cn
投稿邮箱:info@lawpress.com.cn
举报盗版邮箱:jbwq@lawpress.com.cn
销售电话:010 - 83938349
客服电话:010 - 83938350
咨询电话:010 - 63939796

书号:ISBN 978 - 7 - 5197 - 6941 - 3　定价:128.00 元
凡购买本社图书,如有印装错误,我社负责退换。电话:010 - 83938349

简　目

详　目

第一章 商品房预约合同纠纷

1. 商品房买卖预约合同如何认定?

【审判专论】

根据订立合同是否有事先约定的关系来划分,合同有预约和本约之分。预约合同是当事人为了将来订立确定性本约,明确相关事宜,而预先达成的书面协议,以对将来双方能达成本约的意向或目的进行确定,从而起到稳固交易机会的作用。本约合同是为了履行预约合同而订立或直接具有完备确定内容的合同。《商品房销售管理办法》第十六条规定了商品房买卖合同应当具备的 13 项主要内容;《最高人民法院关于审理商品房买卖合同纠纷案件适用法律若干问题的解释》第五条规定:"商品房的认购、订购、预订等协议具备商品房销售管理办法第十六条规定的商品房买卖合同的主要内容,并且出卖人已经按照约定收受购房款的,该协议应当认定为商品房买卖合同。"

[参见辛崇华:《商品房买卖预约合同的认定与解除》,载《人民司法·案例》2015 年第 8 期。]

2. 商品房买卖认购书的性质及效力如何认定?

【审判专论】

商品房认购书广泛存在于我国商品房交易实践中,《最高人民法院关于审理商品房买卖合同纠纷案件适用法律若干问题的解释》(以下简称《解释》)第一次将商品房认购书提到法律规范层面,但由于《解释》过于原则化,对商品房认购书的法律性质以及认购书中的权利义务仍然难以清晰界定。商品房买卖认购书是指商品房买卖合同双方当事人在签订商品房预售合同或者现房买卖合同前所签订的文书，是双方交易房屋有关事宜的初步确认。双方约定在签订认购书后，开发商将在一定期限内为买受人保留标的物，不再售与他人。签订认购书时，真正的商品买卖行为并未实际发生，认购书的合同性质为预约合同，“预约，谓约定将来订立一定契约之契约”。预约合同是独立有效的合同。《解释》采纳了该观点，将商品房买卖认购书作为商品房买卖合同的预约合同，是一种独立的合同。在传统民法理论中，契约分为预约和本约，预约合同一般是在当事人协商谈判期间，就未来达成本约而作出的预先规划。预约属于一种债权契约，是以订立本约为其债务的内容。商品房预约合同是民法上的诚实信用原则和公平原则在房地产交易行为中的具体体现。

商品房预约合同当事人双方之所以不直接签订商品房买卖合同，是因为客观上不具备签订商品房买卖合同本约的条件，在事实上或法律上存在当时不能克服的障碍，如尽管开发商已经办理了项目立项、规划、报建审批等手续，但尚未交纳土地出让金，未取得商品房预售许可证。这种情况下，当事人之间的权利义务以及实质性条件（如价格等）难以完全确定，即使签订商品房买卖合同本约也是无效的，但可以签订认购书，其标的是当事人为将来签订本约合同应当进行的诚信谈判，而非商品房买卖合同标的物本身。但审判实践中存在的一个突出问题是在何种情形下签订的预约合同才是有效的，司法解释对此并未作出明确规定。从审判实践中的情况来看，多数商品房认购书都是在开发商完成了项目立项以及报建审批后才签订的，因为如果房地产开发项目尚未立项，所有的事项均处于不确定状态，此时消费者一般不会去签订任何认购书，即使签订也是空中楼阁，缺乏商品房买卖的现实基础，这显然是与法律规定相背离的。从预约合同理论上讲，签订商品房买卖预约合同的条件要比一般商品买卖预约合同更加严格，不仅要求具备商品房买卖合同的核心条款，而且要求项目已经开工建设甚至缴纳一定的房款，其目的在于增强预约合同的稳定性和确定性，这是由商品房买卖合同作为不动产交易的本质特征决定的。所以，商品房认购书应当在开发商办理了项目立项、规划以及报建审批后才能签订，至少是在项目立项后签订的商品房买卖预约合同才能认定为有效。至于商品房买卖预约的形式要件，司法解释也没有具体规定，但一般认为应当以书面形式订立。对于是否进行预约合同的登记，从司法解释的精神来看，商品房买卖合同的预售登记与合同效力没有关系，因而商品房买卖的预约合同也无须登记。

［参见冯淑英：《审理房屋买卖合同纠纷案件若干实务问题》，载《中国不动产法研究》2016 年第 1 期。］

3. 如何判断商品房预约合同是否成立?

【典型案例】

三亚中铁置业有限公司与巨某春商品房预约合同纠纷案

【裁判要旨】

预约合同是指当事人约定为将来一定期限内订立合同而达成的协议,是当事人在本约达成一致前作出的有约束力的意思表示。一般而言,预约合同具有以下特征:其一,预备性,即预约合同订立在本约的磋商阶段;其二,约束性,即预约合同确定的内容具有法律约束力,预约合同已确定的条款不能随意变更;其三,确定性,预约的内容应具有一定的确定性,能够确定或可能确定,以免丧失预约的必要;其四,期限性,预约标的应当是在一定期限内签订本约。实践中,判断是否属于预约,应当结合文件名称、约定内容、法律规定、履行情况等综合分析,综合运用文义解释、体系解释、目的解释等多种合同解释方法,探究当事人的真实意思。

【案号索引】

一审:北京市西城区人民法院(2020)京 0102 民初 24334 号

二审:北京市第二中级人民法院(2021)京 02 民终 1980 号

【当事人信息】

上诉人(原审原告):三亚中铁置业有限公司(以下简称三亚中铁公司)

被上诉人(原审被告):巨某春

【基本案情】

上诉人三亚中铁公司因与被上诉人巨某春商品房预约合同纠纷一案,不服北京市西城区人民法院(2020)京 0102 民初 24334 号民事判决,向本院提起上诉。本院于 2021 年 2 月 1 日立案受理后,现已审理终结。

一审法院认定事实:2014 年 9 月 3 日,三亚中铁公司、北京空港传媒广告有限公司(以下简称空港广告公司)、巨某春签订确认函,内容是:经三方协商确认,自 2014 年 10 月至 2015 年 3 月,三亚中铁公司在空港广告公司所代理的航空杂志《云端商旅生活》上共计投放 6 期的跨版广告,发布费用共 471.60 万元。由于巨某春购买中铁置业广场 16 层整层写字楼,三方约定并确认,此 471.60 万元广告费从巨某春购房款里直接抵扣,三亚中铁公司不需要再支付空港广告公司广告发布费。附:广告具体排期。发布媒体:《云端商旅生活》。发布期刊:2014 年 10 月至 2015 年 3

月。广告发布形式及版面：硬广，投放版面为封二跨页。广告金额，封二跨页定价为1048000元/期，总价为6288000元，折扣为75折，折后总价4716000元，即每月786000元。确认函底部有三亚中铁公司和空港广告公司盖章，以及巨某春签字。

合同签订后，空港广告公司分别于2014年10月10日、2014年11月10日、2014年12月10日、2015年1月10日在《云端商旅生活》上为三亚中铁公司发布广告。

2016年6月，巨某春与三亚中铁公司赵某沟通，确认空港广告公司仅为三亚中铁公司发布四期广告。此后，三亚中铁公司拟以天悦郡1－3－17aa（面积99.63平方米）按199万元折抵已发布广告的广告费，巨某春与三亚中铁公司赵某、单某琳就此微信沟通，但巨某春、空港广告公司与三亚中铁公司未签订合同。

2018年9月25日，空港广告公司作出债权转让通知书，通知三亚中铁公司上述广告发布合同的广告费314.4万元的债权转让给吴某建，请三亚中铁公司向吴某建履行付款义务。2018年12月7日，三亚中铁公司向空港广告公司回函，称对空港广告公司所称尚欠广告费314.4万元不予认可，双方不存在未履行的债权债务。

吴某建起诉三亚中铁公司索要广告费314.4万元及利息，北京市东城区人民法院于2019年1月18日立案。北京市东城区人民法院经审理，于2020年5月27日判决：三亚中铁公司于判决生效后10日内向吴某建支付广告费314.40万元并支付利息（以314.40万元为基数，自2018年12月7日起至实际给付之日止，按全国银行间同业拆借中心公布的贷款市场报价利率计算）。三亚中铁公司不服，提出上诉。北京市第二中级人民法院以“确认函约定的用房款折抵广告费的事实要件并未成就，在空港广告公司履行了广告发布义务后，按照公平原则，中铁置业公司作为实际受益人，理应支付实际发生的广告费用，具体价格应按照合同约定予以确定”等为由，于2020年8月28日作出（2020）京02民终7497号民事判决，驳回上诉，维持一审判决。三亚中铁公司不服该终审判决，向北京市高级人民法院提出再审申请。北京市高级人民法院作出（2020）京民申4676号民事裁定，驳回三亚中铁公司的再审申请。

2020年6月3日，三亚中铁公司向海南省三亚市城郊人民法院起诉巨某春，请求巨某春赔偿11365931.64元。该法院于2020年6月23日作出（2020）琼0271民初5591号民事裁定，将案件移送法院审理，形成本案。

法院审理中，三亚中铁公司主张巨某春在与其达成初步购房意向后，恶意终止磋商，属于缔约过失，后其调整理由，主张与巨某春达成预约合同，巨某春违反预约合同的约定，应承担违约责任；三亚中铁公司主张如巨某春如期购房，其原本贷款开发房屋的款项就能及时偿还，因房屋处于闲置，从2014年9月3日至2018年9月25日贷款一直产生利息，该部分损失应由巨某春负责赔偿。

经询问，三亚中铁公司表示：将部分房屋对外出租；从2014年8月26日至2018

年另售房屋，三亚中铁公司没有证据证明与巨某春进行过磋商催告；巨某春表示与三亚中铁公司已沟通过原有购房计划不再进行，三亚中铁公司未进行催告缔约。

三亚中铁公司提供证据，显示其拟将16层房屋出售给巨某春，价格为42541483元，上述房屋实际出售价格为44344687元。

一审法院认为，结合当事人诉讼请求及庭审情况，本案争议焦点为：巨某春与三亚中铁公司是否达成预约合同；如构成预约合同，巨某春是否违反预约合同的约定；如有违约，如何赔偿损失。

关于焦点一，巨某春与三亚中铁公司未达成预约合同。当事人约定在将来一定期限内订立合同的认购书、订购书、预订书等，构成预约合同。确认函明确了款项抵扣事宜，但该抵扣事实应建立在巨某春与三亚中铁公司达成房屋买卖合同的基础上。事实上，广告发布未如确认函所列步骤如约发布，生效判决已作出认定，并判令三亚中铁公司支付已发布部分的广告费用，所以款项抵扣之约定不再具有拘束力。同时《确认函》并未约定巨某春与三亚中铁公司此后另行签订正式房屋买卖合同，所谓预约合同无从谈起。综上，法院无法认定巨某春与三亚中铁公司形成购房的预约合同。双方曾达成初步购房意向，确认函载明内容可予以佐证，但此后双方并未签订正式合同，三亚中铁公司亦未催告签订正式合同。结合巨某春与三亚中铁公司工作人员的微信往来，可知意欲另行达成合意，虽最终并未形成合同，但足以佐证此前的购房意向不再履行。

关于焦点二、焦点三，巨某春与三亚中铁公司未达成预约合同，相应地，违约责任以及基于对预约合同的违约赔偿责任，便无法成立。三亚中铁公司并未及时催告巨某春签订正式合同，其自行闲置房屋，即使产生损失，也无法归责于巨某春。并且，结合三亚中铁公司将房屋另行出租之事实以及实际出售价格与此前拟出售给巨某春的价格相比，无法认定三亚中铁公司存在损失。

综上所述，三亚中铁公司的诉讼请求不成立。依照《合同法》①第四十二条②规定，一审法院于2020年11月判决：驳回三亚中铁公司的诉讼请求。

本院二审期间，双方当事人均未提交新证据。经询问，三亚中铁公司称其主张双方存在预约合同的主要依据为确认函中“由于巨某春购买中铁置业广场16层整层写字楼，三方约定并确认，此471.6万元广告费从巨某春购房款里直接抵扣，三亚中铁公司不需要再支付空港广告公司广告发布费”等内容。

本院二审经审理查明的其他事实与一审法院认定的其他事实无异，本院予以确认。

---

① 本书案例中引用的法律规定，均为案件裁判时生效的相关规定。——编者注

② 现相关内容规定在《民法典》第五百条。

【法院认为】

本院认为,本案中三亚中铁公司主张其与巨某春之间成立预约合同,巨某春违反预约合同约定,应承担违约责任。巨某春则认为双方仅对购买涉案房屋进行了协商,并未达成任何协议。故双方之间是否就涉案房屋成立预约合同系本案主要争议点。

预约合同是指当事人约定为将来一定期限内订立合同而达成的协议,是当事人在本约达成一致前作出的有约束力的意思表示。一般而言,预约合同具有以下特征:其一,预备性,即预约合同订立在本约的磋商阶段;其二,约束性,即预约合同确定的内容具有法律约束力,预约合同已确定的条款不能随意变更;其三,确定性,预约的内容应具有一定的确定性,能够确定或可能确定,以免丧失预约的必要;其四,期限性,预约标的应当是在一定期限内签订本约。实践中,判断是否属于预约,应当结合文件名称、约定内容、法律规定、履行情况等综合分析,综合运用文义解释、体系解释、目的解释等多种合同解释方法,探究当事人的真实意思。

本案中,三亚中铁公司主张确认函系双方为购买中铁置业广场 16 层整层写字楼所订立的预约合同,对此,本院分析如下:

从约定内容而言,确认函对巨某春和三亚中铁公司之间房屋买卖事宜并无具体表述,只是在涉及广告费支付一项条款中写明"双方约定并确认,广告费用从巨某春购房款中直接抵扣",该内容的主要目的系为抵扣广告费,缺乏双方将在未来订立房屋买卖合同的意思表示。故上述约定对巨某春是否在未来签署房屋买卖合同缺乏约束性和确定性。从履行情况而言,确认函签署后,空港广告公司依约向三亚中铁公司投放了部分广告,但三亚中铁公司并未提供证据证明其在确认函签署后曾向巨某春要求订立房屋买卖合同。相反,巨某春提供的相应微信聊天记录却显示,双方曾就部分广告费折抵问题另行协商。因此,上述确认函的履行情况亦可以佐证双方缺乏将在未来订立房屋买卖合同的意思表示。

综上,各方当事人在确认函中并无在将来一定期限内订立房屋买卖合同的意思表示,与预约合同的主要特征不符。故一审法院认为确认函不属于预约合同,进而驳回三亚中铁公司以巨某春违反预约合同为由要求赔偿的请求,并无不当,本院予以维持。三亚中铁公司所持一审审判程序严重违法等上诉理由,依据不足,本院不予支持。

【裁判结果】

综上所述,三亚中铁公司的上诉请求不能成立,应予驳回;一审判决应予维持。二审判决如下:驳回上诉,维持原判。二审案件受理费 89996 元,由三亚中铁公司负担(已交纳)。本判决为终审判决。

[参见中国裁判文书网。]

4. 何种条件下可将商品房买卖认购书认定为商品房买卖合同?

【典型案例】

许某玉诉厦门金城湾房地产开发有限公司等商品房预约合同纠纷案

【裁判要旨】

将商品房买卖认购书认定为商品房买卖合同,应具备两个条件:一是具备《商品房销售管理办法》第十六条规定的商品房买卖合同的主要内容;二是出卖人已按约定收取购房款。此外,预约合同是独立有效的合同,当事人应当严格履行合同义务,但预约合同不能强制实际履行。预约合同的当事人只是负有将预约推进到本约的义务;至于当事人是否成功签订本约合同,则要视双方之后具体协商的结果而定。

【案号索引】

一审:福建省厦门市海沧区人民法院(2015)海民初字第158号

二审:福建省厦门市中级人民法院(2015)厦民终字第4031号

【基本案情】

福建省厦门市海沧区人民法院经审理查明:

2013年10月9日,原告许某玉(买受人、乙方)与厦门金城湾房地产开发有限公司(出卖人、甲方,以下简称金城湾公司)签订一份《认购书》,约定许某玉向金城湾公司认购位于厦门市海沧区嵩屿南二里金城湾花园××房产,建筑面积为82.21平方米,单价为每平方米13680元,总价为1124632.8元。房屋实际建筑面积以房地产产权登记机关实测为准。当实际建筑面积变化时,乙方同意总价相应调整。《认购书》第二条约定:"甲、乙双方商定按下列第(2)种方式付款并办妥相关手续:银行按揭付款:①乙方须在签订《商品房买卖合同》时付清首期款,为商品房总价款的30%以上(首期款比例以银行核定为准),余款由乙方向银行申请按揭贷款支付。②乙方签订《商品房买卖合同》的同时须提供其所申请按揭贷款银行所指定的全部有效证件和资料,并同意按银行后续要求补充所需资料。"《认购书》第三条双方约定:"1.乙方在签订本认购协议的同时,交付甲方伍万元定金,定金不计利息,并于签订《商品房买卖合同》时冲抵购房首付款。2. 在签订本认购协议书之前，乙方已对本商品房项目及其建筑图、结构图、‘五证’（土地房屋权证、建设用地规划许可证、建设工程规划许可证、建筑工程施工许可证、商品房预售许可证）及所认购房产做了充分了解，详细阅读并同意甲方的标准商品房买卖合同文本及其附件一至六的所有相关条款，乙方对前述合同文本及其附近一至六的条款无异议，并同意按该合同签约……3. 若乙方未在上述约定的时间内到甲方售楼处与甲方签订《商品房买卖合同》、补充协议以及其他附件和相关文件，视为乙方自动放弃所认购房屋，已交定金归甲方所有，甲方有权单方面解除本认购协议书，并自行处置该房屋且无须另行通知乙方；但甲方如在前述期限内将上述房屋另售他人，应双倍返还乙方已交付的定金，同时本认购协议书自动失效，双方权利义务即时终结。4. 本认购书所记载为甲、乙双方的有效通讯地址和联系方式，如一方变动，则必须以书面方式通知另一方，否则，在邮寄之日起三日内视为送达，由此引起的不利后果由未履行通知义务的一方承担。5. 乙方不得以第三人的名义（直系亲属除外）与甲方签订《商品房买卖合同》，否则，视为乙方未履行本认购协议书规定的签约义务，乙方应按本协议第三条第三款规定承担违约责任。6. 乙方已充分了解所认购商品房的基本情况，有关购房协议条款以双方签订的《商品房买卖合同》为准。7. 涉及国家和地方限购政策，乙方保证在签订本认购书时乙方符合限购政策允许的买受人资格。”《认购书》第五条约定：“本认购书一式贰份，甲方执壹份，乙方执壹份，本认购书自双方签订《商品房买卖合同》后失效。”备注：2014 年 1 月底前付清首付并签订购房合同可享受总价 9.8 折优惠，商品房一经售出恕不退换，具体签约时间等售楼处另行通知。《认购书》签订后，许某玉向金城湾公司支付包括定金 5 万元在内的购房款共 332140.14 元。

金城湾花园项目 D 户型（一房一厅一卫，建筑面积约 82 平方米）广告宣传单上载明“赠送入户花园”等内容，并附有户型图。该广告宣传单下方用较小字体标注“本置业建议所列款项仅供参考，均以最终购房合同及政府有关部门最新规定为准，开发商保留最终解释权”。

2014 年 5 月，厦门市国土资源与房产管理局海沧分局在其官方网站上公示一份《关于“金城湾花园”增容公示》，载明：根据厦门市规划局[2013]33 号、[2013]35 号、[2013]42 号、[2014]6 号局业务会会议纪要、海沧国土局“备案说明会签表”，金城湾花园项目竣工测量数据按计容建筑面积 50653.91 平方米计算比原合同的计容建筑面积增加了 3782.284 平方米，其中核心筒外“过道”应全算而半算的面积 2963.04 平方米，原增容过程中少增加 300 平方米而实际增加了 260 平方米，剩余的 559.244 平方米为建设过程中的建设误差。因此，决定因规划审批过程造成错误的部分 3223.04 平方米，按原增容公示的地价每平方米 2867.04 元计算，并按一年期的贷款利率加收土地出让金，共计13239131.87元，供地方案公示如下，接受社会监督。

2014年6月27日，金城湾公司向许某玉发出一份入伙通知书，载明许某玉所购的房屋已经具备入住条件，特发出入伙通知，请按照楼号对应的入伙时间办理相关手续等内容。

本案审理过程中，经许某玉等业主两次申请鉴定，法院均依法委托厦门闽矿测绘院进行鉴定。2014年12月9日，厦门闽矿测绘院出具闽矿2014012号《房屋现状调查测量成果报告书》，载明：本成果仅对金城湾花园1#楼3003、3004室的入口处进行实地测量，其建筑面积分别为8.946平方米、9.496平方米，但其位置是否为入户花园，本成果不作判断。2015年5月6日，厦门闽矿测绘院出具闽矿2015002号《金城湾花园车位及绿化面积测量成果报告书》，载明：金城湾花园车位及绿化面积由现场实测，车位总共101个，绿化总面积2565.7平方米。

原告许某玉诉至厦门市海沧区人民法院，请求判令：(1)变更《认购书》第三条第二款"乙方对前述合同文本及其附件一至六的条款无异议，并同意按该合同签约"，为"双方签订前述合同及其附件时，变更合同第五条第三款'合同约定面积与产权登记面积有差异的，以产权登记面积为准'，为'合同约定面积与产权登记面积有差异的，以产权登记面积为准，但广告宣传资料中载明的赠送买受人的建筑物面积被计入产权登记面积的，买受人无须支付该部分建筑物面积的价款'；同时，撤销合同附件六合同补充协议第二条第一款、第二款及第七条第一款"。(2)确认金城湾公司在广告宣传资料中承诺赠送的入户花园建筑面积为8.946平方米。(3)变更房屋总价1124632.80元为972183.98元。(4)本案判决生效后，金城湾公司应按照双方签订的《认购书》的约定，立即与许某玉签订商品房买卖合同(含附件)，并向有关部门办理合同备案手续。(5)金城湾公司立即交房并支付迟延交房的违约金(自2014年7月1日至金城湾公司交房之日止，暂计2014年7月1日起至2014年9月20日为9112.95元)。(6)金城湾公司支付挤占规划绿化地面积、影响小区居住环境的违约赔偿金135983元。被告金城湾公司请求驳回许某玉的全部诉讼请求。

【法院认为】

许某玉与金城湾公司签订的《认购书》是双方在自愿、平等的基础上签订的，系双方真实意思表示，内容不违反法律、行政法规的强制性规定，为有效合同。本案有以下三个争议焦点：

一、《认购书》是否应认定为商品房买卖合同的问题

商品房买卖认购书是商品房买卖合同双方当事人在签署商品房预售合同或商品房现房销售合同前所签订的文书，是对双方交易房屋有关事宜的初步确认。签订认购书时，真正的商品房买卖行为并未发生，仍处于商品房买卖成立前的前合同阶段,即使双方当事人完全履行了认购书,仍需双方另行签订商品房预售合同或现房销售合同。认购书的合同性质为预约合同,是独立有效的合同。有效的预约是有约束力的法锁。《最高人民法院关于审理商品房买卖合同纠纷案件适用法律若干问题的解释》第五条规定,商品房的认购、订购、预订等协议具备《商品房销售管理办法》第十六条规定的商品房买卖合同的主要内容,并且出卖人已经按照约定收受购房款的,该协议应当认定为商品房买卖合同。因此,将认购书认定为商品房买卖合同,应具备两个条件:一是具备《商品房销售管理办法》第十六条规定的商品房买卖合同的主要内容;二是出卖人已按约定收取购房款。《商品房销售管理办法》第十六条第二款规定:"商品房买卖合同应当明确以下主要内容:(一)当事人名称或者姓名和住所;(二)商品房基本状况;(三)商品房的销售方式;(四)商品房价款的确定方式及总价款、付款方式、付款时间;(五)交付使用条件及日期;(六)装饰、设备标准承诺;(七)供水、供电、供热、燃气、通讯、道路、绿化等配套基础设施和公共设施的交付承诺和有关权益、责任;(八)公共配套建筑的产权归属;(九)面积差异的处理方式;(十)办理产权登记有关事宜;(十一)解决争议的方法;(十二)违约责任;(十三)双方约定的其他事项。"本案《认购书》对房屋的坐落位置、面积、价款支付、面积差异处理等进行了约定,但对房屋交付使用条件及日期、装饰、设备标准承诺、办理产权登记事宜、违约责任等重要条款均未明确约定,尚不具备商品房买卖合同的基本特征。且《认购书》还约定有关购房协议条款以双方签订的《商品房买卖合同》为准,《认购书》自双方签订《商品房买卖合同》后失效。因此,《认购书》不能认定为商品房买卖合同,而只能认定为为磋商购买商品房而签订的预约合同。金城湾公司收取许某玉的部分购房款及发给许某玉《入伙通知书》等事实亦不足以证明双方形成商品房买卖合同关系。许某玉主张双方已存在事实上商品房买卖合同关系,依据不足,法院不予采信。《认购书》为商品房预约合同,且许某玉与金城湾公司至今也尚未签订正式商品房买卖合同,许某玉的第一、三、五、六项诉讼请求均系基于与金城湾公司为商品房买卖合同关系而提出,缺乏相应的事实和法律依据,法院不予支持。

二、关于确认广告宣传资料中赠送入户花园的面积问题

关于许某玉提出的诉讼请求第二项,即请求确认金城湾公司在广告宣传资料中承诺赠送的入户花园的具体建筑面积。法院认为,金城湾花园广告宣传资料为商业广告,其性质为要约邀请。金城湾花园广告宣传资料的内容并不具体确定,广告宣传资料中也没有一经购房者承诺,金城湾公司即受该广告宣传资料中的意思表示约束的内容。因此,金城湾花园广告宣传资料不符合要约的规定,不能视为要约。由于广告宣传资料是要约邀请,其内容并不具体确定,双方也未能在《认购书》中对赠送入户花园事宜达成进一步的合意,因此,双方对赠送入户花园事宜并未达成具有法律约束力的约定。同时,《认购书》已约定房屋实际建筑面积以房地产产权登记机关实测为准。许某玉的该项诉讼请求缺乏相应的依据,法院不予支持。

三、关于金城湾公司是否应按照《认购书》约定与许某玉签订商品房买卖合同(含附件),并向有关部门办理合同备案手续的问题

如上所述,本案《认购书》在性质上属于预约合同,许某玉与金城湾公司应当依据《认购书》约定严格履行合同义务。但《认购书》内容不够具体、完善,对将来商品房买卖合同的重要条款没有明确约定,因此,依据《认购书》双方仅负有就合同具体内容继续磋商,并在将来的一定期限内订立正式商品房买卖合同,将预约推进到本约的义务,对《认购书》不能强制实际履行。至于能否达成协议,应该视双方之后具体的协商结果而定。而正式商品房买卖合同的签订必须完全建立在双方平等、自愿、协商一致的基础上,为当事人合意的结果。许某玉的该项诉讼请求缺乏依据,且会剥夺当事人合同自由,不予支持。

【裁判结果】

福建省厦门市海沧区人民法院作出(2015)海民初字第158号民事判决:驳回原告许某玉的诉讼请求。宣判后,许某玉不服一审判决提出上诉。福建省厦门市中级人民法院于2015年12月24日作出(2015)厦民终字第4031号民事判决:驳回上诉,维持原判。

[参见最高人民法院中国应用法学研究所编:《人民法院案例选》(2016年第8辑),人民法院出版社2016年版。]

5. 当事人签订商品房预约合同并完成一次性交清房款交付的,是否改变预售合同性质?

【典型案例】

吴某铭、佛山市顺德区万良房地产有限公司商品房预售合同纠纷再审案

【裁判要旨】

《最高人民法院关于审理商品房买卖合同纠纷案件适用法律若干问题的解释》第五条规定:“商品房的认购、订购、预订等协议具备《商品房销售管理办法》第十六条规定的商品房买卖合同的主要内容,并且出卖人已经按照约定收受购房款的,该

协议应当认定为商品房买卖合同。"《商品房认购书》等商品房预约合同,在已经具备当事人名称、商品房基本情况、总价款、付款方式、付款时间、装修标准等主要内容,且房屋出卖人已按照合同约定实际收取房款的,应当认定为商品房买卖合同。

【案号索引】

广东省佛山市顺德区人民法院(2019)粤0606民初7762号

【当事人信息】

再审申请人(一审原告、二审上诉人):吴某铭

被申请人(一审被告、二审被上诉人):佛山市顺德区万良房地产有限公司(以下简称万良公司)

【基本案情】

再审申请人吴某铭因与被申请人万良公司商品房预售合同纠纷一案,不服广东省佛山市中级人民法院(2019)粤06民终8252号民事判决,向本院申请再审。本院于2020年10月28日作出(2019)粤民申13405号民事裁定提审本案。本院依法组成合议庭审理了本案。本案现已审理终结。

一审法院认定的事实:2019年3月29日,吴某铭、万良公司签订合同编号为R20190328002103《商品房认购书》及《〈商品房认购书〉补充协议书》,吴某铭向万良公司购买位于佛山,用途为商业、金融、信息,套内面积24.78平方米,建筑面积38.5平方米,单价16210元,总价款401680元。2019年3月23日,吴某铭已预付定金20000元给万良公司。《商品房认购书》约定自签订本认购书之日起5日内,买卖双方应签订正式的房地产买卖合同。买卖合同签订后,买方已付的订金自动转为购房款。双方在补充协议书中约定明确装修标准为毛坯,吴某铭以一次性付清全款的方式支付购房款,该补充协议书第4.1条约定,万良公司已向吴某铭明示双方将签订的《商品房买卖合同》示范文本及其附件《合同补充协议》、《临时管理规约》、《前期物业服务协议》、万良公司出具的《客户须知》及重要提示等资料,吴某铭确认已详细阅读并理解上述文件,且无异议,承诺按约定签署上述文本。上述《商品房认购书》《〈商品房认购书〉补充协议书》签订之后,吴某铭按照万良公司的签约指引即"认购缴费区—办理银行按揭区—合同签署区—维修基金契税—后续事宜"的规定先通过万良公司处的POS刷卡机支付了全部购房款。之后,吴某铭于2019年3月29日、2019年4月1日前去签约,但因万良公司要求缴纳律师服务费和装修改造费,吴某铭未予缴纳而没有签约,吴某铭曾于2019年3月29日向12345热线投诉该费用问题,经与万良公司确认,万良公司现已经免除了律师服务费等。2019年4月27日,吴某铭、万良公司经协商,将吴某铭购买的房产置换为佛山新城富华路××号房。因吴某铭要求万良公司将其中的规划设计条款进行删除、万良公司要求吴某铭一并签订《商品房买卖合同补充协议(一)》等事由至今未能达成一致,

截至法庭调查结束，吴某铭、万良公司未签订《商品房买卖合同（预售）》合同文本。涉案房地产已于2018年12月4日取得广东省佛山市顺德区商品房预售许可证，可以进行预售。

广东省佛山市顺德区人民法院于2019年5月17日作出（2019）粤0606民初7762号民事判决，驳回吴某铭的诉讼请求。案件受理费7325.2元，减半收取3662.6元，由吴某铭负担。吴某铭不服一审判决，提起上诉。

二审法院对一审法院查明的事实予以确认。

二审法院认为，本案争议焦点包括：涉案《商品房认购书》《〈商品房认购书〉补充协议书》等应否被认定为商品房买卖合同；涉案《商品房买卖合同（预售）》第十四条第三款及第十五条第三款的效力。（1）关于争议焦点一。本案中，吴某铭与万良公司虽于2019年3月29日签订了《商品房认购书》《〈商品房认购书〉补充协议书》并支付了全部购房款，但双方就律师服务费、装修改造费及商品房买卖合同条款内容发生争议，至今未签订正式的商品房买卖合同。且上述《商品房认购书》《〈商品房认购书〉补充协议书》仅具备《商品房销售管理办法》第十六条规定的第一、二、四项内容，并未就《商品房销售管理办法》第十六条规定交付使用条件及日期，装饰、设备标准承诺，供水、供电、供热、燃气、通讯、道路、绿化等配套基础设施和公共设施的交付承诺和有关权益、责任，公共配套建筑的产权归属，面积差异的处理方式，办理产权登记有关事宜，解决争议的方法以及违约责任等事项作出约定，故根据《最高人民法院关于审理商品房买卖合同纠纷案件适用法律若干问题的解释》第五条关于"商品房的认购、订购、预订等协议具备《商品房销售管理办法》第十六条规定的商品房买卖合同的主要内容，并且出卖人已经按照约定收受购房款的，该协议应当认定为商品房买卖合同"的规定，对吴某铭诉请确认该《商品房认购书》《〈商品房认购书〉补充协议书》为商品房买卖合同不予支持。吴某铭提交的《广东省商品房使用说明书》和《广东省商品房质量保证书》以及万科京都荟A户型说明"产品类型：服务型公寓/商业办公"和《换房协议书》均未经双方确认作为商品房买卖合同的内容。故吴某铭以上述材料具备《商品房销售管理办法》第十六条规定的商品房买卖合同的主要内容为由，要求将之认定为商品房买卖合同，缺乏事实和法律依据，不予支持。因双方至今未签订正式的商品房买卖合同，且吴某铭与万良公司其后亦未就签订商品房买卖合同达成合意。故吴某铭关于万良公司应按照前述《商品房认购书》、《〈商品房认购书〉补充协议书》及《广东省商品房使用说明书》、《广东省商品房质量保证书》以及万科京都荟A户型说明"产品类型：服务型公寓/商业办公"和《换房协议书》的内容与其签订经佛山市房地产市场信息系统备案的商品房买卖合同（预售）文本的上诉理由依据不足，不予支持。（2）关于争议焦点二。吴某铭上诉主张，涉案《商品房买卖合同（预售）》示范文本第十四条第三款、第十五条第三款中的变更补充内容不合理地免除了万良公司承担的违约责任,依法属于无效条款。如前所述,吴某铭与万良公司因律师服务费、装修改造费及商品房买卖合同条款内容发生争议,至今尚未实际签订涉案《商品房买卖合同(预售)》,该合同条款对吴某铭并不具有任何约束力,故一审判决对吴某铭诉请确认该《商品房买卖合同(预售)》示范文本第十四条第三款、第十五条第三款无效不予支持并无不当,予以维持。吴某铭的该上诉理由于法无据,不予支持。

佛山市中级人民法院于2019年9月26日作出(2019)粤06民终8252号民事判决,驳回上诉,维持原判。二审案件受理费7325.2元由吴某铭负担。

再审查明,一、二审判决查明事实属实,本院予以确认。

再审另查明,万科京都荟A户型宣传资料载明:"产品类型:服务型公寓/商业办公";"仅供客户参考,不作为交付标准,实际交付标准以买卖双方签订的《商品房买卖合同》及其附图约定为准"。

再审中,吴某铭提交万良公司2019年12月25日寄给吴某铭的催款通知书、催签通知书及EMS快递签收单、EMS物流详情单作为新证据,拟证明万良公司于2019年12月25日通过EMS向吴某铭寄来催款通知书、催签通知书。因上述证据形成于本案二审判决作出之后,不影响本案判决结果,本院不予采纳。

再审中,吴某铭申请增加以下诉讼请求:(1)撤销2020年5月13日吴某铭与万良公司签订的《〈商品房认购书〉补充协议书》(2019.5.1版);(2)撤销2020年5月13日吴某铭与万良公司签订的《商品房装修改造协议书》(2019.5.1版);(3)撤销2020年5月13日吴某铭与万良公司签订的《商品房买卖合同补充协议(一)》(2019.5.1版)。

【法院认为】

本院再审认为,本案系商品房预售合同纠纷。《最高人民法院关于适用〈中华人民共和国民事诉讼法〉的解释》第四百零五条第一款规定:"人民法院审理再审案件应当围绕再审请求进行。当事人的再审请求超出原审诉讼请求的,不予审理;符合另案诉讼条件的,告知当事人可以另行起诉。"吴某铭再审申请增加的诉讼请求超出其一审诉讼请求范围,本院依法不予审理。

根据双方当事人的诉辩意见,本案的主要争议焦点为双方2019年3月29日签订的《商品房认购书》《〈商品房认购书〉补充协议书》的性质问题。《最高人民法院关于审理商品房买卖合同纠纷案件适用法律若干问题的解释》第五条规定:"商品房的认购、订购、预订等协议具备《商品房销售管理办法》第十六条规定的商品房买卖合同的主要内容,并且出卖人已经按照约定收受购房款的,该协议应当认定为商品房买卖合同。"根据查明事实,吴某铭与万良公司2019年3月29日签订的《商品房认购书》《〈商品房认购书〉补充协议书》已经具备当事人名称、商品房基本情况、总价款、付款方式、付款时间、装修标准等主要内容；吴某铭于签约当日向万良公司支付了全部购房款，万良公司亦予收受。依照上述规定，吴某铭与万良公司于2019年3月29日签订的《商品房认购书》《〈商品房认购书〉补充协议书》应当认定为商品房买卖合同。双方于2019年4月27日经协商签订《换房确认书》，将《商品房认购书》约定吴某铭购买的佛山××号房，属于对合同标的的变更，该《换房确认书》也应认定为双方商品房买卖合同的内容。吴某铭请求判决确认上述《商品房认购书》《〈商品房认购书〉补充协议书》《换房确认书》为商品房买卖合同，应予支持，一、二审法院判决驳回其上述诉讼请求适用法律错误，本院予以纠正。

吴某铭再审请求判决确认《商品房买卖合同(预售)》示范文本及其附件、使用说明书、质量保证书以及万科京都荟A户型说明"产品类型:服务型公寓/商业办公"亦为双方签订的商品房买卖合同，确认《商品房买卖合同(预售)》第十四条第(三)款、第十五条第(三)款中关于规划变更、设计变更违约责任条款无效。但是，截至二审判决作出前，吴某铭与万良公司之间并未签订上述文本内容的合同，上述关于规划变更、设计变更违约责任的条款不属于双方合同内容；万科京都荟A户型宣传资料载明"仅供客户参考，不作为交付标准，实际交付标准以买卖双方签订的《商品房买卖合同》及其附图约定为准"，故该宣传资料不构成具体确定的说明和允诺，吴某铭亦未举证证明该宣传资料对于商品房买卖合同的订立及房屋价格的确定有重大影响，不符合《最高人民法院关于审理商品房买卖合同纠纷案件适用法律若干问题的解释》第三条的规定。一、二审法院对上述诉讼请求不予支持，并无不当，本院予以维持。

【裁判结果】

综上所述，吴某铭关于确认《商品房认购书》《〈商品房认购书〉补充协议书》《换房确认书》为商品房买卖合同的再审请求成立，本院予以支持。吴某铭的其他再审请求不能成立，本院予以驳回。判决如下:(1)撤销广东省佛山市中级人民法院(2019)粤06民终8252号民事判决；(2)撤销广东省佛山市顺德区人民法院(2019)粤0606民初7762号民事判决；(3)确认吴某铭与万良房公司于2019年3月29日签订的《商品房认购书》和《〈商品房认购书〉补充协议书》以及2019年4月27日签订的《换房确认书》为商品房买卖合同；(4)驳回吴某铭的其他诉讼请求。

一审案件受理费7325.2元，减半收取3662.6元，由吴某铭负担1931.3元，由万良公司负担1931.3元。二审案件受理费7325.2元，由吴某铭负担3662.6元，由万良公司负担3662.6元。

本判决为终审判决。

[参见中国裁判文书网。]

6. 延期付款未达成合意，是否影响商品房认购书的法律效力？

【典型案例】

郭某婷诉万锦公司商品房预约合同纠纷案

【裁判要旨】

当事人约定或法律规定以定金的交付作为合同成立或生效的要件，该定金为成约定金。成约定金是当事人约定的合同成立或者生效的要件之一。定金交付后，合同因其他原因不成立或者不生效时，交付定金的一方可以请求返还定金，但不能要求双倍返还定金；收受定金的一方应当返还定金给交付定金的一方，不得以合同未成立或未生效为由将定金据为己有。而立约定金是指为保证合同的正式订立而在主合同订立前交付的定金，给付定金的一方拒绝订立主合同的，无权要求返还已经交付的定金；收受定金的一方拒绝订立合同的，应当将其已收的定金双倍返还给交付定金一方。

【案号索引】

广西壮族自治区高级人民法院(2019)桂民申 1862 号

【当事人信息】

原告(被上诉人、再审申请人)：郭某婷

被告(上诉人、再审被申请人)：万锦公司

【基本案情】

万锦公司在西林县开发建设龙御尚城商住小区，2017 年 7 月 9 日，郭某婷与万锦公司签订《龙御尚城物业认购书》购买该小区 6 号楼 7 ×3 号房，并交付定金 2 万元。郭某婷单方签订了《延期付款协议书》。之后，双方未能签订《商品房买卖合同》。郭某婷向法院起诉，请求万锦公司返还 2 万元。

广西壮族自治区百色市西林县人民法院经审理认为：双方签订的《龙御尚城物业认购书》为商品房预约合同，万锦公司要求郭某婷交付的 2 万元为立约定金。在《延期付款协议书》上万锦公司并未签字，双方对《延期付款协议书》未达成合意，导致未能签订《商品房买卖合同》。双方未能达成合意属于不可归责于当事人双方的事由，双方都无过错。广西壮族自治区西林县人民法院判决如下：被告万锦公司在本判决生效之日起10日内退还2万元给原告郭某婷。

万锦公司不服一审判决，提起上诉。

广西壮族自治区百色市中级人民法院经审理认为：郭某婷通过认购的方式向万锦公司交付定金作为订立商品房买卖合同的担保，本案定金的性质为成约定金。郭某婷与万锦公司就《延期付款协议书》未达成合意，郭某婷仍应依约在7日内签订正式的《商品房买卖合同》并支付首付款。郭某婷未履行上述义务，构成违约，应适用定金罚则不予退还定金。一审认定事实清楚，实体处理不当，应予纠正。二审判决如下：(1)撤销西林县人民法院(2018)桂1030民初355号民事判决；(2)驳回被上诉人郭某婷诉讼请求。

郭某婷不服二审判决，申请再审。

【法院认为】

广西壮族自治区高级人民法院经审查认为：本案双方就《延期付款协议书》未达成合意，不影响双方签订《龙御尚城物业认购书》的法律效力。郭某婷在签订《龙御尚城物业认购书》后应依约在7日内到万锦公司处签订正式的《商品房买卖合同》并支付30%的首付款，但郭某婷并未履行上述义务，构成违约。根据《合同法》第一百一十五条①"给付定金的一方不履行约定的债务的，无权要求返还定金"与《最高人民法院关于审理商品房买卖合同纠纷案件适用法律若干问题的解释》第四条"出卖人通过认购、订购、预订等方式向买受人收受定金作为订立商品房买卖合同担保的，如果因当事人一方原因未能订立商品房买卖合同，应当按照法律关于定金的规定处理"的规定，郭某婷返还定金的请求没有法律依据，二审法院不予支持并无不当。郭某婷称二审法院适用法律和案件性质不符，没有事实依据，再审法院不予支持。

【裁判结果】

综上，郭某婷的再审申请不符合法律规定的情形。广西壮族自治区高级人民法院裁定如下：驳回郭某婷的再审申请。

[参见国家法官学院、最高人民法院司法案例研究院编：《中国法院2021年度案例·房屋买卖合同纠纷》，中国法制出版社2021年版。]

---

① 现主要内容规定于《民法典》第五百八十七条。

7. 房屋租赁合同中不确定性的“租转售”条款应否解释为预约合同?

【典型案例】

四川中砝会计师事务所有限责任公司与成都新蓉企业公司房屋租赁合同纠纷再审案

【裁判要旨】

在民法理论上,合同可以被分为预约合同和本约合同。所谓预约合同,是指当事人之间约定将来订立一定合同的合同。将来要订立的合同则为本约合同。预约合同本身就是一种合同,只不过它的标的比较特殊,是一种订立合同的行为,其旨在设定订立另外一个合同即本约合同的义务,以确保与相对人在将来订立特定的合同。预约合同之所以会存在,往往是因为当事人之间直接订立本合同的条件尚未成熟,但当事人又担心在条件具备时丧失交易的机会,故采取先订立预约合同的办法,使相对人受其约束,以保护预约债权人嗣后订立本合同的权利。预约合同显然不同于要约。因为要约只是一方当事人向另一方发出的单向的意思表示,而预约合同则是双方当事人意思表示一致后形成的合意。预约合同也不同于意向声明。意向声明人原则上不受声明的拘束,因此意向声明不具有实质的法律意义。预约合同也不同于附生效条件的合同,附停止条件的合同属于本约,其合同已经成立,只是合同的效力是否发生取决于停止条件的成就。条件成就,则合同生效;条件不成就,则合同自始无效。

【当事人信息】

申请再审人(一审被告、二审被上诉人):成都新蓉企业公司(以下简称新蓉公司)

被申请人(一审原告、二审上诉人):四川中砝会计师事务所有限责任公司(以下简称中砝公司)

【基本案情】

四川省成都市中级人民法院经审理查明,2004 年 6 月 9 日,新蓉公司(甲方)与中砝公司(乙方)签订了一份《房屋租赁合同》,其中第一条约定,甲方将坐落在成都市高新区永丰路 21 号瑞祥大厦第五层整层自有房屋 1992.89 平方米,出租给乙方作经营使用;第二条第一款约定,双方房屋租赁期共6年,自2004年8月1日起计算;第九条第五款约定:“如乙方在租赁期间有资金购买此层办公楼,按总价700万元一次性支付给甲方全款,从支付全款之日起,甲方停收乙方租金。如有未到期的租金余款,冲抵乙方购房款(购房合同双方重新签订)。乙方购买此房时,乙方以个人名义购买”;第九条第六款约定:“若乙方在9月10日前决定一次性购买此层办公楼时,而甲方尚未将此幢办公楼的大产权办理完毕,则从9月10日后,甲方停收乙方租金,直至大产权办理完毕为止。(办理完产权后乙方需立即付给甲方350万元,并在10日之内付清余款350万元,如未付清余款,租金从10日后开始计算)。”2004年6月17日,中砝公司向新蓉公司支付了一年的房租费76万元。同年7月23日,新蓉公司与中砝公司签订一份《房屋装修补充协议》,其中第三条约定,中砝公司付给新蓉公司装修保证金2万元,合同到期后,新蓉公司、中砝公司按双方租赁合同第四条履行后,新蓉公司归还中砝公司保证金2万元,若中砝公司要购买房屋,该款冲抵中砝公司购房款。2004年7月27日,中砝公司向新蓉公司支付了房屋装修保证金2万元,装修了房屋。装修期间,中砝公司董事长杜某将其欲购买租赁房屋一事告知新蓉公司法定代表人范某宁,范某宁表示同意,并要求双方签订合同,中砝公司未与新蓉公司重新签订购房合同。

另查明,2005年10月10日,新蓉公司向中砝公司发出一份律师函,要求中砝公司于同年10月15日之前“付清应付的第二个租房年度前半年的房租费38万元,并按日加收所欠租金万分之五的违约金”。同年10月13日,中砝公司向新蓉公司发出律师函,要求新蓉公司尽快完善房屋大产权,及时告知中砝公司,并指定银行账户,以便中砝公司支付购房款,并要求以已交房租费中的676712.3元冲抵部分购房价款。审理中,中砝公司于2006年6月21日向四川省成都蜀都公证处提存购房款现金350万元。

四川省成都市中级人民法院经审理认为,按照《房屋租赁合同》第九条的约定,如果中砝公司在租赁期间有资金购买其所租赁的该层办公楼,须与新蓉公司重新签订购房合同。重新签订购房合同是新蓉公司与中砝公司就讼争房屋形成买卖关系的条件之一,这也是双方合意一致约定的条件。同时,第九条第五款约定的内容是双方订立房屋买卖合同的形式要件和基本条款,第九条第六款所约定的只是在特殊情况下对第九条第五款约定的条款内容的部分变更,但双方订立房屋买卖合同的形式要件等约定内容并未变更。且《城市房地产管理法》第四十一条规定,房屋买卖合同应当采用书面形式。由此可见,不管是依据新蓉公司与中砝公司的自行约定,还是依据法律的规定,双方当事人想要就讼争房屋形成买卖关系,均须重新签订购房合同,且双方对此条件应属明知。根据已查明的事实,本案中并无证据证明中砝公司已依照第九条第五款约定的方式与新蓉公司就讼争房屋重新签订了购房合同。另外,中砝公司也未提出证据证明存在一方已履行了买卖该房屋的主要义务且另一方予以接受的事实。据此,第九条第五款、第六款的约定,只是中砝公司与新蓉公司买卖该讼争房屋的一种订约意向,双方并未就讼争房屋形成买卖关系,即房屋买卖合同不成立。中砝公司与新蓉公司之间既不存在买卖关系,中砝公司关于要求新蓉公司履行房屋买卖条款,并以中砝公司预先支付的房屋租金和装修保证金冲抵部分房屋价款的诉讼请求,缺乏事实依据和法律依据,不予支持,判决驳回原告中砝公司全部诉讼请求。

宣判后,中砝公司不服一审判决,向四川省高级人民法院提起上诉。

四川省高级人民法院经审理认为,根据《房屋租赁合同》第九条第五款的约定,购房主体为个人,购房时间为整个租赁期间,购房价款为700万元,付款方式为一次性全额付款,付款之日若有未到期的租金余款,则冲抵中砝公司购房款,同时约定双方需重新签订购房合同。第九条第六款约定,购房主体为中砝公司,购房时间为2004年9月10日前,购房价款为700万元,付款方式为分两次支付,并约定付款时间及条件为新蓉公司办理完产权时付款350万元,10日后付清余款350万元,新蓉公司若在2004年9月10日前未办妥房屋大产权证,则从此时起至房屋大产权证办理完毕止停收租金。第九条第五款约定购房的适用时间是整个租赁期间,一次性支付购房全款,购房主体不是中砝公司而是其指定的自然人,形式上约定重新签订购房合同,而第九条第六款约定购房适用时间和条件为2004年9月10日前中砝公司决定购买房屋,分两次支付购房款,购房主体为中砝公司而非其他人,形式上没有约定应当重新签订购房合同。因此,第九条第五款、第六款分别约定了双方在房屋租赁期间建立房屋买卖关系的两种不同的履行方式是两个独立的条款,在适用上是相互排斥,不能兼容的。中砝公司已在2004年9月10日前告知新蓉公司决定购买租赁的房屋,表明其选择适用第九条第六款的约定处理双方之间的关系。从第九条第六款的约定来看,双方当事人就买卖该房屋的时限、价款、支付方式及时间等买卖合同的主要内容已达成书面合同条款,符合法律书面形式的要求,形成了独立的房屋买卖关系。中砝公司已于2004年9月10日前告知新蓉公司其决定购买租赁的房屋,而新蓉公司尚未将此幢大楼的大产权办理完毕,故依第九条第六款的约定,中砝公司不应向新蓉公司支付2004年9月10日后至2005年8月取得瑞祥大厦产权证时的租金。中砝公司虽按约应在新蓉公司取得瑞祥大厦产权后立即支付新蓉公司350万元,但由于新蓉公司并未告知中砝公司已取得房屋所有权证,因此,中砝公司在知道新蓉公司大产权已办理完毕后即于2006年6月21日提存购房现金350万元的行为,应视为其按约在新蓉公司2005年8月取得瑞祥大厦产权后支付了首期购房款。按照合同约定中砝公司应在新蓉公司取得产权证后10日内即2006年6月31日内再支付余款350万元,如未付清余款,租金从10日后开始计算。但因本案双方当事人已因房屋买卖纠纷于2005年10月27日诉至法院,因此中砝公司应在法院终审判决确认房屋买卖关系成立并有效后,再按约在10日内向新蓉公司支付购房余款,故中砝公司不应向新蓉公司支付其2005年8月取得瑞祥大厦产权证后的租金。综上,双方之间的房屋租赁关系已经转为房屋买卖关系,其预先交纳的租金76万元在扣除自2004年8月1日起至2004年9月10日止应交纳的租金后,剩余的676712.3元按约应冲抵部分房屋价款。双方约定的购房款为700万元,扣除上述中砝公司已经支付的租金676712.3元及装修保证金2万元后,中砝公司尚应向新蓉公司支付购房款6303287.7元。遂判决:(1)撤销四川省成都市中级人民法院(2005)成民初字第960号民事判决;(2)中砝公司与新蓉公司签订的《房屋租赁合同》第九条第六款关于房屋买卖合同条款成立并有效;(3)中砝公司于二审判决生效后10日内向新蓉公司支付购房款6303287.7元;(4)新蓉公司于二审判决生效后30日内为中砝公司办理瑞祥大厦第五层、建筑面积1992.89平方米房屋的产权证。

宣判后,新蓉公司不服二审判决,申请再审。

【法院认为】

四川省高级人民法院经再审审理认为,从《房屋租赁合同》的名称、签约主体及约定内容来看,该合同应为新蓉公司与中砝公司主要解决房屋租赁问题的合同,而双方约定重新签订的购房合同,才应当是建立房屋买卖关系的合同,而这个合同客观上并未签订。中砝公司以《房屋租赁合同》第九条第六款主张其与新蓉公司之间“租转售”关系成立,不符合双方约定,也与本案事实不符。依合同整体解释的方法,应将第九条第五款、第六款作为一个整体、相互关联并考虑全案情况来理解。该条第五款对房屋卖价、如乙方中砝公司在租赁期间有资金购房按总价700万元一次性支付、从支付全款之日起甲方停收租金、乙方以个人名义购房及购房合同双方重新签订等作出了约定;第六款承接第五款,主要就乙方若能在2004年9月10日前决定一次性购房作出了安排,约定在此情形下,乙方可将700万元分两次支付,一次付350万元。第五款属基础性条款,第六款未对第五款约定的房屋卖价、乙方以个人名义购房、购房合同双方重新签订等作出变动。因《房屋租赁合同》为特定的甲、乙两方签订,故前述第九条第五款关于乙方以个人名义购房、购房合同双方重新签订的约定,亦应及于该条第六款支付(购房)方式下的甲、乙两方当事人。由此,中砝公司关于选择适用该条第五款甲、乙双方需重签购房合同,选择适用该条第六款就无须重签购房合同的主张,与双方约定的真实含义不符,不应支持。且依据《城市房地产管理法》第四十一条的规定,房地产转让,应当签订书面转让合同。因本案双方当事人有关房屋买卖属意向性约定,且双方约定重新签订的购房合同又未签订,因而任何一方将《房屋租赁合同》中的某一意向性约定条款主张为可以替代法律规定和约定签订的购房合同的理由，不能成立。

【裁判结果】

再审判决：(1)撤销本院(2006)川民终字第548号民事判决。(2)维持四川省成都市中级人民法院(2005)成民初字第960号民事判决。

[参见最高人民法院审判指导案例解析丛书编选组编：《最高人民法院审判监督指导案例解析》(第2版)，人民法院出版社2019年版。]

8. 预约购房合同中贷款细节不明的，如何归责？

【典型案例】

重庆高院判决卢某等诉招商置地公司商品房预约合同纠纷案

【裁判要旨】

在审理贷款购房纠纷案件中，是否能够按揭及按揭比例等问题是买房人与银行之间的权利义务关系，而非出卖人与买房人之间的权利义务关系。买房人因贷款问题导致履行义务能力不足拒绝签订本约，则应当认定买房人违反预约合同从而承担违约责任。

【案号索引】

一审：重庆市南岸区人民法院(2017)渝0108民初12040号

二审：重庆市第五中级人民法院(2017)渝05民终7425号

再审：重庆市高级人民法院(2018)渝民再312号

【基本案情】

2017年3月，卢某等(乙方)与招商置地公司(甲方)签订认购书约定：(1)卢某等认购重庆市某房屋一套，建筑面积330.49平方米，总价款1002余万元。(2)乙方选择银行按揭贷款方式付款。(3)如因政策变化、个人资信等不能采用贷款方式或贷款金额不足，乙方不得以此为由拒绝签署购房合同或解除本认购书。(4)乙方不能采取按揭付款方式的，乙方应一次性补足房款，否则甲方有权解除合同，不退还定金。(5)乙方应在签署认购书7日内与甲方签署商品房买卖合同。(6)乙方签署商品房买卖合同时，须提交如下资料：个人征信调查表、银行同意贷款回执。卢某等支付了定金50万元。其后因银行拒绝卢某等三成首付的贷款额度，本约未能签订。同年5月，置业顾问告知可先付三成，另一成首付款先写欠条，卢某等依然未签署本约。5月底，招商置地公司解除认购书并不退还定金。卢某等起诉至法院，请求双倍返还定金100万元。

重庆市南岸区人民法院经审理认为，《最高人民法院关于审理商品房买卖合同纠纷案件适用法律若干问题的解释》第四条规定：出卖人通过认购、订购、预订等方式向买受人收受定金作为订立商品房买卖合同担保的，如果因当事人一方原因未能订立商品房买卖合同，应当按照法律关于定金的规定处理；因不可归责于双方的事由，导致商品房买卖合同未能订立的，出卖人应当将定金返还买受人。本案中双方在签订认购书后，一直在积极协商签订合同事宜。认购书未约定首付比例以及付款时间等，系本约未能订立的原因，属不可归责于双方的原因。一审法院遂判决：招商置地公司退还定金50万元。

招商置地公司不服一审判决，提起上诉。重庆市第五中级人民法院经审理认为，卢某等如约前往拟签订合同，故其并未违反缔约义务。置业顾问与卢某等就首付款比例、支付时间等问题一直在协商处理，并非卢某等原因导致未能订立本约。二审法院判决驳回上诉，维持原判。

招商置地公司提出再审申请。

【法院认为】

重庆市高级人民法院认为，在商品房买卖交易当中，卖房人主要义务是按约交付房屋并协助办理产权登记；买房人主要义务是按约支付房款。招商置地公司只是协助购房人办理按揭贷款。根据认购书第三条约定，“乙方不能采用贷款方式或贷款金额不足为由拒绝签署购房合同或解除本认购书……”故卢某等不得以其无法办理三成首付按揭贷款为由拒绝签署购房合同，其理应承担违约责任。

【裁判结果】

再审判决撤销一、二审民事判决，驳回卢某等的诉讼请求。

［参见顾鲁晓：《预约购房合同中贷款细节不明的归责——重庆高院判决卢某等诉招商置地公司商品房预约合同纠纷案》，载《人民法院报》2019年9月12日，第7版。］

9. 明确了房屋单价、总价、付款时间等基本条款的《意向书》,应否认定为商品房预约合同抑或商品房销售合同?

【典型案例】

银川市规划建筑设计研究院发展有限公司、宁夏回族自治区人民政府机关事务管理局房屋买卖合同纠纷案

【裁判要旨】

合同有预约合同和本约合同之分,预约合同是当事人约定未来订立一定合同的合同;本约合同是为了履行预约合同而订立的合同,签订预约合同的目的是订立本约。二者区别在于是否完整具备《商品房销售管理办法》第十六条规定的商品房买卖合同的主要内容,包括当事人信息,商品房基本情况、总价款、付款方式,交付使用条件及日期,装饰、设备标准承诺,配套基础设施和公共设施的交付承诺和有关权益、责任等。房屋买卖合同是指出卖人将房屋所有权转移给买受人,买受人支付价款的合同,包括商品房预约合同、商品房预售合同、商品房销售合同、商品房委托代理销售合同、经济适用房转让合同、农村房屋买卖合同等,其中,商品房预约合同是指房地产开发商与购房者就双方在一定期限内签订商品房买卖合同的协议,一般以"认购书""订购单""意向书"等形式表现,一般包括当事人基本情况、房屋基本状况、商品房总价款、签署正式买卖合同的期限、定金条款等内容。《意向书》符合商品房预约合同的基本构成要件和法律特征,应属商品房预约合同性质,而非商品房预售合同性质,属于签订正式商品房买卖合同前的基础性合同。

【案号索引】

最高人民法院(2018)最高法民终 914 号

【当事人信息】

上诉人(原审被告、反诉原告):银川市规划建筑设计研究院发展有限公司(以下简称银川规划设计院)

被上诉人(原审原告、反诉被告):宁夏回族自治区人民政府机关事务管理局(以下简称宁夏机关事务局)

【基本案情】

上诉人银川规划设计院因与被上诉人宁夏机关事务局房屋买卖合同纠纷一案,不服宁夏回族自治区高级人民法院(2017)宁民初2号民事判决(以下简称一审判决),向本院提起上诉。本院于2018年8月28日立案后,依法组成合议庭,开庭进行了审理。本案现已审理终结。

一审法院认定事实:2011年4月19日,银川规划设计院作为卖售人(甲方)与买受人宁夏机关事务局(乙方)签订案涉《意向书》,约定:"银川规划设计院将拟开发建设的'银设·唐堤慧苑'1#楼出售给宁夏机关事务局,并在取得项目预售条件后,双方签订正式的《商品房买卖合同》。一、买卖标的物:银川规划设计院以政府挂牌出让方式,取得位于银川市金凤区××与唐××渠交叉口西北角处地块的土地使用权,拟在该地块开发建设'银设·唐堤慧苑'项目,该项目位于银川市金凤区××北部,规划基地西邻工人文化宫和口腔医院,东靠唐徕渠及公园用地,北面与静心苑相望,规划总面积约为112.2亩;'银设·唐堤慧苑'1#楼位于基地××区的用地上,Ⅰ区规划总用地面积为18193平方米,约27.3亩,总建筑面积为98800平方米,其中地上建筑面积约75808平方米,地下建筑面积约22992平方米(最终以实际测绘面积为准),宁夏机关事务局整体购买该项目内的1#楼。二、建设工期:工程项目总工期为912天(二年半),自2011年6月正式开工起算,2013年竣工验收并交付宁夏机关事务局。三、项目工程质量标准:整体建筑工程质量需达到合格及以上等级标准。1.银川规划设计院须提供《银设·唐堤慧苑1#楼实施方案》,此《银设·唐堤慧苑1#楼实施方案》作为合同附件,须包括以下内容:对项目设计文件上已明确的与宁夏机关事务局相关房屋有关的设施设备、材料在五个工作日予以确认;对设计文件上未明确的建筑物内外装饰及与宁夏机关事务局相关房屋所涉及的设施设备、材料在五个工作日予以明确;《银设·唐堤慧苑1#楼实施方案》必须经宁夏机关事务局确认后银川规划设计院方可实施,确认时间超过五天,则工期顺延。2.银川规划设计院保证严格按照经双方共同确认的《银设·唐堤慧苑1#楼实施方案》组织工程实施,确保建筑物外立面效果及宁夏机关事务局使用功能;对外装饰材料、与宁夏机关事务局使用或者管理相关的设施设备及材料,严格按照《银设·唐堤慧苑1#楼实施方案》予以采购,其中主要设施设备及材料确需改变的,在双方确认因此产生的建造成本变化数额后,经宁夏机关事务局书面同意,银川规划设计院予以采购实施,双方任何一方违反上述约定,给对方造成损失的,受损害一方有权要求对方进行赔偿。3.宁夏机关事务局指派现场代表监督工程质量、进度及银川规划设计院建设行为,银川规划设计院应予以积极配合。四、计价方式与价款:银川规划设计院以整体建筑项目销售给宁夏机关事务局,该商品房按每平方米建筑面积5000元固定价格(含地下部分)销售,暂定房屋总建筑面积98800平方米,房屋销售总金额暂定为49400万元。工程竣工后以实际房屋测绘面积为准结算，出售单价不变。办公楼外部亮化工程投资在50万元以内由银川规划设计院承担，亮化工程超过50万元，超出部分由宁夏机关事务局承担……六、付款方式：1.按年度付款。2011年项目开工前，宁夏机关事务局付总房款20%的定金；2011年12月底付款10%；2012年12月底付款40%；2013年工程竣工时付款10%，工程交付宁夏机关事务局后付款15%；政府预留5%的质保金，竣工后一年内一次付清。2.在工程质量、工程进度正常的情况下，宁夏机关事务局在接到银川规划设计院工程款拨付书面申请后，七天内将工程进度款付清。七、宁夏机关事务局权利和义务：1.依法依规监督项目全过程的组织实施，并负责确认项目规划建筑单体方案及施工图设计文件。2.依法依规对因技术、水文、地质等原因造成的设计变更进行确认。3.依法依规参与招标代理机构的选择，参与研究并确认银川规划设计院组织的设计、施工、设备供应及安装等招标方案、招标文件、评标办法。4.有权要求银川规划设计院赔偿因擅自变更建设内容，扩大建设规模、提高建设标准，致使工期延长、投资增加或工程质量不合格所造成的损失。5.宁夏机关事务局有权要求银川规划设计院更换不称职的工作人员。6.参与项目的竣工验收。7.在项目建设过程中遇到实际困难时，经银川规划设计院书面请求，宁夏机关事务局有义务为银川规划设计院提供力所能及的帮助，协助银川规划设计院解决问题。8.有权对工程所有材料、部品、部件质量进行检查，对不合格的材料、部品、部件督促银川规划设计院进行更换。银川规划设计院的权利和义务：1.负责项目的整体开发、建设及销售并承担相应责任及经营风险，并在项目建成后按照《意向书》将商务办公楼A座、B座及A、B座裙楼及辅楼交付给宁夏机关事务局。2.应按照约定的工期完成项目的建设，如有无故延期将按照赔偿责任予以承担。本项目施工监理单位由双方共同协商招标选定……7.应按批准和经宁夏机关事务局确认的建设规模、建设内容和建设标准组织项目实施，严格控制项目投资，确保工程质量，按期交付使用。银川规划设计院不得在实施过程中利用洽商或者补签其他意向书随意变更建设规模、建设标准、建设内容。因技术、水文、地质等原因必须进行设计变更的，应由设计单位填写设计变更单，由宁夏机关事务局确认后方可实施。8.应按有关规定选择专业工作单位以及设备、材料供应商，并接受宁夏机关事务局的监督……九、赔偿责任：1.双方中任何一方未能完全履行本《意向书》全部内容，擅自变更建设内容、扩大建设规模、提高建设标准，致使投资增加或工程质量不合格，所造成的损失由责任方承担。2.双方中任何一方在项目的设计、施工和设备、材料采购安装等过程中，若存在违法违规行为，由此造成的损失由责任方负责赔偿。3.双方均应履行《意向书》约定的各项意向和义务，任何一方未按《意向书》约定履行或者未适当履行的行为，应视为违约，并承担相应的违约责任……十一、《意向书》生效、变更与终止：《意向书》自签订之日起生效。由于宁夏机关事务局的原因致使工程发生延误、暂停或终止，银川规划设计院应将此情况与可能产生的影响及时通知宁夏机关事务局，宁夏机关事务局应采取相应的措施。由于宁夏机关事务局未采取相应措施，银川规划设计院可继续暂停执行全部或部分工程内容，直至提出解除意向书，宁夏机关事务局承担违约责任。银川规划设计院按照有关规定，在取得项目销售许可后，双方在此意向书基础上须签订由银川市工商管理局和银川市住房保障局监制的《商品房买卖合同》。"《意向书》还对项目建设标准、会议洽商、知识专利、争议的解决方式等进行了约定。

《意向书》签订后，宁夏机关事务局分别于2011年11月9日、2011年12月5日、2012年10月18日、2013年6月9日向银川规划设计院支付5000万元、5000万元、1亿元、1亿元，共计3亿元。

另查明，2009年10月29日，银川市国土资源局向银川规划设计院下发《关于办理自治区人民政府机关事务管理局综合办公楼用地相关手续的通知》，宁夏机关事务局拟在金凤区上海路以北建设综合办公楼，该建设项目需要占用银川规划设计院用地，由银川规划设计院协助办理该用地相关手续。2009年12月4日，区政府召开专题会议，研究了综合楼用地问题，原则上同意银川市人民政府关于综合楼建设选址及用地规划意见，总占地112亩。2011年7月9日，银川市人民政府召开第37次专题会议，会议研究决定，对涉及有关增加容积率补缴土地出让金事宜，由市财政局、审计局与宁夏机关事务局联系，核算给区政府代建综合大楼让利以及因多年不能建设造成的损失费用。市国土资源局将已出让的土地面积分开办证，按以前出让确定的容积率核算原用地总建筑面积，以总建筑面积再除以银川规划设计院现用地面积计算得出容积率。按所产生的面积差，核减区政府代建综合大楼让利费用以及因多年不能建设造成的损失费用，确定补缴土地出让金数额。2011年9月24日，银川市人民政府召开第56次专题会议，研究决定，涉案项目用地让利销售给宁夏机关事务局及该公司多年不能建设的损失费用，与用地增加建筑面积补交土地出让金费用抵顶，不找差价。

2014年1月17日，银川市国土资源局向银川规划设计院发出《关于限期缴纳增加容积率土地出让价款的通知》，内容为：你公司开发建设的位于金凤区上海路北侧、唐徕渠西侧"银设·唐堤慧苑"项目用地，原出让合同约定批准的容积率为1.2，土地用途为城镇混合住宅用地；现该项目主体已基本封顶，项目容积率超出原出让合同的约定，按照银川市人民政府《关于印发银川市经营性建设用地规划容积率管理规定的通知》文件精神，应补缴土地出让金3.39亿元；限你公司自通知之日起30日内交清欠缴土地出让金，如不按期缴纳，将停办你单位规划、土地、建设及房屋预售相关手续，直至采取司法手段，产生后果由你单位自行承担。同日，银川市房屋产权交易管理中心向银川规划设计院发送《关于暂停办理相关业务的函》，内容为:近期,我中心接到群众投诉,反映你公司在“银设·唐堤慧苑”项目销售中有违规行为,为核实相关情况,现暂停你公司“银设·唐堤慧苑”项目合同网签、备案等相关业务。

2014年1月23日,银川市规划管理局向银川规划设计院发出《关于收回“银设·唐堤慧苑”项目规划相关手续的函》,内容为:按照市国土资源局《关于协助收回“银设·唐堤慧苑”项目相关手续的函》及市政府领导指示件精神,该项目需要补缴土地出让金约3.39亿元,现收回已核发的该项目所有《建设工程规划许可证》,你公司于2日内将核发的该项目所有工程证原件送回我局。

2014年1月24日,银川市住房保障局向银川规划设计院发出《关于拟撤销“银设·唐堤慧苑”8、9、10号楼商品房预售许可证的通知》,内容为:按照市政府领导批示件精神、市国土资源局《关于协助收回“银设·唐堤慧苑”项目相关手续的函》及市规划局《关于收回“银设·唐堤慧苑”项目规划相关手续的函》,我局拟撤销“银设·唐堤慧苑”项目8、9、10号商住楼(银)房预售证第2013000751号、第2013000753号、第2013000752号《商品房预售许可证》。

2014年2月17日,银川市国土资源局向银川规划设计院发出《关于停办你公司相关手续的通知》,内容为:我局已于2014年1月17日以《关于限期缴纳增加容积率土地出让价款的通知》要求你公司在2014年2月15日前缴清土地出让金。你公司至今尚未缴纳,在你公司未缴清土地出让金前,将停办你单位规划、土地、建设及房屋预售相关手续。

2014年1月26日,宁夏机关事务局向银川市人民政府发出《关于妥善解决“银设·唐堤慧苑”项目销售等有关问题的函》,暂缓执行银川市国土资源局等三部门关于“银设·唐堤慧苑”项目的上述五个“通知”,允许“银设·唐堤慧苑”项目已办理预售手续的房屋正常销售、备案。预售许可证暂由宁夏机关事务局代管,监督银川规划设计院商品房销售合法合规。

2015年9月15日,区政府召开专题会议,会议决定:“一、为严明本届区政府内一律不得以任何理由新建党政机关楼堂馆所的纪律,区政府决定退出购买‘银设·唐堤慧苑’1#楼商品房作为自治区部门综合办公楼。二、由宁夏机关事务局依法按程序处置与银川规划设计院签订的《意向书》,区政府法制办协助宁夏机关事务局依法依规做好相关法律工作。三、银川市会同区财政厅、宁夏机关事务局、区政府法制办,研究提出区财政厅预付3亿元购房资金的退出办法,尽快收回全部资金,并用于自治区民生支出。四、由郝某某同志负责,银川市牵头,会同区财政厅、宁夏机关事务局、区政府法制办等单位,尽快拿出解决方案,既要依法合规处置购买意向书,也要合情合法确保自治区、银川市和企业等相关方的利益不受损失,不甩包袱,确保退购工作有序平稳推进。”

2016年5月9日，宁夏机关事务局向银川规划设计院发出《关于尽快提出解决“银设·唐堤慧苑”1#楼退购善后处理方案的函》，内容为：2011年4月，我局与贵公司签订《意向书》。签约前，贵公司没有取得《商品房预售许可证》；签约后，所售房屋没有在约定时间竣工并交付使用，致使我局购房的合同目的落空。根据区政府2015年第91期专题会议纪要决定，我局于2015年12月16日向贵公司送达了《关于退购部门综合办公楼有关事宜的函》，明确表示退购房屋，《意向书》不再履行，并请贵公司针对3亿元购房款的退还事宜提出具体意见。至今，贵公司没有作出任何回复。为尽快解决问题，我局再次郑重敦促贵公司尽快提出房屋退购善后解决方案，及时回应我局的重大关切。若久拖不决，我局将通过法律程序维护我方的合法权利。

一审法院认为，本案的争议焦点问题是：(1)涉案合同性质；(2)涉案合同效力及应否继续履行；(3)银川规划设计院应否返还宁夏机关事务局已支付的3亿元并支付相应利息。

一、关于涉案合同性质问题

宁夏机关事务局认为《意向书》是房屋买卖合同中的商品房预售合同性质，银川规划设计院认为《意向书》是委托代建合同性质。一审法院认为，房屋买卖合同是指出卖人将房屋所有权转移给买受人，买受人支付价款的合同，包括商品房预约合同、商品房预售合同、商品房销售合同、商品房委托代理销售合同、经济适用房转让合同、农村房屋买卖合同等，其中，商品房预约合同是指房地产开发商与购房者就双方在一定期限内签订商品房买卖合同的协议，一般以“认购书”“订购单”“意向书”等形式表现，一般包括当事人基本情况、房屋基本状况、商品房总价款、签署正式买卖合同的期限、定金条款等内容。本案中，《意向书》约定，银川规划设计院将开发建设的“银设·唐堤慧苑”1#楼出售给宁夏机关事务局，并在取得预售条件后，双方签订正式的《商品房买卖合同》，房屋销售总金额暂定49400万元、房屋总建筑面积暂定98800平方米，单价5000元/平方米，2011年项目开工前付总房款20%定金，在《意向书》签订后银川规划设计院不得另行出售该房屋。该《意向书》符合商品房预约合同的基本构成要件和法律特征，应属商品房预约合同性质，而非商品房预售合同性质。委托代建合同是指建房人获得国有土地使用权后委托房地产建设企业代建房屋，并向受托房地产企业支付酬金的协议。本案中，银川规划设计院以政府挂牌出让方式取得涉案项目土地，在该地块上建设“银设·唐堤慧苑”项目，宁夏机关事务局整体购买该项目内的1#楼。宁夏机关事务局对涉案土地没有使用权，双方之间不是委托代建合同关系。《意向书》还约定，银川规划设计院要按照宁夏机关事务局确认的《银设·唐堤慧苑1#楼实施方案》组织工程实施，“银设·唐堤慧苑”1#楼的建筑设计、面积、层高以及设施设备、材料的采购等都由宁夏机关事务局确定，宁夏机关事务局要指派现场代表监督工程质量、进度及银川规划设计院的建设行为，银川规划设计院要确保建筑物的外立面效果和宁夏机关事务局的使用功能，等等。所以，本案银川规划设计院与宁夏机关事务局之间是带有特殊定制性质的商品房预约合同关系。

二、关于涉案合同效力及应否继续履行的问题

首先，关于涉案合同的效力问题。宁夏机关事务局认为涉案合同虽名为《意向书》，但实际为商品房预售合同性质，银川规划设计院在起诉前没有取得《商品房预售许可证》，商品房预售合同无效。从前述分析可知，《意向书》符合商品房预约合同的基本构成要件和法律特征，应属商品房预约合同性质，而非商品房预售合同性质。本案不适用《最高人民法院关于审理商品房买卖合同纠纷案件适用法律若干问题的解释》第二条"出卖人未取得商品房预售许可证明，与买受人订立的商品房预售合同，应当认定无效，但是在起诉前取得商品房预售许可证明的，可以认定有效"的规定。本案中，宁夏机关事务局并无证据能够证明《意向书》存在法定的合同无效的情形。故《意向书》是双方当事人的真实意思表示，并不违反法律、行政法规的强制性规定，内容、形式合法，为有效合同。

其次，对于涉案合同应否继续履行的问题。按照《意向书》约定，2011 年项目开工前，宁夏机关事务局应付总房款 20% 的定金即 9880 万元，2011 年 12 月底付款 10% 即 4940 万元，2012 年 12 月底付款 40% 即 19760 万元，2013 年工程竣工时付款 10% 即 4940 万元，工程交付宁夏机关事务局后付款 15%，政府预留 5% 的质保金，竣工后一年内一次付清。合同签订后，宁夏机关事务局于 2011 年 11 月 9 日、2011 年 12 月 5 日、2012 年 10 月 18 日、2013 年 6 月 9 日分别向银川规划设计院支付 5000 万元、5000 万元、1 亿元、1 亿元，与合同约定付款进度不符，存在违约行为。合同自 2011 年 4 月 19 日签订至今已有 7 年之久，且宁夏机关事务局明确表示不再继续履行合同，亦有请求解除合同的意思表示，结合案件客观实际情况，本着解决纠纷、减少当事人诉累的原则，一审法院认为本案合同目的已无法实现，应予解除。

三、关于银川规划设计院应否返还宁夏机关事务局已支付的 3 亿元并支付相应利息的问题

因本案合同目的无法实现，应予解除，合同解除后，银川规划设计院应当返还宁夏机关事务局已支付的 3 亿元。宁夏机关事务局认为银川规划设计院未取得《商品房预售许可证》，导致商品房预售合同关系无效，存在违约，但本案合同并非商品房预售合同性质，且合同对银川规划设计院何时取得商品房预售许可也未作出约定，故宁夏机关事务局认为银川规划设计院未取得《商品房预售许可证》已经违约的理由，没有事实和法律依据，不予支持。因宁夏机关事务局未按合同约定进度支付款项，存在违约行为，且在本案中无充分证据证明银川规划设计院存在违约，故对其请求银川规划设计院支付利息的诉讼请求，不予支持。

2018 年 4 月 3 日，银川规划设计院以其损失数额需要鉴定、主要证据还需等待正在审理的土地出让金合同纠纷案件的裁判结果、为了实现其最终实体权利为由，申请撤回其反诉请求第二项即"请求宁夏机关事务局赔偿其损失 3000 万元"。一审法院认为，银川规划设计院该申请是其真实意思表示，应予准许。对银川规划设计院的损失，可依法另案主张。

综上，宁夏机关事务局的诉讼请求部分成立，银川规划设计院的反诉请求不能成立。一审遂判决：(1)解除宁夏机关事务局与银川规划设计院签订的《意向书》；(2)银川规划设计院于判决生效后 10 日内返还宁夏机关事务局已支付的 3 亿元；(3)驳回宁夏机关事务局的其他诉讼请求；(4)驳回银川规划设计院的反诉请求。如果未按判决指定的期间履行给付金钱义务，应当加倍支付迟延履行期间的债务利息。案件受理费 1931088 元，由宁夏机关事务局负担 405528 元，由银川规划设计院负担 1525560 元；反诉费 95900 元，减半收取计 47950 元，由银川规划设计院负担。

对一审已经查明的事实，本院予以确认。

本院二审期间，银川规划设计院围绕上诉请求向本院提交了七组新证据，均系证明其损失问题。宁夏机关事务局经质证认为与本案诉求无关，未发表质证意见。

对银川规划设计院提交的证据，本院经审理查明，该七组证据与本案诉争事实及银川规划设计院的上诉请求不具有关联性，不作为本案的有效证据予以采信。

二审另查明：案涉《意向书》第十一条"生效、变更与终止"条款约定：当事人一方要求变更或解除《意向书》时，应当在 10 日前以书面形式通知另一方。因单方解除《意向书》使另一方遭受损失的，除依法可以免除责任的情况外，应由责任方负责赔偿。甲方按照有关规定，在取得项目销售许可后，双方在此《意向书》基础上须签订由银川市工商管理局和银川市住房保障局监制的《商品房买卖合同》。第十五条约定：如乙方逾期未与甲方签订正式的《商品房买卖合同》及相关文件，视为乙方自动放弃该房屋，甲方有权无须通知乙方而将该房屋另行出售。第十六约定：本《意向书》签订后，如乙方提出不购买该房屋，应当在《商品房买卖合同》签订前以书面形式通知甲方。

【法院认为】

本院认为，本案争议的焦点问题是：一审判决解除《意向书》并判令银川规划设计院返还宁夏机关事务局 3 亿元是否正确。

关于案涉《意向书》的效力问题。合同有预约合同和本约合同之分，预约合同是当事人约定未来订立一定合同的合同；本约合同是为了履行预约合同而订立的合同，签订预约合同的目的是订立本约。在本案中，首先，双方签订的《意向书》虽然明确了房屋单价、总价、付款时间等基本条款，宁夏机关事务局亦支付了部分房款，但房屋的开发建设专门针对宁夏回族自治区的党政机关进行，并非开发商向不特定社会公众进行销售的商品房买卖合同。且双方在协议中明确约定须在银川规划设计院取得案涉项目销售许可后，在《意向书》的基础上签订正式的商品房买卖合同，《意向书》尚不具备的商品房买卖合同应当具有的主要内容。故《意向书》属于签订正式商品房买卖合同前的基础性合同，一审法院对合同性质认定并无不当，应予确认。其次，《意向书》作为预约合同，是谈判磋商期间对未来事项的预先规划，是对双方交易房屋有关事宜的初步确认。宁夏机关事务局作为国家行政机关作出预约的意思表示应当履行何种前置程序，对此并无法律明文规定。银川规划设计院以宁夏机关事务局行政机关身份签订《意向书》违反法律的规定，应属无效，该理由不能成立。《意向书》系预约合同，双方约定案涉项目取得销售许可后，在《意向书》的基础上须签订由银川市工商行政管理局和住房保障局监制的商品房买卖合同。由此可知，《意向书》是双方当事人真实意思表示，不违反法律、法规的强制性规定，应当认定为有效。在本案中，宁夏机关事务局明确表示不再继续履行合同，且请求解除合同。一审判决结合案件客观实际情况，根据法律的规定，认定本案合同目的已无法实现，应予解除，适用法律正确；判令银川规划设计院返还宁夏机关事务局已支付的3亿元，结果并无不当，本院予以维持。

关于银川规划设计院的损失问题，银川规划设计院在一审中撤回了其反诉请求，一审法院予以准许。对于款项的性质，银川规划设计院持有的票据记载为“工程款”，并不能否认根据案涉《意向书》的实质内容对3亿元款项的性质认定，一审判决对此查明的事实亦无不当。本案中，一审法院采取财产保全措施是否得当，与一审判决是否正确没有关系，并不影响案件裁判的结果。故银川规划设计院称一审程序违法，请求发回重审的上诉理由亦不能成立，本院不予支持。

【裁判结果】

综上，银川规划设计院的上诉请求不能成立，应予驳回；一审判决认定事实清楚，适用法律正确，应予维持。二审判决如下：驳回上诉，维持原判。二审案件受理费1541800元，由银川规划设计院负担。本判决为终审判决。

［参见中国裁判文书网。］

10. 商品房买卖预约合同解除后的定金如何处理?

【典型案例】

曹某玉与广东省中山市中南物业开发有限公司商品房预约合同纠纷上诉案

【裁判要旨】

房屋认购书是预约合同,当事人负有达成本合同的磋商义务。因不可归责一方当事人的事由没有达成商品房买卖合同,不存在违约情形的,预约合同解除,交纳定金一方当事人有权要求对方当事人返还。

【案号索引】

一审:(2007)中石民一初字第338号

二审:(2008)中中法民一终字第54号

【当事人信息】

上诉人(原审原告):曹某玉

被上诉人(原审被告):广东省中山市中南物业开发有限公司(以下简称中南公司)

【基本案情】

2006年12月6日,曹某玉(乙方)与中南公司(甲方)签订中南服饰广场认购书(以下简称认购书)。该认购书约定:"1.曹求玉订购位于中南服饰广场4幢1层L1-28车商铺,面积11.7平方米,商铺总价款268756元,在签署认购书时付清定金人民币3万元。2.买受人选择一次性付款的,96折付款,签署认购书10日内付清,并签署商品房买卖合同;选择按揭付款的,98折付款,在接到中南公司书面或电话通知7日内签署商品房买卖合同,即申请办理银行按揭手续。3.双方声明共同遵守如下规定:(1)该物业交易所产生的一切费用,依法由双方各自承担并及时缴付;(2)曹某玉不按时足额交款或逾期不签署商品房买卖合同,或有违反此认购书之规定条款时,中南公司即可自然解除此认购书,并有权没收曹某玉所交定金及收回该物业有权另行处理,曹某玉不得有异议;(3)该物业用途及使用性质为商铺;(4)签署商品房买卖合同前,若因中南公司原因致使该物业不能出售时,应退还所收全部价款(含定金)给曹某玉,并承担该房价款的同期银行利息;(5)曹某玉在签订本认购书之前,已阅读并认可中南服饰广场商铺认购须知、认购书的全部约定。"当日,曹某玉支付中南公司定金人民币3万元。其后,中南公司要求曹某玉签订房屋买卖合同,曹某玉对其中条款提出异议,双方没有达成一致协议。

2007年3月21日,曹某玉以对商品房买卖合同的部分条款双方无法达成一致意见为由,向广东省中山市人民法院提起诉讼,请求判令:(1)中南公司退还定金人民币3万元;(2)中南公司承担逾期利息;(3)中南公司承担诉讼费。

中南公司答辩称:(1)认购书是买卖双方真实意思表示,应当合法有效;(2)曹某玉不履行签约义务,属于违约,中南公司有权没收该定金;(3)曹某玉认为认购书第二条第二款属于格式条款,应属无效,中南公司对此不予认可。

一审法院经审理认为,曹某玉与中南公司签订的认购书,系双方当事人的真实意思表示,合法有效。曹某玉在签订认购书并支付定金后,没有按认购书上约定的时间支付购房款及签订买卖合同,曹某玉的行为已构成违约,曹某玉应承担违约责任。按照认购书约定,中南公司有权没收定金。此外,曹某玉未能对商品房买卖合同的违法性进行举证,因此,对曹某玉的诉求,法院不予支持。一审判决:驳回曹某玉的诉讼请求。

宣判后,曹某玉不服一审判决,向广东省中山市中级人民法院提起上诉。

【法院认为】

广东省中山市中级人民法院经审理认为,上诉人曹某玉与被上诉人中南公司之间签订的认购书属于预约合同,即为了将来签订商品房买卖合同而签订的合同。曹某玉交纳的定金3万元属于订约定金,即为了保证将来签订房屋买卖合同而支付的保证金。如果曹某玉将来不签订合同,则定金3万元归中南公司所有;如果中南公司拒绝签订合同,则双倍返还定金给曹某玉。

本案的争议焦点是何方当事人拒绝签订商品房买卖合同。虽然认购书约定了房屋的单价,但双方对买卖房屋的付款方式、交楼时间、办证时间、违约责任等诸多直接影响双方权利义务的重要条款并无明确约定,需在签订买卖合同时协商一致达成;亦没有约定将来只要中南公司提出签订买卖合同,无论中南公司提出的条款如何,曹某玉均应一概承诺。在中南公司要求曹某玉签订房屋买卖合同时,中南公司提供了合同条款样本,属于要约。由于曹某玉与中南公司是平等的民事法律关系当事人,曹某玉对中南公司提出的要约有权承诺、拒绝、要求修改;针对曹某玉提出的要约,中南公司亦有权承诺、拒绝、要求修改。

诉讼中,中南公司没有证据证实曹某玉在签订买卖合同时存在恶意协商及拒绝签订合同的真实意思表示,故本案中双方在签订买卖合同时没有协商一致达成协议,不可归责于任何一方当事人。因此,中南公司要求没收曹某玉支付的定金3万元,没有依据,中南公司应当返还给曹某玉。综上所述,上诉人曹某玉的上诉请求,理由充分,予以支持。原判适用法律错误,处理不当,予以纠正。

【裁判结果】

二审判决如下:(1)撤销一审判决;(2)被上诉人中南公司应于本判决发生法律效力之日起3日内返还曹某玉3万元。

[参见王平:《商品房买卖预约合同解除后的定金处理——曹某玉与广东省中山市中南物业开发有限公司商品房预约合同纠纷上诉案》,载《人民司法·案例》2008年第18期。]

11. 商品房认购书中约定在特定期限签订商品房买卖合同,但最终未能签订的,买受人主张开发商返还定金应否支持?

【典型案例】

吴某平诉无锡深港国际服务外包产业发展有限公司商品房预售定金返还纠纷案

【裁判要旨】

商品房认购书是当事人双方就房屋买卖达成的初步协议,为担保当事人继续签订正式的商品房买卖合同,认购书中会约定定金条款。《最高人民法院关于审理商品房买卖合同纠纷案件适用法律若干问题的解释》第四条规定,出卖人通过认购、订购、预订等方式向买受人收受定金作为订立商品房买卖合同担保的,如果因当事人一方原因未能订立商品房买卖合同,应当按照法律关于定金的规定处理;因不可归责于当事人双方的事由,导致商品房买卖合同未能订立的,出卖人应当将定金返还买受人。对于“不可归责于当事人双方的事由”,应当从较为广泛的角度理解,即只要当事人不是恶意不签订合同,进行了诚实信用的磋商,那么就应认为当事人不存在过错。因此,当事人签订了商品房认购书,约定在特定期限签订商品房买卖合同,但在进一步磋商过程中未能达成一致的,不适用定金罚则,买受人有权主张开发商返还定金。

【案号索引】

一审:江苏省无锡高新技术产业开发区人民法院(2012)新民初字第0218号

二审:江苏省无锡市中级人民法院(2012)锡民终字第0619号

【基本案情】

法院经审理查明:2011年8月,无锡深港国际服务外包产业发展有限公司(以下简称深港公司)经相关部门审批,取得了无锡市纺城大道西侧、东安路南侧深港都会广场一期创新广场及商业裙房的房屋预(销)售许可。2011年8月10日,吴某平参加了深港公司举行的"新经济财富增值计划"活动,并缴纳了10万元的整层购房意向金。2011年9月1日,吴某平与深港公司签订房屋认购单一份约定:吴某平认购上述房屋中的9幢1801－1826共26套房屋,建筑面积为1654.5平方米,认购总价为人民币1358万元,签订认购书时付定金人民币52万元。签署认购书后,购房人应在2011年10月10日前携带相关证明文件及本房屋认购单至售楼处签约,逾期按购房人违约处理,卖方可不经催告,将房屋另行处置。购房人所交定金,不予退还。签约时支付首付款679万元(含定金),并在签约同时申请商业贷款679万元……当日,吴某平向深港公司支付了52万元(含吴某平于2011年8月10日支付的整层意向金10万元),深港公司向吴某平开具了收款事由为"订金"的收据。后因为双方在2011年10月10日为花园问题没能达成一致意见,致使认购书约定需要签署的商品房买卖合同也没能订立。2011年10月14日,深港公司向吴某平发出违约告知函,称认购单已经失效,吴某平所交定金52万元不予返还。深港公司承认其销售人员在销售时曾经承诺购整层房屋赠送花园。关于花园问题是如何协商的,双方说法不一。吴某平认为是因为深港公司不同意在商品房买卖合同中明确承诺其对赠送的花园享有专属使用权问题造成的;深港公司认为是因为吴某平要求将其承诺赠送的花园明确登记在房屋产权证书上造成的。但双方均未能提供证据证明。双方一致认可是因为花园问题没能达成一致意见,造成商品房买卖合同2011年10月10日没能订立。本案争议的焦点为:是否因吴某平的原因导致双方未能成功签订商品房买卖合同。

【法院认为】

法院生效裁判认为,吴某平与深港公司签订的认购书属于预约合同,是对双方交易房屋有关事宜的初步确认,但对双方买卖房屋的交房时间、办证时间、违约责任等诸多直接影响双方权利义务的重要条款并无明确约定,需在签订正式的商品房买卖合同时协商一致达成。根据双方签订的认购书,吴某平享有对选中房屋优先购买的权利,并负有在约定的时间与深港公司诚信磋商签订商品房买卖合同的义务,而深港公司享有收取定金的权利,负有在认购期内为吴某平保留房屋,并不得再另行售给他人,即保证与吴某平诚信磋商、签订认购房屋的商品房买卖合同的义务。双方缔结认购书后就负有在2011年10月10日前为签订商品房买卖合同而进行诚信磋商的义务,只要当事人为签订商品房买卖合同进行了诚信磋商,就履行了认购书的义务。虽然深港公司出具收据上注明是收取的"订金",但从认购书约定的付款内容应认定吴某平支付的是“定金”。认购书中约定的定金也只是担保双方的诚信谈判义务,以求最终达成正式的商品房买卖合同。吴某平签订认购书后按约支付了购房定金,同时与深港公司就即将签订的商品房买卖合同积极进行了磋商,如果双方在公平、诚信原则下进行了磋商,只是基于各自利益考虑,无法就重要条款达成一致的意思表示,致使本约不能订立,则属于不可归责于双方的原因,不在预约合同所指的违约情形内。对花园问题如何协商,在双方均不能以证据证明自己陈述真实的情形下,应当认定 2011 年 10 月 10 日未能订立商品房买卖合同的原因是双方当事人磋商不成,并非哪一方当事人对认购协议无故反悔,双方均已履行了认购书约定的义务,对未能签订商品房买卖合同均无过错。这种情况下,预约合同应当解除,已付定金应当返还。故出卖方深港公司应当返还买受方吴某平已付的购房定金 52 万元。吴某平的诉讼请求,法院予以支持。

【裁判结果】

无锡高新技术产业开发区人民法院于 2012 年 4 月 16 日作出(2012)新民初字第 0218 号民事判决:深港公司应于本判决发生法律效力之日起 7 日内返还吴某平定金 52 万元。宣判后,深港公司向无锡市中级人民法院提起上诉。无锡市中级人民法院于 2012 年 8 月 20 日作出(2012)锡民终字第 0619 号民事判决:驳回上诉,维持原判决。

[参见李玉生主编,江苏省高级人民法院编:《江苏省高级人民法院公报》(2013 年第 4 辑),法律出版社 2013 年版。]

12. 签订订购协议后,房产开发商变更建设主体及规划设计的,缔约过失责任如何承担?

【典型案例】

曹某如与上海莱因思置业有限公司等商品房预约合同纠纷上诉案

【裁判要旨】

订购协议虽然只是预约合同,但预约的目的在于签订本约。双方当事人应将诚实信用原则贯穿于从预约到本约的签订。在签订订购协议之后,房产开发商变更了建设主体及规划设计,未按约定出售房屋的,应承担缔约过失责任。在确定缔约过失的赔偿范围时,应当以信赖利益的损失为限,不应包括机会丧失及期待利益的损失。

【案号索引】

一审:(2008)虹民三(民)初字第711号

二审:(2010)沪二中民二(民)终字第609号

【当事人信息】

上诉人(原审原告):曹某如

被上诉人(原审被告):上海莱因思置业有限公司(以下简称莱因思公司)

被上诉人(原审被告):上海置阳房地产开发有限公司(以下简称置阳公司)

被上诉人(原审被告):上海鹏欣(集团)有限公司(以下简称鹏欣集团公司)

被上诉人(原审被告):上海鹏欣房地产(集团)有限公司(以下简称鹏欣房产公司)

【基本案情】

2001年4月6日,曹某如与置阳公司签订订购协议,约定曹某如向置阳公司预订位于新外滩花苑F楼20EW室和20EE室,建筑面积均为118平方米,成交总价为220万元;曹某如按约定缴清上述款项,置阳公司保证不得将曹某如所订房屋再次出售,如违约,置阳公司应双倍返还曹某如定金。协议签订当日,曹某如支付了222万元。2004年12月,置阳公司以市政府规划调整为由起诉曹某如,要求解除订购协议。曹某如拒绝解除订购协议,置阳公司遂以证据不足为由撤回起诉。2006年5月,鹏欣集团公司、鹏欣房产公司设立了莱因思公司。2006年7月,置阳公司的股东变更为鹏欣集团公司和鹏欣房产公司。2006年9月,经莱因思公司申请,上海市政府批准将新外滩花苑三期F楼地块商品住宅工程开发建设主体由置阳公司变更为莱因思公司。2006年10月,莱因思公司取得建设工程规划许可证,对该工程项目重新进行了规划设计。2008年4月,莱因思公司取得商品房预售许可证,正式对外销售。2008年5月,曹某如致函置阳公司和莱因思公司,要求其履行订购协议并交付房屋。因置阳公司和莱因思公司拒绝履行,曹某如遂诉至法院,要求解除订购协议;莱因思公司和置阳公司共同返还购房款222万元,鹏欣集团公司、鹏欣房产公司承担连带责任;莱因思公司、置阳公司、鹏欣集团公司、鹏欣房产公司连带赔偿18096000元。经与系争房屋较相对室号的房地产市场价值进行评估,法院确定评估单价为每平方米64561元。

上海市虹口区人民法院经审理认为,曹某如与置阳公司签订的订购协议,符合预约合同系当事人双方为将来订立确定性本约合同而达成合意的法律特征,不能认定为房屋买卖合同。曹某如按约支付了全部款项,但置阳公司却和莱因思公司协议将工程建设主体进行调整,莱因思公司对规划设计进行了变更,导致订购协议中双方约定将来正式签订房屋买卖合同的根本目的无法实现，违约责任在置阳公司。曹某如要求解除订购协议，置阳公司表示同意，法院予以照准，但置阳公司应返还曹某如购房款，并承担相应的赔偿责任。莱因思公司被调整为新的建设主体，其与置阳公司之间未就工程建设主体调整支付补偿费用；莱因思公司与置阳公司股东构成上的同一性，不能排除双方未作补偿的可能，由此将使曹某如承受置阳公司赔偿不能的风险，故莱因思公司应承担补充赔偿责任。曹某如要求莱因思公司、鹏欣集团公司、鹏欣房产公司承担连带返还 222 万元及赔偿责任，没有法律依据，法院不予支持。在综合考虑置阳公司的过错程度、曹某如的付款情况以及上海市近年来房地产市场发展趋势的基础上，由法院酌定赔偿金额。判决：解除订购协议，置阳公司返还曹某如购房款 222 万元及赔偿曹某如 222 万元，莱因思公司就赔偿款 222 万元承担补充赔偿责任，曹某如的其余诉请不予支持。

宣判后，曹某如不服一审判决，提起上诉。

二审中，置阳公司表示在原判 222 万元的基础上再补偿曹某如 60 万元，并连同原判内容所涉款项交由原审法院，以便日后顺利履行。

【法院认为】

上海市第二中级人民法院经审理认为，订购协议仅是预约合同，预约的目的在于签订本约。从预约到本约的签订，双方当事人应当遵循诚实信用原则，将预约所确定的原则贯彻到本约的合同条款中。原审法院在综合考虑置阳公司的过错程度、曹某如的付款情况以及上海市近年来房地产市场发展趋势的基础上，酌定赔偿金额为 222 万元，并无不当。置阳公司与莱因思公司之间无偿转让系争房屋的建设项目，存在因置阳公司支付能力不足，曹某如求偿不能的风险，莱因思公司本应对置阳公司的还款及赔偿承担连带责任。但是，置阳公司在二审期间已提供现金担保，其有能力承担还款及赔偿责任。在曹某如的权益可以得到充分保障的情况下，对于曹某如要求莱因思公司等承担连带责任的上诉请求，法院不予支持。

【裁判结果】

二审判决维持原判，置阳公司于本判决生效之日起 10 日内向曹某如支付补偿款 60 万元。

［参见王珍：《曹灿如与上海莱因思置业有限公司等商品房预约合同纠纷上诉案——建设主体变更情形下订购协议违反的法律责任》，载《人民司法·案例》2011 年第 12 期。］

13. 商品房认购书签订后，开发商将房屋另售他人，应承担何种违约赔偿责任？

【典型案例】

陈某根诉江阴兰星房地产开发公司等不履行商品房预约合同纠纷案

【裁判要旨】

商品房认购书是商品房买卖双方在签订商品房预售合同或商品房现房买卖合同之前所签订的文书，是对双方交易房屋有关事宜的初步确认。商品房认购书属于预约合同，认购书签订后，开发商在商品房达到销售条件后负有按照认购书的约定签订商品房买卖合同的义务。而开发商未按照约定签订商品房买卖合同，而是将房屋销售他人，由此导致合同不能实际履行，构成违约，应承担相应的违约赔偿责任。实践中，部分法院根据近年来房地产市场发展的态势及双方当事人履约情况，将具体的赔偿数额确定为开发商因违约实际获得的差价利益符合法律规定。

【案号索引】

一审：江苏省江阴市人民法院（2011）澄西民初字第0105号

二审：江苏省无锡市中级人民法院（2012）锡民终字第0024号

【当事人信息】

原告（被上诉人）：陈某根

被告（上诉人）：江阴兰星房地产开发有限公司（以下简称兰星公司）

被告：钱某忠

【基本案情】

江苏省江阴市人民法院经公开审理查明：2008年3月20日，陈某根与常州兰星房地产开发有限公司江阴分公司（以下简称常州兰星江阴分公司）签订编号为005的龙城福第认购书一份，约定由陈某根认购龙城福第房产a块商业11、12、13、14、15号，面积以产权登记为准；认购单价为6000元/平方米；签订认购书时交纳诚意金60万元；龙城福第达到销售条件后常州兰星江阴分公司以书面形式通知陈某根签订商品房买卖合同，届时诚意金抵作房款。认购书记载有陈某根的身份证号码和联系电话，书面通知地址栏未填写内容。陈某根于认购书签订当日支付诚意金60万元,常州兰星江阴分公司出具收据。

常州兰星江阴分公司现登记为兰星公司,钱某忠系公司股东。兰星公司确认常州兰星江阴分公司的责任由其承担,陈某根无异议。

龙城福第(14#房,a商业,物业)于2009年8月20日取得预(销)售许可证。其后,兰星公司将a商业一层全部销售。其中b04(建筑面积为252.81平方米)售价为6763.97元/平方米;b05(建筑面积为252.81平方米)售价为7000元/平方米;b06(建筑面积为252.81平方米)售价为7000元/平方米。

江苏省江阴人民法院经审理认为:第一,关于认购书中确定的龙城福第a块商业11、12、13、14、15号房产是否为现a商业房一层b04的一半、b05、b06的问题。兰星公司先是辩称签订认购书时没有图纸,后又称认购书中确定的是图纸中的b04、b05,其陈述前后不一致,且根据兰星公司提供的平面图,结合实地勘察,认购书中确定的房产为现a商业房一层b04的一半、b05、b06具有合理性。故本院确定认购书中的房产就是现a商业房一层b04的一半、b05、b06。第二,关于兰星公司在取得预(销)售许可证后是否履行了约定的书面通知义务的问题。首先,兰星公司未有证据证明其履行了书面通知义务。其次,其称知道陈某根在龙城福第附近做生意且进行过电话联系,其应该能够通过书面方式通知却未书面通知。故本院认为兰星公司未履行约定的通知义务。第三,关于陈某根要求兰星公司返还60万元诚意金并赔偿其可得利益损失是否应予支持的问题。双方签订的认购书对拟购商铺的位置、价款、认购时间及双方的权利、义务作了约定,并对签署正式买卖合同作了安排,系独立、有效的预约合同,双方应在认购书所约定的条件成就后按约定履行。兰星公司在取得预(销)售许可证后,未履行约定的通知义务,并将涉案房屋卖与他人,导致双方无法按认购书的约定继续履行,兰星公司应承担相应的违约责任。因预约合同与本约合同存在法律性质差异,在内容上亦缺乏付款时间、付款方式、商铺交付条件及日期等主要内容,双方需通过进一步谈判在本约中加以确定,故综合考虑江阴近年来房地产市场发展的态势及双方当事人履约情况,具体赔偿数额应以兰星公司将因违约实际获得的差价利益返还给陈某根为宜。根据兰星公司实际销售价格与认购书约定的6000元/平方米的差价,乘以相应房产面积,兰星公司因违约实际获得的差价利益为602189.63元[252.81平方米÷2×(6763.97-6000)元/平方米+(252.81+252.81)平方米×(7000-6000)元/平方米]。故对陈某根要求兰星公司返还60万元诚意金的诉讼请求予以支持,对要求赔偿损失1195779元不予支持,兰星公司应赔偿陈某根损失602189.63元。钱某忠系常州兰星房地产开发有限公司法定代表人,其签订合同的行为系职务行为,钱某忠个人不承担责任。

江苏省江阴市人民法院判决如下:(1)兰星公司应返还陈某根诚意金60万元并赔偿陈某根损失602189.63元,合计1202189.63元。兰星公司于本判决发生法律效力之日起10日内付清。(2)驳回陈某根的其他诉讼请求。

兰星公司不服一审判决，提起上诉。

【法院认为】

江苏省无锡市中级人民法院经审理认为：第一，当事人对自己提出的主张所依据的事实有责任提供证据加以证明。本案中，按照双方约定，兰星公司承担通知陈某根前来签订商品房买卖合同的义务，现兰星公司认为其已经尽到了通知义务，但并未提供证据加以证明。故对兰星公司该上诉意见不予采纳。第二，陈某根主张认购房屋为现a商业房一层b04的一半和b05、b06具有合理性。首先，兰星公司在原审中的陈述前后矛盾。其次，二审中，法院要求兰星公司提供其他编号的认购书来与商品房买卖合同进行核对以确认房屋的对应关系，兰星公司并未提供该证据，应当由其承担不利的法律后果。第三，本案中，认购书属于预约合同，其对拟购商铺的位置、价款、认购时间及双方的权利、义务作了明确约定，其他条款根据商品房预(销)售合同格式文本和交易习惯即可确定。兰星公司在达到销售条件后即负有与陈某根按照认购书的约定签订商品房买卖合同的义务，此时，陈某根可以要求继续履行并取得认购房屋，但因为兰星公司已经将认购房屋销售导致事实上不能履行，陈某根的可期待利益损失应以房屋价格的上涨部分为限。本案中，考虑到兰星公司因违约而实际获益的情况，原审法院认定具体赔偿数额为兰星公司实际获得的差价并返还给陈某根并无不当。

【裁判结果】

江苏省无锡市中级人民法院二审判决如下：驳回上诉，维持原判。

[参见最高人民法院中国应用法学研究所编：《人民法院案例选》(2013年第2辑)，人民法院出版社2013年版。]

14. 缔约过程中负有义务一方未主动披露交易重大信息，相对方终止继续磋商主合同的，应否罚没定金？

【典型案例】

陈某、魏某花诉无锡融科智地房地产开发有限公司商品房预约合同纠纷案

【裁判要旨】

房屋存在抵押权，是房屋买卖合同交易中涉及房屋的重大信息，对于房屋能否

顺利交易以及买受人可能存在的交易风险有重大影响，且该信息作为买受人并不能通过对房屋外观的查看而获取。在未解除抵押的情况下，出卖人应向买受人主动披露该信息。负有告知义务却未主动披露该信息，导致交易的信用基础被破坏，相对方基于预约阶段义务方对相关重大事项的不完整披露产生不信任感，而不愿签订买卖合同建立合同关系，系其对自身权益的合理保护，并非属于定金罚没的违约情形。

【案号索引】

江苏省无锡市中级人民法院(2016)苏02民终18号

【当事人信息】

原告(被上诉人)：陈某、魏某花

被告(上诉人)：无锡融科智地房地产开发有限公司(以下简称融科公司)

【基本案情】

2015年8月6日，陈某、魏某花与融科公司签订《融科·玖玖派认购协议书》一份，约定：陈某、魏某花向融科公司支付人民币2万元作为认购融科·玖玖世家2幢45单元×室房屋的定金；房屋建筑面积121.49平方米，总价1059553元；陈某、魏某花应于2015年8月13日前携带相关证明到融科公司指定地点签订《商品房买卖合同》及附件；若陈某、魏某花不履行或不按时履行协议任何条款，视为违约，融科公司没收已付定金，并有权将订购房屋另行出售。2015年8月7日，陈某、魏某花支付定金2万元。2015年8月11日，陈某、魏某花告知融科公司因其订购的房屋处于抵押状态，而融科公司并未提前告知，故要求解除认购协议并要求退回定金。与此同时，融科公司在8月11日将双方签订认购协议时尚处于抵押状态的涉案融科·玖玖世家45单元×室房屋解除抵押。2015年8月17日，融科公司向陈某、魏某花发送解约通知书一份，明确表示解除双方签订的《融科·玖玖派认购协议书》并没收定金2万元。陈某、魏某花认为融科公司在与其签订认购协议时未就房屋已抵押的重大事项向其进行告知，存在欺骗消费者的不诚信行为，认为与融科公司签订购房合同风险太大，故要求融科公司退还2万元定金。融科公司认为双方签订的认购协议真实有效，认购房屋抵押的情况，其在签订认购协议时也进行过告知，但无书面证据，且在认购协议约定的签订正式商品房买卖合同日期到期前涉案房屋抵押已经解除，可以进行正常交易。陈某、魏某花未按照协议约定签订《商品房买卖合同》，违反了《合同法》关于定金条款的规定，其有权没收定金。

江苏省无锡市滨湖区人民法院经审理认为：陈某、魏某花订购的涉案房屋处于抵押状态，系涉及房屋的重大事项，且不能通过房屋外观直观查验知悉，在签订认购协议时，作为出卖方的融科公司应当将该重要信息告知买受人。现陈某、魏某花明确表示融科公司在签订认购协议前未将该事项向其进行告知，融科公司抗辩称已经进行告知,因该告知属融科公司应履行的义务,在对该事实双方存在争议的情况下,对主张自身义务已履行的一方应负有举证证明的义务。现融科公司未提供证据证明其已履行了该告知义务,故本院依证据规则对融科公司在签订认购协议时已对房屋处于抵押状态向陈某、魏某花进行过告知的抗辩意见不予采纳。陈某、魏某花已在2015年8月11日向融科公司明确表示解除合同不会继续签订买卖合同,融科公司也于2015年8月17日明确表示协议予以解除,故涉案认购协议于2015年8月17日已解除。虽然在约定的签订正式买卖合同日期前融科公司将抵押解除,但陈某、魏某花基于预约阶段融科公司对相关重大事项的不完整披露产生不信任感而不愿与融科公司签订买卖合同,系其对自身权益的合理保护;且该信息的披露,对于陈某、魏某花决定是否签订认购协议具有重要影响。故本案双方未签订《商品房买卖合同》的原因不应归责于陈某、魏某花一方,融科公司应将收取的定金2万元予以返还。

江苏省无锡市滨湖区人民法院依据二审判决:(1)原告陈某、魏某花与被告融科公司于2015年8月6日签订的关于融科·玖玖世家2幢45单元×室房屋的《融科·玖玖派认购协议书》于2015年8月17日予以解除;(2)被告融科公司于本判决发生法律效力之日立即返还原告陈某、魏某花定金2万元。

融科公司持原审抗辩意见提起上诉。

【法院认为】

江苏省中级人民法院经审理认为:当事人在签订认购协议时约定交付的定金为立约定金,只有当买受人一方违反认购协议约定,导致商品房买卖合同未能订立的情况下才丧失取回定金的权利。本案中,买受人陈某、魏某花于认购协议约定签约日期前几日向融科公司明确表示因其认购的房屋处于抵押状态,而融科公司并未提前告知,故要求解除认购协议。融科公司未提供证据证明其已就房屋抵押事宜提前口头告知陈某、魏某花,且在陈某、魏某花提出解除认购协议之前,涉案房屋确实处于抵押状态。因此,陈某、魏某花基于融科公司存在的重大事项未提前披露而产生的不信任感,不愿继续签订正式房屋买卖合同的行为具有正当性,不属于定金罚没的违约行为。融科公司的上诉请求无事实和法律依据,本院不予支持。

【裁判结果】

江苏省无锡市中级人民法院二审判决:驳回上诉,维持原判。

[参见曹士兵主编,国家法官学院案例开发研究中心编:《中国法院2018年度案例·房屋买卖合同纠纷》,中国法制出版社2018年版。]

15. 商品房预约合同签订后，怠于履行通知签订预售合同的附随义务的一方要求解除合同，应否予以支持？

【典型案例】

北京旭天恒置业有限公司与刘某东商品房预约合同纠纷案

【裁判要旨】

《选房确认单》系商品房预约合同的种类之一。签订双方意思表示真实，且不违反法律强制性规定，应为合法有效，各方应按照约定履行各自义务。合同约定一方应电话通知另一方办理后续购房手续，系合同义务。未依约履行通知义务或履行通知义务不当的一方要求解除商品房预约合同的，法院不予支持。

【案号索引】

一审：北京市大兴区人民法院(2020)京0115民初11115号

二审：北京市第二中级人民法院(2021)京02民终191号

【当事人信息】

上诉人(原审原告)：北京旭天恒置业有限公司(以下简称旭天恒公司)

被上诉人(原审被告)：刘某东

【基本案情】

上诉人旭天恒公司因与被上诉人刘某东商品房预约合同纠纷一案，不服北京市大兴区人民法院(2020)京0115民初11115号民事判决，向本院提起上诉。本院于2021年1月5日立案后，依法组成合议庭进行了审理。本案现已审理终结。

一审法院认定事实：2017年8月9日，刘某东与旭天恒公司签订《选房确认单》，《选房确认单》包含选房信息及刘某东提供的通讯地址及电话，并约定最终签订《北京市商品房预售合同(限价商品住房)》的时间以开发商电话通知为准。旭天恒公司称在签订《选房确认单》之后该公司曾建了一个微信群，在群里通知所有购房人办理后续签约事宜，但建群的时候漏掉了刘某东。旭天恒公司称后来通过电话和短信的形式通知过刘某东，告知其履行后续签约事宜，但并未提供相关证据，刘某东对该事实不予认可，其称未收到该公司的相关通知。

旭天恒公司提交关于办理签约手续的函、解除《房确认单》的通知律师函及相应快递单截图作为证据，据此证明曾向刘某东在《选房确认单》中确认的通讯地址发送过三次快递，分别告知刘某东其应在2018年10月31日之前前往该公司办理购房手续，双方签订的《选房确认单》2018年10月31日之后自动解除以及要求刘某东配合办理解除手续。刘某东对以上事实均不予认可，其称快递单截图中的地址确为其地址，但上面没有本人签字，自己也并未收到过以上快递。

一审法院认为，当事人对自己提出的主张，有责任提供证据。当事人对自己提出的诉讼请求所依据的事实或者反驳对方诉讼请求所依据的事实有责任提供证据加以证明。没有证据或者证据不足以证明当事人的事实主张的，由负有举证责任的当事人承担不利的后果。旭天恒公司与刘某东签订《选房确认单》，系双方真实意思表示，且不违反法律强制性规定，应为合法有效，各方应按照约定履行各自义务。按照合同约定，旭天恒公司应电话通知刘某东办理后续购房手续的时间，旭天恒公司主张曾通过电话和短信通知过刘某东办理后续购房手续，但并未提供证据证明，法院对该主张不予采信。在旭天恒公司未曾通知过刘某东办理购房手续事宜并且刘某东亦未明确表示放弃该购房资格的情况下，对旭天恒公司要求判令解除双方于2017年8月9日签订的《选房确认单》的诉讼请求，没有事实和法律依据，法院不予支持。

一审法院判决：驳回旭天恒公司的全部诉讼请求。

二审中，本院补充查明：《选房确认单》中"二、确认单约定说明"第五条约定"选房完成后，买受人应在出卖人通知的时间、地点与出卖人签订《北京市商品房预售合同（限价商品住房）》……（签约前出卖人会电话再次通知买受人相关要求，请保证电话畅通）"。

二审中，旭天恒公司提交2017年12月8日、2018年10月25日邮寄催签函的快递查询单，显示"妥投他人收家人"，以证明曾向刘某东送达过催签函。刘某东否认收到过催签函，称其预留的地址和电话从未改变过，2017年8月左右第一次接到旭天恒公司的电话，工作人员就要其去办理解约，其明确表示要购房，不解约。2017年年底因孙子出生，家里住房面积不够导致无法上户口，一直在等待签购房合同，多次向所在地相关部门打听保障房何时下来，且2018年曾去兴荣家园查看，发现其选定的限价房已经有他人居住。旭天恒公司称系在电话沟通不畅后才改为发书面催签函，但未就电话沟通及沟通内容举证。经询，旭天恒公司未派人前往刘某东预留的地址进行送达或了解情况。

旭天恒公司另提交《项目收购合同》、会议纪要、7号院限价房回购房源明细和企业信用信息等证明涉案商品房是由政府主导的限价商品房，已经由北京市大兴区保障性住房建设投资有限公司收购并完成向该公司移交，现《选房确认单》已经无法履行。刘某东称其无法核实上述文件的真实性。本院对一审法院查明的其他事实予以确认。

【法院认为】

本案的争议焦点为旭天恒公司是否履行了《选房确认单》中载明的通知签订预售合同的义务。旭天恒公司与刘某东签订的《选房确认单》涉及房屋并非普通商品住房，而是有住房保障性质的限价商品住房，对于家庭住房紧张且新添人口的刘某东而言，其民生保障意义不言而喻。旭天恒公司本应诚信、善意、谨慎地履行《选房确认单》中载明的通知刘某东签订预售合同的义务和告知刘某东相关要求的义务，但其公司采用微信群通知签约相关事项时遗漏了刘某东，存在明显过失。结合刘某东急需住房的实际情况，本院对刘某东主张的已经在2017年七八月接到旭天恒公司电话通知后明确告知"要购房，不解约"的事实予以采信。根据双方陈述，刘某东预留的地址和电话号码并未改变过，旭天恒公司虽称电话联系刘某东不畅后采取邮寄送达催签函方式通知刘某东签订预售合同，但其公司未就电话联系刘某东的情况进行举证，其后在未上门直接送达的情况下向刘某东邮寄催签函，且在邮寄后未再次向刘某东进行电话或上门确认，结合快递单并非刘某东本人签收的事实，本院难以认定旭天恒公司履行《选房确认单》中约定的通知、告知义务。据此，旭天恒公司以刘某东未按照通知签订预售合同为由要求解除《选房确认单》，缺乏事实依据，本院不予支持。旭天恒公司二审提交的《项目收购合同》等证据，不足以证明《选房确认单》的合同目的无法实现，本院对其公司的该项上诉理由，不予采纳。

【裁判结果】

综上所述，旭天恒公司的上诉请求不能成立，应予驳回；一审判决认定事实清楚，适用法律正确，应予维持。二审判决：驳回上诉，维持原判。二审案件受理费4869元，由旭天恒公司负担(已交纳)。本判决为终审判决。

16. 因不可归责于双方的事由导致合同未能订立的，出卖人是否适用定金罚则？

【典型案例】

张某亮诉骆某耀房屋买卖合同纠纷案

【裁判要旨】

认定双方是否已就讼争房产买卖达成一致意见，即双方当事人的合意系属预约合同还是本合同。合同条款一般包括标的、价款、履行期限、违约条款等。在房屋买卖合同纠纷案件中,衡量双方是否就房屋买卖达成一致意见,应当从完成房屋买卖过程双方所必须进行的行为,如房屋价款、交房时间、付款方式、付款期限、税费的承担以及办理过户登记等方面进行考量。房屋买卖合同有别于一般生活中普通的买卖行为,并非"一手交钱、一手交货"的即时行为完成。如双方仅仅是对房产买卖价款达成一致而签订的收条或便条等,应当视为预约合同。《最高人民法院关于审理商品房买卖合同纠纷案件适用法律若干问题的解释》第四条规定:"出卖人通过认购、订购、预订等方式向买受人收受定金作为订立商品房买卖合同担保的,如果因当事人一方原因未能订立商品房买卖合同,应当按照法律关于定金的规定处理;因不可归责于当事人双方的事由,导致商品房买卖合同未能订立的,出卖人应当将定金返还买受人。"如无证据证明因一方原因未能订立房屋买卖合同,则不应适用定金罚则。如前所述,预约合同的本质在于就同一性质的合同产生排他性,以维护双方当事人的信赖而订立本合同。当事人一方违反了信赖原则,如不与对方进行协商订立本合同,或恶意磋商,或在预约期间与他人进行交易等,则其应承担相应的违约责任。如果双方当事人基于预约合同就本合同各要素进行协商后最终未能达成合意而终止交易的,则应视为双方已履行了预约合同的义务,不应将本合同内容的分歧归责于任何一方。在此情形下,出卖人拒绝出售或买受人拒绝购买,不应认定为违约。

【案号索引】

一审:福建省厦门市湖里区人民法院(2011)湖民初字第1819号

二审:福建省厦门市中级人民法院(2011)厦民终字第2841号

【当事人信息】

原告(上诉人):张某亮

被告(被上诉人):骆某耀

【基本案情】

原告诉称,2011年3月30日,经房屋中介机构厦门市鑫万邦置业有限公司(以下简称鑫万邦公司)的介绍,原、被告就湖里区金昌路3号之一、之二、之三(玉山花园)房屋达成买卖的合意,双方同意上述3套房屋以总价款580万元成交,为此,原告向被告支付50万元的定金,并约定2011年3月31日下午5时在中介公司签订《房屋买卖合同》,中介费为交易金额的2.5%。然而,被告收取定金后,却以种种理由拒绝与原告签订房屋买卖合同,其行为已构成违约,依法应双倍返还定金给原告,并承担相应的赔偿责任,鉴于双方协商不成,为此,原告请求法院判令:(1)被告双倍返还定金100万元;(2)被告赔偿原告中介费损失145000元。庭审后,因被告已按原账户将50万元退还原告,故第一项诉求变更为双倍返还定金50万元。

被告辩称,原告的起诉违背案件事实,其诉讼请求于法无据。被告认为,双方多次磋商,仍未就签订买卖合同事宜达成一致主要是因为在以下四个方面问题存在较大的分歧:第一,关于收款收据的问题。原告一直不肯向被告出示此前被告出具的50万元定金的收款收据。第二,关于放弃优先购买权的问题。承租人张某不愿意出具放弃优先购买权的声明。第三,关于中介费的承担问题。原告提出2.5%的中介费要由被告承担。被告认为,当时谈好3处店面的总价款580万元是实收的,不愿意承担中介费;而张某正是鑫万邦公司的股东,故被告认为该笔交易根本不存在要支付所谓的中介费的问题。第四,关于购房款的申报数额及税费的承担问题。原告提出虽然3处店面的总价款是580万元,但为了能够少缴纳税费,希望在申报时房价可以写成380万元,并且由被告和原告各自缴纳应承担的税费。综上,被告认为,第一,被告于2011年3月30日收到3处房产的50万元总定金系订约定金。该定金的性质应为订约定金,即该50万元定金是被告与原告在签订房产买卖合同之前为担保以后正式签订房产买卖合同而约定交付的定金,担保双方有意向和诚意在将来建立合同关系,实现双方的相互信任。第二,被告与原告最终未能签订房产买卖合同并不是出于被告主观上的故意或过失,故原告无权要求被告双倍返还定金。被告在收取50万元定金后,已经多次与原告就买卖合同的具体事宜进行磋商,鉴于对以上四点意见的分歧,双方始终未就合同的相关事宜达成一致。双方最终未能签订买卖合同并不是出于被告或是原告主观上的故意或过失,故被告同意原告取回50万元定金,但无须将定金双倍返还给原告,即本案不适用定金罚则。第三,被告从未与鑫万邦公司签订居间合同,也未与其就居间费用进行协商,同时原告与被告之间也未就居间费用协商一致。双方之间的买卖合同也未订立,而且鑫万邦公司就是张某自己开设的,因此在本案中,被告认为根本不存在实际发生居间费用的事实。原告要求被告承担居间费用没有任何依据。综上,原告的诉讼请求没有事实和法律依据,应依法驳回原告对被告的诉讼请求。

2011年3月30日,张某亮分别通过肖某河转款34万元和7万元、张某转款1万元、吴某霞转款8万元,共计向骆某耀付款50万元。骆某耀出具一份收条载明:"兹收到张某亮购买厦门市湖里区金昌路3号之一(00620276)、厦门市湖里区金昌路3号之二(00620275)、厦门市湖里区金昌路3号之三(00620273),房屋用途为商业、服务业,收到定金为人民币伍拾万元整(500000元),此定金为三所产权总定金。总价款为人民币五百八十万元整(5800000元)。"此前,讼争房产出租给张某,租期自2007年9月15日至2012年9月15日。张某系鑫万邦公司的法定代表人,出资比例为80%。2011年5月4日和5月10日,骆某耀分别通过公证送达的方式向张某亮送达两份函件,通知张某亮于所定的时间和地点与骆某耀面谈3处店面签订买卖合同事宜。双方依约进行洽谈但未达成一致意见。在2011年5月12日的洽谈中,骆某耀提出需张某出具放弃优先购买权的声明,张某亮不予认可,双方对此争执不下。2011 年 5 月 13 日，骆某耀再次向张某亮公证送达一份函件，表明鉴于多次商谈均无法就店面买卖事宜达成一致意见，希望张某亮在收到函件后 3 日内提供其本人的收款账号，以便将张某亮此前支付的定金退回。鑫万邦公司于 2011 年 5 月 16 日向张某亮出具金额为 145000 元，项目为代理中介费的厦门市服务业通用发票。骆某耀于 2011 年 7 月 27 日通过原账户退还定金 50 万元。

另外，张某亮主张，双方约定购房款余款 530 万元于 2011 年 5 月 31 日前付清，款项付清后交房。证人母乐系讼争房产买卖的中介，称双方约定剩余购房款分两期支付，大约在 4 月支付 150 万元，余款 5 月支付，款项付清交房。证人李某献称，剩余购房款分 3 笔支付，大约是 6 月 30 日或是 5 月 30 日前全部付清，款项付清交房。

厦门市湖里区人民法院根据上述事实和证据认为：本案中，骆某耀出具的收款收据仅对讼争房屋的位置以及总价作出约定，该收条应认定为认购书，而非买卖合同。其中的定金应理解为立约定金，即定金作为订立主合同的担保，一方拒绝签订合同的，定金不予返还或者双倍返还。现双方未签订房屋买卖合同，张某亮及两位证人对于付款方式、付款时间、房屋交付时间等均陈述不一致，可见双方对上述合同事项未达成合意。同时，案外人张某系讼争房产的承租人，又系鑫万邦公司的法定代表人，曾向张某亮转账支付部分定金。根据查明的事实，张某未能向张某亮出具放弃对讼争房产的优先购买权的书面声明，该问题亦系双方无法协商一致的原因之一。张某虽系本案讼争买卖关系的案外人，但因其代张某亮支付了部分定金，亦系鑫万邦公司的股东及法定代表人，故其与张某亮存在一定的密切关系，骆某耀提出让张某出具放弃优先购买的声明时，张某亮有能力予以配合却无正当理由予以拒绝，导致双方对该问题无法达成一致。综上分析，双方经多次协商不能就商品房买卖合同协商一致。《最高人民法院关于审理商品房买卖合同纠纷案件适用法律若干问题的解释》第四条规定：“出卖人通过认购、订购、预订等方式向买受人收受定金作为订立商品房买卖合同担保的，如果因当事人一方原因未能订立商品房买卖合同，应当按照法律关于定金的规定处理；因不可归责于当事人双方的事由，导致商品房买卖合同未能订立的，出卖人应当将定金返还买受人。”骆某耀已将定金 50 万元返还张某亮，张某亮主张双倍返还定金，于法无据。另外，张某亮并未与鑫万邦公司签订居间合同，双方也未签订房屋买卖合同，居间服务并未完成，张某亮也无法解释其向鑫万邦公司支付中介费的依据。同时，据前述，鑫万邦公司的法定代表人张某与张某亮存在密切关系，故对于张某亮是否支付中介费的真实性和合理性，不予认定。故张某亮主张骆某耀承担中介费，没有事实和法律依据。厦门市湖里区人民法院判决：驳回张某亮的诉讼请求。二审法院对双方无争议的事实与证据予以确认。

【法院认为】

本案争议的焦点在于双方是否已就讼争房产买卖达成一致意见。合同条款一般包括标的、价款、履行期限、违约条款等。在本案中,双方虽已就讼争房产的价款达成一致意见,骆某耀也出具了收条,但在交房时间及付款方式、付款期限、中介费和税费的承担等条款上,并无书面证据证明双方已经达成一致意见。张某亮原审提供的证人证言及录音资料等亦不能证明双方就此已经达成协议,故骆某耀出具的收条属于预约合同性质。双方未能就讼争房产订立正式的房屋买卖合同的原因系双方不能就合同其他条款达成一致意见,故合同不能订立的原因不可归责于双方,骆某耀无须按照定金罚则向张某亮支付双倍定金。原审判决驳回张某亮的诉讼请求正确,应予以维持。张某亮的上诉请求没有事实与法律依据,应当予以驳回。

【裁判结果】

厦门市中级人民法院判决:驳回上诉人张某亮的上诉,维持原判。本案二审案件受理费8800元,由上诉人张某亮负担。

[参见国家法官学院案例开发研究中心编:《中国法院2013年度案例:房屋买卖合同纠纷》,中国法制出版社2013年版。]

第二章

商品房预售合同纠纷

1. 作为出卖人的房地产开发企业在其未取得商品房预售许可证之前，与买受人签订的《商品房认购书》是否有效？

【审判专论】

鉴于商品房预售的特殊性，我国法律、行政法规对商品房预售实行行政许可的监管制度。《城市房地产管理法》第四十五条、《城市房地产开发经营管理条例》第二十三条均明确规定，商品房预售应当取得商品房预售许可证明。这就表明我国的商品房预售具有较强的国家干预性。《最高人民法院关于审理商品房买卖合同纠纷案件适用法律若干问题的解释》第二条也规定，出卖人未取得商品房预售许可证明，与买受人订立的商品房预售合同，应当认定无效。但是在起诉前取得商品房预售许可证明的，可以认定有效。由上可见，无论是立法、行政法规，还是司法解释，预售许可证明均是针对商品房预售行为所作出的强制性规定。

而《商品房认购书》作为一个独立的合同形式，从其订立的目的、约定的内容来看，通常是为将来双方当事人订立确定性的正式的商品房买卖合同达成的书面允诺，其目的就是通过订立合同来约束双方当事人承担在将来订立正式商品房买卖合同的义务，与作为本约合同的商品房买卖合同相对应，《商品房认购书》即为预约合同。预约合同只是双方当事人承诺在约定的期限内订立确定性合同即本约的预备性协议，不得因此认定本约已正式订立。预约合同一方当事人仅可以请求对方当事人履行订立本约的义务，不能请求履行本约的内容。预约合同一般表现为认购书、订购书、预订书、意向书、允诺书、备忘录、谈判纪要、定金收据等多种形式。

既然作为预约合同的《商品房认购书》是出卖人和买受人双方为将来订立作为本约合同的《商品房买卖合同》所作的承诺，而非正式的商品房预售行为，作为法定的商品房预售行为强制性前提条件的商品房预售许可证明就不应对出卖人订立预约合同的行为干预禁止。未取得商品房预售许可证前签订的《商品房认购书》等预约合同均为有效。

［参见最高人民法院民事审判第一庭编:《民事审判指导与参考》(第 36 辑),法律出版社 2008 年版。］

【司法解释】

最高人民法院关于审理商品房买卖合同纠纷案件适用法律若干问题的解释(2020 年修正)

第二条　出卖人未取得商品房预售许可证明,与买受人订立的商品房预售合同,应当认定无效,但是在起诉前取得商品房预售许可证明的,可以认定有效。

【审判政策与精神】

北京市高级人民法院关于审理房屋买卖合同纠纷案件若干疑难问题的会议纪要(2014 年 12 月 16 日　京高法发〔2014〕489 号)

一、符合房屋现售条件的商品房预售合同的效力

出卖人未取得商品房预售许可证明即签订预售合同转让房屋,在一审法庭辩论终结前房屋已经竣工验收合格的,可以认定为商品房现售,当事人以出卖人未取得商品房预售许可证明为由主张合同无效的,不予支持。

2. 人民法院应如何判断商品房买卖中的认购书是预约合同还是本约合同?

【公报案例】

张某与徐州市同力创展房地产有限公司商品房预售合同纠纷案

【裁判要旨】

根据订立合同目的的不同,合同可以分为预约合同和本约合同。预约合同是一种约定将来订立一定合同的合同,目的在于当事人对将来签订特定合同的相关

事项进行规划;本约合同则是对双方当事人特定权利义务的明确约定。《商品房销售管理办法》第十六条规定,商品房买卖合同应具备以下主要内容:当事人名称或者姓名和住所,商品房基本状况,商品房的销售方式,商品房价款的确定方式及总价款、付款方式、付款时间,交付使用条件及日期,装饰、设备标准承诺,公共配套建筑的产权归属等。据此,人民法院判断商品房买卖中的认购书是预约合同还是本约合同,应主要看其是否具备了以上条款。如果认购书基本具备了上述条款,则为本约合同,反之,为预约合同。当事人一方违反预约合同约定,不与对方签订本约合同或无法按照预约的内容与对方签订本约合同的,应当向对方承担违约责任。

【当事人信息】

原告:张某

被告:徐州市同力创展房地产有限公司(以下简称同力创展公司)

【基本案情】

原告张某因与被告同力创展公司发生商品房预售合同纠纷,向江苏省徐州市泉山区人民法院提起诉讼。

徐州市泉山区人民法院一审查明,1999 年 6 月,徐州市泉山区奎山办事处(原奎山乡)奎西村旧村改造工程经徐州市有关部门批准分期实施。2003 年 10 月,旧村改造工程二期启动,被告同力创展公司开始参与该工程,并将该工程定名为橙黄时代小区。建设的房屋部分用于安置原奎西村拆迁居民,其他部分作为商品房对外出售。

被告同力创展公司参与上述旧村改造工程后即对其拟开发建设的部分楼盘对外进行出售。2004 年 2 月 16 日,被告与原告张某签订橙黄时代小区彩园组团商品房预订单一份,该预订单约定:原告预订被告开发的橙黄时代小区彩园组团 8 号楼 1 单元 102 室商品房,该房屋建筑面积预计为 123 平方米,双方约定房屋单价为 2568 元/平方米,签订合同时单价不变;原告向被告预缴购房款 50000 元,合同签订时再缴付剩余房款 258484 元。同日,原告按上述约定向被告交纳房款 50000 元。

其后,因拆迁受阻,该工程进度拖延,被告同力创展公司未通知原告张某签订商品房买卖合同。2006 年,国务院发文要求自 2006 年 6 月 1 日起对新审批、开工建设的商品房项目中套型面积在 90 平方米以下的住房必须达到开发建设总面积的 70% 以上;2007 年徐州市政府发文规定自 2007 年 10 月起徐州市所有的各类居住工程必须采用现交框架等结构体系。因此,被告此后建设的橙黄时代小区的商品房套型面积发生了变化。

拆迁安置过程中,根据拆迁情况和建设进度,被告同力创展公司将橙黄时代彩园小区 8 号楼作为拆迁安置房对拆迁户进行了安置,并于 2008 年 3 月 19 日将其与原告张某签订的预订单中约定的橙黄时代小区彩园组团 8 号楼 1 单元 102 室(89

平方米)安置给拆迁户徐某成。

2010年1月21日,被告同力创展公司取得橙黄时代小区彩园组团5、6、7、8号楼的商品房预售许可证。2010年3月,原告张某起诉来院要求被告继续履行合同(预订单),后因故撤回起诉,并于2010年11月16日再次诉讼,要求被告按原合同(预订单)价格赔偿不低于90平方米的房屋一套并赔偿其他损失10万元。

审理过程中,原告张某表示,如被告同力创展公司确实无房可交,原告要求被告一次性给付33万元。

此外,法院受理本案后,依原告张某的申请,法院依法查封了尚在被告同力创展公司名下的本市橙黄时代彩园6号楼1单元502室的房屋一套,被告主张该房为拆迁安置房,已安置给李某云。

【法院认为】

徐州市泉山区人民法院一审认为:民事行为应当遵循自愿、公平、等价有偿、诚实信用的原则,必须遵守国家法律和政策。本案中,原、被告双方作为具有相应民事行为能力的行为人在签订橙黄时代小区彩园组团商品房预订单时意思表示真实,且内容比较具体,因此该预订单在双方间产生了相应的权利义务关系,其所确定的内容在双方间产生拘束力。但因该预购单签订时所涉及的标的物尚处在规划之中且被告同力创展公司当时并未取得商品房预售许可,故首先需要确定该预订单的性质。

一、关于原、被告双方签订的橙黄时代小区彩园组团商品房预订单的性质问题

依传统民法理论,当事人之间签订的合同可以分为预约合同和本约合同,预约合同的目的在于当事人对将来签订特定合同的相关事项进行规划,其主要意义就在于为当事人设定了按照公平、诚信原则进行磋商以达成本约合同的义务;本约合同则是对双方特定权利义务的明确约定。预约合同既可以是明确本约合同的订约行为,也可以是对本约合同的内容进行预先设定,其中对经协商一致设定的本约内容,将来签订的本约合同应予直接确认,其他事项则留待订立本约合同时继续磋商。判断商品房买卖中的认购书究竟为预约合同还是本约合同,最主要的是看此类认购书是否具备了《商品房销售管理办法》第十六条规定的商品房买卖合同的主要内容即是否具备当事人名称或者姓名和住所,商品房基本状况,商品房的销售方式,商品房价款的确定方式及总价款、付款方式、付款时间,交付使用条件及日期,装饰、设备标准承诺,水电气讯配套等承诺和有关权益、责任,公共配套建筑的产权归属等条款。但一般来说,商品房认购书中不可能完全明确上述内容,否则就与商品房买卖合同本身无异,因此在实践操作过程中,这类认购书只要具备了双方当事人的姓名或名称,商品房的基本情况(包括房号、建筑面积)、总价或单价、付款时间、方式、交付条件及日期,就可以认定认购书已经基本具备了商品房买卖合同本约的条件。反之,则应认定为预约合同。

本案中,原、被告双方签订的橙黄时代小区彩园组团商品房预订单对于双方当事人的姓名或名称,商品房的基本情况(包括房号、建筑面积)、单价、付款时间进行了明确的约定,但因双方在签订该预订单时作为买卖标的物的商品房尚处在规划之中而没有进行施工,被告同力创展公司也没有取得商品房预售许可,所以双方对商品房的交付时间、办证时间、违约责任等诸多直接影响双方权利义务的重要条款在预订单中没有明确约定,属于未决条款,需在签订买卖合同时协商一致达成;事实上,双方在该预订单中通篇所用的词语表达为"预订""预计""预缴(购房款)",其第五条更是明确约定"在甲方(被告)通知签定(订)《商品房销售合同》之前,乙方(原告)可随时提出退房……在乙方按照本条约定签定(订)《商品房销售合同》前,甲方不得将该房另售他人",说明双方在签订该认购单时对于该行为的性质为预约合同的认识是明确而不存在疑义的。因此,法院确认双方于 2004 年 2 月 16 日签订的橙黄时代小区彩园组团商品房预订单是以将来签订商品房销售(买卖)合同为目的的预约合同,原告张某要求被告以该商品房预订单为依据履行商品房交付义务的主张不能成立。

二、关于违反预约合同应承担的法律后果问题

具有相应行为能力的人在意思表示真实的情况下签订的预约合同在双方当事人之间也产生拘束力,非经当事人协商一致不得更改,否则构成对预约合同的违约。预约权利人可以请求对方履行订立本约的义务或者赔偿损失。

本案中,原、被告双方签订商品房预订单后,因建设商品房用地拆迁安置问题致使商品房开工建设日期拖延,在此过程中,国务院及徐州市政府相继出台的有关行政法规对于新建商品房的建筑面积、施工工艺及材料进行了强制性规定,加上新的拆迁安置情况出现,致使商品房建设规划变更、面积变化及建筑成本增加,应属于不可预料的情形,不应视为被告同力创展公司故意违反预约合同。但被告在未取得商品房预售许可时即对尚未开工建设的商品房进行出售违反了有关的法律法规,其行为具有违法性;同时在与原告张某签订商品房认购单时对于上述情况估计不足,其后又将认购书中列明的房号安置给他人,致使双方失去了进一步协商并签订本约合同的可能性,双方签订的商品房预订单终止履行,对此结果被告应承担相应责任。因此,被告应将原来收取原告的 5 万元予以退还,并应对原告承担违约责任即被告应对原告因此而造成的损失承担赔偿责任。

三、关于原告损失的确定问题

在违约责任中,承担责任的一方应给对方造成的利益损失进行赔偿。本案中,原告张某在与被告同力创展公司签订预订单后,有理由相信被告会按约定履行订立本约合同的义务,从而丧失了按照预订单约定的房屋价格与他人另订购房合同的机会,因此被告因违约给原告造成的损失应根据订立预订单时商品房的市场行情和现行商品房价格予以确定,但因被告所开发建设的房屋无论是结构还是建筑成本都与双方签订预订单时发生了重大的变化,因此原告以被告开发建设房屋的现行销售价格作为赔偿标准亦显失公平,法院不予采纳。综合考量商品房市场的价格变动过程以及原告向被告交纳房款的数额,对于被告因违约给原告造成的损失确定为 15 万元。

【裁判结果】

综上所述,对于原告张某要求被告同力创展公司交付不低于 90 平方米房屋一套的诉讼请求不予支持,但对其关于如被告无房可交则赔偿损失的主张予以采纳,并将损失数额确定为 15 万元。据此,徐州市泉山区人民法院判决:(1)被告同力创展公司于本判决生效后 10 日内退还原告张某预交的房款 5 万元;(2)被告同力创展公司于本判决生效后 10 日内赔偿原告张某损失 15 万元;(3)驳回原告张某的其他诉讼请求。

一审宣判后,双方当事人均未在法定期限内提出上诉,一审判决已经发生法律效力。

[参见最高人民法院办公厅编:《最高人民法院公报》(2012 年第 11 期)。]

3. 持有合同与备案合同不一致时怎样进行文本的认定?

【公报案例】

重庆一中院判决谢某林诉金浩公司商品房预售合同纠纷案

【裁判要旨】

商品房预售合同,是指商品房预售方和预购方双方约定,预售方在约定时间内将建成的商品房所有权转移至预购方,预购方向预售方交付定金或部分房款并按期接受商品房的书面协议。物权公示是为了让他人清楚地知道谁是权利人,以维护权利人、与交易有关的人的合法权益。从商品房预售合同登记备案的实质来看,其是为了规范商品房预售管理、保护购房者合法权益、有效防止开发企业进行一房多卖或者重复抵押贷款等违规行为。因此,商品房预售合同备案登记,不是物权的设立、变更、转让,不产生物权公示的效力。房地产公司为登记需要,在办理商品房预售合同备案登记时单方更改合同条款中关于违约金标准的内容,并不产生合同变更效力,故违约金标准仍需遵照最初双方当事人协商一致的合同。

【案号索引】

一审:重庆市合川区人民法院(2012)合法民初字第04773号

二审:重庆市第一中级人民法院(2013)渝一中法民终字第01205号

【基本案情】

谢某林与重庆市金浩实业开发有限公司(以下简金浩公司)签订了《重庆市商品房买卖合同》,约定其购买金浩公司开发的预售商品房一套,建筑面积为107.01平方米,总成交金额为31.0361万元。该合同第七条第一款第(二)项约定:金浩公司应当在2011年12月31日前,依照有关规定,将已进行建设工程竣工验收备案登记的商品房交付谢某林使用;如遭遇不可抗力,金浩公司应在发生之日起30日内书面告知谢某林,金浩公司可据实延期交房。该合同第九条约定:除本合同第七条约定的遭遇不可抗力情况外,金浩公司如未按本合同约定的期限将该商品房交付谢某林使用,逾期超过90日后,谢某林有权解除合同;谢某林要求解除合同的,金浩公司应当自解除合同通知到达之日起30日内退还全部已付房价款及利息,并按谢某林已付房价款百分之零点五向谢某林支付违约金;谢某林要求继续履行合同的,合同继续履行,自本合同第七条约定的最后交付期限的第二天起至实际交付之日止,金浩公司按日向谢某林支付已付房价款万分之零点五的违约金。为登记备案之需,金浩公司在重庆市合川区国土资源和房屋管理局进行备案登记时,单方将该合同第九条关于逾期交房超过90日,业主要求继续履行合同,金浩公司应按日向谢某林支付已付房价款万分之零点五的违约金标准修改为万分之三,并加盖有金浩公司的公章。合同签订后,谢某林实际向金浩公司交纳购房款30.8853万元,金浩公司于2012年9月17日将房屋交付谢某林。

谢某林认为金浩公司逾期交房违约,起诉至重庆市合川区人民法院,要求金浩公司从2012年1月1日起至该房屋实际交付之日止,按照谢某林已付房款金额日万分之三的标准支付逾期交房违约金。

【法院认为】

合川区法院经审理认为,原、被告在签订《重庆市商品房买卖合同》时约定,被告不按期交房支付违约金的标准为已付房价款按日万分之零点五计算,该约定系原、被告在平等、自愿基础上达成的合意,合法有效,对原、被告双方均具有约束力,并且原、被告持有的合同均约定的是按日万分之零点五的标准计算,被告为登记备案的需要,将违约金标准修改为按日万分之三,系被告的单方行为,没有与原告达成合意,因此,该修改对原告不发生法律效力,被告逾期交房违约金标准应该为已付房价款按日万分之零点五计算。

【裁判结果】

合川区法院判决:由被告金浩公司于本判决生效之日起3日内向原告谢某林支

付逾期交房违约金2717.91元(308853元×0.00005×176天=2717.91元)。宣判后,原告谢某林不服一审判决,提起上诉。重庆市一中院判决:驳回上诉,维持原判。

[参见张春侠、龙玉梅:《持有合同与备案合同不一致时作准文本的认定——重庆一中院判决谢某林诉金浩公司商品房预售合同纠纷》,载《人民法院报》2013年10月24日,第6版。]

4. 在逾期交付房屋的情况下,开发商以约定的违约金过高为由请求法院予以减少的,法院应当如何确定违约金的具体数额?

【典型案例】

重庆一中院判决李春勤诉宏康公司商品房预售合同纠纷案

【裁判要旨】

《民法典》合同编第五百八十五条第二、三款规定:"约定的违约金过分高于造成的损失的,人民法院或者仲裁机构可以根据当事人的请求予以适当减少。当事人就迟延履行约定违约金的,违约方支付违约金后,还应当履行债务。"(《民法典》生效前,主要规定于《合同法》第一百一十四条)同时,《最高人民法院关于审理商品房买卖合同纠纷案件适用法律若干问题的解释》第十二条规定,当事人以约定的违约金过高为由请求减少的,应当以违约金超过造成的损失30%为标准适当减少。第十三条规定,商品房买卖合同没有约定违约金数额或者损失赔偿额计算方法,违约金数额或者损失赔偿额可以参照以下标准确定:逾期付款的,按照未付购房款总额,参照中国人民银行规定的金融机构计收逾期贷款利息的标准计算。逾期交付使用房屋的,按照逾期交付使用房屋期间有关主管部门公布或者有资格的房地产评估机构评定的同地段同类房屋租金标准确定。因此,人民法院可以参照逾期交房期间同地段同类房屋租金标准作为当事人遭受损失的依据,来确定违约金的具体数额。司法实践中,开发商逾期交房后主张合同约定的违约金过高而请求法院予以降低的,应当由其承担举证责任。开发商主张按照同地段同类房屋租金标准作为认定损失依据的,应当予以支持。

【案号索引】

一审:重庆市璧山县法院(2012)璧法民初字第01064号

二审:重庆市第一中级人民法院(2013)渝一中法民终字第01501号

【基本案情】

2009年9月20日,李某勤与重庆市宏康置业有限公司(以下简称宏康公司)签订《商品房买卖合同》,约定由李某勤购买宏康公司开发的“宏康浩宇”小区房屋一套,面积为87.86平方米,房款为230501元。宏康公司应当于2010年4月30日前交房,逾期交房的应自合同约定的交付期限第二天起至实际交付之日止,按日向李某勤支付房款万分之五的违约金。合同签订后,李某勤支付了房款。2011年12月27日,宏康公司交房。因宏康公司逾期交房,李某勤遂起诉请求宏康公司按照合同约定支付违约金69726.6元。诉讼中,宏康公司辩称,因逾期交房给李某勤造成的损失应当按照同地段同类房屋的租金来认定,双方约定的违约金过高,应当予以降低,并申请对房屋在逾期交付期间的租金标准进行评估。经法院委托评估,评定案涉房屋在逾期交付期间的月租金标准为每平方米4元至8元。

【法院认为】

重庆市璧山县人民法院经审理认为,根据合同约定,宏康公司应于2010年4月30日之前交房,但实际上却于2011年12月27日交房,宏康公司应当承担逾期交房的违约责任。诉讼中,宏康公司认为双方约定的违约金过高并请求予以调整。在无证据证明逾期交房给李某勤造成具体损失的情况下,应参照逾期交房期间同地段同类房屋租金标准作为李某勤遭受损失的依据。根据评估意见,确定租金标准按每平方米8元计算,故逾期交房期间房屋的租金为13355元。而根据合同约定,宏康公司应当支付的违约金为69726.6元,双方合同约定的违约金确属过高,应当予以酌情减少。法院遂判决宏康公司应当向李某勤支付违约金13355元×130% = 17362元。

李某勤不服,提起上诉。

重庆市第一中级人民法院经审理认为,宏康公司认为约定的违约金过高,请求予以降低,应当由宏康公司就双方约定的违约金过分高于造成的损失承担举证责任。一审法院按照宏康公司的主张及举证,依据同地段同类房屋的租金标准对违约金进行调整并无不当。法院判决:驳回上诉,维持原判。

[参见谭振亚:《逾期交房违约金调整的举证责任分配及损失认定——重庆一中院判决李春勤诉宏康公司商品房预售合同纠纷案》,载《人民法院报》2013年7月11日,第6版。]

【审判政策与精神】

北京市高级人民法院关于审理房屋买卖合同纠纷案件若干疑难问题的会议纪要(2014 年 12 月 16 日　京高法发〔2014〕489 号)

二十、同时主张逾期交房、办证违约金的处理

出卖人存在违反房屋买卖合同约定逾期交房和逾期办证的违约行为,买受人同时主张上述两项违约金的,可予以支持。出卖人主张两项违约金相加数额过高的,法院可以综合买受人所受实际损失、出卖人的过错程度、是否使用格式条款等因素,对于违约行为重复期间的违约金,择一高标准予以支持。

商品房买卖合同约定出卖人逾期取得初始登记和逾期办理过户登记应当支付违约金,买受人同时主张两项违约金的,依前款原则处理。

5. 业主已经实际占有房屋,后以质量问题主张出卖人交付房屋的,应否予以支持?

【典型案例】

张某华诉北京正华永兴房地产开发有限公司商品房预售合同纠纷案

【裁判要旨】

房屋买受人已经办理房屋的收房手续并且已经实际入住的,应当视为开发商向买受人交付了房屋。但买受人认为交付房屋的质量问题或装修问题未达到约定的条件,不能算作已交付,开发商应继续交付符合约定的房屋并承担逾期交房的违约责任,这与其已经实际占有房屋的情况不符。此种情况应认定开发商已经交付房屋但有瑕疵,应依据不符合交付条件的情形区别承担相应的违约责任。

【案号索引】

一审:北京市顺义区人民法院(2013)顺民初字第 4473 号

二审:北京市第二中级人民法院(2013)二中民终字第 10768 号

【当事人信息】

原告(被上诉人):张某华

被告(上诉人):北京正华永兴房地产开发有限公司(以下简称正华永兴公司)

【基本案情】

北京市顺义区人民法院经公开审理查明:2012年1月9日,张某华与正华永兴公司签订《北京市商品房预售合同》(限价商品住房),约定张某华购买正华永兴公司开发的位于顺义区××新城10街区3号住宅楼22层2单元2203室限价商品住房。合同签订后,张某华依约交纳了房屋价款380134元。该合同第十二条“交付条件”约定:(1)出卖人应当在2012年12月31日前向买受人交付该限价商品住房。(2)该限价商品住房交付时应当符合下列第1、2、3项所列条件;出卖人还应当提供“住宅质量保证书”“住宅使用说明书”“住宅工程质量分户验收表”。①该限价商品住房已取得规划验收批准文件和建筑工程竣工验收备案表;②有资质的房产测绘机构出具的该限价商品住房面积实测技术报告书;③满足第十三条中出卖人承诺的市政基础设施和其他设施达到的条件。该合同第十三条“市政基础设施和其他设施的承诺”约定:市政基础设施:上水、下水:2012年12月31日达到通水;[市政双路供电][过渡性供电√]:2012年12月31日达到具备220(±20)伏特、50赫兹的用电;供暖:2012年12月31日达到敷设到户,具体通暖时间按政府规定执行;燃气:2012年12月31日达到燃气管道于该限价商品住房交付时敷设完成,并在达到燃气经营企业规定条件后通气;电话通信线:2012年12月31日交付,敷设到户;有线电视线:2012年12月31日交付,敷设到户。如果在约定期限内未达到条件,双方均同意按照下列方式处理:出卖人进行整改以达到条件,或由出卖人采取临时过渡措施以不影响买受人对房屋的正常使用;如遭遇不可抗力、突发性公共事件或因遵守、配合政府的法规政策和规范性文件或因政府部门有关机构的行为或红线外市政接入条件不具备而引起延误的,出卖人可以据实予以延期,并无须承担上述违约责任。该合同第十四条“逾期交房责任”约定:除不可抗力外,出卖人未按照第十二条约定的期限和条件将该限价商品住房交付买受人的,按照下列第1种及第2种方式处理:①按照逾期时间,分别处理[a.和b.不作累加]。a.逾期在30日之内,自第十二条约定的交付期限届满之次日起至实际交付之日止,出卖人按日计算向买受人支付已交付房价款万分之一的违约金,并于该限价商品住房实际交付之日起30日内向买受人支付违约金,合同继续履行。b.逾期超过30日后,买受人有权退房。买受人要求继续履行合同的,合同继续履行,自第十二条约定的交付期限届满之次日起至实际交付之日止,出卖人按日计算向买受人支付全部已付款的万分之二的违约金,并于该限价商品住房实际交付之日起30日内向买受人支付违约金。②如遭遇不可抗力、突发性公共事件或因遵守、配合政府的法规政策和规范性文件或因政府部门有关机构的行为而引起延误的,出卖人可以据实予以延期,并无须承担上述违约责任。如因红线外市政接入条件不具备,出卖人交房日期相应顺延,也无须承担上述违约责任。

正华永兴公司未能按照合同约定在2012年12月31日前交付房屋。后正华永兴公司向张某华发出了“入住通知书”,通知张某华交房日期为2013年3月6日至2013年3月11日、2013年3月21日。在此期间,张某华于2013年3月10日办理了收房手续,按实测建筑面积计算房屋价款,实际总房款为380831元。

北京市顺义区人民法院经审理认为:张某华与正华永兴公司签订的涉诉合同是双方的真实意思表示,且不违反法律、法规的强制性效力性规定,应属有效。双方均应按照该合同的规定,全面履行各自义务。张某华履行了交纳房款的义务,正华永兴公司应当按照合同约定按时向张某华交付符合合同约定条件的房屋,但正华永兴公司未能如此,故其应当向张某华承担相应的违约责任。正华永兴公司辩称迟延交付房屋系因小区红线外市政接入条件不具备而引起,根据合同中“如因红线外市政接入条件不具备,出卖人交房日期相应顺延,也无须承担上述违约责任”的约定交房日期可相应顺延,其无须承担逾期交房的违约责任。但是,根据目前审理查明的情况可知,涉诉小区市政基础设施的接入工作均应由正华永兴公司与第三方根据相关规定或者协议履行各自的义务,相互协调,各尽其责,从而使市政基础设施达到交付使用条件。正华永兴公司以该免责条款为由,免除其逾期交房责任的辩称意见,本院不予采信。关于房屋交付的问题,涉诉小区尚未完全达到交付条件,正华永兴公司应尽快协调,使房屋符合合同约定的交付条件。但由于何时才能完全达到交付条件尚不能确定,故张某华关于交付符合合同约定条件房屋的诉讼请求,不具有可执行性,本院不予支持。关于违约金的给付,正华永兴公司应当按照合同约定自2013年1月1日开始给付张某华违约金,直至符合合同约定条件之日止。但因尚不能确定何时才能完全达到合同约定的交付条件,故以法庭辩论终结之日为期,先行确认该段期间的违约金。张某华关于违约金的计算标准符合合同约定,本院予以采信;关于给付违约金利息的请求,没有法律和合同依据,本院不予采信。

北京市顺义区人民法院,作出如下判决:(1)正华永兴公司给付张某华自2013年1月1日起至2013年4月15日止的逾期交房违约金7988元,于判决生效之日起7日内履行;(2)驳回张某华之其他诉讼请求。如果未按判决指定的期间履行给付金钱义务,应当依照《民事诉讼法》第二百五十三条之规定,加倍支付迟延履行期间的债务利息。

正华永兴公司不服一审判决,提起上诉。

北京市第二中级人民法院经公开审理查明:张某华与正华永兴公司签订合同的同时签订了附件十《补充协议》,该协议共十九条,部分条款摘录如下:“房屋实际交付”是指买受人按出卖人发送的入住书面通知中的相关规定办理完毕后房屋的交接手续;买受人持“房屋入住通知书”办理限价商品住房交付手续,并交接限价商品住房钥匙后，即为合同项下限价商品住房已交付买受人使用，如买受人在出卖人通知的交付期限内仍未收房，则视为合同项下限价商品住房在“房屋入住通知书”中通知的交付期限的最后一日已交付买受人；买受人在办理限价商品住房交接手续过程中，如限价商品住房出现地基基础和主体结构工程以外的质量问题或装修问题，出卖人应按“商品房质量保证书”中的规定承担保修义务，但质量问题或装修问题不能作为买受人拒绝接收限价商品住房并要求出卖人承担逾期交房责任的理由，出卖人也无须承担赔偿责任；买卖双方确认，主合同关于双方通讯联系地址、电话、传真均真实有效，如有变更，变更方应在变更后48小时内书面通知对方。因一方变更前述联系地址、电话、传真而未通知对方，造成对方无法发出通知的，视为送达；以挂号邮寄方式送达的，本市发出后3日，视为送达；买受人确认，出卖人在签署本合同及其相关补充条款、附件前，已就合同条款中免除或者限制出卖人责任的条款作出了特别提示，买受人已经充分理解并同意其全部内容。上述摘录条款中绝大部分在《补充协议》中显示为加重字体。

在涉案房屋所在小区其他业主的类似诉讼中，二审法院查明：2012年12月14日，北京市规划委员会下发《建设工程规划核验（验收）意见》，涉案房屋所在项目规划验收合格。2013年2月1日，北京市顺义区住房和城乡建设委员会下发《北京市房屋建筑和市政基础设施工程竣工验收备案表》。备案后，有关部门于2013年2月4日出具了涉案房屋所在项目的“房屋面积测算技术报告书”。正华永兴公司另提供“顺义区居住小区竣工联合验收备案表”，该表显示正华永兴公司于2012年11月14日申请联合验收，区燃气公司、供热单位、卫生局等于11月验收完毕，自来水公司、街道办、工程质量监督站、招投标办公室于2012年12月5日前陆续验收完毕，顺义供电公司于2013年1月17日验收，物业管理科于同月20日验收，房地产开发办随后于29日验收，联合验收主管部门在1月31日签字认可。正华永兴公司称逾期交付房屋系因电力开闭站迟延建成，因此项目整体的验收备案日期延后。业主一方对证据的真实性认可，但对证明目的不认可。

本案审理中，正华永兴公司为证实逾期交房并非其自身责任，另提供北京市顺义区新城建设管理委员会2012年2月10日的《××新城（××组团）9号地开闭站建设协调会会议纪要》《协议书》，该纪要及协议书显示，为保障9号地各项目正常供电，包括正华永兴公司在内的几家开发单位同意由大龙公司牵头协调建设开闭站，工程投资估算2739万元，正华永兴公司应向大龙公司支付分摊费用287万元。

二审法院审理中，为证明燃气未通的责任问题，正华永兴公司提供北京市顺义区燃气公司于2012年7月5日出具的“关于顺义××新城九号地燃气调压站的总体规划情况的说明”，载明：“依照我公司顺义区××新城九号地燃气工程总体规划，××九号地大龙公司开发项目与正华永兴公司开发项目共用一个燃气调压站，并设置在大龙公司开发项目地块内,正华永兴公司开发项目地块内不设置燃气调压站。”正华永兴公司另提供北京市规划委员会于2012年11月5日下发的规划意见复函一份,该复函载明:“同意撤销2011规(顺)建字0025号建设工程规划许可证中8#配套公建(调压站)的审批内容。”正华永兴公司称,涉案房屋所在小区原规划有燃气调压站,后依燃气公司指令,规划委员会调整规划,取消了红线内的调压站,涉案小区使用设置在大龙公司地块内的燃气调压站,该燃气站于2013年5月8日建成,涉案房屋所在小区燃气已通,由于该燃气站属于红线外配套,正华永兴公司不应承担燃气未通的违约责任。张某华等业主认可燃气已通,但对上述证据不予认可,同时认为规划委员会的复函同时载明规划更改系因正华永兴公司申请,正华永兴公司应当承担燃气未通的违约责任。

二审法院对涉案房屋所在小区进行了现场勘验,房屋内有燃气管道、电话接口、有线电视接口。二审法院另走访了北京歌华有线电视网络股份有限公司顺义分公司,该公司相关负责人称,涉案小区红线外的线路现已铺设完毕,因小区内有少数管线需要整改,已向正华永兴公司有关施工单位下发整改通知,待调试完毕,有线电视即可使用。

【法院认为】

北京市第二中级人民法院经审理认为:根据双方二审的诉辩意见、举证、质证的情况以及已查明的事实,本案争议焦点归纳如下:

一、免责条款是否有效

正华永兴公司认为双方签订的合同中已明确约定“红线外市政接入条件不具备而引起延误的,出卖人可以据实予以延期,并无须承担上述违约责任”“质量问题或装修问题不能作为买受人拒绝接受限价商品住房并要求出卖人承担逾期交房责任的理由”。而张某华则认为该免责条款为无效条款。

我国《合同法》及相关法律规范明确规定:格式条款是当事人为了重复使用而预先拟定,并在订立合同时未与对方协商的条款;采用格式条款订立合同的,提供格式条款的一方应当遵循公平原则确定当事人之间的权利和义务,对格式条款中免除或者限制其责任的内容,在合同订立时采用足以引起对方注意的文字、符号、字体等特别标识,并按照对方的要求对该格式条款予以说明;提供格式条款的一方当事人违反关于提示和说明义务的规定,导致对方没有注意免除或者限制其责任的条款,对方当事人可申请撤销该格式条款;具有撤销权的当事人自知道或者应当知道撤销事由之日起1年内没有行使撤销权的,撤销权消灭;提供格式条款的一方当事人违反关于提示和说明义务的规定,又免除其责任、加重对方责任、排除对方主要权利的,该条款无效。

根据已查明的事实,正华永兴公司与张某华签订《北京市商品房预售合同(限价商品住房)》及相关《补充协议》,明确约定相关免责条款,正华永兴公司已采用足以引起对方注意的加重字体予以提示。签订合同属重要民事法律行为,张某华应对相关条款予以重视。即使依张某华所述,涉案房屋性质特殊、签约时未能及时审阅,但签约行为已过去一年多时间,张某华既未证明其曾向正华永兴公司要求对免责条款予以说明,亦未证明其曾主张撤销该免责条款进行权利救济,现其以正华永兴公司未对诉争条款履行提示和说明义务主张免责条款无效,缺乏依据。

二、涉案房屋是否已经交付

张某华认为正华永兴公司未交付符合合同约定条件的房屋即是未完成交付,正华永兴公司认为已完成交付义务。

《最高人民法院关于审理商品房买卖合同纠纷案件适用法律若干问题的解释》中明确规定,对房屋的转移占有,视为房屋的交付使用,但当事人另有约定的除外。本案中,正华永兴公司与张某华签订的《补充协议》中明确约定:"房屋实际交付"是指买受人按出卖人发送的入住书面通知中的相关规定办理完毕后房屋的交接手续;买受人持"房屋入住通知书"办理限价商品住房交付手续,并交接限价商品住房钥匙后,即为合同项下限价商品住房已交付买受人使用,如买受人在出卖人通知的交付期限内仍未收房,则视为合同项下限价商品住房在"房屋入住通知书"中通知的交付期限的最后一日已交付买受人;买受人在办理限价商品住房交接手续过程中,如限价商品住房出现地基基础和主体结构工程以外的质量问题或装修问题,出卖人应按"商品房质量保证书"中的规定承担保修义务,但质量问题或装修问题不能作为买受人拒绝接受限价商品住房并要求出卖人承担逾期交房责任的理由。如前所述,该条款合法有效,正华永兴公司已向张某华发出入住通知,张某华亦办理涉案房屋的收房手续,因此,应当视为正华永兴公司向张某华交付了涉案房屋。现张某华在实际占有涉案房屋的情况下,请求正华永兴公司交付房屋,缺乏依据,原判驳回张某华该项诉求结果正确,本院予以维持。

三、交付的涉案房屋是否符合合同约定

正华永兴公司认为符合,但张某华不予认可。

依法成立的合同,受法律保护,对当事人具有法律约束力,当事人应当按照约定履行自己的义务。质量不符合约定的,应当按照当事人的约定承担违约责任。对违约责任没有约定或者约定不明确的,受损害方根据标的的性质以及损失的大小,可以合理选择要求对方承担修理、更换、重作、退货、减少价款或者报酬等违约责任。正华永兴公司与张某华签订的合同中明确约定了相应的交付条件:取得相关验收文件、测绘报告及竣工验收备案表;燃气—管道敷设完成,并在达到燃气经营企业规定条件后通气;电话通信线—敷设到户;有线电视线—敷设到户;等等。双方在合同中同时约定,未达到条件的,出卖人整改或采取临时过渡措施以不影响正常使用。根据已查明的事实，正华永兴公司已取得相关验收文件，燃气已通，房屋内有电话接口、有线电视接口，相关管线敷设完成。但不容否认的是，涉案房屋仍有部分配套设施未能正常使用，有的是红线外市政接入因素，也有红线内线路整改的问题。正华永兴公司虽交付了房屋，但交付的房屋并不完全符合合同约定。结合前述合同中的“红线外市政接入”条款，正华永兴公司应在条件允许时完成红线外市政接入的相关义务。同时，正华永兴公司亦应当承担房屋交付后红线内线路整改的相应责任。

四、正华永兴公司是否应当支付违约金

张某华主张以其已付款的日万分之二为标准，计算自 2013 年 1 月 1 日起至房屋符合合同约定交付条件为止的违约金。正华永兴公司则以电力开闭站、燃气调压站、有线电视小区外管线等红线外市政接入原因主张免责，不同意支付违约金。

根据已查明的事实，正华永兴公司于 2013 年 2 月 1 日取得“北京市房屋建筑和市政基础设施工程竣工验收备案表”，1 个月后发出入住通知，与业主办理了收房手续。虽该公司以电力开闭站作为抗辩理由，但依据相关会议纪要及协议书的约定，正华永兴公司对开闭站负有一定的义务，其现主张全部免责，依据不足。正华永兴公司应当承担 2013 年 1 月 1 日至房屋实际转移占有期间的逾期交房责任。

依据我国合同法律规范的规定，当事人可以约定一方违约时根据违约情况向对方支付一定数额的违约金，也可以约定因违约产生的损失赔偿额的计算方法。人民法院应当以实际损失为基础，兼顾合同的履行情况、当事人的过错程度以及预期利益等综合因素，根据公平原则和诚实信用原则予以衡量。据此，本院结合涉案房屋所在小区部分配套无法正常使用确系红线外市政接入原因所致、涉案房屋已转移给张某华占有、正华永兴公司承担电力开闭站十分之一左右的造价分摊义务、正华永兴公司仍在整改小区红线内的少数管线等基本事实，根据公平原则和诚实信用原则对正华永兴公司应当承担的违约金数额予以酌定。

综上，原判认定事实部分有误，本院重新予以认定。

【裁判结果】

北京市第二中级人民法院二审判决：(1)撤销北京市顺义区人民法院(2013)顺民初字第 4473 号民事判决；(2)正华永兴公司于本判决生效后 10 日内给付张某华违约金 4000 元；(3)驳回张某华其他诉讼请求。

[参见国家法官学院、中国人民大学法学院编：《中国审判案例要览(2014 年民事审判案例卷)》(精装)，中国人民大学出版社 2016 年版。]

6. 仅有签售人员签章的商品房买卖合同，相对人有理由相信签收人员有代理权的，合同是否有效？

【典型案例】

张某萍诉北京京电房地产开发经营公司商品房预售合同纠纷案

【裁判要旨】

商品房销售合同纠纷中，虽然合同上仅有签售人员的签章，没有加盖公司公章，但签售人员未声明自己不具有代表房产公司对外签约的权利，并且从双方签约行为、签约地点等方面看，足以使合同相对人有理由相信签售人员具有代表公司对外签订合同的权限，签售人员的签约行为构成表见代理，商品房买卖合同有效成立，双方均应依约行使权利、履行义务。

【案号索引】

一审：北京市朝阳区人民法院(2013)朝民再初字第03617号

二审：北京市第二中级人民法院(2013)二中民再终字第09048号

【当事人信息】

原告(被上诉人)：张某萍

被告(上诉人)：北京京电房地产开发经营公司(以下简称京电公司)

【基本案情】

北京市朝阳区人民法院经公开审理查明：京电公司系北京市朝阳区望京××二区211号楼的开发商。2005年4月12日，京电公司委托北京京电嘉业房地产经纪有限公司(以下简称京电嘉业公司)代理销售北京市朝阳区望京××二区211号楼剩余空房。2005年5月23日，京电嘉业公司将京电公司委托其销售的房屋转委托给中房道勤公司代为销售。京电公司认可京电嘉业公司的转委托行为。

2005年12月22日，张某萍与中房道勤公司签订"定房通知单"，双方约定，同意张某萍购买北京市朝阳区广顺北大街"望京××"C楼1706号房屋；由京电公司收取张某萍定金5000元；因该套房屋属于售楼处的样板间，销售期间需要用于对外展示和宣传，双方同意交房日定于此单签署后一年，张某萍在可以交房时带此单到望京××售楼处缴纳首付款，并办理其他相关手续。所收取定金在办理购房手续时转为首付款；房屋总价款为593727元，面积113.35平方米；因装修由装修公司垫资，装修款80000元由张某萍直接支付装修公司；销售方通知交房15日逾期不到者，以上确认房屋京电公司可另行出售，不另行通知，此通知单自行作废，所付定金从法律规定作违约金处理，不予退还等。

同日，张某萍向中房道勤公司交纳定金5000元。庭审中，京电公司认可收到了张某萍交纳的5000元定金。

2005年12月25日，京电公司的委托代理人王某旭与张某萍签订了一份出卖人为京电公司、买受人为张某萍的商品房买卖合同，约定，张某萍购买京电公司开发的1706号房屋，房屋总金额为593727元；合同自双方签订之日起生效。合同落款处出卖人“委托代理人”处盖有“王某旭”名章，无京电公司公章及法定代表人签章，买受人处有张某萍本人的签名及手印。对于商品房买卖合同落款处无京电公司公章的问题，张某萍称当时与王某旭签订合同时，王某旭告知因1706号房屋约定一年后交房，尚未交首付款，合同无法编号，故无法盖京电公司公章。对此京电公司不认可与张某萍签订了商品房买卖合同，认为上述合同中所涉“王某旭”虽为其单位工作人员，但并非京电公司授权的签约代理人，王某旭只负责对合同进行审核，无权对外签订合同，且京电公司未在上述《商品房买卖合同》上签章认可，亦未对王某旭的盖章行为进行追认，双方房屋买卖合同关系并未成立。为证明王某旭具有代理京电公司签订商品房买卖合同的权限，张某萍向法庭提供北京市朝阳区望京××二区211号楼606号业主姜某、306号业主沈某、1506号业主王某分别与京电公司签订的商品房买卖合同，合同落款的委托代理人处均有王某旭的签章，京电公司认可上述合同的真实性，但不认可证明目的，认为上述合同上有京电公司的公章，系得到京电公司的追认，并不代表王某旭有代理权。张某萍亦向法庭提供王某旭的证言，证明王某旭在京电公司工作期间曾签署了1706号房屋的商品房买卖合同及补充协议；京电公司认为王某旭未出庭作证，对其证言不予认可。在庭审中，张某萍申请证人常某娟、苏某明、刘某清、王某出庭作证，证明王某旭有代表京电公司签订商品房买卖合同的权利，王某旭有加盖京电公司公章的权利；京电公司对上述证人证言的证明目的不予认可。

另查明：张某萍于2005年12月30日交纳了1706号房屋的装修款80000元，北京博克思装饰有限责任公司向张某萍出具收据一张。

再查明：北京市朝阳区广顺北大街望京××211号楼（C楼）1706号与北京市朝阳区望京××二区211号楼（C楼）1706号系同一房屋，后者为房屋所有权证上所载名称。

北京市朝阳区人民法院经审理认为：行为人没有代理权、超越代理权或者代理权终止后以被代理人名义订立合同，相对人有理由相信行为人有代理权的，该代理行为有效。本案中,京电公司以王某旭没有代理签约权、商品房买卖合同没有加盖京电公司公章为由,认为双方签订的商品房买卖合同未成立。对此本院认为,王某旭作为京电公司的工作人员,其在京电公司售楼处负责签订合同相关事宜,并且曾作为京电公司的委托代理人与他人签订多份商品房买卖合同。张某萍在履行“定房通知单”约定的支付定金义务后,王某旭在京电公司售楼处以京电公司的名义与张某萍签订商品房买卖合同,签约时王某旭未声明自己不具有代表京电公司对外签约的权利,王某旭的签约行为及双方签约地点足以使张某萍有理由相信王某旭具有代表京电公司对外签订合同的权限,故王某旭的签约行为构成表见代理。双方签订的商品房买卖合同上京电公司虽没有盖章,但京电公司在收到张某萍交来的定金及王某旭代表公司签订的商品房买卖合同后未曾向张某萍提出异议,故本院认定张某萍与王某旭签订的商品房买卖合同成立并对京电公司具有法律约束力。

依法成立的合同受法律保护,合同双方当事人均应当按照合同的约定履行各自的义务。张某萍与京电公司签订的商品房买卖合同系双方真实意思表示,双方应履行并遵守。现诉争房屋已具备交付条件,张某萍表示可以支付全部售房款,故合同双方当事人理应依照商品房买卖合同的约定履行各自的义务。

北京市朝阳区人民法院一审判决:(1)原告张某萍于本判决生效后10日内向被告京电公司支付北京市朝阳区望京××二区211号楼1706号房屋购房款588727元;(2)被告京电公司于原告张某萍交齐上述购房款后10日内向原告张某萍交付北京市朝阳区望京××二区211号楼1706号房屋;(3)被告京电公司向原告张某萍交付房屋后应协助原告张某萍办理北京市朝阳区望京××二区211号楼1706号房屋过户手续,将北京市朝阳区望京××二区211号楼1706号房屋过户至原告张某萍名下。案件受理费70元,由被告京电公司负担(于本判决生效后7日内交纳);保全费5000元由被告京电公司负担(于本判决生效后7日内交纳)。

京电公司不服一审判决,提起上诉。

北京市第二中级人民法院经公开审理,确认一审法院认定的事实和证据。

【法院认为】

北京市第二中级人民法院经审理认为:行为人没有代理权、超越代理权或者代理权终止后以被代理人名义订立合同,相对人有理由相信行为人有代理权的,该代理行为有效。本案中,虽然张某萍提供的商品房买卖合同没有加盖京电公司公章,仅有该公司工作人员王某旭签章,但是根据查明的事实,王某旭受京电公司指派在京电公司售楼处负责签订合同相关事宜,并且曾作为京电公司的委托代理人就其余在售房屋签订商品房买卖合同。在张某萍交付定金后,王某旭在京电公司售楼处以京电公司名义与张某萍签订商品房买卖合同,签约时并未声明自己不具有代表京电公司对外签约的权利。因此,王某旭的签约行为及双方签约地点足以使张某萍有理由相信王某旭具有代表京电公司对外签订合同的权限,王某旭的签约行为构成表见代理。故张某萍与京电公司之间的商品房买卖合同有效成立,双方均应依约行使权利、履行义务。现诉争房屋已具备交付条件,张某萍表示可以支付全部购房款。原审法院据此判令双方继续履行合同,处理并无不当。原审判决认定事实清楚、适用法律正确,本院应予维持。京电公司的上诉请求,缺乏事实及法律依据,本院不予支持。

【裁判结果】

北京市第二中级人民法院二审判决:驳回上诉,维持原判。保全费 5000 元,由京电公司负担(于本判决生效后 7 日内交纳)。一审案件受理费 70 元,由京电公司负担(于本判决生效后 7 日内交纳);二审案件受理费 70 元,由京电公司负担(已交纳)。

[参见国家法官学院、中国人民大学法学院编:《中国审判案例要览(2014 年民事审判案例卷)》(精装),中国人民大学出版社 2016 年版。]

7. 商品房买卖合同纠纷与按揭贷款合同纠纷合并审理的,按揭银行的诉讼地位如何确定?

【典型案例】

肖某生、陈某玲诉上海博锦房地产开发中心有限公司、上海银行股份有限公司青浦支行商品房预售合同纠纷、按揭贷款合同纠纷案

【裁判要旨】

商品房买卖合同纠纷与按揭贷款合同纠纷合并审理时按揭银行诉讼地位的确定,完全取决于当事人意志。当购房人亦即借款人就商品房预售合同和按揭贷款合同一并提起诉讼时,按揭银行为当然被告;当购房人仅就商品房预售合同提起诉讼,按揭银行主动参加商品房买卖合同纠纷之诉,并提出诉讼请求时,其为有独立请求权第三人。商品房买卖合同因出售方违约而解除后,购房人可依法解除按揭贷款合同。按揭贷款合同解除后,法院可直接判决出售方将按揭贷款及购房人应当赔偿按揭银行的损失直接支付给按揭银行,将首付款及应当赔偿购房人的其他损失支付给购房人。

【案号索引】

一审:上海市闵行区人民法院(2012)闵民五(民)初字第2083号

二审:上海市第一中级人民法院(2013)沪一中民二(民)终字第325号

【基本案情】

法院经审理查明:2010年4月13日,肖某生、陈某玲(乙方、买方)与博锦公司(甲方、卖方)签订《上海市商品房预售合同》,约定乙方向甲方购买北翟路2000弄51支弄金色西郊城三期49号12层1201室房屋。甲方定于2011年12月31日前将该房屋交付给乙方,除不可抗力外,逾期超过60天,乙方有权单方面解除本合同。乙方行使本合同条款中约定的单方面解除本合同权利时,应书面通知甲方,甲方应当在收到乙方的书面通知起60天内将乙方已支付的房价款(包括利息,利息按中国人民银行公布的同期存款利率计算)全部退还乙方,并承担赔偿责任,赔偿金额为总房价款的1%,在退还房款时一并支付给乙方。前款及本合同其他条款所称已支付的房价款,是包括乙方直接支付的和通过贷款方式支付的房价款。合同签订后,肖某生、陈某玲于2010年4月14日向博锦公司支付了首期购房款952848元,并作为借款人与青浦支行(贷款人)、博锦公司(保证人)签订《个人住房借款担保合同》,约定贷款金额为141万元。贷款人将贷款资金划入博锦公司名下账户。贷款以等额本金还款方式偿还。借款人以上述所购房屋作为抵押财产提供抵押担保。博锦公司为本合同项下肖某生、陈某玲的全部债务提供阶段性连带保证担保。

2010年5月9日,青浦支行取得涉案房屋的抵押权人预告登记证明。2010年4月30日,青浦支行发放贷款141万元。肖某生、陈某玲自2010年5月20日起逐月向青浦支行归还贷款本息。

【法院认为】

法院生效裁判认为:本案涉及商品房预售合同关系及商品房按揭贷款合同关系。双方当事人的争议焦点在于作为按揭银行的青浦支行在本案一审中的诉讼地位以及按揭贷款合同解除后果的处理。

首先,关于青浦支行在一审中的诉讼地位。当事人系作为被告抑或有独立请求权的第三人参加诉讼,确定的原则及参加诉讼的方式殊为不同。诉讼被告的确定取决于提起诉讼的原告,参加诉讼的方式亦为被动参加,只不过在被告主体不适格时,法院应驳回原告的起诉。有独立请求权的第三人是指对本诉的诉讼标的有独立请求权的当事人,其参加诉讼的方式为主动要求参加本诉。本案肖某生、陈某玲作为一审原告在提起诉讼时一并要求解除商品房预售合同及按揭贷款合同,并将作为按揭贷款合同一方当事人的青浦支行列为被告,并无不当。《最高人民法院关于审理商品房买卖合同纠纷案件适用法律若干问题的解释》第二十五条的规定系解决按揭银行进入单纯商品房买卖合同纠纷之诉的诉讼地位问题,即商品房买卖合同的双方仅就买卖合同提起诉讼时,按揭银行有权作为有独立请求权的第三人主动要求参加该案诉讼。本案显然非为青浦支行主动申请参加单纯商品房买卖合同纠纷之诉的情形,前述司法解释并不适用。事实上,青浦支行作为一审被告参加诉讼,针对肖某生、陈某玲的诉讼请求,亦并未丧失抗辩及提出反诉的权利和机会,程序上已获相当保障。

其次,关于按揭贷款合同解除后果的处理。在商品房预售合同解除后,按揭贷款合同的目的已无法实现,依据《最高人民法院关于审理商品房买卖合同纠纷案件适用法律若干问题的解释》第二十四条的规定,购房人有权解除按揭贷款合同。需要说明的是,按揭贷款合同不同于典型的继续性合同,其解除溯及于合同成立时即消灭效力,因此,按揭贷款合同解除后即对双方不再具有约束力,原则上应当恢复原状,即购房人应当返还所贷全部款项,银行应当返还购房人已经偿还的本金及利息。对于银行因按揭贷款合同解除而受之损失,可要求购房人予以赔偿。在按揭贷款合同的解除系开发商违约导致房屋买卖合同解除时,购房人向银行承担的损失赔偿责任最终亦应由开发商承担。为了减少不必要的重复、烦琐和当事人的诉累,在商品房买卖合同纠纷和按揭抵押贷款合同纠纷合并审理时,当然可由贷款的实际收取方即开发商直接将购房贷款返还银行,并直接向银行承担购房人应当承担的责任。这也是《最高人民法院关于审理商品房买卖合同纠纷案件适用法律若干问题的解释》第二十五条第二款规定的应有之义。根据一审判决,按揭贷款合同解除前,相应贷款本金及利息由购房人肖某生、陈某玲等承担,按揭贷款合同解除后剩余贷款由开发商博锦公司承担。同时,博锦公司赔偿肖某生、陈某玲支付银行的本金及贷款利息,就结果而言与前述处理原则并无本质差别。鉴于青浦支行尚未就系争房屋获得实在之抵押权,而仅为抵押权预告登记,自然不存在所谓行使抵押权的问题。当博锦公司怠于履行归还剩余贷款的义务时,青浦支行可拒绝办理系争房屋上设定的抵押权预告登记涤除手续,以保障其债权实现。

【裁判结果】

上海市闵行区人民法院于2012年12月21日作出(2012)闵民五(民)初字第2083号民事判决:(1)解除原告肖某生、陈某玲与被告博锦公司就上海市北翟路2000弄51支弄《金色西郊城三期》49号12层1201室房屋签订的《上海市商品房预售合同》;(2)解除原告肖某生、陈某玲与被告青浦支行、博锦公司签订的《个人住房借款担保合同》;(3)被告博锦公司于判决生效之日起3日内向原告肖某生、陈某玲返还房款952848元及自2010年5月20日起至判决生效之日止原告肖某生、陈某玲已向被告青浦支行归还的贷款本金(以被告青浦支行于判决生效当月出具的还款明细清单为准);(4)被告博锦公司于判决生效之日起3日内向原告肖某生、陈某玲赔偿以952848元为本金,自2010年4月14日起至判决生效之日止,按中国人民银行同期定期存款利率计算的利息;(5)被告博锦公司于判决生效之日起3日内向原告肖某生、陈某玲赔偿自2010年5月20日起至判决生效之日止,原告肖某生、陈某玲已向被告青浦支行支付的贷款利息(以被告青浦支行于判决生效当月出具的还款明细清单为准);(6)被告博锦公司于判决生效之日起7日内向被告青浦支行偿还原告肖某生、陈某玲自判决生效之日起就《个人住房借款担保合同》剩余的贷款。自被告博锦公司清偿上述贷款之日起7日内,被告青浦支行办理上海市闵行区北翟路2000弄51支弄49号1201室房屋上抵押登记的涂除手续。宣判后,青浦支行向上海第一中级人民法院提起上诉。上海市第一中级人民法院于2013年3月20日以同样事实作出(2013)沪一中民二(民)终字第325号民事判决:驳回上诉,维持原判。

[参见最高人民法院中国应用法学研究所编:《人民法院案例选》(2015年第2辑),人民法院出版社2016年版。]

8. 买受人因所购买的房屋存在质量瑕疵,能否拒绝接收房屋,要求出卖人赔偿因延迟收房产生的损失?

【典型案例】

陈某光、王某芬诉华丰置业有限公司商品房预售合同纠纷案

【裁判要旨】

《民法典》生效前,根据《合同法》第一百四十八条的规定,因标的物质量不符合质量要求,致使不能实现合同目的的,买受人可以拒绝接受标的物或者解除合同。《民法典》生效后,第六百一十条作出相同规定。房屋买卖合同的出卖人有义务向买受人交付符合质量要求的房屋,如出卖人所出售的房屋存在质量瑕疵,买受人可以拒绝收房。此外,因出卖人所提供的房屋质量问题导致买受人未能按时实现合同目的,出卖人已经构成违约,应当承担违约责任。因此,买受人因所购买的房屋存在质量瑕疵,可以拒绝接收房屋,并要求出卖人赔偿因延迟收房产生的损失

【案号索引】

一审:浙江省宁波市鄞州区人民法院(2012)甬鄞民初字第497号

二审:浙江省宁波市中级人民法院(2012)浙甬民二终字第590号

【当事人信息】

原告(被上诉人):华丰置业有限公司

被告(上诉人):陈某光、王某芬

【基本案情】

2006 年 10 月 21 日,原告陈某光、王某芬与被告华丰置业有限公司签订《商品房买卖合同》,约定:被告将其开发建设的一套房屋出卖给原告,被告应于 2008 年 10 月 31 日前将验收合格并符合本合同约定的商品房交付原告使用;商品房达到交付使用条件后,被告应当书面通知原告办理交付手续,被告应当按合同约定出示证明文件并签署房屋交接单;被告不出示证明文件或出示证明文件不齐全,买受人有权拒绝交接,由此产生的延期交房责任由出卖人承担;被告自商品住宅交付使用之日起,按照住宅质量保证书承诺的内容承担相应的保修责任;在商品房保修范围和保修期限内发生的质量问题,被告应当履行保修义务等。合同签订后,原告按约足额支付了购房款。2008 年 10 月,被告向原告发出交房通知书等材料,通知原告于 2008 年 10 月 31 日至 2008 年 11 月 5 日交房。2008 年 11 月 4 日,原告单方委托甬安检测公司对其购买的房屋进行检测并出具了检测报告,检测结果为:该房屋主体结构整体良好,基本设施状况尚可,检测出来的主要问题是墙体空鼓,下水管部位渗水等,会对房屋的使用、装修和美观造成一定影响,须在交付前或装修前要求房产商或物业修复。原告为此未办理房屋交付手续。另外,根据绿城物业提供的情况说明:原告至今尚未入住涉案房屋;绿城物业曾就房屋"朝北卧室飘窗右下角渗水,主卧圆弧左侧渗水"等问题发工作函通知被告;该房屋至 2011 年 4 月以前被告派人维修多次;2012 年 1 月 2 日对该房屋检查当中发现一楼卫生间顶部仍有渗水及涂料脱落现象。原告曾于 2011 年 8 月 10 日发函给被告,认为涉案房屋不符合交付条件,且经多次修缮仍存在漏水及渗水现象,要求被告尽快彻底修复并赔偿损失。被告收到该函后,通知原告应于 2011 年 11 月 30 前完成交房手续,并承诺按住宅质量保证书的保修范围对房屋履行相关的检查保修义务,否认存在迟延交付及索赔问题。另查明,涉案房屋所在的小区于 2008 年 1 月 14 日竣工验收合格。

原告陈某光、王某芬诉至法院,请求判令:(1)被告支付原告防水工程修复费用 15000 元(以实际鉴定金额为准);(2)被告赔偿原告损失包括物业费 18430 元(每年 5529.1 元,自 2008 年 11 月至 2012 年 1 月按 40 个月计算),房租预期收益 60000 元(2500 元每月 ×24 个月,自 2010 年 1 月至 2012 年 1 月),合计 78430 元。

宁波市鄞州区人民法院经审理认为:原、被告签订的《商品房买卖合同》系双方真实、自愿的意思表示,且不违反法律规定,双方均应按约履行。原告已按约向被告支付了全部购房款,被告应将符合合同约定及不影响正常居住使用的房屋交付给原告。虽然被告按约通知原告收房,但原告委托检测机构验房系以合理、合法方式维护自身权益的行为，且经检测及后来绿城物业根据原告的反馈对涉案房屋进行的检查和报送给被告的一系列工作函件，均能够证实涉案房屋存在多处渗漏等质量瑕疵的事实，房屋渗漏必然会对房屋装饰装修及正常的居住、使用产生影响，原告有正当理由拒绝接收涉案房屋。被告应当按照合同约定对存在质量瑕疵的房屋承担保修义务，因此给原告造成的损失应承担违约责任。对原告要求被告赔偿自2010年1月至2012年1月的房租预期收益损失，由于被告向原告交付的房屋存在质量瑕疵，且对原告的正常居住使用存在影响，原告要求赔偿损失符合法律规定，应予支持。对损失的计算标准，原告主张按同类房屋的租金标准确定，具有合理性，予以采信。结合同类房屋的出租市场行情，酌情确定为每月1800元。对租金损失的计算期间，被告于2008年10月通知原告交房，原告经委托检测因房屋存在渗漏等质量瑕疵而拒绝收房，其间，根据绿城物业的证明及维修记录，虽然进行了多次维修，但渗漏问题直至2012年1月仍未彻底解决，故原告主张的损失期间具有合理性，该期间的损失按上述确定标准计算共计45000元。据此，判决被告华丰置业有限公司赔偿原告陈某光、王某芬损失45000元，驳回原告其他诉讼请求。

宣判后，被告华丰置业有限公司不服，上诉至宁波市中级人民法院。

【法院认为】

宁波市中级人民法院经审理认为：上诉人与被上诉人签订的《商品房买卖合同》真实合法有效，双方均应按约履行。被上诉人已按约履行了支付全部购房款的义务，上诉人应履行保障其出售的房屋质量能够满足被上诉人正常居住使用的义务。甬安检测公司出具的检测报告、绿城物业根据被上诉人的反馈对涉案房屋进行的检查和报送给上诉人的一系列工作函件，能够证实涉案房屋存在多处渗漏等质量瑕疵。在保修期和保修范围内，商品房存在质量问题，买受人有权要求出卖方进行保修、重修、重作，由于保修、重修、重作给买受人造成的损失，出卖方应当承担责任。上诉人应交房日期为2008年10月，而截至2012年1月渗漏问题仍未彻底解决，被上诉人将房租预期收益的计算期间确定为2010年1月至2012年1月并无不当。原审法院结合同类房屋的出租市场行情，据此确定被上诉人的房租预期利益损失较为合理。

【裁判结果】

二审判决驳回上诉，维持原判。

[参见浙江省高级人民法院编：《案例指导(2012－2013年卷)》(总第5卷)，中国法制出版社2014年版。]

9. 房屋买受人未按照房屋买卖合同的约定期限办理完毕按揭贷款的，其是否应当承担违约责任？

【典型案例】

宁波镇海维科房地产开发有限公司诉孙某丽、王某商品房预售合同纠纷案

【裁判要旨】

房屋买卖合同是当事人双方权利义务的依据，当事人应当按照诚实信用原则和全面履行原则履行合同。合同约定由买受人办理按揭贷款的，买受人应当依约办理相关手续。如果在按揭贷款办理过程中，因不可归因于自己的客观原因导致无法如期办理完毕按揭贷款，那么，应当免除买受人的违约责任。但是，在客观事由消失后，买受人还应当在合理期限内履行办理按揭贷款的义务，否则，其应当承担违约责任。

【案号索引】

浙江省宁波市镇海区人民法院(2012)甬镇民初字第406号

【基本案情】

原告宁波镇海维科房地产开发有限公司诉称：2011年9月5日，两被告与原告签订了原告开发建设的拉菲庄园190幢503号住宅房屋的《商品房买卖合同》。《商品房买卖合同》约定：该商品房按建筑面积计算为86.47平方米，单价每平方11207.7元，总价款969130元。两被告选择的付款方式为签约时支付349130元，余款62万元由两被告在签订本合同前向符合条件的银行申请按揭贷款。两被告应向指定银行提供完整有效的申请资料，办妥按揭贷款所需的相关手续，逾期视为两被告违约。签订《商品房买卖合同》当日，两被告向原告支付了349130元的购房款。两被告应最迟在签订《商品房买卖合同》当日向银行提供完整有效的申请资料，办妥按揭贷款所需手续。但是两被告并未如约向银行提供完整有效的申请资料，没有按时办妥按揭贷款所需手续。为了催促两被告尽快履约，2012年1月7日原告向两被告发送告知函，后原告又分别于2012年2月16日、2012年2月24日向两被告发送律师函，要求两被告履约。但两被告仍置若罔闻。故原告诉至法院，请求判令：(1)两被告立即向原告支付购房余款62万元，并支付违约金至实际全额支付应

付款之日止(截至2012年3月21日,两被告应向原告支付的违约金为122760元);(2)本案的诉讼费用由两被告负担。庭审中,原告自愿变更诉讼请求为:判令两被告支付自2012年1月16日起至2012年5月9日止(共计113天)以62万元为基数按日利率万分之十计算的违约金70060元。

被告孙某丽、王某共同辩称:(1)合同的付款条件是首付加按揭贷款,如原告要求变更合同的付款条件,双方必须要订立书面协议,要求立即付款的请求应当得到被告的同意,如原告认为被告对按揭贷款已经违反合同约定,那只能解除合同,也不是立即支付购房款。(2)关于违约金的问题。原告要求被告支付违约金的起算时间是合同订立当天,依据该合同第七条约定:"……买受人在签订本合同前向符合条件的银行申请按揭贷款,买受人应向指定银行提供完整有效的申请资料,办妥按揭贷款所需的相关手续,逾期视为买受人违约。"这一条款客观上不能履行,购房合同没有签订,首付款未付,无法提供办理按揭的相关资料。被告方在合同签订的同时就已经向银行提出按揭贷款的申请,并且签订了按揭贷款的合同,被告是符合该合同第七条的约定的。原告必须提供被告存在过错的证据,这样才能要求被告承担违约责任。原告于2012年1月7日发送告知函,告知被告办理按揭贷款的条件具备了,可以向银行办理按揭贷款,这说明2012年1月7日之前不具备办理按揭贷款的条件。而原告发送告知函后,应给予被告合理的履行期,原告应该向银行询问,被告的按揭贷款资料是否符合要求。商品房买卖合同的违约金是一种补充,日利率万分之十的违约金显然高于原告的损失,被告如应承担违约责任的话,那应该按照同期银行贷款利率计算。本案两被告已经履行了相关的义务,没有违约,原告的诉请与事实、法律不符,请求法院驳回原告的诉讼请求。

【法院认为】

法院生效裁判认为,根据法律规定,当事人应当按照约定全面履行自己的义务,履行期限约定不明确的,依照法律规定仍不能确定的,债务人可以随时履行,债权人可以随时要求履行,但应当给对方必要的准备时间,本案中,原、被告签订的《商品房买卖合同》约定:由买受人在签订本合同前向符合条件的银行申请按揭贷款,买受人应向指定银行提供完整有效的申请资料,办妥按揭贷款所需的相关手续材料,逾期视为买受人违约。且本案原告已经告知被告办理按揭所需要的手续,可见,就被告需办妥按揭贷款手续这一义务,双方已经作出约定,被告应当履行。即使被告在签订《商品房买卖合同》前客观上无法办妥按揭贷款手续,那么也只能视为是双方对履行合同义务的时间约定不明确。后涉诉房屋结顶,原告就此事于2012年1月7日发出告知函,告知被告于7日内按约办妥按揭贷款所需的相关手续,已经给予被告必要的准备时间,但两被告在2012年1月8日接到原告的告知函后在上述期限内仍然怠于行使这一义务,后原告又发出律师函催告被告履行义务,继而又向本院起诉，但被告直到 2012 年 4 月 12 日才补齐贷款所缺资料，故应当视为被告存在违约情形。

关于违约金的起算时间，因原告寄出的告知函已经于 2012 年 1 月 8 日妥投至被告处，而且原告在告知函中写明："现再次函告，并希望您于 7 日内办结按揭手续或补足剩余房款。"已经给予被告必要的准备时间，两被告亦未向原告提出异议，故违约期间应当自两被告收到该函 7 日后即 2012 年 1 月 16 日起算，关于违约金计算的截止时间，因为合同约定的是两被告有办妥按揭贷款所需的相关手续的义务，故违约金计算的截止日期应当是两被告向银行办妥按揭贷款所需的相关手续的日期即 2012 年 4 月 12 日。关于违约金计算的利率问题，原、被告签订的《商品房买卖合同》载明："买受人如未按合同规定的时间付款……逾期不超过 90 日，自本合同规定的应付款期限之第二天起至实际全额支付应付款之日止，买受人按日向出卖人支付逾期应付款万分之五的违约金。"因两被告的逾期付款时间未超过 90 日，故应当依照合同的约定按日利率万分之五进行计算。综上，两被告应向原告支付自 2012 年 1 月 16 日起至 2012 年 4 月 12 日止以应付款 62 万元为基数按日利率万分之五计算的违约金 27280 元（88 天 ×5 ×62）。原告要求自 2012 年 1 月 16 日起至2012 年 5 月 9 日止按日利率万分之十计算违约金的理由不足，法院不予支持。

【裁判结果】

宁波市镇海区人民法院于 2012 年 8 月 15 日作出（2012）甬镇民初字第 406 号民事判决：（1）被告孙某丽、王某支付原告宁波镇海维科房地产开发有限公司自 2012 年 1 月 16 日起至 2012 年 4 月 12 日止以应付款 62 万元为基数按日利率万分之五计算的违约金人民币 27280 元；（2）驳回原告宁波镇海维科房地产开发有限公司的其他诉讼请求。宣判后，双方当事人均未提起上诉，判决已发生法律效力。

［参见最高人民法院中国应用法学研究所编：《人民法院案例选》（2013 年第 1 辑），人民法院出版社 2013 年版。］

10. 政府采取限行、限工的措施，导致逾期交付房屋，开发商以无法预见为由要求减少责任的，应否予以支持？

【典型案例】

唐某刚诉北京强佑房地产开发有限公司商品房预售合同纠纷案

【裁判要旨】

《民法典》生效前，根据《最高人民法院关于适用〈中华人民共和国合同法〉若干问题的解释（二）》第二十六条的规定，合同成立以后客观情况发生了当事人在订立合同时无法预见的、非不可抗力造成的不属于商业风险的重大变化，继续履行合同对于一方当事人明显不公平或者不能实现合同目的，当事人请求人民法院变更或者解除合同的，人民法院应当根据公平原则，并结合案件的实际情况确定是否变更或者解除。《民法典》生效后，根据第五百三十三条的规定，合同成立后，合同的基础条件发生了当事人在订立合同时无法预见的、不属于商业风险的重大变化，继续履行合同对于当事人一方明显不公平的，受不利影响的当事人可以与对方重新协商；在合理期限内协商不成的，当事人可以请求人民法院或者仲裁机构变更或者解除合同。商品房预售合同纠纷中，因政府采取限行、限工的措施，导致开发商逾期交付房屋，且开发商对政府采取的具体限行、限工措施无法预见，属于情势变更，如仍按原合同约定承担违约责任，则对开发商明显不公平，因此，开发商可请求适当减少违约责任。

【案号索引】

一审：北京市海淀区人民法院（2010）海民初字第23131号

二审：北京市第一中级人民法院（2010）一中民终字第19989号

【当事人信息】

原告（被上诉人）：唐某刚

被告（上诉人）：北京强佑房地产开发有限公司（以下简称强佑公司）

【基本案情】

原告诉称，2007年4月28日，我购买强佑公司开发的清河新城3号楼1单元2201号房屋，购房总价658071元。合同约定，强佑公司需在2008年12月31日前向我交付房屋,如果强佑公司未能按时交房,需自约定的交付期限届满之次日起到实际交付之日止,按日计算向我支付已交房款万分之二的违约金。2009 年 3 月 12 日,我收到强佑公司发出的强佑清河新城入住通知书,要求我在 2009 年 3 月 13 日至 20 日办理收房手续,同时在通知书中提示,如果我未在通知的交付期限内办理接收手续,则视为强佑公司于交付期限届满次日起已将房屋交付于我。2009 年 3 月 13 日至 15 日,众多业主就延期交房事宜与强佑公司交涉,遭到强佑公司的无理拒绝。2009 年 3 月 15 日,我在强佑公司拒绝支付违约金的前提下,办理了收房手续。强佑公司应支付我从 2009 年 1 月 1 日至 2009 年 3 月 12 日的违约金。故我起诉到法院:(1)要求强佑公司支付迟延交房违约金 9344.6 元;(2)诉讼费由强佑公司承担。

被告辩称,我公司确实未按约定日期交付房屋,但均系客观原因造成的。2008 年 7 月 20 日至 9 月 20 日,北京市政府及建委多次下发奥运期间禁限建筑施工的法规,我公司被迫停工 2 个月;后四川地震期间,由于我公司总包单位所签署的劳务分包方四川省天佑建筑劳务开发有限公司、四川省仪陇县新兴建筑劳务有限责任公司中的四川籍农民工居多,此期间大部分农民工返乡抗震救灾,导致施工工期受到极大影响;另外,依据北京市高级人民法院办公室下发《关于因奥运施工限制导致迟延交房案件相关处理意见的会议纪要》的通知,因奥运施工限制对施工有明显影响,应当减轻开发商的违约责任,再加上我公司实际也有不小损失,故我公司请求法院考虑减免开发商 30 日的违约责任。

唐某刚(买受人)与强佑公司(出卖人)于 2007 年 4 月 28 日签订《北京市商品房预售合同》,唐某刚购买强佑公司开发的位于北京市海淀区清河镇危改一期 1－11 号楼 3 号住宅楼 22 层 1 单元 2201 号房屋,总价款 658071 元,出卖人应当在 2008 年 12 月 31 日前向买受人交付该商品房,除不可抗力,出卖人逾期交付房屋在 90 日以内的,出卖人应自约定的交付期限届满之次日起至实际交付之日止,按日计算向买受人支付已交付房款万分之二的违约金,并于该商品房实际交付之日起 30 日内向买受人支付违约金,合同继续履行。强佑公司于 2009 年 3 月 15 日向唐某刚交付房屋,唐某刚于房屋交付前共交付房款 658071 元。2009 年 3 月 15 日,强佑公司与唐某刚根据房屋实测面积签订《补充协议》,确认总房款为 669388 元,唐某刚应补交房款 11317 元。强佑公司与唐某刚均认可强佑公司逾期交房时间为 2009 年 1 月 1 日至 2009 年 3 月 12 日。

2008 年北京承办奥运会,北京市建设委员会发布了《关于加强奥运会期间施工现场质量安全管理的通知》《关于贯彻 2008 年北京奥运会残奥会期间本市空气质量保障措施加强建设工程施工监管有关事项的通知》,北京市人民政府发布了《关于 2008 年北京奥运会残奥会期间对外省区市进京机动车采取临时交通管理措施的通告》《关于发布2008年北京奥运会残奥会期间本市空气质量保障措施的通告》。

北京市海淀区人民法院经审理认为:依法成立的合同受法律保护。本案中,唐某刚与强佑公司签订的《北京市商品房预售合同》及《补充协议》系双方真实意思表示,并未违反法律、法规的强制性规定,应为合法有效,双方均应按照合同约定履行各自义务。强佑公司以奥运停工构成不可抗力为由主张免责。现有证据表明,双方并未约定不可抗力的具体情形。而依据法律之规定,“不可抗力”系不能预见、不能避免且不能克服的客观情况。众所周知,北京已于2001年7月13日取得2008年第29届奥运会的主办权。而强佑公司2007年与唐某刚签订商品房预售合同。且该合同约定的交房时间距签约时间有近两年之久,强佑公司有足够的时间安排工程进度,避免不利影响。同时,有关奥运限行及限工的政府文件具有特定的适用范围,强佑公司没有足够证据证明建设清河危改一期工程期间确需按上述文件停止施工。故,对强佑公司的该项抗辩,法院不予支持。现唐某刚已依约履行付款义务,而强佑公司未能按期交付房屋,已构成违约,应承担相应的法律责任,唐某刚依据合同约定请求强佑公司支付违约金,具备事实及法律依据,但违约金具体计算时间及金额法院予以酌定。

北京市海淀区人民法院一审判决:强佑公司于判决生效后7日内给付唐某刚位于北京市海淀区清河新城3号楼1单元2201号房屋自2009年1月1日至2009年3月12日的逾期交房违约金人民币9344.60元。如果未按判决指定的期间履行给付金钱义务,应当加倍支付迟延履行期间的债务利息。

上诉人(原审被告)强佑公司不服一审法院判决,向本院提起上诉。

北京市第一中级人民法院经审理,确认一审法院认定的事实和证据。

【法院认为】

合同成立以后客观情况发生了当事人在订立合同时无法预见的、非不可抗力造成的不属于商业风险的重大变化,继续履行原合同对一方当事人明显不公平,当事人请求变更合同的,人民法院应当根据公平原则,并结合实际情况确定是否变更。强佑公司与唐某刚在订立合同时尽管对北京奥运会的举办是明知的,但对于北京市政府及有关部门采取的具体限行、限工措施是无法预见的。由于北京市政府及有关部门在奥运期间采取限行、限工的措施,导致强佑公司逾期交付房屋,如仍按原合同约定承担违约责任,则对强佑公司明显不公平,强佑公司请求适当减少违约责任,应根据公平原则,并结合实际情况,对强佑公司要求减少违约责任的抗辩主张予以支持,唐某刚起诉要求强佑公司支付逾期交付房屋的违约责任,理由正当,但请求过高部分,不应支持。一审法院判决强佑公司按照合同的约定承担违约责任,未考虑到客观情况的变化,有失公平。

【裁判结果】

北京市第一中级人民法院二审判决：(1)撤销北京市海淀区人民法院(2010)海民初字第23131号民事判决；(2)本判决生效后7日内，北京强佑房地产开发有限公司支付唐某刚逾期交房违约金5396元；(3)驳回唐某刚的其他诉讼请求。

［参见国家法官学院案例开发研究中心编：《中国法院2012年度案例：房屋买卖合同纠纷》，中国法制出版社2012年版。］

11. 拆迁安置补偿合同纠纷中，一方已按约腾退原有房屋并足额支付了购房款，而对方当事人逾期未履行合同义务，则守约方能否要求其赔偿逾期交房产生的经济损失？

【典型案例】

王某等诉北京房开置业股份有限公司房屋拆迁安置补偿合同、商品房预售合同纠纷案

【裁判要旨】

拆迁安置补偿合同是拆迁人与被拆迁人、房屋承租人为明确房屋拆迁补偿安置中的权利义务关系而订立的协议，是约定拆迁当事人之间民事权利义务的合同。而根据相关规定，当事人一方不履行合同义务或者履行合同义务不符合约定的，应当承担继续履行、采取补救措施或者赔偿损失等违约责任。损失赔偿数额应当相当于因违约所造成的损失，包括合同履行后可以获得的利益。由此，拆迁安置补偿合同纠纷中，一方已按约腾退原有房屋并足额支付了购房款，而对方当事人逾期未履行合同义务，对方当事人构成违约，其应当依法赔偿守约方因其违约所造成的损失。

【案号索引】

一审：北京市西城区人民法院(2010)宣民初字第00704号

二审：北京市第一中级人民法院(2010)一中民终字第15548号

【当事人信息】

原告(上诉人)：王某

原告(上诉人)：王某忠

被告(被上诉人):北京房开置业股份有限公司(以下简称房开公司)

【基本案情】

2001 年经市政府批准,房开公司负责组织实施牛街二期危旧房改造,王某、王某忠同意参加该地区的危旧房改造。双方当事人经过多次协商最终达成危改就地安置协议,并于 2001 年 11 月 3 日签订安置协议书,协议书中明确约定安置王某、王某忠营业性用房 33.3 平方米,位置是牛街沿街新建商业用房首层临街。但从合同签订至今,房开公司却长达 8 年之久不向王某、王某忠交付商业用房,导致王某、王某忠及其家庭遭受重大损失。现王某、王某忠起诉要求:判令房开公司按照安置协议书之约定履行协议,给王某、王某忠安置牛街沿街临街首层商业用房 33.3 平方米;要求房开公司赔偿王某、王某忠每月违约金 3000 元,从 2004 年 12 月起至其实际履行之日止,诉讼费由房开公司承担。

房开公司是应市区两级政府要求,对牛街二期危改依法进行拆迁和安置。因拆迁时间较长,历经拆迁公司众多,目前房开公司尚未查到王某、王某忠提供的就地安置协议书原件。对于该协议书中缝处写的"另安置营业用房……"未经房开公司与王某、王某忠方共同签章确认,因此应属无效。鉴于房开公司从事政府职能行为,解危解困、造福于民的企业宗旨,考虑到王某、王某忠的情况,如果王某、王某忠按照每平方米 7000 元的标准,交纳商业用房应付购房款 233100 元后,则房开公司同意履行该协议书中的约定,这是一个附条件的协议。当时约定的安置商业用房还没有完成商业用房规划,房开公司在安置完回迁住房后再进行商业用房的规划,这有一个时间间隔。对于王某、王某忠要求的回迁房和商业用房安置应该为同一时间,这与事实不相符。对于王某、王某忠要求每月 3000 元的违约责任房开公司不同意,因为此次拆迁过程不是一个营利行为,只是代政府完成这项工程。因此在王某、王某忠没有实际营业、没有实际使用房屋的情况下,房开公司不应该承担该项违约责任。

一审法院经审理查明:2001 年 11 月 3 日,房开公司作为甲方与王某作为乙方,签订《宣武区牛街二期危改就地安置协议书》,其中缝就营业用房安置写明:(1)安置营业用房产权人:王某忠;(2)安置地点:牛街沿街新建商业用房首层临街;(3)安置建筑面积 33.3 平方米;(4)结算方式:不结算结构差价。至今,房开公司未给王某、王某忠安置营业用房。庭审中,王某、王某忠要求房开公司按照安置协议书之约定履行协议,给王某、王某忠安置牛街沿街临街首层商业用房 33.3 平方米,赔偿 2004 年 12 月至其实际履行之日的违约金每月 3000 元,按其经营食品店租金平均数支付,但王某、王某忠未向法院提供证据。房开公司则不同意王某、王某忠的诉讼请求,就其无法为王某、王某忠安置营业房屋情况未向法院提供证据。

上述事实,有双方当事人陈述、宣武区牛街二期危改就地安置协议书、购房合同书、预购房款发票、付款折抵清单、证明及庭审笔录等证据在案佐证。

一审法院经审理认为:王某与房开公司签订的《宣武区牛街二期危改就地安置协议书》合法有效,双方当事人均应按照约定自觉履行义务,不得擅自变更。此案中,王某、王某忠按照合同将其房屋腾退,并交予房开公司拆除;房开公司也应按照承诺将安置房屋交予王某、王某忠。因双方约定的交付安置房屋日为2004年1月9日,期限届满后,房开公司尚未履行对王某忠交付营业用房的义务,现王某忠要求房开公司立即安置牛街沿街新建商业用房首层临街33.3平方米商业用房的诉讼请求,理由正当,法院予以支持。王某、王某忠要求房开公司按其经营食品店的平均收入支付其每月3000元的违约金,未向法院提供证据,该项诉讼请求法院不予支持。

一审法院判决:"一、自判决生效之日起30日内,北京房开置业股份有限公司按照2001年11月3日与王某签订的《宣武区牛街二期危改就地安置协议书》约定的同等条件、同等位置、同等面积、同等质量为王某忠安置营业用房一处。二、驳回王某、王某忠的其他诉讼请求。"

王某、王某忠的上诉请求为:撤销原判第二项判决,改判房开公司赔偿因其未于2004年1月9日按约履行交付门面营业房给上诉人造成的经济损失(按照3000元/月计算至实际赔偿时)。其上诉理由为:房开公司的违约,使本应该履行交付的门面营业房未交付使用,造成上诉人的损失,理应给予相应的赔偿。

房开公司同意一审原判,不同意王某、王某忠的上诉请求。房开公司辩称:首先,王某、王某忠关于每月3000元的补偿标准,明显高于北京市关于延期补偿的标准,按北京市相关规定,每月只有470元的延期补偿。其次,上诉人的请求没有充分的证据支持,其没有证据证明其平均每月可以得到的收入。

北京市第一中级人民法院经审理,确认一审法院认定的事实和证据。

【法院认为】

房开公司基于危房改造与王某签订了《宣武区牛街二期危改就地安置协议书》及《购买房屋合同书》,该协议合法有效,双方当事人均应按照约定自觉履行义务。王某、王某忠按约腾退原有房屋并足额支付了购房款,而房开公司至今未履行合同义务,严重违反了合同约定,一审法院判决房开公司按照其与王某签订的《宣武区牛街二期危改就地安置协议书》约定的同等条件、同等位置、同等面积、同等质量为王某忠安置营业用房一处,符合法律规定,本院予以维持。根据合同约定,王某忠本应于2004年1月取得铺面房,时至今日,房开公司仍然未交付房屋,造成王某忠至今不能使用应有的房屋开展正常的经营活动,王某忠的经济损失是显而易见的,房开公司应对王某忠作出补偿。由于双方对逾期交房如何补偿问题没有约定,而王某忠提出的补偿标准过高,本院依据本案的具体情况及同类案件的补偿标准酌情确定。

【裁判结果】

二审法院判决如下:(1)维持原北京市宣武区人民法院(2010)宣民初字第00704号民事判决第一项。(2)撤销原北京市宣武区人民法院(2010)宣民初字第00704号民事判决第二项。(3)北京房开置业股份有限公司于本判决书生效后7日内赔偿王某、王某忠经济损失167190元。(4)驳回王某、王某忠其他诉讼请求。

[参见国家法官学院、中国人民大学法学院编:《中国审判案例要览(2012年民事审判案例卷)》,中国人民大学出版社2014年版。]

12. 在房屋借贷法律关系中,房地产开发商作为保证人,在借款人无力偿还银行借款时履行回购义务的,其能否依据合同约定直接取得房屋所有权?

【典型案例】

广州侨鑫房地产开发有限公司诉林某森、陈某丽商品房预售合同纠纷案

【裁判要旨】

《民法典》生效前,依据《担保法》第四十条的规定,在抵押合同中不能约定抵押人无力承担还款义务时,抵押物直接归抵押权人所有。《最高人民法院关于适用〈中华人民共和国担保法〉若干问题的解释》第五十七条第一款规定,当事人在抵押合同中约定,债务履行期届满抵押权人未受清偿时,抵押物的所有权转移为债权人所有的内容无效。此即所谓"流质抵押"禁止的规定。根据《最高人民法院关于适用〈中华人民共和国民法典〉时间效力的若干规定》第七条的规定,《民法典》施行前,当事人在债务履行期限届满前约定债务人不履行到期债务时抵押财产或者质押财产归债权人所有的,适用《民法典》第四百零一条和第四百二十八条的规定。《民法典》第四百零一条规定,抵押权人在债务履行期限届满前,与抵押人约定债务人不履行到期债务时抵押财产归债权人所有的,只能依法就抵押财产优先受偿。第四百二十八条规定,质权人在债务履行期限届满前,与出质人约定债务人不履行到期债务时质押财产归债权人所有的,只能依法就质押财产优先受偿。据此,在房屋借贷法律关系中,在借款人无力偿还银行借款时,银行不能依据抵押贷款合同直接取得房屋。回购,字面意思为买回房屋,实为开发商承担保证责任的一种方式。

《民法典》生效前，依据《担保法》第三十一条的规定，保证人在向债权人履行了担保责任后，享有向债务人追偿的权利。《民法典》生效后，依据第七百条的规定，保证人承担保证责任后，除当事人另有约定外，有权在其承担保证责任的范围内向债务人追偿，享有债权人对债务人的权利，但是不得损害债权人的利益。所以，开发商履行回购保证义务后取代了银行的法律地位，享有代位追偿权，而不能依据合同约定直接取得房屋所有权。

【案号索引】

一审：广东省广州市天河区人民法院（2008）天法民四初字第1681号

二审：广东省广州市中级人民法院（2009）穗中法民五终字第2072号

【当事人信息】

原告：广州侨鑫房地产开发有限公司（以下简称侨鑫公司）

被告：林某森

被告：陈某丽

【基本案情】

2004年11月14日，原、被告签订了《商品房买卖合同》，双方约定由买受人（两被告，下同）购买出卖人（原告，下同）开发的位于广州市天河区汇景新城C4、C5栋G2梯2/3复式02单位房产，建筑面积291.41平方米，成交价3231443元。买受人应当在2004年11月12日前支付首期楼款961443元（定金10000元须于签署认购书时付清），余款2260000元办理银行按揭手续。买受人保证在签署本《商品房买卖合同》后按"办理按揭协议"的约定时间签署《购房抵押借款合同》。如买受人超过上述时限，未能按时签署《购房抵押借款合同》，则出卖人有权视乙方违约，违约责任按本《商品房买卖合同》第七条规定执行。买受人在银行按揭批准，累计拖欠六期（6个月）应供款，则自愿放弃原合同业权，该房产从第七期（第7个月）起将与买受人没有任何关系。买受人如未按本合同规定的时间付款，按下列方式处理：按逾期时间，分别处理：（1）逾期在30日以内，自本合同规定的应付款期限之第二天起至实际全额支付应付款之日止，买受人按日向出卖人支付逾期应付款万分之三的违约金，合同继续履行；（2）逾期超过30日后，出卖人有权提出解除合同。出卖人解除合同的，买受人按累计应付款的20%向出卖人支付违约金。买受人愿意继续履行合同的，经出卖人同意，合同继续履行，自本合同规定的应付款期限之第二天起至实际全额支付应付款之日止，买受人按日向出卖人支付逾期应付款万分之五的违约金。出卖人应当在2005年10月30日前，依照国家和地方人民政府的有关规定，将经验收合格的商品房交付买受人使用。出卖人应当在商品房交付使用后150日内，将办理权属登记需由出卖人提供的资料报产权登记机关备案，如因出卖人的责任，买受人不能在房屋交付使用后540日内取得房地产权属证书的，双方同意按下列方式处理:买受人不退房。出卖人按日向买受人支付违约金:延期在90日内(含本数),按已付房价款万分之零点五计;延期在90日(不含本数)至365日(含本数)的,按已交房价款的万分之一计;延期超过365日,按已付房价款的万分之二计。该合同经广州市房地产交易所办理了预售契约监证手续。同日原、被告双方签订《补充协议》一份。

2004年12月24日,中国农业银行广州东城支行(贷款人,以下简称农行东城支行)、两被告(借款人)及原告(保证人)三方签订《个人购房担保借款合同》,约定借款人因购买涉讼房屋,向贷款人借款196万元,贷款期限自2004年12月起至2019年12月止,具体借款日期以借据为准。借款人还本付息日期定为每月24日,采用等额法供款,每月归还本息15817元。如借款人连续3个月不偿还借款本息和相关费用,或任何一期贷款本息及相关费用连续逾期超过3个月,或累计逾期还款超过六期的,贷款人即有权依法处分抵押物,以拍卖、变卖抵押物的价款优先受偿。如借款人发生任何违约事项,贷款人可以书面形式通知借款人还款,通知还款期限届满后,借款人仍未能纠正违约行为的,且保证人未履行保证责任时,贷款人有权依法处分抵押物,以拍卖、变卖抵押物的价款优先受偿。如借款人未能按本合同的规定或贷款人的通知履行还款义务,或借款人发生其他违约事项,贷款人有权向保证人发出履行回购保证责任通知书,保证人收到该通知后,须按通知代借款人还清所欠款项,贷款人有权在保证人名下的账户内自动扣收。保证人在履行回购保证责任后,获得《商品房买卖合同》项下的抵押物,有权依法予以处分,因此而导致保证人与借款人或第三者有任何损失或纷争,概与贷款人无关。保证人在本合同的回购保证责任是独立和绝对的,只要借款人违约,贷款人即有权要求保证人履行其在本合同项下的回购保证责任。如保证人不依约履行责任,贷款人在发出履行回购保证责任通知书的第8日起,向保证人收取违约金,有权诉诸法院要求保证人履行其回购保证责任。若借款人未能履行还款责任,而由保证人代为清偿借款人全部欠款后,贷款人即将抵押物和有关所有权证明文件转给保证人处理。保证人处理抵押物的方法及后果,均与贷款人无关。贷款人向借款人追讨欠款或向保证人要求履行回购保证义务时,只须提供贷款人签发的欠款数目单据,即作为借款人所需还款的凭证或回购抵押物的金额,除其中有计算错误的外,借款人及保证人不可提出异议等条款。

上述合同签订后,被告向原告支付首期房款1271443元。除首期款外,被告还支付契税款48472元、印花税969元(已代付)、共有证工本费10元、煤气初装费3500元、产权登记费80元、防盗可视对讲系统1600元、有线电视安装费380元、查册费100元、产权印花税10元。

2004年12月24日,农行东城支行将贷款196万元转至原告账号。涉讼房屋在

2005年1月24日办理了抵押登记手续。

2005年11月5日,被告陈某丽办理涉讼房屋的收楼手续。

2006年3月9日,农行东城支行向原告发出履行回购保证责任通知书,函称:现有借款人林某森于2004年12月24日向我行借款196万元购买汇景新城C4C5;G2-2/302房,截至2006年3月9日共欠我行债务1879644.33元及利息26029.26元(含罚息、复利)。根据与贵局签订的《个人购房担保借款合同》《回购保证协议书》的有关约定,我行要求贵司在收到本通知书后立即履行回购保证责任。

2006年3月22日、23日,原告分别向农行东城支行支付回购款1905900元、10000元,合计1915900元。

2006年9月,原告通过EMS特快专递向被告邮寄解除商品房合同通知书(邮寄地址为《商品房买卖合同》中注明的买受人地址"广州市天河东路173号1606房"),函称:你们违反合同约定,未能及时履行还款义务,我司已于2006年3月22日向农行东城支行支付1915420.04元回购金承担该物业的回购保证责任。根据《商品房买卖合同》第六条"买受人在银行按揭批准后,累计拖欠六期应供款,则自愿放弃原合同业权,该房产从第七期起将与买受人没有任何关系"及《个人购房担保借款合同》中逾期付款违约责任"逾期超过30日后,出卖人有权提出解除合同。出卖人解除合同,买受人按累计应付款的20%向出卖人支付违约金"的约定,现我司特发函通知:(1)解除《商品房买卖合同》(穗房合字2004057807号)。(2)根据《商品房买卖合同》违约责任约定,你们需向我司支付违约金653443.85元。该违约金我司将从你们已交款项中直接扣减,扣减违约金及其他费用后,余额返还给你们。(3)请你们于收到此函后15日内携带相关资料到我司办理解除合同的手续。不能亲自到场的,请提交公证的授权委托书代办此事。如未在规定时间内办理,我司将通过法律途径解决此事。该邮件因无人签收、手机空号而被退回。

原、被告双方确认,被告自2005年1月24日至2005年12月25日共向农行东城支行偿还供楼款11期(其中2005年12月的供楼款被告只支付1053.1元),合计175385.35元;被告自2005年12月26日起未再偿还供楼款。

原告在本案中提供一份案外人全某善(认购方)、原告(出售方)与广州合富辉煌房地产顾问有限公司(代理方)于2006年10月31日签订的汇景新城认购书复印件一份,拟证明原告已另行以3173296元的价格将涉讼房屋出售给案外人全某善居住。被告以没有原件为由不予认可,并称即使是真实的,原告也无权处分,因为被告已付清全部的购房款。原告称其在2006年9月行使解除权后收回涉讼房屋,涉讼房屋现由案外人全某善居住使用;被告则称在2005年11月原告以帮助维修为由拿回涉讼房屋的钥匙。

另查明:被告林某森因涉嫌受贿罪、巨额财产来历不明罪于2005年4月1日被刑事拘留，同月15日被逮捕。2005年9月6日，广州市越秀区检察院查封涉讼房屋。2006年11月15日，广州市越秀区人民法院作出（2006）越法刑初字第401号刑事判决书，认定被告林某森犯受贿罪，判处有期徒刑八年，并处没收财产50万元；认定被告林某森犯巨额财产来历不明罪，判处有期徒刑三年；决定执行有期徒刑十年，并处没收财产50万元等。该判决已发生法律效力。2007年6月25日，广州市越秀区人民法院轮候查封涉讼房屋。2008年9月11日，广州市越秀区人民法院以被告林某森未履行上述刑事判决书中所确定的还款义务为由，作出（2007）越法刑执字第22号－1民事裁定书，裁定拍卖涉讼房屋。原告提起执行异议，广州市越秀区人民法院已暂停拍卖，但对该执行异议是否成立尚未作出裁定。

广州市天河区人民法院认为：本案为原、被告双方之间的商品房买卖合同纠纷。原、被告双方签订的《商品房买卖合同》合法有效，原告与被告之间为商品房买卖合同法律关系，原告、被告与农行东城支行之间为购房担保借款合同法律关系，农行东城支行为贷款人，被告为借款人，原告为保证人，两者为不同的法律关系。《商品房买卖合同》签订后，被告通过支付首期款和办理银行按揭的方式依约支付全部购房款3231443元，已履行其作为买受人的合同义务。根据合同的相对性原理，被告未按约向农行东城支行偿还按揭楼款，需向农行东城支行承担违约责任，原告不能以此为由要求解除双方《商品房买卖合同》及要求被告向其承担违约责任。《商品房买卖合同》中"买受人在银行按揭批准后，累计拖欠六期（6个月）应供款，则自愿放弃合同业权，该房产从第七期（第7个月）起将与买受人没有任何关系"的条款违反合同相对性原理和公平合理原则，对被告没有约束力。因此，原告以被告未能履行偿还按揭款义务，而其已向农行东城支行支付回购款，履行保证责任为由，根据《商品房买卖合同》"逾期（付款）超过30日后，出卖人有权提出解除合同。出卖人解除合同的，买受人按累计应付款的20%向出卖人支付违约金"的约定，于2006年9月向原告发出解除商品房买卖合同通知书，要求解除合同及被告支付20%购房款的违约金653443.85元，缺乏事实和法律依据，不予支持。被告自2005年12月起未向农行东城支行偿还购楼款，该行于2006年3月向原告发出回购通知，实际为要求原告履行保证方义务，原告据此向该行支付回购款，履行了保证义务后，原告行使追偿权属于另一法律关系，本案不予调处。一审判决：驳回原告侨鑫公司的诉讼请求。

一审宣判后，侨鑫公司不服判决，上诉至广州市中级人民法院。

【法院认为】

广州市中级人民法院二审审理认为：本案争议的焦点是侨鑫公司在履行保证回购责任后的法律地位以及侨鑫公司是否享有买卖合同的解除权。关于侨鑫公司在履行保证回购责任后的法律地位问题。首先，从本案所涉的法律关系来看，侨鑫公司基于与林某森、陈某丽和银行签订的两份合同，具有两个法律身份，形成了两个法律关系，即侨鑫公司与林某森、陈某丽之间形成的买卖合同关系；侨鑫公司与林某森、陈某丽和银行之间形成担保合同关系。其次，从银行所享有的权利来看，《个人担保借款合同》第六条约定：如借款人连续3个月不偿还借款本息和相关费用，或任何一期贷款本息及相关费用连续逾期超过3个月，或累计逾期还款超过六期的，贷款人即有权依法处分抵押物，以拍卖、变卖抵押物的价款优先受偿。因此，银行依据按揭贷款合同所得的是抵押物的优先受偿权，并不能产生房屋买卖和房屋产权变动的效果。而且，根据《担保法》第四十条的规定，在抵押合同中不能约定抵押人无力承担还款义务时，抵押物直接归抵押权人所有，所以，银行也不可能依据抵押贷款合同直接取得房屋。最后，从侨鑫公司回购行为的性质分析来看其应当界定为侨鑫公司承担保证责任的一种形式，同时也是银行实现债权的方式。因此，回购只是在银行依法实现抵押权时，侨鑫公司回购房屋，付清贷款。也就是在对房产依法拍卖变卖时，为避免流拍或所拍卖价格不足以清偿贷款，侨鑫公司才负有回购的义务，同时在回购房款不足以清偿贷款情况下，还要继续承担保证义务。侨鑫公司在履行保证回购责任之后取代银行所取得的只是抵押权人的法律地位，即享有的是代位追偿权。在银行并未取得房屋，侨鑫公司也未向银行出售房屋的情况下，侨鑫公司上诉提出其在履行保证回购责任后，是银行解除抵押权，由侨鑫公司收回讼争房屋，缺乏法律依据，不予采信。关于侨鑫公司是否享有合同的解除权的问题。本案中，侨鑫公司主张解除合同的依据是《商品房买卖合同》第六条“买受人在银行按揭批准后，累计拖欠六期应供款，则自愿放弃原合同业权，该房产从第七期起将与买受人没有任何关系”以及《个人购房担保借款合同》第八条“如保证人履行回购担保责任，代借款人偿还全部欠款，借款人同意贷款人将抵押物转让给保证人，并保证对该转让无异议，借款人确认保证人在履行回购保证责任后而取得抵押物的合法地位，保证人有权以任何公平合理的方式处分抵押房产”的约定。然而，法律禁止“流质契约”。《商品房买卖合同》第六条的实质与“流质契约”的本质是一样的，即在没有经过折价变卖或者拍卖的情况下侨鑫公司直接获得抵押房屋显然有违公平合理原则，且违反了抵押权的本质属性，违反了法律关于抵押权流质契约的禁止规定，因此，该条款应属无效条款。由于侨鑫公司与林某森、陈某丽之间的房屋买卖合同主合同义务已经实际履行，侨鑫公司亦已收齐讼争房屋的全部购房款，因此，侨鑫公司不能以林某森、陈某丽没有履行《个人购房担保借款合同》中的还款义务的事实理由，再以买卖合同的卖方的主体地位来主张解除房屋买卖合同。原审法院对于侨鑫公司主张解除合同的依据不予支持正确，应予维持。侨鑫公司对此提出的上诉理由不能成立，不予采信。至于违约金的问题。由于侨鑫公司已经依约收齐了讼争房屋的全部购房款，故其主张林某森、陈某丽承担违约金，缺乏事实依据,亦不予采信。原审法院据此判令驳回侨鑫公司该部分诉请主张正确,应予维持。

【裁判结果】

广州市中级人民法院二审判决如下:驳回上诉,维持原判。

[参见最高人民法院中国应用法学研究所编:《人民法院案例选》(2012 年第 1 辑),人民法院出版社 2012 年版。]

13. 双方因意思表示未达成一致而不能订立商品房买卖合同的,出卖人是否应当将已收取的定金返还买受人?

【典型案例】

桑某勇诉滁州华欣置业股份有限公司商品房预售合同纠纷案

【裁判要旨】

《最高人民法院关于审理商品房买卖合同纠纷案件适用法律若干问题的解释》第四条规定,出卖人通过认购、订购、预订等方式向买受人收受定金作为订立商品房买卖合同的担保的,因不可归责于当事人双方的事由,导致商品房买卖合同未能订立的,出卖人应当将定金返还买受人。据此,因不可归责于双方当事人的事由导致商品房买卖合同未能订立的,不适用定金罚则。所以,双方因意思表示未达成一致而不能订立商品房买卖合同的,出卖人应当将已收取的定金返还买受人。

【案号索引】

一审:安徽省滁州市琅琊区人民法院(2007)琅民一初字第 599 号

二审:安徽省滁州市中级人民法院(2007)滁民一终字第 740 号

【当事人信息】

原告(上诉人):桑某勇

被告(上诉人):滁州华欣置业股份有限公司(以下简称华欣置业公司)

【基本案情】

安徽省滁州市琅琊区人民法院经公开审理查明:2007 年 1 月 20 日,原告桑某勇与被告华欣置业公司协商购买该公司开发并预售的维也纳春天花园小区 6 幢 1

单元6层02号商品房一套(含阁楼),并于当日签订了意向书,约定:意向物业建筑面积92.08平方米,另加阁楼面积(待定);意向价格每平方米2794元,总价款257272元(不含阁楼价格);意向订金2000元,在签订正式认购书前可退(不计息);认购方须在销售方通知签订正式认购书3日内交纳认购定金50000元(含意向订金2000元);原告桑某勇于当日交纳了意向订金2000元。2007年2月8日双方签订了商品房认购书,约定:认购物业建筑面积92.08平方米(每平方米2794元),阁楼42.97平方米(每平方米1980元),认购价342353元;认购方须交纳认购金50000元。当日原告桑某勇又按认购书的约定交纳了购房定金48000元。后因被告要求就维也纳春天花园小区6幢1单元6层02号商品房中建筑面积为92.08平方米的部分与面积为42.97平方米的阁楼分别签订《商品房买卖合同》与《阁楼附属产权使用权转让协议》而致双方意见不一。原告坚持要求对阁楼部分也签订《商品房买卖合同》,且应为其办理房地产权证;被告以阁楼无法办理产权证为由拒绝原告要求,以致双方一直未能完成签约手续。因被告不愿退还原告交付的定金。原告桑某勇遂诉讼来院,要求被告双倍返还原告交纳的定金10万元。

安徽省滁州市琅琊区人民法院经审理认为,《最高人民法院关于审理商品房买卖合同纠纷案件适用法律若干问题的解释》第四条规定:"出卖人通过认购、订购、预订等方式向买受人收受定金作为订立商品房买卖合同担保的,如果因当事人一方原因未能订立商品房买卖合同,应当按照法律关于定金的规定处理;因不可归责于当事人双方的事由,导致商品房买卖合同未能订立的,出卖人应当将定金返还买受人。"合同当事人的法律地位平等,一方不得将自己的意志强加给另一方。当事人应当遵循公平原则确定各方的权利和义务。本案当事人之所以未能签订商品房买卖合同,主要是对阁楼部分的产权归属产生分歧。在签订认购书时被告华欣置业公司作为出卖人,有义务向买受人说明销售阁楼不能办理产权证的状况,否则容易误导买受人,使买受人难以在全面掌握房屋产权状况的情况下基于自己利益需要的考量来选择是否购买。被告对此解释为国家明文规定和滁州市的惯常做法,认为买受人应该明知,理由不能成立。但被告华欣置业公司并非恶意违约,原告亦非无故反悔,如果仅仅因为双方对条款内容的误解及被告对告知义务的懈怠而将被告置于双倍返还定金的境地有失公平。故应根据原、被告双方未能如期签约的原因力大小分配返还份额。原告向被告交纳的50000元中有2000元属意向订金,根据双方签订的客户意向书的约定,意向金在签订正式认购书前可退,故适用定金罚则的金额是48000元。

安徽省滁州市琅琊区人民法院一审判决:(1)解除原告桑某勇与被告华欣置业公司于2007年2月8日签订的认购合同。(2)被告华欣置业公司于判决生效后5日内返还原告桑某勇交纳的意向金2000元。(3)被告华欣置业公司于判决生效后

5 日内返还原告桑某勇 48000 元定金的 1.6 倍即 76800 元。一审案件受理费 2300 元,由被告华欣置业公司承担 1800 元,原告桑某勇承担 500 元。

华欣置业公司不服一审判决,提起上诉。

安徽省滁州市中级人民法院经审理,确认了一审法院认定的事实和证据。

【法院认为】

安徽省滁州市中级人民法院经审理认为:华欣置业公司在与桑某勇签订意向书和商品房认购书时,未告诉桑某勇维也纳春天花园小区 6 幢 1 单元 6 层 02 号商品房中建筑面积为 92.08 平方米的部分与面积为 42.97 平方米的阁楼需分别签订《商品房买卖合同》与《阁楼附属产权使用权转让协议》,并且阁楼不能取得所有权,在华欣置业公司提出按上述方法与桑某勇签订协议时,桑某勇不能接受,因而双方未能签订上述《商品房买卖合同》和《阁楼附属产权使用权转让协议》,故双方对认购书约定买卖房屋的意思表示未最终达成一致,因此,双方对此均不存在违约,因不可归责于当事人双方的事由,导致商品房买卖合同未能订立的,出卖人应当将定金返还买受人。因此,华欣置业公司应将依据认购书收取桑某勇的定金返还给桑某勇。关于定金数额问题。因意向书中意向条款第二条明确约定:“桑某勇需在华欣置业公司通知签订正式认购书三日内,交纳认购定金 50000 元(含意向定金 2000 元)。”且当日桑某勇即交纳了 2000 元定金,2007 年 2 月 8 日华欣置业公司和桑某勇正式签订商品房认购书,并另外交纳了 48000 元定金。因此,桑某勇实际交纳的定金是 50000 元,而非原审判决认定的 48000 元。原审判决根据华欣置业公司和桑某勇对未能如期签约的原因力大小分配返还定金,没有法律依据。综上所述,桑某勇上诉请求撤销原判,改判由华欣置业公司双倍返还桑某勇交付的定金,共计 10 万元,不符合法律的规定,本院不予支持。华欣置业公司上诉请求撤销原判,改判驳回桑某勇的诉讼请求,也不符合法律的规定。原审判决认定事实清楚,但适用法律不当,应予纠正。

【裁判结果】

安徽省滁州市中级人民法院二审判决:(1)维持安徽省滁州市琅琊区人民法院(2007)琅民一初字第 599 号民事判决的第一条,即解除原告桑某勇与被告华欣置业公司于 2007 年 2 月 8 日签订的认购合同。(2)撤销安徽省滁州市琅琊区人民法院(2007)琅民一初字第 599 号民事判决的第二条和第三条,即被告华欣置业公司于判决生效后 5 日内返还原告桑某勇交纳的意向金 2000 元和被告华欣置业公司于判决生效后 5 日内返还原告桑某勇 48000 元定金的 1.6 倍即 76800 元。(3)华欣置业公司与本判决生效后 10 日内返还给桑某勇定金 50000 元及利息(利息按同期银行贷款利率计算,从 2007 年 2 月 8 日起,计算至前述款项付清日止)。(4)驳回桑某勇的其他诉讼请求。一审案件受理费2300元,由华欣置业公司和桑某勇各半负担。二审案件受理费2300元,由华欣置业公司和桑某勇各半负担。

[参见国家法官学院、中国人民大学法学院编:《中国审判案例要览(2008年民事审判案例卷)》,中国人民大学出版社、人民法院出版社2009年版。]

14. 在商品房买卖过程中,实际订立的销售合同并未包括商品房预售广告中的所有内容,则开发商是否应该履行广告中未纳入合同的承诺?

【典型案例】

俞某超等诉上海新黄浦置业股份有限公司商品房预售合同纠纷案

【裁判要旨】

《最高人民法院关于审理商品房买卖合同纠纷案件适用法律若干问题的解释》第三条规定,商品房的销售广告和宣传资料为要约邀请,但是出卖人就商品房开发规划范围内的房屋及相关设施所作的说明和允诺具体确定,并对商品房买卖合同的订立以及房屋价格的确定有重大影响的,应当视为要约。该说明和允诺即使未载入商品房买卖合同,亦应当视为合同内容,当事人违反的,应当承担违约责任。据此,若开发商对商品房开发规划范围内和"房屋及相关设施"作了说明和具体允诺,可视为要约。依据诚实信用原则和信赖利益保护原则,被视为要约的商品预售广告内容,即使未载入实际订立的销售合同,也应当视为合同内容,开发商应当履行该承诺。此时,依据公平原则,具体说明和承诺的内容并不局限于商品房及其相关设施,开发商借以宣传的、其自身拥有的、涉及重大社会公共资源的开发规划项目也应包括在内。所以,开发商在商品房预售广告中承诺小区业主在其投资建设的教育项目中享有优惠,视为作出了具体允诺,且对合同的订立和价格的确定有重大影响,即使未载入实际销售合同,也应视为合同内容,开发商应当履行该承诺。

【案号索引】

一审:上海市普陀区人民法院(2006)普民三(民)初字第1388号

二审:上海市第二中级人民法院(2007)沪二中民二(民)终字第361号

【当事人信息】

原告(被上诉人):俞某超

原告(被上诉人):沈某南

原告(被上诉人):俞某琰

被告(上诉人):上海新黄浦置业股份有限公司(以下简称新黄浦置业)

第三人:上海市民办新黄浦实验学校(以下简称新黄浦实验学校)

【基本案情】

上海市普陀区人民法院经公开审理查明:(1)俞某超等与新黄浦置业签订商品房预售合同对业主子女入学就读新黄浦实验学校的事宜无约定。(2)俞某超、沈某南、俞某琰提供的落款人为新黄浦集团的“平江小区”报刊广告中,载有“平江小区业主子女享受免试入学、义务教育收费标准”等内容,在“平江小区新生活书卷”的售楼资料中,同样载有上述内容,新黄浦置业出售给俞某超等的系争房屋包含在上述广告及售楼资料所述的“平江小区”商品房范围内。(3)新黄浦集团系新黄浦置业股东之一。在本院审理的其他业主与新黄浦集团相同诉请的案件中,新黄浦集团确认其于平江小区商品房一期开发、销售过程中,确实作出过与上述承诺内容相一致的广告。

上海市普陀区人民法院经审理认为:根据有关司法解释,商品房的销售广告和宣传资料为要约邀请,但是出卖人就商品房开发规划范围内的房屋及相关设施所作的说明具体确定,并对商品房买卖合同的订立和房屋价格的确定有重大影响的,应当视为要约。该说明和允诺即使未载入商品房买卖合同,亦应当视为合同内容。尽管新黄浦集团作出的上述广告未在新黄浦置业之间签订的商品房预售合同内载明,但基于该广告内容中明确受益对象为平江小区的业主,而无购房时间上的限制,参照上述规定,该广告内容应视为合同内容,故该承诺对平江小区购置商品房的业主均发生效力。又由于上述广告内容涵盖本案新黄浦置业交付给俞某超等的商品房,且新黄浦集团又系本案新黄浦置业的股东之一,两者存在一定的关联性,新黄浦集团作出的承诺可视为对新黄浦置业具有同等约束力,新黄浦置业应对上述承诺承担相应的责任。平江小区购房业主的子女应享有在新黄浦实验学校就读,并享受公办义务教育的权利。

上海市普陀区人民法院一审判决:新黄浦置业应全面履行合同,由新黄浦实验学校按“义务教育学校收费标准”接纳俞某琰就读。

新黄浦置业不服一审判决,提起上诉。

【法院认为】

上海市第二中级人民法院经审理认为:该小区的开发经历一个主体变更与权利、义务承接的过程,在售楼时新黄浦集团与新黄浦置业均对小区的优惠教育问题作出过广告宣传,新黄浦置业作为新黄浦集团广告的受益方和项目开发的后继主体,新黄浦集团所作的提供义务教育的承诺对于项目承接人新黄浦置业也应有约束力。

【裁判结果】

上海市第二中级人民法院二审判决:驳回上诉,维持原判。

[参见国家法官学院、中国人民大学法学院编:《中国审判案例要览(2008 年民事审判案例卷)》,中国人民大学出版社、人民法院出版社 2009 年版。]

【司法解释】

最高人民法院关于审理商品房买卖合同纠纷案件适用法律若干问题的解释(2020 年修正)

第三条　商品房的销售广告和宣传资料为要约邀请,但是出卖人就商品房开发规划范围内的房屋及相关设施所作的说明和允诺具体确定,并对商品房买卖合同的订立以及房屋价格的确定有重大影响的,构成要约。该说明和允诺即使未载入商品房买卖合同,亦应当为合同内容,当事人违反的,应当承担违约责任。

15.“一房二卖”过程中,后买受人是否具有恶意应如何认定?

【典型案例】

杨某荣诉上海复佳房地产开发有限公司商品房预售合同纠纷案

【裁判要旨】

在“一房二卖”的情形下,依照《最高人民法院关于审理商品房买卖合同纠纷案件适用法律若干问题的解释》第七条的规定,买受人以出卖人与第三人恶意串通,另行订立商品房买卖合同并将房屋交付使用,导致其无法取得房屋为由,请求确认出卖人与第三人订立的商品房买卖合同无效的,应予支持。但实践中,买受人要举证第三人是否明知,往往存在一定难度。依据《最高人民法院关于民事诉讼证据的若干规定》第九条将“根据法律规定或者已知事实和日常生活经验法则,能推定出的另一事实”的情形规定为当事人无须举证的事实之一,但同时明确“当事人有相反证据足以推翻的除外”。依据该条规定,一旦前提事实得到证明,法院可依照法律规定或者由法院按照经验法则,从已知的基础事实推断未知的事实的存在,同时允许当事人提出反证加以推翻。通过分析发现买受人与出卖人之间的买卖关系及过程,在合同签订时间、房屋价格、购房款支付、相关手续办理等情况明显不合理的条件下,结合日常生活经验,在买受人和出卖人不能提供充分反证的情况下,可以认定买受人和出卖人行为属于恶意串通的行为。

【案号索引】

一审:上海市青浦区人民法院(2005)青民一(民)初字第1564号

二审:上海市第二中级人民法院(2007)沪二中民二(民)终字第102号

【当事人信息】

原告(被上诉人):杨某荣

被告(被上诉人):上海复佳房地产开发有限公司(以下简称复佳公司)

第三人(上诉人):顾某勤

【基本案情】

上海市青浦区人民法院经公开审理查明:1997年4月29日,复佳公司与杨某荣签订《上海市内销商品房预售合同》,约定杨某荣向复佳公司购买上海市青浦区“宝宜苑”小区内两套商品房,单价每平方米人民币2800元,总价款为493472元。杨某荣支付房款后于1998年12月取得该房并使用至今。复佳公司于2000年12月22日取得新建住宅交付使用许可证,于2001年取得上海市房地产权证(大产证)。2004年12月9日,复佳公司与顾某勤签订两份落款日期为2000年11月20日的《上海市商品房预售合同》,约定顾某勤向复佳公司购买上述两套商品房,单价为每平方米3800元,两套房屋总价为675868元。同日,交易中心办理了系争房屋商品房项目网上备案认证证明,复佳公司向顾某勤开具了全额购房发票,顾某勤取得了系争房屋的产权证。2004年12月11日,复佳公司向顾某勤的丈夫张某出具承诺书,表明顾某勤已交付全部购房款并取得产权证,但因房屋已出租他人,公司承诺在3个月将空房屋交付张某并承担由此产生的后果。

上海市青浦区人民法院经审理认为:复佳公司在明知系争房屋售予杨某荣的情况下将同一房屋再次销售给顾某勤,具有主观恶意。顾某勤虽称2000年其丈夫与复佳公司已签订订购协议,但其未能提供订购协议,且在得知房屋由他人使用后从未提出过异议,故顾某勤的解释有悖常理。另外,顾某勤与复佳公司签订的预售合同房价款明显低于签约时系争房屋的市场价格,应认定二者存在恶意串通。

上海市青浦区一审判决:(1)复佳公司与顾某勤签订的位于上海市青浦区盈港路518号、520号房屋的两份《上海市商品房预售合同》无效;(2)复佳公司应于本判决生效之日起30日内协助杨某荣办理位于上海市青浦区盈港路518号、520号房屋的产权过户手续。

顾某勤不服一审判决，提起上诉。

上海市第二中级人民法院经审理，确认一审法院认定的事实和证据。

【法院认为】

上海市第二中级人民法院经审理认为：复佳公司在与杨某荣签订预售合同并将房屋交付杨某荣后，又就同一标的物与顾某勤签订预售合同，主观上存在恶意。顾某勤虽然表示其不知晓复佳公司此前已与杨某荣签订预售合同、交付房屋等一系列事实，但仔细分析其与复佳公司之间的买卖关系及过程，在合同签订时间、房屋价格、购房款支付、相关手续办理等方面存在诸多疑点和不合常理之处，现有的相关证据尚不足以证明顾某勤是善意第三人。一审法院根据举证责任的分配规则，结合日常生活经验，推定复佳公司与顾某勤之间恶意串通损害杨某荣的合法权益符合法律规定。

【裁判结果】

上海市第二中级人民法院二审判决：驳回上诉，维持原判。

［参见国家法官学院、中国人民大学法学院编：《中国审判案例要览(2008年民事审判案例卷)》，中国人民大学出版社、人民法院出版社2009年版。］

16. 商品房买卖合同和商品房认购协议应如何区分？

【典型案例】

黄山市新安房地产开发有限责任公司诉张某芳、张某勇商品房预售合同纠纷抗诉案

【裁判要旨】

《商品房销售管理办法》第十六条规定，商品房买卖合同应当明确以下主要内容：当事人名称或者姓名和住所；商品房基本状况；商品房的销售方式；商品房价款的确定方式及总价款、付款方式、付款时间……商品房认购书，即认购协议，是指商品房买卖双方在签订商品房预售合同或商品房现房买卖合同之前所签订的文书，是对双方交易房屋有关事宜的初步确认，双方约定在签订认购书后，开发商在一定期限内为购房人保留房屋，不得自行售于他人。根据《最高人民法院关于审理商品房买卖合同纠纷案件适用法律若干问题的解释》第四条、第五条的相关规定，认购

书属于预约合同，只有认购书具备《商品房销售管理办法》第十六条规定的商品房买卖合同的主要内容，并且出卖人已经按照约定收受购房款的，才认定为商品房买卖合同。

【案号索引】

一审：黄山市屯溪区人民法院(2004)屯民一初字第70号

二审：黄山市中级人民法院(2005)黄中法民一终字第28号

再审：黄山市中级人民法院(2006)黄中法民一再终字第16号

【当事人信息】

申诉人(一审被告、二审上诉人)：黄山市新安房地产开发有限责任公司(以下简称新安公司)

被申诉人(一审原告、二审被上诉人)：张某勇

被申诉人(一审原告、二审被上诉人)：张某芳

【基本案情】

1999年，新安公司着手对新厦广场(后更名为新安广场)地块进行商业开发。2000年，新安公司以新厦广场详细规划说明、效果图及广告宣传画等促销商品房。张某芳的母亲张某英于2000年1月3日、4日、20日、27日与新安公司前后共签订4份认购新安广场部分房产的协议和补充协议，约定张某英的购房面积为1420.60平方米，价款为人民币312万元，同年2月21日前共需付款(含定金)144万元，余款办理银行贷款按揭手续或再行商议付款方式。张某英以现金和转账方式共向新安公司付款143万元。2000年8月1日，乙方张某勇与甲方新安公司签订协议(以下简称“8·1”协议)，约定乙方购买甲方开发的原新华书店西面利19号店面一间，面积约189.04平方米，另购买利16号、17号、18号3间两层，面积约244.82平方米，房款为200万元整；甲方出售给乙方的房屋面积以图纸为准。协议还约定双方在2000年9月前正式签订购房合同。新安公司在之后的建设过程中，前后两次对新安广场的房屋进行了命名和编号，上述5份协议所涉及的房屋命名及编号亦作了相应更改。对房屋的重新命名和编号，新安公司事先未告知包括张某勇在内的所有购房户。新安公司分别于2001年4月，与张某勇签订了编号为2001(044)、2001(047)商品房买卖合同；与张某芳签订了2001(045)、2001(046)商品房买卖合同。同年4月15日，新安公司又与张某勇签订了一份商品房买卖补充协议。黄山市屯溪区公证处分别对上述4份合同及补充协议进行了公证，所有公证合同均附有黄山市房地产管理局测绘的所购房屋的分层分户平面图。2001年8月21日，新安公司与张某芳、张某勇签订了一份商品房买卖补充协议，取代之前与张某勇签订的商品房买卖补充协议。2001(044)－2001(047)4份合同共计面积2096.38平方米，房款4376155元。合同约定，张某芳、张某勇须向新安公司支付房屋现款

1506155 元，其余 187 万元房款通过银行办理按揭手续支付。因张某芳、张某勇事后继受了张某英的一切权利和义务，故张某英已支付给新安公司的 143 万元购房款事实上已转归张某芳、张某勇名下。2001 年 6 月 19 日，新安公司向张某芳、张某勇出具书面材料，证明张某芳、张某勇在新安广场购买的房屋总面积为 2129.55 平方米。同年 8 月 18 日，张某芳、张某勇向新安公司出具承诺书，承诺在 2001 年 10 月 1 日之前将按揭办理到位。2001 年 9 月 25 日，张某勇办理了 3 份房地产权证，同年 10 月 24 日，张某芳办理了两份房地产权证，5 份房地产权证登记的总面积共计 2096.38 平方米。2002 年 3 月 18 日，就张某勇购买的利民路 14 号 -7 号房，张某芳购买的新安北路 1 -2 单元 26 号房，张某芳、张某勇向新安公司发出律师函，指出新安公司在履行合同过程中存在安装水、电表不符合约定的规格、未按售房时提供的效果图及规划图施工、未退清返还款、未按规划设置小型液化气站等诸多违约事实。次日，黄山市屯溪区消费者协会出具书面证明，指出张某勇因购房一事造成的纠纷已向其投诉，希望新安公司尽快按原合同协议严格执行。2003 年 1 月 3 日，黄山市屯溪区消费者协会致函新安公司，希望新安公司尽快解决购房违约一事。

2001 年 8 月 21 日补充协议约定，张某芳、张某勇所购房房价中已包含成品房应安装的门窗、水电设施、隔墙、内粉刷、卫生设施等，新安公司同意张某芳、张某勇所购房不要上述部分，并同意将该部分造价参照建筑部门核算标准返还给张某芳、张某勇；新安公司同意为张某芳、张某勇所购的所有房屋（总面积 2096.38 平方米）仅安装总用电量不小于 50 千瓦的电表两只，并将张某芳、张某勇的水、电表独立，不与其他业主共用一个水、电表。新安公司未按该协议为张某芳、张某勇办理水电增容，该部分费用按当时标准共计 44944 元。同时，新安公司未按黄山市新厦广场详细规划说明，在小区设置小型液化气站及内部住宅底层采用架空层以安排居民停放自行车，亦未按建筑色彩材料一栏所说明的外饰材料采用大理石、花岗岩等较高档次的现代装饰材料，所交付的过街楼由三层改为六层等。2001 年 6 月 28 日，新安公司在张某芳、张某勇办理按揭时，为其开具了一张收到 9 万元的空头收据。2001 年 8 月 21 日，张某芳、张某勇向黄山市屯溪区人民法院提起诉讼，要求判令被告新安公司按协议约定将新安北路 24、28 号店面房交付原告，并完善产权过户手续，承担延期交付的责任；判令被告按双方协议约定返还原告 129971.09 元；判令被告返还未按协议约定履行水电增容的未建工程款 73740 元；判令被告支付违约金 80000 元。

另查明，2000 年 7 月 20 日，骆某芳与新安公司签订了商品房购销合同，约定新安公司将新安广场项目中的利 19、21 号两间一层店面房出售给骆某芳，面积为 15 平方米，总价款 6 万元。当天，骆某芳向新安公司支付了购房款现金 4 万元。当月 24 日，黄山市公证处对该合同进行了公证。新安公司在之后的建设过程中，将利

19、21号分别变更为现在的新安北路28、24号。2001年4月17日，骆某芳向新安公司支付了购房余款，新安公司亦于当日将新安北路24、28号两间一层店面房交付骆某芳使用至今。

2004年12月27日，黄山市屯溪区人民法院作出(2004)屯民一初字第70号民事判决，认为张某芳、张某勇与被告新安公司签订的购房协议应当认定为商品房买卖合同，均真实、合法、有效，原、被告均应按以上合同约定履行。相关证据：(1)2000年8月1日购房协议所附图纸；(2)被告书面确认原告购房总面积2129.55平方米与2001年4份商品房格式合同总面积2096.38平方米相差33.17平方米；(3)2000年8月1日购房协议约定19号房总面积203.75平方米与2001(045)号商品房买卖合同约定的26号房面积185.58平方米相差18.17平方米，而24、28号房总面积为13.42平方米；(4)2000年8月1日购房协议约定19号房总面积203.75平方米，与黄山市家园评估公司鉴定的新安北路24、26、28号房总面积199.04平方米相差4.17平方米，可见24、26、28三个房总面积也未超出原编号19号房的总面积。以上足以认定原被告签订2000年8月1日购房协议时，原告所购19号店面房包括现新安北路24、26、28号。现被告只将新安北路26号售予并交付原告，未将24、28号房售予交付原告。被告理应全面履行协议，将新安北路24、28号房交付原告。双方签订的补充协议约定，被告将原告所购房房价中已包含的被告未做工程款返还原告，并同意为原告办理水电增容。现被告未做工程款，经本院依法委托安徽南方会计师事务所鉴定，工程造价为264049.17元，予以认定，被告理应返还原告，但应扣除24号、28号店面原告应付房款93940元(13.42平方米×7000元/平方米)及被告已付原告90000元(按揭时被告给原告的收据)。被告按合同应为原告办理水电增容费用44944元，亦应如数返还原告。因被告就新安广场商品房销售，向消费者出示的新厦广场详细规划说明及工程效果图等系销售广告和宣传资料，其就有关房屋及相关设施所做的说明和允诺具体确定，对商品房买卖合同订立以及房屋价格确定有重大影响，应视为要约，即使未载入商品房买卖合同，亦应视为合同内容，现被告违反其宣传资料的承诺，应当承担违约责任。鉴于被告交付房产时诸多违约事实，原告未诉请按购房协议约定的总房款10%支付违约金，只要求被告承担80000元违约金，符合法律规定，予以支持。被告所称新安广场1号、2号楼设计变动新增的工程款应由原告承担，并在应返还原告的工程款中扣除，因无合同约定，被告亦未在举证期限内提出反诉请求，不予采纳。一审判决：(1)被告新安公司将新安北路24、28号店面房交付原告，并于判决生效3个月内协助原告办理完产权过户手续；(2)新安公司返还原告新安北路1号、2号楼原告已付房价中包含的被告未做工程款264049.17元，扣除原告应付24、28号店面房款93940元及被告在原告按揭时支付的90000元，新安公司尚需支付原告80109.17元；(3)新安公司支付原告水电增容费用计44944元;(4)新安公司支付原告违约金80000元;(5)驳回原告的其他诉讼请求。

新安公司不服,提出上诉。2006年6月16日,黄山市中级人民法院作出(2005)黄中法民一终字第28号民事判决,认为本案系商品房买卖合同纠纷。该院审理认定,2000年8月1日,被上诉人张某勇与上诉人新安公司签订的协议系双方真实意思表示,其形式和内容合法,且民事权利义务关系明确,该协议应认定为依法成立并生效。上诉人认为该协议仅为购房意向的理由不能成立,同时根据被上诉人所举2000年8月23日新安公司30万元收据及2001(045)号合同第六条第二款约定,可以认定被上诉人已于2000年8月20日前支付首付款30万元,故上诉人认为被上诉人未按约定支付30万元的理由不能成立。至于双方有无在2000年9月前正式签订所有购房合同并不影响2000年8月1日协议本身效力。

2000年"8·1"协议的附图明确显示利19号店面房为一整体,应包括更名后的新安北路24、26、28号3间店面,一审法院委托测绘鉴定结论亦进一步证明2001年(实为2000年)"8·1"协议购买标的包含现争议的24、28号,上诉人认为新安北路24、28号非双方交易标的理由不能成立。上诉人在2001年4月间与被上诉人签订商品房买卖合同时,未将变更后的24、28号店面一并纳入并交付,显然违反双方2000年8月1日的协议约定。上诉人认为被上诉人在签订合同时已明知24、28号被分割出去且无异议,但未能提供充分证据证实,被上诉人作为购房者与上诉人签订2001(044)－2001(047)号4份合同的行为本身,不能认为是对"8·1"协议部分内容的放弃,且事实上,被上诉人在2001年5月1日发现后即找到上诉人交涉,上诉人亦出具证明,认定被上诉人购房总面积为2129.55平方米,交房时间为2001年6月20日。该项证明应视为对"8·1"协议的补充。上诉人新安公司认为2129.55平方米是2096.38平方米加上平台面积所得,但无证据证实,亦与实际不符。经现场勘查,新安北路24、26、28号3间店面从结构上实为一整体,上诉人予以分割对被上诉人的经营影响较大,一审法院认定:

2000年"8·1"协议为一商品房买卖合同符合实际,适用法律正确。上诉人与被上诉人就未作工程签订补充协议约定,且双方对鉴定结论264049.17元工程款无异议,本院予以认定。上诉人提出的楼梯增加工程,由于没有书面约定,故对要求抵扣此部分造价请求不予支持。根据2001(046)号合同第三条有3层增减项目应按图结算的约定,故对鉴定结论中的3层120空心砌块墙增加造价9098.66元应予抵扣,一审对此以未反诉及无关联为由不予处理错误,本院予以纠正。水电安装本身系房屋构成部分,上诉人未按补充协议予以水电增容,理应扣除相应的工程款项,上诉人以被上诉人无损失为由而要求不予给付44944元水电安装款的请求,不予支持。一审法院认定上诉人提供的宣传资料构成合同条款的理由正确,同时认定上诉人应承担违约责任并无不当。但由于本案双方对相关附属工程的违约问题已有约定,即按房款的万分之一支付,故违约金计算应为437.3元,同时由于本案2000年"8·1"协议部分标的实际已被其他合同代替,故对上诉人违反2001年(实为2000年)"8·1"协议的行为,不应按原本金200万元计算违约金,而应以24、28号的房款为计算依据,即为9394元,至于其他过街楼等由于双方在新签订的合同中未予要求违约责任,故不应支持。一审违约金计算错误,予以纠正。判决:(1)维持屯溪区人民法院(2004)屯民一初字第70号民事判决第一、二、三、五项;(2)撤销第四项;(3)新安公司支付张某勇、张某芳违约金9831.30元,张某勇、张某芳给付新安公司新增项目工程款9098.66元。

新安公司不服二审判决,向检察机关提出申诉。

2006年9月8日,安徽省人民检察院以皖检民行抗(2006)第80号民事抗诉书向安徽省高级人民法院提出抗诉。理由如下:

1.判决认定事实的主要证据不足,适用法律错误。

(1)判决认定"8·1"协议为商品房买卖合同,认定事实及适用法律错误。首先,"8·1"协议并不完全具备《商品房销售管理办法》第十六条规定的商品房买卖合同应明确的主要内容。其次,"8·1"协议约定总价款为200万元,且只约定在2000年8月20日前支付30万元,而对另外170万元房款的支付方式及付款时间未作约定。再次,"8·1"协议第三项约定双方在"2000年9月前正式签订所有购房合同"。最后,张某勇并未按约定付款,本案亦无证据证明张某英2000年8月23日付款30万元的行为与张某勇之间存在法律上的联系,也即新安公司对张某勇并无收受购房款的行为。依照《最高人民法院关于审理商品房买卖合同纠纷案件适用法律若干问题的解释》第五条规定,"8·1"协议应为认购协议而非商品房买卖合同。

原审判决将依法本只具有认购性质,而不具备《商品房销售管理办法》第十六条规定的商品房买卖合同主要内容的"8·1"协议认定为商品房买卖合同,属于认定事实及适用法律均错误。

(2)判决认定张某芳、张某勇与新安公司签订2001(044)-2001(047)号4份合同的行为本身,不能认为是对"8·1"协议部分内容的放弃,认定事实错误。理由是:一是"8·1"协议作为一份商品房认购协议,仅是张某勇购买新安公司部分房产的意向,系预约合同,与商品房买卖合同之间是预约与本约的关系。二是事实上"8·1"协议始终未得到履行。三是张某英与新安公司签订的4份协议和补充协议及"8·1"协议与2001(044)-2001(047)4份合同,无论是所购房屋的位置、结构、总面积,还是房屋总价款、付款方式等,均不相同;而且房屋的买受人亦发生了变更。四是从整体上分析,2001(044)-2001(047)号4份合同的标的物,既有对包括"8·1"协议在内的5份认购协议的接受和放弃,又有5份认购协议未约定的内容,合同的主体亦由张某英与张某勇变更为张某勇和张某芳，该4份合同属于对5份认购协议的更改，已然构成4份新的合同。五是审判卷宗所载2001年3月增改项目图纸等，均证实2001(044)－2001(047)号4份合同签订前新安广场1号、2号楼已竣工验收，新安北路24、26、28号已呈独立分割现状，该4份合同约定的标的物及附图均不包含新安北路24、28号。同时亦证实张某芳、张某勇已知或应知新安北路24、26、28号并非一个整体，而是三个独立部分。六是张某芳、张某勇从未向新安公司支付房屋现款，亦未办理银行按揭付款手续的事实，反证了新安北路24、28号并非双方交易的对象。

(3)判决推断张某芳、张某勇购房总面积为2129.55平方米，缺乏证据支持。

(4)判决以新安北路24、26、28号为一整体，分割影响张某芳、张某勇的经营为由，判令新安公司将新安北路24、28号交付张某芳、张某勇，适用法律错误。①判决认定一旦分割就会影响张某芳、张某勇的经营，既无证据支持，亦无法律依据。②判决新安公司将新安北路24、28号交付张某芳、张某勇，损害了案外第三人的合法权益，缺乏事实根据，也与法理相悖。

2.判决未将骆某芳确定为本案有独立请求权的第三人，违反法定程序，可能影响案件的正确处理。

有独立请求权的第三人，是指对原、被告间的诉讼标的认为有独立的请求权，参加到原、被告已开始的诉讼中进行诉讼的人。在一审判决作出之前，一审法院已知晓该两处房产在实体上涉及了案外人的权利，在程序上就发生有独立请求权的第三人应当参加诉讼的问题。因此，一审法院应依法通知骆某芳作为有独立请求权的第三人参加诉讼。但一审法院既未按程序通知骆某芳参加诉讼，亦未通知其该诉讼发生的情况，以便其另行起诉。二审法院对此事实仍不查证。二审庭审后，骆某芳知道该诉讼，立即到法院要求参加诉讼。二审法院要求骆某芳另行起诉，并指定原本无管辖权的休宁县人民法院审理，确属违反法定程序，可能影响案件的正确判决。

【法院认为】

2006年9月27日，安徽省高级人民法院以(2006)皖民一监字第134号函指令黄山市中级人民法院对本案进行再审。2007年1月10日，黄山市中级人民法院作出(2006)黄中法民一再终字第16号民事判决，认为2000年8月1日，张某勇与新安公司签订"8·1"协议，双方约定"在2000年9月前正式签订所有购房合同"。2001年4月，新安公司与张某勇、张某芳签订了编号为2001(044)、2001(045)、2001(046)、2001(047)4份商品房买卖合同，系双方当事人的真实意思表示，并依法办理了产权证，合法有效。其中，"8·1"协议中涉及的利19号店面在张某芳与新安公司签订的编号为2001(045)号商品房买卖合同中得到明确和确认，即新安北路26

号店面。其不包括新安北路24、28号店面。2001(045)号商品房买卖合同是经过公证的文书,其效力大于或者优于“8·1”协议,且“8·1”协议关于利19号店面的内容已经被2001(045)号商品房买卖合同所取代。对于新安北路24、28号店面,新安公司已经于2000年7月20日出售给骆某芳,有双方签订的买卖合同为证。原判将已经被取代的“8·1”协议认定为商品房买卖合同,而将经过公证的2001(045)号商品房买卖合同当作“8·1”协议的补充,并以此协议中约定的面积确定张某勇、张某芳的购买范围,并最终将新安北路24、28号店面推定为张某勇、张某芳购买范围,从而支持张某勇、张某芳的诉讼主张,判令新安公司将早已出售给骆某芳的新安北路24、28号店面交付给张某勇、张某芳,并且判决新安公司承担违约责任、支付违约金9394元,无事实和法律依据,且与实际相悖,依法予以纠正,检察机关的这部分抗诉理由成立。张某勇、张某芳向新安公司购房总面积为2096.55平方米,亦依此支付了房屋价款总额。原判以2001年6月19日新安公司向张某芳、张某勇出具书面材料,证明张某芳、张某勇在新安广场购买的房屋总面积为2129.55平方米来佐证张某勇、张某芳购买范围包括新安北路24、28号店面,依据不足。原判认为新安北路24、26、28号店面从结构上实为一个整体,新安公司将其予以分割,对张某勇的经营影响较大,无依据。原判判决新安公司将新安北路24、28号店面交付给张某勇、张某芳,其涉及骆某芳的产权利益而未将其追加为本案第三人参加诉讼,程序违法,但是鉴于骆某芳已经另行起诉且已经形成另一个独立案件,故再审中不再将骆某芳列为本案第三人。检察机关的抗诉理由成立,依法予以采纳。至于原判认定新安公司返还张某勇、张某芳未建工程款264049.17元,水电增容工程款44944元、附属工程违约金437.3元,张某勇、张某芳给付新安公司新增项目工程款9098.66元及返还张某勇、张某芳在新安公司按揭时支付的90000元等事项,因检察机关未抗诉,再审中双方当事人对该部分事实亦未提出异议,依法应予维持。

【裁判结果】

经本院审判委员会讨论决定,判决:(1)撤销黄山市屯溪区人民法院(2004)屯民一初字第70号民事判决和黄山市中级人民法院(2005)黄中法民一终字第28号民事判决;(2)驳回张某勇、张某芳要求新安公司将新安北路24、28号店面房交付给其,并完善产权过户,承担延期交付违约责任的诉讼请求;(3)新安公司返还张某勇新安北路1、2号楼已经支付房款中包含的未做工程款264049.17元,扣除新安公司在张某勇、张某芳按揭时支付的90000元,新安公司尚需支付174049.17元,该款于本判决生效后15日内支付;(4)张某勇、张某芳在本判决生效后15日内支付新安公司新增项目工程款9098.66元;(5)新安公司在本判决生效后15日内支付张某勇、张某芳水电增容工程款44944元,附属工程违约金437.3元,合计45381.3元,上述款项折抵后,新安公司实际应支付张某勇、张某芳人民币210331.81元;(6)驳回张某勇、张某芳的其他诉讼请求。

[参见最高人民检察院民行厅编:《人民检察院民事行政抗诉案例选》(第17集),中国检察出版社2012年版。]

17. 开发商在销售广告和宣传资料中向购房者明确说明和允诺的公共设施,在楼盘建成后不存在的,开发商应否承担违约责任?

【典型案例】

张某广诉芙蓉花园房地产开发有限公司商品房预售合同纠纷案

【裁判要旨】

一般情况下,销售广告和宣传资料的内容不属于合同的内容,开发商与楼房购买者之间的权利义务应当以售楼合同为准。但是售楼合同的内容不以书面合同为限。在实践中,开发商为了吸引买房者,会采取发放售楼书和展示小区模型等广告形式进行宣传。与此同时,由于普通购买者往往只能从开发商公开的信息中对楼房作出判断,因此售楼书和小区模型这类宣传形式在商品房销售中就具有了重要作用,往往成为购房者选择房屋和签订购买合同的决定性因素。因此,应当将售楼书和小区模型所展示的内容作为售楼合同的内容。正是认识到商业活动的特殊性,《最高人民法院关于审理商品房买卖合同纠纷案件适用法律若干问题的解释》第三条规定,商品房的销售广告和宣传资料为要约邀请,但是出卖人就商品房开发规划范围内的房屋及相关设施所作的说明和允诺具体确定,并对商品房买卖合同的订立以及房屋价格的确定有重大影响的,应当视为要约。该说明和允诺即使未载入商品房买卖合同,亦应当视为合同内容,当事人违反的,应当承担违约责任。因此,开发商在销售广告和宣传资料中向购房者明确说明和允诺的公共设施,在楼盘建成后不存在的,开发商应当承担违约责任。

【案号索引】

一审:广州市花都区人民法院(2003)花法民三初字第138号

二审:广州市中级人民法院(2004)穗中法民四终字第1386号

【当事人信息】

原告(上诉人):张某广

被告(被上诉人):广州市芙蓉花园房地产开发有限公司

【基本案情】

广州市花都区人民法院经审理查明:被告具备开发房地产的资质,具有预售位于广州市花都区芙蓉镇芙蓉花园楼盘的资格。1993 年被告采取散发各种精致彩色楼书及单张说明书,沙盘模型讲解以及各种媒体、报纸、杂志等各种销售广告、宣传资料等方式向社会清楚列出和说明该芙蓉花园楼盘的基础设施,其中承诺在芙蓉花园将兴建大型“住客俱乐部”和“综合大楼”,这两个基础设施完全可以满足住户的康体娱乐活动和日常的生活消费需求,原告基于芙蓉花园楼盘有这两个重要基础配套设施,于 1993 年 7 月 2 日与被告签订了一份《购房合同》,合同约定原告支付港币 517926 元购买该芙蓉花园楼盘中的一套楼房。签订合同后,原告已一次性付清了购房款,被告亦于 1996 年将房屋交付原告使用。之后原告认为被告至今都未建造大型“住客俱乐部”和“综合大楼”,使他在芙蓉花园应享有的合法权益受到损害。为此,诉至人民法院。

另查明,从广州市城市规划局花都区分局了解到,被告只于 2001 年 8 月 13 日将芙蓉花园楼盘的东区部分报规划审批,而芙蓉花园楼盘的规划总图并没有向广州城市规划局花都区分局正式审批,同时已基本建成的雅致居、翠湖居楼盘的规划也没有被正式审批通过,原告所购买的楼房属于翠湖居楼盘这一部分。法院通过实地调查和咨询,确认被告原先打算建造大型“住客俱乐部”的用地,现在已作为花园使用;原先打算建造的“综合大楼”的用地,现在已作为山顶公园及儿童游乐场使用。

广州市花都区人民法院鉴于上述事实认为:1993 年被告通过各种销售广告和宣传资料宣传在芙蓉花园楼盘将建造大型“住客俱乐部”和“综合大楼”这两个重要的配套设施,以满足住客的康体娱乐活动和日常生活消费需求,由于该内容是对开发规划范围内的房屋及相关设施所作的说明和允诺,该说明和允诺具体确定,同时该说明和允诺对商品房买卖合同的订立和房屋价格的确定有着重大的影响,所以即使该说明和允诺没有载入《购房合同》,依法亦视为合同的内容,虽然当时《合同法》并没有颁布实施,当时法律也没有要约的规定,但依相应的司法解释的明确规定,当时法律没有规定的,《合同法》有规定的可以适用《合同法》,故该说明和允诺构成《合同法》规定的要约。被告在宣传资料中说明芙蓉花园楼盘在 1995 年年初完工,但至今仍没有建造“住客俱乐部”及“综合大楼”,已构成违约,应当承担相应的责任,原告要求按购房款价港币 517926 元的 10% 赔偿过高,应以购房价 0.5% 即港币 2590 元为宜。对于原告要求被告赔偿其应享有的芙蓉花园“住客俱乐部”会员籍 48000 元的诉讼请求,由于该项请求同样基于被告未能建造“住客俱乐部”和“综合大楼”而应承担的违约责任,应不再支持。

依照我国法律的规定,建设单位和个人在取得建设用地规划许可证后,方可向县级以上地方人民政府土地管理部门申请用地,经审查批准后,由土地管理部门划拨土地,而被告对该楼盘项目并没有向规划、国土部门申请建设用地使用规划报建,至今也没有进行整体报建,因此被告答辩称该楼盘项目是分期开发,综合大楼等基础设施不是不建,只是没有建设,没有事实基础,不予支持。对被告认为原告主张的权利已超过法定诉讼时效的答辩,不予支持,因为双方在被告承诺的“住客俱乐部”和“综合大楼”的基础设施的建设交付使用时间上并没有明确约定,因此诉讼时效起算时间无从确定,原告方在并不知道被告缺乏报建手续的情况下入住所购房屋 7 年后,得知被告原先用于建造这些基础设施的用地已用作其他用途,才得知自己应有的权利被侵犯,因此按照诉讼时效的起算时间应从当事人知道或者应当知道权利被侵害时起计算,原告所主张要求违约赔偿的权利并没有超过诉讼时效。

广州市花都区人民法院于 2003 年 12 月 19 日作出判决如下:被告广州市芙蓉花园房地产开发有限公司在判决生效之日起 15 日内赔偿违约金港币 2590 元给原告张某广。驳回原告张某广的其他诉讼请求。案件受理费 4359 元,由原告张某广负担 1930 元,被告广州市芙蓉花园房地产开发有限公司负担 2429 元。

一审判决后,原告张某广提起上诉。

【法院认为】

广州市中级人民法院审理认为:被上诉人通过销售广告和宣传资料向购房者明确说明和允诺在芙蓉花园内建造大型的“住客俱乐部”和“综合大楼”,以满足住户的康体娱乐活动和日常生活消费需求,上诉人据此就涉案商品房与被上诉人签订了买卖合同,且上述说明和允诺对房屋价格的确有重大影响,可依法确认被上诉人在销售广告和宣传资料中所作的上述说明和允诺构成合同要约,被上诉人至今未能依约完成“住客俱乐部”和“综合大楼”的建设,应承担相应的赔偿责任,原审对此定性正确。上诉人要求按房价款的 10% 计付赔偿款,未能提供证据支持其主张,原审法院根据实际情况,判决被上诉人按房价款的 0.5% 向上诉人支付赔偿款港币 2590 元并无不妥,应予维持。由于上诉人所主张的会员籍赔偿问题也是因被上诉人未能建造“住客俱乐部”和“综合大楼”而产生的违约赔偿责任。故原审判决驳回其该项诉请也是正确的,应予维持。据此,审查上诉人上诉理由均不成立,不予采纳,原审判决认定事实基本清楚、适用法律正确、处理恰当。

【裁判结果】

广州市中级人民法院二审判决:驳回上诉,维持原判。二审受理费 4359 元由上诉人张某广负担。本判决为终审判决。

［参见国家法官学院、中国人民大学法学院编:《中国审判案例要览(2005 年商事审判案例卷)》,中国人民大学出版社、人民法院出版社 2006 年版。］

18. 商品房买卖合同约定开发商交付的房屋应经验收质量合格,如果交付的房屋未通过消防验收的,开发商是否承担违约责任?

【典型案例】

瞿某平诉重庆光福物业公司商品房预售合同纠纷抗诉案

【裁判要旨】

《消防法》第十条规定,国务院住房和城乡建设主管部门规定应当申请消防验收的建设工程竣工,建设单位应当向住房和城乡建设主管部门申请消防验收。依法应当进行消防验收的建设工程,未经消防验收或者消防验收不合格的,禁止投入使用;其他建设工程经依法抽查不合格的,应当停止使用。消防验收合格属于法律的强制性规定,不管当事人在购房中是否约定,消防验收合格都是商品房质量合格的必备要件之一。因此,商品房买卖合同约定开发商交付的房屋应经验收质量合格,如果交付的房屋未通过消防验收的,则该房屋属于质量不合格商品房,开发商应当承担违约责任。

【当事人信息】

申诉人(一审原告):瞿某平

被申诉人(一审被告):重庆光福物业有限公司(以下简称光福公司)

2001 年 12 月 25 日,瞿某平与光福公司签订重庆市商品房预售合同,光福公司将某小区 B 区 4 - 6 - 1 房屋出售给瞿某平,总价款为 100245.9 元,交房期限为 2001 年 12 月 30 日前,交房条件为房屋经质量验收合格,若逾期交房,光福公司应向瞿某平支付已付房款万分之三的违约金。光福公司未能按期交房,直到 2002 年 4 月 28 日才将经建设、设计、勘测、监理验收合格的房屋交付给瞿某平。

2003 年 12 月 2 日,瞿某平以光福公司交付的房屋未经建设行政主管部门出具验收合格证书,不符合交付条件为由向重庆市沙坪坝区人民法院提起民事诉讼,要求该公司支付违约金2万余元,自2001年12月31日计算至起诉之日。

重庆市沙坪坝区人民法院审理认为原告的主张不成立:其一,双方的合同未对质量验收的具体步骤、验收程序等进行界定,原告认为质量验收必须由建设行政主管部门出具合格证明,只是单方面看法,没有法律依据。其二,合同为格式合同,就交付条件规定了4项,第1项为有质量验收(为双方所选定),第2、3、4项分别为竣工验收、综合验收、分期综合验收,验收难度呈逐渐增大的趋势,其中应由建设行政主管部门出具合格证的为综合验收或分期综合验收,质量验收如与综合验收在意思上雷同,在文本安排上岂非重复,不符合常理。其三,质量验收顾名思义,应为房屋结构质量合格之验收,按照建筑法规,房屋交付的最低条件(为保障安全)为竣工验收合格,此即结构安全的验收合格,因此,法院认为双方约定的质量验收实际就是竣工验收。被告已举证证明房屋竣工验收合格,故违约金应计算至实际交房日止。

瞿某平不服判决于2004年8月25日向重庆市沙坪坝区人民检察院申诉。该院于2004年12月24日向重庆市沙坪坝区人民法院提出再审检察建议,理由是本案所涉商品房在交房时未能通过消防验收,根据《消防法》的规定,未经过消防验收的房屋不得交付使用。光福公司将未经消防验收的房屋交付给申诉人的行为不合法,申诉人有权要求被申诉人承担2001年12月31日至起诉之日的违约金。法院判决只支持光福公司承担2001年12月31日至2002年4月25日的违约金,属于认定事实错误,适用法律错误,建议再审。

重庆市沙坪坝区人民法院经审判委员会讨论后认为:根据法律、法规及工程实际,对质量验收没有明确标准。本案光福公司已于2001年12月通过了比质量验收要求更高的竣工验收。根据1993年建设部颁发的《建设工程质量管理办法》第三十三条之规定,竣工交付使用的工程,工程质量应符合国家现行有关法律、法规、技术标准、设计文件及合同规定的要求,并经质量监督机构核定为合格或优良。涉案房屋通过监理、设计、勘查等单位验收合格,应视为通过质量验收。因此,以实际交房日2002年4月25日为计算违约金截止日期并无不当,原判决应予维持。

2005年7月18日,经重庆市沙坪坝区人民检察院提请,重庆市人民检察院依法向重庆市第一中级人民法院提起抗诉。理由是:

第一,《消防法》第十条第三款规定:"按照国家工程建筑消防技术标准进行消防设计的建筑工程竣工时,必须经公安消防机构验收,未经验收或者验收不合格的,不得投入使用。"这是国家法律的强制性规定,当事人之间合同的约定不得违反法律强制性规定。本案所涉房屋2002年4月25日交付使用时,并未通过消防验收,经查其通过消防验收的时间是2003年7月18日,故光福公司交付房屋的行为违反法律的强制性规定。再审法院认定光福公司2002年4月25日交付房屋的行为合法,适用法律错误。

第二,原审法院认为质量验收就是竣工验收,认定光福公司交付房屋时已通过竣工验收合格既无法律依据,又无事实基础。首先,将质量验收合格等同于竣工验收没有任何法律依据。其次,根据建设部2000年颁布的《房屋建筑工程和市政基础设施工程竣工验收暂行规定》第五条“工程符合下列要求方可进行竣工验收:……(十)有公安消防、环保等部门出具的认可文件或者准许使用文件”之规定,竣工验收必须具有公安消防部门出具的相关证明文件,原审认定房屋交付时已竣工验收合格显属错误。

本案抗诉后,重庆市第一中级人民法院指令重庆市沙坪坝区人民法院再审。再审期间,瞿某平要求光福公司承担逾期办理房地产产权证的违约金并案处理,光福公司明确表示同意。经法院主持调解,双方当事人自愿达成如下协议:光福公司给付瞿某平逾期交房款及逾期办理房地产权证违约金共计10000元。

[参见最高人民检察院民行庭编:《人民检察院民事行政抗诉案例选》(第16集),中国检察出版社2010年版。]

19. 如何区分商品房预售合同与房屋代建合同

【典型案例】

新疆维吾尔自治区邮政局与乌鲁木齐市圣博特房地产开发有限公司商品房预售合同纠纷上诉案

【裁判要旨】

商品房预售是指房地产开发企业与购房者约定,由购房者交付定金或预付款,而在未来一定日期拥有现房的房产交易行为。商品房预售的特点在于,商品房的土地使用权由房地产开发企业所有或提供。房屋代建合同是指拥有土地使用权的当事人,由于不具备房地产开发资质等原因,委托他人在该土地上建造房屋的合同。与商品房预售合同不同,房屋代建合同的前提是建造房屋的土地使用权属于代建委托人所有,代建人不负责提供土地使用权。因此,在商品房预售的情况下,商品房在正式售出前其所有权属于房地产开发商;在房屋代建合同的情况下,房屋的所有权属于代建委托人所有。所以,区分代建合同与商品房预售合同的关键在于合同标的物所有权的归属。

【当事人信息】

上诉人(原审被告、反诉原告):新疆维吾尔自治区邮政局

被上诉人(原审原告、反诉被告):乌鲁木齐市圣博特房地产开发有限公司

原审被告:新疆维吾尔自治区通信管理局

原审被告(反诉原告):中国电信集团新疆维吾尔自治区电信公司

原审被告(反诉原告):中国联合通信有限公司新疆分公司

原审被告(反诉原告):新疆通信服务公司

原审被告(反诉原告):乌鲁木齐贝尔通信技术服务有限公司

原审被告(反诉原告):新疆电信实业(集团)有限责任公司

【基本案情】

一、新疆维吾尔自治区高级人民法院一审查明的事实

1997 年 1 月 6 日,乌鲁木齐市圣博特房地产开发有限公司以下简称(圣博特公司,原乌鲁木齐市聚龙房地产开发有限公司)与新疆维吾尔自治区邮电管理局(以下简称邮电管理局)签订《代建职工住宅楼协议书》。该协议书约定,邮电管理局同意圣博特公司在乌鲁木齐市水磨沟区犁铧街地段代建七层(局部底商)砖混结构的职工住宅,该住宅建筑面积 49942.2 平方米,另加阳台面积总建筑面积为 5558.85 平方米,如果实际放线时现场摆放不下,只能减少单元按实际面积调整总价。代建价格按建筑面积 1880 元/平方米计,无论代建期间价格如何变化,再不做任何调整。该代建价格是圣博特公司完全履行本合同所规定全部义务、邮电管理局获得本合同项下房屋及院落无瑕疵的完整财产所有权的全部对价。该协议书同时约定,当年工程竣工交付使用后,圣博特公司必须在 3 个月内为邮电管理局办理好载明该院落产权人为邮电管理局的房屋产权证书、使用人为邮电管理局的土地使用权证书及将相关手续交给邮电管理局。费用及税款由圣博特公司承担。

1998 年 1 月 6 日,圣博特公司与邮电管理局又签订一份《代建职工住宅楼补充协议书》。该协议第一条第一项约定,犁铧街住宅小区建设考虑到自治区对抗震规范的要求,将原砖混结构改为框架结构,造价按 1993 年估价,以建行审定的砖混结构与框架结构的差价为准,只计取定额直接费;第二项约定,将住宅小区的塑钢窗全部改为铝合金,差价(只计塑钢窗和铝合金差价的直接费)由邮电管理局向住户收取;同时约定,工程总价调整为 10433.83 万元(总价为原定合同价加砖混结构与框架结构差价的直接费,最后根据实际面积进行增减)。

双方签订《代建职工住宅楼协议书》及《代建职工住宅楼补充协议书》后,圣博特公司将工程发包给新疆生产建设兵团第一建筑安装工程公司、新疆建筑施工总部开始施工。因双方发生纠纷,邮电管理局直接从施工单位处接收了圣博特公司建设的乌鲁木齐市水磨沟区犁铧街地段邮电住宅小区房地产。

1994年11月25日,新疆维吾尔自治区乌鲁木齐市计划委员会以乌市计基字(1993)234号文件同意圣博特公司进行商品房建设。同年12月28日,圣博特公司与新疆维吾尔自治区乌鲁木齐市土地管理局签订《国有土地使用权出让合同》。该合同约定,圣博特公司取得乌鲁木齐市水磨沟区新兴街(犁铧街邮电一期住宅楼所在地)13298平方米土地50年的使用权。圣博特公司交纳了土地出让金。1994年12月29日,圣博特公司取得该地块的建设用地批准书。1995年5月15日,圣博特公司取得由乌鲁木齐市房屋拆迁管理办公室颁发的该地块的房屋拆迁许可证。1995年6月6日,圣博特公司与新疆维吾尔自治区乌鲁木齐市房屋拆迁管理办公室签订《房屋拆迁安置补偿协议书》。1998年8月20日,乌鲁木齐市城乡建设委员会向圣博特公司颁发了建设工程许可证。同年11月17日,乌鲁木齐市土地管理局向圣博特公司核发了乌鲁木齐市水磨沟犁铧街上述项目所处位置的国有土地使用证。同年12月15日,该国有土地使用证的土地使用者变更为邮电管理局。2000年5月6日,乌鲁木齐市房地产管理局向圣博特公司核发了商品房预售许可证。同年8月15日,乌鲁木齐聚龙房地产开发有限公司变更名称为圣博特公司。2004年7月8日,新疆维吾尔自治区移动通信公司变更名称为新疆通信服务公司。

一审审理时,新疆维吾尔自治区通信管理局、中国联合通信有限公司新疆分公司、乌鲁木齐贝尔通信技术服务有限公司、新疆电信实业有限责任公司均否认自己是本案适格的被告。

2004年9月20日,圣博特公司向一审法院递交补充鉴定申请书称,对合同价格约定不明确或无法求取,当事人又协商不成的,应通过评估方式确定诉争标的物的市场价格。故申请人民法院委托有关机构对犁铧街住宅小区1997年签订合同时的商品房市场价格进行评估。一审法院在征得双方当事人同意后,于同年10月9日向其技术室发出委托鉴定函,要求对以下事项进行鉴定:(1)代建住宅楼的实际竣工面积;(2)1998年1月6日《代建职工住宅楼补充协议书》第一条第一、二项约定的差价;(3)1998年5月21日《关于犁铧街住宅装修标准的协议》约定的差价;(4)邮电管理局为工程垫付的各种手续费及垫付的设备款的数额;邮电管理局完成的圣博特公司未做的室外工程的施工费数额;圣博特公司未做项目的价款数额。对第(2)项鉴定内容,要求技术室会同自治区造价定额管理权威部门和选定的鉴定机构根据行业规范对是否能够出具较为科学客观的鉴定报告作出论证。

2005年1月4日,新疆维吾尔自治区工程造价管理总站作出新疆建造函字(2005)01号《关于对自治区高级人民法院委托的(2004)新法鉴字第008号司法鉴定的函复》:贵院委托我站对圣博特公司代建的邮电住宅楼工程结算差价进行司法鉴定。造价站认为从理论上不具备计算出较为合理又能客观反映其真实意义“差价”的司法鉴定。圣博特公司没有意见,要求法院尽快委托有关鉴定机构作出房地产评估报告。新疆维吾尔自治区邮政局(以下简称邮政局)和中国电信集团新疆维吾尔自治区电信公司则认为函复结论不全面,未能依照法院要求作出,并向法庭提交了新疆维吾尔自治区建筑设计研究院于 2005 年 8 月 15 日和乌鲁木齐建筑设计研究院有限责任公司于 2005 年 12 月 2 日出具的对咨询的答复意见。新疆维吾尔自治区建筑设计研究院的答复意见为:你单位住宅楼工程砖混结构与框架结构的造价对比工作可以做。

2005 年 11 月 11 日、2006 年 1 月 18 日和 25 日,一审法院三次召集双方当事人和新疆维吾尔自治区建筑设计研究院、乌鲁木齐建筑设计研究院有限责任公司、新疆维吾尔自治区工程造价管理总站以及新疆天晨工程造价有限公司的有关专业人员对双方当事人前后两份协议中所涉及的住宅楼砖混结构与框架结构之间的差价是否可以求取的问题进行论证,论证中未形成肯定的倾向性意见。

2006 年 3 月 8 日,一审法院向其技术室发出委托鉴定函,要求以当事人双方签订《代建职工住宅楼协议书》的 1997 年 1 月 6 日为估价时点,对圣博特公司完成的邮电一期工程项目进行房地产价格评估。

2005 年 11 月 18 日,新疆国信有限责任会计师事务所作出新国司鉴所(2005)审鉴字第 7 号审计鉴定报告:(1)邮电管理局对代建住宅楼工程垫付各项手续费 2156165.13 元。(2)邮电管理局对代建住宅楼垫付购置设备款 2629276.79 元。(3)邮电管理局自行完成室外工程 4149580.83 元。(4)圣博特公司未做项目 5150152.95 元。留待法院裁决事项四项:(1)兵团一建吊装费 30000 元。(2)外围挡土墙工程造价 696266.7 元。(3)钢隔断 324343.67 元。(4)吊柜 510058.97 元。2007 年 3 月 26 日,圣博特公司向一审法院递交《意见书》,认可鉴定报告中留待法院裁决事项中的前两项,即兵团一建吊装费 30000 元和外围挡土墙工程造价 696266.7 元属被告自行完成,且在评估中计入,故同意在应付款中扣除;同时认为钢隔断 324343.67 元和吊柜 510058.97 元因实际未发生,不应作为扣减应付款的依据。2007 年 3 月 26 日,圣博特公司向一审法院递交异议书,认为鉴定报告中圣博特公司未做项目 5150152.95 元,因评估中未将此列入,因此就不存在未做的问题,法庭应不予认定。邮电管理局未就新疆国信有限责任会计师事务所作出新国司鉴所(2005)审鉴字第 7 号审计鉴定报告向一审法院提出书面异议。

2006 年 12 月 11 日,新疆通达信房地产评估咨询有限责任公司作出(2006)新通达信司鉴(房地)估字第 001 号鉴定报告:以 1997 年 1 月 6 日为估价时点,乌鲁木齐市水磨沟区犁铧街邮电一期房地产价值采用市场比较法为 121071818 元,采用成本法为 128193493 元;因市场比较法和成本法是从不同市场角度进行估价,因此,本次评估取市场比较法和成本法结果的平均数,即 124632656 元,以使评估结果更加客观合理。对该鉴定报告,圣博特公司和邮政局、中国电信集团新疆维吾尔自治区电信公司分别提出了异议,新疆通达信房地产评估咨询有限责任公司于 2007 年 4 月 16 日对双方的异议进行了解释,认为双方的异议不成立。

一审审理时,邮政局、中国电信集团新疆维吾尔自治区电信公司认为案外人新疆生产建设兵团第一建筑安装工程公司和新疆建筑施工总部与本案的处理结果有直接的利害关系,于 2003 年 11 月 25 日向一审法院递交申请书,要求追加两者为本案第三人参加诉讼。

关于邮政局、中国电信集团新疆维吾尔自治区电信公司的反诉事项。(1)邮政局、中国电信集团新疆维吾尔自治区电信公司向法庭提交 1998 年 5 月 11 日圣博特公司给邮电管理局的一份函件,该函件称:我公司为贵局代建的犁铧街职工住宅区第一片区正在建设中,计划于 10 月完工。第二片区的拆迁工作已于 4 月进行了统筹安排,目前拆迁工作正在进行中,设计工作已作出了布置。为保证该片区住宅工程能在今年年底按期完成,我们计划在 6 月底前完成全部征迁工作,并开始动工,保证在年底交工。如若在年底不能按期完成该片区住宅工程,我们甘愿受罚款 1000 万元作为保证,以表我公司之决心。对该份函件,圣博特公司不予认可,认为函件上的印章非圣博特公司印章,函件上圣博特公司法定代表人"张某敏"签字也非其本人所签。圣博特公司在一审时,向法庭提交 1999 年 5 月 4 日至 1999 年 11 月 15 日的 18 份施工设计变更签证,以证明至 1999 年 11 月 15 日,建设项目不断地处于设计变更之中,延期交工责任不在圣博特公司。(2)2007 年 10 月 16 日新疆通达信房地产评估有限公司向一审法院出具说明称,在鉴定报告中,295.44 平方米的底商面积已被水磨沟区人民法院执行给马某祥等六家被拆迁户,评估总面积中已扣除此部分面积,所以总评估价格中不含马某祥等六家被拆迁户商铺的价格。(3)2000年 5 月 30 日,邮电管理局向乌鲁木齐市规划局出具《关于由法人出具公函领取规划许可证的报告》。该报告称,由圣博特公司为我局代建的犁铧街住宅小区于 1997 年开工,1999 年竣工。根据双方合同协议,在 1998 年圣博特公司已将土地证、红线图及施工许可证等手续由圣博特公司更名为邮电管理局名下。现圣博特公司正在办理建设工程规划手续,犁铧街邮电住宅小区的建设工程规划许可证领取必须由我局法人出具正式公函,才能到贵局领取,其他任何人无权领取。

二、新疆维吾尔自治区高级人民法院一审审理与认定

圣博特公司与邮电管理局签订的《代建职工住宅楼协议书》和《代建职工住宅楼补充协议书》系双方当事人真实意思表示,为有效合同。商品房预售,是指房地产开发企业将正在建设中的房屋预先出售给承购人,由承购人支付定金或房价款的行为。商品房买卖合同,是指房地产开发企业将尚未建成或者已经竣工的房屋向社会销售并转移房屋所有权与买受人,买受人支付价款的合同。因此,双方合同名称虽为代建合同,实际应为商品房预售合同。

本案合同的签订主体是圣博特公司和邮电管理局。但因新疆维吾尔自治区通信管理局、邮政局、中国电信集团新疆维吾尔自治区电信公司、中国联合通信有限公司新疆分公司、新疆维吾尔自治区移动通信公司、乌鲁木齐贝尔通信技术服务有限公司于2001年5月28日在向中共新疆维吾尔自治区委员会信访办公室出具的关于乌市圣博特公司上访报告的回复中，认可邮电管理局历经数次体制改革已予撤销，并分立为新疆维吾尔自治区通信管理局、邮政局、中国电信集团新疆维吾尔自治区电信公司、中国联合通信有限公司新疆分公司、新疆维吾尔自治区移动通信公司、乌鲁木齐贝尔通信技术服务有限公司等数家单位，且犁铧街住宅小区由上述单位职工分别居住，因此，上述单位应共同承继邮电管理局的权利义务。

双方于1997年1月6日签订的《代建职工住宅楼协议书》约定了合同单价及住宅楼为砖混结构；1998年1月6日签订的《代建职工住宅楼补充协议书》将原砖混结构变更为框架结构，但未约定固定的合同价格。由于签订《代建职工住宅楼协议书》时没有设计砖混结构住宅楼施工图纸，因此，如何确定邮电一期住宅小区购房款的结算依据，成为当事人双方争议的焦点问题。2004年10月9日，一审法院向其院技术室发出委托鉴定函，要求对1998年1月6日《代建职工住宅楼补充协议书》第一条第一、二项约定的差价和1998年5月21日《关于犁铧街住宅装修标准的协议》约定的差价进行委托鉴定。该委托的目的是力求使鉴定内容符合双方的约定，使鉴定结论与双方的约定相一致。但2005年1月4日，新疆维吾尔自治区工程造价管理总站新疆建造函字（2005）01号《关于对自治区高级人民法院委托的（2004）新法鉴字第008号司法鉴定的函复》，作出了从理论上不具备计算出较为合理又能客观反映其真实意义“差价”的司法鉴定的结论。之后，一审法院又数次召集双方当事人和新疆维吾尔自治区建筑设计研究院、乌鲁木齐建筑设计研究院有限责任公司、新疆维吾尔自治区工程造价管理总站以及新疆天晨工程造价有限公司的有关专业人员对该问题进行论证，论证中亦未形成肯定的倾向性意见。在此情况下，一审法院依照《合同法》第六十二条的规定，委托新疆通达信房地产评估咨询有限公司对犁铧街邮电一期住宅小区工程项目进行了房地产价格评估。该评估结果应作为确定双方购房款的结算依据。该评估报告确定，乌鲁木齐市水磨沟区犁铧街邮电一期住宅小区房地产价值，采用市场比较法为121071818元，采用成本法为128193493元；因市场比较法和成本法是从不同市场角度进行估价，因此，本次评估取市场比较法和成本法结果的平均数，即124632656元。

关于购房款支付，双方认可邮电管理局已支付84067600元。根据新疆国信有限责任会计师事务所新国司鉴所（2005）审鉴字第7号审计鉴定结论，邮电管理局对工程垫付各项手续费2156165.13元、垫付设备购置款2629276.79元、自行完成室外工程4149580.83元，该部分款项应在结算时扣除；在留待法院裁决的事项中，因圣博特公司认可前两项，即兵团一建吊装费30000元和外围挡土墙工程造价696266.7元属邮电管理局自行完成，且评估中已计入，该部分款项亦应在结算时扣除；留待法院裁决事项的第3、4项，即钢隔断324343.67元、吊柜510058.97元，因实际未发生，在结算时不应被扣除；同理，鉴定结论第4项，即圣博特公司未做项目5150152.95元，因评估时未纳入，在结算时亦不应被扣除。综合上述各项，新疆维吾尔自治区邮政局等单位尚应支付圣博特公司购房款30903766.55(124632656－84067600－2156165.13－2629276.79－4149580.83－30000－696266.7)元。《最高人民法院关于审理建设工程施工合同纠纷案件适用法律问题的解释》第十七条规定，当事人对欠付工程款价利息计付标准有约定的，按照约定处理；没有约定的，按照中国人民银行发布的同期同类贷款计息。第十八条规定，利息从应付工程价款之日计付。当事人对付款时间没有约定或约定不明确的，建设工程已实际交付的，交付之日为应付款时间。邮政局等七单位自1999年12月17日、24日就占有、使用了乌鲁木齐市水磨沟区犁铧街住宅小区，因此，其除应支付应付的购房款外，还应按同期银行固定资产投资贷款利率承担欠付款项的利息。一审审理中，邮政局、中国电信集团新疆维吾尔自治区电信公司认为案外人新疆生产建设兵团第一建筑安装工程公司和新疆建筑施工总部与本案的处理结果有直接的利害关系，并提交2002年3月28日分别给新疆生产兵团第一建筑安装工程公司和新疆建筑施工总部的关于确认犁铧街邮电住宅小区工程借款的函等证据材料，要求追加新疆生产兵团第一建筑安装工程公司和新疆建筑施工总部为本案第三人参加诉讼，并要求扣除给两单位的借款13350000元。因邮电管理局向新疆生产建设兵团第一建筑安装工程公司和新疆建筑施工总部借款圣博特公司未参与，上述事项与本案不属同一法律关系，其应根据借款关系向相关当事人另行主张，因此，一审法院对邮政局、中国电信集团新疆维吾尔自治区电信公司的请求予以驳回。综上，圣博特公司的诉讼请求成立，一审法院予以支持。

关于邮政局、中国电信集团新疆维吾尔自治区电信公司的反诉事项：(1)圣博特公司是否应支付工程延期交工违约金1000万元的问题。邮政局虽向法庭提交了1998年5月11日圣博特公司给邮电管理局的一份函件，但不论该函件的真实性如何。其一，该函件约定不明，函件的内容涉及犁铧街职工住宅小区第二片区的工作；其二，1999年5月4日至1999年11月15日，邮电一期住宅小区仍在发生施工设计变更。依此主张对方承担违约责任于法无据，一审法院不予支持。(2)圣博特公司是否应支付拆迁安置房价款272.94万元的问题。因新疆通达信房地产评估有限公司(2006)新通达信司鉴字(房地)估字第001号司法鉴定报告中已将法院执行给马某祥等六家被拆迁户295.44平方米的底商面积扣除，因此，邮政局与中国电信集团新疆维吾尔自治区电信公司的该项主张亦与事实不符，一审法院不予支持。(3)圣博特公司是否应交付办理犁铧街房屋产权证所必需的规划许可证的问题。邮电管理局虽于2000年5月30日出具了关于由法人出具公函领取规划许可证的函,但该函涉及的只是领取程序问题,向邮电管理局交付规划许可证仍是圣博特公司应尽的义务,在履行该项义务时圣博特公司应予积极配合,因此,一审法院对邮政局的该项请求予以支持。

综上,一审法院判决:(1)新疆维吾尔自治区通信管理局、邮政局、中国电信集团新疆维吾尔自治区电信公司、中国联合通信有限公司新疆分公司、新疆通信服务公司、乌鲁木齐贝尔通信技术服务有限公司、新疆电信实业(集团)有限责任公司于本判决生效后15日内支付原告圣博特公司购房欠款30903766.55元及欠款利息;(2)圣博特公司于收到购房款15日内将规划许可证更名并交付邮政局、中国电信集团新疆维吾尔自治区电信公司;(3)驳回邮政局、中国电信集团新疆维吾尔自治区电信公司的其他诉讼请求;(4)诉讼费、鉴定费由双方各自负担50%。

邮政局不服一审判决,提起上诉。

【法院认为】

二审法院认为,双方当事人对以下问题存在争议:关于《代建职工住宅楼协议书》的性质问题;关于购房款的结算依据和结论是否正确的问题;关于是否应追加兵团一建和新疆建筑总公司为第三人问题;关于圣博特公司是否应支付1000万元违约金问题;关于何时交付规划许可证的问题。

一、关于《代建职工住宅楼协议书》的性质问题

圣博特公司与邮电管理局签订的邮电一期《代建职工住宅楼协议书》约定,代建价格为圣博特公司履行全部合同义务、邮电管理局获得合同项下房屋及院落无瑕疵的完整财产所有权的全部对价。上述约定表明圣博特公司按照邮电管理局的要求开发犁铧街邮电一期住宅小区并出售给邮电管理局,邮电管理局支付价款获得犁铧街邮电一期住宅小区的全部产权。圣博特公司通过与新疆维吾尔自治区乌鲁木齐市土地管理局签订《国有土地使用权出让合同》,缴纳土地出让金取得犁铧街邮电一期住宅小区建设用地的土地使用权,办理了开发商品房的相关手续,取得了商品房预售许可证,双方签订的《代建职工住宅楼协议书》符合商品房预售合同的法律特征,且没有违反法律、行政法规的禁止性规定,应为有效。邮电管理局称双方所签订的合同为代建合同没有法律依据。

二、关于购房款的结算依据和结论是否正确的问题

尽管双方当事人曾约定过计价方法是取差价,但在实践中并不可行。若委托鉴定单位对犁铧街小区住宅砖混结构与框架结构的差价进行鉴定的话,首先要按照框架结构的图纸委托设计一份砖混结构的图纸,然后要依据同等地段、同等地质条件、相同设计的建筑物造价来进行参照,这一鉴定的过程虽然在理论上可行,但实际操作难度较大,涉及框架结构、砖混结构的鉴定及设计院的重新设计工作。一审法院在认定双方之间为商品房预售法律关系的前提下,委托鉴定单位按照犁铧街邮电一期小区实际建设情况,对合同签订时该住宅的市场价值进行评估,符合本案的实际情况,且没有损害双方当事人的利益,可以作为解决双方当事人对款项结算争议的依据。

邮电管理局对该鉴定结论提出异议,主要涉及两个问题:一个是拆迁费用;另一个是建筑工程安装费。对于建筑工程安装费,邮政局主张应依据圣博特公司与施工方签订的合同中约定的每平方米 780 元作为计算依据。该主张缺乏依据。依据合同的相对性原则,该施工合同仅能约束签订合同的双方,对于邮电管理局不发生法律效力,且本案既然为商品房预售纠纷,作为卖方的圣博特公司必然存在利润。关于拆迁费用的问题,依据拆迁协议和补偿清单能够计算出准确的拆迁费用,这也是圣博特公司为拆迁实际支出的费用,无须依据市场情况另行评估,因此,依据补偿清单计算拆迁费用的鉴定结论较为准确,故该工程总价款为 114649165 元。邮政局等单位尚应支付圣博特公司购房款 30903766. 55 –(124632656 – 114649165)元,即 20920275. 55 元。

三、关于是否应追加兵团一建和新疆建筑总公司为第三人问题

邮政局认为其垫付兵团一建的 580 万元及垫付新疆建筑总公司 755 万元应从购房款中扣减问题,经庭审查明上述款项是邮电管理局以借款方式借给上述两单位,双方之间签有借款协议,故双方之间的借款纠纷与本案系不同的法律关系,应另寻法律途径解决。

四、关于是否圣博特公司应支付 1000 万元违约金问题

圣博特公司延期交工是由于邮电管理局多次变更设计导致,故邮政局要求圣博特公司支付 1000 万元违约金的请求没有事实依据,本院不予支持。

五、关于何时交付规划许可证问题

《代建职工住宅楼协议书》第十条约定,圣博特公司应当在当年工程竣工交付使用后 3 个月内为邮电管理局办好产权手续。待产权手续办妥、资料交清后 7 日内双方才办理结算手续。依据双方当事人的约定,交付产权证在先,付款在后,是否支付全部购房款并不是圣博特公司办理规划许可证的条件,因此,一审判决圣博特公司在邮政管理局支付全部购房款之后再办理规划许可证不符合当事人的约定,应予纠正。

【裁判结果】

二审法院判决:(1)维持新疆维吾尔自治区高级人民法院(2003)新民一初字第 26 号民事判决第三项;(2)变更新疆维吾尔自治区高级人民法院(2003)新民初字第 26 号民事判决第一项为新疆维吾尔自治区通信管理局、邮政局、中国电信集团新疆维吾尔自治区电信公司、中国联合通信有限公司新疆分公司、新疆通信服务公司、乌鲁木齐贝尔通信技术服务有限公司、新疆电信实业(集团)有限责任公司共同支付圣博特公司购房款209020275.55元及利息(利息按照中国人民银行同期同类贷款利率计算,自1999年12月25日起算);(3)变更新疆维吾尔自治区高级人民法院(2003)新民初字第26号民事判决第二项为圣博特公司于判决生效后15日内将规划许可证更名并交付新疆维吾尔自治区邮政局、中国电信集团新疆维吾尔自治区电信公司。

[参见最高人民法院民事审判第一庭编:《民事审判指导与参考》(第39辑),人民法院出版社2010年版。]

20. 预购人将购买的预售商品房再行转让的效力如何认定?

【典型案例】

李某琼与李某燕买卖合同纠纷案

【裁判要旨】

《城市房地产管理法》第四十六条规定:“商品房预售的,商品房预购人将购买的未竣工的预售商品房再行转让的问题,由国务院规定。”到目前为止,国务院未对预售商品房再行转让的问题作出规定。但《城市房地产管理法》规定房地产开发企业对未竣工但符合法定条件的在建商品房可以预售。也就是说,对于未依法登记取得权属证书的房地产的转让,《城市房地产管理法》并没有完全禁止。而且,《城市房地产管理法》授权国务院对商品房预购人将购买的未竣工的预售商品房再行转让的问题另行作出规定,蕴含了立法机关对这一行为的认可与支持。既然我国现行法律没有对此作出禁止性规定,按照法无禁止即可为的民法原理,应当认定预购人与第三人签订的转让合同有效。如果预购人在合同履行期限届满时仍未取得房屋所有权导致房屋不能交付的,应当承担违约责任。

【案号索引】

重庆市第五中级人民法院(2013)渝五中法民终字第04220号

【当事人信息】

原告:李某琼

被告:李某燕

【基本案情】

2006 年 5 月 7 日，被告李某燕与原富亿实业（集团）有限公司（以下简称原富亿公司）签订合同编号为 No. 025 的渝西商城内部认购合同，约定被告李某燕购买原富亿公司拟开发修建的渝西商城（住宅）第 11 栋 4 楼 1 号的房屋 1 套，同时约定交房时间为 2007 年 6 月 30 日。同日被告向原富亿公司支付了 35000 元购房首付款，原富亿公司收款后向被告出具了 3 张收据。之后因经营状况变化，原富亿公司未修建房屋。2007 年 12 月，该公司进入破产程序。

2009 年 2 月 20 日，原告李某琼与被告李某燕签订预购房转让协议，协议约定被告将上述预购的渝西商城商品房转让给原告。协议约定：“甲方（被告）于 2006 年购得渝西商城商品房一套，当时预交首付款叁万伍仟元整，现以肆万贰仟元人民币的价格将该预购房所有权转让给乙方（原告）；双方达成协议后，该购房所有权就与甲方无关，甲方不参与该房的处置权。无论该房是否修建、升值或贬值都与甲方无关。今后更改户主名字时，李某燕有义务协助李某琼更名。”协议签订后，被告将渝西商城内部认购合同原件和 3 张收据原件交原告李某琼收执，原告向被告支付了 42000 元转让款。

2009 年 7 月 5 日，原富亿公司破产重整，重庆建雍房地产开发有限公司（以下简称建雍公司）参与原富亿公司重整，接手原盘富亿公司上述拟建而未建的楼盘，该楼盘的 151 户商品房购房户包括本案被告李某燕。建雍公司接盘后，被告于 2010 年 8 月 31 日出具委托书，委托原告全权处理上述渝西商城房屋，同时向原告提供了其身份证复印件。2010 年 9 月 17 日，原告李某琼持渝西商城内部认购合同原件和 3 张收据原件及委托书，代被告李某燕与建雍公司签订了购房预约协议。该预约协议约定李某燕向建雍公司购买原富亿公司拟修建却因破产原因由建雍公司接盘后，修建于荣昌县昌州大道中段荣双路口旁的西城旺角项目 D4 栋 1 - 1 号房屋 1 套。同日，建雍公司出具了交款人为李某燕的收据 1 张。该收据的收款事由栏备注：“房号 D4 - 1 - 1，替换原重庆富亿实业（集团）有限公司收据的三张收据。”上述购房预约协议原件和第三人出具的收据原件均由原告收执。2011 年 10 月 25 日，被告李某燕与第三人建雍公司就上述购房预约协议所确定的房屋签订了正式的商品房买卖合同。原告李某琼要求被告李某燕履行协助更名的义务，被告一直不予理睬。原告认为被告拒不履行协议约定的义务，2011 年 11 月 1 日向重庆市荣昌县法院提起诉讼，请求法院确认原、被告之间签订的房屋转让协议有效。2012 年 6 月 27 日，法院判决原、被告于 2009 年 2 月 20 日签订的预购房转让协议有效。被告对该判决不服，上诉于重庆市第五中级人民法院。2012 年 10 月 12 日，重庆市第五中级人民法院判决确认了李某琼与李某燕签订的预购房转让协议有效，该判决已经发生法律效力。被告李某燕一直未按协议履行义务，并于 2013 年 1 月 11 日与建雍公司办理了接房手续,将房屋进行装修。另外,被告李某燕与建雍公司签订的正式的商品房买卖合同总价款为127840元,被告向建雍公司交纳了购房款92840元,加上向原富亿公司交纳的35000元,合计为127840元。

在本案的审理中,原告李某琼申请对荣昌县昌元街道昌州中段629号(西城旺角)D4栋1-1号房屋进行价值评估。荣昌县法院依法委托重庆同诚地产土地资产评估有限公司对该房屋进行鉴定,鉴定结果表明为总价357800元,建筑面积单价为3160元/平方米。李某琼交纳了鉴定费3580元。

【法院认为】

重庆市荣昌县人民法院经审理认为,原、被告于2009年2月20日签订的预购房转让协议是双方真实意思表示,且经法律程序依法确认有效,当事人应当按照约定全面履行自己的义务。被告以实际行为表明不履行合同义务,已构成根本违约,原告依法享有合同解除权,原告请求解除与被告之间的预购房转让协议符合法律规定,本院予以支持。原、被告在合同签订后李某琼向李某燕支付了42000元,被告应当予以返还。原告要求被告赔偿损失的诉讼请求,按照法律规定,损失赔偿额应当相当于因违约所造成的损失,包括合同履行后可以获得的利益。根据该房屋现有市场价值357800元与合同实际履行原告应支出134840元(127840元+7000元)的差额,原告的房屋价差损失应当是357800-134840=222960元,以及鉴定费3580元,应由被告赔偿给原告。被告辩解原告购买该房屋仅支出42000元,与房屋价值不对等,因此不应赔偿的理由,因本案原告无法交纳剩余房款92840元是由于被告的不诚信行为所致,原告没有主观过错,故被告应对自己的违约行为承担赔偿责任,对被告的辩解理由不予采纳。原告要求被告赔偿前一、二审案件诉讼费及律师费的请求,因该损失与本案没有直接法律关系,不予支持。

一审法院判决如下:(1)解除原告李某琼与被告李某燕于2009年2月20日签订的预购房转让协议。(2)由被告李某燕退还原告李某琼合同转让费42000元,赔偿原告李某琼房屋差价损失222960元,上述款项在本判决生效后10日内履行。(3)驳回原告李某琼的其他诉讼请求。

宣判后,原审被告李某燕不服一审判决,提起上诉。

【裁判结果】

重庆市第五中级人民法院经审理,判决驳回上诉,维持原判。

[参见陈莉:《预购商品房买卖协议转让有效》,载《人民司法》2014年第8期。]

21. 房屋初始设计与交付的实际情况有差异的，损失如何计算？

【公报案例】

黄某诉美晟房产公司商品房预售合同纠纷案

【裁判要旨】

对所购房屋显而易见的瑕疵，业主主张已经在开发商收执的业主入住验收单上明确提出书面异议。开发商拒不提交有业主签字的业主入住验收单，却以业主已经入住为由，主张业主对房屋现状认可。根据《最高人民法院关于民事诉讼证据的若干规定》，可以推定业主关于已提出异议的主张成立。依据《民法典》第四百九十五条第二款的规定，当事人一方不履行预约合同约定的订立合同义务的，对方可以请求其承担预约合同的违约责任。交付房屋不符合商品房预售合同中的约定，应由开发商向业主承担违约责任。交付房屋改变的建筑事项，无论是否经过行政机关审批或者是否符合建筑规范，均属另一法律关系，不能成为开发商不违约或者免除违约责任的理由。

【当事人信息】

原告（上诉人）：黄某

被告（被上诉人）：北京美晟房地产开发有限公司（以下简称美晟房产公司）

【基本案情】

原告黄某因与被告美晟房产公司发生商品房预售合同纠纷，向北京市大兴区人民法院提起诉讼。

北京市大兴区人民法院经审理查明：2003 年 8 月 17 日，原告黄某与被告美晟房产公司签订一份《商品房买卖合同》，约定：黄某（买受人）购买美晟房产公司（出卖人）预售的美然·北美态度（又名“美利新世界”）E－7 幢 2 单元 502 号商品房 1 套，建筑面积 143.4 平方米，总金额 567864 元。2004 年 8 月 16 日，美晟房产公司给黄某发出入住通知书，现在黄某已办理入住手续，并已交纳所购房屋价款。同月，黄某给美晟房产公司发函反映窗外钢梁一事。

另查明，2003 年 6 月 30 日，北京市建筑设计研究院审查批准的被告美晟房产公司施工图中，诉争房屋外设计有装饰钢梁。在美晟房产公司为预售房屋而展示的沙盘图上，诉争房屋外无装饰钢梁。双方当事人签订的《商品房买卖合同》中，对客厅外存在钢梁一事未约定。现诉争房屋经验收合格，竣工图也经政府有关部门审核批准。

上述事实，有双方当事人陈述、《商品房买卖合同》、沙盘图照片、北京市建筑工程施工图、设计文件审查报告、竣工图等证据证实。

北京市大兴区人民法院认为：原告黄某与被告美晟房产公司签订的《商品房买卖合同》，是双方当事人的真实意思表示，内容不违反法律法规，应当确认合法有效。美晟房产公司为预售房屋展示的沙盘图，只能反映整个小区外部的总体概况，不能反映建筑设施的各个细节。因此，预售房屋外墙及室内装修的标准，应以经政府有关部门审核批准的施工图、竣工图以及《商品房买卖合同》中的约定为准。经政府有关部门审核批准的竣工图表明，诉争房屋的设计不违反法律法规的强制性规定，且建造符合相应建筑规范。在交接房屋时，黄某未提出异议，并实际办理了入住手续，现以窗外钢梁侵犯其人身、财产安全和隐私权，造成视觉和心理障碍为由，诉请美晟房产公司拆除该钢梁，因无合同依据及损害后果，不予支持。

据此，北京市大兴区人民法院于 2005 年 3 月 20 日判决：驳回原告黄某的诉讼请求。诉讼费 50 元，由原告黄某负担。

黄某不服一审判决，向北京市第一中级人民法院提起上诉。

北京市第一中级人民法院经审理查明：上诉人黄某所购房屋之楼号，已经由《商品房买卖合同》中表述的 E－7 幢 2 单元 502 号，变更为 10 号楼 2 单元 502 号。对此处房屋窗外的钢梁，黄某在一审中一再陈述，其已通过业主入住验收单明确提出书面异议，该业主入住验收单由被上诉人美晟房产公司保存。二审中，经法院要求，美晨房产公司拒不交出有黄某签名的业主入住验收单。

经实地观察，诉争房屋窗外的钢梁，纯属该幢楼房外立面的装饰造型，对楼房主体结构没有影响。装饰造型底部的横梁位于 5 楼与 6 楼之间，对 5 楼部分房屋的窗户造成一定程度且永久性遮挡，从而影响窗内人的视觉感受。

除此以外，二审确认一审查明的其他事实。

二审中，上诉人黄某提交由有资质证书的北京首都工程建筑设计有限公司出具的一份报告。报告主要内容为：为不影响黄某、王某旗、吴某兵、韩某巍、莫某、刘某、赵某昭等 5 楼住户的采光，美利新世界 D 户型 5 层房屋外装饰钢梁的底部横梁以从现位置上移 55 厘米重新焊接为宜。经质证，对北京首都工程建筑设计有限公司的上述报告，双方当事人均无异议。

【法院认为】

本案的争议焦点为：(1)对诉争房屋窗外的钢梁，黄某入住时是否认可？(2)钢梁的存在是否构成美晟房产公司违约？美晟房产公司对此应否承担违约责任？

北京市第一中级人民法院认为:房屋是价值昂贵的不动产,日常生活经验法则说明,对所购房屋显而易见的瑕疵,业主收房时一般不会轻易忽视。上诉人黄某在一审中一再陈述,收房时对窗外有装饰钢梁一事,其已在业主入住验收单上明确提出书面异议。业主入住验收单是被上诉人美晟房产公司单方保存的证据,经法院要求,美晟房产公司拒不提交。《最高人民法院关于民事诉讼证据的若干规定》第七十五条规定:"有证据证明一方当事人持有证据无正当理由拒不提供,如果对方当事人主张该证据的内容不利于证据持有人,可以推定该主张成立。"据此,可以推定黄某关于收房时已对窗外有钢梁一事提出书面异议的主张成立。一审认定黄某在交接房屋时未提出异议,不符合事实,应当纠正。

本案是商品房预售合同纠纷,双方当事人签订的《商品房买卖合同》合法有效。《合同法》第一百零七条规定:"当事人一方不履行合同义务或者履行合同义务不符合约定的,应当承担继续履行、采取补救措施或者赔偿损失等违约责任。"因装饰钢梁影响窗内人的视觉感受,上诉人黄某诉请判令被上诉人美晟房产公司承担将装饰横梁上移55厘米的责任;美晟房产公司坚称,是从整个小区的美观与协调考虑,且在经过政府有关部门批准与符合建筑规范的情况下才安装这个钢梁,黄某应顾及整个小区的利益。在美晟房产公司与黄某签订的合同中,没有约定预售的房屋外有装饰钢梁;在美晟房产公司给黄某展示的沙盘上,房屋模型外也没有装饰钢梁;而美晟房产公司交付给黄某的房屋,窗外却有装饰钢梁遮挡。美晟房产公司履行合同义务不符合约定,依法应承担违约责任。至于安装钢梁是否经过行政审批与是否符合建筑规范,属另一法律关系,不能成为美晟房产公司不构成违约或者免除违约责任的理由。业主花费巨额资金购买房屋,注重的不是房屋外墙立面美观,而是房屋内各项设施是否有利于居住使用。只有在这一前提下,黄某才可能与美晟房产公司签订《商品房买卖合同》。衡法酌理,不能为保全钢梁的装饰功能,而牺牲业主签订《商品房买卖合同》要达到的合同目的。黄某主张将装饰横梁上移55厘米,既有北京首都工程建筑设计有限公司证明在技术上可行,又可以用较低的成本补救装饰钢梁带来的不当影响,此意见应予采纳。

【裁判结果】

综上所述,一审判决认定事实不清,导致判决结果失当,应当纠正。据此,北京市第一中级人民法院二审判决如下:(1)撤销一审民事判决;(2)本判决生效后10日内,被上诉人美晟房产公司将上诉人黄某所购房屋窗外的装饰钢梁横梁上移55厘米并重新焊接。一、二审案件受理费各50元,由被上诉人美晟房产公司负担。本判决为终审判决。

[参见最高人民法院办公厅编:《最高人民法院公报》2006年第2期。]

22. 以配套工程延误为由，主张在适用系争责任限制条款抗辩逾期交房违约金请求权，应否予以支持？

【公报案例】

张甲、张乙诉上海亚绿实业投资有限公司商品房预售合同纠纷案

【裁判要旨】

责任限制型格式条款本质上是一种风险转移约定，根据诚实信用原则，在签约时，经营者除了需要对条款内容进行重点提示，还应当对免责范围内已经显露的重大风险进行如实告知，以保护相对人的信赖利益。经营者故意隐瞒重大风险，造成相对人在信息不对称的情况下达成免责合意，应当认定相对人的真实意思表示中不包括承担被隐瞒的重大风险，免责合意的范围仅限于签约后发生的不确定风险。在后续履约中，因恶意隐瞒重大风险最终导致违约情形发生，经营者主张适用免责条款排除自身违约责任的，人民法院不予支持。

【当事人信息】

原告：张甲

原告：张乙

被告：上海亚绿实业投资有限公司（以下简称亚绿公司）

【基本案情】

原告张甲、张乙因与被告亚绿公司发生商品房预售合同纠纷，向上海市奉贤区人民法院提起诉讼。

上海市奉贤区人民法院一审查明：2015 年 8 月 15 日，原告张甲、张乙与被告亚绿公司签订系争预售合同，约定：张甲、张乙向亚绿公司购买坐落于上海市奉贤区泰青公路 119 弄 128 支弄申亚翠庭 5 号 1 层 102 室的房屋（以下简称系争房屋），暂定购房款总价为 1616228 元；亚绿公司于 2015 年 12 月 31 日前交付房屋，除不可抗力外；如违约未按期交房，亚绿公司支付已付购房款每日 0.02% 的违约金。合同补充条款一中，关于合同十一条修改、补充如下：甲方（亚绿公司）定于 2015 年 12 月 31 日前将该房屋交付给乙方（张甲、张乙），除不可抗力及其他甲方难以预计的客观情况外，客观情况包括但不限于非因甲方原因导致的以下情况：供水、供电、煤气、排

水、通讯、网络、道路等公共配套设施的延误、规划调整导致的工程推延、政府政策变化等。还约定,如遇不可抗力,本合同对于交房、大产证取得及小产证申领约定的时间相应顺延;本合同所指不可抗力的范围包括自然灾害、动乱、恶劣天气、政府行为、因市政配套的批准与安装、重大工程技术难题以及其他无法预见、无法避免或控制、无法克服的事件和情况等。嗣后,张甲、张乙陆续支付了购房款。2016 年 6 月,亚绿公司发出入住通知书,确认:实测购房款总价为 1604177.84 元,应退款 12050.16 元;要求张甲、张乙于 2016 年 7 月 1 日办理入住手续。2016 年 7 月 1 日,张甲、张乙与亚绿公司双方办理了交房手续。张甲、张乙认为亚绿公司逾期交房,以致涉讼。

系争房屋所在小区的燃气管道外管工程于 2015 年 3 月 23 日由上海市奉贤区金汇镇人民政府与燃气公司签订合同,施工期限为 90 天,由于属地村民为管道建设用地和该小区配套道路建设等要求办理镇保,阻挠施工,该工程不能如期完成。2016 年 2 月 16 日,上海市奉贤区金汇镇人民政府召开协调会进行协调,工程得以顺利进行。2016 年 4 月 20 日,燃气管道外管工程竣工验收。2016 年 5 月 9 日,燃气公司出具合格证明。2016 年 6 月 2 日,被告亚绿公司取得上海市建设工程规划验收合格证。2016 年 7 月 1 日,亚绿公司取得上海市新建住宅交付使用许可证。

一审期间,被告亚绿公司坚持认为不应承担违约责任,考虑具体情况同意自愿补偿原告张甲、张乙 11757 元。

上海市奉贤区人民法院一审认为:依法成立的合同,对当事人具有法律约束力。本案中原告张甲、张乙与被告亚绿公司签订的系争预售合同系双方真实意思表示,合法有效,双方均应恪守。本案实际交房时间为 2016 年 7 月 1 日,已经超过了合同约定的交付期限,但本案系争房屋迟延交付的原因主要是市政配套工程等因素造成,合同补充条款——第十五条约定由于政府行为、市政配套工程等原因造成逾期交房,交房时间作相应顺延。张甲、张乙主张,配套工程迟延,不属于不可抗力。一审法院认为,市政配套工程迟延虽不属法律意义上不可抗力的范畴,但是确系开发商自身不能左右之情形。合同补充条款——第八条、第十五条约定除不可抗力,还包括亚绿公司难以预计的客观情况,并进行了列举,包括市政配套工程迟延,而本案中正是该情形导致交房迟延,交房时间可予以顺延,且亚绿公司在取得相关许可证当日就履行了交房义务,故张甲、张乙要求亚绿公司承担逾期交房的违约责任无依据,不予采纳。张甲、张乙还主张合同系格式合同,但张甲、张乙与亚绿公司签订的系争预售合同补充条款并非在签订时不可协商,不属于格式条款。退一步而言,即使构成格式条款,也不属于法律规定的格式条款无效的情形。现亚绿公司自愿对张甲、张乙损失进行补偿,于法无悖,一审法院予以支持。

据此,上海市奉贤区人民法院判决:(1)驳回原告张甲、张乙的诉讼请求;(2)被告上海亚绿实业投资有限公司于判决生效之日起 10 日内补偿原告张甲、张乙人民币 11757 元。

张甲、张乙不服一审判决,向上海市第一中级人民法院提起上诉。

上海市第一中级人民法院确认了一审查明的事实,另查明:被上诉人亚绿公司于 2014 年取得系争房屋所在小区的预售许可证。2015 年 3 月 27 日,亚绿公司向上海市奉贤区金汇镇人民政府发送函件,载明:地块红线外至今没有燃气外管接口及自来水外管接口,小区红线外配套理应由镇政府落实解决,否则将影响亚绿公司按期交房。2015 年 8 月,亚绿公司完成了系争房屋所在小区范围内的工程量施工。二审法院又查明,系争预售合同补充条款第八条第二项为:发生上述情况不属于甲方逾期交付房屋,但甲方应及时通知乙方,通报该些客观情况。还查明,被上诉人亚绿公司提交的 2015 年 12 月 30 日会议纪要中记载:燃气公司原定计划元旦过后 4 日开始准备进场施工,从小区西侧开始排管。2016 年 2 月 16 日会议纪要中记载的议题是:解决住宅项目红线外土地未征,村民阻止红线外道路、管道施工事宜。

二审审理中,被上诉人亚绿公司陈述:(1)其提供给购房者的合同文本中确实存在两种交房期限,一种是 2015 年 9 月,另一种是 2015 年 12 月。(2)2015 年 3 月 27 日,亚绿公司已得知居民阻止燃气配套施工的情况,故向政府部门发函催促,但其当时并不确定会造成竣工延误,因为还有可能后续追赶进度。

【法院认为】

上海市第一中级人民法院二审认为:上诉人张甲、张乙与被上诉人亚绿公司签订的系争预售合同系双方真实意思表示,不违反法律的效力性禁止性规定,亚绿公司在签约时亦已经取得了预售许可证,故系争预售合同并不存在整体无效的情形。

系争预售合同约定,被上诉人亚绿公司应于 2015 年 12 月 31 日之前交房,而其实际交房时间为 2016 年 7 月 1 日,超出了合同约定期限。根据法院查明的事实,亚绿公司在 2015 年 8 月完成了系争房屋所在小区范围内的工程量施工,而市政燃气、道路配套工程(以下简称配套工程)由政府部门负责实施,且施工地点不在亚绿公司的受让地块范围之内。配套施工障碍直至 2016 年 2 月 16 日才消除,从该节点至实际交房的期限为 136 天。如果扣除配套工程的受阻停滞期限,则亚绿公司的实际交房期限并未超出合同约定。因此,造成系争房屋逾期交付的原因在于配套工程的延误。

在此前提下,上诉人张甲、张乙主张被上诉人亚绿公司应承担逾期交房违约金,亚绿公司则以系争预售合同存在相应责任限制条款为由主张抗辩权。因此,本案二审争议焦点在于:(1)系争责任限制条款是否具有法律效力;(2)系争责任限制条款是否应当适用于本案。

一、关于系争责任限制条款是否具有法律效力问题

系争预售合同补充条款第八条约定,导致不能按期交房的"其他难以预计的客观情况”包括：供水、供电、煤气、排水、通讯、网络、道路等公共配套设施的延误，发生上述情况不属于被上诉人亚绿公司逾期交房。第十五条规定，“因市政配套的批准与安装”等“无法预计、无法避免或控制、无法克服的事件和情况”，亚绿公司可以顺延约定的交房日期。上述条款（以下简称系争责任限制条款）是对交房期限条款的补充约定。上诉人张甲、张乙主张系争责任限制条款属于无效格式条款，亚绿公司则主张该条款有效。

对此，法院认为，系争责任限制条款属于被上诉人亚绿公司事先拟定，并在房屋销售中重复使用的条款，属于格式条款的范畴。系争责任限制条款使用了小号字体，而且根据当事人陈述的签约过程分析，亚绿公司并未采取足以引起注意的方式对该条款予以说明。提供格式条款的一方当事人违反法律关于提示和说明义务的规定，导致对方没有注意免除或者限制其责任的条款，对方当事人申请撤销该格式条款的，人民法院应当支持。系争责任限制条款虽然以列举免责事项的方式限制了逾期交房违约责任的范围，但并未绝对免除亚绿公司的违约责任。根据上述法律规定，系争责任限制条款属于可撤销的格式条款，而非绝对无效之格式条款，因张甲、张乙在法定的1年除斥期间内并未申请撤销该条款，故该条款仍属有效。张甲、张乙主张系争责任限制条款无效，无法律依据，法院不予采纳；亚绿公司主张系争责任限制条款有效，法院予以采纳。

二、关于系争责任限制条款是否应当适用于本案的问题

上诉人张甲、张乙主张，配套工程延误并不属于“不可预见”的“不可抗力”，而且被上诉人亚绿公司在签约时已经知晓配套工程出现延误，但没有对其及时告知，即使系争责任限制条款有效，亦不能在本案中适用。亚绿公司则主张，配套工程延误属于明确约定的免责事由，而且延误障碍可能在签约后消除，应当适用系争责任限制条款。双方对该条款是否应当适用的争议具体可分为三个层次：第一，该条款将免责事项描述为“不可抗力”是否影响其适用；第二，亚绿公司是否在签约时对配套工程延误风险负有告知义务；第三，亚绿公司的风险隐瞒行为是否导致排除该条款适用。法院对此分述如下：

第一，关于系争责任限制条款中的概括描述是否影响其适用的问题。系争责任限制条款所列举的事项中包括“煤气、道路公共配套设施”，但在对此类事项的概括性定义中使用了甲方（亚绿公司）“难以预计”“无法预见”的表述。对此，法院认为，配套工程施工虽然不在被上诉人亚绿公司的受让地块范围之内，但作为一家专业的房地产开发企业，配套工程出现延误的理论可能性是其在建造之初就能够预见的，其制定系争责任限制条款的目的也正是防范此类风险。因此，“难以预计”“无法预见”的表述是对列举事项所作的错误描述，此类事项不属于法定可免责的“不可抗力”范畴。但在列举事项已经具体明确的前提下，该表述并不影响双方就责任限制所达成的基础合意，不构成完全排除该条款适用的事由。上诉人张甲、张乙主张系争责任限制条款的性质表述存在错误，故应当整体排除其适用，缺乏事实依据，法院不予采纳。

第二，关于被上诉人亚绿公司是否在签约时对配套工程延误风险负有告知义务的问题。根据系争预售合同约定，亚绿公司应及时将免责事项的发生情况告知购房者。本案中，上诉人张甲、张乙主张亚绿公司在签约时隐瞒了配套工程延误的情况，违反了合同约定。亚绿公司未提供证据证明其履行了风险告知程序，但称其虽然在 2015 年 3 月 27 日知晓了配套施工受阻的情况，但在签约时还并不确定会造成实际延误，有可能在后续履行中追赶进度，故其并不存在恶意隐瞒行为。

对此，法院认为，首先，被上诉人亚绿公司明知配套工程完成是整体竣工验收的前提条件，应当对配套工程的具体进展保持关注，据此预判实际可交房的时间。政府部门与配套施工单位的签约日期为 2015 年 3 月 23 日，根据亚绿公司的陈述及相关证据显示，由于施工地块未完成土地征收，当地居民与政府部门存在争议，阻挠施工，导致配套工程无法开工，陷入停滞状态。同年 3 月 27 日，亚绿公司得知该情况后便向政府部门发函催促，但在 2015 年 8 月时，尚不存在能够消除居民阻挠因素的迹象。直至 2015 年 12 月 30 日，配套施工单位在协调会议中仍然不能确定实际进场的施工日期。如果停滞状态保持延续，将势必造成整体工程竣工延误。因此，"配套工程延误导致逾期交付房屋"在 2015 年 3 月 27 日虽然还不是确定发生的事实，但也已经不再是抽象的理论可能性，而是亚绿公司已知的现实存在的显著风险。

其次，交房期限是购房者选择购房的重要考量因素，在没有收到风险告知的情况下，购房者无法对交房期限的实际可行性进行有效评估，在签约时陷入了信息不对称的意思状态。被上诉人亚绿公司虽然期望障碍因素能够在后续履行中消除，但土地征收问题导致的施工停滞是根本性的延误因素，该因素并非亚绿公司可以主观控制的范围，而且依照常理判断，土地征收需要履行法律规定的程序，无法于短期内导到快速解决。在交房期限事实上存在重大不确定性的前提下，亚绿公司的风险隐瞒行为可能对购房者的信赖利益造成实际损失。因此，亚绿公司不能以后续可能追赶进度为由免除自身的告知义务，法院认定，亚绿公司对自 2015 年 3 月 27 日起签约的购房者均负有对配套工程延误风险的告知义务。系争预售合同的签约日期为 2015 年 8 月 15 日，亚绿公司未对上诉人张甲、张乙告知相应风险，违反了合同约定的告知义务。

第三，关于被上诉人亚绿公司的风险隐瞒行为是否导致排除系争责任限制条款适用的问题。系争责任限制条款中并未明文记载免责事项的产生时间限制。上诉人张甲、张乙主张，在被上诉人亚绿公司隐瞒延误风险的情况下，约定的免责事项仅能适用于签约后新发生的情形，不应适用于本案，是对合同条款的限制解释；亚绿公司主张风险事项的产生时间不应对免责范围构成影响，系争责任限制条款应当适用于本案，是基于合同文义的基本理解。

双方当事人对该问题争议的本质是在被上诉人亚绿公司隐瞒已知风险的背景下，对合同条款的不同解释。法律规定，对格式条款的理解发生争议的，应当按照通常理解予以解释。对格式条款有两种以上解释的，应当作出不利于提供格式条款一方的解释。当事人对合同条款的理解有争议的，应当按照合同所使用的词句、合同的有关条款、合同的目的、交易习惯以及诚实信用原则，确定该条款的真实意思。基于上述格式条款的解释规则，法院对该问题分析如下：

1. 商品房预售合同是在建商品房的销售合同，不同购房者的签约时间对应着不同的建设进度，购房者不知晓具体进度情况，不具备对交房期限可行性的判断能力。而交房期限条款也是由被上诉人亚绿公司单方拟定的格式条款，其可以根据实际建设进度在签约时调整交房期限。本案中，亚绿公司亦认可其在预售合同中设置的交房期限分为 2015 年 9 月与 12 月两种，说明其已经在后续销售中根据配套工程进度对交房期限进行了重新规划。因此，在没有被告知已存在现实风险的情况下，购房者与亚绿公司所达成的责任限制合意，是建立在购房者对交房期限具有现实合理性的信赖基础上。

2. 由于被上诉人亚绿公司单方隐瞒了现实延误风险，并且有能力重新规划交房期限，购房者有理由相信亚绿公司对交房期限的现实可行性作出了承诺：该期限充分吸收了亚绿公司已知的实际进度条件，原有的风险事项能够及时消除，如果没有在后续履行中出现新的免责事项，则在该期限内能够实现交房。因此，上诉人张甲、张乙主张双方约定的风险转移范围是针对后续履行中出现的风险事项，不应包括已纳入交房期限考量因素的现实条件，符合诚实信用解释原则。

3. 双方当事人对于格式合同条款的理解存在冲突，根据法律规定的有利于相对人的解释规则，法院认为，诚实信用原则下的购房者信赖利益价值高于格式条款提供者被上诉人亚绿公司的责任风险限定利益。交房期限条款与系争责任限制条款之间的互补逻辑关系应解释为：系争责任限制条款的适用范围限于签约后发生的不确定风险事项，不能适用于签约时被隐瞒的现实风险事项。亚绿公司主张其风险隐瞒行为不影响系争责任限制条款的适用，法院不予采纳。

4. 本案中，被上诉人亚绿公司在 2015 年 3 月 27 日就已明知配套工程受阻停滞，产生了现实的延误风险，但其在 2015 年 8 月 15 日签约时并未向上诉人张甲、张乙告知该风险事项，而是承诺于 2015 年 12 月 31 日交房。配套工程受阻停滞的现实风险产生于系争预售合同签订之前，在后续没有出现新的风险事项的情况下，原有的风险状态持续延展，最终导致系争房屋于 2016 年 7 月 1 日才完成交付。亚绿公司的上述行为违背了对交房期限具有现实可行性的承诺，无权就配套工程延误主张适用系争责任限制条款。

基于上述理由，被上诉人亚绿公司以配套工程延误为由，主张在本案中适用系争责任限制条款，抗辩上诉人张甲、张乙的逾期交房违约金请求权，无事实与法律依据，法院不予支持。张甲、张乙主张亚绿公司承担逾期交房违约金，符合合同约定，法院予以支持。根据系争预售合同约定，亚绿公司总计逾期达 183 日，按照实测面积总房款 1604177.84 元的每日 0.02% 比例计算，违约金总计为 58713 元。二审中，张甲、张乙表示自愿按照合同约定标准的 55% 比例主张违约金，系当事人对自身权利的处分，于法不悖，也与亚绿公司的实际过错相适应，法院予以准许。因此，法院认定亚绿公司应向张甲、张乙支付逾期交房违约金 32292.15 元。

【裁判结果】

综上所述，上海市第一中级人民法院判决如下：(1)撤销上海市奉贤区人民法院(2017)沪 0120 民初 4598 号民事判决；(2)被上诉人亚绿公司于本判决生效之日起 10 日内向上诉人张甲、张乙支付逾期交房违约金人民币 32292.15 元。本判决为终审判决。

[参见最高人民法院办公厅编：《最高人民法院公报》2019 年第 5 期。]

23. 因房屋层高未达到预售合同约定标准的违约责任如何计算？

【典型案例】

梁某茵诉江门越秀城建房地产开发有限公司商品房预售合同纠纷案

【裁判要旨】

面积、层高均属于商品房空间和价值确定的要素，层高误差与面积误差对房屋价值的影响有相似之处但又各不相同。在计算具体违约赔偿标准时，要注意适当参考但又相互区别。一是层高误差与面积误差对损失的影响不能等同。商品房的面积、层高、体积均属于商品房空间确定的要素，同样的，面积、层高、体积的大小也对商品房的价值和居住舒适程度有直接影响。但层高和面积对商品房的价值和舒适程度影响程度并不相同。在计算商品房单价时是以房屋面积为重要依据，房屋层高并没有直观体现，同时面积大小决定着商品房交易契税的高低和住宅专项维修资金的数额，等等。二是在层高不低于2.8米的范围内层高误差与面积误差对房屋的价值影响绝对数不同，可以参照面积误差确定相应权重系数计算损失确定赔偿标准。面积误差的惩罚性赔偿规定不能同等适用层高误差。目前，未有对层高误差进行惩罚性赔偿的成文规定，一般合同双方也不会对此进行约定，在无证据显示房地产开发公司存在恶意损害购房者利益的严重不法行为时，不应参照该条款增加惩罚性赔偿标准计算违约赔偿数额。

【案号索引】

一审：江门市蓬江区人民法院(2016)粤0703民初534号

二审：江门市中级人民法院(2016)粤07民终2454号

再审：广东省高级人民法院(2017)粤民申1365号

【当事人信息】

再审申请人(一审被告、二审上诉人)：江门越秀城建房地产开发有限公司(以下简称江门越秀公司)

被申请人(一审原告、二审上诉人)：梁某茵

【基本案情】

2014年10月31日，原告梁某茵与被告江门越秀公司签订一份《广东省商品房买卖合同》，约定：梁某茵向江门越秀公司购买一套房屋；该房屋为预售商品房，用途为住宅，属钢筋混凝土结构，层高为3.15米，建筑面积共158.48平方米，套内建筑面积126.52平方米，公共部位与公用房屋分摊建筑面积31.96平方米；该商品房单价为每平方米7538元，总价款为1194622元，梁某茵通过申请办理银行按揭方式支付房款；江门越秀公司应当在2016年3月30日前将符合合同约定的商品房交付梁某茵使用。双方在该合同中还对商品房面积差异情形应如何处理作了明确而具体的约定，但并未就商品房层高差异问题的处理予以约定。合同签订后，梁某茵依约支付了全部房款。梁某茵对涉案房屋进行现场核查和验收时，发现涉案房屋层高为3米。因双方未能就层高误差赔偿标准达成一致意见，梁某茵遂诉至法院，请求江门越秀公司赔偿梁某茵层高误差损失77934.86元。

江门市蓬江区人民法院一审认为，本案为商品房预售合同纠纷。商品房层高误差与面积误差虽然均属于瑕疵履行的情形，且买受人诉讼主张出卖人承担违约责任，但层高与面积对于商品房而言是不相同的决定性因素，对于商品房层高误差的处理不宜直接类推适用《最高人民法院关于审理商品房买卖合同纠纷案件适用法律若干问题的解释》第十四条的规定以及双方在《合同补充协议》中约定的关于面积误差的处理原则。本案中，合同约定层高为3.15米，实际层高为3米，两者相差0.15米，层高误差比绝对值为4.76%。一审法院认为可将该层高误差比绝对值

4.76%作为确定赔偿比例的参考基数,然后在此基础上再根据公平原则以及案件的实际情况进行综合考量,酌情确定最终的赔偿比例。首先,梁某茵所应获得的主要是信赖利益的赔偿。至于实际损失的问题,因涉案楼盘目前属于江门市名校某甲小学的招生地段,为江门市优质的学区房,故其市场销售价格较为稳定,且目前梁某茵并无证据证明该楼盘第3期商品房的价值因受到层高问题影响而致贬损或者对其造成了其他经济损失。其次,涉案楼盘第3期项目从规划设计、报建到建设施工均按照3米层高的设计标准进行,并未更改原规划层高设计方案,故江门越秀公司实际上并不存在因层高降低而减少工程成本支出,进而额外获利的情形。另外,根据国家住房和城乡建设部发布的国家标准《住宅设计规范》的规定,普通住宅层高宜为2.8米,涉案房屋层高为3米,高于国家标准0.2米,就正常居住使用功能方面对普通人而言不会造成实质性的影响。结合考量涉案商品房的用途以及本地经济生活水平等其他因素,一审法院认为就层高误差问题应以江门越秀公司酌情按总房价2%的标准赔偿给梁某茵为宜,即总房价1194622元×2% =23892.4元。故一审判决:江门越秀公司应于本判决生效之日起10日内赔偿23892.4元给梁某茵。

一审宣判后,梁某茵、江门越秀公司均不服,提起上诉。

江门市中级人民法院二审认为,梁某茵提出的违约责任类型为赔偿损失,因涉案房屋层高不足合同约定,导致房屋在通风、采光等舒适度方面与预期相比均有下降,房屋价值亦会较预期有所降低,梁某茵确有损失,其损失大小应是符合约定房屋与实际交付房屋按交付时的市场价值的差价大小。但因梁某茵未对该市场价值差价大小提出明确证据证明,则由二审法院根据案件实际情况予以确定。在层高达到国家标准2.8米层高或以上的前提下,高度对于房屋总价的影响权重应小于面积对房屋总价的影响权重。参考面积对房屋总价的影响权重系数为1,二审法院酌定在层高达到国家标准层高或以上的前提下,高度对于房屋总价的影响权重系数为0.6为宜。因此,房屋层高误差对房屋总价的影响应为:房屋层高误差比例×权重系数×房屋总价。房屋层高误差比例计算方式为:(合同约定层高实际层高)/合同约定层高。本案中代入上述公式可以认定涉案房屋因房屋层高误差导致价值减少数额为4.76% ×0.6×1194622元=34118.4元,此亦是江门越秀公司应赔偿的数额。综上,二审判决:江门越秀公司应于本判决生效之日起10日内赔偿34118.4元给梁某茵。

二审宣判后,江门越秀公司提起再审申请。

【法院认为】

广东省高级人民法院再审审查认为,江门越秀公司作为房地产开发及销售一方,其交付的涉案房屋层高比合同约定的3.15米少0.15米,属履行合同义务不符合约定,二审判决认定江门越秀公司应承担违约责任,并无不当。对于如何确定层高误差的赔偿标准问题，涉案商品房买卖合同对此没有约定，目前法律法规及相关司法解释亦未明确规定。二审判决根据本案的实际情况进行综合考量，酌情认定涉案房屋层高对房屋总价的影响权重系数为0.6，据此认定江门越秀公司因涉案房屋层高误差应赔偿的数额为房屋层高误差比例×权重系数×房屋总价即4.76%×0.6×1194622元=34118.4元，并无不当。江门越秀公司申请再审认为赔偿计算的权重系数应为0.3-0.4，依据不足，不予支持。

【裁判结果】

江门越秀公司的再审申请不符合法律规定的再审情形。故裁定：驳回江门越秀公司的再审申请。

［参见广东法院网。］

24. 商品房预售款项目可否用于偿还公司股东个人债务？

【审判政策与精神】

最高人民法院办公厅关于商品房预售款项目可否用于偿还公司股东个人债务有关问题意见的函(法办函〔2016〕712号)

住房城乡建设部办公厅：

你办《关于请协商研究商品房预售款项目可否用于偿还公司股东个人债务有关问题的函》(建办法函〔2016〕618号)收悉，经研究，现将有关问题答复如下：

一、商品房预售资金属房地产开发企业所有，但不能用于偿还房地产开发企业股东个人债务。公司与其股东为不同民事主体，公司作为企业法人享有法人财产权，与股东个人财产相互独立。股东的责任财产包括对公司享有的股权，但不能以公司财产偿还股东个人债务。

二、对商品房预售资金施行监管是商品房预售制度的重要组成部分，应当确保预售资金用于商品房工程建设。对于商品房预售资金能否以及如何查封、扣押和冻结等，涉及到商品房预售资金的监管方式、监管效果，法院审判权、执行权行使，当事人诉权保护等诸多方面，比较复杂，需进一步加强调研，甄别不同情况后妥善处理。

第三章

商品房销售合同纠纷

1. 开发商为规避国家信贷政策，通过与第三人签订虚假购房合同骗取银行贷款的，该房屋买卖合同是否有效？

【公报案例】

徐州大舜房地产开发有限公司诉王某强商品房预售合同纠纷案

【裁判要旨】

《民法典》第一百四十六条规定，行为人与相对人以虚假的意思表示实施的民事法律行为无效。以虚假的意思表示隐藏的民事法律行为的效力，依照有关法律规定处理。第一百五十三条规定，违反法律、行政法规的强制性规定的民事法律行为无效。但是，该强制性规定不导致该民事法律行为无效的除外。违背公序良俗的民事法律行为无效。合法有效的合同不仅需要出于当事人真实的意思表示，且不能违反法律行政法规的强制性规定。在个别情况下，合同还应当符合诚实信用和公序良俗原则，才能合法有效。

开发商为规避国家信贷政策，通过与第三人签订虚假购房合同骗取银行贷款的，虽然合同当事人之间存在签订合同的真实意思表示，但该意思表示的目的是规避国家的信贷政策，是通过合法形式掩盖非法目的，极大地损害了国家的房屋信贷秩序，违反了上述法规规定，因此该房屋买卖合同无效。

【当事人信息】

原告：徐州大舜房地产开发有限公司（以下简称大舜公司）

被告:王某强

【基本案情】

原告大舜公司因与被告王某强发生商品房预售合同纠纷,向徐州市泉山区人民法院提起诉讼。

徐州市泉山区人民法院一审查明:

2008 年 4 月 2 日,原告大舜公司与被告王某强签订商品房买卖合同,约定王某强购买的商品房为舜禾宫寓综合楼 1 单元 1701 室(建筑面积 171.14 平方米),该商品房单价为每平方米 6193.76 元,总价款 106 万元,其中首付款 31.8 万元,余款 74.2 万元于 2008 年 4 月 13 日前付清。首付款一式三联收据均由原告保管。2008 年 4 月 7 日,徐州市财政局出具了户名为王某强、金额为 42400 元的契税完税证;2008 年 4 月 8 日,徐州市物业维修基金出具了户名为王某强、金额为 7695 元的物业维修基金缴款凭证;2008 年 4 月 15 日和 4 月 29 日徐州市房产管理局产权管理处出具了金额为 160 元的所有权登记费收据。以上缴费款项均由原告交纳并持有缴费凭证原件。

2008 年 4 月 24 日,被告王某强作为借款人、原告大舜公司作为保证人与中国建设银行股份有限公司徐州分行签订《房地产抵押合同》,约定被告王某强以其位于徐州市舜禾宫寓综合楼 1 单元 1701 室的房产作为抵押向该行贷款 74.2 万元,享受利率 8.5 折优惠,期限自 2008 年 4 月 24 日至 2024 年 4 月 24 日。抵押贷款到账后,原告每月按约定的还款数额向户名为王某强、账号为 125××××5143 的账户偿还银行贷款。

2009 年 8 月 19 日原告大舜公司与第三人赵某签订售房合同将舜禾宫寓综合楼 1 单元 1701 室出售给赵某,约定房屋价格为 101 万元。自此涉诉房屋的银行贷款由赵某偿还。

2011 年 6 月 27 日,徐州市房产管理局产权管理处出具金额为 80 元的所有权登记费收据、徐州市宏伟测绘制图公司出具金额为 20 元的配图费发票,当日被告王某强取得了徐房权证泉山字第 156752 号房屋所有权证,房屋所有权证上载明建筑面积 171.66 平方米;2011 年 6 月 29 日,徐州市国土资源局出具金额为 18 元的土地登记费收款收据,当日被告取得了徐土国用(2011)第 29338 号国有土地使用证。以上缴费凭证原件及产权证、土地证原件由被告持有。

2011 年 7 月 7 日被告王某强向涉诉房屋贷款账户存款 5000 元,后于 2011 年 7 月 18 日将该款取出。2012 年 2 月王某强挂失了原还款存折,2012 年 3 月 20 日赵某通过建行 ATM 机还款 5600 元。自 2012 年 3 月 21 日后涉诉房屋的银行贷款由被告偿还。

另查明,2008 年 4 月 2 日,原告大舜公司与包括被告王某强在内的闫甲、张某云、闫乙、李某民、徐某林、刘某等人分别签订商品房买卖合同,合同编号为No.0130312 - No.0130318。上述买卖合同原件及首付款等办理相关证件必需的原件均由原告持有。被告王某强的合同编号No.0130315。

再查明,被告王某强原系邳州市公安局水上警察大队教导员,于2009年9月退居二线。2009年10月至2012年1月,被告在徐州大舜环保建材有限公司工作,该公司系原告大舜公司法定代表人闫某印控股的企业法人。

【法院认为】

本案的争议焦点是:(1)双方签订商品房买卖合同时是否明知非双方真实意思表示;(2)本案商品房买卖合同是否有效。

徐州市泉山区人民法院一审认为:(1)原被告双方签订商品房买卖合同时明知该合同非双方真实意思表示。本案中,原、被告双方对于2008年4月2日签订商品房买卖合同的事实不持异议,原告大舜公司主张其与被告王某强签订该合同是为了获取银行贷款而借用被告的名义且被告明知,被告则主张双方签订合同为其购房的真实意思表示,争议在于被告签订合同时是否明知该合同非双方真实意思表示。法院认为,一方面,合同签订后,合同约定的购房首付款由原告支付,随后,原告亦以被告名义缴纳了42400元契税、7695元物业维修基金和160元所有权登记费,故应认定被告签订合同时明知自己不需要履行合同且也不准备实际履行合同。另一方面,原、被告双方分别以保证人和借款人名义于2008年4月24日与中国建设银行股份有限公司徐州分行签订了以涉案房地产作为抵押的《房地产抵押借款合同》,之后,被告亦未按约归还贷款,而是原告以被告的名义偿还;被告虽然曾于2011年7月7日向涉诉房屋贷款账户存款5000元但随即取出,至2012年3月20日前并未对贷款予以偿还。被告虽然主张其曾要求原告交付房屋并与闫某印发生争执,且于2011年6月取得了涉案房屋所有权证和土地使用权证,但在该过程中其既未向原告缴纳购房款也未主张偿还购房贷款。此外,2008年4月2日,原告与包括被告王某强在内的闫甲、张某云、闫乙、李某民、徐某林、刘某等7人签订了合同编号为No.0130312 - No.0130318的《商品房买卖合同》共7份,王某强名下的编号为No.0130315的合同在其中间。根据提交的证据及出庭证人的证言,其中闫甲、刘某、张某云的房屋产权证及土地证仍在原告处、徐某林的贷款由原告偿还、李某民明确表示其只是应其妻(闫某印的妹妹)的要求在合同及归还借款的手续上签名,上述各合同签订人均无对合同载明的房屋主张权利的意思表示。故综上本案应认定被告对原告借其名义签订商品房买卖合同进行所有权转移为非其真实目的是明知的。(2)本案商品房买卖合同应当认定无效。合同是平等主体的自然人、法人、其他组织之间设立、变更、终止民事权利义务关系的协议,当事人在订立合同时,除应遵循自愿公平、等价有偿、诚实信用的原则外,还应当遵守法律、行政法规,尊重社会公德,不得扰乱社会经济秩序,损害社会公共利益。因本案原被告当事人借签订商品房买卖合同之名,掩盖违规向银行抵押贷款套取银行信贷资金的目的,依法应为无效。双方因该合同所取得的财产,应当予以返还。因此涉案房屋仍为原告所有,被告在2012年3月21日以后所偿还的贷款原告应向被告返还,但被告在本案中并未举证说明其已偿还贷款的数额且未提出返还要求,因此法院在本案中不予理涉,双方可另行解决。

【裁判结果】

综上,徐州市泉山区人民法院判决:(1)原告大舜公司与被告王某强于2008年4月2日签订的合同编号为No. 0130315的《商品房买卖合同》无效;(2)被告王某强在涉案房屋抵押借款结清之日起10日内协助原告大舜公司注销房屋抵押登记,并协助原告大舜公司办理涉案房屋产权登记。

王某强不服一审判决,向徐州市中级人民法院提起上诉。因王某强未在规定期限内交纳上诉费,徐州市中级人民法院于2013年5月13日作出徐民诉终字第0006号民事裁定:本案按自动撤回上诉处理。

[参见最高人民法院办公厅编:《最高人民法院公报》2013年第12期。]

2. 违反地方性住房限购政策,不会必然导致商品房销售合同无效

【典型案例】

俞某飞诉华润置地(宁波)发展有限公司商品房销售合同纠纷案

【裁判要旨】

"限购令"并非法律、行政法规的强制性规定,违反商品房"限购令"的行为不宜认为损害了社会公共利益,故违反"限购令"的商品房销售合同仍然有效。当事人双方基于真实的意思表示签订商品房销售合同,不违反法律法规的强制性规定,应受法律保护。当事人虽在合同附件中约定买受人违反住房限购政策的相关规定导致合同无效的条款,但房屋买受人违反的限购政策并非效力性强制规定,而是管理性强制性规定,不符合合同无效的法定情形。违反管理性强制性规定,并不必然导致合同无效。

【案号索引】

一审:浙江省慈溪市人民法院(2014)甬慈民初字第481号

二审:浙江省宁波市中级人民法院(2014)浙甬民二终字第559号

【基本案情】

原告俞某飞与案外人余某涯系母子关系。2011年8月4日,原告以余某涯名义与被告华润置地(宁波)发展有限公司(以下简称华润公司)签订商品房买卖合同,约定余某涯购买被告开发建设的位于慈溪市坎墩街道坎东村、三群村的××小区30幢501室房屋,房屋总价款为3140463元,买受人以按揭方式付款,合同签订当日须支付房价款的30%(950463元),剩余部分款项由买受人向银行按揭贷款获得。合同附件八第十一条约定:"若买受人违反宁波市住房限购政策的相关规定,本合同无效。"

另查明:原告在签订购房合同时,名下已有两套房屋:位于慈溪市××街道××苑1号楼405室,位于慈溪市××镇××苑的4号楼502室。

原告俞某飞于2014年4月16日诉至原审法院,请求判令:(1)确认原、被告签订的商品房买卖合同无效;(2)被告即时退还原告房屋预付款950463元,并赔偿自预付款支付之日至实际退还日的利息损失;(3)本案诉讼费用由被告承担。

浙江省慈溪市人民法院于2014年7月8日作出(2014)甬慈民初字第481号民事判决:驳回原告俞某飞的诉讼请求。

原告俞某飞不服判决上诉至浙江省宁波市中级人民法院。

浙江省宁波市中级人民于2014年10月10日作出(2014)浙甬民二终字第559号民事判决:驳回上诉,维持原判。

慈溪市人民法院经审理认为:原、被告之间的商品房买卖合同有效,理由如下:(1)原告具备完全民事行为能力、有购房的真实意思表示,其支付首付款的行为也表明其在积极履行合同义务,应认定原、被告之间商品房买卖合同成立;(2)本案原、被告之间的商品房买卖合同并无法定的合同无效情形;(3)宁波市人民政府办公厅《关于进一步做好房地产调控工作的通知》(甬政办发〔2011〕38号)第六条及宁波市建设委员会《关于进一步落实住房限购政策有关事项的通知》(甬建发〔2011〕31号)第一条均规定:"对在本市已拥有2套及以上住房的本市户籍居民家庭……暂停在本市向其售房,违反规定购房的,不予办理房地产登记。"原审法院认为,上述规定并非法律、行政法规,且属于管理性强制性规定,而非效力性强制性规定,违反上述规定并不必然导致合同无效。本案中,原告在签订购房合同时名下已有两套住房,又借用余某涯名义与被告签订商品房买卖合同,显然违反了上述政策规定,但并不必然导致合同无效;(4)合同附件八第十一条虽然约定,"若买受人违反宁波市住房限购政策的相关规定,本合同无效",但合同的效力系法律对当事人之间成立合同的法定评价,非依当事人约定而无效,故本案合同并不因此约定而无效。

综上,慈溪市人民法院认为:当事人对自己提出的诉讼请求所依据的事实,有责任提供证据加以证明,没有证据或证据不足以证明当事人的事实主张的,由负有举证责任的当事人承担不利后果。经审查,原告俞某飞与被告华润公司之间的商品房买卖合同系双方真实意思表示,且不违反法律、行政法规的强制性规定,成立并生效。原告俞某飞主张该合同无效,但未能提供证据予以证实其主张成立,经释明,原告坚持合同无效诉请,故对该主张不予支持。原告另提出要求被告返还购房款 950463 元并赔偿利息损失,原告该诉请系基于合同无效而提起的返还之诉,对该诉请亦不予支持。

宣判后,原告俞某飞不服,向宁波市中级人民法院提起上诉,称:上诉人与被上诉人在《商品房买卖合同》附件八第十一条约定:"若买受人违反宁波市住房限购政策的相关规定,本合同无效。"该约定符合法律关于"当事人对合同的效力可以约定附条件"等的规定。上诉人借用他人名义购房是违法的,损害了第三方的合法权益,违反了法律的规定,双方签订的《商品房买卖合同》无效。综上,请求二审法院撤销原判,改判支持上诉人的诉讼请求。

被上诉人华润公司答辩称:上诉人所述的上诉人与被上诉人之间恶意串通并不符合关于合同无效的规定,首先双方并无恶意,双方签订《商品房买卖合同》是正常的商业行为,也不损害第三人的利益。限购政策并非效力性强制性规定,违反管理性强制性规定不必然导致合同无效。上诉人所述的合同附件八第十一条为附条件生效的条款,并不属于合同无效的评价机制,对于合同的生效条件在补充协议第十二条已经约定自双方签字盖章之日起生效。综上,上诉人的上诉理由不成立。

【法院认为】

宁波市中级人民法院经审理认为:本案诉争房屋系上诉人借他人名义购买,房屋的实际买受人为上诉人。上诉人与被上诉人签订的《商品房买卖合同》是双方的真实意思表示,内容也不违反法律、行政法规的效力性强制性规定,不存在《合同法》第五十二条规定的法定无效的情形,应认定合法有效。经原审法院释明,上诉人也不要求变更诉讼请求,原审法院据此判决驳回上诉人的诉讼请求,并无不当。上诉人又称《商品房买卖合同》附件八第十一条约定"若买受人违反宁波市住房限购政策的相关规定,本合同无效",该约定符合法律关于"当事人对合同的效力可以约定附条件"的规定,但该规定中的"附条件"是指将来可能发生的事实,而上诉人在签订购房合同时,名下已有两套房屋,据此,本案不能适用该规定。上诉人的上诉理由不足,本院不予支持。

【裁判结果】

综上，原审判决认定事实清楚，判决得当。

［参见最高人民法院中国应用法学研究所编：《人民法院案例选》（2015年第3辑），人民法院出版社2016年版。］

3. 业主委员会能否基于业主与开发商之间的商品房销售合同而向法院提起违约之诉？

【典型案例】

上诉人江西帝景置业有限公司诉被上诉人赣州市章贡区帝景豪园小区业主委员会商品房销售合同纠纷案

【裁判要旨】

业主委员会，是指由物业管理区域内业主代表组成，代表业主的利益，向社会各方反映业主意愿和要求，并监督物业管理公司管理运作的一个民间性组织。《民法典》第二百七十七条第一款规定，业主可以设立业主大会，选举业主委员会。业主大会、业主委员会成立的具体条件和程序，依照法律、法规的规定。《物业管理条例》第十五条将业主委员会的职责范围限定于执行业主大会的决定事项。相应地，业主委员会的诉讼权利能力只能限于业主大会有权决定的事项范围，即有关业主共有和物业共同管理的事项，而业主与开发商之间的合同纠纷并不属于该类事项的范围。另外，根据合同的相对性原则，业主才是商品房销售合同的权利义务主体，才是与案件有直接利害关系的人，业主委员会与该合同并无直接利害关系，因此，业主委员会无权基于业主与开发商之间的商品房销售合同而向法院提起违约之诉。

【案号索引】

一审：江西省赣州市中级人民法院（2012）赣中民一初字第19号

二审：江西省高级人民法院（2013）赣民一终字第53号

【基本案情】

2012年6月，赣州市章贡区帝景豪园小区业主委员会（一审原告、二审被上诉人，以下简称帝景豪园业委会）向江西省赣州市中级人民法院起诉称：小区业主与江西帝景置业有限公司(一审被告、二审上诉人,以下简称帝景公司)签订的商品房销售合同中已明确约定会所和幼儿园是小区的公共配套设施,但时至起诉之日,小区的幼儿园未建,帝景公司也未能将会所交付业主使用,构成违约。帝景公司应按合同约定向业主承担相应的违约金。帝景公司应从2009年2月27日起承担每户每日10元的违约赔偿金,小区业主共421户(含商铺),计算至2012年6月26日,总计赔偿额为5123570元。其诉讼请求为:(1)判令帝景公司在3个月内按帝景豪园小区经规划、设计部门批准的规划、设计方案建设幼儿园,并达到使用条件;(2)判令帝景公司支付违约赔偿金,赔偿金计算至幼儿园按原经规划部门审核通过的方案实际建成并达到使用条件为止(截至2012年6月26日的违约赔偿金为5123570元);(3)判令帝景公司将帝景豪园小区会所全部交付给其管理,由全体业主共同无偿使用。

帝景公司辩称,帝景豪园业委会没有诉讼主体资格,且小区幼儿园和会所经过规划部门同意变更设计后已经建设完毕,达到了使用条件,其已经履行商品房销售合同义务。

一审法院查明:赣州帝景豪园小区是帝景公司开发的商住楼盘,2006年该小区总平面规划方案和施工图纸设计文件经赣州市规划部门批准,规划在小区建设一个会所和幼儿园,会所150平方米,幼儿园251平方米。2007年6月9日,帝景公司以幼儿园位置设计失误、存在安全隐患为由申请对会所、幼儿园进行设计变更,将原设计的会所变更为幼儿园,将一楼一间100平方米店面变更为会所。同日,赣州市城市规划建设局建设工程规划管理科在该变更申请报告中盖章签注“拟同意”。帝景公司没有将会所、幼儿园的设计变更情况告知业主。2007年,帝景豪园小区商品房开始预售,帝景公司陆续与各业主签订《商品房买卖合同》,所有合同均在第十四条中约定:“出卖人承诺与该商品房正常使用直接关联的下列基础设施、公共配套建筑按以下日期达到使用条件:会所、幼儿园在交房时达到使用条件……如果在规定日期内未达到使用条件,双方同意按以下方式处理:限期60天内达到使用条件,如仍未达到使用条件,按每天10元赔偿。”所有合同补充协议第五条约定:“不计入分摊范围的配套建筑、设施(包括会所、地下车位等)产权属于出卖人所有。”该小区竣工验收后,2008年年底帝景公司陆续向各业主交付了房屋。帝景公司在小区入住交房后将会所与其他临街店面一起出租给一餐饮企业,作为该餐饮企业的储藏室。由会所变更的幼儿园是一间150平方米的大房屋,没有与幼儿园功能相配备的其他设施。帝景公司没有将其移交给教育主管部门进行管理,也没有出租给他人开办幼儿园。

2011年4月,帝景豪园小区召开业主大会,选举成立帝景豪园业委会并依法进行了备案登记。帝景豪园业委会成立后,多次与帝景公司交涉,要求帝景公司建设幼儿园达到使用条件,并将会所交付给业主无偿使用。帝景公司认为会所和幼儿园已通过了相关部门的验收,达到了使用条件,帝景公司已履行了合同义务,会所、幼儿园应该有偿使用。2012 年 1 月 6 日,帝景豪园业委会向小区业主发放关于依法维护业主权益起诉帝景公司征求意见函和授权委托书。授权委托书载明了业主授权帝景豪园业委会委托江西南芳律师事务所进行诉讼或非诉讼代理,所获赔偿费用扣除相关费用后列入小区公共专项维修基金的内容。2012 年 2 月 22 日,帝景豪园业委会对各业主所投票情况进行了统计,小区共有业主 421 户(含商铺),收到有效授权委托书 325 份,超过小区 2/3 多数,并形成书面业主大会决议,决议载明:"1. 同意由业委会作为诉讼主体依法向人民法院提起诉讼;2. 同意业委会委托江西南芳律师事务所指派律师进行诉讼和非诉讼代理;3. 同意诉讼或非诉讼结案后所获得的赔偿费用扣除相关费用后的余额列入小区公共维修基金。"

一审法院审理后认为:关于帝景豪园业委会的诉讼主体资格问题。幼儿园与会所是公共配套建筑,涉及全体业主的公共权利,不应由单个业主进行主张,由此引发的违约金也是基于公共配套建筑的使用问题引起,并不是基于各业主独立所有权问题引起,同样也不应由单个业主进行主张并享有。帝景豪园小区业主 421 户(含商铺),其中 325 户业主同意授权帝景豪园业委会作为诉讼主体依法向人民法院提起诉讼。这种书面形式的业主大会符合规定,决议合法有效,帝景豪园业委会具有本案原告主体资格。

关于会所的使用问题。帝景公司除在《商品房买卖合同》第十四条承诺会所在交房时达到使用条件外,并没有对会所的用途作出过承诺。该会所房屋所有权证中登记的规划用途为"其他",也没有对会所的用途作出限制。因此,帝景公司将会所出租给餐饮商家经营的行为无法认定构成违约,帝景豪园业委会诉请帝景公司将会所交给其管理并由全体业主共同无偿使用没有依据。

关于小区幼儿园是否已经建成,是否已经达到使用条件的问题。帝景公司在《商品房买卖合同》中承诺在交房时幼儿园达到使用条件,建设小区幼儿园并在交房时达到使用条件是帝景公司的合同义务。帝景公司在小区建设过程中将原设计的会所(150 平方米)变更为现在的幼儿园,原设计的幼儿园(251 平方米)未建设。规划变更后原会所作为幼儿园使用,仅是一间大房间,没有必要的配套设施,不符合幼儿教育设施的国家标准和规范,幼儿园没有"达到使用条件"。由于对该幼儿园进行改造建设可能影响帝景豪园小区现有部分业主利益,如占用公共场所、噪声影响等。该项诉讼请求应当取得业主大会的特别授权,业主大会没有充分了解该项诉讼请求可能的后果,也没有对该项诉讼请求作出特别授权。因此,对要求帝景公司继续按规划建设幼儿园的诉讼请求不予支持。

帝景公司违反承诺应当依照《商品房买卖合同》的约定承担违约责任。小区业主共计421户,其中348户约定的交房时间均为2008年10月30日,小区6栋房屋验收时间均在2008年10月31日前。因此,帝景豪园业委会主张违约金自2009年2月27日(2008年12月28日延长60日)起计算至2012年6月26日止(起诉前)具有合同依据,应予支持。按每户每日10元计算,共计违约金应为421户×10元/户/日×(365天/年×3年+119天)共计5110940元。但是该幼儿园并不是给业主共有,仅是给业主使用,还不能确定是不是无偿使用。小区业主在该幼儿园"达到使用条件"上的利益并不是很大,帝景公司对该违约行为承担5110940元的违约金过高,按幼儿园面积150平方米分摊相当于34073元/平方米。而当时帝景豪园小区住宅的价格为3000元/平方米左右,店铺的价格也仅7000元/平方米左右。帝景豪园业委会也未提供证据证明业主因帝景公司违约行为所受到的损失。因此,帝景公司承担5110940元违约金明显过高,应酌情调减为30%,即1533282元。

江西省赣州市中级人民法院于2013年1月21日作出(2012)赣中民一初字第19号民事判决:(1)由帝景公司给付帝景豪园业委会因帝景豪园小区幼儿园未达到使用条件的违约金1533282元,此款限判决生效后30日内付清;(2)驳回帝景豪园业委会的其他诉讼请求。江西省高级人民法院于2013年6月20日作出(2013)赣民一终字第53号民事裁定:撤销原判,驳回帝景豪园业委会的起诉。

一审宣判后,帝景公司不服原审判决,请求撤销原判,依法驳回帝景豪园业委会全部诉讼请求,由帝景豪园业委会承担一、二审诉讼费用。

二审法院查明的事实与一审法院查明的事实相同。

【法院认为】

二审法院认为,本案的争议焦点包括帝景豪园业委会的诉讼主体资格和帝景公司是否构成违约。要确定帝景豪园业委会是否具有本案诉讼主体资格,首先要分析帝景豪园业委会在本案主张的是何种权利和其主张权利的基础,即本案争议的是什么法律关系。帝景豪园业委会的第1项诉请,即判令帝景公司在3个月内按照经批准的规划设计方案建设幼儿园,并达到使用条件,其依据是《商品房买卖合同》第十四条的约定;第2项诉请,即判令帝景公司承担未能在约定时间建成幼儿园的违约金5123570元,主张的是合同违约责任,其依据也是《商品房买卖合同》第十四条的约定;第3项诉请,即请求法院判令帝景公司将小区会所全部交付给其管理,并由全体业主无偿使用,该项诉请并未主张对会所的所有权,不是对小区会所所有权的争议,也不是物业共同管理事项的争议,而是帝景豪园业委会认为帝景公司承诺建设会所达到使用条件包含了移交业委会并由业主使用的义务,因而其主张该权利的依据也是《商品房买卖合同》第十四条的约定。从上述分析可知,帝景豪园业委会的3项诉讼请求均是以业主与帝景公司签订的《商品房买卖合同》为其主张权利的基础,争议实质是商品房销售合同履行和违约责任的承担。业主委员会是根据法律和《物业管理条例》的规定成立的组织，其职责范围根据法律、法规的有关规定，只能限于业主大会有权决定的事项范围，包括业主共有和物业共同管理事项。本案纠纷不属于法律和《物业管理条例》所规定的业主共有和物业共同管理事项范围，业主大会所做的决议超出了业主大会自身的职责和权限，也同样超出了业主委员会的职责和权限，不会使业主委员会产生诉讼主体资格。合同之债具有相对性，业主是商品房买卖合同的权利义务主体，是与本案有直接利害关系的人，帝景豪园业委会与商品房买卖合同没有直接利害关系，业主的授权不会使帝景豪园业委会与商品房买卖合同发生直接利害关系从而获得独立的主张合同权利的资格。

【裁判结果】

据此，二审法院裁定撤销原判，驳回帝景豪园业委会的起诉。

［参见最高人民法院民事审判第一庭编：《民事审判指导与参考》（2013 年第 1 辑），人民法院出版社 2013 年版。］

4. 已经经过强制性标准审查确认合格的房屋，在出现质量问题后，开发商能否据此免责？

【公报案例】

杨某诉东台市东盛房地产开发有限公司商品房销售合同纠纷案

【裁判要旨】

从事建筑工程建设，必须符合国家规定的工程建设强制性标准。符合该强制性标准的质量合格工程须以开发单位、监理单位及国家监督部门的质量评估、验收等多种文件证明。建设行政主管部门的审批文件以及建筑工程勘察、设计、施工、工程监理等单位分别签署的质量合格文件，在关于房屋建筑工程质量的诉讼中仅属诉讼证据，但该证据并不构成开发商免责的标准，对人民法院认定事实更不具有当然的确定力和拘束力。如果存在房屋裂缝、渗漏等客观事实，应当从客观方面认定是否为建筑施工所造成，确系建筑施工所造成的，应当认定为该建筑工程存在质量缺陷，开发商应当就此承担相应的责任。

【当事人信息】

原告:杨某

被告:东台市东盛房地产开发有限公司(以下简称东盛房地产公司)

【基本案情】

原告杨某因与被告东盛房地产公司发生商品房买卖合同纠纷,向江苏省东台市人民法院提起诉讼。

东台市人民法院一审查明:

2006年3月25日,原告杨某与被告东盛房地产公司签订商品房买卖合同一份,该合同载明,原告购买被告开发的坐落于东台市原新东南路(现海陵南路)水景湾10号楼A室房屋1套,房屋用途为居住,房屋总价款为441430元,住宅质量保证书作为合同的附件;出卖人自房屋交付使用之日起,按照住宅质量保证书承诺的内容承担相应的保修责任,在房屋保修范围和保修期限内发生质量问题,出卖人应当履行保修义务,因不可抗力或者非出卖人原因造成的损坏,出卖人不承担责任,但可协助维修,维修费用由购买人承担。水景湾10号楼为叠加别墅,除去顶楼阁楼层后有4个结构层,为砖混结构,屋面未设置保温层,对此,被告向原告出售房屋时未予告知。该楼的设计单位为通州市建筑设计院,施工单位为通州市华建建筑安装工程公司,监理单位为通州市天元建设监理咨询有限公司。该楼于2005年4月1日开工,2006年1月20日竣工。

2006年6月21日,原告杨某领取了涉案房屋的房屋所有权证。在装修、居住过程中,原告发现存在墙体多处裂缝、窗户渗漏等问题,多次报修,被告东盛房地产公司多次派员维修,但均未能根本修复。

2007年9月3日,原告杨某将被告东盛房地产公司诉至法院要求其修复房屋的裂缝。审理中,原告申请对墙体裂缝渗漏的原因及维修方案进行鉴定。2007年12月11日,南京东南建设工程安全鉴定有限公司作出SF207078-1号东台市水景湾10号楼A室裂缝原因及维修方案鉴定报告(以下简称鉴定报告),其鉴定结论为:水景湾10号楼A室产生墙体裂缝的主要原因是温度变化时结构材料的不均匀收缩所致,屋面未做保温屋和墙体砌筑质量较差导致顶部楼层温度裂缝明显,上述裂缝对主体结构安全没有影响,但严重影响观瞻和使用功能。其整改修复方案为:(1)现有裂缝的修复方案:对内外贯通的裂缝可采用结构胶进行灌缝,对墙面粉刷层的裂缝,可铲除原粉刷层,进行重新粉刷。(2)防止裂缝继续发展的处理方案:由于水景湾10号楼A室的裂缝基本上都属于温度缝,当温差较大时,房屋的裂缝发展会比较明显,虽然温度裂缝不影响主体结构的安全性能,但是会影响建筑的观瞻和使用,因此,应该采取措施,降低温度变化带给建筑的损伤,考虑到10号楼A室的屋面未设置保温屋,建议拆除原屋面瓦,参照图集苏J9801-1/8新做保温屋面。

新保温屋面各层做法如下：(1)原屋面瓦；(2)25厚1∶2.5水泥砂浆掺107胶，内调16号镀锌钢丝网一层；(3)40厚挤塑保温板；(4)3ram厚高分子卷材SBS一层；(5)20厚1∶3水泥砂浆找平层；(6)钢筋混凝土现浇屋面板。

2007年12月19日，原告杨某向法院提出撤诉申请，同日法院作出(2007)东民一初字第1895号民事裁定书，裁定准许原告撤诉，同年12月21日，原告另诉要求被告东盛房地产公司承担根治修复房屋裂缝渗漏及相关费用的民事责任，赔偿因裂缝渗漏造成的损失7100元。

2008年1月7日，原告杨某申请对东台市水景湾10号楼A室房屋整改修复工程造价进行评估。2008年7月9日，中国建设银行股份有限公司江苏省分行作出建苏宁价[2008]213号关于东台市水景湾10号楼A室房屋整改修复工程造价的鉴定意见，结论为：原告位于东台市水景湾10号楼A室房屋整改修复工程造价为35481.36元。

本案一审的争议焦点是：(1)被告东盛房地产公司出售给原告杨某的房屋是否存在质量问题；(2)若存在质量问题，被告是否应当承担民事责任；(3)若被告应当承担民事责任，则应当承担何种方式的民事责任。

东台市人民法院一审认为：

第一，被告东盛房地产公司出售给原告杨某的房屋存在质量缺陷。(1)根据《建筑法》第六十条、第六十二条的规定，竣工验收的建筑工程的屋顶、墙面不得有渗漏、开裂等质量缺陷，且建筑工程实行质量保修制度。该法及国务院《建筑工程质量管理条例》(以下简称《质量管理条例》)未对“质量缺陷”作出进一步的解释或规定。原建设部《房屋建筑工程质量保修办法》第三条规定：“本办法所称房屋建筑工程质量保修，是指对房屋建筑工程竣工验收后在保修期限内出现的质量缺陷，予以修复。本办法所称质量缺陷，是指房屋建筑工程的质量不符合工程建设强制性标准以及合同的约定。”参照该条规定，只要房屋建筑工程质量不符合法定标准以及合同目的，则可以认定存在质量缺陷。(2)根据《建筑法》第五十二条的规定，建筑工程勘察、设计、施工的质量必须符合国家有关建筑工程安全标准的要求，具体管理办法由国务院规定。根据《质量管理条例》第三条、第十六条的规定，建设单位、勘察单位、设计单位、施工单位、工程监理单位依法对建筑工程质量负责，建设单位在收到建设工程竣工报告后，应当组织对建筑工程质量负责的有关单位进行竣工验收，由勘察、设计、施工、工程监理等单位分别签署质量合格文件后，方可交付使用。在当事人对房屋建筑工程质量提起的诉讼中，建设单位提供的有关行政管理部门的批准文件，以及勘察、设计、施工、工程监理等单位的质量合格文件，只能作为证据使用，对人民法院认定事实不具有当然的确定力和拘束力。(3)本案中，原告购买的房屋存在裂缝、渗漏等问题，这是一个客观事实，并且该客观事实经司法鉴定结论证实系温度变化时结构材料不均匀收缩所致,屋面设计瑕疵和墙体砌筑质量较差导致顶部楼层温度裂缝明显。综合以上三点,足以认定本案被告出售给原告的房屋存在质量缺陷,被告认为房屋的施工设计文件经有关行政部门审核批准、房屋竣工后经有关单位验收合格,因此应当认定房屋质量合格的理由,不予采纳。

第二,被告东盛房地产公司应当对本案的房屋质量缺陷承担相应的民事责任。(1)如上所述,我国实行建筑工程质量保修制度。根据《质量管理条例》第四十条的规定,在正常使用条件下,房屋主体结构工程的保修期限为设计文件规定的该工程的合理使用年限,房间和外墙面的防渗漏工程的保修期限为5年,保修期自竣工验收合格之日起计算。根据司法鉴定结论,本案讼争房屋的主体结构虽然不存在安全问题,但存在裂缝的质量缺陷,且出现了渗漏。原告杨某在保修期内主张权利,应当予以支持。(2)根据《产品质量法》第二条的规定,建设工程不适用该法,因此,原告主张的房屋质量缺陷责任应当适用建筑法律法规的规定以及民事法律的一般性规定。《建筑法》第五十八条、第六十条确定了由施工单位对建筑工程施工质量负责的一般原则。《质量管理条例》第四十一条规定:“建设工程在保修范围内和保修期限内发生质量问题的,施工单位应当履行保修义务,并对造成的损失承担赔偿责任。”以上建筑法律法规的规定,旨在明确建筑工程质量的最终责任承担者为施工单位。根据法律的规定,出卖人交付的标的物不符合质量要求的,买受人可以要求其承担相应的违约责任。所以,原告向被告主张权利有法律规定上的依据。(3)本案中,被告交付给原告的房屋存在的质量缺陷比较隐蔽,经鉴定,质量缺陷的产生原因在房屋交付时即已存在,只是在交付后才被发现。在原、被告双方签订的住宅质量保证书中,也约定了在房屋保修范围和保修期限内发生质量问题,出卖人应当履行保修义务。综合以上三点,原告有权主张被告承担相应的民事责任。

第三,被告东盛房地产公司应当对房屋质量缺陷承担修复责任。根据法律的规定,对于质量不符合约定的,买受人可以合理选择要求对方承担修理、更换、重作、退货、减少价款或者报酬等违约责任。《最高人民法院关于审理商品房买卖合同纠纷案件适用法律若干问题的解释》第十三条规定:“因房屋质量问题严重影响正常居住使用,买受人请求解除合同或赔偿损失的,应予支持。交付使用的房屋存在质量问题,在保修期内,出卖人应当承担修复责任;出卖人拒绝修复或者在合理期限内拖延修复的,买受人可以自行或者委托他人修复。修复费用及修复期间造成的其他损失由出卖人承担。”本案中,被告交付给原告杨某的房屋因出现裂缝渗漏质量问题严重影响居住使用,原告选择要求被告承担根治修复房屋裂缝渗漏的民事责任,依法应予支持,被告应当按照南京东南建设工程安全鉴定有限公司作出的鉴定报告中所明确的整改修复方案履行修复义务。关于原告要求被告承担根治修复房屋裂缝渗漏的相关费用的诉讼请求,因该费用尚未实际发生,不予支持。关于原告要求被告赔偿因裂缝渗漏造成的损失7100元,证据不足,不予支持。

据此,江苏省东台市人民法院判决:(1)被告东盛房地产公司于本判决生效之日起3个月内对属于原告杨某所有的坐落于东台市原新东南路(现海陵南路)水景湾10号楼A室按南京东南建设工程安全鉴定有限公司作出的鉴定报告中所明确的整改修复方案进行整改修复;(2)驳回原告杨某的其他诉讼请求。

东盛房地产公司不服一审判决,向江苏省盐城市中级人民法院提起上诉。

【法院认为】

盐城市中级人民法院经二审,确认了一审查明的事实。

盐城市中级人民法院二审认为:上诉人东盛房地产公司与被上诉人杨某签订房屋买卖合同,其应当保证出卖的房屋符合法律规定或者合同约定的质量,现上诉人交付给被上诉人的房屋出现墙体裂缝及渗漏问题,经专业部门鉴定,其主要原因系温度变化时结构材料不均匀收缩所致,而屋面未做保温层和墙体砌筑质量较差导致顶部楼层温度裂缝明显。对此,上诉人作为房屋的出卖人,对其出售房屋存在的质量缺陷,依法应当承担相应的修复义务,一审判决并无不当。

关于上诉人东盛房地产公司以交付的房屋通过了有关行政管理部门的强制性标准审查且通过了竣工验收为由拒绝承担相应责任的主张,法院认为,虽然上诉人交付的房屋从设计施工至竣工均经有关行政管理部门审核批准,未设置保温层符合当时的建筑标准和规范,但是上诉人交付给被上诉人杨某的房屋明显有质量缺陷,且已严重影响被上诉人对房屋的正常居住使用,其原因亦经相关专业部门鉴定。上诉人提出的房屋通过标准审查仅是有关行政管理部门认定的事实,并不能据此否定房屋存在质量缺陷的客观事实。故对上诉人的该上诉理由,不予采纳。

上诉人东盛房地产公司认为,其已向被上诉人杨某出具了房屋的相关图纸资料,被上诉人应当知道屋面未设置保温层的事实。

房屋的图纸资料属于专业技术材料,没有上诉人的相关告知,被上诉人仅凭常识,不可能得知房屋未设置保温层,即使被上诉人知道未设置保温层的事实,在上诉人交付房屋时,被上诉人也不可能知道未设置保温层会产生裂缝渗漏等问题。且本案中的房屋质量缺陷具有隐蔽性,被上诉人在使用过程中才得以发现。上诉人不能以订立合同时所拥有的信息优势来免除保证房屋质量的法定责任。故上诉人的这一上诉理由,不予采纳。

【裁判结果】

盐城市中级人民法院判决如下:驳回上诉,维持原判。本判决为终审判决。

[参见最高人民法院办公厅编:《最高人民法院公报》2010年第11期。]

5. 担保人开发商代为偿还公积金贷款后买方未向开发商偿还的，开发商主张解除合同应否予以支持？

【典型案例】

晏某某与铜仁市祺霖房地产开发有限公司商品房销售合同纠纷上诉案

【裁判要旨】

合同一方当事人迟延履行主要债务，经催告后在合理期限内仍未履行的，另一方当事人可以行使法定解除权。房屋买卖合同是以公积金贷款作为购房款，并由开发商提供担保的方式进行，因此，按约定偿还公积金贷款是买方应当履行的合同义务。买方未按期偿还公积金贷款，作为担保人的开发商代为偿还后，买方未向开发商偿还购房款，且经开发商催告后在合理期限内仍不履行，开发商要求解除房屋买卖合同的，应当予以支持。

【案号索引】

贵州省铜仁市中级人民法院(2020)黔06民终31号

【当事人信息】

上诉人(原审原告、反诉被告)：晏某某

被上诉人(原审被告、反诉原告)：铜仁市祺霖房地产开发有限公司(以下简称祺霖公司)

【基本案情】

上诉人晏某某因与被上诉人祺霖公司商品房销售合同纠纷一案，不服贵州省铜仁市碧江区人民法院(2019)黔0602民初2656号民事判决，向本院提起上诉。本院于2020年1月16日立案后，依法组成合议庭进行了审理。本案现已审理终结。

一审法院认定事实：(1)2016年7月21日，晏某某与祺霖公司签订《商品房买卖合同》，购买位于庆泰苑住宅小区4栋1单元3层1－3－3号房屋，并约定交房时间为2016年12月31日。此后，因本案所涉商品房的实际面积与合同约定面积有误差，晏某某与祺霖公司进行协商，但一直未果。2017年7月18日，在协商一致后，晏某某与祺霖公司办理交接手续。(2)铜仁市住房公积金中心于2017年3月

13日向晏某某发放贷款270000元，用于购买上述商品房。祺霖公司与铜仁市住房公积金中心签订《铜仁市住房公积金在建房抵押贷款合作协议书》。铜仁市住房公积金中心以晏某某逾期5次未偿还贷款本息为由，于2018年3月20日向祺霖公司送达晏某某贷款逾期催收通知书，要其承担保证责任。祺霖公司在调查后认为晏某某无偿还贷款能力，遂于2018年5月3日向铜仁市住房公积金中心提出关于动用在建房履约保证金偿还晏某某公积金贷款本息的申请。同年5月21日，祺霖公司代晏某某偿还剩余贷款本息236573.79元。此后，祺霖公司通过邮寄方式向晏某某送达通知书，要其在2018年9月1日前偿还代为支付的剩余贷款本息236573.79元，如未在规定时间内支付则解除双方签订的《商品房买卖合同》。晏某某在收到通知书后，一直未履行。

一审法院认为：(1)双方签订的《商品房买卖合同》是双方真实意思表示，合同内容未违反国家强制性法律规定，该合同合法有效。祺霖公司未按约定时间向晏某某交付商品房，构成违约，应当承担违约责任。在庭审中，祺霖公司提出因房屋的实际面积与合同约定面积有误差，双方一直在协商中，不存在违约事实的辩解理由，经查，该理由不属于法定的免除违约责任的条件，且晏某某也未免除其违约责任，该辩解理由不能成立，不予采纳。晏某某要求祺霖公司支付违约金的诉讼请求部分成立，予以部分支持。晏某某经祺霖公司催告后，未在合理期限内继续履行合同义务，故应当视为其不再履行合同，且在庭审中也未明确表示是否要继续履行合同。根据双方在《商品房买卖合同》中的约定，其违约金的计算方式为62000元(已付款)×1÷10000×127天=787.4元。(2)关于祺霖公司提出反诉要求解除《商品房买卖合同》的诉讼请求，经查，晏某某经催告后在3个月的合理期限内仍未履行支付代偿款，也未提供双方当事人另有约定的相关证据，故祺霖公司要求解除合同的诉讼请求，合法有据，予以支持。(3)关于晏某某提出其对动用在建房履约保证金偿还公积金贷款本息有异议的辩解理由，该理由与本案处理无关联性，该辩解理由不予采纳。

一审法院判决：(1)祺霖公司支付晏某某违约金787.4元；(2)解除祺霖公司与晏某某签订的《商品房买卖合同》；(3)驳回晏某某的其他诉讼请求。上述给付事项，限于判决生效后15日内履行。案件受理费减半收取51元，由晏某某负担；反诉案件受理费减半收取51元，由晏某某负担。

在二审中，双方未提交新的证据。本院对一审法院认定的事实予以确认。

同时，经询问当事人，双方均认可以下事实：2016年7月21日双方签订《商品房买卖合同》时，争议房屋为现房；合同中关于“首付款62000元”的内容，系双方口头约定的不需要履行条款，也未实际履行；在双方对房屋面积及价款发生争议，经协商达成合意并交房时，晏某某按该合意补交了购房款688元。对双方认可的前述事实,本院予以认定。

另外,经本院询问,晏某某称其除了支付公积金贷款外,还实际支付部分款项及归还部分公积金贷款;祺霖公司陈述,除公积金贷款外,晏某某实际支付给祺霖公司的款项初步核定为 19277 元,但是具体要以晏某某提交的收据为准;晏某某所称的维修基金 4300 元、契税 4700 元,是晏某某分别交到住建局和税务局的,并非向祺霖公司支付。本院认为,由于晏某某在一、二审中均未提供支付的票据凭证,故对晏某某向祺霖公司实际支付款项金额的问题,不作为本案事实认定范围;对该问题,双方可另行解决。

【法院认为】

本案二审争议焦点为:(1)祺霖公司是否应当承担支付 12073 元违约金的责任;(2)祺霖公司请求解除合同是否符合法律的规定。

本院认为:(1)关于"祺霖公司是否应当承担支付 12073 元违约金责任"的问题。经查明,一审在认定事实部分,虽未认定"晏某某支付购房首付款 62000 元",然而在判决书说理的"违约金计算"部分,有"62000 元已付款"的表述,该表述缺乏证据支撑,二审予以纠正;同时,二审已查明合同中关于"首付款 62000 元"的内容是双方约定的不履行条款,且也未实际履行。根据本案事实,晏某某所购房屋为现房,双方对交易的部分重要事项未写入书面合同,后双方为房屋的具体面积和价款问题发生分歧,祺霖公司未在合同约定的 2017 年 3 月 13 日交房,至 2017 年 7 月 18 日双方达成合意,根据该合意晏某某补交 688 元房款,祺霖公司向晏某某交房。由于双方对交易的部分重要事项未写入书面合同,后双方因房屋面积及价款发生分歧致祺霖公司未交房,然而双方在对该分歧达成合意并补交房款和交付房屋时,对在分歧所涉问题中各自是否存在违约及承担违约责任问题并未作书面约定。因而,一审关于"祺霖公司延期交房构成违约"的认定,缺乏依据。晏某某所持"祺霖公司应当承担 12073 元延期交房违约金"的上诉理由,不能成立。鉴于祺霖公司对一审法院判令其承担 787.4 元违约金的裁判结果并未提出上诉,表明其对该裁判内容的认可,对此可从其自愿;故二审对一审法院关于该问题的裁判结果,予以维持。(2)关于"祺霖公司请求解除合同是否符合法律规定"的问题。本案的基本事实是,经祺霖公司提供担保,晏某某在铜仁市住房公积金中心贷款 270000 元,用于向祺霖公司支付购房款,因晏某某未按期偿还公积金贷款,祺霖公司偿还晏某某所欠剩余贷款本息 236573.79 元,祺霖公司向晏某某发出书面通知书,告知晏某某偿还代为支付的该款、逾期未偿还将解除合同,晏某某收到通知后并未偿还。由于本案房屋买卖交易,是以公积金贷款作为购房款、开发商提供相应担保的方式进行,因而,按期偿还公积金贷款是购房人应当履行的合同义务;在开发商代为偿还后,购房人应当向开发商偿还。在本案中,晏某某未按期偿还公积金贷款以及未向祺霖公司偿还代为偿还的公积金贷款剩余本息236573.79元,此消极行为系对双方交易合同关系主要义务的不履行,且经对方催告后仍不履行。一审法院根据祺霖公司的反诉请求,判决解除双方签订的《商品房买卖合同》,并无不当。对此二审予以维持。晏某某所持"自己已履行全部合同义务,双方合同应当继续履行"的上诉理由,不能成立。

【裁判结果】

综上所述,上诉人晏某某的上诉请求不能成立,应予驳回;一审法院认定的主要事实清楚,处理结果正确,应予维持。二审判决如下:驳回上诉,维持原判。二审案件受理费76元,由上诉人晏某某负担。本判决为终审判决。

[参见中国裁判文书网。]

6. 买受人迟延履行申请办理贷款义务的期间,应否认定为出卖人顺延交付商品房的期间?

【典型案例】

邹某洋等诉三亚中铁置业有限公司
商品房销售合同纠纷再审案

【裁判要旨】

商品房买卖合同约定买受人存在违约行为时,出卖人可以延期交付商品房,且无须承担逾期交房的违约责任,因此买受人迟延履行合同约定的申请办理贷款义务的期间,应认定为出卖人顺延交付商品房的期间。但出卖人在顺延后的交付日期仍未交付房屋的,应按照合同约定向买受人支付顺延交付日期至买受人取得房屋期间的违约金。

【案号索引】

最高人民法院(2017)最高法民再313号

【当事人信息】

再审申请人(一审原告、二审被上诉人):邹某洋

再审申请人(一审原告、二审被上诉人):邹某君

被申请人(一审被告、二审上诉人):三亚中铁置业有限公司(以下简称中铁公司)

一审第三人:淮创实业发展(上海)有限公司(以下简称淮创公司)

【基本案情】

再审申请人邹某洋、邹某君因与被申请人中铁公司及一审第三人淮创公司商品房销售合同纠纷一案,不服海南省高级人民法院(2016)琼民终206号民事判决,向本院申请再审。本院于2017年6月24日作出(2017)最高法民申1862号民事裁定,提审本案。本院依法组成合议庭审理了本案。本案现已审理终结。

一审法院认定事实:邹某洋、邹某君与中铁公司签订《商品房买卖合同》及《合同附件》,合同及附件均无签订时间。《商品房买卖合同》约定,邹某洋、邹某君购买中铁公司开发的三亚中铁月川项目(子悦薹)酒店3号〔幢〕1〔层〕112商铺号房,建筑面积:278.5平方米,套内面积:257.98平方米,公共部分与公用房屋分摊建筑面积20.52平方米。按套内建筑面积计价为每平方米37783.94元,总金额974.75万元。付款方式及期限:签约当日买受人须支付房款487.75万元,剩余房款487万元向银行申请商业按揭贷款。交付期限:出卖人应当在2012年12月31日前,依照国家和地方人民政府的有关规定,将具备经验收合格并取得工程竣工验收备案证明,并符合本合同约定的商品房交付买受人使用。如遇下列特殊原因,除双方协商同意解除合同或变更合同外,出卖人可据实予以延期:(1)遭遇不可抗力,且出卖人在发生之日起45日内告知买受人的。(2)①因法律、行政法规、部门规章、地方性法规、地方政府规章和政策等发生变化,导致出卖人交付商品房逾期的;②因与本项目关联的市政配套工程发生突发事件,导致商品房交付逾期的;③施工中遇突发事件,导致工程停工或延期,且该变更或突发事故非出卖人所能避免或克服的;④买受人有违约行为的。出现上述(1)、(2)中任何一种情况的,出卖人可以延期交付商品房,且无须承担逾期交房的违约责任。出卖人逾期交房的违约责任:(1)如逾期超过10日的,出卖人按日计算向买受人支付全部房价款万分之二的违约金,并于实际交付当日向买受人支付违约金,合同继续履行;(2)逾期超过10日后,买受人有权选择A、B两种方式处置:A.买受人有权随时行使合同解除权。买受人实际选择解除合同的,按照附件4-2第十一条关于因出卖人原因导致合同解除的约定处理;B.买受人不行使合同解除权的,出卖人应每日向买受人支付已付房款万分之五的违约金,并于实付当日向买受人支付违约金,合同继续履行。交接:商品房达到交付使用条件后,出卖人应当书面通知买受人办理交付手续。双方进行验收交接时,出卖人应当出示本合同第八条规定的证明文件,并签署房屋交接单。所购商品房为住宅的,出卖人还需提供住宅质量保证书和住宅使用说明书。出卖人不出示证明文件或出示证明文件不齐全,买受人有权拒绝交接,由此产生的延期交房责任由出卖人承担。由于买受人原因,未能按期交付的,双方同意按以下方式处理:视为出卖人已于房屋交接书面通知载明的买受人应收房的起始日向买受人交付了房屋,房屋所有权转归买受人所有，房屋的毁损、灭失风险自房屋交接通知书载明的买受人应收房的起始日转由买受人承担，房屋产生的物业费用以及因该房发生的其他费用由买受人承担。《合同补充协议》第三条关于房屋交付的补充约定，双方确认：如商品房的一项或数项基础设施在房屋交付时未达到合同约定交付条件，但出卖人采取补救措施（如保障使用临时用水、临时用电等）不影响买受人进行房屋精装修的，则视为该等基础设施达到合同约定的使用条件，买受人同意接收房屋，出卖人无须因此承担违约责任；买受人应在商品房交付时：向出卖人付清全部购房款（如以贷款方式付款的，银行贷款需付至出卖人指定的账户）；双方确认：买受人未按照约定履行相关合同义务的，不会对房屋交付这一法律事实产生影响，仍视为出卖人已于房屋交接书面通知载明的买受人应收房的起始日向买受人交付了房屋，房屋所有权转归买受人所有，房屋的毁损、灭失风险自房屋交接书面通知载明的买受人应收房的起始日转由买受人承担。第四条关于房屋质量、装修、设备的补充约定，如商品房地基基础和主体结构工程以外的质量问题，出卖人应当按照主合同和质量保修书的约定整改、修复，但买受人不能以此为理由拒绝办理房屋交付手续，出卖人亦无须承担其他赔偿责任。合同附件 4－3 第一条第一项约定，“买受人应于签署主合同当日向贷款银行提供完整有效的申请商业按揭贷款文件资料，缴纳办理贷款所需全部费用，并按照贷款银行要求签署相关文件。若买受人违反上述约定，则每迟延一日，买受人应向出卖人支付相当于房屋总价款的万分之三的违约金”。

合同签订后，邹某洋、邹某君按合同约定以转账及贷款方式分 2 次支付了房款，2012 年 2 月 16 日，中铁公司向邹某洋、邹某君出具收到 487.75 万元的收据，贷款部分 487 万元于 2013 年 3 月 26 日进入中铁公司的账户，中铁公司于 2013 年 3 月 27 日出具收到 487 万元收据。2013 年 3 月 26 日，邹某洋、邹某君付清全部购房款。2011 年期间，中铁公司与三亚市人民政府及部队就案涉项目进行多次协调处理。2012 年 12 月 5 日工程竣工。中铁公司将案涉项目房屋的销售交由淮创公司包销。邹某洋、邹某君通过淮创公司购买案涉房屋。截至 2013 年 3 月 26 日，邹某洋、邹某君付清全部购房款。中铁公司于 2011 年 12 月 22 日取得“三亚中铁月川项目”（子悦薹）三房预许字〔2011〕038 号商品房预售许可证，有效期 2011 年 12 月 22 日至 2012 年 12 月 22 日。之后，中铁公司又申请办理预售展期，于 2015 年 4 月 27 日取得三房预许字（展期）〔2011〕038 号商品房预售许可证，有效期 2015 年 4 月 27 日至 2017 年 4 月 26 日。2014 年 5 月 7 日，三亚市工程质量安全监督站对三亚中铁月川项目 4 某地块作出建筑工程质量监督报告，质量等级评为合格。三亚市住房和城乡建设局于 2015 年 1 月 4 日对三亚中铁月川项目 4 某地块（土建工程，不含装修）出具了海南省建筑工程竣工验收备案证。2014 年 6 月 18 日邹某洋、邹某君向中铁公司提交了逾期交付房屋违约通知函，2014 年 7 月 31 日中铁公司致业主的回复函中要求邹某洋、邹某君及时对项目进行验收。中铁公司并于2015年1月5日以邮寄方式通知邹某洋、邹某君2015年1月5日至2015年1月30日期间办理收房手续。但邹某洋、邹某君以未达到交付条件为由,拒绝办理交房手续。诉讼中,邹某洋、邹某君和中铁公司对于邹某洋、邹某君于2015年1月15日已收取案涉房屋并无异议,且邹某洋、邹某君于当日也撤销要求中铁公司交付房屋的诉讼请求。邹某洋、邹某君对中铁公司提交的建筑工程质量监督报告的真实性予以认可。

一审法院判决:中铁公司于判决生效之日起10日内向邹某洋、邹某君支付逾期交房违约金1348956.5元。

中铁公司不服一审判决,上诉请求:(1)撤销一审判决,改判不予支持逾期交房违约金或将本案发回重审;(2)一、二审诉讼费用由邹某洋、邹某君承担。

二审法院审理查明的事实与一审法院查明的事实一致。另查明,邹某洋、邹季军向银行提交书面个人信贷业务申请表的日期为2013年2月7日。

【法院认为】

二审法院认为,本案的争议焦点为:(1)一审法院认定违约金按已付购房款日万分之二点一计算是否正确;(2)因政府行为导致案涉房产延期交付中铁公司可否免责;(3)中铁公司是否享有抵扣违约金的权利。

一、关于合同约定的违约金问题

双方签订的《商品房买卖合同》约定,出卖人逾期交房超过10日,买受人不选择解除合同的,出卖人应每日向买受人支付已付房款万分之五的违约金。一审中,邹某洋、邹某君诉请要求中铁公司承担逾期交房违约金,中铁公司认为购房合同约定的逾期交房违约金过高,请求法院以不超过实际损失的30%进行调整。二审中,中铁公司上诉主张一审法院按金融机构计收逾期贷款利息的标准计算违约金错误,应按同地段同类房屋租金标准计算违约金。根据《商品房买卖合同解释》第十六条的规定,当事人以约定的违约金过高为由请求减少的,应当以违约金超过造成的损失30%为标准适当减少;当事人以约定的违约金低于造成的损失为由请求增加的,应当以违约造成的损失确定违约金数额。因邹某洋、邹某君未提交任何证据证明因中铁公司逾期交房行为造成其实际损失的数额,故邹某洋、邹某君的实际损失应认定为:邹某洋、邹某君已付房款被中铁公司逾期交房期间占用的贷款利息(按中国人民银行发布的同期一年期一般流动资金贷款基准利率计息)。因违约金为以补偿实际损失为主、以惩罚性为辅的基本性质,综合考虑本案事实,二审法院酌情将违约金调整为中铁公司逾期交房期间占用邹某洋、邹某君已付房款贷款利息的130%。依据双方签订的《商品房买卖合同》第八条第五项及合同附件4-3第一条第一项约定:买受人有违约行为的,出卖人可以延期交付商品房,且无须承担逾期交房的违约责任;买受人应于签署"主合同"当日向贷款银行提供完整有效的申请商业按揭贷款文件资料……本案中,邹某洋、邹某君与中铁公司签订购房合同无具体日期,但一审中邹某洋、邹某君的起诉状及中铁公司的答辩状均认可签约时间为 2012 年 2 月 16 日,故应认定双方签约日期为 2012 年 2 月 16 日。邹某洋、邹某君向贷款银行提供完整有效的申请商业按揭贷款文件资料日期为 2013 年 2 月 7 日,邹某洋、邹某君共计迟延申请办理贷款 11 个月及 22 天。因此,对邹某洋、邹某君违约延迟申请贷款的期间,中铁公司享有顺延交房且无须承担该期间逾期交房的违约责任。《商品房买卖合同》约定,中铁公司应于 2012 年 12 月 31 日前交付房屋,但合同附件亦约定,交房时买受人向出卖人付清全部购房款。邹某洋、邹某君于 2013 年 3 月 26 日付清全部购房款 9747500 元,故中铁公司应于 2013 年 3 月 26 日履行交房义务。该交房日期 2013 年 3 月 26 日顺延 11 个月及 22 天的日期应为 2014 年 3 月 20 日,故中铁公司应承担逾期交房的违约金为:以 9747500 元为本金,按中国人民银行发布的同期一年期一般流动资金贷款基准利率 130% 计息,自 2014 年 3 月 20 日起计至 2015 年 1 月 14 日(一审双方交房日期的前一天)止。因此,中铁公司主张以同地段同类房屋租金标准计算违约金,该观点不能成立。邹某洋、邹某君辩称,签约当日已将申请商业按揭贷款文件资料交由中铁公司指定的银行工作人员,但其未能提供有效证据予以证实,故对其主张的事实不予采信。《商品房买卖合同解释》第十七条系针对双方签订的《商品房买卖合同》中未约定违约金数额或者损失赔偿额计算方法不明的情形,但本案双方签订的购房合同对逾期交房的违约金数额是有明确约定的,故一审法院依据该条规定并作出判决不当,予以纠正。

二、关于政府行为可否免责问题

中铁公司诉称,一审法院遗漏查明:自 2012 年 12 月 5 日竣工后,三亚市质监站直至 2014 年 5 月 7 日才出具同意工程备案的质检报告。因政府原因导致延迟取得备案证明,中铁公司不应当承担该延迟期间逾期交房的违约责任。中铁公司逾期交房所应承担的违约责任系无过错责任。现中铁公司逾期交房已构成违约,故应承担相应的违约责任。且从合同相对性分析,若因政府行为导致中铁公司在履行与购房者签订的《商品房买卖合同》中造成的损失,中铁公司可通过行政诉讼诉请行政部门承担行政责任,不能将此责任转嫁给行政审批关系之外的购房者。因此,对中铁公司该项主张,不予支持。

三、中铁公司是否享有抵扣违约金的权利

根据《商品房买卖合同》第八条第五项及合同附件 4 - 3 第一条第一项约定:买受人有违约行为的,出卖人可以延期交付商品房,且无须承担逾期交房的违约责任;买受人应于签署“主合同”当日向贷款银行提供完整有效的申请商业按揭贷款文件资料……买受人违反上述约定,则每迟延一日,邹某洋、邹某君应支付相当于房屋总价款的万分之三的违约金。中铁公司上诉主张邹某洋、邹某君迟延了向银行提交申请表构成违约产生的违约金应与邹某洋、邹某君主张中铁公司逾期交房的违约金为互付到期债务,应当相互抵扣。上述约定系针对买受人一种违约行为(逾期向银行提交申请商业按揭贷款资料)而产生两种违约责任的情形,如果买受人构成违约,出卖人有权选择要求买受人承担其中一种违约责任。经释明,中铁公司当庭明确表示选择适用可顺延交房的免责条款,放弃要求邹某洋、邹某君承担因迟延向银行提交申请商业按揭贷款资料而支付违约金的责任。因此,对中铁公司抵扣违约金的主张,不再审理。

二审法院判决:(1)撤销海南省三亚市中级人民法院(2015)三亚民一初字第33号民事判决;(2)中铁公司于判决生效之日起10日内向邹某洋、邹某君支付逾期交房的违约金619492.35元(以9747500元为本金计息,按中国人民银行发布的同期一年期一般流动资金贷款基准利率130%计算,自2014年3月20日起计至2015年1月14日止);(3)驳回中铁公司的其他上诉请求。

围绕当事人的再审请求,本院对有争议的证据和事实认定如下:

再审期间,邹某洋、邹某君为证明其主张,向本院提交下列证据:中国农业银行股份有限公司个人购房担保借款合同(复印件),以证明邹某洋、邹某君贷款利率高于中国人民银行同期贷款利率的10%;谈话录音及录音整理资料,以证明由中铁公司通知贷款银行为邹某洋、邹某君办理贷款申请,且该贷款银行是中铁公司的合作单位,贷款申请手续的办理是贷款银行工作人员到中铁公司销售处办理的,银行接收邹某洋、邹某君的贷款申请资料后未给邹某洋、邹某君出具收条。

本院再审查明的事实与一、二审法院查明的事实一致。

本院再审认为,结合邹某洋、邹某君的再审请求、中铁公司的答辩意见及准创公司的陈述意见,本案的争议焦点为:(1)案涉违约金应从何时起算;(2)案涉违约金的计算标准。

1. 案涉违约金应从何时起算

首先,《商品房买卖合同》第八条规定了交付期限,该条内容分为两部分,前部分主要内容是:出卖人应当在2012年12月31日前,依照国家和地方人民政府的有关规定,将经政府主管部门验收合格条件,并符合合同约定的商品房交付买受人使用。后部分主要内容是规定了在何种特殊原因情况下,除双方协商同意解除合同或变更合同外,出卖人可延期交付商品房,且无须承担逾期交房的违约责任,其中第2点约定了4种情形,第4种情形是买受人有违约行为的。二审判决依据《商品房买卖合同》第八条认定"买受人有违约行为的,出卖人可以延期交付商品房,且无须承担逾期交房的违约责任",符合双方约定。二审判决所载明的"第五项"实为笔误,不影响对案件事实的认定。

其次,《商品房买卖合同》附件4－3第一条第一项约定:“买受人应予签署‘主合同’当日向贷款银行提供完整有效的申请商业按揭贷款文件资料,交纳办理贷款所需全部费用,并按照贷款银行要求签署相关文件……买受人已提供的申请贷款文件资料,以买受人与贷款银行之间的文件交接记录为准。”邹某洋、邹某君虽主张其已于签订《商品房买卖合同》当日,将申请商业按揭贷款文件资料交由中铁公司指定的银行工作人员,但其未能提供日期为签订《商品房买卖合同》当日的文件交接记录。中铁公司提交的书面个人信贷业务申请表上的日期是2013年2月7日,该份证据是证明邹某洋和邹某君提交完整有效的申请商业按揭贷款文件资料时间的直接证据。邹某洋、邹某君提供的与中铁公司销售经理张某等人的谈话录音内容,只说明中铁公司联系贷款银行来办理相关手续,贷款手续在现场办理,在没有其他证据佐证的情况下,仅凭谈话录音不足以推翻二审判决以书面个人信贷业务申请表上载明日期为贷款文件交接日期的认定。邹某洋、邹某君关于二审判决认定其于2013年2月7日向贷款银行提供完整有效的申请商业按揭贷款文件资料缺乏证据证明的再审理由不能成立。邹某洋和邹某君还主张其于2016年10月14日将对“中铁公司销售经理张某及售楼员郑某振”的录音资料邮寄二审法院,但二审法院未组织质证。依据《最高人民法院关于民事诉讼证据的若干规定》第四十二条第二款“当事人在二审程序中提供新的证据的,应当在二审开庭前或者开庭审理时提出;二审不需要开庭审理的,应当在人民法院指定的期限内提出”的规定,邹某洋和邹某君于二审法院开庭审理之后才提交该录音资料,二审法院对该证据不予采信,并无不当。

最后,案涉《商品房买卖合同》第八条规定,买受人有违约行为的,出卖人可以延期交付商品房,且无须承担逾期交房的违约责任。二审判决将邹某洋、邹某君迟延申请办理贷款11个月及22天的期间,认定为中铁公司顺延交付期间,并无不当。根据《商品房买卖合同》的约定,中铁公司应于2012年12月31日交付房屋。《合同补充协议》第三条约定买受人应在商品房交付时向出卖人付清全部购房款,而邹某洋、邹某君于2013年3月26日才付清全部购房款。因此,中铁公司可延期至2013年3月26日交付房屋。但是,邹某洋、邹某君于2013年3月26日才付清全部购房款是因其迟延申请办理贷款所致。就商品房买卖合同而言,邹某洋、邹某君的主要义务是交付房款,中铁公司的主要义务是交付房屋。一审判决以邹某洋、邹某君付清房款的时间即2013年3月26日作为计算中铁公司支付逾期交房违约金的起始日,实际上,在邹某洋、邹某君付清全部房款之前已进行了房屋交付期顺延。二审判决再以邹某洋、邹某君在《商品房买卖合同》签订之日未向贷款银行提供完整有效的申请商业贷款文件资料,构成违约为由,扣减中铁公司逾期交房顺延期,属于重复抵扣。二审判决对邹某洋、邹某君的交付房款义务,重复追究违约责任,显然有失公平。因此,中铁公司不应因邹某洋、邹某君的迟延申请办理贷款行为享受两次交房时间的顺延,但一审判决仅顺延交房时间约为3个月,也有失公平,中铁公司的交房时间应从2012年12月31日顺延11个月22天至2013年11月22日。《商品房买卖合同》第九条第二项约定,“(2)逾期超过10日后……买受人不行使合同解除权的,出卖人应每日向买受人支付已付房款万分之五的违约金,并于实付当日向买受人支付违约金,合同继续履行”。邹某洋、邹某君于2015年1月15日已收取案涉房屋,因此,中铁公司应支付邹某洋、邹某君相应违约金自2013年11月23日起计至2015年1月14日止。邹某洋、邹某君关于二审判决重复抵减了逾期交房违约金的再审理由成立,本院予以支持。

2. 案涉违约金的计算标准双方当事人就逾期交房违约金约定为日万分之五,中铁公司认为该违约金过高,明确主张法院予以调整

二审法院认定邹某洋和邹某君的实际损失为已付房款被中铁公司逾期交房期间占用的贷款利息,判令将违约金酌减为已付房款贷款利息的130%,符合《商品房买卖合同解释》第十六条“当事人以约定的违约金过高为由请求减少的,应当以违约金超过造成的损失30%为标准适当减少”之规定。再审期间,邹某洋和邹某君向本院提交书面申请,明确表示对二审判决酌定的违约金标准予以认可,因此本院对该标准不予调整。故中铁公司应支付邹某洋、邹某君的违约金为899905.45元(以9747500元为基数,按中国人民银行发布的同期同档次人民币贷款基准利率的130%自2013年11月23日起计至2015年1月14日止)。

【裁判结果】

综上,邹某洋、邹某君的再审请求部分成立。最高人民法院判决如下:(1)撤销海南省高级人民法院(2016)琼民终206号民事判决;(2)撤销海南省三亚市中级人民法院(2015)三亚民一初字第33号民事判决;(3)中铁公司于本判决生效之日起10日内向邹某洋、邹某君支付逾期交房的违约金899905.45元;(4)驳回邹某洋、邹某君的其他诉讼请求。

如果未按本判决指定的期间履行给付金钱义务,应当加倍支付迟延履行期间的债务利息。一审案件受理费102338.5元,由邹某洋、邹某君负担95477.5元,中铁公司负担6861元;二审案件受理费102338.5元,由邹某洋、邹某君负担95477.5元,中铁公司负担6861元。

[参见中国裁判文书网。]

7. 名为商品房销售合同实为借款合同如何判断？

【典型案例】

遵义市金苑房地产开发有限公司诉曹某孝商品房销售合同纠纷再审案

【裁判要旨】

商品房销售合同纠纷当事人涉及建设工程投入、项目追加投资和其他民间借款等多项资金往来活动，一方当事人主张购房合同系以待建项目房屋作为抵押，为掩盖高利贷同时达到担保目的而签订的，双方实为借款关系，但提供的银行汇款凭证时间明显晚于其出具收据的时间，且银行汇款凭证与收据之间在数额与时间方面均不能相互印证，不足以证明双方之间实为借款关系的，不得认定为借款合同。

【案号索引】

一审：贵州省高级人民法院（2014）黔高民终字第 14 号

二审：最高人民法院（2016）最高法民再 84 号

【当事人信息】

再审申请人（一审被告、二审上诉人）：遵义市金苑房地产开发有限公司（以下简称金苑公司）

再审被申请人（一审原告、二审上诉人）：曹某孝

一审第三人：陈某华

一审第三人：曹甲

【基本案情】

再审申请人金苑公司因与被申请人曹某孝，一审第三人陈某华、曹甲商品房销售合同纠纷一案，不服贵州省高级人民法院（2014）黔高民终字第 14 号民事判决（以下简称原判决），向本院申请再审。本院于 2015 年 12 月 7 日作出（2015）民申字第 2932 号民事裁定，提审本案，依法组成合议庭，开庭进行了审理。本案现已审理终结。

经审理查明，2003 年 12 月 14 日，金苑公司（甲方）与曹某孝（乙方）签订《购房协议书》，约定：甲方在遵义市火车站北侧开发建设金苑商贸城项目，需要资金周转，乙方看好该地段的前景，愿意购买价值人民币 440 万元的门面。双方协议如下：（1）乙方在本协议签订后，将 440 万元购房款支付给甲方；（2）甲方在两年内将竣工

验收乙方所购的金苑商贸城 4 号楼首层 3 - 8 号、17 - 24 号门面，建筑面积 474.39 平方米交付给乙方使用；(3)在两年期内，甲方必须在征得乙方同意后，才能销售上列乙方所购的门面，但必须由乙方另选价值相当的门面为乙方购置的门面；(4)甲方在金苑商贸城建设工程办理“商品房预售许可证”同时，及时将乙方所购房屋清单上报房管局产权监理处备案；(5)甲方收到乙方购房款后，乙方派管理人员一名到甲方监控购房款用于甲方的拆迁工程，月工资 1200 元，直至拆迁工程结束为止；(6)如甲方在签订购房协议之日起，两年内不能如期交付乙方所购门面，甲方则每月赔偿乙方 10 万元人民币的经济损失，并承担违约责任。2003 年 12 月 15 日，金苑公司向曹某孝出具收据，载明：“今收到曹某孝同志交来购房款（金苑商贸城 4 号首层 3 - 8 号、17 - 24 号门面）人民币 440 万元，期限为两年（2003 年 12 月 15 日至 2005 年 12 月 15 日），到期交付上列门面使用。”

因金苑公司未按合同约定交付房屋，2009 年 7 月 2 日，金苑公司在其法定代表人袁某鳌主持下开会讨论形成会议纪要，主要内容为：“会议上，袁总就关于曹某孝在 2003 年与公司所签订的《购房协议书》一事作了说明，因为公司的特殊原因已经违约。依据所签协议规定，应对曹某孝进行补偿，特在领导班子会议上进行讨论，充分发表意见。会议上，与会人员一致确认，对曹某孝购房款的补偿，应从同公司所签订协议之日，即从 2003 年 12 月 14 日起至 2009 年 6 月 30 日止。”金苑公司根据会议纪要于 2009 年 7 月 11 日向曹某孝出具欠条，载明“今欠曹某孝（2003 年 12 月 14 日购房合同约定）违约补偿款，详见 2009 年 7 月 2 日金苑公司会议纪要计算，人民币 665 万元”。

金苑公司也未按会议纪要和欠条确定的数额向曹某孝支付补偿款。2011 年 11 月 29 日，甲方金苑公司与乙方曹某孝、曹甲、陈某华、曹乙签订《工程欠款和民间债务处置协议书》（以下简称《处置协议书》），主要内容为：根据遵义市、红花岗区两级人民政府关于处置“问题楼盘”的相关政策要求，遵照红花岗区问题房开办关于金苑公司债权债务若干问题的处置意见，在红花岗区人民政府驻金苑公司维稳工作组的具体指导下，结合“金苑商贸城”资产和负债实际，甲乙双方就工程欠款和民间债务处置涉及的相关问题，进行了多次协商，现达成如下条款，双方共同遵守。(1)双方商定，针对甲方差欠乙方的全部工程款和民间借款，双方议定对全部工程欠款和民间借款，总计由甲方用 808 万元的现金分期清偿。甲方付清 808 万元欠款后，双方债权债务即视为全部结清（本协议议定的 808 万元，不包括甲方成为“问题楼盘”后，乙方按所持债权 25% 追投的资金，本追投资金甲方另行清偿；乙方于 2003 年 12 月 14 日与甲方签订的购房协议，乙方须在本协议签订时，与甲方正式签订其购房合同，并完善其他相关手续）。(2)本协议签订前，甲方同乙方所有人签订的所有合同、协议、留置担保、会议纪要等文书，以及甲方出具给乙方的不动产发票、收据、承诺和政府部门签署意见的其他文件资料等，于本协议签订时一律作废。乙方于本协议签订时将所持全部文书票据原件交还甲方（2003 年 12 月 14 日签订的购房协议及 2003 年 12 月 15 日收款收据除外，但该部分协议需完善其购房相关手续）。（3）双方签订本协议后，甲方按下列方式和时限付现：本协议签订后待遵义市华玮房地产开发有限公司支付甲方“二期”天娇城土地补偿款后支付 300 万元；2012 年春节前支付 100 万元；2012 年 6 月底支付 200 万元；2012 年 12 月底支付 100 万元；2013 年 6 月底支付 108 万元。以上 5 项总计 808 万元，甲方付清 808 万元欠款后即视为履行完本协议约定全部偿债义务。

2011 年 12 月 8 日，曹某孝向金苑公司移交相关资料，金苑公司和曹某孝的代理人陈某华均在曹某孝、陈某华、曹甲、曹乙移交合同、协议等全部资料清单和两份收据上盖章、签名。清单下方的备注载明：“除 2003 年 12 月 14 日《购房协议书》及 2003 年 12 月 15 日收据除外，上列全部文书和相应票据均已按合同约定交还于金苑公司。”清单及收据中未包括 2003 年 12 月 14 日《购房协议书》、2003 年 12 月 15 日收据、2009 年 7 月 2 日会议纪要、2009 年 7 月 11 日欠条。

2012 年 1 月 18 日，出卖人金苑公司与买受人曹某孝的委托代理人陈某华签订《商品房买卖合同》，约定由曹某孝购买金苑公司的第 4 号楼正一层 4 - 1 - 3 至 4 - 1 - 8、4 - 1 - 19 至 4 - 1 - 22 号房（商品房预售许可证号为 × × ×），建筑面积共 343. 2 平方米，单价为每平方米 9132 元，总金额为 3134102 元，合同签订之日一次性付清。该合同还约定交付房屋时间在 2012 年 1 月 30 日前，逾期交付房屋，自本合同规定的最后交付期限的第 2 天起至实际交付之日止，出卖人按日向买受人支付已交付房价款万分之零点五的违约金。2012 年 4 月 28 日，金苑公司（甲方）与曹某孝的委托代理人曹甲（乙方）签订《补充协议》，约定：“甲乙双方于 2012 年 1 月 18 日完善的债权处置协议书中购房合同内容部分，4 - 1 - 1、4 - 1 - 25、4 - 1 - 26、4 - 1 - 12 这 4 套房屋所有权归在乙方名下购买。由于历史遗留问题及乙方资金困难在 2012 年春节甲乙双方协商，由乙方退还所购门面。该 4 套房屋甲方自行销售处理并全额退还。该部分房产总计为 1265695 元甲方用现金支付给乙方。为保证该 4 套房屋的销售，乙方将该 4 套房屋购房合同交给甲方自行销售。所收入的资金只能支付给乙方不得另行使用，销售期间金苑公司如有资金时应将上述款额及时支付给乙方。该协议为甲乙双方 2012 年 1 月 18 日所签订债权处置协议书的补充内容，双方签字生效。”

2012 年 1 月 18 日《商品房买卖合同》和 2012 年 4 月 28 日《补充协议》是双方当事人按照 2011 年 11 月 29 日《处置协议书》的约定对 2003 年 12 月 14 日《购房协议书》进行完善而签订的，《商品房买卖合同》中的“3134102 元”和《补充协议》中的“1265695 元”都是 2003 年 12 月 15 日收据中“440 万元”的一部分。在一审程序中，曹某孝与金苑公司均明确表示，本案系商品房买卖合同关系，金苑公司已经收到2003年12月15日收据中记载的曹某孝支付的440万元。

贵州省遵义市中级人民法院一审认为，本案的争议焦点为：金苑公司是否应支付曹某孝逾期交付房屋违约金及违约金应按何种标准计算；金苑公司是否应返还曹某孝购房款1265695元和承担逾期违约金及违约金应按何种标准计算。

关于金苑公司是否应支付曹某孝逾期交付房屋违约金及违约金应按何种标准计算的问题。金苑公司与曹某孝于2003年12月14日签订的《购房协议书》系双方的真实意思表示，该购房协议书签订后，曹某孝于2003年12月15日向金苑公司交纳了440万元的购房款。2012年1月18日，金苑公司与曹某孝签订《商品房买卖合同》，该商品房买卖合同系双方于2003年12月14日签订的《购房协议书》的承继，购房总金额3134102元包含在曹某孝已交纳的购房款440万元内，曹某孝的购房款已经实际付清。金苑公司未按两次协议的约定向曹某孝交付所购房屋，金苑公司应承担逾期交付房屋的违约责任。金苑公司主张已在《处置协议书》对违约金进行了处理的辩解意见，因该协议书仅对工程欠款和民间债务进行了处置，并未包含本案争议的违约金，故对该辩解意见不予采信。金苑公司认为曹某孝主张的截至2013年1月17日的违约金9657190.36元无事实依据且违约金标准过高，因曹某孝未举证证明具体损失的数额，金苑公司的该主张成立，对双方约定的违约金予以调减，酌定由金苑公司支付曹某孝从2003年12月15日始至2012年1月17日止按照中国人民银行同期同类贷款基准利率标准计算的购房款440万元的违约金。2012年1月18日，金苑公司与曹某孝签订《商品房买卖合同》后，金苑公司未按合同约定交付房屋，金苑公司应支付曹某孝按合同约定的逾期交付房屋违约金，其中从2012年1月31日始至2013年1月17日止按照已付购房款3134102元日万分之零点五的标准计算违约金，从2013年1月18日始至实际交付房屋之日止按照已付购房款1868407元（已付购房款3134102元减去应退购房款1265695元）的日万分之零点五的标准计算违约金。金苑公司辩解因曹某孝未支付房屋维修基金而不存在按《商品房买卖合同》逾期交付房屋违约金的理由不成立，不予支持。

关予金苑公司是否应返还曹某孝购房款1265695元并承担逾期付款违约金及违约金应按何种标准计算的问题。2012年4月28日，金苑公司与曹某孝签订《补充协议》，约定曹某孝将4－1－1、4－1－25、4－1－26、4－1－12号门面房屋退还金苑公司自行销售处理，并由金苑公司退还曹某孝购房款1265695元。该协议是对2012年1月18日《商品房买卖合同》的补充，真实有效，双方均应按照约定履行，金苑公司应退还曹某孝购房款1265695元，并由金苑公司支付曹某孝应退购房款1265695元的利息损失，从2013年1月18日始至付清之日止按照中国人民银行同期同类贷款基准利率标准计算。在诉讼中，曹某孝放弃由金苑公司立即向其交付金苑商贸城4号楼首层4－1－4至4－1－8、4－1－19至4－1－22号门面的诉讼请求，是对自己诉讼权利的处分，且各方当事人均表示认可，对此予以准许。综上所述，一审法院于2013年12月30日作出(2013)遵市法民三初字第6号民事判决(以下简称一审判决)：(1)由金苑公司在判决生效后10日内支付曹某孝逾期交付房屋违约金，其中从2003年12月15日始至2012年1月17日止按照购房款440万元的中国人民银行同期同类贷款基准利率标准计算；从2012年1月31日始至2013年1月17日止按照已付购房款3134102元日万分之零点五的标准计算；从2013年1月18日始至实际交付房屋之日止按照已付购房款1868407元日万分之零点五的标准计算。(2)由金苑公司返还曹某孝购房款1265695元，并支付从2013年1月18日始至付清之日止按照中国人民银行同期同类贷款基准利率标准计算的利息损失。(3)驳回曹某孝的其他诉讼请求。案件受理费87338元，由曹某孝负担61136元，由金苑公司负担26202元。

曹某孝和金苑公司均不服一审判决，提出上诉。

贵州省高级人民法院二审认为，本案的争议焦点为：金苑公司是否存在逾期交房的违约行为并支付违约金及违约金应以何种标准计算；金苑公司是否应按照2012年4月28日《补充协议》的约定退还1265695元购房款并承担违约责任。

关于金苑公司是否存在逾期交房的违约行为并支付违约金及其应以何种标准计算的问题。金苑公司存在逾期交房的违约行为应承担违约责任。曹某孝与金苑公司于2003年12月14日签订的《购房协议书》、2012年1月18日签订的《商品房买卖合同》系双方真实意思表示，且不违反法律、行政法规的强制性规定，合同内容合法有效，双方均应按照约定履行各自义务。曹某孝按《购房协议书》的约定支付了440万元购房款，已按约履行了义务。根据已查明的事实和双方在一、二审庭审中的陈述，《商品房买卖合同》作为《购房协议书》的继承和完善，前者约定的3134102元购房款从440万元中抵扣，故曹某孝也按《商品房买卖合同》约定履行了义务，而金苑公司未按照《购房协议书》《商品房买卖合同》的约定向曹某孝交付房屋，金苑公司应承担逾期交房的违约责任。对于金苑公司关于曹某孝未按照《商品房买卖合同》附件四《合同补充协议》之约定，履行交清其他费用(房屋维修基金、水电开户费等)的先合同义务，金苑公司可不履行交房义务的主张，由于"其他费用"具体包括哪些内容合同条款未予明确约定，金苑公司的主张无依据，不予支持。

违约金应按照《购房协议书》《商品房买卖合同》中各自对于违约责任的约定分段计算。曹某孝与金苑公司通过签订《商品房买卖合同》对所购房屋面积、购房款等重新进行了明确约定，应视为是对《购房协议书》部分内容的变更。对于违约责任，《商品房买卖合同》约定的违约金起算点和计算标准是从合同约定的最后交房期限(2012年1月30日)的第2天起，按日向曹某孝支付其已付购房款万分之零点五的违约金),但对于 2003 年 12 月 14 日至 2012 年 1 月 18 日的违约责任无约定,2012 年 1 月 18 日之前金苑公司逾期交房的违约责任仍应按照《购房协议书》的约定来承担。根据 2009 年 7 月 2 日会议纪要,金苑公司对违约金的起算点和违约金的数额进行了明确,是其真实意思表示,不违反法律法规的强制性规定,故违约金的起算点为 2003 年 12 月 14 日。此外,金苑公司在一审中并未提出调低违约金的请求,一审法院适用法律错误,予以纠正。根据《商品房买卖合同》的约定,购房款为 3134102 元,一审判决认定为 1868407 元错误,予以纠正,综上,金苑公司从 2003 年 12 月 14 日起至 2012 年 1 月 17 日止按照每月 10 万元的标准支付逾期交房违约金;从 2012 年 1 月 31 日起至实际交付房屋之日止按照已付购房款 3134102 元日万分之零点五的标准支付逾期交房违约金。

关于金苑公司是否应按照 2012 年 4 月 28 日《补充协议》的约定退还 1265695 元购房款并承担违约责任的问题。金苑公司对其所提出的 4 套房屋未销售出去,其在销售期间也无相应资金的主张未能提供证据予以证明,应按《补充协议》履行退款义务。金苑公司从应退还曹某孝 1265695 元之日即 2013 年 1 月 18 日起至付清之日止按照中国人民银行同期同类贷款基准利率支付占用 1265695 元的利息损失。曹某孝提出的 1265695 元退房款属逾期返还款项,应按照《最高人民法院关于逾期付款违约金应当按照何种标准计算问题的批复》的规定,违约金应在基准利率的基础上加收 40% 的主张。由于《补充协议》对违约金未作约定,而《最高人民法院关于审理商品房买卖合同纠纷案件适用法律若干问题的解释》第十七条"商品房买卖合同没有约定违约金数额或者损失赔偿计算方法,违约金数额或者损失赔偿可以参照以下标准确定:逾期付款的,按照未付购房款总额,参照中国人民银行规定的金融机构计收逾期贷款利息的标准计算"之规定,系针对买受人在逾期支付购房款时的违约金计算标准,并不适用卖房人金苑公司之行为。因此,在当事人对违约金有约定的情况下适用约定的违约金,在无约定的情况下,未履行合同义务一方应赔偿对方因其违约所造成的损失,故曹某孝的上述主张无法律依据,不予支持。综上,二审判决:(1)维持一审判决主文第(2)项;(2)撤销一审判决主文第(1)项、第(3)项;(3)金苑公司于判决生效后 10 日内支付曹某孝逾期交房违约金(从 2003 年 12 月 14 日起至 2012 年 1 月 17 日止按照每月 10 万元的标准支付;2012 年 1 月 31 日起至实际交付房屋之日止按照已付购房款 3134102 元日万分之零点五的标准支付);(4)驳回曹某孝的其他上诉讼请求;(5)驳回金苑公司的上诉请求。一审案件受理费 87338 元、二审案件受理费 87338 元,由金苑公司承担。

金苑公司申请再审。

【法院认为】

本院再审认为,本案中双方当事人的争议焦点为:第一,金苑公司与曹某孝之间法律关系的性质、效力和交付款项数额应当如何确定,即金苑公司与曹某孝是基于借款关系还是商品房买卖关系才在2003年12月14日签订《购房协议书》,《购房协议书》是否有效,曹某孝向金苑公司支付了440万元购房款还是出借了200万元借款。第二,2011年11月29日《处置协议书》、2012年1月18日《商品房买卖合同》和2012年4月28日《补充协议》是否废除了2003年12月14日《购房协议书》、2009年7月2日会议纪要和2009年7月11日欠条中约定的金苑公司应当对曹某孝承担的违约责任。第三,金苑公司在本案中是否应当承担违约责任以及应当如何承担违约责任。

关于第一个焦点问题。金苑公司主张2003年12月14日《购房协议书》没有反映双方当事人之间真实的借款关系,曹某孝实际只向金苑公司交付了200万元借款,2003年12月15日收据记载的440万元中有240万元是双方约定其应向曹某孝支付的利息,并提供了2003年12月30日曹某孝向金苑公司汇款200万元的银行汇款凭证作为证据。曹某孝、陈某华、曹甲对此不予认可。曹某孝与金苑公司之间除了本案纠纷,还涉及建设工程投入、项目追加投资和其他民间借款等多项资金往来活动,金苑公司只提供了一份2003年12月30日曹某孝向金苑公司汇款200万元的银行汇款凭证,而且时间明显晚于其向曹某孝开具440万元收据的时间,银行汇款凭证与收据之间在数额与时间方面均不能相互印证,因而不足以证明金苑公司的主张。所以,金苑公司提出的双方之间系借款关系,曹某孝只交付了200万元借款的观点,缺乏证据证明,本院不予支持。而曹某孝、陈某华、曹甲主张的,即一审判决和原判决认定的本案属于商品房买卖关系,曹某孝向金苑公司支付了440万元购房款的基本事实,则有充分证据证明。首先,2003年12月14日《购房协议书》明确约定,金苑公司需要在两年内向曹某孝交付房屋并转移房屋所有权,曹某孝则向金苑公司支付相应价款。双方当事人权利义务的内容符合《最高人民法院关于审理商品房买卖合同纠纷案件适用法律若干问题的解释》第一条"本解释所称的商品房买卖合同,是指房地产开发企业(以下统称为出卖人)将尚未建成或者已竣工的房屋向社会销售并转移房屋所有权于买受人,买受人支付价款的合同"对于商品房买卖合同的规定。《购房协议书》中关于曹某孝指派人员到金苑公司监督该款使用,2年不能交房则每月支付10万元经济损失,金苑公司必须征得曹某孝同意后才能销售其所购门面等内容,并不足以否定该协议中约定的曹某孝与金苑公司之间系商品房买卖关系的本质特征。其次,金苑公司2003年12月15日给曹某孝开具的收据亦载明:今收到曹某孝交来的购房款(金苑商贸城4号首层3-8号、17-24号门面)人民币440万元。对于曹某孝向金苑公司支付款项的数额和性质都有明确表述,证明金苑公司在当时已经接受了曹某孝支付的440万元,并认可该款系购房款。再次,2012年1月18日金苑公司与曹某孝签订的《商品房买卖合同》和2012

年4月28日金苑公司与曹某孝签订的《补充协议》,再次确定双方之间为商品房买卖关系,《商品房买卖合同》和《补充协议》就是对《购房协议书》的承继和完善;曹某孝已经支付了440万元购房款,并转化为《商品房买卖合同》中曹某孝已付给金苑公司的购房款3134102元和《补充协议》中金苑公司应退还给曹某孝的已付购房款1265695元,再次证明直到《商品房买卖合同》和《补充协议》签订后,双方当事人对于彼此之间法律关系的性质为商品房买卖关系和曹某孝已付购房款440万元的事实仍然没有争议。最后,在一审程序中,金苑公司在庭审时明确承认,已经收到了曹某孝向其支付的440万元购房款,双方之间系商品房买卖合同关系。关于《购房协议书》的效力,《最高人民法院关于审理商品房买卖合同纠纷案件适用法律若干问题的解释》第二条规定:"出卖人未取得商品房预售许可证明,与买受人订立的商品房预售合同,应当认定无效,但是在起诉前取得商品房预售许可证明的,可以认定有效。"经查,金苑公司在曹某孝起诉之前已经取得了商品房预售许可证,而且双方为完善相关手续还签订了《商品房买卖合同》及《补充协议》。基于以上事实,一审判决和原判决认定金苑公司与曹某孝之间在本案中系商品房买卖合同关系,曹某孝已经向金苑公司支付了440万元购房款,《购房协议书》有效,事实清楚,证据确实充分,适用法律正确,本院予以确认。

关于第二个焦点问题。2009年7月2日,金苑公司由袁某鳌主持,讨论了关于曹某孝支付440万元购房款后金苑公司没有按照约定期限交付房屋如何赔偿的问题,会后形成了会议纪要,主要内容为:金苑公司已经违约,依据《购房协议书》应进行赔偿,对曹某孝的赔偿从签订《购房协议书》的2003年12月14日起至2009年6月30日止。金苑公司根据该会议纪要于2009年7月11日向曹某孝出具欠条,载明:今欠曹某孝违约补偿款665万元。虽然金苑公司主张其系不得已才认可会议纪要并签订欠条,但同样缺乏证据证明,本院不予认可。《会议纪要》关于损失赔偿额计算方法在数额标准方面是按照《购房协议书》约定的每月10万元确定的,但在期限起算点上却没有按照《购房协议书》的约定计算。《购房协议书》约定交房时间为两年,即2003年12月14日至2005年12月14日,在此期间内交房金苑公司不构成违约,无须承担违约责任,因此按照《购房协议书》确定违约后损失赔偿款开始计算的时间应为2005年12月15日;而会议纪要确定的计算损失赔偿款的时间则从2003年12月14日开始,比按照《购房协议书》的约定多计算了两年,两者相差240万元。

2011年11月29日金苑公司与曹某孝签订《处置协议书》系对双方之前的部分债务进行处置,至于对本案中金苑公司逾期交房违约责任如何处理,曹某孝和金苑公司有两种完全不同的解释。曹某孝认为,《处置协议书》没有免除2003年12月14日《购房协议书》、2009年7月2日会议纪要和2009年7月11日欠条所载明的金苑公司违约责任,金苑公司还应当承担自 2003 年 12 月 14 日起向曹某孝每月赔偿 10 万元的违约责任,直到签订《商品房买卖合同》之日为止。金苑公司则认为,《处置协议书》已经完全免除了《购房协议书》、会议纪要和欠条中金苑公司逾期交房的违约责任,808 万元中已经包括了金苑公司每月 10 万元的违约赔偿责任。

《处置协议书》针对的是金苑公司欠曹某孝的全部工程款和民间借款,双方约定由金苑公司以 808 万元清偿,但并没有处理双方之间存在的债权债务关系,明确约定了两项除外情况。第一,金苑公司成为问题楼盘后曹某孝按所持债权 25% 追投的资金,不在这 808 万元解决范围之内,需金苑公司另行清偿;第二,本案中的商品房买卖合同关系中金苑公司承担的债务,与曹某孝按所持债权 25% 比例追投的资金一样,也不在 808 万元清偿的债务范围之内,对此双方约定:曹某孝 2003 年 12 月 14 日与金苑公司签订的《购房协议书》,曹某孝一方须在本协议签订时,与金苑公司正式签订购房合同,并完善其他相关手续。因此,《购房协议书》在《处置协议书》中并没有作废,不存在只要金苑公司支付 808 万元给曹某孝就不用再履行《购房协议书》中约定义务的情况,只是需要由双方当事人正式签订购房合同并完善相关手续。至于 2009 年 7 月 2 日会议纪要,根据《处置协议书》中"本协议签订前,金苑公司同曹某孝一方所有人员签订的所有合同、协议、留置担保、会议纪要等文书,本协议签订时一律作废"的约定,2009 年 7 月 2 日会议纪要就是金苑公司与曹某孝在《处置协议书》签订之前签订的,应当作废,而根据会议纪要内容形成的 2009 年 7 月 11 日 665 万元欠条也应当作废。即使曹某孝在《处置协议书》签订之后没有向金苑公司移交会议纪要和欠条,也不足以否定《处置协议书》对于此事的处理约定。因此,曹某孝不能再依据已经作废的会议纪要和欠条要求金苑公司承担违约责任,但是《处置协议书》并没有免除按照 2003 年 12 月 14 日《购房协议书》中约定的金苑公司应当承担的合同义务和违约责任。为履行《处置协议书》,2012 年 1 月 18 日金苑公司与曹某孝签订《商品房买卖合同》,2012 年 4 月 28 日金苑公司与曹某孝签订《补充协议》,虽然变更了《购房协议书》中的部分内容,但双方对于按照《购房协议书》约定金苑公司应当承担的逾期交房违约责任,并没有明确约定免除。依照法律的规定,金苑公司主张的已经无须再按照《购房协议书》约定承担违约责任,缺乏事实和法律依据。曹某孝仍然可以依据《购房协议书》中关于金苑公司违约期限和损失赔偿额计算方法的约定要求金苑公司承担赔偿损失的违约责任。

关于第三个焦点问题。2003 年 12 月 24 日《购房协议书》是有效合同,曹某孝已经按照约定履行了付款义务,金苑公司未按约定履行交付房屋的义务。《购房协议书》中约定的"如甲方在签订购房协议之日起,两年内不能如期交付乙方所购门面,甲方则每月赔偿乙方 10 万元人民币的经济损失"内容,是双方约定的金苑公司违约时产生的对曹某孝损失赔偿额的计算方法。即使没有约定违约责任,依照《最高人民法院关于审理商品房买卖合同纠纷案件适用法律若干问题的解释》第十七条“商品房买卖合同没有约定违约金数额或者损失赔偿额计算方法,违约金数额或者损失赔偿额可以参照以下标准确定:逾期付款的,按照未付购房款总额,参照中国人民银行规定的金融机构计收逾期贷款利息的标准计算。逾期交付使用房屋的,按照逾期交付使用房屋期间有关主管部门公布或者有资格的房地产评估机构评定的同地段同类房屋租金标准确定”的规定,也要按照同地段同类房屋租金的标准确定房屋出卖人应当承担的损失赔偿额。而且涉案房屋地处遵义市火车站附近,系商业用房,延迟交付房屋必然会给房屋买受人造成经济损失。金苑公司虽然提出了按照约定方法计算出来的损失赔偿额过高,但未提供相应证据证明,对于其主张本院不予支持。因此,金苑公司应当按照《购房协议书》约定的损失赔偿额的计算方法向曹某孝承担损害赔偿责任,直到《商品房买卖合同》签订之时。《购房协议书》约定金苑公司如在两年内不能交付曹某孝所购门面,金苑公司每月赔偿曹某孝10万元的经济损失。《购房协议书》系于2003年12月14日签订,所以计算经济损失的日期应当从2005年12月15日起至2012年1月17日止,共计6年1个月2天,损失赔偿额应计算为:10万元/月×12个月×6+10万元/月×1个月+10万元÷31×2=7306451.61元。原判决主文第(3)项判令金苑公司自2003年12月14日起就向曹某孝承担违约责任是错误的,本院予以纠正。

根据2012年1月18日《商品房买卖合同》的约定,金苑公司向曹某孝交付房屋的日期是2012年1月30日以前,否则自最后交房期限的第2天起按日向曹某孝支付其已付购房款万分之零点五的违约金。金苑公司在再审过程中虽然主张曹某孝早已实际占有争议房屋,但提交的证据尚不能证明金苑公司已经将房屋交付给了曹某孝,况且原审过程中金苑公司已承认房屋并未交付给曹某孝。所以,金苑公司没有按照约定日期交付房屋,应当按照合同约定承担违约责任,原判决判令金苑公司从2012年1月31日起至实际交房之日止按照已付购房款3134102元日万分之零点五标准向曹某孝支付违约金是正确的,本院予以维持。

金苑公司在2012年4月28日与曹某孝签订《补充协议》中约定的“该部分房产总计为1265695元甲方用现金支付给乙方。为保证该4套房屋的销售,乙方将该4套房屋购房合同交给甲方自行销售,所收入的资金只能支付给乙方不得另行使用”内容,只是双方为保障金苑公司能够返还曹某孝1265695元购房款才作此约定,并非为金苑公司承担返还义务设定条件。金苑公司主张上述约定系对该笔款项的偿还所设定的支付条件,因房屋尚未销售所以付款条件尚未成就,系其对合同相关约定的错误理解。金苑公司并未按照合同约定向曹某孝返还1265695元购房款,应当承担违约责任,但曹某孝提出应判令“其承担同期同类银行贷款利率加收30%－50%的利息”的主张缺乏事实和法律依据。所以,原判决判令金苑公司返还曹某孝购房款1265695元,并支付从2013年1月18日始至付清之日止按照中国人民银行同期同类贷款基准利率标准计算的利息损失,是正确的,本院亦予以维持。

【裁判结果】

综上所述,金苑公司申请再审的理由部分成立,原判决判令金苑公司自2003年12月14日开始承担违约责任,与《购房协议书》约定的内容不符,认定的部分事实错误,本院予以纠正。判决如下:(1)维持贵州省高级人民法院(2014)黔高民终字第14号民事判决第(1)项和第(2)项。(2)撤销贵州省高级人民法院(2014)黔高民终字第14号民事判决第(4)项和第(5)项。(3)变更贵州省高级人民法院(2014)黔高民终字第14号民事判决第(3)项为:金苑公司于本判决生效后10日内向曹某孝支付逾期交房的损失赔偿款,包括从2005年12月15日起至2012年1月17日止按照每月10万元标准计算的7306451.61元损失赔偿款和2012年1月31日起至实际交付房屋之日止按照已付购房款3134102元日万分之零点五标准计算的违约金。(4)驳回曹某孝的其他上诉请求。(5)驳回金苑公司的上诉请求。一审案件受理费87338元,二审案件受理费87338元,合计174676元,由曹某孝承担38428元,由金苑公司承担136248元。本判决为终审判决。

[参见中国裁判文书网。]

8. 仅以增值税专用发票作为实际付款依据的,应否予以支持?

【典型案例】

海南龙浴温泉度假村有限公司
与欧某群商品房销售合同纠纷再审案

【裁判要旨】

增值税专用发票作为付款的记账凭证,是买受人付款的依据,仅仅具有确定最终应付价款准确数额的作用,本身并不是付款凭证,其开具只表示买卖双方商品交易成交以及证明出卖人应尽的纳税义务和买受人进项税额的作用,并不能证明买受人已经付清所有款项。此外,出卖人先开具增值税专用发票后收款的情况比较常见,开具增值税专用发票与是否付款之间并无高度盖然性的对应关系和证明作用。因此,法院不能仅以增值税专用发票作为实际付款的依据。

【当事人信息】

再审申请人(一审被告、反诉原告、二审上诉人):海南龙浴温泉度假村有限公司

法定代表人:翟某录,该公司董事长

委托代理人:高某华,该公司经理

被申请人(一审原告、反诉被告、二审被上诉人):欧某群

【基本案情】

再审申请人海南龙浴温泉度假村有限公司(原名海南利远房地产开发有限公司,以下简称利远公司)因与被申请人欧某群商品房销售合同纠纷一案,不服海南省高级人民法院(2015)琼民一终字第42号民事判决,向本院申请再审。本院于2015年12月28日作出(2015)民申字第2920号民事裁定提审本案后,依法组成合议庭公开开庭对本案进行了审理。本案现已审理终结。

一审法院查明:2014年1月6日,欧某群与利远公司签订了4份《澄迈商品房买卖合同》(编号分别为CML000027061、CML000027060、CML000027059、CML000027056),合同约定由利远公司将位于海南澄迈县盈滨度假旅游区永庆大道西路王府花园王府联排公寓(幢)C-05(单元)3(层)C-05(房号)、王府花园王府联排公寓(幢)C-06(单元)3(层)C-06(房号)、王府花园王府联排公寓(幢)E-07(单元)3(层)E-07(房号)、王府花园王府联排公寓(幢)E-08(单元)3(层)E-08(房号)4套房产出卖给欧某群,每套房产的购房款为2143774元。合同还约定:利远公司应当在2014年1月9日前将经单体楼宇符合主体验收合格的以上房产交付给欧某群使用;同时,利远公司应当自房屋交付之日起730日内为欧某群办理房屋权属证书。在欧某群取得该商品房权属证书后,利远公司应当在600日内向土地登记机关申请,为欧某群办理土地使用权证;如因利远公司的责任,欧某群不能在约定期限内取得房地产权属证书的,利远公司自逾期之日起每日按已付房价款的万分之三向欧某群支付违约金。

双方签订合同后,欧某群于2014年1月7日通过平安银行股份有限公司海口分行(以下简称平安银行海口分行)向翟某录个人账户汇入500万元,用途注明为个人转账。同日,利远公司向欧某群出具了4张销售不动产统一发票(发票的代码为246000790619,发票号分别为00053432、00053433、00053434、00053435),4张发票均为发票第1联,为付款方付款凭证,每张发票金额为2143774元,4张发票总额为8575096元。同日,欧某群还到澄迈县住房保障与房产管理局(以下简称澄迈县房管局)办理了商品房买卖合同备案确认手续。2014年3月20日,欧某群还办理了4套房产的契税(房屋交易3%)的完税手续。

利远公司于2014年3月3日在《海南日报》上发布公告:欧某群先生:海南利远

房地产有限公司于2014年1月6日与你签订的《澄迈商品房买卖合同》编号为(×××、CML000027060、CML000027059、CML000027056)房号分别为(E08、E07、C06、C05)4套联排公寓,因你至今未能依照合同约定支付购房款,你的行为已构成违约。我公司特此公告:你与我公司签订的《澄迈商品房买卖合同》宣布作废。特此公告。同时还在《海南日报》上发布公告:海南利远房地产开发有限公司因财务工作人员管理不善,造成销售不动产统一发票,发票代码:246000790619丢失,发票号:00053432、00053433、00053434、00053435,现宣布作废,特此公告。

双方因购房款的支付问题产生纠纷,利远公司于2014年4月28日向澄迈县人民法院提起诉讼要求解除与欧某群签订的购房合同,并要求欧某群支付违约金和赔偿金。澄迈县人民法院于当日受理此案。2014年4月29日,一审法院受理澄迈县人民法院的诉前保全申请,于当日裁定查封了欧某群向利远公司购买的4套房屋和相应的土地使用权。欧某群于2014年5月7日正式向一审法院提起本案的诉讼。利远公司在答辩期内向一审法院提起管辖权异议,认为两案属于同一个法律关系纠纷,要求后立案的一审法院将案件移交澄迈县人民法院合并审理。一审法院于2014年6月3日以案件标的应属中院管辖为由,裁定驳回利远公司的管辖权异议。利远公司为此向澄迈县人民法院申请撤回起诉。澄迈县人民法院于2014年7月23日裁定准许利远公司撤回起诉。利远公司于2014年7月23日向一审法院提交反诉状,一审法院决定合并审理。

一审法院在开庭后,向利远公司送达了限期报案通知书,利远公司的代理人吉某雄于2014年12月15日向一审法院提交了其向海口市龙华区公安分局报案的受案回执。

一审另查明,利远公司销售房产使用的销售不动产统一发票共有4联,第1联为发票联,为付款方付款凭证,第2联为办证联(房管部门留存),第3联为记账联,第4联为存根联。

因利远公司否认欧某群交付房款,经组织双方对质,欧某群称除通过平安银行海口分行的汇款500万元外,还另外在2014年1月7日上午12时左右在平安银行海口分行门口的停车场外付给利远公司的法定代表人翟某录余款3575096元,同时双方还清点了款项,但翟某录否认此事,并指出清点这些款项1.5小时是不可能的,要数完必须有6-7个小时,同时也是不必要的,还指出欧某群的代理人王某色在法庭上陈述欧某群是2014年1月7日下午2-3时支付的余款3575096元,与欧某群本人陈述相矛盾。另经核查,平安银行海口分行受理欧某群向翟某录汇款500万元的时间为2014年1月7日12时51分。

一审法院认为:本案属于商品房销售合同纠纷,双方争议焦点为欧某群是否已付完本案的购房款。欧某群与利远公司签订的4份《澄迈商品房买卖合同》,意思表示真实、内容合法，应为有效合同，应受法律保护。欧某群主张在与利远公司签订商品房买卖合同后已依约向利远公司支付了4套房产的全部购房款共计8575096元，利远公司也已向欧某群出具了4张总金额为8575096元的销售不动产统一发票，利远公司现否认欧某群已付款，故应根据利远公司向欧某群出具的销售不动产统一发票认定欧某群已向利远公司支付了总金额为8575096元的购房款。利远公司辩称欧某群通过平安银行海口分行所汇的500万元是海南华泰美投资有限公司（以下简称华泰美公司）委托欧某群支付的购买股权款，但欧某群否认，无法证明该笔款项为华泰美公司购买利远公司股权款。另外，欧某群所付给利远公司的购房余款3575096元，因利远公司已向欧某群开具发票证明，可以作为付款凭证。为此，欧某群主张确认与利远公司签订的4份《澄迈商品房买卖合同》合法、有效并要求双方继续履行，应予支持。利远公司要求解除双方签订的4份《澄迈商品房买卖合同》并要求欧某群支付违约金和赔偿金，没有事实根据和法律依据，其反诉请求不成立，一审法院不予支持。欧某群主张判令利远公司自2014年1月10日起至利远公司将以上购买的4套房产的房屋权属证书办理登记至欧某群名下之日止，按日以欧某群已付房价款8575096元的万分之三向欧某群支付违约金，因无事实根据和法律依据，不予支持。经一审法院审判委员会讨论决定，判决：(1)欧某群与利远公司于2014年1月6日签订的4份《澄迈商品房买卖合同》（编号分别为CML00002761、CML000027060、CML000027059、CML000027056）合法、有效，双方应继续履行；(2)利远公司应在判决发生法律效力后10日内将以上4套房产交付给欧某群使用，并在合同约定的期间内将以上4套房产的房屋权属证书（产权证）和相应土地使用权证办理登记至欧某群名下；(3)驳回欧某群的其他诉讼请求；(4)驳回利远公司的反诉请求。本诉案件受理费73225.67元和反诉案件受理费14677元，全部由利远公司负担。诉前财产保全费5000元，由欧某群负担。

利远公司不服一审判决，向二审法院提起上诉。二审法院确认一审法院查明的事实。

二审法院另查明：经询问本案合同备案经办人杨某莲，结合备案档案材料，足以证明商品房买卖合同备案都需网上备案和现场到房管局纸质备案，现场备案需双方当事人到场方能备案。利远公司网上备案时间为2014年1月7日。完成现场备案的时间是同年3月12日，且系利远公司的授权委托人与欧某群双方一起到澄迈县房管局进行的现场备案。

二审法院认为，本案争议的焦点为：(1)欧某群是否已付清本案的购房款；(2)双方签订的4份《澄迈商品房买卖合同》是否有效，是应当继续履行还是应当予以解除；(3)双方是否存在违约，应否承担违约责任。

1. 欧某群是否已付清本案的购房款。关于欧某群通过平安银行海口分行转账给利远公司法定代表人翟某录的500万元,利远公司称该500万元是华泰美公司员工欧某群代该公司及叶某胜支付的购买股权款。对此欧某群否认,利远公司也提供不了授权委托书等证据,本案没有任何证据证明欧某群系华泰美公司的员工,曾接受该公司委托代华泰美公司或叶某胜支付购买股权款。翟某录出具的收条上虽有系欧某群代叶某胜支付股权转让首付款字样,但该收条并无欧某群的签名。故无法证明该笔款项为华泰美公司及叶某胜购买利远公司股权的款项。因此,对利远公司的该项上诉理由,二审法院不予采纳。而余款3575096元,经一审法院组织翟某录、欧某群双方对质,欧某群主张系于2014年1月7日上午12时左右在平安银行海口分行门口的停车场外付给了翟某录现金,但翟某录否认此事,并指出清点这些款项1.5小时是不可能的,要数完必须有6-7个小时,同时也是不必要的,还指出欧某群的代理人王某色在一审法庭上陈述欧某群是2014年1月7日下午2-3时支付的余款,与欧某群本人陈述相矛盾。二审法院认为,关于1.5小时数不完3575096元只是一种辩驳,并不能完全否认3575096元现金付款的可能。关于欧某群的代理人在一审法庭上所陈述的现金付款时间与欧某群本人陈述的时间不一致的问题,二审法院认为,欧某群的诉讼代理人不是当事人,未亲身经历现场付款之事,其与欧某群的陈述不一致不能反证没有付款。翟某录称2014年1月7日上午12时左右其在银行大厅内,不可能在停车场收到现金,调取监控录像即可证明。二审法院认为,一审法院没有调取平安银行海口分行相关监控录像,现在早已过了该银行监控录像的保存期限,二审法院已无法再调取,故无法证实翟某录的辩驳。利远公司已向欧某群出具了4张总金额为8575096元的销售不动产统一发票,开票时间为2014年1月7日,款项性质注明的是购房款。利远公司还于2014年1月7日网上提交商品房买卖合同备案。虽然利远公司开具发票当时欧某群没有付款,进行网上合同备案时,欧某群也没有付款。但是,商品房买卖合同备案都需网上备案和现场到澄迈县房管局纸质备案,网上提交商品房买卖合同备案只是备案的程序之一,公司网上提交备案后,还需与购房人去相关部门现场备案,备案才完成。网上提交备案后,如果购房人没有付款,利远公司还有一道权益保护屏障,就是不与购房人去相关部门现场备案。也就是说,网上提交备案时,购房人欧某群确实不一定付了款,但是现场备案完成可以佐证欧某群已付款。因为按照常理,欧某群如果不付款,利远公司应该不会与欧某群去现场备案。但是,利远公司的授权委托人与欧某群双方一起于2014年3月12日到澄迈县房管局进行现场纸质备案,最终完成商品房买卖合同备案手续,结合开具并交付发票的行为,可以证明欧某群已付清本案的购房款。

2. 双方签订的4份《澄迈商品房买卖合同》是否有效,是应当继续履行还是应当予以解除。利远公司与欧某群签订了4份《澄迈商品房买卖合同》,利远公司虽主张华泰美公司及其法定代表人叶某胜协议受让利远公司的股权，于是由华泰美公司员工欧某群代为支付股权转让款，该商品房买卖合同名为买房，实为股权转让款的担保。但利远公司没有提供相关证据证明该主张，二审法院不予采纳。利远公司与欧某群签订了4份《澄迈商品房买卖合同》，向欧某群出具4张总金额为8575096元的销售不动产统一发票，于2014年1月7日进行了商品房买卖合同网上备案，并且与欧某群双方于2014年3月12日到澄迈县房管局共同完成了合同现场备案手续，可以证明双方签订的4份《澄迈商品房买卖合同》意思表示真实。该合同内容合法，应为有效合同，应受法律保护。该合同具备继续履行的条件，应当继续履行。

3. 双方是否存在违约，应否承担违约责任。利远公司上诉请求法院判令欧某群向其支付违约金和处罚金，其中每份合同的违约金为70744.54元，赔偿金为634074元。如前所述，利远公司向欧某群出具4张总金额为8575096元的销售不动产统一发票，于2014年1月7日进行了商品房买卖合同网上备案，并且双方于3月12日到澄迈县房管局共同完成了合同现场备案手续，可以证明欧某群已付清本案的购房款。因此，欧某群不存在违约行为，利远公司的该项主张没有事实根据和法律依据，依法不能成立，二审不予支持。

综上所述，二审法院认为利远公司的上诉理由不能成立，上诉请求应予驳回，一审判决认定事实清楚，适用法律正确，判决结果并无不当，应予维持。二审法院判决：驳回上诉，维持原判。二审案件受理费73225.66元，由海南利远房地产开发有限公司负担。

利远公司申请再审称：(1)有新的证据，足以推翻原判决。证据1关于纠正澄迈县住房保障与房产管理局杨某莲副局长不真实陈述的函，拟证明利远公司要求澄迈县房管局落实杨某莲的有关陈述是否属实，如情况不实则应函告人民法院自行纠错；证据2关于欧某群购买利远公司王府花园商品房合同网上签约及备案情况说明的复函，拟证明并不存在利远公司委托他人与欧某群于2014年3月12日共同到澄迈县房管局办理纸质备案的事实。确认提交材料后，在网上点击确认和纸质备案过程中都不需要双方当事人到场办理；证据3申明，拟证明并不存在利远公司委托他人与欧某群于2014年3月12日共同到澄迈县房管局办理纸质备案的事实。确认提交材料后，在网上点击确认和纸质备案过程中都不需要双方当事人到场办理。新的证据证明2014年1月6日签订购房合同后利远公司于2014年1月7日上午就向澄迈县房管局提交了网签以及办理合同备案的所有书面材料，之后在网签系统确认备案及纸质备案确认的过程中并不需要买卖双方到场。档案中没有双方当事人于2014年3月12日一同到场办理备案的相关资料，纸质备案于2014年1月16日完成，因此原判决认定双方一同到澄迈县房管局办理合同的纸质备案手续并倒推欧某群已经付清全部购房款存在事实不清、逻辑混乱的错误。二审法院到澄迈县房管局调查并制作工作笔录程序违法，且剥夺利远公司的质证权利。(2)原判决认定的基本事实缺乏依据。原判决仅凭销售不动产统一发票和向澄迈县房管局提交办理合同备案的手续即认定欧某群付清全部购房款缺乏依据。①利远公司是基于对欧某群的信任才在其未付款的情况下开具发票并办理备案手续。②案涉发票属于增值税发票，在商业交易中存在大量的先开票后付款的现象，因此增值税发票不能作为付款凭证使用。③利远公司并未收到欧某群银行转账支付的500万元。欧某群应向利远公司支付购房款，其向翟某录个人账户汇款500万元是代案外人叶某胜支付给翟某录个人的股权转让款，该付款行为并无利远公司指示，与利远公司无关。④利远公司并未收到欧某群支付的现金3575696元。欧某群主张的付款方式不符合常理，亦未证明现金筹措来源，且向翟某录交付并无利远公司指示，与利远公司无关。(3)原判决认定事实的主要证据是伪造的。前文已述及，新的证据否认了工作笔录所载内容的真实性，原判决认定欧某群付清全部购房款的主要证据是虚假的。综上，利远公司请求再审本案。

欧某群发表意见称：(1)利远公司提交的新证据是在生效判决之后才取得的，不属于法律规定的新证据。(2)商品房销售合同纸质备案即便无须双方当事人到场，利远公司出具了发票并提供了其他应当具备的资料，完成了网上和纸面的备案。所谓的新证据只能说明双方是否应该到场的问题，并不足以说明欧某群没有完成付款义务。欧某群将500万元转给翟某录，而翟某录是利远公司的法定代表人，视同公司接受了付款。(3)海南省所有的房地产公司都是使用增值税发票，本案所涉发票也是如此。(4)工作笔录是人民法院履行调查程序的事实，不存在伪造证据的情形。请求驳回利远公司的再审申请。

本院提审本案后，利远公司在庭审时主张：利远公司与欧某群签订的4份房屋买卖合同，名为房屋买卖实为替案外人叶某胜受让利远公司股权所支付股权转让款提供付款担保，二审判决关于本案为商品房买卖合同纠纷的认定错误，以利远公司开具发票并办理合同备案登记为由推断欧某群付清本案全部购房款缺乏依据。(1)利远公司与欧某群签订4份房屋买卖合同是基于案外人叶某胜的要求为叶某胜支付股权转让首付款提供担保而签订的，其目的是防止利远公司的股东收款后不配合办理股权变更登记，并非建立商品房买卖法律关系。所开具4张增值税发票是出于办理合同备案登记的需要，欧某群并没有履行付款义务。合同约定的单价为每平方米7000元，远低于当时的市场销售价10000元，约定低价的目的是备案时少交税。可见欧某群主张的购房和付款事实并不存在，4张增值税发票不能作为欧某群已付款的凭证。(2)欧某群汇给翟某录个人账户500万元是欧某群代案外人叶某胜支付的股权转让款。这一事实有证人证言可以证明。如为房屋买卖的购房款,则应向利远公司支付857万元,500万元的数额与股权转让首付款的数额500万元是一致的。(3)欧某群主张交给翟某录3575696元现金的事实并不存在,也无证据予以证实。请求撤销原判决,驳回欧某群诉讼请求,支持利远公司的反诉请求。

欧某群于再审庭审时答辩称:(1)利远公司提交的证据不属于法律规定的情形,其取得时间在二审判决之前,不应在再审程序中提出,不是《最高人民法院关于适用〈中华人民共和国民事诉讼法〉审判监督程序若干问题的解释》第十条所规定的新的证据。即便该证据为新的证据,也只能证明欧某群取得的房产登记在审查阶段无须双方当事人到场,不能证明房产登记是否为双方当事人自愿履行的行为这一重要事实。欧某群购买房产的事实证据确凿,备案登记合法有效,利远公司提交的3份证据也不符合《最高人民法院关于适用〈中华人民共和国民事诉讼法〉的解释》第三百八十七条所规定之情形。该证据有明显的效力瑕疵,关于欧某群购买利远公司王府花园商品房合同网上签约及备案情况说明的复函多次说明网签备案无须双方当事人到场,但对二审判决认定的双方在纸质备案时是否到场面签的证明事项并未涉及。申明中对此问题也没有任何说明,反而明确审核过程中不需要双方当事人再到房管局共同确认的事实更说明了提交纸质文件时需要各方当事人到现场面签。二审判决也查明了双方一起备案的事实。(2)二审判决认定事实清楚,证据充分。购房合同、增值税发票、网上登记以及纸质备案等事实证明购房流程完整无缺,不能得出根据交易习惯先开发票之情形很普遍的结论。利远公司提交的证据前后矛盾,有弄虚作假之嫌,其所主张的《股权转让协议书》仅以半价转让给无任何财产的叶某胜,叶某胜以口头方式向欧某群借款500万元后严重违约,不履行合同亦无诉讼维权,利远公司收到股权转让款后没有收到购房款即把房屋过户给欧某群等均有违常理。(3)利远公司提供的增值税发票、购房合同、登记备案手续等证据各方当事人均无异议,二审法院调查取证所形成的工作记录并非伪造。请求驳回利远公司再审申请,维持原判决。

对于利远公司提交的新的证据,本院认为,该3份证据分别形成于2015年8月12日和2015年8月18日,均在2015年5月22日之后,可以认定逾期提供证据的理由成立的规定,其可以作为再审审查期间的新证据使用,但该证据是否能够达到利远公司的证明目的以及是否足以推翻原判决则另行评述。

综合利远公司的再审申请以及欧某群的答辩,本案的争议焦点为:(1)案涉法律关系是股权转让款担保关系还是商品房买卖合同关系;(2)案涉《澄迈商品房买卖合同》应否继续履行。本院对此评述如下:

1. 关于案涉法律关系的性质问题。利远公司主张本案名为商品房买卖合同关系,实为以案涉房屋替案外人叶某胜受让利远公司股权支付股权转让款提供担保的担保法律关系。

本院认为:(1)案涉法律关系不是担保物权法律关系。基于物权法定原则,当事人拟设立物权的类型、方式尤其是物权合同内容应当符合法律规定。设立抵押权应当符合法律的规定。利远公司若欲与欧某群以案涉4套商品房设立抵押权,需按照前述法律规定以书面形式订立抵押合同以固定双方关于形成担保物权法律关系的意思表示,然而案涉《澄迈商品房买卖合同》却是以商品房所有权变动为目的的买卖合同,其内容也并不包含法律规定抵押合同应具备的基本要件如被担保的主债权种类和数额、债务人履行债务的期限等条款,故仅从形式上看,利远公司关于案涉法律关系为担保法律关系的主张因不符合《物权法》的规定而不能成立。(2)案涉法律关系属于当事人约定的多重可选择性交易方式的一部分。在现今司法实践中,较普遍出现各种非典型性担保方式,当事人之间可存在多个意思表示和多个可供选择履行的法律关系以保证特定的共同缔约目的得以实现,而其中每一个意思表示或者法律关系又约束着各自相对主体并具有实体和程序上的独立性。因此,基于债的原因对债本身的直接影响,对于非典型性担保交易中每一个独立的意思表示或者法律关系而言,其效力的判断以及权利义务的确定均不能脱离当事人之间共同的缔约目的而各自认定或割裂解释。于本案而言,利远公司主张其与欧某群订立案涉《澄迈商品房买卖合同》是为担保利远公司股权转让合同的履行,整个交易模式是利远公司股东与案外人叶某胜订立利远公司股权转让合同,为解决叶某胜资金困难问题,欧某群与利远公司订立房屋买卖合同后代替叶某胜支付500万元转让款使股权转让合同继续履行。股权转让合同履行完毕时,叶某胜作为利远公司控制股东如不能偿还欧某群500万元借款,可继续履行已订立的房屋买卖合同以实现欧某群的500万元债权。为证明上述交易及本案《澄迈商品房买卖合同》的缔约目的,利远公司提交了华泰美公司及其法定代表人叶某胜受让翟某录、刘某霞、翟某志所持有利远公司100%股权的《股权转让合同》,案外人王贵平与孙进成在一审所做关于欧某群以华泰美公司财务总监名义代为支付首期股权转让款500万元系履行前述股权转让合同约定的付款义务的证人证言,翟某录出具的载有案涉500万元系欧某群代叶某胜支付股权转让款首付款等内容的收条,以及叶某胜在接受一审法院询问时所做关于欧某群在股权转让协议中享有相应利益并接受叶某胜委托代为支付首期股权转让款500万元的陈述。上述证据在内容上可以相互印证,所反映的事实逻辑清晰完整、符合常理,具有一定的证明效力。因此,不能简单否定本案所争议的房屋买卖合同关系与前述股权转让关系以及借款关系的关联性。(3)本案可以单独审理《澄迈商品房买卖合同》所指向的法律关系。虽然案涉房屋买卖合同的基础关系是股权转让合同和借款关系且其相互之间也存在事实上的关联,但由于该房屋买卖合同关系本身仍具有独立性,所产生的争议可以通过单独的诉讼予以解决。另因叶某胜、华泰美公司以及利远公司股东翟某录、刘某霞、翟某志并未参加本案诉讼。本案不具备审理叶某胜与利远公司股东之间的股权转让争议以及欧某群与叶某胜之间的借款争议等主债权债务的诉讼条件,而利远公司在本案中并未就此提出独立的诉讼请求并申请追加当事人,故基于不告不理原则,本案对涉及房屋买卖合同关系的基础法律关系的争议不予审理。需要指出的是,前述事实也可以在一定程度上解释为何利远公司愿以低于市场价格向欧某群出售房屋、为何利远公司未收到任何款项的时候即打印全额发票并积极配合欧某群办理网上售房合同备案手续、为何欧某群将500万元款项付至翟某录个人账户以及主张将3575096元现金向翟某录交付而非交给利远公司、为何欧某群未持有以购房款为名目的收款收据以及为何利远公司在其法定代表人翟某录收到500万元款项后仍登报将案涉房屋买卖合同作废以及挂失增值税发票等存疑事实的缘由。因此,考虑到利远公司股权转让合同并未继续履行、当事人选择以房屋买卖合同关系实现各自权益并不违反法律规定,故二审法院以《澄迈商品房买卖合同》为主法律关系确定本案诉讼标的并无不当。

2. 关于案涉《澄迈商品房买卖合同》应否继续履行问题。欧某群认为利远公司已开具发票并办理备案登记手续,足以证明欧某群的付款义务已经完成,利远公司应当承担交付房屋的合同义务。

【法院认为】

本院认为:欧某群于2014年1月7日向利远公司法定代表人翟某录在平安银行海口分行所开立的623××××29007账户汇入500万元,虽然翟某录作为收款人在其出具收条特别注明该500万元系欧某群代叶某胜支付股权转让款首付款,以常理判断如为股权转让款应向公司股东个人支付、如为购房款则应向公司支付,此500万元认定为股权转让款似乎更为合理,但基于前述分析,这一发生于翟某录与叶某胜之间的事实在本案所审理的利远公司与欧某群房屋买卖合同关系中,囿于合同相对性的限制而不能产生对抗效力,可以认定欧某群向翟某录支付500万元的行为即为向利远公司支付购房款500万元。

至于欧某群是否支付3575096元现金,二审判决根据利远公司向欧某群开具并交付全额增值税发票而认定欧某群已支付购房款项的事实依据并不充分。其理由在于:(1)增值税专用发票作为付款的记账凭证,是买受人付款的依据,仅仅具有确定最终应付价款准确数额的作用,本身并不是付款凭证,其开具只表示买卖双方商品交易成交以及证明出卖人应尽的纳税义务和买受人进项税额的作用,并不能证明买受人已经付清所有款项。(2)实际交易中,由于开具增值税专用发票只是税法规定的纳税义务,法律并不要求出卖人开具增值税专用发票必须以收受价款为前提,而买受人为先行抵扣税款往往会要求采取先票后款的方式,因此出卖人先开具增值税专用发票后收款的情况比较常见,开具增值税专用发票与是否付款之间并无高度盖然性的对应关系和证明作用。(3)根据《最高人民法院关于审理买卖合同纠纷案件适用法律问题的解释》第八条关于出卖人仅以增值税专用发票及税款抵扣资料证明其已履行交付标的物义务,买受人不认可的,出卖人应当提供其他证据证明交付标的物的事实。合同约定或者当事人之间习惯以普通发票作为付款凭证,买受人以普通发票证明已经履行付款义务的,人民法院应予支持,但有相反证据足以推翻的除外的规定,买受人除增值税专用发票之外不能举证证明其已履行付款义务的情况下,证明责任并未转移至出卖人,买受人仍应承担进一步举证的责任,否则应承担举证不能的法律后果。基于以上分析,于本案而言,在叶某胜、华泰美公司与利远公司股东翟某录、刘某霞、翟某志股权转让合同关系实际存在且不能完全排除欧某群代替案外人叶某胜支付500万元股权转让款的情况下,结合翟某录为该500万元出具了收条但未就3575096元现金出具收条的基本事实,欧某群仅以利远公司开具并交付全部增值税发票为由主张已付清全部购房款项事实依据并不充分。二审法院认为利远公司的授权委托人与欧某群双方一起于2014年3月12日到澄迈县房管局进行现场纸质备案,最终完成商品房买卖合同备案手续,结合开具并交付发票的行为,可以证明欧某群已付清本案的购房款。而利远公司于再审期间提交了新的证据,其中澄迈县房管局杨某莲出具申明称:经查档,档案中未有利远公司的授权委托人与欧某群于2014年3月12日共同到场办理网签系统确认备案手续的相关资料并确认我在询问笔录中所作的陈述如与本申明有不一致的地方,以本申明的内容为准。澄迈县房管局出具的关于欧某群购买利远公司王府花园商品房合同网上签约及备案情况说明的复函也载明:经查档,档案中未有合同双方2014年3月12日一同到场办理网签系统确认备案手续的相关资料。另外,在网签系统合同备案确认的过程中,不需要买卖双方到场。上述两份证据均证明并无任何资料显示欧某群与利远公司的委托人于2014年3月12日一同到场办理网签系统确认备案手续,因此,二审判决关于利远公司的授权委托人与欧某群一起于2014年3月12日到澄迈县房管局进行现场纸质备案并完成商品房买卖合同备案手续的认定因与新的证据所证明的事实并不相符而不能成立。另外,澄迈县房管局出具的关于欧某群购买利远公司王府花园商品房合同网上签约及备案情况说明的复函还载明:2014年1月6日,欧某群与贵司(利远公司)签订4份《澄迈商品房买卖合同》……次日,贵司通过网签系统提交上述4套别墅的相关资料。同日上午利远公司的委托人向我局提交了办理合同备案的书面材料,说明利远公司是于2014年1月7日的上午就已向澄迈县房管局递交办理合同备案的书面材料,彼时利远公司仍相信案外股权转让合同能够履行并积极配合欧某群办理相关手续。这与杨某莲申明中关于双方在2014年1月7日除了提交网签外,还于当日上午到澄迈县房产局提交书面材料申请纸质备案,随后澄迈县房管局根据双方提交的资料于2014年1月26日进行了纸质备案、2014年3月12日完成网上系统合同备案确认工作的内容相互印证,更说明了澄迈县房管局于2014年1月26日进行纸质备案以及2014年3月12日完成网上系统合同备案确认工作并不是双方当时派人到场办理的缘故,而是根据双方早在2014年1月7日上午就已经提交的书面材料办理的。需要说明的是,直至2014年3月12日完成网上系统合同备案确认工作时,利远公司知悉股权转让合同未继续履行并已在报纸上公告案涉4份《澄迈商品房买卖合同》作废及将4份增值税专用发票予以挂失。根据上述事实,对照二审法院关于欧某群系于2014年1月7日中午才交付全部购房款的认定,可知利远公司配合办理相关手续的时候欧某群尚未交付任何房屋款项,而澄迈县房管局完成网上备案手续时利远公司已经以公告合同作废和挂失增值税专用发票的方式采取行动维护自己的权利,足以说明二审判决关于网上提交备案后,如果购房人没有付款,利远公司还有一道权益保护屏障,就是不与购房人去相关部门现场备案。也就是说,网上提交备案时,购房人欧某群确实不一定付了款,但是现场备案完成可以佐证欧某群已付款。因为按照常理,欧某群如果不付款,利远公司应该不会与欧某群去现场备案。但是,利远公司的授权委托人与欧某群双方一起于2014年3月12日到澄迈县房管局进行现场纸质备案,最终完成商品房买卖合同备案手续,结合开具并交付发票的行为,可以证明欧某群已付清本案的购房款的分析与认定缺乏事实依据。

综上所述,二审判决在欧某群、利远公司及案外人存在多重法律关系的情况下,根据欧某群的起诉以案涉房屋买卖合同关系来确定本案诉讼标的符合合同相对性原则,并不违反法律规定。欧某群向利远公司法定代表人翟某录支付500万元款项视为向利远公司支付,但仅以收取8575096元增值税专用发票为由主张已支付其余款项3575096元缺乏事实根据。由于欧某群已支付大部分款项,利远公司又不能举证证明本案存在约定解除或法定解除的事由,故其关于解除合同的诉讼请求并无合同依据和法律依据,本院不予支持。《澄迈商品房买卖合同》虽约定有违约金条款,但考虑到本案房屋买卖合同与案外股权转让法律关系以及借款法律关系互有交织、实际牵连的基本背景,欧某群是否实际违约尚需根据案外因素来综合判断,故利远公司关于欧某群支付违约金的主张因相关事实尚未经法定程序予以查明及认定而缺乏充分的事实根据,本院亦不予以支持。由于本案再审期间出现新的证据推翻了二审法院根据二审新证据所认定的事实,也导致二审法院适用法律有误,实体处理不当,应予纠正。

【裁判结果】

经合议庭评议,本院再审判决如下:(1)维持海南省高级人民法院(2015)琼民一终字第42号民事判决第(1)项、第(3)项、第(4)项;(2)变更海南省高级人民法院(2015)琼民一终字第42号民事判决第(2)项为:欧某群于本判决生效之日起30

日内向利远公司支付购房款3575096元。利远公司收到前述款项后10日内将以上4套房产交付给欧某群使用,并在合同约定的期间内将以上4套房产的房屋权属证书(产权证)和相应土地使用权证办理登记至欧某群名下。一审本诉案件受理费73225.67元、反诉案件受理费14677元以及二审案件受理费73225.66元,共计161128.33元,由利远公司负担112789.83元,欧某群负担48338.50元。诉前财产保全费5000元,由利远公司负担。本判决为终审判决。

[参见侯春雷、董三绒编著:《最高人民法院2016年度民商事再审判决经典案例要旨精解》,法律出版社2017年版。]

9. 业主个人是否有权要求房地产开发公司对建筑区内的公共设施进行处理?

【典型案例】

王某等与榆林市惠丰房地产开发有限责任公司商品房销售合同纠纷上诉案

【裁判要旨】

《民法典》第二百七十四条规定,建筑区划内的道路,属于业主共有,但是属于城镇公共道路的除外。建筑区划内的绿地,属于业主共有,但是属于城镇公共绿地或者明示属于个人的除外。建筑区划内的其他公共场所、公用设施和物业服务用房,属于业主共有。第二百七十八条第七项规定,改建、重建建筑物及其附属设施,由业主共同决定。因此,要求房地产开发公司对建筑区内的公共设施进行处理这一事项,涉及全体业主的利益,应由全体业主以业主委员会的形式来行使权利,而不是业主个人来行使。

【案号索引】

一审:陕西省榆林市定边县人民法院(2010)定民初字第1080号

二审:榆林市中级人民法院(2011)榆中法民一终字第00041号

【当事人信息】

上诉人(原审原告):王某

上诉人(原审原告):齐某花

上诉人(原审原告):薛某严

上诉人(原审原告):白某君

上诉人(原审原告):田某斌

上诉人(原审原告):马某飞

上诉人(原审原告):郭某林

上诉人(原审原告):段某山

被上诉人(原审被告):榆林市惠丰房地产开发有限责任公司(以下简称惠丰房地产公司)

【基本案情】

上诉人王某、齐某花、薛某严、白某君、田某斌、马某飞、郭某林、段某山因与被上诉人惠丰房地产公司商品房销售合同纠纷一案,不服定边县人民法院(2010)定民初字第1080号民事判决,向本院提起上诉,本院依法组成合议庭于2011年3月28日在定边县人民法院公开开庭进行了审理,上诉人田某斌、薛某严、段某山及其委托代理人张某某,被上诉人榆林市惠丰房地产开发有限责任公司的委托代理人徐某某、邸某到庭参加了诉讼。本案现已审理终结。

原审查明以下事实,2009年被告惠丰房地产公司在定边县定边镇长城南街开发建设明丰苑住宅小区。2009年5月至7月,原告王某、齐某花、薛某严、白某君、田某斌、马某飞、郭某林、段某山分别与惠丰公司签订了《商品房买卖合同》。王某购买了明丰苑3#楼5单元502室,齐某花购买了3#楼5单元302室,薛某严购买了3#楼5单元402室,白某君购买了3#楼5单元102室,田某斌购买了3#楼5单元202室,马某飞购买了3#楼5单元401室,郭某林购买了3#楼5单元301室,段某山购买了3#楼5单元201室。合同约定,该3#楼所坐落土地的土地使用权证号为×××,规划用途为商住,土地使用年限至2077年7月31日[但该定国用(2007)6—0348号土地的实际使用年限至2056年6月13日]。所售房屋的交付时间为2010年4月20日前,如因遭遇不可抗力,出卖人应在发生不可抗力之日起30日内告知买受人,因国家政策调整或其他出卖人不能控制等原因所造成的影响,出卖人可据实予以延期(除上述特殊情况外)。出卖人如未按合同规定的期限将房屋交付买受人,按逾期时间,分别处理:逾期不超过60日(包括第60日),自合同规定的最后交付期限的第2天起至实际交付之日止,出卖人按日向买受人支付已交付房价款万分之零点五的违约金,合同继续履行。逾期超过60日后,买受人有权解除合同,买受人解除合同的,出卖人应当自买受人解除合同通知到达之日起30天内退还全部已付款,并按买受人已付房屋价款的万分之零点五向买受人支付违约金;买受人要求继续履行合同的,合同继续履行,自合同规定的最后交付期限的第2天起至实际交付之日止,出卖人按日向买受人支付已付房价款万分之零点五的违约金。商品房交付时,出卖人应当通知买受人办理交付手续,双方进行验收交接,并签署房屋交接单,所购商品房为住宅的,出卖人还需提供住宅质量保证书和住宅使用说明书,逾期15日未办理接受手续的视为出卖人已正常交付,房屋保修期自此开始计算,同时物业管理单位开始计收物业管理费。该建设项目的批准机关是定边县城乡建设局。该工程在建设过程中惠丰房地产公司与设计单位、施工单位、监理单位协商,将3#楼5单元102、202、302、402、502房的餐厅与厨房使用功能互换位置,但未向该5户买受人征求意见。工程建设完工后被告分别向原告交付了房屋,具体交房时间是:王某2010年6月10日、齐某花2010年7月22日、薛某严2010年6月12日、白某君2010年8月1日、田某斌2010年6月11日、马某飞2010年6月14日、郭某林2010年6月18日、段某山2010年6月19日。原告在接收房屋时对其房屋自行进行了验收,且与被告签署了住宅工程质量分户验收表,原告在验收过程中除发现单元通道二层楼梯标高过低和齐某花、白某君要求对其餐厅、厨房变更到原设计位置外,其他验收事项均为正常。被告在向原告交房同时亦向原告提供了住宅质量保证书(内容包括对防水期限的保证)和住宅使用明书。

另查明,明丰苑小区3#住宅楼所处的土地不仅是定国用(2007)第6—0348号这块土地,尚有南侧相邻的定国用(2007)第6—13878号、(2007)第6—3070号、(2007)第6—3069号、(2007)第6—3066号、(2007)第6—3065号、(2007)第6—3064号土地,该6块土地的出让年限均至2077年7月13日,即该3#楼建在了出让年限为50年和70年的土地交界处。依据小区规划,3#楼西墙以西直至1#楼处尚有空地一块,被告现从3#楼西端至1#楼西端砌有一道隔离墙。3#楼5单元通道二层楼梯踏步标高不符合设计要求,定边县建设工程质量安全监督站已责成被告和施工单位限期进行整改。3#楼5单元地下室标高符合设计及验收规范要求,该小区现尚未进行竣工验收。

原审法院认为:原、被告签订的《商品房买卖合同》,其意思表示真实,属有效合同,应继续履行。原告所购的房屋虽未进行竣工验收,但原告已实际接收并装修入住,应视为房屋已实际交付,防水期限保证被告已向原告提交了住宅质量保证书,因此原告要求提供防水期限书面保证的诉讼请求已实际履行,故该项请求不予支持。惠丰房地产公司能否向原告提供竣工验收报告等必要的相关资料,取决于工程质量监督部门是否对该工程进行了竣工验收或验收后是否作出相关报告资料,故被告应待竣工验收并取得相关报告资料后随即向原告提供。3#楼5单元通道二层楼梯踏步标高问题,虽然质检部门已责成被告进行整改,但因目前已进入冬季无法施工,故被告应在合理的期限内进行维修整改。被告在变更3#楼5单元102、202、302、402、502房的餐厅和厨房使用功能位置时虽未征求原告的意见,但原告王某、薛某严、田某斌在验收房屋时并未对变更后房屋结构提出异议,且装修入住,原告齐某花、白某君要求将房屋结构变更回原设计状态后也已装修入住,其行为应视为对房屋现布局结构的认可，故5原告要求将其房屋餐厅和厨房的位置再行变更的诉求不予支持。3#楼5单元地下室的标高符合设计规范要求，故对原告赔偿因地下室标高减少0.27米的损失请求不予支持。原告要求被告按照合同约定承担逾期交房的违约责任，被告称延期交房是因天气和原告的按揭贷款到不了位以及打电话通知而原告不及时接房等原因造成，并不构成违约，但其未能提供相应的证据加以印证，其抗辩理由不能成立，应依照双方合同约定的最后交付期限的第2天起至实际交付之日止，按已付房价款额日万分之零点五向原告承担违约金。原告要求被告向其每人承担25000元的违约赔偿，没有法律依据，不予支持。原告要求被告将3#楼西侧的空地交付小区并进行硬化处理，该项诉请主张所涉及的应是小区全体业主的利益，应由小区全体业主以业主委员会或者推选诉讼代表人的形式来行使权利，故该请求在本案中不予支持。原告要求被告就土地使用权出让年限减少按比例进行赔偿的诉请主张，因该土地使用权出让及规划、准建均由相关行政部门审批，该项请求不属于人民法院的民事诉讼受案范围，故在本案中不予支持。一审判决：(1)原告王某、齐某花、薛某严、白某君、田某斌、马某飞、郭某林、段某山与被告惠丰房地产公司签订的《商品房买卖合同》有效，继续履行。(2)被告惠丰房地产公司于其明丰苑小区3#楼工程竣工验收并取得竣工验收报告和质量监督报告后5日内将上述报告提交于原告王某、齐某花、薛某严、白某君、田某斌、马某飞、郭某林、段某山。(3)被告惠丰房地产公司于2011年4月20日之前将明丰苑小区3#楼5单元通道二层楼梯踏步的标高问题整改维修完毕，并且维修结果应符合设计和验收规范要求。(4)被告惠丰房地产公司于本判决生效后5日内向原告王某支付逾期交房违约金483.94元、向齐某花交付逾期交房违约金1006.07元、向薛某严支付逾期交房违约金553.96元、向白某君支付逾期交房违约金967.89元、向田某斌支付逾期交房违约金538.72元、向马某飞支付逾期交房违约金646.69元、向郭某林支付逾期交房违约金718.09元、向原告段某山支付逾期交房违约金699.30元。(5)驳回原告王某、齐某花、薛某严、白某君、田某斌、马某飞、郭某林、段某山的其他诉讼请求。案件受理费4400元，由原告王某、齐某花、薛某严、白某君、田某斌、马某飞、郭某林、段某山承担4350元，被告惠丰房地产公司承担50元。

王某、齐某花等八人不服原审判决，提起上诉。

二审查明的事实与原审认定事实相同，故对一审判决认定的事实均予以确认。

【法院认为】

本院认为，本案中双方当事人所签订的《商品房买卖合同》，意思表示真实，不违反法律法规的强制性规定，属有效合同，应继续履行。王某、齐某花等8上诉人提出的由惠丰房地产公司提供竣工验收报告和质量监督报告、限期整改维修5单元二层楼梯踏步标高、支付逾期交付房屋违约金的诉讼请求成立，原审依法予以支持正确。关于防水期限书面保证的问题,被上诉人惠丰房地产公司已经向上诉人提交了住宅质量保证书,其中包括有防水期限的保证,上诉人该诉讼请求已实际履行。上诉人所持惠丰房地产公司未经竣工验收交房违法的问题,根据《城市房地产管理法》第二十七条第二款的规定"房地产开发项目竣工,经验收合格后,方可交付使用"。本案中惠丰房地产公司尚未对交付的房屋进行综合验收,违反了法律的规定,应由有关部门按《城市商品房销售管理办法》第四十条的规定对其行政处罚。本案中,8 上诉人均在交房的相关手续中签字,且已装修入住,可视为对交付行为的认可。上诉人所持土地使用年限的问题,因该土地的使用权出让、规划、建设均由行政部门审批,不属于人民法院管辖范围,且法律规定住宅建设用地使用期限届满的,自动续期,也并不影响上诉人的居住使用。关于上诉人所持 5 单元 102 房、202 房、302 房、402 房、502 房的厨房和餐厅位置变更问题,经查,该单元室内设计的变更,经过了相关部门的审批,上诉人在验收房屋时,都在验收书上签了名,并已经装修入住,应视为对房屋的现有布局结构的认可。上诉人所持被上诉人应将小区西面空地交付给小区管理的理由,该小区西面空地是否属于业主共有,应由业主委员会或推选的代表来行使权利,故上诉人主张该权利,在本案中依法不予支持。上诉人所持每人赔偿 2.5 万元损失的理由,经查,双方签订的商品房销售合同中没有赔偿损失的约定,上诉人也没有提供充分证据证明确有实际损失,故上诉人该项请求也不能成立。

【裁判结果】

综上,王某等 8 上诉人所持上诉理由均不能成立,依法应予驳回。原判认定事实清楚,适用法律正确,依法应予维持。二审判决如下:驳回上诉,维持原判。二审案件受理费 4350 元,由上诉人王某、齐某花、薛某严、白某君、田某斌、马某飞、郭某林、段某山负担。本判决为终审判决。

[参见国家法官学院、中国人民大学法学院编:《中国审判案例要览(2007 年商事审判案例卷)》,中国人民大学出版社 2008 年版。]

【审判政策与精神】

安徽省高级人民法院关于审理房屋买卖合同纠纷案件适用法律问题的指导意见(安徽省高级人民法院审判委员会民事执行专业委员会 2012 年 3 月 5 日第 1 次会议通过)

15. 共有房屋的部分登记权利人转让房屋,属于无权处分行为,其他登记权利人以转让房屋未经其同意为由主张买卖合同无效的,一般予以支持。但买受人有理由相信出卖人有代理权的除外。

共有房屋登记在一人或部分共有人名下，登记权利人转让共有房屋，亦属于无权处分行为，其他共有人主张房屋买卖合同无效的，人民法院应根据《中华人民共和国物权法》第一百零六条第一款的规定进一步审查买受人是否构成善意取得。

10. 合同中约定开发商承担了逾期交房责任后，不承担逾期办证违约责任的，是否有效？

【公报案例】

周某治、俞某芳与余姚众安房地产开发有限公司商品房销售合同纠纷案

【裁判要旨】

商品房买卖中，开发商的交房义务不仅局限于交钥匙，还需出示相应的证明文件，并签署房屋交接单等。合同中分别约定了逾期交房与逾期办证的违约责任，但同时又约定开发商承担了逾期交房的责任之后，逾期办证的违约责任就不予承担的，应认定该约定属于免除开发商按时办证义务的无效格式条款，开发商仍应按照合同约定承担逾期交房、逾期办证的多项违约之责。

【当事人信息】

原告：周某治

原告：俞某芳

被告：余姚众安房地产开发有限公司（以下简称众安公司）

【基本案情】

原告周某治、俞某芳因与被告众安公司发生商品房销售合同纠纷，向浙江省余姚市人民法院提起诉讼。

浙江省余姚市人民法院一审查明：2012 年 11 月 12 日，原告周某治、俞某芳（买受人）与被告众安公司（出卖人）签订《商品房买卖合同》一份，约定：买受人购买的商品房为预售商品房（住宅，悦龙湾 × 幢 × 号），商品房房款合计 5162730 元，买受人按其他方式按期付款；出卖人应当在 2012 年 12 月 31 日前，将符合各项条件的商品房交付买受人使用；出卖人如未按本合同规定的期限将该商品房交付买受人使用，逾期不超过 90 日，自本合同第九条规定的最后交付期限的第 2 天起至实际交付

之日止,出卖人按日向买受人支付已交付房价款万分之一的违约金,合同继续履行,逾期超过90日后,买受人有权解除合同,买受人要求继续履行合同的,合同继续履行,自本合同第九条规定的最后交付期限的第2天起至实际交付之日止,出卖人按日向买受人支付已交付房价款万分之二的违约金;商品房达到交付使用条件后,出卖人应当书面通知买受人办理交付手续,双方进行验收交接时,出卖人应当出示本合同第九条规定的证明文件,并签署房屋交接单,在签署房屋交接单前,出卖人不得拒绝买受人查验房屋,所购商品房为住宅的,出卖人还需提供住宅质量保证书和住宅使用说明书,出卖人不出示证明文件或出示证明文件不齐全,买受人有权拒绝交接,由此产生的延期交房责任由出卖人承担;出卖人负责办理土地使用权初始登记,取得土地使用权证书或土地使用证明,出卖人负责申请该商品房所有权初始登记,取得该商品房房屋所有权证,出卖人承诺于2013年3月31日前,取得前款规定的土地、房屋权属证书,交付给买受人,买受人委托出卖人办理该商品房转移登记,出卖人不能在前款约定期限内交付权属证书,双方同意按照下列约定处理,约定日期起30日内,出卖人交付权属证书或登记证明的,按已付房价款的万分之一承担违约责任,约定日期起30日以后,出卖人仍不能交付权属证书或登记证明的,买受人退房,出卖人在买受人提出退房要求之日起30日内将买受人已付房价款退还给买受人,并自约定日期至实际退款日止,按日向买受人支付已交付房价款万分之三的违约金,买受人不退房,出卖人自约定日期起至实际交付权属证书或登记证明之日止,按日向买受人支付已交付房价款万分之三的违约金;若出卖人逾期交房并承担了逾期交房违约责任的,则本合同第十六条中出卖人承诺取得土地、房屋权属证书的时间相应顺延,顺延期限与商品房交付的逾期期限相同等。2012年11月12日,二原告出具双方同意书一份,言明:“本人俞某芳、周某治购买悦龙湾×幢×号房源,本人知晓该房源先为众安公司工程部办公用房,按照合同约定将于2012年12月31日前完成房子的交付手续,经本人与众安公司协商一致,本人按照合同约定时间配合办理相关交房工作,以便按期办理相关产证等手续,但不领取×幢×号钥匙等物料。本人承诺愿意在2013年6月30前将×幢×号作为众安公司工程部办公使用,待期满后于2013年7月1日将房屋钥匙等相关物料重新交接,如不能如期交付按商品房买卖合同第十条逾期交房的违约责任来处理,房屋内部恢复合同交房标准,特此承诺。”2013年9月23日,原告至被告处就房屋的质量瑕疵问题与被告交涉,众安公司的工作人员(黄某亮)在悦龙湾×幢×号房产所在问题上书写说明:“2013年9月6日悦龙湾×幢×号经业主与房产公司在交房前进行现场勘查验房发现并确认以上未打‘×’26条问题,房产公司承诺在2013年10月5日前整改完毕,打‘×’7条问题在经业主与房产公司进一步核实设计图纸和有关证据后确认,房产公司承诺在将所有房屋质量问题解决之后再履行交房手续。”2013年3月9

日，被告登记取得余姚市城区悦龙湾×幢×号的房屋所有权证（初始登记）；2013 年 3 月 25 日，被告取得余姚市城区悦龙湾×幢×号的土地使用权（土地使用权分割登记）。二原告依照合同约定将房屋价款 5162730 元支付给被告。至起诉之日，被告未与原告办理房屋交付手续，亦未向原告交付房地产权属证书。

浙江省余姚市人民法院一审认为，本案的争议焦点：一是涉案房屋的交付；二是违约责任的承担。

本案中，原告周某治、俞某芳与被告众安公司签订的《商品房买卖合同》系双方当事人真实意思表示，属有效合同，对当事人具有法律约束力。双方当事人应按照约定全面履行自己的权利义务。当事人一方不履行合同义务或者履行合同义务不符合约定的，应当承担继续履行、采取补救措施或者赔偿损失等违约责任。

1. 涉案房屋的交付。《最高人民法院关于审理商品房买卖合同纠纷案件适用法律若干问题的解释》第十一条第一款规定：对房屋的转移占有，视为房屋的交付使用，但当事人另有约定的除外。依据原告周某治、俞某芳与被告众安公司双方所签订的《商品房买卖合同》的约定，“出卖人应当在 2012 年 12 月 31 日前，将符合各项条件的商品房交付买受人使用；商品房达到交付使用条件后，出卖人应当书面通知买受人办理交付手续，双方进行验收交接时，出卖人应当出示本合同第九条规定的证明文件，并签署房屋交接单，在签署房屋交接单前，出卖人不得拒绝买受人查验房屋，所购商品房为住宅的，出卖人还需提供住宅质量保证书和住宅使用说明书，出卖人不出示证明文件或出示证明文件不齐全，买受人有权拒绝交接，由此产生的延期交房责任由出卖人承担”。被告认为依据二原告出具的双方同意书，被告已就房屋交房情况向原告作了明确说明，原告已经知晓被告无须再在 2012 年 12 月 31 日前另行书面通知原告办理交房手续。二原告在该双方同意书上言明“经本人与众安公司协商一致，本人按照合同约定时间配合办理相关交房工作，以便按期办理相关产证等手续，但不领取×幢×号钥匙等物料”，该文字表述并没有包含被告无须书面通知原告方办理房屋交付手续的意思表示，只是原告表明愿意按照合同约定的时间配合被告办理相关交房工作，即并未免除被告的书面通知以及签署交接单等义务，因此商品房达到交付使用条件后，被告仍应当按照合同的约定以书面的方式通知原告方办理房屋交付手续，双方进行验收交接，并签署房屋交接单等，且不仅仅局限于“领取×幢×号钥匙等物料”。被告辩称原告在该双方同意书上已向被告承诺将于约定日期即 2012 年 12 月 31 日前配合被告办理相关交房手续，以便按期办理产权手续，现原告无正当理由不予以配合交房工作是明显违约行为，但被告未向法院提供证据以证明确系原告不配合导致被告无法完全交房。且在 2013 年 9 月 23 日，原告就×幢×号房产的有关车库、地下室、进户门、阳台等方面的质量瑕疵问题至被告处交涉，被告方的工作人员在悦龙湾×幢×号房产所在问题上进行了说明,并提出整改意见(在2013年10月5日前整改完毕)。可见,双方事实上也认可涉案房屋尚未具备交付条件,该房屋亦未实际转移给原告方占有使用。同时,依据二原告在该双方同意书上的承诺“本人承诺愿意在2013年6月30日前将×幢×号作为众安公司工程部办公使用待期满后于2013年7月1日将房屋钥匙等相关物料重新交接,如不能如期交付按商品房买卖合同第十条逾期交房的违约责任来处理,房屋内部恢复合同交房标准,特此承诺”,可推断出原告方同意将涉案房屋延迟至2013年7月1日交付。综合分析上述情况,法院认定被告尚未依照约定将涉案房屋交付给原告方,故被告的逾期交付行为已构成违约。

2. 违约责任的承担。(1)原告俞某芳、周某治认为被告众安公司应当承担逾期交房和逾期交付房产证、土地证的违约责任;被告认为被告已经于2013年3月9日取得涉案房屋所有权证,于2013年3月25日取得土地使用权证,上述均属于合同约定2013年3月31日之前,只有在买卖双方办理完毕交房手续后上述权证才可以过户到原告名下,因原告原因导致产权证无法过户,即使认定被告逾期交房,那么逾期交房屋权属证书时间应当相应的顺延。首先,《商品房买卖合同》载明:“出卖人负责办理土地使用权初始登记,取得土地使用权证书或土地使用证明,出卖人负责申请该商品房所有权初始登记,取得该商品房房屋所有权证,出卖人承诺于2013年3月31日前,取得前款规定的土地、房屋权属证书,交付给买受人”,该内容明确被告应当于2013年3月31日前取得土地、房屋权属证书,并交付给原告方,而不能理解为被告自身于2013年3月31日前取得土地使用权证书、房屋所有权证的初始登记,否则无法确定原告方何时才能取得房地产权证(将房产从被告公司转移登记过户至原告个人名下),现被告已逾期交付房地产权属证书,显然与此相悖,被告亦未提供证据证明系可归责于原告方的原因导致逾期交付房地产权属证书。其次,依照合同约定,被告负有按时交房与按时交付权属证书的义务。现被告以合同中的条款(附件八补充协议第六条第二款)“若出卖人逾期交房并承担了逾期交房违约责任的,则本合同第十六条中出卖人承诺取得土地、房屋权属证书的时间相应顺延,顺延期限与商品房交付的逾期期限相同等”为由,认为即使认定被告逾期交房,那么逾期交房屋权属证书时间也应当相应地顺延。附件八补充协议第六条第二款系被告方提供,其内容显然置原告方的利益于不顾,导致其权益处于不确定状态,免除了被告按时交付房地产权属证书的义务,应当为无效的格式条款,故被告不能因为双方有此条款的约定而免除其逾期交付权属证书的违约责任。(2)二原告要求被告支付逾期交房的违约金以及逾期交付权属证书的违约金;被告众安公司认为,即使认定构成违约也应按照法律规定适当减少违约金。《最高人民法院关于审理商品房买卖合同纠纷案件适用法律若干问题的解释》第十六条规定:当事人以约定的违约金过高为由请求减少的,应当以违约金超过造成的损失30%为标准适当减少；当事人以约定的违约金低于造成的损失为由请求增加的，应当以违约造成的损失确定违约金数额。从双方订立《商品房买卖合同》的目的来看，二原告与被告之间关于逾期交房和交付房地产权属证书的违约金约定更具惩罚性质（惩罚性违约金），换言之，是合同双方对于违约所约定的一种制裁。二原告已按照合同约定将购房款5162730元全部支付给被告，为防止被告怠于履行其合同义务，敦促其及时履行交付房屋和交付房地产权属证书的义务，违约金仍应按照合同约定计算。二原告诉请被告立即履行2013年9月23日出具的悦龙湾×幢×号房产所在问题维修单确定的维修义务，维修结果应与图纸相符，达到国家标准，其实质在于要求被告按约及时交付房屋。

综上，浙江省余姚市人民法院判决：（1）被告众安公司于本判决生效之日起30日内向原告周某治、俞某芳交付余姚市城区悦龙湾×幢×号房屋；（2）被告众安公司于本判决生效之日起30日内向原告周某治、俞某芳交付余姚市城区悦龙湾×幢×号房屋的房地产权属证书（被告众安公司办理余姚市城区悦龙湾×幢×号房屋的转移登记过户手续，办理过户所需应当由买方缴纳的税费由原告周某治、俞某芳承担）；（3）被告众安公司按原告周某治、俞某芳已付购房款5162730元从2013年7月1日起按日万分之二向原告方支付逾期交房违约金至实际交付房屋之日止（2013年7月1日至2014年1月1日，违约金为191021.01元）；（4）被告众安公司按原告周某治、俞某芳已付购房款5162730元从2013年4月1日起按日万分之三向原告方支付逾期交付房地产权属证书违约金至本判决生效之日止（2013年4月1日至2014年1月1日，违约金为425925.23元）；（5）驳回原告周某治、俞某芳的其他诉讼请求。

众安公司不服一审判决，向浙江省宁波市中级人民法院提起上诉。

浙江省宁波市中级人民法院经二审，确认了一审查明的事实。

【法院认为】

浙江省宁波市中级人民法院二审认为：上诉人众安公司与被上诉人周某治、俞某芳签订的《商品房买卖合同》系双方当事人真实意思表示，属有效合同，双方应按照约定全面履行自己的权利义务。根据双方所签订《商品房买卖合同》的约定，“出卖人应当在2012年12月31日前，将符合各项条件的商品房交付买受人使用；商品房达到交付使用条件后，出卖人应当书面通知买受人办理交付手续……”说明上诉人应当书面通知被上诉人办理交付手续；而依据被上诉人出具的双方同意书，被上诉人会按照双方约定的时间配合办理交房手续，故上诉人无须在2012年12月31日前另行书面通知被上诉人办理交房手续。但根据双方在2013年9月23日就涉案房产有关车库、地下室、进户门、阳台等方面存在的质量瑕疵问题的说明及一直未对存在问题的整改作出结论情况看，双方至今并未解决交房问题，上诉人存在逾期交房的违约行为。对于《商品房买卖合同》中约定的“出卖人负责办理土地使用权初始登记,取得土地使用权证书或土地使用证明,出卖人负责申请该商品房所有权初始登记,取得该商品房房屋所有权证,出卖人承诺于2013年3月31日前,取得前款规定的土地、房屋权属证书,交付给买受人”,明确了上诉人应当于2013年3月31日前取得土地、房屋权属证书,并交付给被上诉人,而不能理解为上诉人自身于2013年3月31日前取得土地使用权证书、房屋所有权证的初始登记,否则无法确定被上诉人何时才能取得房地产权证书(将房产从上诉人公司转移登记过户至被上诉人名下),现上诉人已逾期交付房地产权属证书,应当承担违约责任。至于附件八补充协议第六条第二款关于“若出卖人逾期交房并承担了逾期交房违约责任的,则本合同第十六条中出卖人承诺取得土地、房屋权属证书的时间相应顺延,顺延期限与商品房交付的逾期期限相同”的约定,该补充协议的格式条款系上诉人提供,并没有采取合理的方式提请对方注意,而其内容显然对被上诉人利益不利,导致被上诉人权益处于不确定状态,免除了上诉人按时交付房地产权属证书的义务,应当为无效。

【裁判结果】

综上,浙江省宁波市中级人民法院判决:驳回上诉,维持原判。二审案件受理费9969元,由上诉人众安公司负担。本判决为终审判决。

[参见最高人民法院办公厅编:《最高人民法院公报》2016年第11期。]

【审判政策与精神】

海南省高级人民法院关于办理商品房买卖合同纠纷案件的指导意见(试行)
(2011年审判委员会第1次会议讨论通过)

1.购房人以开发商逾期办证为由请求其承担违约责任的,依照下列情形分别处理:

(1)开发商取得拟售房产初始登记后,应当通知购房人提供办证所需相关资料。经开发商通知,购房人不予配合,不提供办证所需相关资料,致使开发商办证逾期,购房人请求开发商承担违约责任的,不予支持。

前款所称房产初始登记,系指开发商取得房产项目的整体产权登记后,将房屋分套初始登记在自己名下。

(2)开发商取得拟售房产初始登记后,经通知购房人,购房人依通知提供了办证所需相关资料的,分别情况区别处理:

①合同对开发商向产权登记机关报送办证资料的时间有约定,开发商在约定时间内向产权登记机关报送了办证资料,购房人请求开发商承担违约责任的,不

予支持；开发商未在约定期限内报送，购房人请求开发商承担违约责任的，应予支持。

②合同对开发商向产权登记机关报送办证资料的时间没有约定的，开发商应在合理期限内报送。开发商未报送，致使购房人自开发商取得拟售房产初始登记之日起 90 日未能取得房屋权属证书的，开发商应当承担逾期办证的违约责任，但当事人另有约定的除外。

2. 合同对开发商向产权登记机关报送办证资料的时间有约定的，买房人请求开发商承担逾期办证违约责任的诉讼时效自合同约定时间的次日开始计算；合同未约定时间的，诉讼时效自开发商取得拟售房产初始登记之日起 90 日之次日开始起算。

诉讼时效期间内，购房人要求开发商报送办证资料的，诉讼时效中断。

3. 开发商取得拟售房产初始登记后，未通知购房人提供办证所需相关资料，致使办证逾期，购房人请求开发商承担违约责任的，应予支持。

合同对通知时间有约定的，从约定；没有约定的，开发商应于合理期限内通知。开发商未通知，致使自开发商取得拟售房产初始登记之日起 90 日，购房人未能取得房屋权属证书的，开发商应当承担逾期办证的违约责任，但当事人另有约定的除外。

4. 合同对开发商通知购房人提供办证所需资料时间有约定的，购房人请求开发商承担逾期办证违约责任的诉讼时效自合同约定时间的次日开始计算。合同未约定时间的，诉讼时效自开发商取得拟售房产初始登记之日起 90 日之次日开始起算。

诉讼时效期间内，购房人要求开发商报送办证资料的，诉讼时效中断。

5. 对于违约责任的确定，合同有约定的，从约定；没有约定，约定不明确，或损失数额难以确定的，可按已付购房款总额，参照中国人民银行规定的金融机构计收逾期贷款利息的标准计算。

6. 对房屋的交付使用，当事人有约定的，从约定；没有约定的，开发商将房屋实际交付买房人占有或将房屋钥匙交给买房人的均视为已实际交付使用。

11.“一房二卖”合同履行情况的判定，应从哪些方面入手？

【典型案例】

遵义市红花岗区长征镇沙坝村纪念街村民组诉遵义明顺房地产开发有限责任公司等商品房买卖合同纠纷案

【裁判要旨】

处理“一房二卖”情况下的合同履行问题，可从商品房买卖合同的缔约真实性、签约时间顺序、付款程度、合同备案情况、讼争不动产的占有事实、预登记情况等方面加以评判。当事人采用合同书形式订立合同的，自双方当事人签字或者盖章时合同成立。当事人应当按照约定全面履行自己的义务。当事人应当遵循诚实信用原则，根据合同的性质、目的和交易习惯履行通知、协助、保密等义务。

【当事人信息】

原告：遵义市红花岗区长征镇沙坝村纪念街村民组（以下简称纪念街村民组）

被告：遵义明顺房地产开发有限责任公司（以下简称遵义明顺公司）

第三人：褚某镇

第三人：曾某治

第三人：冉某红

第三人：范某

【基本案情】

原告纪念街村民组因与被告遵义明顺公司、第三人褚某镇、曾某治、冉某红、范某发生商品房买卖合同纠纷，向贵州省遵义市中级人民法院提起诉讼。

贵州省遵义市中级人民法院审理查明：2005 年 12 月 18 日，被告遵义明顺公司作为“拆除人”与“被拆除人”原告纪念街村民组签订《拆除补偿协议》，“对长征镇沙坝村纪念街组界内修建的两层临时建筑进行拆除的有关事项”达成由遵义明顺公司用其修建好的商用门面房 366.8 平方米补偿给纪念街村民组的一致意见。该协议尾部遵义明顺公司在甲方处加盖公章，遵义市红花岗区长征镇沙坝村村民委员会（以下简称沙坝村委会）在乙方处加盖公章，纪念街村民组则由时任组长龚某强在乙方处签名并加盖私章。

2006年5月29日,被告遵义明顺公司作为甲方与乙方原告纪念街村民组签订认购书,约定由纪念街村民组以7680元/平方米的价格,向遵义明顺公司认购该公司开发的位于遵义市红花岗区遵湄路的“金地世家”(后更名为“金帝世家”)房开项目C栋面积为410平方米、总价3148800元的门面。双方约定,纪念街村民组分3次付清全款,即在2006年5月25日支付认购金600000元;在遵义明顺公司取得预售登记后1个月内支付974400元;在签订《商品房买卖合同》后通过贷款方式支付尾款1574400元。该认购书尾部,遵义明顺公司在甲方处加盖公司公章,乙方处则加盖有龚某强私章,沙坝村委会在特约条款处加盖公章。

2006年6月9日,原告纪念街村民组按照认购书的约定,通过银行转账方式向被告遵义明顺公司支付了“认购金”600000元,遵义明顺公司出具了收款收据。同年8月22日,纪念街村民组向遵义明顺公司转账支付了“门面预付款”300000元。2007年2月12日,纪念街村民组又向遵义明顺公司转账支付了“购房款”100000元,遵义明顺公司同样出具了收据。同年6月5日,纪念街村民组通过转账方式借给遵义明顺公司200000元,遵义明顺公司出具了收据。2008年5月13日,纪念街村民组再次向遵义明顺公司转账支付“购门面款”200000元,遵义明顺公司出具了收据。同年11月11日,遵义明顺公司向纪念街村民组分别出具金额为594600元和130456元、事由均为“购门面款”的两张收据,纪念街村民组则在11月20日向遵义明顺公司转账支付了130456元。该两笔款源于纪念街村民组与遵义明顺公司对账后形成的纪念街村民组结账清单,其中载明“2125056-(已付)1400000-141200-153400-10000-290000=130456”,意即:购房款为2125056元,已付1400000元,遵义明顺公司需向纪念街村民组支付土地补偿款141200元、过渡费153400元、一次性补偿款10000元和290000元,共计594600元予以抵扣之后,尾款为130456元。

2009年2月12日,原告纪念街村民组作为买受人与出卖人被告遵义明顺公司签订了《商品房买卖合同》,约定由纪念街村民组以7680元/平方米的价格购买遵义明顺公司开发的“金帝世家”C幢一层16、17、18号门面,每间建筑面积73.35平方米。该合同中,“买受人”处、第三条“买受人所购商品房的基本情况”、第四条“计价方式与价款”、第十七条第四款“该商品房所在小区的命名权”、第十九条“争议解决方式”以及第二十二条、第二十四条的内容系用蓝色圆珠笔填写,其余条款内容为复写。合同第三条约定,纪念街村民组所购门面总面积为276.7平方米(73.35平方米×3间+还房超面积56.65平方米),总价款为2125056元。对于产权办理事项,该合同第十五条约定:“出卖人应当在商品房产(交)付使用后90日内,将办理权属登记需由出卖人提供的资料报产权登记机关备案……”合同尾部,遵义明顺公司于2008年11月11日在出卖人处加盖公司公章,沙坝村委会则在买受人处加盖村委会公章,纪念街村民组原组长龚某强亦签名并加盖了私章。遵义明顺公司签约当天,还向纪念街村民组出具了承诺书,载明:“你单位在我公司购买的外环路综合市场‘金帝世家’C栋营业房面积为276.7平方米,还房面积为366.8平方米……”

前述1-7号、16-18号门面,被告遵义明顺公司早在2007年4月即已交付原告纪念街村民组占有、使用。2007年4月30日,遵义明顺公司作为甲方与乙方纪念街村民组签订《临时交房协议》,载明:“甲方将金地世家C栋1-7号门面,16-20(20号门面的一半)号交付乙方使用。……(实际面积以房管局测量为准)”。遵义明顺公司在协议尾部加盖公章,龚某强签名。接房当日,纪念街村民组便将16号、17号门面租给苏某城、18号门面租给苏某琪从事钢材销售。双方租赁合同从2011年起一年一签,租金一年一付。

2007年6月12日,经遵义天络房地产测绘处测量,前述1-7号门面总建筑面积为423.45平方米,16-18号门面单间建筑面积均为73.35平方米,合计220.05平方米。同年9月6日,“金帝世家”C幢通过施工、勘察、设计、建设、监理5家单位竣工验收,遵义市建设工程质量监督站于9月10日在单位(分部)工程验收意见书上签署“同意验收意见”并加盖公章。

2010年8月25日,被告遵义明顺公司作为出卖人与买受人第三人褚某镇签订《商品房买卖合同》,按14655元/平方米标准,将前述16、17号门面以每间1074944元、总价2149888元售与褚某镇。2012年12月6日,褚某镇通过信用社向遵义明顺公司何某全的个人账户汇款1920000元,遵义明顺公司则在当天向褚某镇出具了2150000元购房款收据。2012年12月3日,双方在遵义市房产市场管理处对16、17号门面进行了商品房预售合同备案登记。2013年5月16日,遵义明顺公司向褚某镇发出房屋移交通知书,载明:“你于2010年8月25日购买的本公司开发的‘金帝世家’C栋16号、17号营业房,现已具备交付条件,特通知你接收房屋。”

2010年10月25日,被告遵义明顺公司作为出卖人与买受人第三人范某签订《商品房买卖合同》,按12000元/平方米标准,将前述18号门面以880200元价格售与范某。遵义明顺公司当日即向范某出具了880200元购房款收据。2012年12月11日,双方在遵义市房产市场管理处对18号门面进行了商品房预售合同备案登记。

2014年5月10日,第三人褚某镇与苏某成签订《房屋租赁合同》,将16、17号门面租给苏某城继续从事钢铁销售经营。租期自2014年5月10日起至2016年5月9日止。苏某城于2014年5月23日、2015年5月25日分别向褚某镇支付租金82296元和100584元。2015年1月15日,褚某镇、第三人曾某治为向银行借款将16、17号门面抵押给“遵义恒通融资担保有限公司”作为反担保财产,但双方未办理抵押登记。

2014 年 12 月 24 日，原告纪念街村民组向苏某城之弟苏某权发出交租通知，告知其已欠租 8 个月，限其于 2014 年 12 月 29 日前交纳。该通知由王某明签收。苏某权因已向第三人褚某镇交纳租金故未再向纪念街村民组交租，并向纪念街村民组告知了其与褚某镇签订租赁合同的情况。

2015 年 1 月，原告纪念街村民组为解决 16、17、18 号门面归属问题，以遵义明顺公司、褚某镇、曾某治、冉某红、范某为被告诉至遵义市红花岗区人民法院，并在庭审中明确其请求为：(1)确认其与遵义明顺公司签订的《拆除补偿协议》有效；(2)确认遵义明顺公司分别与褚某镇、范某签订的《商品房买卖合同》无效；(3)判令遵义明顺公司办理 16、17、18 号门面的预告登记，并与褚某镇、曾某治、冉某红、范某共同协助办理房屋产权证书。一审庭审后，纪念街村民组撤回了该案起诉。

2015 年 6 月 8 日，原告纪念街村民组向苏某权发出律师函，要求其支付自 2014 年 5 月 8 日双方租赁合同到期后至 2015 年 6 月的租金，苏某权仍以其已向第三人褚某镇交租为由而未向纪念街村民组交租。

2015 年 7 月 29 日，原告纪念街村民组向法院提起诉讼，请求判令：(1)确认原告与被告遵义明顺公司于 2008 年 11 月 11 日签订的“商品房买卖合同”合法有效，遵义明顺公司继续履行合同，并确认原告系遵义市红花岗区遵湄路金帝世家 C 幢一层 16、17、18 号门面的所有权人；(2)遵义明顺公司与第三人褚某镇、第三人曾某治撤销遵义市红花岗区遵湄路金帝世家 C 幢一层 16、17 号门面的预售登记手续；(3)遵义明顺公司与第三人冉某红、第三人范某撤销遵义市红花岗区遵湄路金帝世家 C 幢一层 18 号门面的预售登记手续；(4)本案诉讼费由遵义明顺公司承担。经法院询问，纪念街村民组主张继续履行合同是指“要求被告为原告办理产权证”。经法院释明，纪念街村民组自愿撤回第(2)项、第(3)项诉讼请求，法院已裁定予以准许。

庭审中，对于原告纪念街村民组的诉讼主体资格和合同权利资格问题。纪念街村民组提交了沙坝村委会于 2015 年 9 月 10 日出具的两份证明，分别载明“村委会管辖的组就有沙坝村纪念街村民组，系依法设立，该组具有独立财产……现沙坝村纪念街村民组仍存在”；“沙坝村纪念街村民组前任组长龚某强代表村民组与遵义市明顺房地产开发有限公司签订拆除补偿协议、认购书、临时交房协议、商品房买卖合同。因沙坝村纪念街村民组对外没有公章，本村委会作为该村民组的直接管理人，因此接受该村民组的委托，在与遵义市明顺房地产开发有限公司签署的协议中加盖公章”。遵义市红花岗区长征镇人民政府(以下简称长征镇政府)在两份证明签署“属实”意见并盖章确认。

对于原告纪念街村民组与被告遵义明顺公司签订的认购书与《商品房买卖合

同》所约定的门面房号不一致的问题。纪念街村民组与遵义明顺公司均陈述，签订《拆除补偿协议》和认购书时准备以16－20号门面作为拆迁还房，1－7号门面作为商品房认购，后因纪念街村民组资金不足，故双方协商将1－7号门面作为拆迁还房，超面积56.65平方米补差价，16－18号门面作为商品房购买，并签订了《商品房买卖合同》。

对于原告纪念街村民组与被告遵义明顺公司签订的《商品房买卖合同》内容笔迹不一致的问题。遵义明顺公司陈述，该合同先由公司填写后交给纪念街村民组，故除复写内容之外，其余条款均为纪念街村民组自行添加。经询问，遵义明顺公司虽对合同真实性、合法性有所质疑，但对第三条载明的“其中，1－7号门面共423.45平方米，其中366.8平方米为还房，56.65平方米为村民组购买”的约定内容以及第四条载明的合同单价7680元/平方米不持异议。褚某镇、曾某治未对该合同真实性提出异议，但其主张纪念街村民组的合同主体资格不适格；冉某红、范某则主张该合同因事后填写且未在住建部门备案而无效。

对于被告遵义明顺公司将16－18号门面另售他人的原因及行为性质问题。遵义明顺公司认可本案纠纷产生的根源是该公司“一房二卖”。但其之所以主张将16－18号门面又出售给第三人褚某镇、第三人范某，系因原告纪念街村民组无力支付购房款，故在该村民组向公司退还门面后方才另行售出。纪念街村民组对此不予认可。法院询问双方是否办理了退房移交手续，遵义明顺公司答复未办理。

对于原告纪念街村民组的付款情况。如前所述，纪念街村民组所付合同价款2125056元由7部分构成，被告遵义明顺公司主张：纪念街村民组于2006年6月9日支付的“认购金”600000元、2006年8月22日支付的“门面预付款”300000元、2007年2月12日支付的“购房款”100000元、2008年5月13日支付的“购门面款”200000元、11月20日支付的“购门面款”130456元，合计1330456元，分别为购买1－7号门面超面积的56.65平方米购房款以及16－18号门面的部分购房款，而纪念街村民组于2007年6月5日所付的200000元系公司借款不能抵作购房款，结账清单载明的594600元则系因土地补偿、过渡补偿等需要而产生的费用，亦不能抵作购房款，故纪念街村民组未付清16－18号门面购房款。第三人褚某镇、第三人曾某治认为，纪念街村民组所付款项一来并非16－18号门面购房款，二来付款记录与结账清单自相矛盾，故对付款真实性不予认可。第三人冉某红、第三人范某的意见与褚某镇、曾某治一致。

对于第三人褚某镇、第三人曾某治的付款情况。褚某镇、曾某治陈述，其付款方式为1920000元通过转账支付，余款现金支付。对此，原告纪念街村民组主张，1920000元系汇款给何某全而非公司账户，故其付款合法性存疑。被告遵义明顺公司主张，何某全系公司实际控制人，因公司债务较多故汇款至个人账户，但公司已收该款。

对于第三人冉某红、第三人范某的付款情况。冉某红陈述，其系“金帝世家”C幢的实际施工人，因被告遵义明顺公司差欠其工程款，故双方协商用18号门面对部分工程款进行冲抵，然后才由范某与公司签订《商品房买卖合同》。遵义明顺公司对此予以认可。原告纪念街村民组则主张，该买卖合同关系并不真实，损害其利益。

对于16－18号门面实际占有、使用问题。第三人褚某镇、曾某治、冉某红、范某均认可在2014年5月之前，16－18号门面由原告纪念街村民组对外出租并收取租金，但在此之后，褚某镇、曾某治主张16、17号门面由被告遵义明顺公司通知苏某权与其签订租赁合同并交付租金；冉某红、范某主张其亦向苏某琪进行了口头通知。遵义明顺公司对此予以认可，而纪念街村民组认为该行为不能改变16－18号门面由其占有、控制的事实。庭审后，在2015年9月3日，纪念街村民组认为苏某城迟延交纳租金并擅自搬离16、17号门面的行为应视为解除双方的租赁关系，遂将16、17号门面予以收回。为此，苏某权向法院寄来请求证明书，载明：“……大概在2013年5－6月间，就有自称房开公司老板带一个中年男子到我店面来，告诉我16、17号两间房子已经卖给这个叫褚某镇的，过去村民组只是暂时管理、出租，让我和褚某镇签订合同，还把褚某镇的买卖合同都拿给我看（并留有复印件）。当时我就告诉此老板我刚和村民组签完合同，该中年男子听我又和村民组签了合同还很生气，该房开公司老板就给我说，这份合同做完就不能和村民组签了，村民组没有权利再和我签合同，我如果不租就算了，如果要租就得和褚某镇签合同……在2014年租期还没到，村民组找我续签合同时，我就将房开公司老板告诉我门面已卖事宜再次告知村民组并告知作为承租人的我只向一方支付租金，不可能两头付租金，再者说，褚某镇有正规的买卖合同。于是在2014年5月10日就和褚某镇签了两年的租赁合同，房租一年一交，两次房租都是在我店铺里面用我的现金支付，褚某镇还给我开了收据……在我和褚某镇签了合同、交了房租之后，村里面又找到我，我就给他们讲房开公司让我和褚某镇签合同，我已经签了合同房租都交了，他们有问题去找房开公司和褚某镇……最开始我向村民组租后来认为褚某镇又有买卖合同在手，村民组没有什么依据，我支持褚某镇并向其租赁铺面……”褚某镇、曾某治亦将该请求证明书作为证明其实际占有、控制16、17号门面的证据予以提交。为求证该请求证明书内容真实性，经双方当事人共同申请，法院向苏某权进行了询问。苏某权陈述，请求证明书系其自书寄送法院，16、17号门面由其兄苏某城与之共同租赁用于钢材经营，本案所涉两间门面的《租赁合同》均由苏某城本人所签或苏某权代签，租金均已交纳。苏某权重申，2013年遵义明顺公司、褚某镇找他之时，其刚与纪念街村民组签订新一年度租赁合同，并已将该情况告知了褚某镇。法院还对苏某琪进行了询问。苏某琪陈述，从2008年起，其一直与纪念街村民组签订租赁合同、交纳租金，今年八九月，冉某红告知房子已经卖给他了，但并未告知向其租房。

【法院认为】

贵州省遵义市中级人民法院一审认为：

本案的争议焦点为：(1)原告纪念街村民组与被告遵义明顺公司签订的《商品房买卖合同》是否合法有效；(2)遵义明顺公司应否继续履行其与纪念街村民组签订的《商品房买卖合同》所约定的协助办理讼争16－18号门面房产证义务；(3)纪念街村民组诉请确认其为讼争16－18号门面所有权人的主张能否成立。

1. 关于合同效力问题。从签约主体资格来看，虽然《商品房买卖合同》尾部加盖的是沙坝村委会公章，但在合同前部"买受人"处填写的是原告纪念街村民组，根据沙坝村委会、长征镇政府出具的两份证明可知，之所以由沙坝村委会盖章系因该村民组无公章，故村委会的盖章行为仅系代理性质，而真正的合同当事人是纪念街村民组。纪念街村民组作为合法成立、有一定的组织机构和财产的非法人组织，享有民事权利能力，其与被告遵义明顺公司签订《商品房买卖合同》主体适格；从签约过程来看，遵义明顺公司"为了尽快对外环路综合市场项目进行实施"，"对长征镇沙坝村纪念街界内修建的两层临时建筑进行拆除"而与纪念街村民组签订《拆除补偿协议》，随后双方几经协商，最终决定将遵义明顺公司开发的"金帝世家"C幢一层1－7号门面作为拆迁还房，16－18号门面作为商品房购买，并由遵义明顺公司预填合同通用条款内容并加盖公司公章后交由纪念街村民组内部协商后签字、盖章。由此可见，《商品房买卖合同》是双方就门面购买事宜达成合意之后慎重签订，而非事后补签、倒签；从合同内容看，虽然该合同部分内容确与其他内容笔迹不一致，但一方面该合同签约时间有先后，故合同内容逐步完善符合常理；另一方面，遵义明顺公司对该合同约定的还房房号及面积、还房超平方需补价差的面积、作为商品房出售的房号及面积、房款单价与总价等合同核心内容均不持异议。由此表明，该《商品房买卖合同》是遵义明顺公司与纪念街村民组的真实意思表示。纪念街村民组与遵义明顺公司签订的《商品房买卖合同》，因缔约主体适格、签约过程真实、合同条款完整、约定内容充分体现双方购销意愿，且不违反法律法规的强制性规定，故该合同系合法有效合同。

2. 关于合同义务履行问题。本案纠纷系因被告遵义明顺公司一房二卖所致。虽然遵义明顺公司辩称讼争16－18号门面是在原告纪念街村民组退还之后再次出售，但其并未提交退房移交手续加以佐证，亦与纪念街村民组常年对外出租讼争门面的事实不符，故法院对该辩解意见不予采信。处理一房二卖情况下的合同履行问题，可从商品房买卖合同的缔约真实性、签约时间顺序、付款程度、合同备案情况、讼争不动产的占有事实、预登记情况以及权利主张等方面加以评判。

第一,缔约真实性。在一房二卖争产诉讼中,合同真实、有效是判断各自合同能否继续履行,后订立的合同能否对抗在先订立合同的前提。原告纪念街村民组、第三人褚某镇与被告遵义明顺公司签订的《商品房买卖合同》,遵义明顺公司均认可系买卖合同性质,且与纪念街村民组、褚某镇向遵义明顺公司支付购房款的事实相吻合,故法院对纪念街村民组、褚某镇与遵义明顺公司签订的《商品房买卖合同》真实性予以确认;第三人范某与遵义明顺公司签订的《商品房买卖合同》,因第三人冉某红与遵义明顺公司均认可该合同本质为以物抵债协议,而冉某红并未举证证明其系讼争门面的承包人或实际施工人以及遵义明顺公司所拖欠的工程款数额等基础事实,故法院对该《商品房买卖合同》的真实性不予认定。

第二,签约时间顺序。被告遵义明顺公司与原告纪念街村民组之间的《商品房买卖合同》成约时间是2009年2月12日,而第三人褚某镇、第三人范某则分别在2010年8月25日和2010年10月25日与遵义明顺公司签订《商品房买卖合同》。由此可见,纪念街村民组购房在前,褚某镇、范某签约在后。虽然债权具有平等性,但债权形成时间的先后顺序是考量物权分配的重要因素。

第三,付款情况。买受人支付购房款的程度,能够反映其履行合同义务的状况,对于积极履行合同义务的买受人,理应得到更优保护。根据原告纪念街村民组与被告遵义明顺公司签订的《商品房买卖合同》约定,纪念街村民组应付16-18号门面购房款以及超面积补差款共计2125056元,其已通过转账方式汇付购房款1330456元是不争事实,遵义明顺公司在庭审时亦予认可,故法院予以确认。虽然该公司主张其向纪念街村民组所借200000元以及补偿款594600元不能抵扣购房款,但该公司加盖公章的纪念街村民组结账清单中载明已付1400000元,减去通过转账汇付无争议的1200000元,余下200000元在遵义明顺公司未举证证明其已归还纪念街村民组的情况下,只能视为双方在最终结算时已经达成借款抵房款的合意。同样,594600元虽系补偿款性质,但双方亦已协商予以抵扣。据此,法院认定纪念街村民组已经支付完毕全部购房款;根据第三人褚某镇与遵义明顺公司签订的两份《商品房买卖合同》约定,褚某镇应向遵义明顺公司支付购房款共计2149888元,其通过转账方式支付了1920000元,其余尾款褚某镇主张为现金支付,遵义明顺公司向其出具了2150000元收据,纪念街村民组、第三人冉某红、范某对付款真实性均未提出异议,故法院对褚某镇已付清16、17号门面购房款的事实亦予确认;范某与遵义明顺公司签订的《商品房买卖合同》所约定的购房款因未实际发生,故法院不予认定。

第四,合同备案及预告登记情况。本案中,原告纪念街村民组、第三人褚某镇、范某均未在行政机关申请对讼争门面进行预告登记,但褚某镇、范某已在遵义市房产市场管理处对其与被告遵义明顺公司签订的《商品房买卖合同》进行了预售登记备案,而纪念街村民组未申请备案。对不动产进行预告登记方有准物权对抗效力,而合同备案只能表明买受人正在为最终取得物权做准备,故褚某镇、范某进行合同备案只能作为物权分配的参考因素。

第五,占有情况。如前所述,针对16、17号门面,原告纪念街村民组、第三人褚某镇均已付清购房款,现纪念街村民组的证据优势在于签约在先、占有在先、使用在先,而褚某镇的证据优势则是其已对《商品房买卖合同》进行了备案登记。对此,虽然被告遵义明顺公司与纪念街村民组签订《临时交房协议》时,讼争门面尚不具备法定交房条件,但该门面已在2007年9月通过了竣工验收,纪念街村民组至迟也在2009年2月12日通过与遵义明顺公司签订《商品房买卖合同》而合法取得并占有16-18号门面。纪念街村民组将16、17号门面租给苏某城,18号门面租给苏某琪,双方形成租赁合同关系。对于18号门面,苏某琪自始至终与纪念街村民组签约并交付租金,表明纪念街村民组持续对18号门面进行占有、收益、处分;对于16、17号门面,虽然遵义明顺公司于2013年5月16日向褚某镇发出房屋移交通知书,但因16、17号门面已先期交付纪念街村民组并由其占有和对外租赁,故该房屋移交通知书不能实现交付效果。2014年5月起,虽然苏某城与纪念街村民组签订的书面《租赁合同》到期,但双方之间的事实租赁合同关系并未解除,纪念街村民组仍然合法对16、17号门面进行占有、收益、处分。苏某城虽因褚某镇向其出示《商品房买卖合同》而与之签订《房屋租赁合同》,但根据合同相对性原则,该合同只能约束苏某城与褚某镇而对纪念街村民组无约束力。因苏某城向纪念街村民组租赁在先,即便双方解除租赁关系,苏某城作为合同相对人亦应先行向纪念街村民组返还门面,现苏某城直接与褚某镇签订《房屋租赁合同》,既不能终止其与纪念街村民组之间的租赁合同关系,亦不能阻却纪念街村民组对16、17号门面的占有事实。据此,褚某镇辩称其在2014年5月与苏某城签订租赁合同之后便合法占有、实际控制16、17号门面的主张不能成立,法院不予采纳。

第六,权利主张情况。在其他途径难以解决一房二卖不动产的归属及合同履行问题时,买受人应当积极通过司法途径寻求法律救济。2014年年底,原告纪念街村民组在向苏某城催收租金未果并知晓苏某城与第三人褚某镇签订租赁合同之后,便于2015年1月向遵义市红花岗区人民法院提起诉讼,撤诉后又在2015年7月向法院起诉主张权利,而褚某镇、第三人范某并未以原告身份起诉请求遵义明顺公司履行协助办理房产证的合同义务,而仅在本案作为第三人提出其为16、17号门面合法占有人的抗辩意见。对此,“占有”仅是法律保护的对物进行实际控制的事实状态,其虽具有类物权性质但终究不是物权本身。在一房二卖情形下,基于买卖合同关系对物进行占有的买受人不能对抗最终取得所有权的买受人。换言之,即便褚某镇的前述辩解意见成立,因纪念街村民组、褚某镇与遵义明顺公司签订的

《商品房买卖合同》均为有效合同,现纪念街村民组主动寻求司法救济,诉请遵义明顺公司履行协助办理讼争门面房产证义务,故当产权证办理完成,纪念街村民组成为所有权人之时,即便16、17号门面为褚某镇占有,其仍应返还给纪念街村民组。

综前所述,原告纪念街村民组与被告遵义明顺公司签订的《商品房买卖合同》系有效合同,其在先取得债权并已如约完成己方主要合同义务即付清购房款并合法占有讼争门面,遵义明顺公司应当继续履行己方未尽合同义务,即根据其与纪念街村民组签订的《商品房买卖合同》第十五条之约定,按照国务院《不动产登记暂行条例》第十四条第一款关于"因买卖、设定抵押权等申请不动产登记的,应当由当事人双方共同申请"、第十六条第一款关于"申请人应当提交下列材料,并对申请材料的真实性负责:(一)登记申请书;(二)申请人、代理人身份证明材料、授权委托书;(三)相关的不动产权属来源证明材料、登记原因证明文件、不动产权属证书;(四)不动产界址、空间界限、面积等材料;(五)与他人利害关系的说明材料;(六)法律、行政法规以及本条例实施细则规定的其他材料"等规定要求,主动配合、积极协助纪念街村民组共同向产权登记机关提出16-18号门面的不动产权属登记申请,并提交办理权属登记需由出卖人提供的材料。第三人褚某镇虽对其与遵义明顺公司签订的《商品房买卖合同》进行了备案登记,但其签约在后、债权形成时间较晚且备案行为不具备物权公示、对抗效力,加之其未能合法占有讼争门面以及未向人民法院起诉要求遵义明顺公司履行合同义务,故法院对其辩解意见均不予采纳,褚某镇、第三人曾某治可另行向遵义明顺公司主张权利。第三人范某与遵义明顺公司签订的《商品房买卖合同》因缺乏证据佐证而真实性存疑,即便因以物抵债签订本合同属实,范某、第三人冉某红由始至终未合法占有18号门面且未起诉主张合同权利亦是不争事实,故其辩解意见也难成立,法院不予采纳,冉某红、范某可另行向遵义明顺公司主张权利。

关于确权问题。因讼争16-18号门面尚未完成不动产权属登记,故原告纪念街村民组诉请确认其为讼争门面所有权人的主张不能成立,法院不予支持。

【裁判结果】

综上,原告纪念街村民组请求确认其与被告遵义明顺公司签订的《商品房买卖合同》合法有效并诉请遵义明顺公司继续履行合同的主张成立,予以支持;纪念街村民组请求确认其为讼争16-18号门面所有权人的主张不能成立,予以驳回。据此,贵州省遵义市中级人民法院判决:(1)原告纪念街村民组与被告遵义明顺公司于2009年2月12日签订的《商品房买卖合同》合法有效;(2)限被告遵义明顺公司于本判决生效后立即配合、协助原告纪念街村民组共同向相关产权登记机关申请办理位于遵义市红花岗区遵湄路的"金帝世家"房开项目C幢一层第16、17、18号营业性用房的不动产权属登记,并提交办理权属登记需由出卖人提供的材料;

(3)驳回原告纪念街村民组的其余诉讼请求。

[参见最高人民法院办公厅编:《最高人民法院公报》2018 年第 12 期。]

12. 房屋买卖合同无效与雇员侵害物权竞合案件能否合并审理?

【典型案例】

河南淮滨法院判决郑某诉张甲等房屋买卖合同纠纷案

【裁判要旨】

房屋买卖合同不成立与房屋出卖人的雇员在销售的房屋(未实际交付)堆放装修物导致发生火灾进而不能交付涉案房屋,产生法律关系的竞合,不能合并审理,出卖人可以在涉案房屋法律关系处理完毕后,另行起诉主张雇员侵权责任。

【案号索引】

一审:河南省淮滨县人民法院(2017)豫 1527 民初 3055 号

二审:河南省信阳市中级人民法院(2018)豫 15 民终 1485 号

原告郑某为城市户口,于 2013 年 2 月 5 日、2014 年 1 月 26 日交付给被告张甲合计 15 万元,用来购买被告张乙在简楼新村开发的新农村建房。后被告简某在涉诉房屋堆放木料,2017 年 1 月 4 日,该处房屋发生火灾,导致房屋毁损严重。被告张甲在发生火灾之前并未将涉案房屋钥匙交付给原告郑某,简楼新村项目是被告张乙开发,该处简楼新村房屋没有取得土地规划证、农村集体土地转为非农业建设用地规划证及变更土地使用性质等合法手续。

郑某于 2017 年 5 月以被告张甲、张乙违约未能交付房屋,要求张甲、张乙退还购房款 15 万元为由起诉至河南省淮滨县人民法院。被告张甲、张乙以被告简某乃经过原告郑某同意堆放易燃物于涉案房屋,导致房屋灭失为由,提起反诉,要求原告郑某继续履行房屋购买合同,被告简某赔偿房屋灭失损失暂定 15 万元。

河南省淮滨县人民法院经审理认为,原告郑某交付 15 万元购房款事实存在,但是原告郑某为城市户口,按照法律规定,农村集体土地只能分配给本村村民,城镇居民不得到农村购买住宅,且该规定为效力性规定。由于合同无效后已无继续履行的可能,因此张乙反诉继续履行合同的请求,不能成立。被告张乙要求对毁损房屋提出鉴定，该鉴定申请事项涉及被告简某侵权事实的最终认定与合同无效之诉的竞合问题，而且可以在另案侵权之诉中提出，故在本案中提出鉴定实无必要，因此不能成立。故判决：被告张乙于本判决生效后30日内，退还给原告郑某15万元。

宣判后，被告张甲与被告张乙不服判决结果，提起上诉。河南省信阳市中级人民法院经审理认为，涉案房屋尚未交付，故房屋毁损灭失的风险由出卖人即张甲、张乙负担，因为涉案房屋已经发生火灾，损毁严重，无法交付使用，因此郑某要求返还购房款并无不当。涉案房屋失火损失与本案并非同一法律关系，张甲、张乙关于涉诉房屋的失火损失，可另行主张。本案的基础关系为房屋买卖合同关系，一审法院依法对合同效力的认定并无不当。判决结果并未超过诉讼请求，程序亦无不当。综上，张甲、张乙上诉理由不能成立，不予支持，维持一审判决。

［参见韩卓珂：《房屋买卖合同无效与雇员侵害物权竞合案件不能合并审理》，载《人民法院报》2019年5月23日，第7版。］

13. 限购条件下房屋买卖合同解除的条件如何认定？

【审判政策与精神】

1.《最高人民法院2015年全国民事审判工作会议纪要》

1.“限购”条件下的合同解除意见：房屋买卖合同签订后，由于住房限购政策的实施，当事人无法办理房屋所有权变更登记，买受人请求解除合同，并要求出卖人返还所收受的购房款或定金的，对其请求可予支持。

2.“限贷”条件下的合同解除意见：房屋买卖合同约定以按揭贷款方式付款，买受人以房贷政策变化不能办理按揭贷款导致无履约能力为由，请求解除合同，并要求出卖人返还所收受的购房款或定金的，经审查，买受人是否确因房贷政策变化而不能办理约定的按揭贷款的，一般应予以支持其诉请。

2.北京市高级人民法院关于妥善处理涉及住房限购政策的房屋买卖合同纠纷案件若干问题的会议纪要

1.“限购”条件下的合同解除意见：对于合同订立后由于住房限购政策的实施致使买受人无法办理房屋过户登记的，属于因不可归责于双方当事人的原因导致合同目的无法实现，当事人要求解除合同的，除合同另有约定外，一般应予支持。

2.合同解除后责任承担意见：出卖人应当将收受的购房款或定金返还给买受人；当事人一方要求另一方承担违约责任或适用定金罚则的，不予支持；经审查合同解除确实导致当事人间利益失衡，损失方要求对方补偿其所受合理损失的，可酌情予以支持。

房屋买卖合同依约定期限能够实际履行，因一方当事人的原因致合同处于迟延履行状态，在此期间由于住房限购政策的实施导致合同无法继续履行的，对守约方要求解除合同，并要求另一方承担赔偿损失等违约责任的诉讼请求，应予支持。

3. 上海市高级人民法院《宏观政策调控后房屋买卖纠纷若干问题的解答》

“限贷”条件下的合同解除意见：房屋买卖合同是一种标的额相对较大、与买卖双方有切身利害关系的合同。当事人在订立合同时往往对合同内容有较为全面的认识，对自身合同义务的履行及风险有着较为充分的预见。因此，作为付款义务人的房屋买受人对合同订立后可能出现的各种履行障碍，应当有充分、合理的预见，并对可能出现的履行障碍有相应的解决方案。一般情况下，贷款成数的变化不会当然导致房屋买受人不能继续履行合同，房屋买受人也可以通过其它途径筹措资金履行付款义务。因此，当事人在无特别约定的情况下，一般不得以贷款成数变化等政策原因为由主张解除房屋买卖合同。

但是，房屋买受人能举证证明贷款不足或不成，确实严重影响其履约能力，房屋买卖合同事实上已不可能继续履行，且该履行障碍并非房屋买受人的信用低等个人原因所致，房屋买受人主张解除房屋买卖合同的，可以允许。

4. 广东省高级人民法院《全省民事审判工作会议纪要》

“限购限贷”条件下的合同解除意见：商品房买卖合同签订后，如政府部门出台限购限贷政策的，人民法院应查明买受人是否属于限购或限贷范围。确因限购限贷政策无法办理房屋所有权变更登记，或者不能订立商品房担保贷款合同并导致商品房买卖合同不能继续履行，当事人请求解除合同的，人民法院可参照《最高人民法院关于审理商品房买卖合同纠纷案件适用法律若干问题的解释》第二十三条的规定予以支持。买受人请求判令出卖人办理过户登记手续的，人民法院应向其释明可以变更诉讼请求；买受人坚持不变更的，驳回其诉讼请求。

5. 浙江省高级人民法院关于审理受房地产市场调控政策影响的房屋买卖合同纠纷案件的若干意见(试行)

1. “限购”条件下的合同解除意见：调控政策实施前订立的合同确因限购、禁购政策而导致无法继续履行的，当事人均可以请求解除合同，出卖人应当将收受的购房款或者定金返还买受人。出卖人起诉或反诉请求买受人继续履行合同、承担违约责任或适用定金罚则的，不予支持；但出卖人请求买受人承担其为订立合同而实际发生的费用等合理损失的，可酌情予以支持。

2. “限贷”条件下的合同解除意见：调控政策实施前订立的合同并未明确约定以按揭贷款方式付款，现买受人以其因受限贷政策影响而无法继续履行为由，请求解除合同的，一般不予支持。调控政策实施前订立的合同约定以按揭贷款方式付款，现买受人举证证明其确因首付款比例提高、不能办理按揭贷款等导致无法继续履行，而请求解除合同的，可予以支持；出卖人应当将收受的购房款或者定金返还买受人。出卖人请求买受人承担其为订立合同而实际发生的费用等合理损失的，可酌情予以支持。

14. 商品房买受人可否以装修标准缩水为由主张差价损失？

【审判专论】

应当区分纠纷的类型，并根据不同的类型确定不同的判断标准，同时，行政措施和司法救济合力，引导全装修房屋预售市场健康有序发展。

区分类型。全装修商品房预售合同纠纷中是否存在装修标准缩水问题的处理，可根据买受人可否对装修价值进行预测、评估以作出是否缔约为条件，区分为两种不同的情形：其一，商品房买卖合同中对装修所用主要材料的品牌、型号、数量进行明确约定，或开发商提供了装修样板房的情形。此情形下，因买受人实际掌握了装修所用材料的品牌、型号、数量，可以据此判断装修的价值。其二，商品房买卖合同中仅约定装修标准，而未约定具体品牌、型号、数量，且开发商未提供样板房的情形。此情形下，买受人无从判断装修的价值，即其在作出意思表示时，无法预测装修的结果。

确定标准。主观价值论认为价值只能通过人们在自由市场中的实际行为和选择得到体现，对价只要当事人主观上认为具有等值性即可，客观上价值是否相当在所不问。客观价值论则认为商品的价值是客观存在的，是凝结于其中的人类无差别劳动。目前主流的观点认为，采用客观价值论抑或主观价值论，应依据合同的程序正义和实质正义。程序正义审查的是当事人在合同缔结、履行的过程中地位是否平等、意思是否自由。实质正义审查的是合同所反映的当事人之间权利义务关系本身是否妥当、是否等值。如果合同的缔结过程程序上是正义的，应采用主观价值论，尊重当事人谈判的结果；如果合同的程序正义无法保障，则要进行实体性正义的审查，判断合同的内容是否平等、均衡。根据以上所述，对第一种情形，应采主观价值论，司法不干涉当事人的意思自治，除能举证证明开发商所使用的材料的品牌、型号、数量与约定不符的情形外，买受人主张装修标准缩水的，应当驳回其请求；对第二种情形，则应采取客观价值论。

合力规制。采取客观价值论时，案件具体如何处理，无法避免一些担忧：商品房预售合同中涉及的买受人众多，一旦可以通过鉴定的方式来判断装修是否符合约定的标准，可能会导致买受人不管对装修是否满意，都会对装修标准提出异议，会造成大量长期未结案，对商品房市场造成极大的冲击，这显然不是司法作为一种社会矛盾消解机制应当扮演的角色。因此，买受人的权利固然不能漠视，但全装修作为一种新鲜的、处理难度极大的社会问题，显然也不可能是法院一家之力就可以完全解决的，笔者认为可从两个方面着手：其一，行政方面。行政主管部门强化商品房买卖合同备案的管理，并加大对开发商备案违规的处罚力度，而备案的示范合同中，装修的具体品牌、型号、数量应是其必须具备的内容。如此可保障买受人对装修标准的预测，从而采主观价值理论来处理双方产生的纠纷，这既是规范市场行为，也是妥善处理这类纠纷的最有效的途径。其二，司法方面。对于极少数合同中未列明具体品牌、型号、数量的情形，考虑到这类纠纷的涉众型，而开发商通常会在一个楼盘中提供几种不同的装修方案，因此可采取类型化处理的方式，即对每种装修方案作出一个司法鉴定，其他同类型房屋参照上述鉴定结论来处理。当然，在行政与司法未能协调一致的情形下，采取客观价值论，以鉴定的方式来判断装修是否缩水应当慎之又慎。

［参见李骏、睢晓鹏：《装修商品房预售合同纠纷中的三个难点问题》，载《人民法院报》2020年3月5日，第7版。］

15. 商品房买受人拒绝接收商品房如何处理？

【审判政策与精神】

北京市高级人民法院关于审理房屋买卖合同纠纷案件若干疑难问题的会议纪要（2014年12月16日　京高法发〔2014〕489号）

十三、买受人拒绝接收商品房的处理

出卖人交付的房屋符合商品房买卖合同约定及法定的强制性交付条件和质量标准，买受人以房屋质量存在表面瑕疵为由拒绝接收房屋，并要求出卖人承担逾期交房违约责任的，一般不予支持，但买受人确有证据证明房屋在交付时存在功能性质量瑕疵以致严重影响正常居住使用的除外。买受人接收房屋不影响出卖人对房屋的质量瑕疵承担保修义务。

16. 商品房质量瑕疵问题如何处理?

【审判专论】

商品房的质量问题是审判实践中的一个难题。在案件审理中,不仅要考虑当事人在商品房买卖合同中的约定,还要依据《建筑法》《城市房地产管理法》《城市房地产开发经营管理条例》以及相关的一些规章。在商品房买卖中,交付质量合格的房屋不仅是出卖人的主要合同义务,也是一项法定义务。按照相关法律规定,建设工程经验收合格后方能交付使用。但较常见的问题是,商品房出现质量问题是买受人接收以后发现的,在这种情况下,出卖人能否以验收合格作为对房屋质量缺陷的绝对抗辩理由?如某甲与某房地产开发公司签订了商品房买卖合同一份,约定甲购买开发公司的房屋一套。开发公司于2012年6月办理了房屋交付手续,甲于2012年8月办理了房屋入住手续,并按规定交纳了取暖费用和物业管理费用。2012年9月甲准备装修房屋时发现两个房间分别有4米和3米长的裂缝,客厅和卧室地面也出现了裂缝。为此,甲要求开发公司对房屋进行修缮,开发公司则以房屋已经经过竣工验收为由,不承认房屋存在质量缺陷,只同意按照行业标准进行维修。

对这个问题笔者认为,需要把握以下处理原则:第一,验收合格并不意味着房屋质量绝对合格。验收合格只是房屋在建设工程完工交付之后,施工单位、监理单位和开发单位等交接房屋的手续,并非对房屋存在质量缺陷主张的绝对抗辩理由,在有其他充分证据能够证明房屋存在质量问题时,验收合格不具有证明力。第二,专门机构的鉴定意见不影响法院认定案件事实。验收合格证明以及房屋质量认定大都是有关专门机构作出的鉴定意见,这种鉴定意见只是一种证据,法院有决定是否采信的权利,应当根据案件的相关证据对案件事实作出认定。第三,要正确把握房屋质量的标准。在合同中对房屋质量标准有明确约定的,从其约定。质量要求不明确的,按照国家标准、行业标准履行;没有国家标准、行业标准的,按照通常标准或者符合合同目的的特定标准履行。我国《建筑法》第六十条第二款明文规定,"建筑工程竣工时,屋顶、墙面不得留有渗漏、开裂等质量缺陷;对已发现的质量缺陷,建筑施工企业应当修复"。

出卖人出卖的标的物如果存在瑕疵,出卖人应当承担瑕疵担保责任。这种责任是由买卖合同的性质决定的,其基础在于双方当事人之间存在默示的担保契约,这种责任不以当事人的过错为条件,即使当事人无任何过错,只要交付的标的物不符合约定,就必须承担责任。当然,买受人应是善意并无重大过失,如果买受人明知或存在重大过失致使标的物有瑕疵的,出卖人可免除瑕疵担保责任,但如果出卖人保证标的物无瑕疵,或者故意隐瞒标的物有瑕疵,或者买受人在法律规定或合同约定的质量异议期间提出标的物有瑕疵,出卖人不能免除其瑕疵担保责任。对出现的质量问题,买受人可以合理选择让出卖人修理、更换、重作、退货、减少价款等责任方式,但买受人选择上述民事责任方式时,应当遵循诚实信用原则,如果能够通过修理等方式解决存在的质量瑕疵的,尽量不要采取其他退货等方式。如果合同对房屋的质量瑕疵问题未明确约定,应当分别不同的情况予以处理:对于比较明显的质量瑕疵,买受人在接受时应当尽其严格检查的注意义务,及时向出卖人提出。买受人接受后才发现的质量瑕疵,应在法律规定的质量异议期提出,否则出卖人对明显的瑕疵不再负责;对于隐蔽存在的质量瑕疵,买受人在使用过程中应当及时向出卖人提出,出卖人应当承担维修等责任。

[参见冯淑英:《审理房屋买卖合同纠纷案件若干实务问题》,载《中国不动产法研究》2016 年第 1 期。]

17. 商品房面积误差问题如何处理?

【审判专论】

商品房销售面积是商品房买卖合同中的一个核心问题,由于商品房买卖多采取预售的方式,客观上容易造成按照设计图纸确定的面积(合同约定的面积)与实际交付的房屋套内面积产生一定的误差。面积存在误差具有一定的客观因素,但也有些房地产开发商不遵循诚实信用原则,故意造成商品房面积缩水,谋取不正当利益。《最高人民法院关于审理商品房买卖合同纠纷案件适用法律若干问题的解释》(以下简称《解释》)就如何处理商品房面积误差问题作出了具体规定,非常具有实务价值。根据《商品房销售管理办法》第三十四条的规定,以及建设部《房产测绘管理办法》第十八条的规定,房地产开发企业在商品交付使用前,应当委托具有测绘资格的单位进行面积测绘,经房地产行政主管部门审核后可作为商品房产权登记的面积。我们通常所说的商品房销售面积误差主要就是指这种产权登记面积与合同约定面积之间的差异,纠纷也由此而引起。按照《解释》的规定,对开发商交付的商品房出现面积误差,合同有约定的按约定处理,合同没有约定的,以面积误差比绝对值在 3% 以内或者以外作为是否解除合同和承担责任的标准,该标准完全采纳了 2001 年颁布的《商品房销售管理办法》第二十条的规定。该规定经过实践检验,证明是切实可行的,司法解释将规定的内容加以具体明确,解决了人民法院在适用法律上的障碍,也保证了司法权和行政权的有机统一。

按照《商品房销售管理办法》的规定,确认所交付的商品房面积以产权登记面积为准。这个规定在实践中很难操作,因为出卖人交付商品房时,绝大多数都不可能办理房屋的产权登记手续,有些房屋甚至交付数年后才办理产权登记,而出卖人交付房屋后,买受人即发现房屋面积缩水。因此,实务中处理纠纷时,如果当事人之间已经办理了产权转移登记手续,则可以按照登记所确定的面积计算,如果没有办理产权登记,可以委托具有房产测绘资格的单位进行实际测量,如对测量结果不服,人民法院也可以委托具有房产测绘资格的机构进行鉴定。根据测绘结果,当事人可以作出是否退房的决定。如果预售方交付的商品房位置、户型、结构与合同的约定严重不符,根据购房人的请求及履约的可能性,应责令预售方按合同约定交付房屋或者解除合同承担违约责任。购房人已经实际居住使用后提出按合同约定交付或解除合同的不予支持。

[参见冯淑英:《审理房屋买卖合同纠纷案件若干实务问题》,载《中国不动产法研究》2016 年第 1 期。]

18. 商品房买受人以房屋质量不符合合同约定而要求解除合同的,应否予以支持?

【典型案例】

陈某会与海南易通生态科技有限公司商品房预售合同纠纷申请案

【裁判要旨】

合同的解除分为约定解除和法定解除。在约定解除方面,如果符合约定解除条件,则商品房买受人有权以房屋质量不符合合同约定而要求解除合同。在法定解除方面,根据《最高人民法院关于审理商品房买卖合同纠纷案件适用法律若干问题的解释》第九条和第十条的规定,商品房买卖合同的法定解除条件是房屋因主体结构质量不合格不能交付使用或交付使用后房屋主体结构经检验确属不合格,或者房屋的质量问题严重影响正常居住。因此,在合同未约定解除条件的情况下,商品房买受人能否以房屋质量不符合合同约定而要求解除合同,取决于违约情形是否符合上述法律规定,只有符合上述规定,才可以要求解除合同。

【案号索引】

最高人民法院民事裁定书(2013)民申字第329号

【当事人信息】

再审申请人(一审原告、二审上诉人):陈某会

被申请人(一审被告、二审被上诉人):海南易通生态科技有限公司(以下简称易通公司)

【基本案情】

再审申请人陈某会因与被申请人易通公司商品房预售合同纠纷一案,不服海南省高级人民法院(2012)琼民一终字第44号民事判决,向本院申请再审。本院依法组成合议庭对本案进行了审查,现已审查终结。

陈某会申请再审称:(1)从其所提交的视频光盘能直观显示,拍摄当日涉案房屋内仍有工人在抢修,且房屋水电不通(见视频0268中48秒至1分09秒),厨卫也未安装完成,庭院中亦未终止绿化。人民法院应根据现有的科学技术,将光盘交由鉴定部门检测光盘画面拍摄的时间及真伪,对此二审法院认为"该光盘在一审未提交,在二审庭审时才提交,仅是上诉人陈某会单方制作,并未得到对方认可,无法证实该光盘画面拍摄的时间。且从拍摄的图像中未能看出房屋有明显违反合同约定的瑕疵,亦难以分辨出上诉人去现场收房时房屋仍在装修的事实"系认定错误。(2)二审法院认定诉争房屋具备了合同约定的交付条件缺乏证据证明。陈某会庭审中已提供初步证据证明交房当日,系争房屋不符合约定的交房条件,且易通公司也接受了该书面异议。易通公司除了竣工验收备案证外,无法举证证明陈某会拒绝收房。且直至二审庭审结束,易通公司未提供住宅质量保证书和住宅使用说明书,根据"谁主张,谁举证"原则,易通公司应承担举证不能的法律后果。(3)陈某会购买的是期房,楼书及样板房对系争房屋内部装修及庭院绿化作了具体说明,系陈某会选购时的重要参考标准。故"楼书及样板房"对合同的订立及房屋价格的确定有重大影响,应认定为要约。对此,二审法院适用法律错误。(4)二审法院经2012年11月1日现场勘查,认为C29栋别墅的装饰已达到合同附件三约定的标准缺乏事实和法律依据。首先,竣工验收备案证只是对房屋整个框架结构和外体质量所做的验收,只能表明房屋外部主体结构符合国家标准。但外部主体结构的竣工验收与双方对于房屋内部水电等基础设施、装饰等交接验收是完全不同的概念。仅凭竣工验收备案证无法证明系争房屋已达到验收标准。其次,据双方《商品房买卖合同》第八条"出卖人应当在2011年9月25日前,依照国家和地方人民政府的有关规定,将具备下列第1种条件,并符合本合同约定的商品房交付买受人使用。该商品房经验收合格"的约定,交房不仅必须符合验收标准还应符合本合同及附件三中

约定的条件以及楼书、样板房的参考标准。另外，二审法院2012年11月1日现场勘查距双方当事人约定的交房日期相差403天，无法证明系争房屋何时符合交房条件，更无法证明约定的交房日期当天的房屋状况。(5)二审法院超出了诉讼请求。本案中，陈某会在二审中并未主张逾期交房的违约责任，二审法院认定"陈某会拒不接收其所购买的房屋，未交付所交易房屋的责任不在易通公司，陈某会应承担逾期交房的全部责任"显然超出了其诉讼请求，剥夺了其另案诉讼的权利。

【法院认为】

本院认为，因陈某会在一审、二审的诉讼请求均是主张解除合同，故本案争议焦点是：案涉《商品房买卖合同》是否应予解除。

一、关于案涉《商品房买卖合同》是否应予解除的问题

本案合同是否应当解除，关键在于案涉商品房所存在的质量问题是否达到商品房买卖合同的法定解除条件。《最高人民法院关于审理商品房买卖合同纠纷案件适用法律若干问题的解释》第十二条、第十三条已明确规定商品房买卖合同法定的解除条件是房屋因主体结构质量不合格不能交付使用或交付使用后房屋主体结构经检验确属不合格，或者房屋的质量问题严重影响正常居住。本院认为，①本案中双方签订的《商品房买卖合同》系双方当事人真实的意思表示，不违反法律、行政法规的规定，为有效合同，双方应依约全面履行义务。②合同约定的交房日期是2011年9月25日，易通公司在2011年6月，即在约定的交房日期之前已经取得了海南省建筑工程竣工验收备案证，证明了其房屋主体结构质量合格，具备了交付条件，易通公司也于2011年9月19日通知了陈某会办理房屋交接手续。③一、二审期间，陈某会所提交的用以证明案涉房屋存在质量问题而主张合同解除正当性的证据有：陈某会现场验房时手写的用于向富力湾物业管理服务中心反映房屋问题的C29业主问题，陈某会律师与易通公司富力湾物业工作人员的电话录音，陈某会拍摄的视频资料。上述3份证据不能充分证明房屋的主体结构存在不能交付的质量问题或严重影响正常居住使用。④综合看陈某会申请再审的理由之(1)、(2)、(3)、(4)，都是围绕房屋所存在的不符合合同约定的质量瑕疵而展开论述的，鉴于陈某会的一审诉讼请求和二审诉讼请求均是诉请解除合同，根据不诉不理的原则，一、二审法院未对诉争房屋是否存在质量瑕疵作出裁判，并无不当。陈某会认为本案诉争房屋存在一定质量问题，可另行主张解决。

二、关于二审判决是否超出诉讼请求的问题

陈某会认为其在二审中并未主张逾期交房的违约责任，二审法院在本院认为部分认定"陈某会拒不接收其所购买的房屋，未交付所交易房屋的责任不在易通公司，陈某会应承担逾期交房的全部责任"显然超出了其诉讼请求，剥夺了其另案诉讼的权利。对此，本院认为，二审法院的这一认定，确有不妥。但由于不属于判项，不存在超出诉讼请求的问题。因此,不符合再审的事由。至于陈某会是否承担逾期交房的责任,不属于本案审理范围,可另案解决。

【裁判结果】

裁定如下:驳回陈某会的再审申请。

[参见中国裁判文书网。]

19. 受让人明知不动产由他人占有使用而故意不查明,且支付的价款又系明显低价的,能否善意取得?

【典型案例】

曾某兵、杨某与唐某中房屋买卖合同纠纷案

【裁判要旨】

受让人从无权处分人处购买车库,按照正常交易惯例应当对购买的不动产进行实地查看,并对其租赁情况、使用情况、租金等进行充分了解,而受让人未进行实地查看,存在重大过失,故受让人不能善意取得车库的所有权。无权处分人明知案涉不动产非其本人购买,仅仅因物业登记在其名下就擅自以所有人的名义对外出售,受让人从无权处分人处购买案涉车库,明知该不动产由他人占有使用而故意不查明,且支付的房屋价款又系明显低价,均具有恶意,故无权处分人与受让人签订的《商品房买卖合同》系恶意串通且损害了实际权利人的利益,故该《商品房买卖合同》无效。

【案号索引】

一审:重庆市江北区人民法院(2017)渝 0105 民初 9441 号

二审:重庆市第一中级人民法院(2017)渝 01 民终 7456 号

【当事人信息】

上诉人(原审被告):曾某兵

上诉人(原审被告):杨某

被上诉人(原审原告):唐某中

原审第三人:重庆市森柯地产集团有限公司(以下简称森柯公司)

【基本案情】

上诉人曾某兵、杨某因与被上诉人唐某中,原审第三人森柯公司房屋买卖合同

纠纷一案，不服重庆市江北区人民法院(2017)渝0105民初9441号民事判决，向本院提起上诉。本院于2017年11月8日立案后，依法组成合议庭，进行了审理。本案现已审理终结。

一审法院认定事实：森柯公司原企业名称为重庆森柯房地产开发有限公司，2010年9月变更为现名。2007年12月9日，森柯公司向唐某中出具收据，收款事由为"购房定金"，金额为2万元。此收据盖有森柯公司项目部账务专用章。2008年12月2日，唐某中与森柯公司签订了"森柯—馨园"商品房楼宇认购书，原告定购森柯公司开发销售的"森柯—馨园"×××号房屋，套内面积29.7平方米，定购单价为3500元/平方米，总价为103950元。认购书约定，唐某中支付5万元定金，作为订立商品房买卖合同担保并获得森柯公司保留该房屋至/年/月/日前不出售给第三方之权利；本认购书所未详细设定的双方权利义务，包括销售面积、交付条件、交付时间、建筑质量、违约责任等内容，应以双方将签订的《商品房买卖合同》正式文本为准。同日，双方还就相邻3号房屋的认购签订了认购书。签订日，唐某中支付给森柯公司两套房屋的定金10万元。后因房屋面积变动，唐某中补齐了房价款。唐某中、森柯公司于2010年12月13日就两套房屋的购买事宜进行了结算，森柯公司财务人员李某在收费明细表中记录了收费明细，涉及本案房屋的记录内容有：建筑面积72.32平方米，套内面积36.45平方米，套内面积单价3500元/平方米，总价127575元；森柯公司代收大修基金5424元、税3827元、印花税64元、权证费5元、转移登记费550元/户，转让手续费1276元，共计代收11146元。森柯公司收取另套房屋价款130410元，代收费用11380元。同年12月23日，森柯公司项目部出具了盖有项目部财务专用章及财务人员李某签字的收据，记明唐某中支付了两套房屋的各项费用共计280511元(刷卡160511元，现金2万元，账户32×××32:10万元)。唐某中付清以上费用后对房屋进行了装修，自2011年5月起至今，唐某中的配偶武巧玲以其名义将涉案房屋对外出租。

另查明，杨某系森柯公司股东，职务为公司监事，亦是森柯公司法定代表人杨某明的儿子。2010年12月13日，杨某与森柯公司签订《商品房买卖合同》，森柯公司将涉案房屋(房屋坐落位置更名为森柯—馨园×××号)出售给杨某，套内面积单价3500元/平方米，成交价为127575元(与唐某中购房价格一致)。2011年3月3日，杨某取得涉案房屋的房地产权证，载明：房屋的建筑面积为72.32平方米，套内面积为36.45平方米，房屋用途为"非住宅"。2011年9月19日，森柯公司向唐某中出具书面证明：我公司开发的"森柯—馨园"车库×××#及×××#由唐某中购买。2016年9月7日，杨某、曾某兵及重庆千石房地产营销策划有限公司签订《房屋买卖合同》，约定杨某以27万元的价格将涉案房屋出售给曾某兵。同年9月19日，双方签订《补充协议》，将交易价格确定为185000元，确定交易房屋的用途为停车用房。同日,双方到重庆市不动产登记中心申请办理产权过户手续,并签署了《房屋买卖合同》,该合同记载总成交价为128000元。同年9月20日,曾某兵取得涉案房屋的产权证书。

2016年9月18日,唐某中曾向渝北区人民法院提起诉讼,要求杨某办理房屋过户手续。

本案诉讼中,曾某兵举示了重庆千石房地产营销策划有限公司出具的证明及收据、银行客户付款回单、客户对账单、银行卡交易明细清单以及杨某出具的收条,证明曾某兵已付杨某房价款185000元。杨某及森柯公司对此组证据的真实性予以认可,唐某中未予认可。

一审法院认为:唐某中以其民事权利受损而请求人民法院确认他人签订的房屋买卖合同无效,属于确认之诉,不属于债权请求权范围,不受诉讼时效的约束。

关于唐某中购房身份的确定问题。2008年12月2日唐某中与森柯公司签订"森柯—馨园"商品房楼宇认购书,唐某中购买森柯—馨园×××号房屋,双方于2010年12月13日进行了结算,唐某中向森柯公司支付了全部购房款127575元及代收契税、大修基金11146元。此后唐某中使用出租该房,森柯公司于2011年9月19日亦出具书面证明,确认涉案房屋系唐某中购买。故唐某中与森柯公司的商品房买卖合同关系成立,唐某中是涉案房屋的购房者,出售方森柯公司负有为其办理产权过户的义务。杨某系森柯公司的股东和监事(也是森柯公司法定代表人杨某明的儿子),对公司开发的商品房销售状况应当明知,对涉案房屋实际购房者的事实应当清楚。森柯公司、杨某对其法定代表人杨某明及员工的录音通话没有异议,一审法院确定录音内容的真实性。录音通话确认了杨某明认可唐某中购房属实、同意想办法解决过户问题、其子女因其借款未还而出卖房屋的事实。森柯公司、杨某提出因媒体报道而违心表达意见的观点,一审法院不予采纳。本案审理中,杨某没有举示证据证明其支付了购房款,无证据证明对该房屋行使了占有、使用、收益等权利,无证据证明其行使过产权人权利要求使用人唐某中腾空交还房屋。故涉案房屋的产权证书虽登记在杨某名下,但其并非涉案房屋的真实购房人,在明知存在实际购房者的情况下,杨某因其父亲向其借款未清偿而将房屋出售他人,存在恶意,其处分行为属无权处分。

曾某兵虽对产权登记进行了审查,但存在以下不符合法律规定的善意情形:(1)本案涉案房屋一直由唐某中配偶武某玲与承租户签订租赁合同。按正常购买二手房的交易习惯,购买租赁期内的房屋,买受人应当对租赁状况予以谨慎审查,对出租者的身份进行实地了解。本案没有证据显示曾某兵对此进行了核实,存在重大过失。(2)森柯公司于2009年4月出售与涉案房屋相邻车库×××号、×××号房屋的套内面积单价为5300元,即使按照2016年9月19日杨某、曾某兵签订的房屋买卖合同补充协议所确定的购房价 185000 元折算,套内面积(36.45 平方米)单价为 5075 元,曾某兵支付的价款低于同地段同类型房屋 7 年前的标准,与我国房地产交易市场呈上升势态相悖,不能认定曾某兵支付了合理对价。故曾某兵的购房行为不构成善意。

依上分析,杨某与曾某兵主观上存在恶意串通损害唐某中合法利益的情形,曾某兵购房行为不构成善意取得,双方就涉案房屋签订的《房屋买卖合同》应为无效。曾某兵因该房屋买卖造成的损失,可另行主张民事损害赔偿。综上,一审判决:确认被告杨某、曾某兵就重庆市区龙塔街道龙飞路 12 号森柯—馨园 ××× 房屋签订的房屋买卖合同无效。本案案件受理费减半收取 1454.10 元,由被告杨某、曾某兵共同负担。

本院二审查明事实与一审判决认定事实一致。

【法院认为】

本院认为,被上诉人唐某中向第三人森柯公司购买了案涉车库,唐某中全额缴纳了购房款,森柯公司有义务交付车库并为唐某中办理过户登记。现有证据足以证实唐某中是实际购买人,森柯公司出具的证明亦予以认可;案涉车库登记在杨某名下,但杨某并未缴纳购房款也未实际以所有人的意思占有使用该车库,足以证实杨某只是名义上的所有权人,因此杨某对房屋的处分行为不具有事实基础,是无权处分。曾某兵从杨某处购买该车库,按照正常交易惯例应当对购买的不动产进行实地查看,并对房屋的租赁情况、使用情况、租金等进行充分了解,而现有证据证实其未进行实地查看,仅仅因为价格便宜而购买,存在重大过失;故曾某兵取得该不动产时不具备法定的"善意",故其不能善意取得该车库的所有权。根据法律的规定,恶意串通,损害国家、集体或者第三人利益的,合同无效。唐某中主张确认杨某与曾某兵签订的商品房买卖合同无效,本院认为,杨某明知案涉不动产非其本人购买,仅仅因该物业登记在其名下就擅自以所有人的名义对外出售,曾某兵从杨某处购买案涉车库,明知该不动产由他人占有使用而故意不查明,且支付的房屋价款又系明显低价,均具有恶意,故杨某与曾某兵签订的《商品房买卖合同》系恶意串通且损害了实际权利人唐某中的利益,故该《商品房买卖合同》无效。上诉人杨某、曾某兵的上诉理由均不成立,本院不予支持。

【裁判结果】

综上所述,杨某、曾某兵的上诉请求均不能成立,应予驳回。一审判决认定事实清楚,适用法律正确,应予维持。二审判决如下:驳回上诉,维持原判。二审案件受理费 2908.2 元,由上诉人杨某、曾某兵各负担 1454.1 元。本判决为终审判决。

[参见中国裁判文书网。]

20. 一房数卖中买受人的权利顺位如何确定？

【审判政策与精神】

北京市高级人民法院关于审理房屋买卖合同纠纷案件若干疑难问题的会议纪要(2014 年 12 月 16 日　京高法发〔2014〕489 号)

一房数卖中的数个买受人均要求继续履行房屋买卖合同的，应当依据《全国民事审判工作会议纪要》第二部分第(二)方面、北京市高级人民法院《关于审理房屋买卖合同纠纷案件适用法律若干问题的指导意见(试行)》第十三条的规定确定权利保护顺位。在房屋查封期间占有房屋的买受人，其权利不能对抗在先查封房屋的买受人；办理商品房预售合同备案或房屋网签手续买受人的权利，不能对抗合法占有房屋的买受人。

买受人要求办理房屋过户登记的案件中，法院应当告知其可以申请对房屋采取保全措施，法院在必要时可以在查封房屋处张贴封条或者公告，并提取保存有关财产权证照。

21. 与典当公司签订房屋抵押典当协议的房屋买受人未依约支付购房款，开发商诉请解除购房协议，典当公司能否作为有独立请求权的第三人参加诉讼？

【请示与答复】

最高人民法院关于沈阳市兴科典当行有限公司对沈阳市恒通物业发展有限责任公司诉李忠义、许晓东房屋买卖纠纷案提出再审申请请示一案的复函(〔2003〕民立他字第 33 号)

辽宁省高级人民法院：

你院(2002)辽民申字第 2 号请示报告收悉。经研究，答复如下：

在沈阳市恒通物业发展有限责任公司诉李忠义、许晓东房屋买卖纠纷一案中，只要典当合同真实存在，沈阳市兴科典当行有限公司就具备有独立请求权第三人的主体资格。沈阳市兴科典当行有限公司的申诉符合《中华人民共和国民事诉讼法》第一百七十九条第一款第(四)项的有关规定，应予再审立案。

2004 年 8 月 24 日

附：

关于沈阳市兴科典当行有限公司对沈阳市恒通物业发展有限责任公司诉李忠义、许晓东房屋买卖纠纷案提出再审申请一案的请示与答复

辽宁省高级人民法院在复查沈阳市兴科典当行有限公司（以下简称兴科典当行）对沈阳市恒通物业发展有限责任公司（以下简称恒通公司）诉李忠义、许晓东房屋买卖纠纷案提出再审申请一案时，在认定事实及适用法律方面发生分歧，向最高人民法院请示。

一、该案的基本事实

1998年11月12日，恒通公司与李忠义签订两份商品房购销协议。第一份协议内容：购房面积1287.15平方米，购房价格每平方米3000元人民币；房屋交付时间无；发生争议可先调解，后仲裁，起诉；双方盖章。第二份协议内容：每平方米3000元人民币，发票开票价格写成每平方米2000元。发票在房款未付前开出，恒通公司协助李忠义办理产权产籍手续，办证费用双方承担。房证办理完毕10日内，李忠义付房款1500000.00元人民币，两个月后付1500000.00元人民币，余款1999年5月前付清。如房款未到位，恒通公司无条件收回房产。许晓东为第二份协议担保。当日恒通公司为李忠义开出两张商品房销售（结算）专用发票，一张发票上注明购房面积890.88平方米，另一张发票上注明396.27平方米。购房人李忠义，每平方米单价2000元人民币，房款总计2574300.00元。李忠义没有付款。1998年11月13日，李忠义以第一份购房协议、销售发票和恒通公司出具的商品房准住通知等材料，向沈阳市房产局申请颁发私有产权房照，沈阳市房产局当日为李忠义颁发了两处房屋的李忠义领名的私有产权房照。1999年3月15日和4月26日，李忠义先后和兴科典当行签订房屋典当协议书，将两处私有房屋以抵押形式借款人民币1400000.00元人民币。典当期分别为1999年4月26日至1999年10月26日和1999年6月9日至1999年12月9日各6个月。协议约定，典当期满之日起10日内不赎当不续当，典当物归典当行所有。协议签订后，兴科典当行先后支付了人民币1300000.00元，并扣押了李忠义领名的两处房屋的产权证。1999年4月23日和6月8日，沈阳市房产局分别行文批准典当成立及典当款额。

1999年7月1日，恒通公司以李忠义未支付房款为由诉至沈阳市中级人民法院，要求李忠义、许晓东返还房屋、赔偿损失。沈阳市中级人民法院于1999年8月4日作出一审判决，解除恒通公司与李忠义签订的购房协议，李忠义已办理私有产权证的两处房屋由恒通公司收回。李忠义不服上诉至辽宁省高级人民法院，上诉理由中有两处房屋已抵押给兴科典当行，一审漏列第三人的请求事项。兴科典当行

也在二审期间以第三人身份提出了书面申请。辽宁省高级人民法院二审认为,双方所签协议(第二份)除少写价款违反有关法律规定无效外,其余各项内容均有效;李忠义与兴科典当行建立的抵押借款关系与本案没有直接的法律关系,不予合并审理,驳回李忠义的上诉,维持原判。

2001 年 3 月 20 日,兴科典当行向辽宁省高级人民法院申请再审,其理由,一是李忠义与我公司签订的房屋抵押典当协议,经沈阳市房产局确认并进行了典当抵押登记,程序合法有效。二是李忠义取得私有房屋产权后,与恒通公司之间存在的是债权债务关系,不能对抗我公司具有的抵押权法律关系。三是我公司主张的抵押权和恒通公司主张的债权涉及同一标的物,我公司为有独立请求权的第三人,有权要求参加诉讼。

二、辽宁省高级人民法院复查中有如下几个问题在讨论时存在争议

1. 第二份购房协议的效力问题。一种意见认为该协议有效,只是将每平方米 3000 元写成 2000 元的条款无效。另一种意见认为该协议无效,一是故意少写价款违反税法规定;二是先开销售发票后付款系违规操作;三是约定未按期付款收回房屋损害社会不特定对象的合法利益。

2. 典当合同的效力问题。一种意见认为房屋典当合同无效,依据是 1996 年 4 月 3 日中国人民银行制定的《典当行管理暂行办法》中规定"典当行是以实物占有权转移形式为非国有中、小企业和个人提供临时性质押贷款的特殊金融企业",不能从事房屋抵押业务。另一种意见认为房屋典当合同有效,依据是上述《典当行管理暂行办法》中虽无允许条款,但在监管中并不禁止,而且中国人民银行认为一些地方法院对典当行可从事房屋抵押贷款业务的认定是比较妥当的[中国人民银行(条法司)2000 年 9 月 5 日《关于对典当行从事房屋抵押贷款业务有关问题的复函》]。另外,辽宁省人大常委会 1995 年 1 月 20 日通过的《辽宁省城镇房地产交易管理条例》中允许房屋典当。李忠义申请房屋典当时,沈阳市房产局行文沈房典(1999)第 698 号和 1266 号予以批准。(房屋典当问题在 2001 年 8 月 8 日,国家经贸委制定的《典当行管理办法》中已解决)

3. 兴科典当行第三人主体资格问题。一种意见认为,兴科典当行与李忠义的房屋典当行为与恒通公司与李忠义的房屋买卖行为之间没有直接的法律关系,兴科典当行不具备恒通公司与李忠义房屋买卖纠纷案中第三人的主体资格。这种意见的前提包含兴科典当行与李忠义间房屋典当合同无效的认识。另一种意见认为,兴科典当行与李忠义所签房屋典当合同有效,兴科典当行作为抵押权人,对恒通公司与李忠义争议的房屋可以提出权利主张,具备有独立请求权第三人的主体资格。

4. 对该案中附条件民事行为的法律适用问题。一种意见认为,恒通公司与李忠义所签房屋买卖协议(第二份)中,双方约定了不按期付款可以收回房屋的条款。

该条款体现了民法理论中的“约定解除权”，当不能按期付款的附条件成就时，恒通公司有权收回卖出的房屋。另一种意见认为，与该案中附条件相关的法条有二：一是《民法通则》第六十二条“民事法律行为可以附条件，附条件的民事法律行为在符合所附条件时生效”；二是《合同法》第一百三十四条“当事人可以在买卖合同中约定买受人未履行支付价款或者其他义务的，标的物的所有权属于出卖人”。《民法通则》第六十二条涉及的是合同效力的附条件问题，该案不适用。《合同法》第一百三十四条涉及的是买卖合同中标的物所有权的附条件问题，是对“所有权在标的物交付时转移”一般规定的例外条款。该条款只能对一般属性的标的物约定所有权的保留权，而对房屋、汽车等标的物则没有约束力。因为房屋、汽车的所有权转移并不以交付为限，而是必须到房产部门、公安机关履行登记、转籍手续方能成立。此种法律要式行为一旦成立，便不再受原合同的限制。因此，恒通公司与李忠义间的房屋买卖行为不适用附条件民事行为相关的法律。

因上述意见分歧，辽宁省高级人民法院审判委员会在讨论兴科典当行申请再审一案时，多数人意见驳回，少数人意见再审。

三、最高人民法院的答复及分析意见

最高人民法院经研究认为：在恒通公司诉李忠义、许晓东房屋买卖纠纷一案中，只要典当合同真实存在，兴科典当行就具备独立请求权第三人的主体资格。兴科典当行的申诉符合《中华人民共和国民事诉讼法》第一百七十九条第一款第（四）项的有关规定，应予再审立案。主要理由如下：

本案的关键问题是：兴科典当行与李忠义之间的典当合同是否有效以及兴科典当行是否是本案适格的第三人。

（一）兴科典当行与李忠义之间典当合同的效力问题

兴科典当行与李忠义之间典当合同应为部分有效。虽然 1996 年 4 月 3 日中国人民银行制定的《典当行管理暂行办法》中规定“典当行是以实物占有权转移形式为非国有中、小企业和个人提供临时性质抵押贷款的特殊金融企业”，但其中并没有规定典当行不能从事房屋抵押业务的条款，辽宁省人大常委会 1995 年 1 月 20 日通过的《辽宁省城镇房地产交易管理条例》中也允许房屋典当。根据 1996 年 10 月 27 日《国务院办公厅秘书二局关于典当业管理整顿协调的三点建议》，该建议在肯定了《典当行管理暂行办法》的同时，又承认了该办法存在不足，针对全国各地大量存在典当行以房屋等不动产抵押贷款的情况，建议人民银行从典当行的实际情况出发，在执行中变通处理。在对典当行的监管及司法实践中也一直认可房屋抵押典当，最高人民法院（1991）民他字第 15 号《关于金德辉诉佳木斯市永恒典当商行房屋典当案件应如何处理问题的复函》中答复：“房屋典当实质上是以房屋作抵押向典当行借款的合同，故定为抵押借款合同为宜。”针对经济生活中普遍存在的房屋典当业务，当时典当业的主管机关中国人民银行2001年9月5日银条法〔2001〕53号《关于对典当行从事房屋抵押贷款业务有关问题的复函》中也表明态度："中国人民银行于1996年发布的《典当行管理暂行办法》规定，典当行的业务范围为质押贷款业务。但在实践中，鉴于房屋抵押贷款业务对典当行的生存与发展至关重要，同时典当行也大多从事此项业务，从历史情况和典当行发展的需要出发，中国人民银行在监管工作中不禁止典当行从事房屋抵押贷款业务。我们认为，考虑到国家政策和我国典当业发展的实际情况，地方法院对典当行可从事房屋抵押贷款业务的认定，是比较妥当的。"2001年8月8日典当行新的主管机关国家经贸委发布《典当行管理办法》，使这一问题得到最终解决："本办法所称典当，是指当户将其动产、财产权利作为当物质押或者将其房地产作为当物抵押给典当行，交付一定比例费用，取得当金，并在约定期限内支付当金利息、偿还当金、赎回当物的行为。"基于以上理由，从有利于市场经济发展和促进新兴的典当业健康发展的角度出发，应认定本案典当行有从事房产抵押贷款业务的主体资格，可以从事房屋抵押贷款业务。本案中双方签订的抵押贷款协议是双方真实意思的表示，且沈阳市房产局行文沈房典（1999）第698号和1266号予以批准，应认定为有效。在双方的《典当协议书》第五条第四款中："自典当期满之日起十日内，当户既不赎当，又不续当的，视为死当。所当物品归典当行所有。"该约定违反我国《担保法》第四十条的规定："订立抵押合同时，抵押权人和抵押人在合同中不得约定在债务履行期届满抵押权人未受清偿时，抵押物的所有权转移为债权人所有。"应为无效。因此，承办人认为，当事人之间的典当合同应认定为部分有效的合同。

（二）兴科典当行是否是本案适格的第三人的问题

兴科典当行与李忠义所签房屋典当合同除个别条款无效外，属于有效合同，兴科典当行作为抵押权人对抵押房屋享有抵押权，相对于一般债权人有优先受偿权。李忠义已经取得房屋的产权证书，无论恒通公司与李忠义之间购房合同的效力如何，恒通公司在李忠义未按时付款的情况下请求收回房屋，都属于债权性质的请求权，是一般债权。因此兴科典当行的抵押权相对于恒通公司的债权具有优先性，兴科典当行对于争议的房屋具有独立的请求权，具备有独立请求权第三人的主体资格。在二审中，兴科典当行向二审法院提出了《涉案第三人异议申请》，二审法院应当将案件发回一审法院重审。二审法院认定李忠义与兴科典当行建立的抵押借款关系与本案没有直接的法律关系，不予合并审理，并驳回李忠义的上诉，维持原判，是错误的。

（三）其他相关问题

在明确以上两个问题后，就可以认定该案申诉人的申诉理由成立，该案应予再审立案。至于辽宁省高级人民法院请示的其他问题，由再审法院在再审程序中解决。

22. 商品房买卖合同因出卖人责任被确认无效后，善意买受人应按何种标准返还给房屋使用费？

【审判政策与精神】

最高人民法院关于蔡德成与大连经济技术开发区龙海房地产开发公司、原审第三人大连翻译专修学院商品房买卖合同纠纷一案请示的答复［〔2003〕民一他字第13号）

辽宁省高级人民法院：

你院《关于蔡德成与大连经济技术开发区龙海房地产开发公司、原审第三人大连翻译专修学院商品房买卖合同纠纷一案的请示》收悉，经研究认为：商品房买卖合同因出卖人责任被确认无效后，应按无效合同的处理原则进行处理。关于善意买受人应该返还给出卖人的房屋使用费标准，因为买受人在签订合同时是善意的，所以应该以买受人在合同中的意思表示为标准。也就是说，应该以买受人与出卖人约定的合同总价款除以房屋的设计使用年限，再乘以买受人实际使用该房屋的年限得出的价款作为买受人所获得的利益返回给出卖人。

2003年11月30日

第四章 商品房代理销售合同纠纷

1. 当事人在合同约定的解除期间内终止合同义务的，是否构成违约？

【典型案例】

江西省声佳实业有限公司与上海商祎房地产经纪有限公司商品房代理销售合同纠纷案

【裁判要旨】

合同一方当事人不履行合同义务或履行合同义务不符合约定的，构成违约，应当承担继续履行、采取补救措施或赔偿损失等违约责任。当事人双方签订委托服务合同，约定在合同到期日前一定时间内任何一方可解除合同并不承担违约责任。双方对合同到期日有争议，经判断，当事人解除合同符合约定的解除期间的，不构成违约。

【案号索引】

一审：江西省高级人民法院（2015）赣民一初字第25号

二审：最高人民法院（2016）最高法民终792号

【当事人信息】

上诉人（原审被告）：江西省声佳实业有限公司（以下简称声佳公司）

被上诉人（原审原告）：上海商祎房地产经纪有限公司（以下简称商祎公司）

【基本案情】

上诉人声佳公司因与被上诉人商祎公商品房代理销售合同纠纷一案，不服江西省高级人民法院（2015）赣民一初字第25号民事判决，向本院提起上诉。本案现已审理终结。

一审法院认定事实:2013 年 5 月 9 日,声佳公司与尚格公司签订策划及代理销售合同、顾问及招商代理服务合同,尚格公司于 2013 年 10 月 6 日通知声佳公司将合同主体变更为商祎公司,2014 年 2 月 24 日,声佳公司与商祎公司签订《委托销售合同》和《招商代理合同》,约定由商祎公司独家代理“北岸新天地”房地产项目的房屋销售、商业招商,并为销售和招商提供策划服务。履行过程中,双方就《招商代理合同》于 2014 年 9 月 10 日签订补充协议一份。双方就《委托销售合同》于 2014 年 9 月 24 日、2014 年 12 月 25 日、2015 年 4 月 17 日分别签订补充协议,于 2015 年 1 月 31 日签订《销售底价一户一价汇总表及补充说明》,上述合同约定了合同期限,策划费、佣金的支付标准、违约责任等,2015 年 11 月 12 日商祎公司收到声佳公司通知函一份,声佳公司作出了解除《委托销售合同》的意思表示,并要求商祎公司撤离售楼处。

2015 年 12 月 14 日,声佳公司以通知函的形式通知商祎公司搬离新售楼处迁至老售楼处,随后声佳公司委托宜春市天高营销策划有限公司进行房屋销售策划工作,并进驻新售楼处进行销售工作,至此,双方实际停止履行涉案的两份合同。2013 年 10 月 30 日声佳公司付商祎公司策划代理服务费 40 万元,2014 年 1 月 23 日声佳公司付商祎公司招商代理服务费 20 万元,2014 年 3 月 24 日声佳公司付商祎公司策划代理服务费 30 万元,2014 年 7 月 14 日声佳公司付商祎公司招商代理服务费 192.5 万元(家乐福招商佣金),2014 年 11 月 14 日声佳公司付商祎公司策划代理费 59.1 万元(办卡佣金),2015 年 2 月 13 日声佳公司付商祎公司销售佣金 232.5644 万元,2015 年 7 月 13 日声佳公司付商祎公司代理服务费 14.787729 万元(四个品牌的招商佣金),2015 年 9 月 23 日声佳公司付商祎公司代理服务费 1.5 万元,2015 年 1 月 14 日商祎公司付声佳公司押金 50 万元。

一审法院认为,本案的争议焦点为:(1)2015 年 11 月 12 日声佳公司解除《委托销售合同》是否构成违约?(2)如涉案的两份合同解除,声佳公司应否支付费用给商祎公司?如应支付,费用为多少?

1. 关于 2015 年 11 月 12 日声佳公司解除《委托销售合同》是否构成违约的问题。声佳公司(甲方)与商祎公司(乙方)于 2014 年 2 月 24 日签订的《委托销售合同》第三条约定:(1)本案代理期限,从本合同签订起 18 个月,都为有效代理期限。(2)于本合同到期前 30 日内,如甲乙双方均未提出反对意见,本合同“销售代理”服务之服务期限自动延长 3 个月,可循环延期,如甲方或乙方提出终止本合同,则本合同自动终止,双方不承担任何经济赔偿。根据上述约定,18 个月的代理期限加上自动延期的 3 个月共计 21 个月的期限,从 2014 年 2 月 24 日起计算,截止日期应为 2015 年 11 月 23 日。对于是否违约双方各执一词的原因在于对上述约定中的“于本合同到期前30日内”有不同理解。以2015年11月23日为合同到期日,商祎公司认为“于本合同到期前30日内”应是2015年10月23日前,亦即提前1个月,而声佳公司则认为是2015年11月23日之前的1个月,即2015年10月24日至2015年11月23日。一审法院认为,本合同到期是指2015年11月23日,前30日是2015年10月25日,“于本合同到期前30日内”是指2015年10月25日至2015年11月23日当无疑问,故2015年11月12日声佳公司解除《委托销售合同》系在约定的解除期间,并不构成违约,因此也不存在违约责任的问题。《招商代理合同》在2015年11月12日声佳公司解除《委托销售合同》后双方实际上并未继续履行,且双方在诉讼中一致同意解除,一审法院对于商祎公司解除《招商代理合同》的诉请予以支持。

2. 如《委托销售合同》解除,声佳公司应否支付费用给商祎公司?如应支付,费用为多少?对于涉案的两份合同解除之后,双方的费用结算问题,一审法院根据费用类型具体分类阐述如下:(1)销售佣金的问题。2015年2月13日,声佳公司支付商祎公司销售佣金232.5644万元,从该次实际支付销售佣金的情况来看,声佳公司认可支付销售佣金的条件为商祎公司与购房者签订定金合同并收取定金。2015年2月13日,声佳公司支付商祎公司的销售佣金232.5644万元系根据2015年2月11日双方的工作联络单支付2015年2月11日之前的销售佣金。本案中,声佳公司依据《委托销售合同》第六条B款关于销售代理佣金之约定:“基本佣金为本案总销售金额的1.5%(非商业性质)和3.0%(商业性质)”,要求声佳公司支付2015年2月11日之后的销售佣金306715.70元(商业性质销售额4047023元×3%+非商业性质销售额12353655元×1.5%=306715.70元)的诉请符合合同约定,应予以支持。至于声佳公司认为商祎公司收取的客户办卡佣金因客户退卡应当予以退还的问题,因声佳公司就此问题已经另行起诉且在本案中并未提起反诉,一审法院不予处理。(2)销售策划顾问费、销售日常服务费、招商策划顾问费的问题。《委托销售合同》第六条A款约定了策划服务费共计120万元,包括定位策划顾问费80万元及日常服务费40万元,商祎公司提供的2014年3月20日关于规划辅导工作的确认的工作联络单及2014年3月25日关于营销策划报告提交的确认的工作联络单均经过时任声佳公司总经理张某泓的签字确认,商祎公司按合同约定完成了策划顾问和日常服务工作。《招商代理合同》第四条约定策划服务费总计200万元整,商祎公司提供的2014年3月15日关于招商定位系列报告的确认的工作联络单及2014年3月30日关于财务预测文件的确认的工作联络单均经过时任声佳公司总经理张某泓的签字确认,商祎公司按合同约定完成了招商策划工作。上述费用合计320万元(120万元+200万元),声佳公司于2013年10月30日付商祎公司策划代理服务费40万元,2014年1月23日付商祎公司招商代理服务费20万元,

2014 年 3 月 24 日付商祎公司策划代理服务费30 万元,以上合计 90 万元,故声佳公司仍应支付商祎公司销售策划顾问费、销售日常服务费、招商策划顾问费计 230 万元。(3)销售押金的问题。本案所涉销售合同系声佳公司依据合同约定的解除权予以解除,招商合同系双方在诉讼中一致同意解除,并不存在违约责任问题,故两份合同解除后,商祎公司支付声佳公司的押金 50 万元理应返还。(4)招商佣金的问题。奢侈品招商佣金 50 万元、横店院线的招商佣金 34.4 万元的工作联络单均经过时任声佳公司总经理张某泓的签字确认,理应支付。八笔普通招商佣金中的四笔,因声佳公司提供证据证明商户已经退租无法支持,剩余四笔应当根据合同约定的月租金的 3 倍给付佣金计 11.945194 万元,上述招商佣金合计 96.345194 万元。

综上所述,一审法院判决:(1)确认商祎公司与声佳公司签订的《委托销售合同》于 2015 年 11 月 12 日解除,解除商祎公司与声佳公司签订的《招商代理合同》;(2)声佳公司支付商祎公司销售佣金 30.671570 万元,销售策划顾问费、销售日常服务费、招商策划顾问费 230 万元,招商佣金 96.345194 万元,返还销售押金 50 万元,以上合计 407.016764 万元,上述给付义务限于判决生效后 10 日内履行完毕;(3)驳回商祎公司的其他诉讼请求。如果未按判决指定的期间履行给付金钱义务,应当依照《民事诉讼法》第二百五十三条规定,加倍支付迟延履行期间的债务利息。案件受理费 372557.53 元,由商祎公司承担 353557.53 元,声佳公司承担 19000 元。

二审中,当事人没有提交新证据。

本院二审经审理查明:声佳公司与商祎公司签订的《委托销售合同》第四条约定了策划服务的成果体现,第六条 A 款约定了策划服务费的金额及日常服务的工作内容等。根据约定,商祎公司应提供策划服务、规划和设计指导服务,甄选平面设计团队及进行工作指导等。声佳公司应支付策划服务费共计 120 万元。声佳公司与商祎公司签订的《招商代理合同》第二条约定了定位策划服务的内容及完成期限,第四条约定策划服务费的金额及支付期限。根据约定,商祎公司应按照期限完成定位策划报告,财务预测报告等,声佳公司应分期支付策划服务费共计 200 万元。商祎公司提交的 2014 年 3 月 20 日关于规划辅导工作的确认的工作联络单载明,商祎公司在规定时间内辅助声佳公司出具了设计任务书,并与设计院进行了多轮调整与沟通。

《委托销售合同》第八条第一款对定位策划顾问费的支付作出约定,合同签订之日声佳公司一次性支付 40 万元,报告完成后 3 日一次性支付 40 万元,定位策划顾问费的 50% 在商祎公司取得第一次销售佣金时,一次性让利返还给声佳公司。

《委托销售合同》第七条对销售指标作了约定,完成率 40% 以下,不计提佣金;完成率在 41% -60% 间,佣金下浮 33%,并约定声佳公司与商祎公司根据工程节点、广告推广及客户的积累数量,可以分期设定合理的销售指标,经双方签字确认,作为合同附件。2015 年 1 月 31 日，声佳公司与商祎公司签订销售底价一户一价汇总表及补充说明，其第三条约定，商祎公司的佣金由基本佣金和销售奖励两部分组成，基本佣金按实际成交签约金额的 3% 计提，销售奖励按实际成交签约金额的 3% 计提。销售奖励结算条件包括：2015 年 2 月 14 日前的销售奖励，声佳公司需在 2015 年 2 月 16 日之前一次性结算给商祎公司。2015 年 4 月，商祎公司需完成 1500 万元成交签约金额。2015 年 4 月 17 日，声佳公司与商祎公司签订《补充协议 2015. 4. 17》约定，基本佣金按实际成交签约金额的 3% 计提，销售奖励按实际成交签约金额的 3% 计提。销售奖励需完成当月营销目标。二审庭审中，商祎公司主张声佳公司支付第一笔佣金后，销售量较小，是因案涉房地产项目停工。声佳公司认可案涉项目曾停工 1 年。

《招商代理合同》第三条第三款第三项约定，商祎公司若不能完成至少 25% 总商业面积的预招商，招商佣金按所完成招商个案的月平均租金的 1.5 倍计算。2015 年 1 月 21 日工作联络单关于奢侈品招商佣金结算载明，商祎公司完成 3000 平方米奢侈品业态的招商工作。时任声佳公司总经理张某泓予以确认。2015 年 7 月 13 日，声佳公司支付商祎公司招商代理服务费 14. 787729 万元，系四个品牌的招商佣金，均按照月租金的 3 倍计算佣金，商铺租赁合同均由阿卡拉公司与业主签订。

二审查明其他事实与一审查明一致。

【法院认为】

本院认为，本案二审争议的焦点问题是：(1) 原判声佳公司支付商祎公司佣金、顾问费、服务费等，以及返还销售押金是否正确；(2) 原判是否漏列尚格公司为当事人，是否存在程序瑕疵。

一、原判声佳公司支付商祎公司佣金、顾问费、服务费等，以及返还销售押金是否正确

关于销售策划顾问费、销售日常服务费、招商策划顾问费问题。根据声佳公司与商祎公司签订的《委托销售合同》约定，商祎公司应提供策划服务、规划和设计指导服务，甄选平面设计团队及进行工作指导等。声佳公司应支付策划服务费共计 120 万元。商祎公司提交的 2014 年 3 月 20 日关于规划辅导工作的确认的工作联络单及 2014 年 3 月 25 日关于营销策划报告提交的确认的工作联络单均经时任声佳公司总经理张某泓签字确认，其内容载明商祎公司辅助声佳公司出具了设计任务书，并与设计院进行了调整与沟通，完成了策划报告等，能够证明商祎公司履行了策划顾问和日常服务工作。根据声佳公司与商祎公司签订的《招商代理合同》约定，商祎公司应按照期限完成定位策划报告，财务预测报告等内容，声佳公司应分期支付策划服务费共计 200 万元。商祎公司提供的 2014 年 3 月 15 日关于招商定位系列报告的确认的工作联络单及 2014 年 3 月 30 日关于财务预测文件的确认的工作联络单均经张某泓签字确认，内容载明商祎公司在约定时间向声佳公司提供了招商定位报告及财务预测文件，证明商祎公司履行了招商策划工作。若商祎公司未履行《委托销售合同》和《招商代理合同》约定的策划服务，声佳公司应及时催告商祎公司履行或者解除合同，但是在两份合同履行期间，并无相关证据证明声佳公司就策划服务的履行提出过异议。声佳公司主张商祎公司未完成约定的策划服务，不应支付相关费用，依据不足。

《委托销售合同》第八条第一款约定，商祎公司在取得第一次销售佣金时，就应一次性将策划顾问费 40 万元让利返还给声佳公司。该约定的前提是声佳公司应在合同签订之日向商祎公司支付 40 万元，报告完成后 3 日再支付 40 万元，声佳公司并未举证证明其按照合同约定的时间履行了上述义务。此外，声佳公司在支付第一次销售佣金时，并未扣除让利 40 万元，系以实际履行行为变更了该约定，其在诉讼中主张商祎公司返还让利，依据不足。

声佳公司与商祎公司签订的《委托销售合同》和《招商代理合同》未约定商祎公司继受尚格公司的权利义务，而是重新约定了履行期间、付款金额和付款条件等内容。商祎公司履行了合同约定的义务，声佳公司应支付相应款项。上述两份合同均未约定声佳公司向尚格公司支付的款项应作为声佳公司向商祎公司的付款，声佳公司主张其向尚格公司的付款应抵扣欠付商祎公司的款项，缺乏依据。如果声佳公司因同一事项向尚格公司支付过款项，应另行寻求救济。

关于销售佣金问题。《委托销售合同》第七条约定了销售指标，"完成率 40% 以下，不计提佣金；完成率在 41% －60% 间，佣金下浮 33%"，同时约定"双方根据工程节点、广告推广及客户的积累数量，可以分期设定合理的销售指标"，即该销售指标可以变更。此后，声佳公司与商祎公司签订的销售底价一户一价汇总表及补充说明和《补充协议 2015.4.17》均约定商祎公司的佣金由基本佣金和销售奖励两部分组成，商铺的基本佣金为实际成交签约金额的 3%，对签约金额未作要求。销售奖励为实际成交签约金额的 3%，结算条件是完成相应金额的销售目标。销售底价一户一价汇总表及补充说明约定，2015 年 2 月 14 日前的销售奖励，声佳公司需在 2015 年 2 月 16 日之前一次性结算给商祎公司。声佳公司已经按照上述约定向商祎公司支付第一笔款项 232.5644 万元。因此，补充协议的约定及声佳公司与商祎公司的实际履行情况均证明基本佣金并不以达到"完成率 40%"为条件。此外，在合同履行过程中，案涉房地产项目存在停工事实，会影响商祎公司的销售数量，继续履行《委托销售合同》第七条确定的销售指标，并不适当。商祎公司主张声佳公司支付 2015 年 2 月 11 日之后的销售佣金均系基本佣金，不含销售奖励，原判予以支持，并无不当。声佳公司主张商祎公司未完成《委托销售合同》约定的销售指标，不应计提销售佣金，依据不足。

商祎公司提供了客户的购房订单、认购协议书等，证明其履行了销售代理义务。虽然商祎公司未举证证明其代理声佳公司与客户签订了买卖合同，并收取了首期款及客户贷款所需材料，但是声佳公司并未举证证明上述订购协议最终未履行。并且声佳公司支付的第一笔佣金并未以签订买卖合同为条件，故声佳公司主张商祎公司未完成销售代理义务，不应计提销售佣金，依据不足。

关于招商佣金问题。奢侈品招商佣金50万元、横店院线招商佣金34.4万元的工作联络单均经张某泓签字确认，声佳公司应予支付。声佳公司主张奢侈品招商合同无法履行，且不符合《招商代理合同》约定的付款条件，横店院线的招商系其自行完成等，但是其工作人员签字的工作联络单内容载明，商祎公司完成了奢侈品招商及横店院线招商，并确认分别支付佣金50万元和34.4万元。声佳公司上述主张依据不足。

2015年7月13日，声佳公司支付商祎公司招商代理服务费14.787729万元，系四个品牌的招商佣金，均由阿卡拉公司与业主签订商铺租赁合同。声佳公司主张阿卡拉公司与业主签订商铺租赁合同不足以证明商祎公司完成招商工作，依据不足。商祎公司本案诉讼中提交的阿卡拉公司与业主签订的八份商铺租赁合同中有四份租赁合同实际履行。声佳公司应支付招商佣金11.945194万元。《招商代理合同》第三条第三款第三项约定："商祎公司若不能完成至少25%总商业面积的预招商，招商佣金按所完成招商个案的月平均租金的1.5倍计算"，声佳公司已经支付商祎公司招商代理服务费192.5万元（家乐福招商佣金），声佳公司支付的部分零散招商租户的租金14.787729万元系按月平均租金的3倍计算，说明商祎公司已完成25%招商面积的预招商。声佳公司主张应按月平均租金的1.5倍计算招商佣金，依据不足。

声佳公司对其工作人员张某泓确认支付款项等行为不予认可，主张张某泓与商祎公司互相勾结，对此其未能举证证明，故不予采纳。

关于押金问题。商祎公司履行了《委托销售合同》与《招商代理合同》约定的义务，声佳公司主张商祎公司给其造成极大损失，缺乏依据。上述两份合同解除后，声佳公司应返还商祎公司押金50万元。

二、原判是否漏列尚格公司为当事人，是否存在程序瑕疵

本院认为，声佳公司分别与尚格公司和商祎公司签订委托销售合同和招商代理合同，即使合同标的物、金额及合同的格式相同，联系人及项目操作人员一致，但是合同履行期间不同，系各自独立的合同。尚格公司与商祎公司并无合同权利义务概括转让的意思表示。尚格公司与案涉合同当事人并无共同的权利义务，并非必须共同进行诉讼的当事人，一审未予追加尚格公司为本案当事人并无不当。

【裁判结果】

综上所述,声佳公司的上诉请求不能成立,应予驳回;一审判决认定事实清楚,适用法律正确,应予维持。二审判决如下:驳回上诉,维持原判。二审案件受理费39361.34元,由江西省声佳实业有限公司负担。本判决为终审判决。

[参见中国裁判文书网。]

2. 开发商以委托代理机构未告知特定房屋已售出而造成一房二卖为由,诉请免除惩罚性赔偿的,应否予以支持?

【公报案例】

湖北金华实业有限公司与苏某水等商品房买卖合同纠纷案

【裁判要旨】

在房地产开发企业委托代理机构销售房屋的情况下,房地产开发企业因委托代理机构未告知其特定房屋已经售出而导致一房二卖,属于其选择和监督委托代理人的经营风险,不得转嫁于购房者,房地产开发企业以此为由主张《最高人民法院关于审理商品房买卖合同纠纷案件适用法律若干问题的解释》第八条规定的惩罚性赔偿应予免除的请求,人民法院不予支持。

【当事人信息】

申诉人:湖北金华实业有限公司(以下简称金华公司)

被申诉人(一审原告、二审上诉人):苏某水

被申诉人(一审被告):武汉皓羽地产顾问有限公司(以下简称皓羽公司)

【基本案情】

金华公司因与苏某水、皓羽公司商品房买卖合同纠纷一案,不服湖北省高级人民法院(2009)鄂民一终字第28号民事判决,向检察机关申诉。最高人民检察院以高检民抗(2011)83号民事抗诉书向本院提出抗诉。本院于2012年3月19日作出(2012)民抗字第24号民事裁定书,提审本案。本案现已审理终结。

本院再审查明:2005年3月12日,金华公司与皓羽公司签订一份《"楚天星座"商品房保底包干销售合同》,同年6月,双方签订一份《销售代理补充协议》。2006年3月28日,双方签订一份《〈"楚天星座"商品房保底包干销售合同〉补充协议》。

在《“楚天星座”商品房保底包干销售合同》中约定：皓羽公司代理销售由金华公司开发的“楚天星座”项目，项目位于武汉市江汉区青年路与万松园横路交会处，该商品房建筑面积约 5 万平方米；金华公司委托皓羽公司代理销售的商品房建筑面积除住宅两层、商铺 700 平方米外，其余全部属代理范围，所有对外销售面积由金华公司签字盖章后，交由皓羽公司负责对外销售，具体房型面积作为本合同的附件；为保证销售工作的正常进行，金华公司指定一名销售负责人联系及配合皓羽公司的销售工作，指定财务人员负责收取客户支付的房款并开具有效收据；该项目的《商品房买卖合同》以及文件均需由金华公司加盖公章后方能生效，其他任何单位和个人签订均属无效。在《〈“楚天星座”商品房保底包干销售合同〉补充协议》中约定有：2006 年 4 月为宣传炒作本楼盘的策划月，此月份暂封盘 1 个月。

2006 年 4 月苏某水与金华公司就购买 06 号、07 号商铺，双方签订了《〈楚天星座〉商品房认购合同》，该两份认购合同均载明甲方（出卖方）为金华公司，乙方（买受方）为苏某水，并均加盖有“湖北金华实业有限公司楚天星座销售合同专用章”，该两份认购合同亦载明售楼部地址是青年路与万松园横路交会处以及认购房号分别是 06 号和 07 号商铺。同月，苏某水与金华公司的房屋销售代理商皓羽公司销售人员签署了两份《武汉市商品房买卖合同》。其中第一份合同约定：出卖人为金华公司，委托代理机构为皓羽公司，买受人为苏某水；买受人所购商品房为一层 06 号商铺；建筑面积为 145. 39 平方米，价款为每平方米 30476. 72 元，合计 4431010 元；该合同出卖人一份，买受人一份，房产部门一份，银行一份。在该合同的出卖人签章处盖有“湖北金华实业有限公司楚天星座销售合同专用章”，买受人签章处有苏某水的签字。该合同有多处涂改及所附图纸齐缝印不全的现象。另外，第二份合同约定的当事人与上述合同一致，其约定的买受人所购商品房为一层 07 号商铺；建筑面积为 64. 40 平方米，价款为每平方米 33385. 09 元，合计 2150000 元；该合同出卖人一份，买受人一份，房产部门一份。在该合同的委托代理机构签章处盖有“武汉皓羽地产顾问有限公司销售合同专用章”，买受人签章处有苏某水的签字，金华公司未在该合同的出卖人签章处签章。苏某水除 20000 元系现金支付外，于 2006 年 4 月 11 日和 4 月 30 日分 5 次通过皓羽公司报批安装在“楚天星座”的 POS 机向皓羽公司支付购房款 4211010 元，并于 2006 年 5 月 17 日通过银行转账支付了购房款 1400000 元。皓羽公司分别于 2006 年 4 月 11 日、4 月 30 日和 5 月 17 日向苏某水开具 2000000 元、2231010 元和 1400000 元 3 张收款收据，其金额共计 5631010 元，其中，皓羽公司开具的 2000000 元收据载明为定金，与两份认购合同记载的定金合计金额相符。

皓羽公司于 2006 年 6 月 20 日向金华公司发出解除《“楚天星座”商品房保底包干销售合同》的通知，表示因金华公司提供不具备合法销售资格的房产，不能按约支付装修款,导致合同目的不能实现,故通知解除合同。此后,皓羽公司销售人员退出售楼部并于2006年7月30日对安装在"楚天星座"的POS机办理了撤机手续,金华公司重新组织人员对该项目进行销售。皓羽公司向金华公司发出解除合同通知后,仍持有部分房屋销售合同等材料的原件,湖北省武汉市中级人民法院已于2006年8月29日组织双方办理了移交手续。2006年9月29日,金华公司将本案讼争的07号商铺出售给李某,商品房买卖合同于2006年9月30日向武汉市房产管理局备案。2006年10月31日,苏某水到"楚天星座"售楼部要求办理交房手续时,金华公司以该公司并未与其签订合同,也未收到其购房款为由拒绝办理交房手续,从而引起本案纠纷。苏某水于2006年11月14日向武汉仲裁委员会申请仲裁。2007年1月16日,金华公司将本案讼争的06号商铺出售给李某伟,商品房买卖合同于2007年1月17日向武汉市房产管理局备案。2007年7月16日,武汉仲裁委员会作出(2006)武仲裁字第00858号裁决书。2007年9月20日,金华公司向湖北省武汉市中级人民法院申请撤销该裁决书。2008年1月11日,湖北省武汉市中级人民法院以(2007)武仲监字第369号民事裁定书撤销该裁决书。2008年4月7日,苏某水向湖北省武汉市中级人民法院提起本案诉讼,请求判令:(1)确认苏某水与金华公司就"楚天星座"06号、07号商铺签署的《武汉市商品房买卖合同》有效;(2)金华公司的行为导致合同目的无法实现,判决解除苏某水与金华公司就"楚天星座"06号、07号商铺签署的《武汉市商品房买卖合同》;(3)金华公司返还苏某水购房款5631010元,并赔偿利息损失689235元;(4)金华公司赔偿苏某水5631010元及仲裁费107240元;(5)皓羽公司就上述第三项请求承担连带责任;(6)由金华公司、皓羽公司承担本案全部诉讼费用及财产保全费用。

湖北省武汉市中级人民法院一审认为,(1)关于对苏某水举证06号商铺《武汉市商品房买卖合同》(以下简称06号合同)的效力及其过错责任的认定。该合同虽是由皓羽公司与苏某水接洽签订,但鉴于该合同只有苏某水和金华公司的签章,而没有皓羽公司作为委托代理机构的签章,故该合同的主体只能确定为是苏某水和金华公司,所约定的内容仅对其双方有约束力,皓羽公司在该合同中不享有任何权利和义务。该合同虽然只有苏某水所持的一份原件,且合同原件中存在多处涂改及所附房屋平面图无齐缝印的不正常现象,均不足以证实该合同系他人伪造,因此,该合同所约定的内容应是双方真实意思的表示,合同形式和内容亦未违反法律规定,该合同应认定为有效合同。合同签订后,购房人应依购房合同的约定按时向房屋开发商交付购房款,但苏某水没有根据合同相对性原则向金华公司给付房款,而将购房款付给皓羽公司并由其出具收据,最终使皓羽公司将该房款不当得利占有。可见,苏某水所付购房款不能依约交付给金华公司,致使该合同目的不能实现,应予解除,其结果系买受人苏某水自身过错造成。出卖人金华公司就此没有过错。

(2)关于07号商铺《武汉市商品房买卖合同》(以下简称07号合同)的效力及其过错责任的认定。由于该合同的签章处仅有苏某水和委托代理机构皓羽公司的签章,没有金华公司的签章,根据2001年4月4日原建设部令第88号发布《商品房销售管理办法》第十六条第一款的规定,该合同不具有商品房买卖合同的效力。苏某水作为购房人在签订该合同中即使不了解有关法律法规之规定,但按常理亦应明白所签订的房屋买卖合同必须要有房屋开发商签章这一基本交易常识,更不应以合同为凭直接向皓羽公司给付其购房款。因此,苏某水与皓羽公司之间所发生的这一购房行为,与金华公司无关联,金华公司对此不存在过错。综上,苏某水向皓羽公司付购房款共计5631010元的行为,完全是因苏某水自身的过错造成,责任不在金华公司。由于皓羽公司是不当收取苏某水的购房款,皓羽公司应将收取苏某水的购房款予以返还。苏某水要求皓羽公司承担返还购房款5631010元并赔偿其资金占用损失的连带责任的诉请,一审法院予以支持。苏某水要求解除06号合同的诉请,鉴于该合同双方已无继续履行的可能,一审法院予以确认。苏某水认为其签订购房合同及付购房款是基于皓羽公司的有权代理,至于代理人与被代理人之间的内部约定不约束购买人的理由,其实质是要法院确认皓羽公司在本案中的行为属表见代理,从而要求金华公司承担返还购房款5631010元及赔偿相应损失。合议庭评议认为,本案皓羽公司的行为是否属表见代理,应根据法律的规定确定。苏某水所签订的06号合同虽说是皓羽公司以被代理人的名义订立合同,但皓羽公司不是合同的相对方,苏某水没有理由向不是合同的相对方支付06号商铺的购房款;至于苏某水所签订的07号合同,皓羽公司并没有以被代理人的名义签订该合同,且苏某水也未向被代理人支付07号商铺的购房款。因此,本案中皓羽公司的行为均不构成表见代理。故,苏某水以此理由要求金华公司承担返还购房款5631010元及赔偿相应损失的诉请,不予支持。据此,湖北省武汉市中级人民法院于2008年12月2日作出(2008)武民初字第56号民事判决:(1)解除苏某水与金华公司签订的06号商铺《武汉市商品房买卖合同》;(2)皓羽公司于本判决生效之日起10日内向苏某水返还购房款5631010元并赔偿其资金占用损失(以购房款为基数,自2006年5月1日起至2008年4月7日止,按中国人民银行规定的同期贷款利率计付);(3)驳回苏某水的其他诉讼请求。案件受理费94151元,由苏某水负担45192.48元,皓羽公司负担48958.52元。诉前财产保全费5000元,由皓羽公司负担。

苏某水不服上述一审判决,向湖北省高级人民法院提起上诉。

湖北省高级人民法院二审认为,(1)根据金华公司与皓羽公司签订的《"楚天星座"商品房保底包干销售合同》《销售代理补充协议》《〈"楚天星座"商品房保底包干销售合同〉补充协议》的约定,皓羽公司代理销售金华公司的"楚天星座"房屋,金华公司与皓羽公司间存在委托合同关系,金华公司系委托人,皓羽公司系受托人。

皓羽公司将“楚天星座”一层06号、07号商铺出售给苏某水，苏某水与皓羽公司销售人员签署了两份《武汉市商品房买卖合同》，苏某水应为第三人。(2)关于06号合同的效力问题。因合同明确约定出卖人为金华公司，委托代理机构为皓羽公司，买受人为苏某水，虽然皓羽公司未在合同上盖章，但金华公司已在合同上加盖公章，苏某水亦在合同上签字，该合同应为有效。由于苏某水购买06号商铺一直与皓羽公司商谈，且06号合同中明确约定皓羽公司为委托代理机构，皓羽公司未在合同上盖章的行为并不影响皓羽公司的受托人身份。由于皓羽公司未向苏某水出具其与金华公司签订的《“楚天星座”商品房保底包干销售合同》，苏某水对于皓羽公司没有收取购房款的权限是不知情的，且在《武汉市商品房买卖合同》中对该事项未作出约定，金华公司亦未就此事项向苏某水宣示，故苏某水向皓羽公司支付购房款的行为并无不当，应视为苏某水向金华公司支付了购房款，一审法院认定苏某水所付购房款不能依约交付金华公司，致使该合同目的不能实现而应予解除缺乏事实和法律依据，予以纠正。(3)关于07号合同的效力问题。虽然金华公司未在合同上盖章，仅有皓羽公司的盖章，但是该合同中明确约定出卖人为金华公司，委托代理机构为皓羽公司，买受人为苏某水，且从06号合同签订过程看，苏某水对于皓羽公司作为受托人，有权代理金华公司销售“楚天星座”房屋的事实是清楚的，07号合同直接约束金华公司和苏某水，该合同应为有效。一审法院认定苏某水与皓羽公司就07号商铺发生的购房行为与金华公司无关联，缺乏事实和法律依据。由于苏某水对于皓羽公司没有收取购房款的权限是不知情的，苏某水向皓羽公司支付购房款的行为并无不当，应视为苏某水向金华公司支付了购房款。至于皓羽公司收取了苏某水两份《武汉市商品房买卖合同》约定的购房款5631010元未交给金华公司，属另一法律关系，金华公司可另行主张权利。(4)苏某水在两份商品房买卖合同交付后，依约向金华公司支付了购房款5631010元，已履行了合同约定的义务。而金华公司却擅自将出售给苏某水的06号、07号商铺出售给他人，已构成违约，并导致合同已无继续履行的可能，苏某水要求解除两份《武汉市商品房买卖合同》的请求，符合《合同法》有关规定，予以支持。根据《最高人民法院关于审理商品房买卖合同纠纷案件适用法律若干问题的解释》第八条第二款的规定，金华公司应将购房款5631010元返还给苏某水并赔偿资金占用期间的利息损失，但由于苏某水交付的款项全部由皓羽公司收取，金华公司未收取任何款项，且在一审法院判决皓羽公司向苏某水返还购房款并赔偿其资金占用损失后，皓羽公司对一审判决并未提出上诉，应视为认可判决结果，故对此不作变更，金华公司对于皓羽公司不能偿还的部分承担补充赔偿责任。依据上条司法解释的规定，苏某水有权要求金华公司承担不超过已付购房款1倍的赔偿责任，但考虑到苏某水所持合同原件中存在多处涂改及所附房屋平面图无齐缝印的不正常现象，07号合同仅有皓羽公司的印章而无金华公司的印章,由于苏某水疏于审查,对于本案纠纷的发生存在过失,酌情判决金华公司向苏某水承担购房款金额50%的赔偿责任2815505元,其余责任由苏某水自行承担。苏某水上诉主张的仲裁费用,因系其必然支出的诉讼费用,不予支持。综上,苏某水的相关上诉请求成立,予以支持,其他上诉请求缺乏事实和法律依据,予以驳回。一审法院认事实基本清楚,但适用法律错误。据此,湖北省高级人民法院于2009年12月23日作出(2009)鄂民一终字第28号民事判决:(1)维持湖北省武汉市中级人民法院(2008)武民初字第56号民事判决主文第二项;(2)撤销湖北省武汉市中级人民法院(2008)武民初字第56号民事判决主文第一、三项;(3)解除苏某水与湖北金华实业有限公司签订的06号、07号商铺《武汉市商品房买卖合同》;(4)湖北金华实业有限公司对武汉皓羽地产顾问有限公司的给付义务承担补充赔偿责任;(5)湖北金华实业有限公司于本判决生效之日起10日内赔偿苏某水2815505元;(6)驳回苏某水的其他诉讼请求。一审案件诉讼费按一审判决执行。二审案件受理费94151元,由苏某水负担28245.30元,由湖北金华实业有限公司负担65905.70元。

金华公司不服上述二审判决,向检察机关提出申诉。

最高人民检察院向本院提出抗诉认为,上述二审判决适用法律错误。(1)《最高人民法院关于审理商品房买卖合同纠纷案件适用法律若干问题的解释》第八条第二款规定,商品房买卖合同订立后,出卖人又将该房屋出卖给第三人的,可向出卖人主张不超过购房款1倍的赔偿。该条款作为对惩罚性赔偿金的规定,旨在制裁和遏制欺诈、恶意毁约等摒弃诚实信用原则、严重损害市场交易安全的行为。因此其适用的前提是出卖人具有恶意违约故意的情形。(2)根据庭审查明的事实:皓羽公司并未将出售两处涉案商铺的事实告知金华公司。金华公司于2006年9月30日出售07号商铺时,苏某水尚未向其主张交房,该房屋纠纷亦未进入仲裁或诉讼程序,也即金华公司是在不知07号商铺已售的前提下另售他人,且07号合同“出卖人”处无签章,仅“委托代理机构”处盖有皓羽公司的公章。金华公司并无《最高人民法院关于审理商品房买卖合同纠纷案件适用法律若干问题的解释》第八条第二款中“一房数卖”的主观恶意,更没有隐瞒实情的欺诈故意;而金华公司出售06号商铺是在2007年1月16日,在苏某水向其主张交房,且涉房纠纷已进入仲裁审理过程之中而为,也即金华公司系在明知06号商铺存在纠纷且尚未解决的前提下再次出售,具有明显的故意,其行为是导致06号商铺在存在纠纷且尚未解决的情形下出现“一房二售”客观事实的根本原因。由此可见,06号合同与07号合同目的无法实现的根本原因不同,适用法律的前提亦不相同。二审判决适用该《最高人民法院关于审理商品房买卖合同纠纷案件适用法律若干问题的解释》第八条第二款判令金华公司向苏某水支付06号、07号两套商铺购房款50%的惩罚性赔偿,判令金华公司赔偿苏某水2815505元，适用法律确有错误。(3)二审判决判令解除苏某水与金华公司签订的06号、07号合同错误。06号合同上盖有金华公司销售合同专用章，而07号合同“出卖人”处无签章，仅“委托代理机构”处盖有皓羽公司的公章，即皓羽公司出卖07号商铺与金华公司无关，且苏某水向皓羽公司支付的购房款5631010元，皓羽公司并未交付金华公司。金华公司完全在不知情的情况下将07号商铺另卖他人，金华公司不存在恶意。故07号商铺不存在解除合同的问题。二审判决判令解除苏某水与金华公司签订的07号合同错误。同理，金华公司对皓羽公司返还苏某水购房款563万元承担的补充赔偿责任亦不应包含07号商铺的购房款。金华公司同意抗诉意见并认为，(1)皓羽公司无权销售“楚天星座”06号、07号商铺，该公司违反双方合同约定，超出代理销售范围，在楚天星座楼盘封盘期间，将楚天星座06号、07号商铺出售给苏某水是越权行为，该行为对金华公司没有约束力，其责任由行为人皓羽公司承担。(2)苏某水在购房中存在严重过错，不构成表见代理的法律特征。广告宣传系2006年5月1日“倾情推出”，苏某水却在2006年4月与皓羽公司签订合同；苏某水对存在明显缺陷的购房合同未尽到必要的审查义务，06号合同和07号合同版本不一致，两份合同主体印章不一致、内容不同，06号合同有多处涂改粘贴痕迹，付款收据由皓羽公司而非金华公司出具，苏某水部分房款系支付给了曾庆婷个人。(3)本案中皓羽公司超越代理权销售“楚天星座”06号、07号商铺，且金华公司无过错，本案也不构成表见代理的法律特征，金华公司销售06号、07号商铺的行为不构成违约，金华公司不应当承担对皓羽公司返还苏某水购房款的补充责任和向苏某水承担购房款50%的赔偿责任。请求撤销湖北省高级人民法院(2009)鄂民一终字第28号民事判决并改判06号合同、07号合同无效、驳回苏某水要求金华公司返还购房款、赔偿利息损失、赔偿5631010元及仲裁费的诉讼请求，一、二审诉讼费及财产保全费全部由苏某水承担。

【法院认为】

本院再审认为，关于原审对金华公司与皓羽公司之间签订的包干销售合同及补充协议合法有效的认定一节，鉴于金华公司与皓羽公司对其并无争议，检察机关亦未对其提出抗诉，且上述合同不违反法律法规的强制性规定，本院予以确认。基于检察机关的抗诉及当事人的诉辩意见，本案的主要争议焦点可以归纳为：一是皓羽公司向苏某水销售06号、07号商铺行为的法律后果是否应归属于金华公司；二是金华公司是否因另售06号、07号商铺而对苏某水承担相应赔偿责任。

一、关于皓羽公司向苏某水销售06号、07号商铺行为的法律后果是否应归属于金华公司的问题

被代理人对代理人在代理权限内以被代理人名义实施的代理行为，承担民事责任。因此，本案皓羽公司销售行为的法律后果是否归属于金华公司取决于皓羽公司的销售行为是否构成有权代理。本院认为皓羽公司的销售行为已构成有权代理,理由是:第一,在销售案涉楼盘时,金华公司已授予皓羽公司独家全程的代理权限。金华公司与皓羽公司签订的《“楚天星座”商品房保底包干销售合同》第二条约定,“甲方(指金华公司)授权乙方(指皓羽公司)为该项目独家全程销售代理,代理范围包括项目营销策划、销售代理、广告宣传等。非因本合同到期或解除及甲方前期界定之外,甲方不得自行销售,或委托其他公司、个人进行销售”,该条约定已明确授予皓羽公司销售案涉楼盘的代理权限,相关报纸广告等宣传材料上亦标明皓羽公司作为该楼盘“全程营销”的代理人的法律地位。第二,皓羽公司系以金华公司的名义而非以皓羽公司自身名义销售案涉商铺。06 号合同和 07 号合同首部均载明出卖人为金华公司,并明确皓羽公司的身份为金华公司的委托代理机构。第三,06 号合同和 07 号合同尾部均有苏某水签字,06 号合同尾部加盖有出卖人金华公司的销售合同专用章,07 号合同尾部亦有皓羽公司以金华公司委托代理人身份加盖的销售合同专用章。第四,苏某水购买商铺的过程中还取得了 06 号、07 号商铺的《〈楚天星座〉商品房认购合同》,该两份认购合同均加盖有金华公司的销售合同专用章。第五,苏某水系在楼盘售楼处现场签订 06 号合同与 07 号合同并通过现场 POS 机支付主要购房款。可见,皓羽公司以金华公司名义向苏某水销售案涉商铺的行为,足以认定其构成有权代理,且苏某水作为普通购房者亦有较为充分理由相信皓羽公司具有销售案涉商铺的代理权限。另外,部分楼盘宣传材料上虽有 2006 年 5 月 1 日倾情推出的表述,但此种表述并未包含对外宣示禁止皓羽公司于 2006 年 5 月 1 日之前销售案涉商铺的意思;同时,金华公司与皓羽公司就封盘期间、收款权限、签章权限等事项作出的若干约定均系金华公司与皓羽公司之间的内部约定并未对外公示,不能对抗善意的购房者;而金华公司再审中主张 06 号、07 号商铺不在皓羽公司授权销售的范围之内,但皓羽公司予以否认,且金华公司未能举证予以证实,故就金华公司关于皓羽公司销售案涉商铺系越权行为对金华公司无约束力的主张,本院不予支持。至于金华公司提出因存在苏某水未注意案涉楼盘广告宣传系 2006 年 5 月 1 日“倾情推出”,苏某水未对合同的版本、涂改和签章及收据出具主体等进行必要审查,苏某水部分款项系通过皓羽公司财务人员中转等情形而应认定苏某水在购房中存在严重过错从而不构成表见代理的主张,在论证前提上即与本案中皓羽公司销售行为应系有权代理的性质不符,且结合本案代理销售、广告营销、合同签订与款项支付的前述具体过程与情形,金华公司关于合同相对方过错标准的主张亦超出了苏某水作为普通购房者的合理注意义务,本院不予支持。综上,皓羽公司基于有效的委托代理关系所实施的代理行为不违反法律法规禁止性规定,应认定为有效,其代理行为的法律后果应直接约束被代理人,所产生的民事责任直接由被代理人承担。皓羽公司作为委托代理人签订的 06 号、07 号合同应直接约束被代理人金华公司,皓羽公司作为委托代理人收取款项的法律后果亦应归属于被代理人金华公司,皓羽公司所为产生的相应民事责任应由金华公司承担。另外,皓羽公司向苏某水销售案涉商铺系以被代理人金华公司的名义而并非以其自身名义,而成立隐名代理的必要前提之一系受托人以自己的名义与第三人订立合同,故二审判决适用《合同法》第四百零二条认为皓羽公司销售07号商铺的行为构成隐名代理对合同效力的最终认定虽无影响,但属于适用法律不当,本院予以纠正。

二、关于金华公司是否因另售06号、07号商铺而对苏某水负担相应赔偿责任的问题

根据本院《关于审理商品房买卖合同纠纷案件适用法律若干问题的解释》第八条规定,"具有下列情形之一,导致商品房买卖合同目的不能实现的,无法取得房屋的买受人可以请求解除合同、返还已付购房款及利息、赔偿损失,并可以请求出卖人承担不超过已付购房款一倍的赔偿责任:(一)商品房买卖合同订立后,出卖人未告知买受人又将该房屋抵押给第三人;(二)商品房买卖合同订立后,出卖人又将该房屋出卖给第三人。"可见,只要出卖人在商品房买卖合同订立后事实上存在将该房屋出卖给第三人的行为,无法取得房屋的买受人即可请求出卖人承担不超过已付购房款1倍的赔偿责任,且上述规定中并不存在此种赔偿责任的适用以出卖人具有恶意违约故意为前提的规定。2006年4月皓羽公司作为委托代理人与苏某水订立06号合同与07号合同,法律后果上即为被代理人金华公司已与苏某水订立06号合同与07号合同,此后金华公司向苏某水之外的第三人出卖房屋并导致苏某水无法取得06号、07号商铺,苏某水即有权依据本院《关于审理商品房买卖合同纠纷案件适用法律若干问题的解释》第八条第二项规定请求金华公司承担不超过其已付购房款1倍的赔偿责任。而金华公司的相关申诉请求实质上系将其选择及监督委托代理人的经营风险不当转嫁于购房者,本院不予支持。在金华公司另售商铺导致06号、07号合同已无继续履行可能的情况下,二审法院依据苏某水的诉讼请求而判令解除06号、07号合同并无不当。同时,二审酌情判决金华公司向苏某水承担购房款金额50%的赔偿责任,作为相关权利的有权处分人苏某水在再审中表示尊重二审该判决结果,故本院对该赔偿比例不予调整。

另外,(1)关于再审审理范围的问题。苏某水再审中提出因抗诉并未支持金华公司的申诉请求,应根据本院《关于适用〈中华人民共和国民事诉讼法〉审判监督程序若干问题的解释》第三十三条规定,金华公司的观点不应纳入再审范围。苏某水该项主张的基础系其认为抗诉理由与金华公司对两份购房合同效力认识理由存在不同,但当事人的诉讼请求不同于支持当事人提出请求的理由和依据,金华公司对合同效力认识所提出的理由和依据不同于抗诉所提出的理由和依据,并不意味其申诉请求未获得抗诉支持，且金华公司的再审请求并未超出本案原审的审理范围，因此对苏某水的该项主张，本院不予支持。苏某水再审中还提出此前湖北省武汉市中级人民法院撤销本案仲裁裁决、一审判决结果和执行行为均存在违法情形，因本院再审此案基于最高人民检察院对湖北省高级人民法院二审判决所提出的抗诉，其审理范围一般应以原审审理范围为限，苏某水的前述主张并未在原审中主张，显然不属于本案再审审理范围，本院不予处理。(2)关于二审判决确定皓羽公司所承担责任是否应当变更的问题。在委托代理人皓羽公司销售06号、07号商铺的行为构成有权代理且06号、07号合同被解除的情况下，根据法律的规定，应由被代理人金华公司单独承担向苏某水返还购房款及赔偿资金占用损失的给付义务，二审法院却判令皓羽公司向苏某水返还购房款及赔偿资金占用损失并由金华公司对此负补充赔偿责任，本院本应依法予以纠正，但考虑到如予改判将加重申诉人金华公司的责任负担，加之二审判决关于赔偿责任的此种认定既未超出苏某水诉讼请求的总体范围，也未实质损害苏某水的利益，还未损害国家利益和社会公共利益，同时苏某水再审中对此未提出异议。作为有权处分其自身权利的民事主体，皓羽公司在再审中亦要求维持二审判决，故为尊重当事人的处分权和维护已进入稳定的社会关系和秩序，本院对此不作变更。

【裁判结果】

本院判决如下：维持湖北省高级人民法院(2009)鄂民一终字第28号民事判决。本判决为终审判决。

[参见最高人民法院办公厅编：《最高人民法院公报》2014年第1期。]

3. 当事人在合同中约定一方向另一方交纳一定金额货币作履约保证金的，该履约保证金是否为定金？

【典型案例】

梅州市嘉福实业发展有限公司诉梅州名磊投资有限公司商品房代理销售合同纠纷案

【裁判要旨】

定金是合同当事人一方以保证合同履行为目的，于合同成立时或合同履行前，在法律规定的范围内由一方给付对方一定数额的金钱。在现代法律制度中，定金的目的在于确保债权的实现，因而也是担保方式之一。由于定金适用“定金罚则”，即在当事人不履行合同时会发生丧失定金或加倍返还定金的后果，故而定金应当以书面形式约定。违约金是当事人事先约定的，一方违反合同时，向另一方支付一定数额的金钱。而履约保证金则往往是在订立合同时约定由一方向另一方事先支付一定数额金钱，以保证交付履约保证金的一方履行合同义务，具有单向性。显然，履约保证金亦不同于违约金，至少只具有违约金一半的功能。因履约保证金只约束一方当事人，当接受履约保证金的一方违约时，履约保证金对其不起作用。而且违约金一般无须在签订合同时就交付一定数额的金钱，只是双方约定违约后计算或者支付违约金的标准而已。当事人在合同中约定一方向另一方交纳一定金额的履约保证金虽与定金相似，但因其不符合定金的法律属性而不属法定担保方式。至于其是否具有违约金的法律属性，应视当事人在合同中对履约保证金的约定而定，如在约定履约保证金的同时还约定了违约责任条款的，则一般应视其为预付款性质，不能与违约金并用。

【案号索引】

一审：广东省梅县人民法院（2009）梅法民二初字第71号

二审：广东省梅州市中级人民法院（2010）梅中法民三终字第14号

【当事人信息】

原告：梅州市嘉福实业发展有限公司（以下简称嘉福公司）

被告：梅州名磊投资有限公司（以下简称名磊公司）

【基本案情】

广东省梅县人民法院经审理查明：2005年9月26日，嘉福公司（乙方）与名磊公司（甲方）签订《房地产销售合作合同》，合同约定的主要内容是：双方共同合作启动梅州市江北沿江路长廊二楼（原南方国际房地产开发公司开发的万豪街二楼）商铺物业的经营。甲方将该长廊二楼商铺约160间交付给乙方，由乙方策划、设计、装修、包装、宣传、销售，费用由乙方负责。乙方所有销售收入以每平方米1315.35元与甲方结算，溢价部分归乙方所有。乙方在合同签订之日起5天内支付履约保证金人民币20万元给甲方，在乙方交付保证金后三天内，甲方将物业交付给乙方，乙方即启动相关工作。合同第三条第一项、第二项约定的合作期限为：合同生效起14个月内，若乙方商铺销售率达总建筑面积50%，在甲方同意时，另行办理合同顺延手续；若乙方商铺销售率未能达总建筑面积50%，则合同终止，乙方将未卖出商铺退还给甲方，乙方无权就所投入的策划、设计、装修、包装、宣传和销售等一切费用要求甲方退还。合同第九条为双方的权利、义务，其中第一款第七项、第八项、第十项规定，甲方“向当地政府申请有关工商税收、水、电等方面的优惠政策，以促进销售工作”；“靠近望江楼进入该商业长廊入口处的台阶改动事宜，甲方负责协调各方关系”;“甲方负责相关的市政建设及配套工程项目尽量争取政府优惠政策(政府会议纪要中体现)。(市政建设配套工程项目主要为:道路、灯光、停车场等,及政府会议纪要中相关内容)市政建设工程及配套工程在合同生效后6个月内完工”。合同签订后,嘉福公司分5次支付了履约保证金20万元给名磊公司。但名磊公司未能按合同第九条第一款第八项履行“靠近望江楼进入该商业长廊入口处的台阶改动事宜,甲方负责协调各方关系”的约定,促成城建规划部门批准该商业长廊入口处的台阶改动事宜,也没有按合同第九条第一款第十项规定,在合同生效后6个月内,促成市政建设配套工程项目即该商业长廊的道路、灯光、停车场等的建设。以后双方均未采取措施,标的物沿江路长廊二楼一直维持原状。2007年1月7日,名磊公司向嘉福公司发出关于解除《房地产销售合作合同》的函。嘉福公司于2007年3月15日向名磊公司发出《关于要求“退还保证金”的函》,同意解除合同,但名磊公司应立即退回保证金20万元及赔偿损失3万元。2009年3月13日,名磊公司将标的物沿江路长廊二楼产权转让给梅州市基础设施建设投资有限公司。

嘉福公司向原审法院提起诉讼,请求判令解除双方签订的《房地产销售合作合同》;判令名磊公司返还履约保证金人民币20万元。

【法院认为】

广东省梅县人民法院认为:嘉福公司、名磊公司签订的《房地产销售合作合同》是在双方自愿、平等基础上签订的,合同真实、合法有效,双方均应按合同约定履行。2009年3月13日名磊公司将合同约定的标的物业沿江路长廊二楼转让给梅州市基础设施建设投资有限公司,合同的标的物已不再是名磊公司,合同已无法履行,名磊公司亦同意解除合同,所以嘉福公司请求解除《房地产销售合作合同》的诉讼请求依法应予支持。关于嘉福公司要求名磊公司返还履约保证金20万元问题,合同中没有约定履约保证金合同履行与否该如何处理,且20万元也是嘉福公司交给名磊公司的,是嘉福公司的钱,所以合同解除时名磊公司收取的20万元应当返还给嘉福公司。对于名磊公司提出终止合同及返还履约保证金已超过诉讼时效的抗辩,因为合同签订后双方一直未协商解除合同,合同尚于履行中,不存在诉讼时效问题。所以名磊公司关于诉讼时效的抗辩依法不予采纳。综上,判决:(1)解除原告嘉福公司与被告名磊公司于2005年9月26日签订的《房地产销售合作合同》。(2)被告名磊公司应返还履约保证金人民币20万元给原告嘉福公司,限于本判决生效后10日内付清。(3)被告名磊公司如未按本判决指定的期间履行给付金钱义务,应加倍支付迟延履行期间的债务利息给原告嘉福公司。

一审宣判后,名磊公司不服提起上诉,请求依法撤销原判,驳回被上诉人的诉讼请求。

【裁判结果】

广东省梅州市中级人民法院经审理，判决驳回上诉，维持原判。

［参见最高人民法院中国应用法学研究所编：《人民法院案例选》（2011 年第 2 辑），人民法院出版社 2011 年版。］

4. 商品房委托代理销售合同中佣金如何结算？

【审判专论】

在商品房委托代理销售合同中，佣金是发生销售业务时支付给有权从事中介服务的中间人的报酬。通常，中间方和出售方会在商品房委托代理销售合同中约定佣金的数额和支付方式，中间方完成了出售方委托的代理销售项目后，出售方需按照合同约定结算佣金，在中间方无证据证明其实际投入的费用超过合同约定佣金数额，亦不能证明其应当实际收取出售方的代理佣金数额时，则以合同约定的数额计算佣金。双方若欲确定代理佣金的数额，则应当先就中间方实际投入的数额进行结算，中间方才可再行主张相关权利。此外，中间方与出售方在商品房委托代理销售合同中约定中间方可收取溢价款的，若该约定系双方真实意思表示，且不违反法律、行政法规、社会公共利益以及第三人合法权益的，应当认定为有效。

［参见苏泽林、景汉朝主编，最高人民法院立案一、二庭编：《立案工作指导》2011 年第 2 辑。］

5. 不具备法定条件的房地产中介所签订的合同是否有效？

【典型案例】

马某某与河南某公司商品房委托代理销售合同纠纷案

【裁判要旨】

未领取营业执照从事房地产销售的行为虽然违反《城市房地产管理法》关于房地产服务中介机构服务主体需取得营业执照的规定，但违反的是管理性而非效力性的强制性规定，因此案涉代理销售商品房合同有效。

【案号索引】

一审:河南省温县人民法院(2010)温民商初字第259号

二审:河南省温县人民法院(2012)温民再字第5号

【当事人信息】

申诉人(原审被告):河南某公司(以下简称某公司)

被申诉人(原审原告):马某某,又名马某萍

【基本案情】

原审原告马某某因与原审被告河南某公司商品房委托代理销售合同纠纷一案,于2010年5月24日诉至河南省温县人民法院。该院于2011年12月27日作出(2010)温民商初字第259号民事判决,已经发生法律效力。河南某公司不服,向检察机关申诉。焦作市人民检察院于2012年6月19日作出焦检民抗[2012]12号民事抗诉书,向焦作市中级人民法院提出抗诉。焦作市中级人民法院于2012年6月27日作出(2012)焦民立抗字第19号民事裁定书,指令河南省温县人民法院再审本案。该院依法另行组成合议庭,公开开庭审理了本案。本案现已审理终结。

被告某公司系房地产开发企业,该公司开发的“某某花园”商品房楼盘,位于温县司马大街南段。2008年6月1日,原、被告协商签订了委托销售代理协议一份。协议载明:(1)合作方式和范围:①甲方(被告)指定乙方(原告)为“某某花园”住宅商品房的独家销售代理商,可销售商品房共计64套;②本协议合作期间自2008年6月1日起至2009年6月1日止。(2)甲乙双方的权利义务:甲方有权审核并最终确定乙方的全程销售规划及各阶段的具体销售行动;客户交付的定金、一次性支付的房款及按揭的首付款直接由甲方财务人员收取。乙方负责组织“某某花园”全程营销策划及项目广告推广规划,负责乙方销售人员的工资及其他费用,负责所有客户的接待、解答,并协助签约、催款工作。(3)代理佣金及支付办法:①商品房销售基础价为每平方米880元,各楼层的基础价为一层、二层946元,三层870元,四层760元,五层580元;②乙方实际销售价格基础价的部分为溢价部分;③乙方的代理佣金为基础价销售部分按实际成交额的6%计算,溢价部分按溢出额的40%支付乙方佣金,如客户分期付款,则依照付款进度按比例予以结算,最迟自交房之日起10日内全部结算完毕;每月5日前结算上月代理佣金;乙方在一年内必须完成销售额的80%。(4)违约责任:①本协议经签订生效,除不可抗力因素或国家政策性变化调整及本协议另有规定外,任何一方有违背本协议条款的行为,均视为违约,任何一方违约将向对方赔偿50000元违约金;②因不可抗力因素或国家政策性变化给本项目带来的销售损失,甲乙双方共同承担,协商解决;③甲方未能按期支付乙方佣金,每逾期1日按应付款总额度的5%向乙方支付滞纳金;④如乙方未经甲方同意擅自低于基础价销售,则乙方应赔偿甲方相应的差价损失。协议签订后,原告在约定的

期限内(截至2009年6月1日)为被告销售商品房共计12套,收取房款1243481元,应得佣金54264.82元。合同期限届满后,双方在未重新签订委托代理销售协议的情况下,原告继续为被告销售商品房,截至2010年3月1日,原告为被告销售商品房共计55套,收取房款6256333元,应得佣金403221.14元,佣金共计457485.96元。其间,被告分别于2008年8月14日、11月10日,2009年8月2日、9月27日、12月31日5次支付原告佣金125209元。2010年3月,原、被告在解除委托代理销售合同后,双方因佣金的计算所依据的销售基础价的确定产生纠纷,致使双方对原告应得佣金的总数未进行结算。原告在被告未结算佣金的情况下,扣留客户购房款110631元。2010年5月,原告以被告欠其佣金未付,违反协议约定为由诉至河南省温县人民法院,要求依法判令被告支付佣金247918.50元及逾期付款的违约金50000元。

再审查明的事实与原审相同。

本案的争议焦点:马某某同某公司签订的代理销售商品房合同是否有效。

原审认为,原、被告签订的委托销售代理协议的内容,系双方当事人的真实意思表示,且不违反法律、法规的强制性规定,合法有效。原、被告均应按照诚实信用原则,各自履行合同约定的义务。

本案中,原、被告对原告合同期限内应得佣金的数额及合同期限外销售的商品房的数量、收取的房款数额无争议,争议的焦点是合同期限外的佣金结算应否按协议约定的售房基础价计算。原告主张应按双方所签订协议约定的销售基础价、结算办法计算佣金,被告主张按市场价格确定销售基础价,佣金结算办法按合同的约定。

1.关于销售基础价的确定问题。原、被告在协议约定的委托代理销售期限届满后,双方未重新签订委托销售合同,亦未对原合同约定的销售基础价进行变更的情形下,原告仍以被告的名义及原合同约定的销售基础价为被告销售商品房,被告亦支付原告部分佣金,双方的行为符合法律的规定,应认定被告对原告按原合同约定的内容履行的认可,对原告合同期限外佣金的计算,被告亦应按原合同约定的结算方法履行义务。虽然被告主张因房地产市场的变化致使商品房销售价格上涨的事实存在,但被告未能提供有效证据,证明因房地产市场价格的变化,双方对商品房销售基础价进行变动的事实,且被告亦未能提供相关证据证明其在原告合同期限外销售期间向原告作出书面或口头变更销售基础价指示的事实。故对原告的诉讼主张,该院予以支持。对被告的诉辩意见,该院不予采纳。

2.关于原告要求被告支付佣金247918.5元及滞纳金50000元的诉讼请求能否支持问题。根据“审计报告”的审计结果及双方当事人的陈述,原告应得佣金总额为457485.96元,扣除被告已支付原告的佣金125209元及原告收取的房款110631

元(合计235840元),被告还应支付原告佣金221645.96元。原告要求被告支付佣金247918.5元的诉讼请求显属不当,对多出的佣金部分,该院不予支持。由于双方在终止销售代理合同关系后对协议期限外的佣金计算方法产生异议,导致双方未予结算,被告未支付原告佣金的行为并不违约,故原告主张的逾期违约金的诉讼请求,没有事实依据,该院不予支持。河南省温县人民法院于2011年12月27日作出(2010)温民商初字第259号民事判决:(1)限被告河南某公司在判决生效后10日内支付原告马某某佣金221645.96元;(2)驳回原告马某某的其他诉讼请求。案件受理费5770元,邮寄费80元,审计费10000元,合计15850元,由原告马某某承担1850元,被告河南某公司承担14000元。

焦作市人民检察抗诉认为:温县人民法院对本案的判决不当。理由为:其一,马某某的代理销售房屋属于房屋中介服务中的经纪行为,根据《城市房地产管理法》第五十七条的规定,中介服务必须由具有销售房地产资质的机构进行。马某某既不属于机构又未取得营业执照,不具有销售房地产资质即同某公司签订代理销售商品房合同,该合同违反法律法规的强制性规定,应当属于无效合同。虽然按无效合同论处,某公司仍然应当承担赔偿责任,但这是双方承担责任的问题,承担的责任程度不同于违约责任。其二,退一步说,即使合同有效,那么合同期满后温县商品房的市场价也已经明显上涨,这是众所周知的事实。法院判决也认可"商品房销售价格上涨的事实存在",因商品房市场上涨,仍按原来的基础价计算佣金显失公平,违反《合同法》的公平原则。

申诉人河南某公司申诉称:(1)原审判决认定河南某公司与马某某签订的委托代理合同,系双方当事人的真实意思表示且不违反法律法规的强制性规定,合法有效,该项认定显属错误。根据《城市房地产管理法》第五十七条、第五十八条、第六十九条的规定,房地产中介机构应当具有的条件及未取得营业执照擅自从事房地产中介服务业务的法律责任。《城市房地产经营管理条例》第二条明确了房地产开发经营包含了转让房地产开发项目或者销售行为,并在第三十四条明确规定了未取得营业执照,擅自从事房地产开发经营的相应法律责任。认为马某某作为自然人,未取得相应资质和经营资格,不具备签订合同的主体资格,双方所签订的协议违反了上述法律法规强制性规范,因此该委托代理销售协议依法不能成立,应认定为无效合同,应判被申诉人依法承担相应的法律责任。(2)双方所签订的"委托销售代理协议"是附终止期限的合同,期限届满后应当自动失效。合同期限届满后,马某某仍然以河南某公司名义销售商品房,该民事行为应是事实上的劳务有效法律关系的延续,双方是劳务关系,双方应结算的是劳动报酬,而非佣金,应按劳动争议程序和途径解决。(3)马某某非法收取客户购房款110631元,应涉嫌侵占罪。法院将该款冲抵所谓佣金,助长了马某某的违法行为,该判决明显违法。

被申诉人辩称,检察机关抗诉理由与申诉理由均不应采纳,应维持原判。

双方当事人在再审中均未提供新的证据。

【法院认为】

河南省温县人民法院再审认为:

1. 被申诉人马某某未领取营业执照从事房地产销售的行为虽然违反《城市房地产管理法》关于房地产服务中介机构服务主体需取得营业执照的规定,但违反该规定承担的是行政违法责任,该法对房地产中介服务机构需取得营业执照的规定是对房地产中介服务机构行为资格的限制,属于管理性强制性规范,而被申诉人马某某从事房地产销售行为的内容并未违反法律、法规的效力性强制性规定。法律规定的强制性规定应为效力性强制性规定。检察机关以"马某某既不属于机构又未取得营业执照,不具有销售房地产资质,即同某公司签订代理销售商品房合同,该合同违反法律法规的强制性规定,应当属于无效合同"作为抗诉理由之一,该院不予采信。

2. 双方当事人在协议约定的委托代理销售期限届满后,双方未重新签订委托销售合同,亦未对原合同约定的销售基础价进行变更的情形下,被申诉人仍以申诉人的名义及原合同约定的销售基础价为申诉人销售商品房,申诉人亦支付被申诉人部分佣金,双方的行为符合法律的规定,应认定申诉人对被申诉人按原合同约定的内容履行的认可,对被申诉人合同期限外佣金的计算,申诉人亦应按原合同约定的结算方法履行义务。虽然申诉人主张因房地产市场的变化致使商品房销售价格上涨的事实存在,但申诉人未能提供有效证据,证明因房地产市场价格的变化,双方对商品房销售基础价进行变动的事实,且申诉人亦未能提供相关证据,证明其在被申诉人合同期限外销售期间,向被申诉人作出书面或口头变更销售基础价指示的事实。故抗诉机关的抗诉理由该院不予采纳。原审判决认定事实清楚,适用法律正确,应予维持。

【裁判结果】

河南省温县人民法院于2012年11月14日作出(2012)温民再字第5号民事判决如下:维持本院(2010)温民商初字第259号民事判决。

[参见李静编著,法律出版社法规中心主编:《中华人民共和国城市房地产管理法案例全解》,法律出版社2015年版。]

第五章

二手房买卖合同纠纷

1. 未领取权属证书的房屋买卖合同是否发生效力?

【典型案例】

南京赛特欧运输设备制造有限公司与福溢工艺(南京)有限公司买卖合同纠纷案

【裁判要旨】

当事人双方买卖的房屋虽然未领取权属证书,但并不因此影响买卖合同的效力。《民法典》第二百一十五条规定,当事人之间订立有关设立、变更、转让和消灭不动产物权的合同,除法律另有规定或者当事人另有约定外,自合同成立时生效;未办理物权登记的,不影响合同效力。该条款明确了不动产物权变动的原因与结果相区分原则,强调合同等原因行为的效力,物权的设立、变更、转让和消灭等物权变动都受《民法典》的规制,原因行为的效力不受物权变动要件的影响。房屋登记只是一种公示的方法,房屋登记与房屋买卖合同相结合才发生不动产物权变动的法律效果,当事人未办理登记手续只是不发生所有权转移,并不影响买卖合同本身的效力。另外,虽然《城市房地产管理法》第三十八条第六项规定未依法登记领取权属证书的房地产不得转让,但该规定仅为管理性规范而非效力性规范,违反该条并不必然导致合同无效。根据上述,当事人双方买卖的房屋虽未领取权属证书,但并不因此影响买卖合同的效力。

【案号索引】

江苏省南京市中级人民法院(2008)宁民四终字第2617号

【当事人信息】

原告:南京赛特欧运输设备制造有限公司(以下简称赛特欧公司)

被告:福溢工艺(南京)有限公司(以下简称福溢公司)

【基本案情】

2006 年 4 月 30 日,原告通过出让方式领取了位于溧水柘塘镇工业集中区内的国有土地使用权证。同时,原告也领取了建设用地批准书,并建造了厂房、附属用房和围墙道路等基础设施。2008 年 5 月 22 日,原告与被告签订一份协议书。协议约定:原告将其土地使用权、厂房和附属用房以及围墙道路等基础设施转让给被告,协议中注明房屋未领取房产证;转让价 380 万元,被告向原告交纳定金 4 万元作为保证,2008 年 6 月 15 日前付款 200 万元,余款于 2008 年 12 月 31 日前付清;首付款后,原告应协助被告办理土地使用权证的过户手续,土地使用权证过户费用由原告从转让款中支付;任何一方违约除定金不退还外,还应支付赔偿金 30 万元。协议签订当日,被告向原告支付定金 4 万元。之后,被告以资金不能及时到位,及该协议违反《城市房地产管理法》规定应无效为由拒绝继续付款。原告之后多次催要,并于 2008 年 7 月 21 日委托律师事务所函告被告,要求被告于 2008 年 7 月 24 日前履行协议,逾期原告将解除协议,届时还要求被告支付违约金 30 万元,被告仍未履行。原告遂向法院起诉要求被告支付欠款及违约金。

江苏省溧水县人民法院经审理认为,在不动产交易中,签订不动产转让合同是不动产物权变动的原因,不动产所有权移转是这一原因行为的结果。该合同即原因行为是否有效,不取决于准备转让的不动产所有权是否能够实际转让,而取决于双方当事人签订的合同这一原因行为本身是否有效。《城市房地产管理法》第三十八条第六项规定,未依法登记领取权属证书的房地产不得转让,对此规定应理解为未依法登记领取权属证书的房地产,不能发生物权变动的后果,但这一转让不能的后果并不能否定为转让该房地产而签订的合同的效力,对于买卖合同效力的判断应依据法律进行。本案中原告将其名下的土地使用权及其建造的厂房等基础设施与被告订立转让协议,该协议系双方真实意思表示,内容亦不违反法律规定,协议合法有效,双方均应严格履行。被告答辩时认为协议内容违反《城市房地产管理法》规定,协议无效的辩称理由不能成立,本院不予采信。由于原告通过律师函已行使解除权,此时协议已经解除。协议被解除后,尚未履行的,终止履行。因此,对原告要求被告支付 200 万元价款的诉讼请求,不予支持。据此,判决被告福溢公司支付原告违约金 26 万元。

宣判后,被告福溢公司不服一审判决,向南京市中级人民法院提起上诉。

【法院认为】

江苏省南京市中级人民法院经审理认为,依法成立的合同受法律保护,双方当事人应按约履行。房屋登记只是一种公示的方法,房屋登记与房屋买卖合同相结合才发生不动产物权变动的法律效果,当事人未办理登记手续只是不发生所有权转移,并不影响买卖合同本身的效力。法律行政法规的强制性规定应当区分为效力性规范与管理性规范两种,只有违反效力性规范的才会导致合同无效。《城市房地产管理法》第三十八条第六项规定是管理性规范,不是效力性规范,违反该条款并不必然导致合同无效。双方签订关于土地及附属用房转让协议涉及的房屋虽然未办理产权证,但并不影响双方间协议的效力。一审法院认定双方签订的协议合法有效,并无不当。上诉人违反协议约定,应承担相应的违约责任。因上诉人故意违约,致被上诉人的土地、附属用房未及时转让,客观上造成一定损失。故本院对上诉人申请调整违约金的请求,不予支持。

【裁判结果】

综上,上诉人的上诉理由不能成立,本院不予支持,判决驳回上诉,维持原判。

[参见钱锋、唐明:《房屋未领取产权证不影响协议转让》,载《人民司法》2009年第8期。]

【审判政策与精神】

安徽省高级人民法院关于审理房屋买卖合同纠纷案件适用法律问题的指导意见(安徽省高级人民法院审判委员会民事执行专业委员会2012年3月5日第1次会议通过)

9.《中华人民共和国城市房地产管理法》第三十八条第(六)项"未依法登记领取权属证书的"房屋不得转让的规定,在性质上不属于《最高人民法院关于适用〈中华人民共和国合同法〉若干问题的解释(二)》第十四条规定的"效力性强制性规定",买受人仅以出卖人签订合同时未取得房屋权属证书为由请求确认合同无效的,不予支持。

《中华人民共和国城市房地产管理法》第三十九条第一款第(二)项的规定在性质上也不属于上述司法解释第十四条规定的"效力性强制性规定",不应作为认定房屋买卖合同无效的法律依据。

2. 未经房屋共同共有人同意，出卖人对外签订的“二手房”买卖合同，效力如何认定？

【审判政策与精神】

上海市高级人民法院关于审理“二手房”买卖案件若干问题的解答(2005 年 12 月 16 日)

2. 未经房屋共同共有人同意，出卖人对外签订的“二手房”买卖合同，效力如何认定？

答：审判实践中，经常遇到房屋共有人以其他共有人擅自处分共有财产为由，主张其他共有人对外签订的“二手房”买卖合同无效。对此问题，应区别不同的情形分别处理。一是房屋出售时，权利登记仅为出卖人一人的，基于不动产的公示、公信原则，买受人有理由相信出卖人系房屋的完全权利人，其与出卖人之间签订的买卖合同，应认定为有效；但如有证据证明买受人存有过错，与出卖人恶意串通，损害其他共有人利益的除外。二是房屋出售时，权利登记为数人的，基于部分共同共有人不得擅自处分共有财产的法律规定，在其他权利人事后不予追认的情况下，应认定买卖合同无效；但买受人有理由相信出卖人有代理权，符合表见代理构成要件的，应确认买卖合同有效。

3. 未经在房屋内共同居住的其他成员同意，房屋所有权人对外签订的“二手房”买卖合同，效力如何认定？

【审判政策与精神】

上海市高级人民法院关于审理“二手房”买卖案件若干问题的解答(2005 年 12 月 16 日)

3. 未经在房屋内共同居住的其他成员同意，房屋所有权人对外签订的“二手房”买卖合同，效力如何认定？

答：房屋权利人个人购买所得的房屋，配偶或其他亲属因婚姻或亲属关系形成了同住事实，房屋所有权人有义务保障其居住权益，但该权益的存在并不构成对房屋所有权人处分房屋的限制。因此，未经在房屋内共同居住的其他成员同意并不影响房屋所有权人对外签订的房屋买卖合同的效力。

4. “二手房”买卖合同中，因房屋质量问题引发纠纷，出卖人应如何承担房屋质量瑕疵担保责任？

【审判政策与精神】

上海市高级人民法院关于审理“二手房”买卖案件若干问题的解答（2005年12月16日）

7.“二手房”买卖合同中，因房屋质量问题引发纠纷，出卖人应如何承担房屋质量瑕疵担保责任？

答：买卖合同的出卖人应就买卖标的物向买受人承担质量瑕疵担保责任。但由于“二手房”买卖中的标的物一般已使用一定年限，并存在装修、装饰等现状，买受人对房屋的瑕疵状况也应有理性的判断。因此，对于出卖人故意隐瞒房屋质量瑕疵的，应承担赔偿责任。对于出卖人已如实告知瑕疵或买受人已明知瑕疵的，则出卖人不承担责任。对于房屋的隐蔽瑕疵，如并非出卖人在装潢、使用过程中所产生，而系房屋本身所固有的，若没有证据证明出售一方对此是知晓的，出卖人亦不承担瑕疵担保责任，但买受人可以房屋所有人身份，依据因合同转让而取得的权利，向开发商主张保修责任或赔偿责任。

5. 买卖合同成立后，出卖人未能自动履行产权过户义务，如何处理？

【审判政策与精神】

上海市高级人民法院关于审理“二手房”买卖案件若干问题的解答（2005年12月16日）

9.买卖合同成立后，出卖人未能自动履行产权过户义务。对此，实践中买受方既有主张确权的，也有要求出卖人履行产权过户义务的，如何处理？

在买卖合同履行过程中，双方间存在的是债权债务关系，买受人只能依据合同约定，要求出卖人履行合同义务，包括按约将标的物的所有权移转给买受人。买受人不能依据买卖合同而直接取得标的物的所有权，实践中也可能由于出现法律上或者事实上不能履行等法定情形，而导致买受人不能实际取得标的物所有权的情况发生。同时，确权之诉系对民事权利是否存在、如何归属等加以确认，而如前述，在出卖人未自动履行所有权移转义务前,买受人尚未取得标的物的所有权,其依据合同约定要求确认房屋所有权归其所有,缺乏基础。因此,对出卖人不履行产权过户义务的,买受人不能直接要求确认房屋产权归其所有,只能按合同约定要求出卖人履行产权过户义务。

6. 房屋出卖方将房源信息提供给多个房屋中介公司,购房人选择任一中介公司促成房屋买卖是否属于跳单行为?

【指导案例】

上海中原物业顾问有限公司诉陶某华居间合同纠纷案

【裁判要旨】

跳单并非法律上的概念,通常意义上对跳单的理解是:购房者通过房屋中介公司提供的信息、机会等,跳过该中介公司购买房屋的行为。实务中,多数房屋买卖居间合同中关于禁止买方利用中介公司提供的房源信息却绕开该中介公司与卖方签订房屋买卖合同的约定合法有效。但是,当卖方将同一房屋通过多个中介公司挂牌出售时,买方通过其他公众可以获知的正当途径获得相同房源信息的,买方有权选择报价低、服务好的中介公司促成房屋买卖合同成立,其行为并没有利用先前与之签约中介公司的房源信息,故不构成违约。

【案号索引】

(2009)沪二中民二(民)终字第1508号

【基本案情】

2008年下半年,原产权人李某某到多家房屋中介公司挂牌销售涉案房屋。2008年10月22日,上海某房地产经纪有限公司带陶某华看了该房屋;11月23日,上海某房地产顾问有限公司(以下简称某房地产顾问公司)带陶某华之妻曹某某看了该房屋;11月27日,上海中原物业顾问有限公司(以下简称中原公司)带陶某华看了该房屋,并于同日与陶某华签订了房地产求购确认书。该确认书第2.4条约定,陶某华在验看过该房地产后6个月内,陶某华或其委托人、代理人、代表人、承办人等与陶某华有关联的人,利用中原公司提供的信息、机会等条件但未通过中原公司而与第三方达成买卖交易的,陶某华应按照与出卖方就该房地产买卖达成的实际成交价的1%,向中原公司支付违约金。当时中原公司对该房屋报价165万元,而某房地产顾问公司报价145万元,并积极与卖方协商价格。11月30日,在某房地产顾问公司居间下,陶某华与卖方签订了房屋买卖合同,成交价138万元。后买卖双方办理了过户手续,陶某华向某房地产顾问公司支付佣金1.38万元。

【法院认为】

法院审理认为:中原公司与陶某华签订的房地产求购确认书属于居间合同性质,其中第2.4条的约定,属于房屋买卖居间合同中常有的禁止"跳单"格式条款,其本意是为防止买方利用中介公司提供的房源信息却"跳"过中介公司购买房屋,从而使中介公司无法得到应得的佣金,该约定并不存在免除一方责任、加重对方责任、排除对方主要权利的情形,应认定有效。根据该条约定,衡量买方是否"跳单"违约的关键,是看买方是否利用了该中介公司提供的房源信息、机会等条件。如果买方并未利用该中介公司提供的信息、机会等条件,而是通过其他公众可以获知的正当途径获得同一房源信息,则买方有权选择报价低、服务好的中介公司促成房屋买卖合同成立,而不构成"跳单"违约。本案中,原产权人通过多家中介公司挂牌出售同一房屋,陶某华及其家人分别通过不同的中介公司了解到同一房源信息,并通过其他中介公司促成了房屋买卖合同成立。因此,陶某华并没有利用中原公司的信息、机会,故不构成违约,对中原公司的诉讼请求不予支持。

[参见刘净:《〈上海中原物业顾问有限公司诉陶德华居间合同纠纷案〉的理解与参照》,载《人民司法》2014年第6期。]

7. 违反房屋限购政策的合同效力如何认定?

【典型案例】

张某如与沈某买卖合同纠纷案

【裁判要旨】

所谓房屋限购政策,是指国务院或地方政府为抑制房价过快上涨,遏制投资、投机性购房,促进房地产市场平稳健康发展和保障民生,对城镇居民家庭购买住房的资格及购买数量所作出的限制政策。认定合同无效的依据,仅限于全国人大及其常委会制定的法律和国务院制定的行政法规中的效力性强制性规定。因国务院或地方政府制定的房屋限购政策不属于法律和行政法规的范畴,故不能以违反房屋限购政策为由认定相关合同无效。

【案号索引】

北京市第二中级人民法院(2012)二中民终字第16191号

【当事人信息】

上诉人(一审原告):张某如

被上诉人(一审被告):沈某

【基本案情】

2011年6月3日,张某如(乙方)和沈某(甲方)签订北京市存量房屋买卖合同,约定张某如购买北京市朝阳区雅成二里19号楼1单元2303号房屋,总价款240万元。买卖合同签订后,张某如支付沈某定金5万元。张某如在签订买卖合同当日,一并签署了购房承诺书,明确其知晓国务院办公厅《关于进一步做好房地产市场调控工作有关问题的通知》(国办发〔2011〕1号)、北京市人民政府办公厅《关于贯彻落实国务院办公厅文件精神进一步加强本市房地产市场调控工作的通知》(京政办发〔2011〕8号)、北京市住房和城乡建设委员会《关于落实本市住房限购政策有关问题的通知》(京建发〔2011〕65号)。现张某如以其不符合购房资格为由起诉至法院,要求判令解除房屋买卖合同并返还5万元定金。

【法院认为】

法院认为,张某如与沈某签订的北京市存量房屋买卖合同是双方真实意思表示,应严格遵守。根据张某如签署购房承诺书的事实,可以认定其对国家和北京市限购政策是知晓的,可以且应该根据限购政策判断其本人是否符合在北京市购买房屋的条件。但由于张某如故意隐瞒相关事实导致买卖合同无法继续履行,其无权要求被告返还定金。由于买卖合同因张某如违约无法继续履行,应予以解除。

【裁判结果】

一审判决:(1)解除原告张某如与被告沈某2011年6月3日签订的北京市存量房屋买卖合同;(2)驳回原告张某如的其他诉讼请求。宣判后,张某如不服一审判决,提起上诉。北京市第二中级人民法院经审理,判决驳回上诉,维持原判。

[参见石海朝:《明知不符购房条件仍签购房合同者需承担违约责任》,载《人民司法》2014年第4期。]

8. 未取得权属证书的房屋转让合同的效力如何？

【典型案例】

喻某勇与李某、郑某平、田某房屋买卖合同纠纷案

【裁判要旨】

根据《城市房地产管理法》第三十八条第六项的规定，未依法登记领取权属证书的房地产不得转让。《城市房地产管理法》第三十七条规定："房地产转让，是指房地产权利人通过买卖、赠与或者其他合法方式将其房地产转移给他人的行为。"可见，房地产转让包括签订买卖、赠与等合同，交付价款、交付房屋、办理过户登记等一系列行为。因此，对于《城市房地产管理法》第三十八条第六项规定中的"房地产不得转让"，应当理解为房地产转让的系列行为因房地产尚未登记领取权属证书而不能彻底完成，不能发生物权转移的合同履行目的。依法登记领取权属证书是房地产物权变动的结果条件，而不是原因条件，不符合该条件的，房地产不得进行转让登记，不能发生物权变动的结果，但买卖合同的效力不受影响，买卖合同符合民法典规定的有效要件的，仍然有效。依法登记领取权属证书不是房屋转让合同的生效要件，领取权属证书只是房屋转让合同一方当事人应当履行的义务。在签订房屋转让合同前，当事人是否办理房屋登记手续、是否领取房屋权属证书，影响的是房屋所有权是否能够依法转移，而房屋所有权是否转移对合同本身的效力并无影响。对此，《民法典》第二百一十五条规定，当事人之间订立有关设立、变更、转让和消灭不动产物权的合同，除法律另有规定或者当事人另有约定外，自合同成立时生效；未办理物权登记的，不影响合同效力。因此，当事人之间订立合同转让未取得权属证书的房屋，并不违反《城市房地产管理法》第三十八条第六项的规定及其他法律、行政法规的强制性规定，该合同的目的只有在办理房屋权属证书这一条件成就后方能实现，但该条件是否实际成就并不影响合同本身的效力。

【案号索引】

广东省深圳市南山区人民法院（2007）深南法民三初字第997号

【当事人信息】

原告（反诉被告，以下统称原告）：喻某勇

被告（反诉原告，以下统称被告）：李某

被告（反诉原告，以下统称被告）：郑某平

二被告共同委托代理人:张某宇

第三人(有独立请求权):田某

【基本案情】

法院经公开审理查明:二被告系夫妻关系。前海花园三期36栋12E房屋(涉案房屋)原系二被告购买的全成本微利价安居房,二被告各占50%的产权,原房地产证号为深房地字第40003302××号,房价为186479元。2007年8月8日深圳市人民政府住房制度改革办公室批复同意二被告取得住房全部产权。深圳市房地产权登记中心的登记资料显示,涉案房屋性质从安居房变更为市场商品房的时间是2007年8月29日,房地产证号为40003359××号。

2004年5月22日,原告与被告李某签订"房地产买卖协议",约定:被告李某(卖方)将前海花园三期36栋12E房屋(涉案房屋)转让给原告(买方),建筑面积为84.84平方米,转让价格为每平方米4000元,总金额为339360元;自签约之日起10日内买方首付239360元给卖方,但在房产未办理过户手续前,买方以其中未支付的2万元作为押金,在过户手续办理之后10日内付清此款给卖方,剩余款项向建设银行办理抵押贷款手续并由买方按规定的期限付款;在一切客观条件成熟的情况下,卖方协助买方办理有关绿本转红本及过户的有关手续,但由此产生的一切费用由买方完全承担(第九条第三项);过户的房产金额按原房产证上的总房价申报。

原告、二被告均确认,协议第九条第三项中"绿本"的含义是指安居房或非市场商品房,"红本"的含义是指市场商品房。

2004年4月24日被告郑某平收到原告交付的购房订金1000元并出具订金收条。

原告及原告的妻子林某梅分别于2004年5月19日向被告郑某平汇款30000元、于2004年5月24日向被告郑某平汇款75000元、于2004年6月1日向被告郑某平汇款114360元,共计219360元。原告解释,之所以支付219360元而非约定的首付239360元,是因为合同第四条约定在涉案房屋未办理过户手续前,首付款239360元中有20000元作为押金,于办理过户后10日内再支付,因此原告在过户前须支付的首付款实为219360元。二被告对此予以确认。

2004年11月至2007年6月,原告按合同约定代二被告每月偿还房屋按揭款共计11万余元。

2004年5月,二被告向原告交付了涉案房屋,原告对涉案房屋进行了装修,于2004年10月入住至今。

2007年8月31日,二被告与第三人签订"深圳市二手房买卖合同",二被告将涉案房屋以198343.79元的价格转让给第三人田某并于2007年9月5日办理了产权过户登记,田某取得的房地产证号为40003364××,登记价为198344元。在交易过程中第三人支付了税款。

关于二被告与第三人签订买卖合同的过程,二被告及第三人陈述,二被告没有将其就涉案房屋已与原告签订买卖合同的情况告知第三人,第三人仅在签订合同前一个星期左右去涉案房屋看过一次,且只是在涉案房屋外面看了一下,二被告告知第三人涉案房屋暂借给朋友居住。

第三人主张其以现金方式在二被告家里向被告郑某平交付房款198343.79元,并提交了二被告的收条4张作为证据,内容为被告郑某平分别于2007年8月31日、2007年9月5日、2007年9月7日、2007年9月9日收到第三人房款20000元、80000元、80000元、18343.79元,以证明第三人依约向二被告支付了购房款。二被告对此予以确认。原告对其真实性有异议,认为4张收条载明的时间相隔有十几天,但纸张、笔迹的形成却呈现高度的一致性。原告要求对4张收条进行鉴定,以判断收条形成时间的真实性。原告认为若鉴定结果显示4张收条形成的时间并非收条上载明的时间,则进一步证明二被告与第三人之间存在恶意串通行为。依原告申请,本院委托西南政法大学司法鉴定中心进行鉴定,但因鉴定机构要求原告提供的材料原告未能提供,鉴定机构不予受理。

关于第三人与二被告买卖涉案房屋的款项来源、去向及相应证据,第三人陈述,其与案外人彭某系夫妻关系,购房款中的3万元现金系其来深圳工作几年的积蓄,以现金形式存放在家里,5万元为其向朋友借款而来,12万元为其丈夫彭某筹集得来。第三人提供了深圳莱加宝配餐有限公司的收入证明,证明2004年11月至2008年9月其在该公司任会计,年收入68000元。深圳市凯越电器设备有限公司出具证明,证明经营管理人为彭某。深圳市凯越电器设备有限公司还出具证明,证明其派第三人田某于2008年12月16日至12月31日出差。第三人提供的社会保险清单显示,2008年1月至2008年12月由深圳市凯越电器设备有限公司为第三人田某交纳社会保险金。二被告对第三人的陈述无异议。二被告陈述其收到款项后将现金放在家中的保险柜里。第三人对二被告的陈述无异议。但原告认为,第三人提供的收入证明表明第三人田某于2004年11月至2008年9月在深圳莱加宝配餐有限公司任职,但从第三人田某的社会保险清单看,至少在2008年1月第三人田某就是深圳市凯越电器设备有限公司员工,上述两份证据存在矛盾,无法确认田某究竟在哪个公司任职。原告对第三人提交的资金来源的说明也不予认可,理由是该情况说明仅是第三人单方面陈述,没有其他证据印证。

原告提供2007年9月22日的地产广告,拟证明涉案房屋当时同地段、同类型的房屋市场价已超过每平方米1万元。原告提供其委托深圳市世鹏房地产土地评估有限公司作出的“房地产评估报告”,该报告结论为涉案房屋在2007年9月7日的评估总值是933240元。二被告对上述两份证据的真实性无异议,但认为广告内容及原告单方委托的评估不能证明原告拟证明的内容。依原告申请,本院委托深圳市国咨土地房地产评估有限公司对涉案房屋进行评估,该公司出具的报告书结论为涉案房屋在2007年8月31日的评估市值为975660元。二被告对该报告的结论有异议,但其异议不符合法律规定,本院不予采纳。本院认可报告书的结论。

【法院认为】

法院经审理认为:本案争议的焦点在于原告、二被告签订的"房地产买卖协议"的效力,以及二被告与第三人签订的"深圳市二手房买卖合同"的效力。

二被告主张涉案房屋在签订协议时未取得商品房产证,故合同无效。根据庭审查明的事实,原告、二被告在签订合同时确认涉案房屋的商品房地产证未办理,该合同实质是约定以国土局办理出卖方一手商品房房产证作为条件、在条件成就后二被告再行转让涉案房屋与原告。《城市房地产管理法》(1994年)第三十七条第六项规定未依法登记领取权属证书的房地产不得转让,应当理解为依法登记领取权属证书是房地产变动的结果条件,而不是原因条件;不符合该条件的,房地产不得进行转让登记,不能发生物权变动的结果,但买卖合同的效力不受影响,买卖合同仍然有效。法律规定,当事人之间订立有关设立、变更、转让和消灭不动产物权的合同,除法律另有规定或者合同另有约定外,自合同成立时生效;未办理物权登记的,不影响合同效力。故原告与二被告的约定并未违反《城市房地产管理法》(1994年)第三十七条第六项的规定及其他法律、行政法规的强制性规定;虽然涉案房屋未办理商品房房地产证,该合同转让产权的目的只有在办理商品房房产证这一条件成就后方能实现,但条件是否实际成就并不影响合同本身的效力。且在2007年8月涉案房屋的性质已变更为市场商品房,具备产权过户条件,故本院对二被告关于合同无效的主张不予支持。

二被告认为涉案房屋系二被告夫妻共同财产,房地产买卖合同只是被告李某签订的,签订合同时被告李某没有与被告郑某平商量取得其同意,合同应为无效。根据庭审查明的事实,原告支付订金及首付款均是向被告郑某平支付的,足以表明被告郑某平对此是知情且同意的,故二被告以房屋的共有权人郑某平不知情、不同意为由主张合同无效不能成立。

关于原告与二被告在合同中约定"过户的房产金额按原房产证上的总房价申报"。《城市房地产管理法》(2007年修正)第三十五条规定,国家实行房地产成交价格申报制度。房地产权利人转让房地产,应当向县级以上地方人民政府规定的部门如实申报成交价,不得瞒报或者作不实的申报。原建设部《城市房地产转让管理规定》第十四条规定:国家实行房地产成交价格申报制度。房地产权利人转让房地产,应当如实申报成交价格,不得瞒报或者作不实的申报。房地产转让应当以申报的房地产成交价格作为缴纳税费的依据。成交价格明显低于正常市场价格的,以评估价格作为缴纳税费的依据。故原告与二被告在合同中关于"过户的房产金额按原房产证上的总房价申报"的约定,违反了法律的强制性规定,应为无效。但合同内容部分无效,并不当然导致整个"房地产买卖协议"无效。原告与二被告之间的房屋买卖合同的其他约定是当事人的真实意思表示,不具有合同无效的情形,合同成立并有效,双方均应严格履行。

合同签订后,原告依约履行合同义务,支付了除押金以外的首付款及以代替二被告归还银行贷款的方式支付了其余款项。在2007年8月涉案房屋取得商品房地产证时,二被告应依合同约定将涉案房屋的产权过户给原告,但二被告却将涉案房屋出卖给第三人且将产权过户给第三人,二被告"一房二卖"的行为已构成违约。

关于二被告与第三人于2007年8月31日签订的"深圳市二手房买卖合同"的效力,争议的焦点在于二被告与第三人的房屋交易是否存在恶意串通,从而损害原告合法权益的情形。对此本院分析如下:恶意串通表现为表意人与相对人以恶意通谋实施某种行为,损害国家、集体或第三人利益并从中受益。恶意串通,损害国家、集体或者第三人利益的合同无效。在二被告与第三人的交易过程中,存在诸多不合理之处。首先,二被告与第三人以198343.79元的价格转让涉案房屋,而法院委托的有相应资质的评估公司评估的结论是涉案房屋在2007年8月31日的评估市值为975660元,二被告与第三人的交易价格明显不合理低于市场价。其次,购买房屋对于一般人而言是一个较为重大的决定,而第三人在签订买卖合同前仅到涉案房屋外看过一次,甚至没有进入房屋内部进行实地考察或详细了解,这种未探究房屋真实情况而作出决定的行为,显然不符合一般人购买房屋的常情常理。最后,二被告与第三人之间近二十万元的资金往来,全部为现金支付,第三人筹集款项、其丈夫筹集款项、二被告收到款项后的资金流向,仅有当事人陈述而没有其他证据与之印证,诸多款项往来均没有相应银行交易记录,在日常经济生活中实属罕见,二被告及第三人的解释亦较为牵强。综上,上述现象和证据已形成证据链,可以达到证明第三人不是善意第三人的高度盖然性标准。经综合分析原告、二被告、第三人提交的证据、庭审查明的事实,以及运用日常生活经验法则,本院认定二被告与第三人之间的房屋交易行为属于恶意串通,损害了原告的合法权益,依法确认二被告与第三人签订的"深圳市二手房买卖合同"无效,第三人不能取得涉案房屋合法的产权。本院对二被告及第三人要求原告搬离涉案房屋的请求不予支持,对第三人要求原告支付租金的请求亦不予支持。

在确认二被告违约及二被告与第三人的买卖合同无效的情况下,原告要求二被告继续履行"房地产买卖协议",符合合同约定及法律规定,本院予以支持。

【裁判结果】

法院判决：确认被告李某、被告郑某平与第三人田某于2007年8月31日签订的关于前海花园三期36栋12E房屋的“深圳市二手房买卖合同”无效。被告李某、被告郑某平应继续履行于2004年5月22日与原告签订的“房地产买卖协议”，于本判决生效之日起10日内协助原告办理将前海花园三期36栋12E房屋产权过户至原告名下的手续。驳回被告李某、被告郑某平的全部反诉请求。驳回有独立请求权第三人田某的全部诉讼请求。原告起诉的案件受理费人民币6390元、财产保全费2217元及评估费，均由二被告承担；上述款项原告已预交，二被告应于本判决生效之日起10日内将应负担之款项径付原告。二被告反诉的案件受理费6390元，由二被告承担；该款项二被告已预交，本院不退。第三人提出独立诉讼请求的案件受理费88元，由第三人承担；该款项第三人已预交，本院不退。

一审宣判后，二被告上诉，但未在指定期限内交纳上诉费，一审判决已经发生法律效力。

［参见国家法官学院、中国人民大学法学院编：《中国审判案例要览（2010年民事审判案例卷）》，中国人民大学出版社2011年版。］

9. 顶名购房协议的效力及房屋实际购买人如何认定？

【典型案例】

包某生、刘某兰与李某琼、孙某宁房屋购买人确认纠纷案

【裁判要旨】

在顶名办理购房及按揭贷款的情形下，顶名方主张顶名购房协议无效，并拒绝协助将房屋权属登记在委托方名下的，人民法院应当查明双方达成的顶名购房协议的内容，以及顶名购房协议是否为其真实意思表示，是否存在《民法典》规定的合同无效的情形，进而作出顶名购房协议是否有效的认定。在认定顶名购房协议有效的情况下，应当按照顶名购房协议约定的名为顶名购房、实为委托代理的内容并综合考虑案件其他事实，确认房屋的实际购买人。

【案号索引】

山东省东营市河口区人民法院（2011）河民初字第406号

【基本案情】

法院经审理查明：2006年9月25日，李某琼以买受人的身份与胜利油田胜利

房地产开发有限责任公司签订了商品房买卖合同,合同约定李某琼购买胜利油田胜利房地产开发有限责任公司开发的位于东营市河口区丽水园小区的某单元101号房,建筑面积为143.25平方米,附属物1-3号车库(建筑面积为37.88平方米),总房款为321860元,付款方式为签订合同时交纳121860元,其余20万元于签订合同后30日内到出卖人指定的银行办理按揭贷款手续。该房屋首付款的实际交付情况为:2006年8月19日交付了5万元,2006年8月21日交付了46860元,2006年10月19日交付了25000元。双方对于剩余购房款20万元均认可以下事实:李某琼、孙某宁作为借款人、李某荣作为保证人与中国工商银行东营市河口支行签订了按揭贷款合同,借款金额为20万元,该笔贷款直接打入了开发商房款账户。双方对于还贷情况均认可以下事实:自2007年4月起,包某生、刘某兰按月向银行偿还贷款,截至2011年9月共计偿还了9万余元。

对于涉案房屋的购买和贷款事宜,包某生、刘某兰作为甲方与李某琼、孙某宁作为乙方以及案外人李某荣作为丙方达成了协议,并签订了书面协议书一份,协议书写明:甲方包某生、刘某兰在东营市河口区丽水园购买楼房一套(某单元1楼东户,面积143.76平方米,车库37平方米),房款共计332760元。因甲方购房资金不足,需在工商银行贷款20万元,包某生、刘某兰户口不在本地无法办理贷款,经甲、乙、丙三方协商,达成以下协议:(1)由甲方包某生、刘某兰的儿媳李某荣的妹妹李某琼、妹夫孙继宁出面代甲方在工商银行贷款20万元,由丙方李某荣提供贷款担保;(2)以上房产以包某生、刘某兰名字办理房产证,20万元银行贷款全部由包某生、刘某兰偿还,办理房产证等手续的一切费用也由包某生、刘某兰承担。甲方包某生、刘某兰及乙方李某琼、丙方李某荣分别在协议中签了名,乙方孙某宁的签名是李某琼代签。协议书落实日期为2008年10月28日。双方均认可协议中的"孙继宁"指的是被告孙某宁。另查明,李某琼、孙某宁系夫妻关系,案外人李某荣曾系包某生、刘某兰的儿媳,李某琼系李某荣的妹妹。

【法院认为】

本案双方争议的焦点问题有两点:(1)两原告作为甲方与两被告作为乙方以及案外人李某荣作为丙方签订的顶名购房、顶名贷款协议是否具有法律效力;(2)涉案房屋的实际购买人是两原告还是案外人李某荣。

关于第一个争议焦点:本院认为,顶名协议中甲方包某生、刘某兰及乙方李某琼、丙方李某荣的签名均系本人所签,应认定是其真实意思表示。孙某宁的签名虽非本人所签,但李某琼在庭审中认可其代孙某宁签名时孙某宁在场未表态,庭审查明孙某宁在以后亦未提出过否认表示,因此应视为被告孙某宁同意李某琼的代签行为。两被告主张协议中李某琼签名的真实时间为2009年8月,李某荣签名的真实时间为2010年2月7日,但未能提供有效证据证实,且两被告主张的签名时间并不影响协议的效力。原告包某生、刘某兰自2007年4月起按月偿还银行贷款,该行为是对双方签订的顶名协议的实际履行。综上,该顶名协议是甲乙丙三方的真实意思表示,且不存在法律规定的无效情形,应认定是有效协议。

关于第二个争议焦点:本院认为,顶名协议中明确写明了甲方包某生、刘某兰是顶名委托人,乙方李某琼、孙某宁是顶名受托人,丙方李某荣是顶名贷款的保证人,据此能够认定原告包某生、刘某兰是涉案房屋的实际购买人。

综上,原告包某生、刘某兰要求确认其两人为涉案房屋的实际购买人的主张,事实清楚、证据确凿,应予支持。反诉原告李某琼、孙某宁要求确认顶名协议无效的诉讼请求,无事实和法律依据,本院不予支持。

【裁判结果】

法院判决:(1)东营市河口区丽水园小区某单元101室的实际购买人为原告包某生、刘某兰;(2)驳回反诉原告李某琼、孙某宁的反诉请求。宣判后,原被告均未提起上诉,判决已发生法律效力。

[参见最高人民法院中国应用法学研究所编:《人民法院案例选》(2013年第2辑),人民法院出版社2013年版。]

10. 小区地下人防工程车位转让合同的效力如何认定?

【典型案例】

楼某荣与宁波华泰股份有限公司买卖合同纠纷案

【裁判要旨】

《人民防空法》第五条第二款规定:"国家鼓励、支持企业事业组织、社会团体和个人,通过多种途径,投资进行人民防空工程建设;人民防空工程平时由投资者使用管理,收益归投资者所有。"商品房小区的地下人防工程车位由建设单位投资建设,建设单位对该车位享有使用、收益权,其有权将车位有偿转让给他人使用。我国法律和行政法规尚无地下人防工程车位使用权不得转让的强制性规定。建设单位将商品房小区的地下人防工程车位有偿转让给他人使用的,人民法院不应认定此类合同违反法律禁止性规定而无效。

【案号索引】

浙江省宁波市鄞州区人民法院(2008)甬鄞民一初字第3959号

【当事人信息】

原告:楼某荣

被告:宁波华泰股份有限公司

【基本案情】

浙江省宁波市鄞州区人民法院经公开审理查明:2004 年 5 月 28 日,原、被告签订"华泰剑桥二期地下车位买卖合同"1 份,合同约定:双方就买卖地下车位使用权达成协议;原告向被告购买位于华泰剑桥二期地下 K1 库、编号为 123 的车位一只;车位的价款为 98000 元;原告应于 2004 年 5 月 28 日前支付价款;被告应于 2005 年 2 月 28 日前将车位交付给原告。原、被告均按约履行了付款及交付车位的义务。该车位所在地下空间属于人民防空工程。

【法院认为】

浙江省宁波市鄞州区人民法院经审理认为:原、被告双方争议的主要问题是法律是否禁止属于人民防空工程的地下车位使用权的买卖。原告依据甬人防办通〔2004〕29 号《关于规范"结建"防空地下室管理的通知》的规定而主张合同无效的请求,本院不予支持。《人民防空法》未明确规定人防工程设施的使用权禁止买卖。《浙江省实施〈中华人民共和国人民防空法〉办法》第十九条规定:人民防空工程除重要的指挥、通信等工程外,在不影响其防空效能的条件下,鼓励平时予以开发利用。可见,其亦未规定作为人民防空工程的车位使用权禁止买卖。综上,本院认为法律和行政法规未禁止作为人民防空工程的车位使用权的买卖,故原、被告之间签订的《华泰剑桥二期地下车位买卖合同》合法、有效。但作为人民防空工程的车位的使用权有一定的限制,如发生战争时必须作为人民防空工程使用,如果原告在购买讼争车位的使用权时,对该车位系人民防空工程不知情,存在重大误解,可以要求变更或撤销合同。原告经本院释明后,未对诉讼请求作出变更。故原告的诉讼请求无法律依据,本院不予支持。

【裁判结果】

浙江省宁波市鄞州区人民法院根据相关法律规定,作出如下判决:驳回原告楼某荣的诉讼请求。

[参见国家法官学院、中国人民大学法学院编:《中国审判案例要览(2010 年民事审判案例卷)》,中国人民大学出版社 2011 年版。]

11. 房屋共有人之一出卖共有房屋，买受人善意取得并支付合理对价的，合同是否有效？

【典型案例】

王某军与李某强、童某东房屋买卖合同纠纷案

【裁判要旨】

作为共有人之一的登记权利人出卖共有房屋，不符合共有物处分的法律规定或者共有人之间约定的处分条件，但买受人是善意且合同约定的对价合理的，其他共有权人请求确认房屋买卖合同无效的，人民法院不予支持。《民法典》第三百一十一条规定："无处分权人将不动产或者动产转让给受让人的，所有权人有权追回；除法律另有规定外，符合下列情形的，受让人取得该不动产或者动产的所有权：（一）受让人受让该不动产或者动产时是善意……"在买受人是善意、买卖合同约定的对价是合理的情况下，即使出卖人处分共有房屋的行为构成无权处分，但是此种无权处分影响的是能否实现该房屋的物权变动，而不影响物权变动的原因行为即买卖合同的效力。

【当事人信息】

上诉人：王某军

被上诉人：李某强

被上诉人：童某东

【基本案情】

王某军与李某强合伙经营高尔夫球用品业务，于2001年购得某市朝阳区东三环中路某大厦A区1003门面房（以下简称1003房屋）一套，购房价款为300万元。双方约定，王某军出资200万元，李某强出资100万元；鉴于王某军系国家公务员，故经营高尔夫球用品业务以李某强的名义进行，合伙财务人员由王某军确定；二人并约定将1003房屋的国有土地使用权证和房屋产权证均登记在李某强名下。

后王某军与李某强因经营发生纠纷，高尔夫球用品商店于2008年10月停止经营。停止经营后，李某强与王某军对合伙事务进行了清算。双方于2009年10月约定，合伙结束后，所有合伙经营的事务均交由李某强所有，李某强补偿王某军人民币760万元。在李某强付清补偿款760万元之前，1003房屋归双方共有；补偿款

760 万元付清后,1003 房屋的产权完全归李某强所有。在李某强付清上述款项之前,1003 房屋由王某军对外出租,并有权收取租金收益。王某军与李某强于同月对上述清算协议进行了公证。

至 2010 年 10 月,李某强共支付王某军 460 万元,尚欠 300 万元。至本案一审诉讼之前,1003 房屋的出租事宜一直由王某军负责,并收取租金收益,但出租房屋的签约主体均为李某强。

2010 年 10 月底,李某强在未经王某军同意的情况下,与童某东签订《房屋买卖合同》约定,1003 房屋以 900 万元的价格出售,童某东于合同签订后 30 日内付清全款,之后双方共同办理权属变更登记手续。关于违约责任,双方约定,任何一方违约,赔偿房屋价款的 30% 作为违约金。《房屋买卖合同》签订后,童某东依约交付了全部购房款。之后,童某东要求李某强协助办理房屋权属变更登记手续,但李某强要求童某东增加房屋装修款 100 万元。二人协商未果。

另外,李某强在出售 1003 房屋时,李某强的妻子出具同意出售的证明,该房屋承租人亦明确放弃优先购买权。

2011 年 7 月,王某军起诉至一审法院,请求确认李某强与童某东签订的《房屋买卖合同》无效,主要理由为,1003 房屋系其与李某强的共有房屋,李某强未经其同意对外出售,违反了法律规定及双方关于合伙清算的约定,且侵害了其作为共有人的购买权益,应为无效合同。另外,该房屋出售价款过低,根据其调查,同地区的房屋价值为 1500 万元。故李某强出售该房屋的行为,损害了其合法利益。

李某强辩称,1003 房屋确实系其与王某军合伙购买,且在合伙清算时约定为双方共有财产。其在出售该房屋时,确实未征得王某军的同意,故其同意王某军的诉讼请求。

童某东辩称,案涉《房屋买卖合同》系当事人真实意思表示,不违反法律、行政法规的强制性规定。其在签订《房屋买卖合同》时,已经由李某强的妻子出具同意出售的证明,且房屋租户也放弃了优先购买权,其系信赖房产证才同李某强签订房屋买卖合同,是善意的,无任何过错。至于房屋出售价款,1003 房屋签约时的购买价格 900 万元为市场价,之后价格上涨是市场的因素造成的。也正是由于价格上涨,才有李某强不愿意销售的情况。在李某强要求其另行支付 100 万元装修款未获得同意的情况下,该案系王某军与李某强恶意串通的虚假诉讼。故请求驳回王某军的诉讼请求。

一审法院认为,李某强与童某东在签订《房屋买卖合同》时,童某东基于信赖李某强是 1003 房屋国有土地使用权证及房屋产权证上的登记权利人,且在签订《房屋买卖合同》时李某强的配偶也出具同意出售的证明,其信赖李某强为 1003 房屋的完全处分权人,对此没有任何过错,故对于其购买 1003 房屋的信赖利益应予以保护。且经查明,童某东所购买的1003房屋在签订房屋买卖合同时,同周边同类型房屋的出售价格一致且略高于周边同类型房屋的价格。至于王某军所主张的1500万元的价格系本案诉讼时1003房屋涨价之后的价格,不能以此作为认定童某东与李某强签订《房屋买卖合同》时的不合理对价。基于此,在李某强作为该房屋的登记权利人同童某东签订《房屋买卖合同》时,童某东是善意的,且合同所约定的对价也是合理的,故《房屋买卖合同》系李某强与童某东的真实意思表示,且不违反法律、行政法规的强制性规定,合法有效。至于王某军所举出的证据能够证明其系1003房屋的共有权人问题,其法律效果是,在该1003房屋共有权人不同意出售情况下不能完成物权变动,而不能否定案涉《房屋买卖合同》的效力。据此,一审法院判决,驳回王某军的诉讼请求。

王某军不服一审判决,提起上诉。

【法院认为】

二审法院认为,1003房屋虽然在购买时由王某军和李某强共同出资,属于二人共同所有,但该房屋购买之后一直登记在李某强的名下;在出售该房屋时,李某强并未告知童某东该房屋属于其同王某军共有的事实,且童某东也无法知悉王某军同李某强之间关于1003房屋属于二人共有的事实约定,故童某东购买1003房屋是善意的。另外,童某东购买1003房屋所支付的对价系签约时的市场价,此种对价是合理的,并不存在侵害王某军利益的情形。综上,一审判决认定事实清楚,适用法律正确。

【裁判结果】

二审判决:驳回上诉,维持原判。

[参见最高人民法院民事审判第一庭编:《民事审判指导与参考》(2013年第4辑),人民法院出版社2014年版。]

12. 夫妻一方与他人恶意串通买卖登记于另一方名下的夫妻共有房屋的效力如何认定?

【典型案例】

杨某与杨某琴、孙某确认合同无效纠纷案

【裁判要旨】

夫妻一方与第三人恶意串通,未征得另一方的同意,擅自出售夫妻共有房屋,

损害了另一方的合法权益，且第三人不属于善意购买人，应认定房屋买卖合同无效。该房屋买卖合同无效后，第三人因该合同取得的房屋，应当予以返还。对于房屋虽属于夫妻共同财产，但原登记于夫妻一方名下的，则基于无效合同恢复原状的要求，应当将房屋恢复登记至原产权人名下，而不应简单地判决第三人将房屋返还给夫妻双方。

【案号索引】

重庆市第五中级人民法院（2013）渝五中法民终字第00042号

【基本案情】

2008年，杨某伦与杨某琴共同购买了重庆市大渡口区的一套房屋，产权人登记为杨某琴。杨某琴未经杨某伦同意于2010年12月3日与其姨侄女孙某签订了买卖合同，将房屋卖给孙某。杨某伦于12月20日因工伤去世。孙某于2011年1月6日取得房产证。杨某伦的父亲杨某禄、杨某伦与前妻的女儿杨某认为杨某琴与孙某恶意串通，未经该房屋共有人杨某伦的同意而出卖该房屋，侵犯了杨某伦的财产所有权，请求法院确认杨某琴与孙某签订的房屋买卖合同无效并恢复产权登记原状。

【法院认为】

一审法院认为，被告杨某琴未经杨某伦同意，将与杨某伦的夫妻共同财产出售给孙某，侵犯了杨某伦的财产权利，主观上有恶意，事后也未得到杨某伦及其继承人的追认；孙某系杨某琴之姨侄女，自认与杨某琴夫妇往来密切，故其应当知道杨某琴出售的房屋是夫妻共同财产。孙某明知杨某琴单方出卖而低价购买，二人转让房屋属恶意串通，故转让合同无效。因杨某伦已去世，应当由二原告继承对该房屋的共有权。一审判决房屋买卖合同无效，孙某将房屋返还给杨某琴及二原告。

被告杨某琴不服一审判决，提起上诉。重庆市第五中级人民法院经审理认为，确认杨某琴与孙某所签订的房屋买卖合同无效后，恢复讼争房屋原状，应将房屋恢复登记到原产权人杨某琴名下。

【裁判结果】

二审法院判决：一审判决由孙某将房屋返还给杨某琴及二原告不当，将此项改判为将该房屋恢复登记于杨某琴名下。

［参见曾继川、张琴：《确认房屋买卖无效后应恢复原所有权登记——重庆五中院判决杨正禄等诉杨俊琴等确认合同无效纠纷案》，载《人民法院报》2014年5月22日，第6版。］

13. 二手房买卖双方经居间人居间签约后并没有履行合同的，居间费应否相应减少？

【典型案例】

上海龙迪房地产经纪事务所诉夏某华居间合同纠纷案

【裁判要旨】

当事人订立二手房买卖居间合同的，应认定中介除促成买卖双方签约外，通常还负有协助委托人办理贷款、过户、房屋交接等后续服务的义务。如中介提供的居间合同格式条款排除了中介完成后续服务的合同义务，且中介未进行合理提示和说明，应认定该格式条款无效。在买卖合同签订后未实际履行，中介客观上并未进行后续服务的情况下，中介不应获得全部佣金，但可视交易进度获得已完成服务阶段的佣金报酬。

【案号索引】

一审：上海市浦东新区人民法院（2012）浦民一（民）初字第40707号

二审：上海市第一中级人民法院（2013）沪一中民二（民）终字第885号

【当事人信息】

原告（被上诉人）：上海龙迪房地产经纪事务所

被告（上诉人）：夏某华

【基本案情】

上海市浦东新区人民法院经公开审理查明：2012年9月22日，通过原告上海龙迪房地产经纪事务所居间，被告夏某华与案外人汪某签订“上海市房地产买卖合同”，约定被告夏某华购买坐落于浦东新区川沙新镇××南路××弄6号301室房屋，被告夏某华向汪某支付定金30000元。同日，原告上海龙迪房地产经纪事务所、被告夏某华签订佣金确认书，约定由被告夏某华在签订买卖合同当日一次性支付原告上海龙迪房地产经纪事务所佣金15000元。后被告夏某华与汪某并未按约定履行“上海市房地产买卖合同”，也未向原告上海龙迪房地产经纪事务所支付佣金。双方协商不成，故引发诉讼。原告上海龙迪房地产经纪事务所请求被告夏某华支付因诉讼产生的律师费，依据为被告夏某华与汪某所签订的《上海市房地产买卖合同补充条款（一）》第五点中约定：“乙方（指被告夏某华）一次性支付中介佣金人民币壹万伍仟元。如拒付或少付,则产生的一切后果由支付方负责(包括承担通过司法解决的诉讼费、律师费等)。”

上海市浦东新区人民法院经审理认为:居间合同是居间人向委托人报告订立合同的机会或者提供订立合同的媒介服务,委托人支付报酬的合同。居间人促成合同成立的,委托人应当按照约定支付报酬。原告上海龙迪房地产经纪事务所进行居间合作,促成了被告夏某华与案外人汪某关于系争房屋买卖合同的订立,且被告夏某华与原告上海龙迪房地产经纪事务所所订之佣金确认书亦明确在签订买卖合同当日即支付佣金,故买卖合同签订之后进行过户交易等手续并非原告上海龙迪房地产经纪事务所主张佣金的必要条件,因而原告上海龙迪房地产经纪事务所请求被告夏某华支付佣金的请求法院予以支持。而原告上海龙迪房地产经纪事务所要求律师费的主张,依据为被告夏某华与案外人汪某所订之房地产买卖合同,根据合同的相对性原则,原告上海龙迪房地产经纪事务所并非该合同的当事人一方,该合同所约定之被告夏某华承担律师费的责任对象仅是案外人汪某而非原告上海龙迪房地产经纪事务所,原告上海龙迪房地产经纪事务所的该主张无事实和法律依据,予以驳回。

一审判决:(1)被告夏某华于本判决生效之日起 10 日内支付原告上海龙迪房地产经纪事务所居间费人民币 15000 元;(2)驳回原告上海龙迪房地产经纪事务所的其余诉讼请求。案件受理费 300 元,减半收取计 150 元,由被告夏某华负担。

夏某华不服一审判决,提起上诉。

上海市第一中级人民法院经公开审理,确认一审法院认定的事实和证据。另查明:夏某华与案外人汪某签署的房地产买卖合同补充条款(一)第八项约定,双方签订合同后,即认定中介机构对该房的经纪业务活动已完成。至于后续的贷款、过户、房屋交接等辅助性服务,中介机构只协助双方完成,双方不得在后续内容的服务过程中,寻找借口并以此为由,拒付或少付中介佣金。第九项约定,双方签约后,无论双方有任何原因(合同已约定的除外)而造成违约或合同解除,双方(包括守约方)均按合同原条款约定支付中介佣金,支付时间与赔偿违约金时间或合同解除时间同步。

【法院认为】

上海市第一中级人民法院经审理认为:上诉人夏某华与案外人签订房地产买卖合同系由被上诉人上海龙迪房地产经纪事务所居间促成,故上诉人夏某华理应向被上诉人支付居间费。

对于上诉人夏某华所称被上诉人存在欺骗、隐瞒房龄信息,误导其与案外人当日签约,并以此主张被上诉人在居间服务过程中存在过错,本院认为,系争房屋的产权信息对外公开,上诉人自身也有审查的义务,因上诉人未提供证据加以佐证,故其抗辩意见,法院难以采信。

对于上诉人夏某华所称,其与案外人并没有履行房地产买卖合同,且实际已解除合同,因此被上诉人没有全部完成居间服务工作,居间费应当减少支付,本院认为,上诉人与案外人签约后并没有履行合同,之后经协商解除合同,导致被上诉人无法就后续的贷款、房屋交接等诸多事宜协助完成,而从目前的二手房买卖操作流程来看,买卖双方完成上述买卖交易流程也非易事,绝大多数的买卖双方仍需要居间方的陪同和协助来完成全部的交易流程,这就意味着居间方在促成买卖双方签约后,仍需要中介人员陪同完成后续的交易工作,居间方存在人力成本的支出,而这些成本支出含在买卖双方向居间方支付的居间费中,如果买卖双方不再履行合同,则居间方的上述支出相对减少,故上诉人主张减少居间费的承担,本院可综合情况在合理范围内酌定。

对于被上诉人所称,佣金确认书中已经明确佣金的支付时间和条件等,并称在买卖合同补充条款中,明确买卖双方签订合同即为其全部居间义务完成,买卖双方不得以任何理由主张减少或者拒绝支付等,本院认为,上述协议及补充条款文本系居间方制作,且没有证据表明居间方已向买卖双方明示上述内容;由于相关内容排除买卖双方的权利、免除居间方的合同责任,故可以认定为格式条款,应属无效。被上诉人不同意减少居间费的意见,本院难以采信。

考虑到被上诉人带上诉人看房,促成上诉人与案外人之间的买卖合同签署,居间合同已经成立等事实,另外还考虑到被上诉人虽然未全部完成居间协助义务,但系上诉人未继续履行合同违约造成,居间费可酌定为10000元。原审法院所作认定欠妥,本院予以重新判决。

【裁判结果】

上海市第一中级人民法院判决:(1)维持上海市浦东新区人民法院(2012)浦民一(民)初字第40707号民事判决第二项;(2)变更上海市浦东新区人民法院(2012)浦民一(民)初字第40707号民事判决第一项为:上诉人夏某华于本判决生效之日起10日内支付被上诉人上海龙迪房地产经纪事务所居间费人民币10000元。一审案件受理费人民币300元,减半收取计150元,由夏某华负担100元,上海龙迪房地产经纪事务所负担50元;二审案件受理费人民币175元,由上诉人夏某华负担125元,被上诉人上海龙迪房地产经纪事务所负担50元。

[参见国家法官学院、中国人民大学法学院编:《中国审判案例要览(2014年民事审判案例卷)》,中国人民大学出版社2016年版。]

14. 二手房交易中当事人签订“阴阳合同”后发生争议的，应否以双方真实意思表示确定价款？

【典型案例】

冯某丽诉陈某创等二手房买卖合同纠纷案

【裁判要旨】

所谓阴阳合同，是指合同当事人订立两份以上合同，一份对外，一份对内，其中对外合同的价格或其他条款并非双方的真实意思表示，而是用于完税或出于其他目的；对内合同可以是一份也可以是数份，可以是书面也可是口头的，其内容是双方真实意思表示。二手房交易的买卖双方在签订房屋买卖合同后，出于少交税款的目的，又签订了一份约定房价较低的合同，并通过补偿协议约定装潢及附属设施、设备补偿款来补足两份合同差价的，属于阴阳合同。由于第二份房屋买卖合同并非双方当事人的真实意思表示，且避税行为损害了国家利益，故房屋买卖合同的价款应为第一份合同中约定的内容，即以阴合同确定房屋买卖价格。二手房交易中，阴阳合同大量存在，并在相当长的时间里将是一种客观现象，短期内不可能完全消除。实践中可参照以下几种情形来处理：(1)对于差价以装修名义并且差价较小的，一般可认定合同有效；(2)对于差价太大的，一般可认定无效；(3)对于卖方不想卖，主张中介与买方恶意串通以低价过户损害其利益的，一般认定合同有效但过户价格条款无效；(4)对于买方不想买而主张卖方避税，或者签订现售合同后只想以现售合同上的低价买，一般认定合同有效但过户价格条款无效；(5)对于双方仍想交易但过户时一方主张以真实价过户，另一方拒绝的，应调解，调解不成则认定合同不成立；(6)没签过户确认书，现售价变少的，视为双方意思变更，现售合同有效。但由于案件个体差异的存在，实践中还是应根据案件的具体情况个案认定。

【案号索引】

上海市浦东新区人民法院(2009)浦民一(民)初字第3370号

【当事人信息】

原告：冯某丽

被告：陈某创、孙某红、陈某新

【基本案情】

2008年11月3日,原、被告签订买卖意向书,载明:原告拟向被告购买位于上海市浦东新区广兰路的系争房屋(以下简称系争房屋),该房屋建筑面积480.59平方米,房价7200000元,其他交易条件参见房地产买卖交易条件。房地产买卖交易条件约定:房地产现状,有租赁,租金见租赁合同附件,租期到2012年11月,有抵押,维修基金奉送;买卖合同作价13000元/平方米;所有条款以最终买卖合同为准。同年11月4日,被告孙某红并代陈某创、陈某新在该意向书的卖方栏内签名署期。

2008年11月5日,原、被告签订系争房屋的买卖合同,约定房地产转让价款共计6247670元,并约定了付款条件。原告未按本合同付款协议约定期限付款的,应当向被告支付日万分之五的违约金,逾期超过15日后仍未付款的,除支付15日的违约金外,被告有权单方面解除合同,原告赔偿被告总价款的10%。

当日,原、被告另签订协议一份,确认将系争房屋出租给震轩公司,租赁合同期限至2012年9月30日止结束,月租金为36000元(租金分年递增,第二年每月39000元,第三年每月44000元,第四年每月49000元),该租金不包含上述房屋管理费及发票。租金支付方式为每6个月为一期支付,保证金为66000元转交给原告。双方在合同中还变更了付款协议和房屋交付标志。当天,原、被告再签订《补偿协议》一份,约定原告同意就现有装潢及附属设施、设备另行补偿被告952330元。

上述合同及协议签订后,原告分别于2008年11月7日、11月10日支付给中介方信义公司房款1000000元、50000元。之后,信义公司将其中的1000000元转付给被告,被告暂存100000元于信义公司,其中50000元为税费、50000元先行支付中介服务费。2008年12月9日,原告发现系争房屋内的承租人震轩公司停业,当即与被告联系,之后原告未付第二期房款。2009年1月10日,被告委托律师致函原告称,原告未依约支付第二笔房款用于注销该商铺上之抵押权,构成违约,现解除房地产买卖合同。原告于同年1月16日委托律师复函被告称,鉴于承租人震轩公司于2008年12月9日正式停业,且于12月13日离开原承租房屋搬至对面商铺开张营业,基于上述情况,被告以事实与行为终止了与震轩公司之间的租赁协议,造成租赁协议无故提前终止,其行为已直接影响买卖合同的全面履行,故被告擅自终止租赁协议违约在先,而原告因此拒付第二笔房价款,合情合理合法。被告应继续履行买卖合同,且须支付因被告首先违约造成原告的经济损失。

另外,原告用本市龙茗路2121弄30号802室房屋抵押向星展银行(中国)有限公司上海分行借款1950000元,债务履行期自2009年1月26日至2029年1月26日。

原告冯某丽观点:其与被告签订上述合同及协议,购买系争房屋,并根据协议受让该房屋下的租约。双方签订的买卖合同和依附于买卖合同的租赁转让协议合法有效,其中租赁转让是买卖合同成立的条件之一,合同标的既有商铺房屋本身,又包括依附于房屋的租约收益权，两者密不可分。现租赁关系被被告擅自解除，直接影响租约的预期收益，且房内装潢和设施被破坏，标的物本身价值发生重大减值，依照原合同约定支付对价就会发生严重失衡，形成不公，故原告理应享有相应履行抗辩权。鉴于房产本身履行不存在障碍，原告作为守约方有权要求被告继续履行合同，原告支付应付房款，对于租约转让协议，因被告与震轩公司的租赁合同事实被解除，转让协议的标的已丧失，履行已无基础，应予解除，另因系争房屋内的装潢及设施、设备因震轩公司的搬离而被拆走，故原告不应再支付装修补偿款。为此，原告起诉要求判令：(1)原、被告于2008年11月5日签订的买卖合同继续履行，由被告向原告交付系争房屋；(2)被告按合同约定偿付逾期交房的违约金；(3)解除依附于买卖合同的租赁转让协议。审理中，原告表示，因震轩公司已搬离系争房屋，系争房屋内的装修及设备已由震轩公司拆走，故不同意支付装修补偿款。对于买卖合同约定的房价款，原告已付1100000元，余款5147670元，其中1827670元同意在判决生效后3日内付清，3120000元在被告交房时一次性付清。

被告陈某创、孙某红、陈某新观点：原、被告之间的房屋转让总价是7200000元，当时为了降低原告税费，所以将买卖合同的价格做低至每平方米13000元，合计6247670元，余下房款作为装修补偿款双方另行签订了补偿协议。原、被告之间的买卖合同内容并不包括被告对原告预期收益的承诺，双方之间并不是售后包租合同，合同上任何条款都没有原告购房后必须有稳定租金收益的描述，被告也未承诺原告会有稳定租金收益。另外，根据双方签订的买卖意向书，房屋租赁状况只是作为房屋现状由被告向原告披露，并未将带租约作为原告购房的前提条件，租赁关系的存在与否并不影响房屋自身的使用价值，也不影响房屋买卖目的的实现，且承租人违约不是被告能够控制的，也不是被告恶意行为导致。导致买卖合同没有履行的真实原因是原告没有足够的资金支付第二期房款。根据买卖合同约定，原告未按时付款，且超过15天的，被告有权解除合同。由于原告逾期付款，被告行使合同约定的解除权，向原告发出解除函，且原告已收到，故根据《合同法》第九十六条的规定，双方的买卖合同已经解除。

【法院认为】

本案中，原告于2008年11月3日委托信义公司以7200000元的价格与被告洽谈买卖系争房屋事宜，被告接受了原告的交易条件，并于11月4日在意向书上签名，为此，原、被告就买卖系争房屋的预约关系成立，双方确认原告以7200000元的价格购买被告的系争房屋。同年11月5日，原、被告依据意向书的约定签订了买卖合同、协议及补偿协议。买卖合同和补偿协议虽然分别约定了房屋的转让价款和装潢及附属设施、设备的补偿款，但该约定是基于意向书中原告提出的买卖合同作价13000元/平方米，余款作为装修补偿而作出，该约定明显是为了避税，且系争房屋的装潢及附属设施、设备在扣除震轩公司的美容美发设备后根本不值952330元，因此可以确认原、被告之间就系争房屋转让的真实价格为7200000元。虽然买卖合同中未明确房地产转让的标的带有租约，但是双方于同日签订的协议已明确，买卖合同签订前被告已将系争房屋出租给震轩公司，并签订租赁合同，鉴于租赁合同未办理租赁登记，因此该租赁关系无法写入买卖合同，被告同意将上述租赁合同转让给原告，原告也愿意接受，且双方确认房地产交付标志为被告将原租赁合同转让原告并保证将保证金转交原告，租金自双方办理完房地产交易过户手续后第2日起归原告所有，同时双方确认本协议系买卖合同有效组成部分，故应当认定原、被告之间的房地产转让系带租约的转让。但现该租约已因震轩公司的原因而提前解除，协议已无履行必要。

【裁判结果】

综上，法院判决：解除原告冯某丽与被告陈某创、孙某红、陈某新于2008年11月5日签订的协议；被告陈某创、孙某红、陈某新向原告冯某丽交付上海市浦东新区广兰路系争房屋；原告冯某丽支付被告陈某创、孙某红、陈某新房款6100000元。

一审宣判后，原、被告均未提出上诉，本案判决已发生法律效力。

［参见刘言浩主编：《合同案件司法观点集成》（上册），法律出版社2015年版。］

【审判政策与精神】

北京市高级人民法院关于审理房屋买卖合同纠纷案件若干疑难问题的会议纪要（2014年12月16日　京高法发〔2014〕489号）

四、房屋买卖中阳合同的效力

当事人在房屋买卖合同（包括双方已经签字的网签合同）中为规避国家税收监管故意隐瞒真实的交易价格，该价格条款无效，但该条款无效不影响合同其他部分的效力。当事人以逃避国家税收为由，要求确认买卖合同全部无效的，不予支持。

当事人对房屋买卖合同（包括双方已经签字的网签合同）的效力及履行存在争议，经审查其名为房屋买卖，实为赠与等其他法律行为的，应根据隐藏法律行为的性质进行处理。

15. 亲属之间在明知有其他亲属居住的情况下，签订二手房买卖合同，是否当然构成恶意串通？

【典型案例】

陈某璐诉周某兰、周某虹房屋买卖合同纠纷案

【裁判要旨】

对恶意串通的认定，以结合案件全部事实与证据综合认定为宜。持有合法产权的当事人将诉争房屋出卖给他人是一种市场交易行为。亲属之间对明知有其他亲属居住而签订的二手房买卖合同，虽然存在未按约定一次性交付全款，不受第三方监管等事实，但不影响房屋交易性质和交易行为的合法性，不构成民法上的恶意串通。

【案号索引】

一审：天津市河西区人民法院（2016）津 0103 民初 7512 号

二审：天津市第二中级人民法院（2017）津 02 民终 2044 号

【基本案情】

坐落于天津市河西区的某花园小区 402 房屋的原所有权人为陈某璐之弟陈某，陈某璐自 2003 年起应其父母和弟弟同意入住该房居住至今，其未再购买其他住房。陈某与周某兰之女系夫妻关系。2011 年 4 月，陈某与周某兰签订了《天津市房产买卖协议》，约定由周某兰购买该诉争房屋，同日双方签订了转移登记申请书、具结书及确认书，约定房款自行交割，不受第三方监管。同年 5 月，周某兰取得诉争房屋产权证。后陈某起诉周某兰，请求依法解除其与周某兰之间的《天津市房产买卖协议》，一审法院经审理判决解除陈某与周某兰就诉争房屋的买卖合同。周某兰不服，提起上诉。天津市第二中级人民法院经审理作出判决，驳回陈某解除买卖合同的诉讼请求。陈某不服，向天津市高级人民法院申请再审。天津高院经审理，裁定驳回了陈某的再审申请。周某兰于 2014 年 8 月起诉陈某璐腾房，后撤诉。另 2011 年下半年，陈某开始与周某兰之女的离婚诉讼，因财产纠纷复杂，至今仍在审理中。

2015 年 11 月，周某兰与周某虹（姑侄关系）签订《天津市房产买卖协议》，约定由周某虹购买周某兰名下的诉争房屋，约定价款 190 万元，并约定双方自行交付房款，不实施第三方监管。协议签订后，周某虹支付了部分房款给周某兰。同年 11 月底，周某虹取得诉争房屋产权证。现陈某璐以其本人属于诉争房屋的合法居住权

人，对该房屋具有期待利益，周某兰与周某虹之间签订的《天津市房产买卖协议》系恶意串通，损害其利益为由，起诉请求确认周某兰与周某虹于2015年11月签订的《天津市房产买卖协议》无效。

【法院认为】

天津市河西区人民法院经审理认为，恶意串通，损害国家、集体或者第三人利益的合同应属无效。本案中，陈某璐主张周某兰、周某虹签订的《天津市房产买卖协议》系恶意串通，损害其合法利益，但陈某璐未能提供充分证据证明其系诉争房屋合法所有权人，且周某兰与周某虹之间签订的该协议系双方真实意思表示，双方就诉争房屋所协商的成交价格不低于市场定价，并已完成了所有权的转移登记。陈某璐未能提供证据证明周某兰与周某虹就该房屋的买卖存在恶意串通的意思表示及行为。故对其主张周某兰与周某虹之间买卖协议无效的诉讼请求，不予支持。遂判决驳回了陈某璐的全部诉讼请求。陈某璐不服，提起上诉。

【裁判结果】

天津市第二中级人民法院审理后，判决驳回上诉，维持原判。

[参见丁津翠：《二手房买卖合同中恶意串通与居住权保护的法律适用——天津二中院判决陈璐璐诉周学兰、周文虹房屋买卖合同纠纷案》，载《人民法院报》2017年6月15日，第6版。]

16. 二手房买卖中因户口迁移逾期，法院可否根据公平原则和诚实信用原则，适当调整违约金？

【典型案例】

赵某、郑某与傅某房屋买卖合同纠纷案

【裁判要旨】

违约金适用采填平原则，补偿性违约金为一般原则，惩罚性违约金的适用具有特殊性。依据《民法典》第五百八十五条之规定，当事人可以约定一方违约时应当根据违约情况向对方支付一定数额的违约金，也可以约定因违约产生的损失赔偿额的计算方法。约定的违约金低于造成的损失的，人民法院或者仲裁机构可以根据当事人的请求予以增加；约定的违约金过分高于造成的损失的，人民法院或者仲裁机构可以根据当事人的请求予以适当减少。针对当事人主张约定的违约金过高

请求予以适当减少的，人民法院应当以实际损失为基础，兼顾合同的履行情况、当事人的过错程度以及预期利益等综合因素，根据公平原则和诚实信用原则予以衡量，并作出裁决。判决下调违约金的事实基础应是买受人无法证明实际损失的发生。所购房屋处留有他人户口，不必然影响买受人家庭落户，已完成产权转移登记的买受人有条件依据产权证在公安机关办理落户手续。同时，违约方提出违约金过高抗辩的前提下，法院应就违约金是否明显高于守约方的实际损失，结合证据审查认定，判断标准不应一概而论。在举证责任的分配上，首先由违约方基于酌减违约金的抗辩意见完成其应承担的足以使法官采信违约金明显过高的初步举证责任，才发生举证责任的转移，后由守约方就其存在已发生的具体损失进一步举证。

【案号索引】

一审：北京市东城区人民法院(2016)京0101民初1259号

二审：北京市第二中级人民法院(2016)京02民终7348号

【基本案情】

2015年1月，赵某、郑某与傅某签订《北京市存量房屋买卖合同》(经纪成交版)，约定购买傅某名下的房屋，如因出卖人原因未如期将与本房屋相关的户口迁出的，应当向买受人支付房屋总价款5%的违约金；逾期超过15日未迁出的，自逾期超过15日起，出卖人应当按日计算向买受人支付全部已付款万分之五的违约金。后双方依约完成了购房款给付、房屋过户及交付等主要合同义务。双方纠纷起因系该房存在傅某家庭成员外的三人户口未依约迁出。赵某、郑某曾多次向傅某主张其配合户口迁移，但傅某表示自己家庭成员的户口已依约迁出，涉案房屋系其父当年购买的二手房，案外三人户口在出售房屋时他并不清楚，目前也无法配合迁出。后赵某、郑某将傅某诉至法院，要求：傅某支付2015年4月17日至2015年5月1日的违约金人民币85000元(以购房款人民币1700000元为基数，按5%的标准计算)；傅某支付自2015年5月2日至判决生效之日止的违约金(以购房款人民币1700000元为基数，按每日万分之五的标准计算)；由傅某承担本案诉讼费。

【法院认为】

北京市东城区人民法院经审理认为，傅某负有将与本房相关的户口迁出的义务。现双方纠纷起因系案外人户口未在合同约定时间内迁出，依据合同相对性原则，傅某构成违约，应承担违约责任。考虑到傅某已按期将其家人户口迁出，对履行合同持积极态度。同时，双方约定的逾期迁移户口违约金确系较高，应基于赵某、郑某实际损失，傅某过错程度等因素，对傅某应支付的违约金数额酌情下调。判决：傅某于判决生效后7日内向赵某、郑某支付2015年4月17日至判决生效之日止的逾期迁移户口违约金人民币3万元；驳回赵某、郑某的其他诉讼请求。

【裁判结果】

傅某不服一审判决,提起上诉。二审判决:驳回上诉,维持原判。

[参见李珊:《二手房买卖中因户口迁移逾期引发的违约责任及违约金认定——北京二中院判决赵某、郑某与傅某房屋买卖合同纠纷案》,载《人民法院报》2017 年 8 月 24 日,第 6 版。]

17. 二手房交易中违约方应否赔偿房屋差价损失?

【典型案例】

刘某诉杨某房屋买卖合同纠纷案

【裁判要旨】

卖房人恶意违约的最终目的是使房屋买卖合同无法履行,从而获得房屋价格上涨带来的非法投机利益。此种非法投机利益损害了守法买房人的正当利益,触犯了法律法规与道德底线,破坏了正常的市场交易秩序,践踏了诚实信用基本原则与精神,同时人民法院应切实保护买房人合法守约利益。

2009 年 12 月 5 日,杨某与刘某通过北京市博友园房地产经纪中心(以下简称博友园中心)居间介绍签订房屋买卖合同,约定刘某购买杨某所有位于北京市通州区玉桥西里的诉争房屋,建筑面积 46.58 平方米,房价款 47 万元。因未确定贷款数额和申请时间,双方对于房屋交付及办理所有权转移登记的时间未作约定,但约定于 2010 年 2 月 5 日前履行完毕,否则合同终止。签约当日,刘某支付杨某定金 5 万元。签约后三方定于 2009 年 12 月 7 日由刘某支付剩余首付款 11.5 万元,用于偿还杨某诉争房屋的剩余银行贷款,但杨某未到场,电话中称其在外地。后刘某与中介公司多次联系杨某要求办理诉争房屋的解押与过户手续,杨某不予配合。后刘某起诉杨某要求解除合同、退还定金 5 万元,并赔偿因房价上涨造成的损失 27 万元。经北京市通州区人民法院委托某房地产评估公司对诉争房屋进行评估,诉争房屋现价值为 74 万元。

北京市通州区人民法院经审理认为:因合同在约定的期限内未履行完毕,故合同已于 2010 年 2 月 5 日终止。杨某在合同约定的有效期内未协助刘某办理产权转移登记手续,致使合同超过有效期无法继续履行,构成违约,应返还刘某定金 5 万元并赔偿损失。刘某要求杨某赔偿损失 27 万元的诉求证据充分,理由正当。一审宣判后，杨某不服，提起上诉。

北京市第二中级人民法院经审理认为：一审法院判决认定事实清楚，适用法律正确。关于赔偿数额，一审法院参考评估机构评估的房屋现值与合同价格，判决杨某向刘某赔偿损失27万元，依据充分。遂判决驳回上诉，维持原判。

[参见李俊晔：《二手房交易中违约方应当赔偿房屋差价损失》，载《人民法院报》2011年11月3日，第7版。]

18. 二手房买卖合同中未约定付款期限时可否参考交易习惯确定付款期限？

【典型案例】

张某诉田某某房屋买卖合同纠纷案

【裁判要旨】

二手房买卖合同中未约定付款期限时可以参考交易习惯确定付款期限；无论采用哪种交易习惯，卖方注销贷款担保与办理过户都是以买方履行了一定行为为前提。买受人主张的先由出卖人注销抵押，然后再给付首付款，既不是交易习惯采取的方式，也没有相应证据可以证明。因此，出卖人可以以买受人未付款作为抗辩理由。

【基本案情】

原告张某（买受人）与被告田某某（出卖人）于2010年10月16日签订《北京市存量房屋买卖合同》，约定原告购买被告位于本市朝阳区四季星河中街2号院3号楼9层1单元1001号房屋（以下简称涉案房屋）。合同第二条第四款约定："该房屋已经设定抵押的，出卖人应于2010年10月30日前办理抵押注销手续。"第四条约定，成交价格为950万元，买受人可以在签订本合同的同时支付定金10万元。合同中除定金外未就具体付款方式作出约定。第六条约定，出卖人应当在过户当日将房屋交付给买受人。第十条约定，自本合同签订之日起90日内，双方共同向房屋权属登记部门申请办理房屋权属转移登记手续。

法院经审理查明，上述合同签订后，原告于当日给付被告定金1万元。原告此后没有给付被告其余房款，被告没有解除涉案房屋抵押手续也没有将房屋出售他人。法院询问双方关于给付房款是如何约定的。原告称，房款总计950万元，其中定金10万元于签订合同时支付,2010年10月30日被告解除房屋抵押后原告再支付首付款180万元(含定金10万元),办理过户后原告再支付余款770万元,双方是在2010年10月30日之后就首付款与余款数额达成的口头约定。被告对原告所述不认可,称涉案房屋尚有银行贷款380万元,双方在签订合同时口头约定先由原告支付定金10万元、首付款380万元,然后解除银行抵押,待办理过户前原告再支付余款560万元。双方当事人均未就自己所述口头约定提交证据佐证。经询,原告称现在联系不上天聚风公司,被告称签订合同时的工作人员已经离开天聚风公司,不能出庭作证。

【法院认为】

一审法院经审理后认为:依法成立的合同,对当事人具有法律约束力。当事人应当按照合同约定履行自己的义务。合同生效后,当事人就质量、价款或者报酬、履行地点等内容没有约定或者约定不明确的,可以协议补充;不能达成补充协议的,按照合同有关条款或者交易习惯确定。本案中,原告与被告在《北京市存量房屋买卖合同》及相关协议中,均未就定金以外的房款给付方式进行约定,而仅约定了被告办理抵押注销手续的期限以及双方申请办理房屋权属转移登记手续的期限。原告称双方口头约定先解除抵押后给付首付款,被告称双方口头约定先给付首付款后解除抵押,但是双方均未能提供证据证明自己陈述的事实。现原告在仅给付被告定金1万元后,以被告未解除抵押手续及办理房屋产权过户为由,主张被告违约,与存量房屋买卖的交易习惯不符,法院对原告所述口头约定内容难以采信,不能认定被告构成违约。被告在庭审中表示同意解除合同并退还原告定金1万元,法院不持异议。原告基于被告违约而主张双倍返还定金及赔偿经济损失的诉讼请求,法院不予支持。

【裁判结果】

判决如下:(1)解除原告张某与被告田某某于2010年10月16日签订的《北京市存量房屋买卖合同》;(2)被告田某某于本判决生效后7日内退还原告张某定金1万元;(3)驳回原告张某的其他诉讼请求。原告张某不服一审判决,提起上诉。二审审理中,张某于2011年12月15日申请撤回上诉。

[参见北京市高级人民法院编:《审判前沿:新类型案件审判实务》,法律出版社2014年版。]

第六章
特殊产权房屋买卖纠纷

1. 农村房屋买卖合同被认定无效后，如何区分买卖双方过错责任？

【典型案例】

牟某文诉郑某国农村房屋买卖合同纠纷案

【裁判要旨】

根据《民法典》第一百五十七条之规定，民事法律行为无效、被撤销或者确定不发生效力后，行为人因该行为取得的财产，应当予以返还；不能返还或者没有必要返还的，应当折价补偿。有过错的一方应当赔偿对方由此所受到的损失；各方都有过错的，应当各自承担相应的责任。法律另有规定的，依照其规定。因此，农村房屋买卖合同被认定无效后，双方当事人可根据上述规定维护自己的合法权益。此外，该损失应包括因该合同产生的信赖利益损失。所谓信赖利益损失，是指一方实施某种行为（如订约建议）后，另一方对此产生信赖（如相信对方可能与自己立约），并为此发生了费用，后因前者违反诚实信用原则导致合同未成立或者无效，该费用未得到补偿而受到的损失。因此，农村房屋买卖合同被认定无效后，应结合房屋目前的居住情况、当地房价的实际水平等综合因素，区分买卖双方过错责任，来认定买方由此产生的信赖利益损失。

【案号索引】

一审：浙江省宁波市江北区人民法院（2013）甬北慈商初字第217号

二审：浙江省宁波市中级人民法院（2013）浙甬民二终字第594号

【基本案情】

法院经审理查明：被告郑某国系宁波市江北区慈城镇民丰村村民，原告牟某文系宁波市江北区慈城镇龚冯村村民。1996 年 3 月 1 日，原告与被告订立房屋绝卖文书一份，约定被告将名下位于慈城镇民丰村 141.25 平方米的房屋以 6000 元的价格出售于原告，并言明房屋四至，后原告在房屋绝卖文书原件上加盖了宁波市江北区慈城镇民丰村村委会公章。原告依约向被告支付了购房款 6000 元，被告将上述房屋集体土地建设用地使用证交于原告保管，原告实际居住该房屋至今。原告入住后，对该房屋进行了必要的装修。2011 年 2 月被告向本院起诉，以原告与被告非同一集体经济组织村民为由，要求判定房屋买卖合同无效，原告将房屋归还被告，本院以（2011）甬北慈民初字第 182 号民事判决书判决双方房屋买卖合同无效，原告牟某文将北慈土集建（1995）字第 2902 号集体土地建设用地使用证项下的坐落于宁波市江北区慈城镇民丰村方家的房屋归还给被告郑某国，被告郑某国返还原告牟某文购房款 6000 元。原告不服提出了上诉，宁波市中级人民法院终审判决驳回上诉，维持原判。目前慈城镇民丰村已经列入征收计划，根据征收实施方案的规定，目前本案涉案房屋同类地块评估价格是每平方米 4538 元。

【法院认为】

法院认为：因无效合同取得的财产应当予以返还；不能返还则应当折价补偿；有过错的一方应当赔偿对方因此所受到的损失，双方都有过错的，应当各自承担相应损失，该损失应包括因该合同产生的信赖利益损失。本案中，原告在购买房屋当时依循农村购买房屋的习俗，与被告签订了绝卖契约，邀请民丰村村干部作为中间人，并取得该村的同意，按当时的市场价支付了相应的对价，已经融入该村的生活，本可在该房屋居住终老。现原、被告于 1996 年 3 月 1 日签订的农村房屋买卖合同因违反法律、行政法规的强制性禁止规定而被生效判决认定无效，原告承担返还该房屋的义务，失去了该房屋的使用权，但其所取回的 6000 元购房款，因物价上涨等因素，已不足以购买同类房屋的 2 平方米的住房，更无法购买同类地段的商品房。而按目前同类地段的征收价格计算，该房屋价值为 64 万余元，原告因合同无效而产生了巨大的信赖利益损失，被告也因此而获得巨额利益。同时，根据诚信原则，被告也不能从其先过错行为中获得巨额的利益，因此，其对原告所产生的巨额信赖利益损失应承担主要责任，结合原告目前的居住情况、当地房价的实际水平等综合因素，酌情考虑被告应赔偿原告的损失为 55 万元。

此外，原告要求被告支付附属设施费用 200 元及利息 6200 元的诉讼请求，没有事实与法律依据，不予支持；原告要求被告支付安置费、搬家费、规定期限征收奖励的诉讼请求，因上述费用系征收过程中征收方支付给房屋所有人的款项，现征收行为尚未发生，且原告并非房屋所有人，因此无权要求被告支付上述费用，对该诉讼请求不予支持；原告要求被告赔偿水电安装开户整网、水泥地坪、围墙、灶台、水斗及室内装潢共 20000 元及电话空调移机费 250 元的诉讼请求，上述设施如系原告购买被告房屋后添附的，其所有权应属于原告，但原告对上述赔偿数额未提供相应依据与相关证据，不予支持，原告可待评估后另行起诉。

【裁判结果】

一审法院于 2013 年 7 月 19 日作出（2013）甬北慈商初字第 217 号民事判决：（1）被告郑某国赔偿原告牟某文经济损失 55 万元，于本判决生效之日起 30 日内付清；（2）驳回原告牟某文其他诉讼请求。宣判后，郑某国不服一审判决向宁波市中级人民法院提起上诉。宁波市中级人民法院于 2013 年 10 月 15 日作出（2013）浙甬民二终字第 594 号民事判决：驳回上诉，维持原判。

［参见最高人民法院中国应用法学研究所编：《人民法院案例选》（2014 年第 1 辑），人民法院出版社 2014 年版。］

2. 村民将在村集体所有的土地上建设的房屋出售给不属于本村的村民，该房屋买卖合同是否有效？

【典型案例】

杜某泉诉吴某庆等农村房屋买卖合同纠纷案

【裁判要旨】

《民法典》生效前，依据《合同法》第一百三十二条的规定："出卖的标的物，应当属于出卖人所有或者出卖人有权处分。法律、行政法规禁止或者限制转让的标的物，依照其规定。"《民法典》生效后，第五百九十七条规定，因出卖人未取得处分权致使标的物所有权不能转移的，买受人可以解除合同并请求出卖人承担违约责任。法律、行政法规禁止或者限制转让的标的物，依照其规定。村民将在村集体所有的土地上建设的房屋出售给他人的，必然涉及宅基地转让。依据《土地管理法》的相关规定，宅基地使用权是农村集体经济组织成员享有的权利，与享有者特定的身份相联系，非本集体经济组织成员无权取得或变相取得。因此，村民将在村集体所有的土地上建设的房屋出售给不属于本村的村民，由于该房屋买卖合同违反了我国《土地管理法》的强制性规定，故而应认定为无效。

【案号索引】

湖北省秭归县人民法院(2012)鄂秭归民初字第00780号

【基本案情】

法院经审理查明:2012年2月15日,原、被告双方签订《房屋买卖协议》,合同约定的主要内容为:二被告自愿将坐落于秭归县茅坪镇杨贵店村一组自建房屋的第三层毛坯套房出售给被告,面积约为148平方米。原告对被告所要出售的该套房屋作了充分了解,愿意购买;房屋总价款为184800元,签订协议时付8万元,2012年7月30日以前支付5万元,原告装修时付4万元,余款待被告的土地使用证办下来后付清;该协议签字生效,原告房款交清,被告房屋交付后,原告即永久拥有该套房屋的所有权。如遇国家或有关单位征用,该套房屋的有关补偿由原告享用,被告不得提出任何争议。本楼占地面积148平方米土地永久性由被告所有,一切费用与楼上买方无关;被告现持有整栋房屋的建房许可证,但被告不负责办理该套房屋的产权证件,房屋买卖成交后按政策如果不能办理产权过户手续,原告不得追究被告责任。如原告需要办证,被告协助,所需办证费用由原告承担。如果今后按政策能够办理产权过户手续,原告亦需要办理产权手续,一切手续费及税费均由原告负责,被告协助提供相关证件;任何一方违约,赔付由此给守约方带来的全部损失。签订协议的当日,原告给被告付款8万元,被告吴某庆给原告出具了收条一份,该收条的主要内容:今收到杜某泉购房订金捌万圆整(8万元)。嗣后,原告未按约定的时间支付房款,亦不接受房屋,并以该房屋属小产权房、双方签订的协议违背了国家法律的相关规定为由要求被告返还交付的购房款。双方为此未达成一致意见。2012年8月,原告向本院提起诉讼,请求法院确认原、被告签订的《房屋买卖协议》无效;判令被告向原告返还购房款8万元,并承担从2012年2月15日起至还清之日止按银行同期贷款利率的利息;由被告承担本案的诉讼费。

同时查明:原告杜某泉是屈原镇天龙村村民;被告出售给原告的房屋是在原有宅基地基础上翻修扩建,建房占有的土地属茅坪镇杨贵店村集体所有制土地。

【法院认为】

所有人对自己的不动产或动产,依法享有占有、使用、收益和处分的权利,但其对自己财产的处分不得违反法律、行政法规的强制性规定。原、被告签订《房屋出售协议》虽属自愿,在协议中约定土地不转让,但根据“地随房走”的原则,农村房屋买卖必然涉及宅基地转让。被告人自建的房屋,虽属其所有,但所建房屋的土地是村集体所有,村集体所有的土地由本村村民集体所有。根据我国《土地管理法》的相关规定,宅基地使用权是农村集体经济组织成员享有的权利,与享有者特定的身份相联系,非本集体经济组织成员无权取得或变相取得。当今社会宅基地分配仍具有社会保障性质,宅基地若大量交易将导致强势群体对宅基地的兼并,大量失地农民将生活无着,会对社会秩序造成巨大冲击。我国人多地少的国情决定国家对土地使用采取严格的限制政策,其目的是让农民保住自己的住宅,是维护和谐稳定社会秩序的需要,也是为农民负责、保障其基本生存权的需要。原、被告所签订的房屋买卖协议的买卖标的物不仅是房屋,还包含相应的宅基地使用权,该买卖合同非同正常的可以在市场上流通交易的商品房屋买卖合同,原告不是茅坪镇杨贵店村村民,不具备该区域内购房权利。被告将在村集体所有的土地上建设的房屋出售给不属本村村民的原告,双方签订的《房屋买卖协议》违反了我国《土地管理法》的强制性规定,该合同应认定为无效。二被告基于合同而收取的原告购房款8万元应予返还。导致协议无效,原、被告双方均有过错,故双方提出的损失由各自承担。被告的抗辩理由与法不符,本院不予支持。

【裁判结果】

一审判决:(1)杜某泉与吴某庆、吴某强签订的《房屋买卖协议》无效;(2)吴某庆、吴某强返还杜某泉购房款8万元,定于本判决生效后20日内付清;(3)驳回杜某泉的其他诉讼请求。宣判后,双方均未上诉,判决已发生法律效力。

[参见最高人民法院中国应用法学研究所编:《人民法院案例选》(2013年第4辑),人民法院出版社2014年版。]

3. 在不违反其他规定的前提下,同村但不同小组成员之间签订的农房买卖合同是否有效?

【典型案例】

张某信与刘某辉、田某全农村房屋买卖合同纠纷案

【裁判要旨】

根据《土地管理法》第十三条的规定,农民集体所有和国家所有依法由农民集体使用的耕地、林地、草地,以及其他依法用于农业的土地,采取农村集体经济组织内部的家庭承包方式承包。所谓农村集体经济组织是指农民自发形成的合作组织,有自己的规章制度,群众自发选举产生的,属群众性自发组织。目前,农村集体经济组织是以村为单位,下设村民组。因同村但不同小组的成员仍属于同一农村集体经济组织,他们之间所签订的农房买卖合同,在不违反其他法律、行政法规的强制性规定的前提下,应当被认定为有效。

【案号索引】

重庆市第五中级人民法院(2015)渝五中法民提字第00050号

【当事人信息】

原审原告:张某信

原审被告:刘某辉

原审被告:田某全

【基本案情】

原审原告张某信与原审被告刘某辉、田某全农村房屋买卖合同纠纷一案,重庆市巴南区人民法院作出的(2011)巴法民初字第06096号民事判决,已经发生法律效力。重庆市人民检察院第五分院作出渝检五分民监字(2015)81号民事抗诉书,向本院提出抗诉。本院于2015年5月27日作出(2015)渝五中法民抗申字第10号民事裁定,本案由本院提审。本案现已审理终结。

重庆市巴南区人民法院一审查明,原告张某信与被告田某全系翁婿关系,被告田某全与原告张某信之女张利结婚后,将户口迁入重庆市巴南区跳石镇永隆村10组,与张某信共同生活。2003年,原告张某信随被告田某全夫妇共同居住在重庆市巴南区新农街6-18号房屋。2004年1月26日,在被告田某全和时任永隆村村主任的李某普、永隆村村民刘某明等人在场的情况下,原告张某信与被告刘某辉达成房屋买卖协议,约定原告张某信将其所有的坐落于重庆市巴南区跳石镇永隆村竹林坵处的住房8间147平方米和猪牛舍2间57平方米作价5000元售与被告刘某辉。被告刘某辉支付原告张某信房款,原告张某信交付集体土地建设用地使用证。房屋买卖协议书由李某普代为书写,被告刘某辉在"买方"一栏处签名,经原告张某信同意,被告田某全在"卖方"一栏处代原告张某信签名。重庆市巴南区跳石镇永隆村民委员会在房屋买卖协议书上加盖公章。被告刘某辉支付5000元购房款后,原告张某信将房屋钥匙及集体土地建设用地使用证交付被告刘某辉,被告刘某辉占有使用该房屋至今。2010年9月,被告刘某辉将该房屋的集体土地建设用地使用证交给重庆市巴南区跳石镇永隆村民委员会,用于办理农村房屋产权证。2011年5月,重庆市巴南区跳石镇永隆村民委员会将重新办理的该房屋的房地产权证交付被告刘某辉,产权人登记仍为原告张某信。

另查明,原告张某信系重庆市巴南区跳石镇永隆村10组村民,被告刘某辉系重庆市巴南区跳石镇永隆村9组村民。双方争议房屋的宅基地归永隆村10组村民集体所有。

重庆市巴南区人民法院一审认为,原告张某信所称其婿在未征得自己同意和授权的情况下,擅自以自己的名义与被告刘某辉签订房屋买卖协议的情形,与查明的事实不符,不予认定。原告张某信与被告刘某辉签订的房屋买卖协议书是双方当事人真实意思表示,合同成立。但由于农村宅基地只能由本集体经济组织的成员享有,原告张某信系永隆村10组村民,被告刘某辉系永隆村9组村民。原告张某信与被告刘某辉不是同一集体经济组织的成员,双方签订的房屋买卖协议违反法律强制性规定,应属无效合同。原告张某信要求确认与被告刘某辉所签房屋买卖协议书无效,并请求返还坐落于重庆市巴南区跳石镇永隆村10组竹林坵处的住房8间、猪牛舍2间及农村房屋所有权证的诉讼请求,符合法律规定,应当予以支持。一审判决:(1)原告张某信与被告刘某辉于2004年1月26日签订的房屋买卖协议书无效;(2)被告刘某辉返还原告张某信所有的坐落于重庆市巴南区跳石镇永隆村10组的住房8间147平方米、猪牛舍2间57平方米及房地产权证,限本判决生效之日起6个月内履行。本案受理费534元,本院减半收取267元,由被告刘某辉负担。

重庆市人民检察院第五分院抗诉认为,原审判决适用法律不当,导致判决结果错误。第一,《土地管理法》第十条对于同村不同社的农房买卖并未予以禁止,双方之间的房屋买卖合同不仅没有违反法律、行政法规的禁止性强制规范,同时避免了农村私宅的闲置、防止了农地的荒废,最大限度促进了农业生产、生活。原审判决以该条规定认定本案农房买卖合同无效,系适用法律错误。第二,根据《村民委员会组织法》第二条之规定,同一村的两个村民小组的村民就同属于一个集体经济组织(村)的成员,原审认定张某信与刘某辉不是同一集体经济组织成员系适用法律错误。第三,张某信在将农房卖与刘某辉多年后反悔违反合同诚信原则,原审判决认定同村不同社的农房买卖合同无效不利于农村房屋交易的稳定。

本案再审过程中原审原告张某信称,签合同时张某信不在场,合同上没有张某信的签字,我们现在没有房屋居住。原审被告刘某辉称,我与张某信签订房屋买卖合同后,张某信交付我使用,我将自己的房屋卖与他人,现全家居住在本案争议的房屋内,无其他。其余赞同检察机关的抗诉意见。

本院再审查明,2004年1月6日,田某全还以张某信的名义与刘某辉签订《土地转包合同书》,双方约定将张某信的土地转包给刘某辉耕种,但在《土地转包合同书》的"甲方"签名处、本案争议的《房屋买卖协议书》卖方签名处均签署为"田某全代",永隆、民委员会均签章确认。张某信在再审中陈述签合同时其不在场,与事实不符,确认原审查明的其余事实。

【法院认为】

本院再审认为,张某信签订合同时在场,虽未在协议上签字,但原告张某信与被告刘某辉签订的房屋买卖协议书是双方当事人真实意思表示,合同成立。国务院办公厅《关于严格执行有关农村集体建设用地法律和政策的通知》(国办发〔2007〕71号)规定:"农村住宅用地只能分配给本村村民。"可见,同村村民之间农房买卖导致宅基地使用权人发生变更,并不违反法律的强制性规定。从维护社会诚信看，双方合同签订后，张某信将土地、房屋交付刘某辉耕种使用多年后反悔，不符合诚实信用原则。

【裁判结果】

综上，张某信与刘某辉签订的《房屋买卖协议书》有效，原判适用法律错误，应予纠正。判决如下：(1)撤销重庆市巴南区人民法院(2011)巴法民初字第06096号民事判决；(2)驳回原审原告张某信的诉讼请求。原审案件受理费267元(已减半收取)由原审原告张某信负担。本判决为终审判决。

[参见曹士兵主编，国家法官学院案例开发研究中心编：《中国法院2018年度案例：房屋买卖合同纠纷》，中国法制出版社2018年版。]

4. 城镇居民购买农村房屋的法律后果如何认定？

【典型案例】

马某涛与李某兰买卖合同纠纷案

【裁判要旨】

城镇居民购买农村房屋的合同标的不仅是房屋，还包括该房屋占用范围内的宅基地使用权。而农村宅基地的所有权归农村集体经济组织，宅基地使用权具有福利性，其主体是特定的农村居民，即属于本集体经济组织特定的成员，农村集体组织以外的人员不能申请并取得宅基地使用权。可见，宅基地使用权是农村集体经济组织成员享有的权利，与享有者特定的身份相联系，非本集体经济组织成员无权取得或变相取得。因此，城镇居民购买农村房屋的，根据我国现行土地管理法律、法规、政策的规定，合同应认定为无效。出卖人对合同无效负主要责任的，应当赔偿买受人的信赖利益损失。对该信赖利益损失的赔偿，应当全面考虑出卖人因土地升值所获利益，以及买受人因房屋现值和原买卖价格的差异造成的损失两方面因素予以确定。

【案号索引】

一审：北京市通州区人民法院(2007)通民初字第1031号

二审：北京市第二中级人民法院(2007)二中民终字第13692号

【当事人信息】

原告：马某涛

被告：李某兰

【基本案情】

马某涛原系北京市通州区宋庄镇辛店村农民，于1998年转为居民，现户籍地为北京市通州区永顺镇乔庄西区某号楼。李某兰系河北省邯郸市城市居民。双方诉争之房屋原属马某涛之父马某春所有，1993年北京市通县土地管理局向马某春核发诉争房屋所在院落之集体土地建设用地使用证，确认马某春为该宅院之土地使用权人。马某春于2000年9月去世。

2002年7月1日，马某涛与李某兰签订买卖房协议书，将诉争房屋及院落卖给李某兰。买卖房协议书上双方约定："宋庄镇辛店村马某涛与李某兰商定将正房五间、厢房三间卖给李某兰作价4.5万元整，房屋及院落以上级下发的土地使用权证为准，房款自签字后一次性交清，双方遵守协议。"落款处除有买卖双方签字外，还有证人康某宏及代笔人郭某勤签字，北京市通州区宋庄镇辛店村民委员会在合同上加盖了印章。同日，北京市通州区宋庄镇辛店村民委员会在诉争房屋所占院落之集体土地建设用地使用证变更记事一栏中填写了"马某涛于2002年7月1日将上房五间、厢房三间出售给李某兰使用"的内容。

双方签订该协议书后，李某兰支付马某涛房款4.5万元，马某涛将房屋及集体土地建设用地使用证交付李某兰。李某兰入住后对原有房屋进行装修，并于2003年10月经北京市通州区宋庄镇辛店村民委员会批准新建西厢房3间。

现马某涛起诉请求法院确认双方所签房屋买卖合同无效。

在一审法院审理期间，马某涛同意按照房屋及添附物的现值返还购房款，并申请对诉争房屋及添附物的现值进行评估。一审法院委托鉴定机构对诉争院落内房屋及其他地上物的现值进行评估，评估结论为房屋及其他地上物在2007年4月20日的价值为93808元。

一审法院经审理认为，违反法律、行政法规强制性规定的合同无效。李某兰系居民，依法不得买卖农村集体经济组织成员的住房。马某涛要求认定买卖合同无效的诉讼请求，理由正当，证据充分，应予支持。合同无效后，因该合同取得的财产，应当予以返还。马某涛应依照房产的现值对李某兰进行补偿，房产的现值应当以评估值为准。李某兰应当将该房产返还给马某涛。对李某兰关于马某涛起诉超过诉讼时效的答辩意见，因合同无效属于自始无效，故其抗辩意见不予采信。综上，一审法院于2007年7月作出判决：(1)李某兰于本判决生效之日起90日内将位于北京市通州区辛店村的正房5间、西厢房6间及院落腾退给马某涛；(2)马某涛给付李某兰补偿款93808元，于本判决生效之日起15日内执行清。

宣判后，李某兰不服一审判决，提起上诉。

【法院认为】

二审法院认为，宅基地使用权是农村集体经济组织成员享有的权利，与享有者特定的身份相联系，非本集体经济组织成员无权取得或变相取得。马某涛与李某兰所签之买卖房协议书的买卖标的物不仅是房屋，还包含相应的宅基地使用权。李某兰并非通州区宋庄镇辛店村村民，且诉争院落的集体土地建设用地使用证至今未由土地登记机关依法变更登记至李某兰名下。因此，原审法院根据我国现行土地管理法律、法规、政策之规定，对于合同效力的认定是正确的。上诉人李某兰关于合同有效之上诉请求，二审法院不予支持。

合同被确认无效后，因该合同取得的财产应当予以返还，不能返还或者没有必要返还的，应当折价补偿。基于上述合同无效之法律后果处理的一般原则，原审法院判决买受人李某兰将其购买的房屋及院落返还出卖人马某涛，出卖人马某涛将价款返还买受人李某兰并无不当。但买受人李某兰在购买房屋后自行出资对房屋及院落进行了新建及装修，考虑到李某兰对于房屋及院落的添附系附和于出卖人所有的原物上，无法识别与分离，即便能够分离，分离后添附部分的使用价值亦极大贬损，故原审法院判决买受人将原物及添附一并返还及给付出卖人，由出卖人将原房及添附部分的价值折价补偿买受人的处理结果亦无不当，法院亦予以维持。

考虑到出卖人在出卖时即明知其所出卖的房屋及宅基地属禁止流转范围，出卖多年后又以违法出售房屋为由主张合同无效，故出卖人应对合同无效承担主要责任。对于买受人信赖利益损失的赔偿，应当全面考虑出卖人因土地升值或拆迁、补偿所获利益，以及买受人因房屋现值和原买卖价格的差异造成损失两方面因素予以确定。但鉴于李某兰在原审法院审理期间未就其损失提出明确的反诉主张，在二审程序中，不宜就损失赔偿问题一并处理，李某兰可就赔偿问题另行主张。

【裁判结果】

二审判决如下：(1)维持北京市通州区人民法院(2007)通民初字第 1031 号民事判决第 1 项、第 2 项；(2)马某涛与李某兰于 2002 年 7 月 1 日所签之买卖房协议书无效。

[参见李馨：《城镇居民购买农村私有房屋的合同无效》，载《人民司法》2008 年第 10 期。]

5. 未经登记的农村房屋转让合同的效力如何认定?

【典型案例】

孙某培、李某仙、孙某杰、曹某云、孙某敏、孙某飞与孙某祥房屋买卖合同纠纷案

【裁判要旨】

《民法典》生效前,《物权法》第九条第一款规定:“不动产物权的设立、变更、转让和消灭,经依法登记,发生效力;未经登记,不发生效力,但法律另有规定的除外。”《民法典》生效后,第二百零九条第一款规定,不动产物权的设立、变更、转让和消灭,经依法登记,发生效力;未经登记,不发生效力,但是法律另有规定的除外。据此,在法律有特别规定明确豁免不动产物权登记的要求情形下,不动产物权的设立、变更、转让无须登记即可发生效力。针对农村房屋所有权的设立、变更、转让,我国现行立法虽然尚无无须登记的规定,但鉴于房地一体的原则以及农村宅基地归农民集体经济组织所有,亦没有强制性的规定要求农村房屋所有权必须登记。同时,《民法典》生效前,根据《物权法》第一百五十三条、第一百五十五条的规定,《物权法》亦没有强制性要求宅基地使用权的取得都必须登记,只是要求已经登记的宅基地使用权转让的,应当及时办理变更登记。《民法典》生效后,亦未作强制性规定。可见,在农村宅基地使用权登记尚未普及的情况下,不能因为没有初始登记就否定宅基地使用权转让的效力。综上,未经登记的农村房屋转让行为不应适用登记生效原则,人民法院不能仅以房屋所有权和宅基地使用权未办理初始登记为由,否定农村房屋转让的效力。如果转让双方系同村村民,讼争的房屋也在该村,房屋交易在村民委员会的见证下进行,应当认定物权转让发生了效力。当然,未登记的宅基地使用权再转让的,受让方应当在取得物权后,及时办理初始登记。

【案号索引】

一审:浙江省宁波市北仑区人民法院(2009)甬仑民初字第470号

二审:浙江省宁波市中级人民法院(2009)浙甬民二终字第588号

【当事人信息】

原告(上诉人):孙某培、李某仙、孙某杰、曹某云、孙某敏、孙某飞

被告(被上诉人):孙某祥

【基本案情】

一审法院经审理查明:原告曹某云与孙某祥系夫妻,婚后共生育二子一女,分别为长子孙某培、次子孙某敏、女儿孙某飞;原告孙某培与原告李某仙系夫妻,二人婚后生育一子即原告孙某杰;1988 年 4 月,原告方以原告孙某培为户主,以李某仙、孙某杰、孙某祥为家庭成员,向梅山乡人民政府申请旧屋原拆原建,经梅山乡人民政府批准,孙某培即在旧屋地基上建造平顶平房 3 间;1992 年,孙某祥去世;1995 年,因原建平顶渗漏,孙某培又在原有平顶屋上加盖了尖形屋顶。

1997 年 10 月,原告孙某培因生意亏损,欠下巨额外债,离家外出;外出前,孙某培与沈某久一同到村委会办公室出示了一份有二人签字捺印的书面字据,题为"关于孙某培屋问题",正文内容载明"屋款共 27560 元,其中云某 16000 元,群久 11560 元,如果再出卖时价款不足原价,群久得 1 万元,其余给云某。出卖时价高于原价,按各人欠款比例计算。特此为证"。备注载明:"关于孙某培卖房给沈某久一事,孙某培要是在 1998 年 5 月 30 日后无法支付购屋款收回,由沈某久出卖,对于房价不足,由孙某培补偿归还给孙云某"。此后不久,沈某久也因负债外出。

1998 年 6 月 10 日,沈某久的岳母以沈某久的名义,将上述 3 间房屋出卖给被告孙某祥所有,并在当时梅山乡苔岙村村民委员会主持下订立买卖协议,沈某久的岳母在出卖人一处加盖了闻某琴(沈某久妻子)的私章,转让房款为 22000 元(该款项经证实为当时当地房屋买卖的合理市价),其中 2 万元用以抵偿原告孙某培的对外债务,1000 元用于办理房屋转让手续的费用支出,1000 元交给原告曹某云;协议订立后不久,原告曹某云离开上述 3 间房屋,被告孙某祥入住。1998 年 10 月,被告对 3 间房屋进行了翻建,翻建成 3 间二层楼屋,并进行了装修。2001 年和 2005 年,原告孙某培曾回过梅山乡,但未向被告主张过房屋权益。

六原告认为,被告非法占用原告房产,并从 1998 年 6 月居住至今,故诉至法院,要求确认位于北仑区梅山乡梅西村苔岙孙家 50 号 3 间二层楼房为六原告共有;被告将上述房屋腾空后返还给原告;被告应赔偿六原告房屋租金损失从 1998 年 6 月以每月 1500 元计付。

被告孙某祥辩称,签署房屋买卖协议时,作为原告之一的曹某云和原告孙某培的舅舅均在场,当时的村委会在转让协议上盖了章,原告曹某云也领取了其中的 1000 元,并在不久之后搬出平房。其间,原告孙某培曾多次回家,也未提出房屋所有权和租金的主张;坐落于本区梅山乡梅西村苔岙孙家 50 号二层楼屋 3 间应属于被告孙某祥。故要求驳回六原告的诉讼请求。

【法院认为】

浙江省宁波市北仑区人民法院经审理认为:本案讼争之房屋原由原告孙某培、李某仙、孙某杰和孙某祥在 1988 年经合法审批而建造;1992 年孙某祥去世后,他所有的份额应由他的继承人曹某云、孙某培、孙某敏、孙某飞继承，此时该房屋应为六原告所共有。1997 年 10 月，原告孙某培作为户主在处理家庭经济事务过程中明确作出以房屋抵债的意思表示，将房屋抵偿给沈某久，并出具相关书面承诺，这使被告孙某祥在 1998 年 6 月与沈某久进行房屋买卖过程中，有理由相信当时沈某久已取得房屋的所有权，同时，依照当时的市价支付房屋价款，并在嗣后实际占有了房屋，被告孙某祥的购房动因是善意的；而且，双方系同村村民，讼争之房屋也在该村，房屋交易又是在该村民委员会的见证下进行的，在农村房屋产权登记制度尚不完备的情况下，具有一定的公信力和公示效应，被告孙某祥对房屋的取得为善意取得；为保护善意取得人的利益，原告要求确认该 3 间二层楼屋为六原告共同所有、被告应当返还房屋、赔偿租金损失的请求不予支持。

【裁判结果】

一审判决驳回六原告的诉讼请求。宣判后，六原告不服一审判决，提起上诉。浙江省宁波市中级人民法院二审判决：驳回上诉，维持原判。

［参见徐万鑫、郑智杨：《未经登记的农村房产的有效转让和善意取得》，载《人民司法》2010 年第 12 期。］

6. 已实际履行多年并有其他证据证实的农村房屋买卖合同，能否仅以鉴定结论倾向合同签名不实而否定效力？

【典型案例】

陆某胜与陆某功房屋买卖合同纠纷案

【裁判要旨】

农村房屋买卖合同是出卖人转移农村房屋的所有权于买受人，买受人支付价款的合同。农村房屋买卖合同作为合同的一种形式，受《合同法》第三十七条调整；在《民法典》生效后，受第四百九十条“当事人采用合同书形式订立合同的，自当事人均签名、盖章或者按指印时合同成立。在签名、盖章或者按指印之前，当事人一方已经履行主要义务，对方接受时，该合同成立”调整。据此，如果符合规定的农村房屋买卖合同一方当事人已经实际履行了合同义务，同时对方予以接受，即可认定双方当事人对合同的内容达成共识，意思表示一致，合同成立。其中，当事人一方履行了决定合同性质的主要义务,是“当事人履行合同主要义务”的判定标准,同时,还需对方明确接受。若合同履行过程中,当事人履行了合同主要义务,但对方明确拒绝的,该合同因缺乏双方对合同内容意思表示的一致性而不能有效成立。此外,若当事人履行的是合同的次要义务,对方接受该种次要义务的履行,但未履行合同主要义务,该合同亦未成立。当符合规定条件的农村房屋买卖合同未签字或者虚假签字,但该合同的主要义务已经实际履行,相对方接受的,此时,合同对双方具有约束力。鉴定意见虽倾向认定房屋买卖合同上出卖人的签名并非本人签名,但结合证人证言、合同缔约过程以及合同已经履行多年的事实,该鉴定不足以否定真实存在的房屋买卖关系,该房屋买卖合同有效。

【基本案情】

陆某根与陆某胜为父子关系,其在 1998 年将本人所有的 4 间房屋开设饭店、商店等,陆某功夫妇在此做帮工。1 年后,陆某根外出从事运输工作,饭店、商店等交由陆某功夫妇代管。陆某功用 4 间房屋中的 2 间开设小店,其女儿在其他房屋开设理发店。2001 年 3 月,陆某根因身体多病无力还款,将其所有的楼上楼下房屋以 51600 元转让给陆某功,并由东徐村委会主任李某起草房屋转让书一份。协议内容包括,房款价格 51600 元;陆某根不得阻止陆某功动用两墙及楼梯踏步的使用;陆某功需一次性付款。当日,在李某的见证下,陆某功交付房款,双方在协议书上签字。3 年后,陆某根病故,其子陆某胜得知陆某根已转让 2 间房屋,要求陆某功退房遭拒。

另查明,盐城市公安局物证鉴定所在 2011 年 11 月经建湖县人民检察院在冈西镇人民政府委托,对陆某根所写的东徐村记账凭证中 7 张代办条与房屋转让协议进行鉴定,鉴定结果为协议书上的签名与代办条上的签名不符,但该机构只与陆某功通话,未经双方当事人到场认可确是陆某根亲笔所写。

一审法院认定:原告陆某胜的父亲陆某根与被告陆某功所签房屋转让协议符合双方真实意思表示,并有李某见证,合同应为有效。对于原告陆某胜的诉讼请求,本院不予支持。

一审法院判决:驳回原告陆某胜的诉讼请求。

原告陆某胜不服一审法院判决,提起上诉。

检察机关依法提起抗诉。

再审法院裁定:指令一审法院再审;再审期间,中止原判决的执行。

【法院认为】

一审法院再审认定:房屋转让协议合法有效;对于检察机关鉴定科在取证时未经当事人双方在场确认,认定调取的样材不是陆某根本人书写,并以此鉴定意见作为新证据提出抗诉,缺乏事实依据,不予采信,且鉴定机关鉴定程序存在违法性,其所提供的鉴定意见不能作为证据使用。

一审法院再审判决:维持一审法院判决。

申诉人陆某胜不服一审法院再审判决,提起上诉。

二审法院审理中,经双方协商一致,对房屋转让协议书中"陆某根"签名是不是陆某根所写依法进行鉴定。南京东南司法鉴定中心作出司法鉴定意见书,倾向认定房屋转让协议上落款签字"陆某根"与送检签名字迹"陆某根"不是同一人所写。

二审法院裁定:撤销一审法院再审判决;发回一审法院重审。

一审法院重审期间查明:二审法院审理中,南京东南司法鉴定中心作出的司法鉴定意见书,在倾向认定送检的房屋转让协议书上"陆某根"的签名字迹与送检的两份借条上的"陆某根"签名字迹不是同一人所写的同时,也载明:在笔迹真伪鉴定中,用以比对的样本较为重要,而本案送检的样本中缺少与检材字迹标称时间同年的样本字迹,故仅作倾向性意见。

一审法院重审判决:维持一审法院判决。

上诉人陆某胜不服一审法院再审判决,提起上诉称:房屋转让协议上签名不是陆某根亲笔签名,合同签订有违其真实意思表示;无法证明被上诉人陆某功已交付房款。另外,被上诉人陆某功另有宅基地使用权,协议违反土地管理法规,故请求撤销原判,依法改判。被上诉人陆某功答辩称:原审判决正确,请求维持原判。

【裁判结果】

二审法院判决:驳回上诉,维持一审法院重审判决。

[参见景汉朝、孙华璞主编,最高人民法院审判监督庭编:《审判监督指导》(2015 年第 4 辑),人民法院出版社 2016 年版。]

7. 农村房屋买卖双方过错责任如何认定?

【审判专论】

由于农村房屋买卖纠纷案件的违约方主要是卖方,因此一般认为卖方负主要责任,买方负次要责任。但仅仅抽象考虑主次责任之分,而不作进一步的明确,对这类案件的审理非常不利,因为这类案件审理过程中涉及的标的均较大,动辄相差十几万。在这种情况下,对买卖双方具体责任的认定作进一步的明晰十分必要。在认定双方主次责任的同时,还应结合以下因素对双方的责任进行具体分配。(1)时间因素。购买的时间越早,买方的责任越小;相反,最近几年购买的房屋,卖方的责任较小。(2)身份因素。不同村的村民之间进行的房屋交易,买方的责任较小;居民与村民之间进行的房屋交易,买方的责任较大。(3)购房目的。对于自住型购房,买方的责任较小;对于投资型购房,买方的责任较大。(4)政策因素。符合政策需要进行的购房,买方的责任较小,相反,责任较大。在划分责任时,上述几个界定因素均可以单独考虑,但是在相互冲突时,如城镇居民购房自住,则需要综合衡量,着力考察购房时的具体原因。

[参见最高人民法院中国应用法学研究所编:《人民法院案例选》2014 年第 1 辑,人民法院出版社 2014 年版。]

8. 城镇居民能否取得农民宅基地使用权?

【典型案例】

丁某军诉徐某燕等农村房屋买卖合同纠纷案

【裁判要旨】

宅基地使用权是农村居民凭借其集体经济组织成员这一特殊身份取得的,是国家为了保障农民的基本居住问题而设定的一项权利,具有社会保障和社会福利性质。《民法典》生效后,依据《民法典》第三百六十三条之规定,宅基地使用权的取得、行使和转让,适用土地管理的法律和国家有关规定。同时,《土地管理法》第十一条规定,农民集体所有的土地依法属于村农民集体所有的,由村集体经济组织或者村民委员会经营、管理。城镇居民购买农村居民宅基地上的房屋,因违反我国法律和政策的规定,应认定为无效。购房合同无效后,因该合同取得的财产,应当予以返还,有过错的一方应当赔偿对方因此所遭受的损失,双方都有过错的,应当各自承担相应的责任。

【案号索引】

一审:连云港市连云区人民法院(2012)港民初字第 0555 号

二审:连云港市中级人民法院(2013)连民终字第 0453 号

【当事人信息】

原告(反诉被告):丁某军

被告(反诉原告):徐某燕

被告:金某朵(徐某燕之女)

被告:金怀先(徐某燕之子)

被告:陆某珍(徐某燕之婆婆)

【基本案情】

连云港市连云区人民法院一审查明:2008 年徐某燕和其丈夫金某和(甲方,现已去世)与丁某军(乙方)签订了《房屋买卖合同》一份,约定:甲方将自己的房屋及房屋占用范围内的土地使用权出售给乙方,房屋具体情况如下:(1)土地范围:为集体土地建设用地使用证上"宗地图"所标面积的一半(西宅),即 16.66 米×18.22 米的一半为 8.33 米×18.22 米。(2)房屋建筑范围:为集体土地建设用地使用证中所述土地上现有建筑物的一半即西宅(见建筑图纸)。(3)价款:叁拾陆万元整(人民币 360000 元)。(4)付款时间:2008 年 8 月 8 日至 2011 年 8 月 8 日,每年年终付一次。(5)交房时间:2008 年 8 月。(6)甲方保证上述所出售的房屋没有产权纠纷和财务纠纷。如发生纠纷,由甲方承担责任。(7)乙方未按合同约定期限付款的,应按逾期付款向甲方支付银行同期存款利息。(8)如在转户之前此房屋及土地被国家或地方征用,东西宅房屋及土地的拆迁款分开计算,西宅拆迁款全部归乙方。合同还对办理过户手续、违约责任等条款进行了约定。2008 年 8 月中旬金某和向丁某军交付了涉案房屋后,丁某军开始对涉案房屋进行装修,装修完工后搬进去居住,后丁某军因故搬离该房,该房屋一直闲置至今。丁某军共向徐某燕夫妻俩支付购房款 97700 元。因为金某和向丁某军出具的收条丢失,2010 年 2 月 3 日,徐某燕重新向丁某军的代理人于洪琴出具了收条。2011 年 12 月 19 日,丁某军通过律师事务所律师向徐某燕送达了律师函一份,内容为:"徐某燕:江苏云台山律师事务所现接受丁某军(以下简称委托人)的委托,针对你欠款一事致函如下:2008 人签订购房合同 1 份,付款壹拾万元整。因你不愿意履行购房合同,根据你与委托人签订的合同,你已经违约。根据《民法通则》《合同法》相关规定,本所律师现向你正式发出函告:(1)请你立即返还委托人购房款壹拾万元及利息。(2)3 日内如你未全额支付上述款项,本所将代表委托人依法通过司法程序处理此事,由此而产生的一切法律后果均由你承担。"徐某燕收到该律师函后亦没有向原告返还购房款,丁某军因而诉至法院。

【法院认为】

连云港市连云区人民法院经审理认为:宅基地是农村集体经济组织分配给成员用于建造住宅的土地,根据法律的规定,宅基地使用权的主体具有特定性即只能是农村居民,具有社会保障和社会福利性质。尽管中央正在研究盘活农民资产推动农村发展问题,但土地问题事关基本国策,若认可城镇居民购买农民房屋和宅基地有效,则势必形成对国家基本国策和战略发展以及社会公平、稳定的冲击。而本案争议的房屋系农村村民在集体土地上建造的住宅,丁某军作为城镇居民和徐某燕夫妻签订的关于涉案房屋买卖的合同违反了国家法律和政策的规定,该合同为无效合同,故对丁某军要求确认合同无效的诉求依法予以支持。丁某军应当向徐某燕、金某和返还涉案房屋,徐某燕、金某和向丁某军返还已经收取的购房款97700元及按照物价部门估价确定的丁某军对涉案房屋的投入即装修款34758元。因为金某和已经去世,金某和的权利作为遗产由其第一顺序继承人金怀先、金某朵、徐某燕、陆某珍继承,故丁某军应当向徐某燕和陆某珍、金某先、金某朵返还涉案房屋。徐某燕和金某和在夫妻关系存续期间收取了丁某军的购房款97700元,丁某军对涉案房屋进行装修亦是在徐某燕和金某和夫妻关系存续期间,故上述购房款和装修款为金某和和徐某燕的夫妻共同债务,徐某燕应当向丁某军返还,徐某燕不能偿还部分由金某和的继承人徐某燕、陆某珍、金某朵、金某先在继承金某和遗产的范围内向丁某军返还。本案原、被告签订的合同违反国家法律和政策而无效,双方均有过错,因而双方应当各自承担对方因此而遭受的损失。丁某军的损失为其已经缴纳的购房款97700元从缴纳之日(2008年8月30日)起至返还之日的银行贷款利息,双方各应承担50%,该利息相应部分应当由徐某燕承担,其不能承担部分由陆某珍、金某先、金某朵、徐某燕在继的范围内承担。金某先、金某朵、徐某燕、陆某珍等人的损失为丁某军居住该房期间的房屋租金。虽然丁某军在诉前已经搬离涉案房屋,但是对自己主张的2009年5月交付房屋只提供了证人的证言,但该证人只是证明证人去涉案房屋搬家具时,丁某军的代理人于某琴告诉证人其没有房屋的钥匙,并不能证明丁某军的主张,对于丁某军居住房屋的时间认定为从2008年8月8日交付房屋至丁某军起诉主张退房还款为止,租金参照物价部门估价的租金标准按81500元予以认定,丁某军赔偿金某先、金某朵、徐某燕、陆某珍上述费用的一半,即40750元。关于反诉原告徐某燕要求丁某军赔偿装潢损失30000元和代垫的水电费1000元的诉求,因其未能提供证据加以证明,故不予支持。徐某燕向法院提供金某朵和金某先放弃继承的声明,因为该两人没有到法庭,对该声明是否其本人所写无法认定,故对此不予认定。关于徐某燕要求丁某军搬走涉案装潢,因上述装潢无法搬走,对该主张不能支持。

一审判决:(1)原告丁某军和被告徐某燕、金某和(已故)签订的《房屋买卖合同》无效。(2)被告徐某燕于本判决生效之日起10日内返还原告丁某军购房款97700元和34758元,徐某燕不能返还部分由被告金某先、金某朵、徐某燕、陆某珍在继承金某和遗产的范围内返还。(3)被告徐某燕于本判决生效之日起10日内给付原告丁某军自2008年8月30日起至本判决确定的履行期限止之日止以97700元为本金按照中国人民银行同期同类贷款利率计算出的利息的一半,徐某燕不能给付部分由被告陆某珍、金某先、金某朵、徐某燕在继承金某和遗产的范围内承担。(4)反诉被告丁某军于本判决生效之日起10日内赔偿反诉原告徐某燕房屋租金40750元。(5)驳回反诉原告徐某燕要求反诉被告丁某军赔偿其装潢投入30000元以及代垫水电费1000元的诉讼请求。

宣判后,徐某燕、金某朵、金某先、陆某珍提出上诉。

连云港市中级人民法院经过二审审理,确认了一审查明的事实。

【法院认为】

连云港市中级人民法院二审认为:本案中,徐某燕、金某朵、金某先、陆某珍上诉称丁某军与于某琴原为夫妻关系,购买房屋的真购房人是本村的于某琴,但没有证据证明丁某军与于某琴系夫妻关系,该上诉理由,法院不予采信。依照法律的规定,违反法律、行政法规的强制性规定的合同,为无效合同。合同无效的,因合同取得的财产,应当予以返还;不能返还的或者没有必要返还的,应当折价补偿。有过错的一方应当赔偿对方因此所受的损失,双方都有过错的,应当各自承担相应的责任。本案中,争议的房屋土地使用权为集体土地,丁某军作为城镇居民购买徐某燕夫妻房屋,双方签订的《房屋买卖合同》违反了国家法律和政策规定,合同为无效合同。对于该无效合同,当事人双方均有过错,应当各自承担相应的责任。一审判决上诉人返还购房款 97700 元及 50% 的利息、34758 元装潢款,并无不当。丁某军赔偿徐某燕房屋租金的一半,即 40750 元,亦无不当。徐某燕等上诉认为丁某军应承担合同无效的全部过错,没有事实依据,该上诉理由,法院不予采纳。陆某珍、金某先、金某朵作为金某和遗产继承人,对本案债务在遗产范围内承担给付责任,符合法律规定。陆某珍 3 人上诉认为不应承担责任的理由,没有法律依据,该上诉理由,法院不予支持。

【裁判结果】

综上,一审判决查明事实清楚,适用法律正确,应予维持。二审驳回上诉,维持原判决。

[参见李玉生主编,江苏省高级人民法院编:《江苏省高级人民法院公报》(2014 年第 2 辑),法律出版社 2014 年版。]

9. 农村房屋买卖合同无效是否当然导致拆迁利益分配方案无效?

【典型案例】

马某诉张某农村房屋买卖合同纠纷案

【裁判要旨】

农村宅基地使用权是本集体经济组织成员享有的权利,与该集体经济组织成员的特定身份相联系，不得转让给非本集体经济组织成员。购买一方签订宅基地使用权转让协议时，非涉案宅基地所在地的村集体经济组织成员的，双方签订的农村宅基地使用权买卖合同因违反《土地管理法》的强制性规定应属无效。但为解决拆迁补偿等问题所签拆迁利益分配方案，系双方当事人的真实意思表示，不存在合同无效的法定情形，应为依法有效的合同，对双方当事人具有法律约束力，双方当事人均应当按照达成的合意行使权利、履行义务。

2010 年 3 月 5 日，马某与张某签订农村宅基地使用权买卖合同，约定：张某以 70 万元的价格将其位于北京市大兴区某镇某村宅基地的使用权出售给马某兴建住房；如遇拆迁，双方各占全部补偿的 50%，包括回迁房及现金。该合同另有注明：购房款柒拾万元，张某已收。注明内容上另有按压指印。后，马某在涉案院落原有 5 间老房的南侧投资新建两排正房。2015 年 7 月 9 日，张某与案外人张某某作为涉案宅基地及房屋的产权人分别签订住宅房屋拆迁安置补偿协议及补充协议。根据协议，张某享有的拆迁利益包括拆迁补偿款 150 余万元、总面积为 198.49 平方米的回迁房 3 套。2015 年 7 月 31 日，马某与张某签订欠条一份，内容为："今有张某欠马某壹百贰拾万元正，欠款原因：张某在自家某镇某村院落建房，当时从马某处借走现金壹百贰拾万元正，本人承诺拆迁款到位后马上返还马某。"张某认可该份欠条的签订是为了解决合作建房问题，但主张存在胁迫情形；马某主张该份欠条实际上是双方关于拆迁利益划分协商的结果，欠条中载明的 120 万元涵盖了包括购房款在内的各项损失，与其所诉是同一法律关系。现马某向本院起诉，要求判令：双方于 2010 年 3 月 5 日签订的宅基地及房屋买卖合同无效；张某返还购房款 70 万元、赔偿房屋增值损失 20 万元、补偿拆迁利益的 70%（计 77 万元）。

北京市大兴区人民法院一审认为，原告马某在签订宅基地使用权转让协议时并非涉案宅基地所在地的村民，且至今仍非该集体经济组织成员，故双方之间签订的农村宅基地使用权买卖合同因违反《土地管理法》的强制性规定应属无效。双方当事人在涉案院落拆迁之后签订的欠条实际上是双方达成的拆迁利益分配方案，是双方关于拆迁利益划分协商的结果。张某虽主张欠条存在胁迫情形，但其未提供相应的证据予以证明，法院依法不予采信，故其应当按照约定履行给付义务。遂判决马某与张某签订的农村宅基地使用权买卖合同无效，张某于本判决生效后 10 日内给付马某拆迁利益 120 万元。

张某不服一审判决，提出上诉。北京市第二中级人民法院经审理后认为，张某主张欠条系其受胁迫所签，但未就此提交证据加以证明，法院对其该项主张不予支持。结合该案证据和当事人陈述可以认定，张某、马某于 2015 年 7 月 31 日签署的欠条是双方当事人的真实意思表示，该欠条名为借款，实为解决拆迁补偿等问题所签,马某亦认可该欠条与其所诉系同一法律关系,系双方协商的结果,包含了购房款的返还问题。因此,双方当事人均应按照达成的合意行使权利,履行义务。

遂判决驳回上诉,维持原判。

[参见张纪云:《农村房屋买卖合同无效并不当然导致拆迁利益分配方案无效》,载《人民法院报》2017 年 12 月 28 日,第 6 版。]

10. 被拆迁人能否将其购买拆迁安置房的权利转让给他人?

【参阅案例】

王某宗诉胡某亮确认拆迁安置房购置权转让协议无效被判败诉案

【裁判要旨】

拆迁安置房,是政府对征地拆迁给被拆迁人造成损失所进行的一种补偿。购买拆迁安置房的权利是被拆迁人享有的一项财产权利。被拆迁人将其购买拆迁安置房的权利转让给他人,实际是一种财产权利的转移行为,系基于当事人双方的真实意思表示而进行的。并且,我国法律法规并未禁止被拆迁人转让其购买拆迁安置房的权利,被拆迁人将其购买拆迁安置房的权利转让给他人,不违反法律法规的强制性规定。因此,被拆迁人可以将其购买拆迁安置房的权利转让给他人。

【案号索引】

一审:(2013)宿豫民初字第 0038 号

二审:(2013)宿中民终字第 0383 号

【当事人信息】

原告:王某宗

被告:胡某亮

【基本案情】

原告王某宗因与被告胡某亮确认合同无效纠纷一案,向宿迁市宿豫区人民法院提起诉讼。

宿迁市宿豫区人民法院一审查明:原告王某宗系宿豫区晓店镇王沟居委会小墩八组居民,其所居住的房屋于 2010 年 9 月 5 日被政府依法征收,并领取了相应的征收补偿款。另根据当地政府有关政策,王某宗还享受政府规定的安置房购房资格及购房优惠条件(购房单价每平方米优惠150元等)。因王某宗已经购买了商品房,应胡某亮要求,王某宗将其获得的安置房购房资格出售给胡某亮,并收取胡某亮转让费用17500元。2011年9月18日,双方签订书面"拆迁面积安置权转让协议"。协议签订后,胡某亮以王某宗名义向政府指定单位购买了安置房,并享受安置政策规定的优惠条件,付清全部购房款并取得房屋使用权,已将房屋装修使用。

宿迁市宿豫区人民法院一审认为:当事人在不违反法律及行政法规禁止性规定的前提下,依法享有自愿订立合同的权利。本案中所涉的安置房购买资格是有关部门对房屋征收对象在获得征收补偿款后所给予的政策性优惠,本案所涉的买卖行为,并不为国家法律或行政法规所禁止。据此,宿迁市宿豫区人民法院一审判决:驳回原告王某宗的诉讼请求。

一审判决后,王某宗不服,向宿迁市中级人民法院提起上诉称:宿迁市中级人民法院经审理,确认一审查明的事实。

【法院认为】

宿迁市中级人民法院二审认为,王某宗的房屋被拆迁,其享有被安置的权利,该权利系王某宗房屋被拆迁而享有的一项财产性权利。因王某宗已经购买了商品房,故其与胡某亮达成协议,将其房屋被拆迁后享有的房屋安置权利转让给胡某亮,其本质上是一种财产权利的转移,该协议系双方当事人的真实意思表示,且不违反法律法规的强制性规定,协议有效。一审判决认定事实清楚、适用法律正确,审理程序合法,实体处理并无不当,应予维持。

【裁判结果】

据此,宿迁市中级人民法院二审判决:驳回上诉,维持原判。

[参见李玉生主编,江苏省高级人民法院编:《江苏省高级人民法院公报》(2014年第2辑),法律出版社2014年版。]

11. 为逃避房地产交易税费设置的更名条款无效的，是否影响拆迁安置房买卖合同其他条款的效力？

【典型案例】

车某康等与屠某美房屋买卖合同纠纷上诉案

【裁判要旨】

《民法典》生效前，《合同法》第五十六条中规定，合同部分无效，不影响其他部分效力的，其他部分仍然有效。《民法典》生效后，第一百五十六条规定，民事法律行为部分无效，不影响其他部分效力的，其他部分仍然有效。人民法院认定合同其他部分是否仍然有效的关键是判断合同无效的部分是否影响合同其他部分的效力。合同其他部分的有效条件（合同其他部分有效时需具备的条件），主要指合同其他部分的内容是不是双方订立合同的主要目的和真实意思表示，是否违反法律法规的强制性规定。房地产买卖契约系双方当事人真实的意思表示，双方签订合同的主要目的是拆迁安置房的交易，而更名条款的约定只是为了降低部分交易成本，而非双方签订合同的主要目的。虽然更名条款因逃避国家房地产交易税收而无效，但不影响双方交易拆迁安置房的合同目的实现，双方交易拆迁安置房的其他约定仍属双方真实意思表示，且并不违反法律法规强制性规定，应当认定合同除更名条款外的其他部分仍然有效。

【案号索引】

一审：（2011）扬邗民初字第0559号

二审：（2012）扬民终字第0058号

【当事人信息】

原告（二审上诉人）：车某康

原告（二审上诉人）：何某芳

被告（二审被上诉人）：屠某美

【基本案情】

车某康、何某芳系夫妻关系，2009年5月30日，经扬州市邗江区汉河汇源职业介绍中心（以下简称汇源职介中心）介绍，屠某美作为甲方与乙方车某康、何某芳签订了房地产买卖契约，屠某美将其所有的坐落于扬州市银河新苑10幢504室的拆迁安置房,以265000元的价格卖给车某康、何某芳。双方约定:“2009年5月23日由乙方交给甲方壹万元定金。于5月30日乙方交给甲方首付款壹拾万元正。更名手续办好后乙方再付给甲方壹拾万零伍仟元正。2009年过春节前再付壹万元,剩下余款(肆万元正)待房产证下来一并付清。更名手续由乙方自己办理(陆月贰拾号之前),否则由乙方自己负责。中介费在贰拾号之前付清(贰仟陆佰伍拾元正)。”车某康于2009年5月23日向屠某美交付购房定金1万元,同年6月6日交付首付款10万元。其后,屠某美将房屋及车库的钥匙各一把交给车某康、何某芳,车某康、何某芳于同年7月开始入住使用。因办理拆迁安置协议更名不符合政策规定,相关机构未予办理更名手续,车某康、何某芳与屠某美因继续履行合同发生纠纷。后屠某美获得该套房屋的房屋所有权证和土地使用权证。

车某康于2010年1月24日通知屠某美在3日内协助办理房产过户手续,并声明手续办好后会将购房余款155000元交给屠某美,屠某美未予理睬。2010年7月5日,屠某美以23万元的价格将讼争房屋转让给孙某龙,并办理了产权变更登记手续,后经两原告诉讼,法院于2011年3月17日判决确认屠某美与孙某龙签订的房地产买卖契约无效。2011年1月5日,屠某美将11万元购房款退还给两原告,两原告将该款交存至汉河派出所。

2011年4月6日,车某康、何某芳诉至扬州市邗江区人民法院,要求屠某美继续履行房屋买卖契约、协助办理产权变更登记手续并赔偿房租损失。

江苏省扬州市邗江区人民法院经审理认为,原、被告在房屋买卖合同中约定“更名手续办好后,乙方再付给甲方壹拾万零伍仟元正”,既是对买方付款条件的约定,也是对买方付款期限的约定。因合同已经约定“更名手续由乙方自己办理(陆月贰拾号之前),否则由乙方自己负责”,也即该条件的成就系买方单方义务,故买方无权以条件不成就为由拒绝付款,两原告应当按约及时付款。即使双方关于更名的约定无效,也并不必然导致价款给付义务的履行期限不明。根据合同前后条款来看,买方应当在2009年6月20日后及时给付卖方第二期价款105000元,并且最迟在2009年春节前付清第二期价款105000元和第三期价款1万元,然后在取得房屋产权后再付清余款。即使关于合同更名的约定无效,并且导致价款给付义务的履行期限约定不明,因合同双方各自负有义务,且两原告承认屠某美已经将房屋交付使用,故两原告在屠某美取得房屋权属证书后只能请求与屠某美同时履行义务,无权要求屠某美先行履行配合过户义务。但现有证据表明,无论是在2010年7月5日屠某美将该房转卖他人之前,还是迄今为止,两原告均未能付清上述购房余款,且在2010年1月24日要求被告先行履行更名过户义务,故应认定两原告未能按约及时履行付款义务。而被告屠某美订立合同的目的显然不仅包括出售房屋获得价款,而且包括出售房屋后及时获得价款。因此,两原告作为买方,其行为属于迟延履行债务的情形,且致使卖方屠某美不能实现合同目的,卖方屠某美有权要求解除合同。2011 年 1 月 5 日,两原告收取屠某美退还的购房款这节事实,表明在此时被告已经要求与两原告解除合同。现被告在答辩过程中再次请求人民法院解除与两原告之间的房屋买卖合同,可视为解除通知已到达两原告,故法院对被告解除合同的抗辩予以采信,并据此确认原、被告之间的房地产买卖契约予以解除。因此,原、被告之间的房地产买卖契约无须再行履行,两原告要求被告继续履行房屋买卖契约、协助办理房产过户手续并赔偿其房租损失的诉讼请求,法院不予支持。双方因该纠纷造成的实际损失,可另行依法主张。据此,判决:驳回原告车某康、何某芳的诉讼请求。

宣判后,车某康、何某芳不服一审判决,提起上诉。

二审法院查明,除确认一审法院认定的事实外,另查明:二审期间,法院经向车某康、何某芳进行法律释明,车某康、何某芳同意承担办理该房屋变更登记的相关费用,并补偿屠某美损失 4 万元。

【法院认为】

江苏省扬州市中级人民法院经审理认为,车某康、何某芳与屠某美所签订的房地产买卖契约符合法律规定,依法应确认有效,但双方订立的更名条款因违反国家房地产交易税收规定,依法应确认无效,且双方均负有过错。在双方更名约定无效的情况下,双方可以用办理房屋产权变更登记手续的方式,保证合同继续履行。此时,双方对先付二期购房款 105000 元还是先协助办理房屋产权变更登记手续的争议,应当协商解决,协商不一致时,可以按同时履行各自义务的方式履行,保证双方合同目的的实现。而且,比较双方签订的合同与屠某美与孙志龙签订的合同所约定购房价款的金额,履行双方之间的合同,更加有利于实现屠某美出卖房屋而取得购房价款的合同目的。继续履行双方之间的合同,也符合相关法律规定的尽量促成合同履行的基本原则。屠某美以合同目的不能实现为由,要求解除合同的理由依法不能成立。车某康、何某芳要求继续履行合同及要求屠某美协助办理房屋产权变更登记手续的请求,符合法律规定,法院予以支持。双方在合同约定和履行过程中均存在过错,根据法律规定,双方应当各自承担相应的责任,故车某康、何某芳要求屠某美赔偿损失的请求,依法不予支持。鉴于二审期间,车某康、何某芳同意承担办理房屋变更登记的相关费用,补偿屠某美损失 4 万元,其意思表示有利于合同的继续履行和平衡双方当事人利益,本院依法予以准许。原审判决认定事实基本清楚,但适用法律和实体处理有误,本院予以纠正。

【裁判结果】

据此,判决:(1)撤销扬州市邗江区人民法院(2011)扬邗民初字第 0559 号民事判决;(2)车某康、何某芳与屠某美所签订房地产买卖契约继续履行,即屠某美于本判决送达之日起7日内将位于扬州市邗江区汉河街道银河新苑10幢504室的房屋及其车库交付给车某康、何某芳，并协助办理该房屋产权变更登记手续，其相关费用由车某康、何某芳负担；车某康、何某芳于本判决送达之日起7日内给付屠某美购房价款225000元；购房余款4万元及补偿损失4万元，共计8万元，由车某康、何某芳于取得房屋产权证后一次性给付屠某美；(3)驳回车某康、何某芳的其他诉讼请求。

[参见邵国荣、谷丹：《逃避房地产交易税费条款无效后的合同效力及其履行》，载《人民司法》2013年第20期。]

12. 经济适用房买卖双方自行约定土地出让金缴纳方式，是否违反国家强制性规定？

【典型案例】

郭某诉李某经济适用房转让合同纠纷案

【裁判要旨】

经济适用住房是政府提供政策优惠，限定套型面积和销售价格，按照合理标准建设，面向城市低收入住房困难家庭供应，具有保障性质的政策性住房。购买经济适用住房需达到一定年限后，购房人方可以上市转让该住房，但应当按照转让时同地段普通商品住房与经济适用住房差价的一定比例向政府交纳土地收益等相关价款。因此，经济适用住房上市交易需交纳土地收益，交纳主体为原经济适用住房的购房人即经济适用住房转让合同的转让人。此亦符合一般交易习惯。但是，上述规定并不排除当事人在转让合同中对土地收益交纳主体的另行约定，如果转让合同双方对土地收益的交纳有约定，则应当从其约定，当事人一方以该约定违反国家规定和交易习惯为由请求撤销的，人民法院不予支持。

2012年1月21日李某与郭某签订一份《购房协议》，约定：交易房产位于老城区某路四号，建筑面积132.67平方米；交易净价款52.5万元，此价款为不含税费价，由此交易所产生的一切税费由郭某承担。协议签订之日即2012年1月21日付给定金50万元，余款2.5万元到房管局办过户手续前付清，李某配合郭某办理各项交接手续。该合同签订后，2012年1月21日郭某付给李某定金50万元，2012年2

月6日郭某向洛阳市房地产产权产籍监理处交付了经济适用房上市交易收益所得52602元和土地出让金6975元,缴款单位为李某。2012年2月21日郭某付给李某房款2.5万元。现郭某诉至法院要求李某返还郭某垫付的经济适用房上市交易应缴纳的土地出让金6975元。另查明,本案涉及房产性质为经济适用房,已购买满5年,符合上市交易条件。

河南省洛阳市老城区人民法院经审理认为,原告郭某与被告李某于2012年1月21日签订的《购房协议》系双方真实意思表示,且不违反法律规定,合法有效,双方均应按照合同约定履行自己的义务。郭某在签订购房协议时已经收到李某的房屋所有权证、土地证、产权界定卡,对该房屋属于经济适用房的性质是明知的。购房协议第二条明确约定"房产交易价:交易净价款52.5万元整,此价款为不含税费价,由此交易所产生的一切税费由郭某承担"。该条款概括性地将交易所产生的一切税收和费用约定由郭某承担,以保证李某在此次房产交易中获得交易净价款52.5万元整。6975元的土地出让金属于政府征收的费用,根据双方协议约定属于郭某应承担的费用。郭某在缴纳6975元时并没有与李某协商一致约定是为李某垫付的6975元,也没有拒绝缴纳此款并为此提出解除合同的行为。2012年2月6日郭某交付了经济适用房土地出让金6975元,2012年2月21日郭某付给李某房款2.5万元也证明郭某在缴纳6975元时并没有与李某协商一致约定是为李某垫付的6975元。

据此判决,驳回原告郭某的诉讼请求。宣判后,郭某不服,提起上诉。洛阳市中级人民法院审理后认为:本案当事人双方间经济适用房转让合同约定明确,且双方已经履行完毕。现上诉人郭某称双方争执的土地出让金6975元应由被上诉人李某支付,其本人系垫付行为,该款李某应予返还的理由,依据不足,本院不予采信。二审判决:驳回上诉,维持原判。

[参见申文娟、樊蕾:《买卖双方约定土地出让金缴纳方式不违反国家强制性规定——河南洛阳中院判决郭某诉李某经济适用房转让合同纠纷案》,载《人民法院报》2015年11月12日,第6版。]

13. 直管公产房的受案范围如何确定?

【审判政策与精神】

天津市高级人民法院关于因直管公产房屋租赁产生争议案件受理问题的审判委员会纪要(津高法〔2015〕103号)

二、直管公产房屋概念

1. 本纪要所称直管公产房屋,是指房地产权利人登记为天津市人民政府,由天津市国土资源和房屋管理局代表市人民政府进行管理的公有住宅房屋。

2. 本纪要不包括国有企事业产房屋和宗教产房屋及各人民团体产房屋。

三、民事诉讼案件受理范围

1. 直管公产房屋承租人与直管公产房屋产权人或者其委托的经营管理单位,因违反租赁合同约定发生的房屋维修、房屋租金交纳等纠纷,应当作为民事案件立案受理。

2. 当事人之间因变更直管公产房屋承租人发生争议提起民事诉讼的,不属于民事案件受理范围,人民法院应当告知其向相应的负责管理直管公产房屋的行政机关或授权的经营管理单位(以下简称房屋管理机关)申请变更。

14. 公有住房出售人与买受人约定的禁止买受人实施有碍楼房安全的行为的条款,是否合法有效?

【公报案例】

郑州二建公司诉王某础公有住房出售协议违约纠纷案

【裁判要旨】

公有住房售出单位对公有住房的共用部位承担着维修责任。售出单位在与公有住房买受人签订的售房协议中,为了不加重自己一方在住房售出后的维修负担,约定买受人不得实施有碍公有住房共用部位安全的行为,这样的约定没有限制买受人正当行使自己的权利,因此是合法有效的。

【当事人信息】

原告:河南省郑州市第二建筑工程公司(以下简称郑州二建公司)

被告:王某础

【基本案情】

原告郑州二建公司因与被告王某础发生公有住房出售协议违约纠纷,向河南省郑州市金水区人民法院提起诉讼。

郑州市金水区人民法院经审理查明:郑州市金水区黄河路 92 号院 1 号楼,是原告郑州二建公司于 1980 年年底建设的五层公有住宅楼房,其中的 11 号房间位于一层且临街,分配给本公司职工、被告王某础居住。1996 年住房制度改革中,郑州二建公司以成本价每平方米 649 元向职工出售公有住宅楼房。在折算了工龄等项优惠后,王某础以 10540.29 元价款,购买了建筑面积 56.82 平方米的 11 号房间。

公有住房出售并由买受人住用 5 年后,依法可以进入市场流通。2000 年 9 月 1 日,为办理房屋进入市场流通所需的房屋所有权证,以原告郑州二建公司为甲方,被告王某础为乙方,双方补签了一份《公有住房出售协议书》。协议书除约定由乙方享有 11 号房间的所有权外,还在第五条约定:住房售出后,甲方负责国家规定保修期内的正常维修;保修期过后,乙方负责自用部分的维修,甲方负责 1 号楼外墙面、走廊通道及其他共用部位的维修。第六条约定了售出房屋的管理办法,其中(1)未经甲方同意,乙方不得实施挖门、开窗、打隔墙等改变房屋结构的行为,不得移动设备位置,不得在房上加层,否则应负责恢复原状,拆除违章建筑;(2)售出的房屋不得出租,乙方要改变房屋使用性质,必须经甲方同意,并办理有关手续;(3)乙方要爱护房屋共用部分,不得侵占房屋共用部分,也不得妨碍他人对房屋共用部分的正常使用。

协议签订后,被告王某础取得了 1 号楼 11 号房间的所有权证。2004 年,王某础在 11 号房间的临街墙上开挖了门窗。原告郑州二建公司认为王某础的行为违约,在劝阻无效后提起本案诉讼,要求王某础将该房屋恢复原状。

郑州市金水区人民法院认为:双方当事人所签订的《公有住房出售协议书》,是双方当事人的真实意思表示,且不违背法律规定,应当认定合法有效。被告王某础在取得 1 号楼 11 号房间的所有权后,违反双方所签协议的约定,未经原告郑州二建公司许可,任意在 11 号房间墙上开挖门、窗,改变了 1 号楼的承重结构,且对楼上住户造成安全隐患。在王某础违约后,郑州二建公司有权要求王某础恢复 11 号房间原状。据此判决:被告王某础于本判决书生效后 10 日内,将位于郑州市金水区黄河路 92 号院 1 号楼 11 号房间中私自开挖门窗的改动部分恢复原状。案件受理费 50 元,由被告王某础负担。

一审宣判后,王某础不服,向河南省郑州市中级人民法院提起上诉。

郑州市中级人民法院经审理，确认了一审查明的事实。

本案的争议焦点是：(1)《公有住房出售协议书》的第六条是否合法有效？(2)王某础对其开挖门窗的行为应否承担责任？承担何种责任？(3)对王某础在11号房间开挖门窗的行为，郑州二建公司能否起诉？

【法院认为】

郑州市中级人民法院认为：

1. 郑州市金水区黄河路92号院1号楼，是被上诉人郑州二建公司建设的一幢5层公有住宅楼房。郑州二建公司既是1号楼的建设单位，也是1号楼的售房单位。任何一幢楼房，都由各个房间等可供独立使用部分以及楼盖、屋顶、梁、柱、内外墙面、基础和上下水管道等整幢楼房的共用部分组成。原建设部1992年6月15日发布的《公有住宅售后维修养护管理暂行办法》第四条第二款规定："住宅的共用部位，是指承重结构部位（包括楼盖、屋顶、梁、柱、内外墙体和基础等）、外墙面、楼梯间、走廊通道、门厅、楼内自行车存车库等。"第六条规定："公有住宅出售后，住宅共有部位和共用设施设备的维修养护由售房单位承担维修养护责任，也可以由售房单位在售房时委托房地产经营管理单位承担维修养护责任。"根据这一规定，郑州二建公司在《公有住房出售协议书》的第五条中明确了自己对1号楼共用部位的维修责任，在第六条中从楼房维修者的角度出发，明文禁止楼房使用者实施有碍楼房安全的行为。这一条内容有利于延长楼房的使用寿命，且不影响楼房使用者依法正确行使自己的权利，因此是合法有效的协议条款。

2. 被上诉人郑州二建公司出售给上诉人王某础的11号房间，位于1号楼一层，是1号楼的组成部分，并非独立房屋。鉴于楼房的建筑特性，王某础对11号房间享有的所有权，并非独立、完整的所有权，而是建筑物区分所有权。建筑物区分所有权人，只是对整幢建筑物中属于其专用的部分享有包括占有、使用、收益和处分四项权能在内的完整所有权；而整幢建筑物中的共用部位，则由整幢建筑物的全部区分所有权人共有。11号房间的临街墙，是1号楼不可或缺的共用部位，不能由王某础专有。王某础未经许可在此墙上开挖门、窗，此举不仅侵犯1号楼中其他共有权人的共有权利，也因违反了《公有住房出售协议书》第六条的约定，而应当对郑州二建公司承担违约责任。

3. 根据《公有住宅售后维修养护管理暂行办法》第六条的规定，被上诉人郑州二建公司虽然不是1号楼的物业经营管理单位，也不是1号楼的业主委员会或者房屋所有权人，但在1号楼售出后至新的物业经营管理单位没有接手前，作为1号楼的建设单位、售房单位，郑州二建公司对1号楼的共用部位承担着维修责任。上诉人王某础在1号楼11号房间临街墙上开挖门窗，加重了郑州二建公司的维修负担，直接影响到郑州二建公司的利益，郑州二建公司有权依照《公有住房出售协议书》

起诉王某础的违约行为。

综上所述,《公有住房出售协议书》是双方当事人的真实意思表示,不违反法律规定,应认定真实有效。上诉人王某础违反协议约定,在 1 号楼共用部位擅自开挖门窗,应当承担违约责任。郑州二建公司以《公有住房出售协议书》的签约方、1 号楼维修管理者的身份,起诉追究王某础的违约责任,要求王某础恢复原状,并无不当。一审判决认定事实清楚,适用法律正确,应当维持。王某础的上诉理由不能成立,应当驳回。

【裁判结果】

据此,郑州市中级人民法院二审决:驳回上诉,维持原判。

[参见最高人民法院办公厅编:《最高人民法院公报》2006 年第 11 期。]

15. 单位集资房购房指标转让协议的效力如何认定?

【典型案例】

郭某与张某买卖合同纠纷案

【裁判要旨】

根据《经济适用住房管理办法》(建住房〔2007〕258 号)第三十四条、第三十五条的规定,单位集资合作建房是经济适用住房的组成部分,参加单位集资合作建房的对象必须限定在本单位符合市、县人民政府规定的低收入住房困难家庭,不得向非经济适用住房供应对象出售。可见,单位集资合作建房的购房指标与本单位职工的个人身份密切相关,如果单位集资合作建房的买受人并非建房单位的职工,则不能享有该单位的集资合作建房的购房指标。上述规定属于行政法规的禁止性规定,违反该规定的合同应当认定为无效。因此,依法享有单位集资房购房指标的本单位职工将购房指标转让给非本单位人员的,其转让协议无效。

【案号索引】

江苏省徐州市中级人民法院(2006)徐民一终字第 1 号

【基本案情】

2002 年,被告张某所在的江苏省铜山县供电公司为改善职工生活条件,实施了"铜电家园"经济适用房建设,按工龄、职务、职称、学历、是否独生子女等条件分配给职工居住。因张某无力提供购房集资款,不愿购买。后经朋友介绍,原告郭某愿意购买。经张某和郭某双方协商,于同年 12 月签订一份转让购房协议,主要内容为:张某(甲方)将集资建房所享受的“铜电家园”4 号楼某房屋一套转让,郭某(乙方)购买此房享受张某购房同样价格;前期手续以甲方名义办理,后期甲方协助乙方办理产权证手续;乙方另付 2 万元作为对甲方的一次性补偿。

签订协议后,郭某按约定分 3 期全额支付了购房款,并给付张某补偿金 5000 元。后张某认为补偿金太少,不愿将该房转让给原告。为此,双方又签订了一份关于附期限购房补充协议书,主要内容为:郭某再增加 2 万元作为补偿金,加上未付的 1.5 万元,计 3.5 万元,分两次支付:第一次,待房屋建成、拿到钥匙后付张某 1.5 万元;第二次,将房屋产权证过户到郭某名下后付余下的 2 万元。张某必须待该房建成并取得房屋所有权时将房钥匙交给郭某,并协助办理房屋产权证和土地证过户手续。

房屋建成后,张某反悔,在依照单位的规定能够取得集资房所有权的情况下,故意不到单位办理房屋产权的相关手续,也未按照双方的约定将钥匙交付给郭某,及协助郭某办理产权证、土地使用证等,致使双方产生纠纷。郭某遂诉至法院,要求张某继续履行合同,并确认讼争房屋产权归原告所有。

张某辩称:(1)集资房的所有权、土地使用权均属单位所有,其无权处分单位财产,房屋买卖合同无效;(2)单位与职工签订的协议中明确规定,集资房不得转卖、转让、出租。故请求法院驳回原告的诉讼请求。

【法院认为】

江苏省徐州市泉山区人民法院经审理认为,被告所在单位为改善职工生活条件,在 2002 年 12 月集资建房,不违反当时的法律、法规和政策的规定;双方当事人签订的转让购房协议以及关于附期限购房补充协议书意思表示真实,合同成立,对当事人均有约束力;现房屋建成,所附条件成就,被告未按双方的约定履行义务,有违诚实信用原则;单位在集资建房中与职工的有关约定及单位为集资建房所作出的某些规定,只在单位和职工之间具有一定的约束力,不能约束第三人;被告关于其无权处分他人财产,单位禁止职工转卖、转让和出租,双方所签协议无效的主张,因其未提供充分证据证实,故不予采信。

【裁判结果】

一审判决被告张某继续履行合同义务,判决书生效后由郭某向被告所在单位交纳各项费用,办理有关产权证、土地使用证等手续,张某履行协助义务。张某提起上诉后,徐州市中级人民法院经审理认为,原审法院认定事实清楚,适用法律正确,判决驳回上诉、维持原判。

[参见孟源、单雪晴:《买卖集资房的法律适用》,载《人民司法(案例)》2007 年第 8 期。]

16. 未依法登记领取权属证书的房地产转让合同的效力如何认定？

【审判专论】

根据《城市房地产管理法》第三十八条第(六)项的规定，未依法登记领取权属证书的房地产，不得转让。该规定是对房地产转让合同标的物设定的于物权变动时的限制性条件，转让的房地产未依法登记领取权属证书，属于合同标的物的瑕疵。根据《物权法》第十五条①的规定，当事人之间订立有关转让不动产物权的合同，除法律另有规定或者合同另有约定外，自合同成立时生效；未办理物权登记的，不影响合同效力。该规定确定了不动产物权变动的原因与结果相区分的原则。根据该原则，当事人双方签订的房地产转让合同属于一种债权行为，是该房地产权属据以转让的原因行为，并非权属转让的结果行为，权属转让的结果行为不能成就，不应及于转让合同的效力。因此，如果因转让的房地产未依法登记领取权属证书而导致该房地产权属转让的结果不能成就，并不必然导致该房地产转让合同无效。即《城市房地产管理法》第三十八条中的该项规定不是认定房地产转让合同效力的强制性规定，人民法院不得以转让的房地产未依法登记领取权属证书为由认定转让合同无效。

[参见孟源、单雪晴：《买卖集资房的法律适用》，载《人民司法(案例)》2007 年第 8 期。]

17. 职工违反与单位的约定转让集资房的行为效力如何认定？

【审判专论】

民事合同在主体、客体、内容三个方面均具有相对性。所谓合同相对性，是指合同项下的权利义务只能由合同当事人享有和承担，合同只能对合同当事人产生拘束力，而对非合同当事人不能产生约束力。据此，单位在集资建房中与其职工作出

① 现为《民法典》第二百一十五条：当事人之间订立有关设立、变更、转让和消灭不动产物权的合同，除法律另有规定或者当事人另有约定外，自合同成立时生效；未办理物权登记的，不影响合同效力。

的不得转卖、转让、出租集资房的约定，只能在合同的当事人之间产生约束力。当职工将集资房转让给第三人时，单位与职工之间的上述约定不能约束第三人。即使因职工向第三人转让房屋导致产生相应的违约责任，也应由职工向单位承担，并不能导致职工与第三人的房屋买卖合同无效。因此，职工以其与单位之间有限制性约定为由主张集资房转让合同无效的，人民法院不予支持。

[参见孟源、单雪晴：《买卖集资房的法律适用》，载《人民司法(案例)》2007 年第 8 期。]

18. 房改房买卖合同约定职工承担额外义务的，效力如何认定？

【典型案例】

江苏曙光光电有限责任公司与王某房屋买卖合同纠纷案

【裁判要旨】

所谓房改房，是指城镇居民自行出资购买的根据国家房屋改革政策出售的房屋。根据国家房改政策的规定，用人单位将自建公房按房改政策出售给职工是一种劳动福利，是对职工以前贡献的承认和补偿，符合条件的职工均可以享受。职工购房存在标准价与成本价之分。职工按标准价购买的房改房，其产权是有限产权，其与用人单位在房屋上构成按份共有关系。对于此种类型的房屋的处分，应对照按份共有关系来处理。而职工按成本价购买的房改房，其产权是完全产权，职工作为物权所有人，享有完全的占有、使用、收益和处分权利，其他任何人不得干涉。基于此，在职工按成本价购买房改房的情况下，职工履行了交付购房款等全部购房义务后，对该房屋具有完全产权，用人单位不再享有任何权利。职工除按房改政策享受了福利待遇外，如果并未享受任何额外优惠待遇，则其不应再承担任何额外义务。此时，用人单位在与职工签订的购房合同中约定职工还应承担其他额外义务的，不符合国家房改政策，应当认定为无效。

【案号索引】

江苏省扬州市中级人民法院(2007)扬民一终字第 0089 号

【基本案情】

王某于 1985 年调入曙光光电仪器厂(曙光光电仪器厂 2001 年年底改制后成立

江苏曙光光电有限责任公司)工作。1995 年王某与曙光光电仪器厂签订了无固定期限的劳动合同。1997 年 11 月 15 日,曙光光电仪器厂第三届职代会第十六次会议审议通过了关于 3 – 19 住宅楼分配方案的决议。决议第一条规定 3 – 19 住宅楼的分配对象是:“以尚未住中户以上成套住房的从事新产品开发的优秀工程技术骨干为主,并要求该职工思想稳定,安心本厂工作。凡分配 3 – 19 住房者,应有自愿长期为本厂服务的思想,经与工厂签订了五年以上长期合同。”决议第五条规定了购房约定:工厂 3 – 19 住宅楼的营造与分配主要目的是保留产品开发骨干人员及其他骨干人员,为加强住房管理,除按工厂职房管理条例等规定管理外,凡分配到 3 – 19 住宅楼购房的职工,须与工厂签订购房约定。通过购房约定来制约购到住房后的人员,避免个别人员离厂导致工厂住房资金损失,保持骨干队伍的稳定。

1998 年 6 月 10 日,曙光光电仪器厂与王某签订了职工购房约定书一份。该约定书载明:“1. 甲方(曙光厂)将 3 – 19 住宅楼 301 室住房一套按扬州市 1997 年售房政策规定出售给乙方(王某)。2. 乙方购买甲方住房以后,须为甲方服务 23 年以上。3. 乙方购买甲方住房后,如因个人原因,不论以什么方式离厂另就,须将所购住房退还甲方,甲方按乙方购买房时所支付的购房款(不计息)退给乙方。4. 如乙方不将房屋退还甲方,甲方按每平方月租不少于 15 元加收房租及管理费。乙方在三个月内仍不退还,甲方将采取断乙方水、电,直至封门等措施,促使乙方退房。……6. 本约定也是甲方 1997 年 11 月 7 日三届职代会第 16 次联席会议审议通过的分配方案的附件之一。”该份职工购房约定书除房号、服务年限两处为订约时人工填写外,其余合同内容条款均事先由曙光厂拟制好并打印成文,故该约定书为格式合同。关于约定书中的“乙方购买甲方住房以后,须为甲方服务 23 年以上”,曙光光电公司解释称约定书中的服务年限是根据每名职工购房时的年龄与退休年龄的差额分别填写。

同年经过房改,曙光光电仪器厂将江阳中路 38 号 3 – 19 幢某室房屋出售给王某,王某给付购房款 33464 元,王某妻子的单位也补贴给曙光厂 6000 元。根据 1998 年 10 月 22 日公有住房出售评估表记录,王某所购房屋属房改售房,系按成本价购房。2001 年 1 月 3 日,扬州市房管局颁发了房屋所有权证,房屋所有权人为王某,产权性质为私有。

2001 年 12 月 3 日,王某因向曙光光电公司申请解除劳动合同未果,向扬州市劳动仲裁委员会申请仲裁。扬州市仲裁委裁决双方继续履行合同,但王某自行离职。2002 年 10 月 10 日,曙光光电公司作出对王某予以除名的决定,后于 2003 年 4 月撤销了该决定。2003 年 7 月 24 日,曙光光电公司再次作出了对王某的除名决定。

2004 年 3 月 30 日,曙光光电公司向扬州市广陵区法院起诉,请求法院判令解除双方的售房关系,曙光光电公司退还王某购房款,王某退还房屋。

扬州市广陵区法院经审理认为：根据国务院有关推进和深化城镇住房制度改革的相关文件精神，对于城镇的成套住房，职工愿意购买的，应当根据住房的成本价、房屋状况、职工工龄等因素出售给职工。王某在原告单位已工作10年以上，分配的住房符合房改条件，实际购买也是按照被告已有工龄进行的折扣，而原告与其签订的购房约定书对其购买房屋增加了其他条件，违反国家房改政策，违反了民法的公平原则。且该约定书的有关条款限制了劳动者的劳动自由权，违反了我国《宪法》和《劳动法》的基本精神，原告据此要求解除与被告的房屋买卖关系，缺乏法律依据，依法不予支持。一审判决如下：驳回原告曙光光电有限责任公司的诉讼请求。

宣判后，曙光光电有限责任公司不服一审判决，向扬州市中级人民法院提起上诉。

【法院认为】

扬州市中级人民法院审理后认为，职工购房约定书作为格式合同，其中"乙方购买甲方住房后，须为甲方服务23年以上，如果职工离厂须退还住房"等约定违背了法律和政策的精神，应当认定为无效。本案中，被上诉人王某是以成本价购买的房屋，且已领取了房屋所有权证，对照有关房改政策规定，被上诉人对该房屋具有完全产权，原售房方不再享有任何权利。从国家房改政策分析，每个家庭可以享受一次按照成本价购买公有住房的福利待遇。因此，用人单位将自建公房出售给职工仅是一种劳动福利，符合条件的职工完全可以享受。从讼争房屋分配、出售过程分析，被上诉人符合上诉人职代会确定的分配条件，而且按照房改政策足额交纳了购房款，被上诉人妻子单位还补贴了6000元。在此过程中，被上诉人购房除按房政政策享受了福利待遇外并未额外享受任何优惠待遇。因此，被上诉人已按房改政策履行了全部购房义务，不应再承担任何额外义务。此外，本案中双方签订的职工购房约定书是上诉人事先拟就的格式合同，其内容和主要条款均由上诉人预先拟定，未与被上诉人充分协商。根据法律规定，采用格式条款订立合同的，提供格式条款的一方应当遵循公平原则确定当事人之间的权利和义务；提供格式条款一方免除其责任、加重对方责任、排除对方主要权利的，该条款无效。本案中职工购房约定书的主要内容是上诉人出售房屋给被上诉人，但要求被上诉人为上诉人服务23年以上，如果离职则须退回房屋。而这一内容加重了被上诉人一方的责任，排除了被上诉人一方的主要权利，该条款应为无效。

【裁判结果】

综上，上诉人的上诉请求无法律依据，故不予采信。原审判决认定事实清楚，适用法律正确，依法应予维持。扬州市中级人民法院判决：驳回上诉，维持原判。

［参见王刚：《附服务期限购买房改房的司法调整》，载《人民司法》2007年第22期。］

19. 房屋上设立的抵押权,可否直接向抵押权人代位清偿权利,涤除抵押登记?

【典型案例】

董某良诉董某尊等房屋买卖合同纠纷案

【裁判要旨】

转让已设抵押权登记房屋的房屋买卖合同有效。抵押物实现转让的前提条件是:抵押权人同意转让,但转让后抵押人转让抵押财产的价款要么向抵押权人清偿,要么提存,抵押人自己不能利用,除非抵押财产转让的价金高于所担保的债权额;在抵押权人不同意的情况下,抵押物实现转让的前提条件是:受让人代位清偿债务。受让方只是直接提出过户的诉讼请求,完全没有提及房屋上设立的抵押权时,法院应当向其释明,以便其通过法院判决的方式取得直接向抵押权人代位清偿权利,涤除抵押登记,突破转让条件未实际成就的现实障碍,从而完成房屋的产权过户登记。

【案号索引】

一审:北京市顺义区人民法院(2013)顺民初字第 08248 号

二审:北京市第三中级人民法院(2014)三中民终字第 04328 号

【当事人信息】

原告(被上诉人):董某良

被告(上诉人):董某尊

被告(上诉人):高某华

第三人:林某

【基本案情】

北京市顺义区人民法院经公开审理查明:2010 年 7 月 10 日,董某尊、高某华与董某良签订了《北京市房屋买卖合同》(以下简称买卖合同)及《附加协议》,约定董某尊、高某华将位于北京市顺义区佳和宜园 31 号楼 8 层 4 单元 803 号的房屋(以下简称涉诉房屋)卖与董某良,交易价格为 68 万元。

关于产权登记,双方买卖合同第九条约定:董某尊、高某华应在董某良支付了全部房款之日起到房产证下来 1 个月内共同到产权登记部门办理产权过户登记手续。第十三条为补充条款,内容为:董某良已将房款全部交齐。从2010年7月10日起该房屋所有收益都归董某良。董某尊、高某华必须配合董某良无条件地办理此房屋过户及相关手续。本合同另有附加协议,如有与本合同相冲突的,均以附加协议为准。《附加协议》中约定:董某尊、高某华应该在此房屋房产证办理下来1个月内无条件配合董某良办理产权过户手续,否则视为董某尊、高某华违约,违约时需退还董某良交付给董某尊、高某华的68万元整的房款,并向董某良赔付1倍房款的违约金及交房期间的房款利息,此房装修、装饰费用,房屋其他设施设备开通、维护费用的金额以发票数额为准;若董某良违约,则定金不予退还,装饰费用等其他费用也不予退还。该《附加协议》中还约定:此房在产权过户前,董某尊、高某华必须无条件协助董某良办理有关房屋的一切事宜,此房为拆迁安置房,产权证正在办理中,因双方暂时无法办理产权过户手续,故一切事项以双方签订的《北京市房屋买卖合同》及《附加协议》为准。

后本院作出(2013)顺民初字第01606号判决书,认定董某良已经给付董某尊、高某华全部购房款68万元。现涉诉房屋由董某良占有使用。

2011年9月21日,涉诉房屋登记于董某尊名下。2011年11月25日,涉诉房屋登记的抵押权人为陈某,后于2013年1月15日解除抵押。2012年7月12日,涉诉房屋登记抵押权人为林某,债务履行期限为2012年7月9日至2013年6月13日。

另查明,2012年7月9日,林某(出借人)与董某尊、高某华(借款人)签订《抵押借款合同》及《补充协议》,约定:借款金额为30万元,利息为银行贷款利率的4倍,借款期限为6个月,自实际转账之日起计算;若借款人未按期偿还上述借款,则应向出借人每日支付剩余借款本金的万分之五作为滞纳金;该合同经公证后具有强制执行效力。该合同经北京市方正公证处公证,2013年4月22日该公证处出具执行证书,其上记载:出借人已经按照合同约定于2012年7月10日向借款人提供借款共计30万元整。董某尊、高某华至今没有完全清偿林某该借款。

【法院认为】

北京市顺义区人民法院经审理认为:本案被告董某尊经本院合法传唤,无正当理由拒不出庭应诉,视为其放弃了答辩和质证的权利。2010年7月10日,董某尊、高某华与董某良签订的《北京市房屋买卖合同》及《附加协议》,已经由生效判决确认有效,双方均应依约履行。现董某良已经履行了给付购房款义务且实际占有涉诉房屋,董某尊、高某华应履行协助办理过户登记手续义务。由于林某已于2012年7月在涉诉房屋上设定抵押,本院根据董某良的申请依法判决董某良代董某尊、高某华清偿欠付林某的全部债务,以便消灭抵押权。林某亦应当在足额实现债权的情况下及时办理抵押权登记注销手续,以保证房屋产权过户手续顺利完成。董某尊、高某华在履约过程中反悔,拒不履行协助办理过户登记手续的义务,致使董某良长期不能取得诉争房屋的所有权,又不得不代董某尊、高某华支付借款及利息。故董某良要求董某尊、高某华给付其代为偿还债务及该债务的利息,本院依法予以支持。

北京市顺义区人民法院判决:(1)原告董某良于本判决生效之日起3日内代被告董某尊、高某华一次性清偿其基于2012年7月9日的《抵押借款合同》及《补充协议》欠付第三人林某的全部款项;第三人林某在收到全部款项后3日内解除设定在北京市顺义区佳和宜园31号楼8层4单元803号房屋上的抵押权;(2)被告董某尊、高某华于本判决第一项所指抵押权消灭后3日内协助原告董某良办理北京市顺义区佳和宜园31号楼8层4单元803号房屋的所有权转移登记手续,将该房过户至原告董某良名下;(3)被告董某尊、高某华于本判决生效之日起7日内给付原告董某良代为清偿本判决第一项所指欠付第三人林某的全部款项及该款项的利息(该利息自原告董某良履行本判决第一项确定义务之次日起至被告董某尊、高某华实际给付之日止,按中国人民银行同期同类贷款利率计算)。

董某尊、高某华不服一审判决,提起上诉。

北京市第三中级人民法院经审理,确认一审法院认定的事实和证据。本院在审理过程中,董某尊、高某华于2014年3月24日申请撤回上诉。北京市第三中级人民法院经审查认为:董某尊、高某华申请撤回上诉,符合有关法律规定,应予准许。

【裁判结果】

北京市第三中级人民法院裁定如下:准许董某尊、高某华撤回上诉,双方均按原审法院判决执行。一审案件受理费5050元,由董某尊、高某华负担(于本裁定生效之日起7日内交至原审法院);二审案件受理费5050元减半收取,由董某尊、高某华负担2525元(已交纳)。本裁定为终审裁定。

[参见曹士兵主编,国家法官学院案例开发研究中心编:《中国法院2016年度案例:房屋买卖合同纠纷》,中国法制出版社2016年版。]

第七章

房屋买卖借贷与担保纠纷

1. 抵押权人同意转让已设定抵押权之房产，可否再对原房产行使抵押权？

【典型案例】

中国农业银行股份有限公司重庆农行南岸支行与刘某、重庆金阳房地产开发有限公司房屋买卖合同纠纷案

【裁判要旨】

《民法典》生效前，根据《物权法》第一百七十七条的规定，债权人放弃担保物权的，担保物权消灭。《民法典》生效后，第三百九十三条第三款债权人放弃担保物权，则担保物权消灭。对于债权人同意抵押人转让抵押物的情况下，能否认定抵押权已经消灭，《物权法》第一百九十一条规定“抵押期间，抵押人经抵押权人同意转让抵押财产的，应当将转让所得的价款向抵押权人提前清偿债务或者提存”，确立了“抵押权人同意方可转让”的原则。《民法典》生效后，第四百零六条规定，“抵押期间，抵押人可以转让抵押财产。当事人另有约定的，按照其约定。抵押财产转让的，抵押权不受影响。抵押人转让抵押财产的，应当及时通知抵押权人。抵押权人能够证明抵押财产转让可能损害抵押权的，可以请求抵押人将转让所得的价款向抵押权人提前清偿债务或者提存”。倘若抵押权人同意转让抵押物的情况下，则不应由受让人代为清偿债务，在抵押物的交换价值实现之日即丧失了物上追及力，抵押权的效力仅及于转让价金。

【案号索引】

一审：重庆市沙坪坝区人民法院（2018）渝0106民初18938号

二审：重庆市第一中级人民法院民事判决书(2019)渝01民终5197号

【当事人信息】

上诉人(原审第三人)：中国农业银行股份有限公司重庆农行南岸支行(以下简称农行南岸支行)

被上诉人(原审原告)：刘某

原审被告：重庆金阳房地产开发有限公司(以下简称金阳公司)

【基本案情】

上诉人农行南岸支行因与被上诉人刘某、原审被告金阳公司房屋买卖合同纠纷一案，不服重庆市沙坪坝区人民法院(2018)渝0106民初18938号民事判决，向本院提起上诉。本院于2019年7月9日立案后，依法组成合议庭，对本案进行了审理。本案现已审理终结。

一审法院认定事实：金阳公司系位于重庆市沙坪坝区凤天大道29号-2-1号、27号、49号的金阳易诚国际一期、二期的开发商。2016年3月22日，农行南岸支行向金阳公司出具同意重庆金阳房地产开发有限公司易诚国际一、二期项目进行销售的函。该函载明："贵公司开发的位于沙坪坝区凤天大道29号附72号-2-1号、37号的金阳易诚国际一期项目已经取得证号为104房地证2010字第××号、104房地证2009字第××号、104房地证2009字第××号、104房地证2010字第××号、104房地证2013字第××号、104房地证2010字第××号的房地产权证，于2016年3月2日与我行在重庆市沙坪坝不动产登记中心办理抵押，不动产登记证号：×××。及位于沙坪坝区凤天大道49号的金阳易诚国际二期项目已经取得证号为104房地证2011字第××号、104房地证2011字第××号的房地产权证，于2013年6月18日与我行在重庆市沙坪坝区不动产登记中心办理抵押，抵押合同号：201306171040381。及位于沙坪坝区凤天大道49号的经营易诚国际二期项目已经取得证号为104房地证2011字第××号的房地产权证，于2013年6月25日与我行在重庆市沙坪坝区不动产登记中心办理抵押，抵押合同号：2013062510402624。及位于沙坪坝区凤天大道29号的金阳易诚国际一期项目已经取得证号为104房地证2009字第××号、104房地证2009字第××号的房地产权证，于2014年1月13日与我行在重庆市沙坪坝不动产登记中心办理抵押，抵押合同号：201401101040545。现我行知晓并同意贵公司进行以上产权证抵押给本行的房屋销售，并按照我行与贵公司约定的程序办理相关手续，上述房产的销售行为，不得侵害或削弱我行抵押权，不得阻碍我行抵押权的实现。"

2016年6月25日，金阳公司作为甲方与刘某作为乙方签订了认购书。双方在该认购书中约定：乙方认购金阳易诚国际项目，该物业自编号为×××-7，建筑面积54平方米，该物业公布销售总价4000000元。甲、乙双方一致同意，乙方认购本物业时,一次性付款享受折扣,折后成交价合计2800000元。上述物业已由甲方委托的重庆锡沐商业有限公司代为出租,乙方对上述租赁情况以及房屋现状完全知晓,现租赁商家为丽婴房,月租金为18980.5元,现租赁合同期限为2015年11月25日至2016年11月24日。乙方须于本认购书签订之日起180个工作日内与甲方签订《重庆市商品房买卖合同》及其附件,同时按《重庆市商品房买卖合同》的约定缴纳相关费用。乙方已知晓认购物业尚处于抵押状态,甲方对外销售已经取得抵押权人同意,不会对乙方按期接房及办理产权证产生任何不良影响。如乙方在本认购书约定的期限或者甲方通知的时间内不与甲方签订买卖合同的,视为乙方违约,乙方认购的物业将不再保留,同时甲方有权将该物业另行出售,并无须通知乙方,同时乙方应当按照房屋总价款的10%向甲方支付违约金,乙方已收取商户的租金及保证金,需全额退还给甲方。如甲方在认购书约定的期限内不与乙方签订买卖合同的,甲方以乙方已付金额为基数每日按照人民银行同期同类贷款利率向乙方支付赔偿金。

合同签订后,刘某分别于2016年6月25日、同年6月30日向金阳公司或金阳公司指定的账户支付了房屋价款2800000元。2016年7月14日刘某、金阳公司以及案外人何某洪签订了《租赁合同变更协议》。该协议约定:刘某、金阳公司以及案外人何某洪三方经协商一致,现就位于重庆市沙坪坝区凤天大道49号(附25跃1)"金阳阿凯德易诚国际"B16-1、17-1房屋房产租赁合同主体变更确认如下,被告金阳公司于2015年10月21日就重庆市沙坪坝区凤天大道29号附71号(附35号)"金阳阿凯德易诚国际"49号(附25跃1)"金阳阿凯德易诚国际"B16-1、17-1房屋租赁事宜签订《房产租赁合同》以及相关该房屋租赁的其他法律文件,该租赁合同出租方为金阳公司,承租方为案外人何跃洪。出租人自2016年6月30日起由金阳公司变更为原告,在前述租赁合同中以及在该合同实际履行过程中原金阳公司的全部权利义务和责任,均转归刘某享有、行使和承担。该协议签订后,刘某、金阳公司以及案外人何跃洪办理了涉案房屋的交接手续,刘某实际占有了该涉案房屋。

2017年4月28日刘某与金阳公司签订《补充协议》。该补充协议主要约定:金阳公司承诺于2017年6月9日前完成产权交割,在7月9日前完成银行解押,2017年7月22日前与刘某正式签订网签合同并完成备案登记,并在《重庆市商品房买卖合同》签订即2017年7月27日前将该物业产权过户至刘某或者刘某指定的人名下,并将产权证交付给刘某。由于金阳公司违约,未在认购书承诺的180个工作日内与刘某签订《重庆市商品房买卖合同》及网签,从2017年3月20日起金阳公司应以刘某购房总金额为基数,每日按照人民银行同期贷款利率计算,向刘某支付赔偿金至2017年7月22日止,并在2017年7月27日前结清。金阳公司未能按照本协议前述约定履行相应义务的，则按下列方式对刘某进行违约赔偿：(1)金阳公司从2017年7月23日起赔偿违约金给刘某，违约金以刘某所付购房款总金额为基数，按人民银行同期贷款利率的4倍计算，每月底向刘某支付违约金，不足1月按1个月计算。(2)刘某有权通过各种途径维护自身利益，包括向人民法院提起诉讼或者仲裁机构提起仲裁，产生的诉讼费、诉讼保全费、诉讼保全担保费、差旅费、误工费、律师费及违约金等由金阳公司承担。该补充协议还约定了其他事项。该补充协议签订后，金阳公司仍未按照该补充协议履行其义务。

后刘某认为其已按照认购协议履行了全部合同义务，但被告金阳公司却未按时与其签订《重庆市商品房买卖合同》，也未履行双方签订的《补充协议》。经刘某多次催促，金阳公司仍未将案涉房屋从农行南岸支行处办理解押，亦未将房屋产权过户至刘某名下，严重损害了刘某合法权益，特提起诉讼。刘某因此而产生律师费28000元。

审理中查明，因金阳公司仍尚欠农行南岸支行银行贷款，涉案房屋现仍处于抵押登记状态，抵押人为金阳公司，抵押权人为农行南岸支行。根据重庆市公安局沙坪坝区分局覃家岗出具的情况说明，涉案房屋现地址为重庆市沙坪坝区凤天大道47号附23号。

一审法院认为，根据《最高人民法院关于审理商品房买卖合同纠纷案件适用法律若干问题的解释》第五条的规定：商品房的认购、订购、预订等协议具备《商品房销售管理办法》第十六条规定的商品房买卖合同的主要内容，并且出卖人已经按照约定收受购房款的，该协议应当认定为商品房买卖合同。刘某与金阳公司于2016年6月25日签订的认购书明确约定了当事人名称和住所、商品房基本状况、商品房的销售方式、商品房价款的确定方式及总价款、付款方式、付款时间、交付使用条件及日期，且金阳公司已经按照该认购书收受了刘某支付的购房款2800000元，也实际交付了涉案房屋。因此双方签订的认购书应当认定为商品房买卖合同。

该涉案合同系双方当事人真实意思表示，内容不违反法律法规的强制性规定，属有效合同。涉案合同约定刘某须于该认购书签订之日起180个工作日内与被告金阳公司签订《重庆市商品房买卖合同》及其附件，同时按《重庆市商品房买卖合同》的约定缴纳相关费用。刘某已按约履行自己全部义务。金阳公司违约后，又与刘某达成《补充协议》。该补充协议亦是双方当事人的真实意思表示，且不违反法律的规定，属于有效合同。但金阳公司仍未按照《补充协议》履行自己的义务，被告金阳公司的行为属于违约行为。被告金阳公司应当承担违约责任。

金阳公司应当根据双方签订认购书及补充协议的约定为原告刘某办理涉案房屋的产权过户登记，但涉案房屋已存在抵押权人为第三人农行南岸支行的抵押登记，致使被告金阳公司不能为原告刘某办理产权过户登记。然而第三人农行南岸支行于2016年3月22日向被告金阳公司出具了同意重庆金阳房地产开发有限公司易诚国际一期、二期项目进行销售的函。该函的法律后果直接关系到刘某能否办理涉案房屋过户登记,也是本案主要争议的焦点。首先,从抵押权的法律定义来看,担保物权人在债务人不履行到期债务或者发生当事人约定的实现担保物权的情形,依法享有就担保财产优先受偿的权利。可见,担保物权的法律效力主要体现在享有优先受偿权。抵押权作为担保物权,其优先的内容在于抵押物的价值,而非取得抵押物的所有权,在抵押物已经转让的情况下,作为购买人取得的是抵押物所有权,特别是在购买人已经支付对价,并且是善意的情况下,如果再将抵押权的负担转移给购买人,显然不利于保护购买人的所有权。其次,根据法律的规定,债权人放弃担保物权的,担保物权消灭。抵押期间,抵押人经抵押权人同意转让抵押财产的,应当将转让所得的价款向抵押权人提起清偿债务或者提存的规定,可以作出这样的理解,本条确立了"抵押权人同意方可转让抵押物"的基本原则,如果抵押权人同意转让抵押物的情况下,则不应由受让人代为清偿债务,在抵押物的交换价值实现之日即丧失了物上追击力,抵押权的效力仅及于转让价金。对于该转让价金抵押权人仍具有优先性。综上,农行南岸支行出具的同意重庆金阳房地产开发有限公司易诚国际一期、二期项目进行销售的函,同意转让抵押物,其只能对刘某支付给金阳公司的购房价金行使价金代位权,而不能再追及于物上抵押权。至于农行南岸支行是否行使价金代位权,系农行南岸支行与金阳公司的债权债务关系,农行南岸支行应当另行主张。故金阳公司和农行南岸支行负有对涉案房屋涤除抵押登记的义务。刘某的此主张,一审法院予以支持。

金阳公司未在双方签订的《补充协议》约定的期限内为刘某办理产权证,属于违约行为。现刘某要求判令金阳公司自2017年3月20日起至涉案房屋产权过户至刘某名下之日止,以购房款本金2800000元为基数,按照人民银行同期贷款利率为标准按日向刘某支付因逾期签订重庆市商品房买卖合同的赔偿金和赔偿刘某已产生的律师费10000元的诉讼请求,低于双方签订的《补充协议》的约定的违约金及赔偿损失的标准,是对自己诉讼权利的处分,应予支持。金阳公司应承担自2017年3月20日起至办理涉案房屋所有权过户登记之日以刘某已付金额2800000元为基数,按照中国人民银行发布的同期同类贷款利率的标准计算的违约金,并赔偿刘某已产生的律师费10000元。一审法院予以支持。

综上,一审法院判决:"一、被告重庆金阳房地产开发有限公司和第三人中国农业银行股份有限公司重庆农行南岸支行于本判决发生法律效力后三日涤除位于重庆市沙坪坝区凤天大道47号附23号房屋的抵押登记。二、在被告重庆金阳房地产开发有限公司和第三人中国农业银行股份有限公司重庆农行南岸支行涤除该房屋抵押登记后三日内,被告重庆金阳房地产开发有限公司协助原告刘某办理位于重庆市沙坪坝区凤天大道47号附23号房屋的过户登记手续。三、限被告重庆金阳房地产开发有限公司于本判决发生法律效力后三十日内向原告刘某支付自2017年3月20日起至办理位于重庆市沙坪坝区凤天大道47号附23号房屋的过户登记之日以2800000元为基数,按照中国人民银行发布的同期同类贷款利率的标准计算的赔偿金,并赔偿原告刘某律师费10000元。”

二审查明的事实与一审查明的事实一致。

【法院认为】

本院认为,根据双方当事人的诉辩主张,本案的主要争议焦点为:(1)认购书的性质是预约合同还是本约合同;(2)农行南岸支行是否负有涤除案涉房屋抵押登记并协助刘某办理案涉房屋过户登记手续的义务?针对上述争议焦点,本院分别评述如下:

一、关于认购书的性质问题

“预约”是指将来订立一定契约的契约。仅根据当事人合意内容上是否全面,不足以界分预约和本约。判断当事人之间订立的合同系本约还是预约的根本标准应是当事人的意思表示,即当事人是否有意在将来订立一个新的合同,以最终明确在双方之间形成某种法律关系的具体内容。若当事人存在明确的将来订立本约的意思,则即使预约的内容与本约已经非常接近,即便通过合同解释,从预约中可以推导出本约的全部内容,也应当尊重当事人的意思表示,排除这种客观解释的可能性。本案中,认购书及其补充协议明确约定,双方需签订《重庆市商品房买卖合同》并完成备案登记,因此,认购书不能被认定为本约。一审认定认购书具有本约性质,与当事人的约定不符,属事实认定错误,本院予以纠正。

本案认购书虽约定双方需订立本约,但在本约订立之前,刘某已按认购书的约定向金阳公司支付了购房款280万元,金阳公司予以接受并交付了涉案房屋。因此,刘某与金阳公司之间已达成了合意,形成了事实上的本约关系。刘某据此有权请求金阳公司全面履行合同义务。

二、关于农行南岸支行是否负有涤除案涉房屋抵押登记并协助刘某办理案涉房屋过户登记手续义务的问题

一审判决对该问题的说理较为充分,本院予以确认。另外,本院注意到,本案房屋买卖合同系现房销售,销售所得款项应用于提前清偿债务或者提存。农行南岸支行作为抵押权人,有资金监管的能力,却在明确同意金阳公司可对外出售案涉房屋的情况下,未尽监管之责,存在过错。综合一审的评析及本院的上述分析,一审判决农行南岸支行负有涤除案涉房屋抵押登记并协助刘某办理案涉房屋过户登记手续的义务,并无不当。

综上所述,一审判决认定事实部分有误,但裁判结果正确,故对农行南岸支行的上诉请求不予支持。

【裁判结果】

二审判决：驳回上诉，维持原判。二审案件受理费80元，由农行南岸支行负担。本判决为终审判决。

［参见中国裁判文书网。］

2. 当事人以房屋买卖合同作为借贷担保手段的，该买卖合同是否有效？

【典型案例】

曾某元、湖南新国置业发展有限公司合同纠纷案

【裁判要旨】

让与担保系指债务人或者第三人为担保债务的履行，将担保标的物转移给担保权人，于债务不履行时，担保权人可就担保标的物受偿的一种非典型担保。就设立让与担保合同行为的法律效力而言，让与担保虽非物权法规定的有名担保，但现行法律并未明确规定禁止该类型担保方式，且其亦属在法理以及司法实践中得到广泛确认的非典型担保。在让与担保合同本身不违反法律、行政法规效力性强制性规定的情形下，依契约自由原则以及原因行为与物权变动行为相区分原则，应予承认设立让与担保的合同效力。当事人以房屋买卖合同作为借贷担保手段的，该事实构成让与担保，应认定其合法有效。

【案号索引】

一审：湖南省娄底市中级人民法院（2017）湘13破9－20号

二审：湖南省高级人民法院（2018）湘民终797号

再审：最高人民法院（2019）最高法民再304号

【当事人信息】

再审申请人（一审被告、二审上诉人）：曾某元

被申请人（一审原告、二审被上诉人）：湖南新国置业发展有限公司（以下简称新国公司）

【基本案情】

再审申请人曾某元因与被申请人新国公司合同纠纷一案，不服湖南省高级人

民法院(以下简称二审法院)(2018)湘民终797号民事判决,向本院申请再审。本院于2019年7月9日作出(2019)最高法民申2000号民事裁定,提审本案。本案现已审理终结。

一审法院认定事实:2013年3月28日,新地公司与曾某元签订《借款协议》约定:曾某元于2013年3月28日借给新地公司肆佰万元(小写400万元),收据号No:0005706,借期1年,月利率3%,按季付息,本金到期一次付清。若新地公司不能按期归还借款,以新地公司未售楼房作为抵押。当日,曾某元分两次转账共计400万元至新地公司法定代表人周某鲁的账户,新地公司向曾某元出具一张金额为400万元的收款收据(编号×××),并加盖了新地公司财务专用章。

2014年1月25日,新国公司与曾某元签订《商品房买卖合同》(备案编号×××房,建筑面积10128.79平方米,套内建筑面积9725.64平方米,分摊面积403.15平方米,用途为车位;按建筑面积计算,购买单价为每平方米1184.7417元,总价为1200万元。2014年1月27日,新国公司与曾某元签订《借款协议》约定:曾某元向新国公司借款300万元,为期半年,月利率4%,按季付息,本金到期付清,以新国公司开发的公园1号车位120个作为抵押。当日,曾某元向新国公司法定代表人周某鲁的账户转账200万元,新国公司向曾某元出具一张300万元的收据(编号×××),并加盖新国公司财务专用章。同日,双方到娄底市城镇房屋产权产籍管理处办理了预购商品房预告登记。一审庭审过程中,双方当事人均认可签订案涉《商品房买卖合同》实质是以案涉车位作为民间借贷合同中债权的担保。但新国公司认为仅是对本案2014年1月27日的《借款协议》所涉债权担保,曾某元则认为是对2013年3月28日和2014年1月27日的两份《借款协议》所涉债权担保。

另查明,2017年8月22日,一审法院作出(2017)湘13破9-20号民事裁定,受理债权人曾某、谢某艳、王某峰、王某品、梁某彬、阳某春、姚某勇、彭某谋、袁某清对新地公司、新国公司等12家企业的破产重整申请。2017年11月27日,曾某元委托其妻子唐美凤就本案两份《借款协议》的本金及利息债权进行了破产债权申报。2018年5月7日,曾某元撤回前述破产债权申报。新国公司系新地公司的关联公司,两公司的法定代表人均为周某鲁。2018年5月9日,娄底市公安局娄星分局以新地公司涉嫌非法吸收公众存款罪立案侦查。

一审法院判决:(1)确认新国公司与曾某元签订的《商品房买卖合同》(合同备案编号为×××)《商品房买卖合同》所涉房屋注销预告登记的相关手续(预购商品房预告登记号为娄房预娄底字G201401270001)。

曾某元不服一审判决,上诉请求:撤销一审判决,改判驳回新国公司的起诉。

二审法院对一审法院查明的事实予以确认。

二审法院认为,曾某元上诉提出案涉《商品房买卖合同》是后让与担保合同,并办理了预告登记,应认定有效的理由不能成立。理由是:双方当事人均认可案涉车位系民间借贷合同的担保,《商品房买卖合同》是双方虚假意思表示所为,属于无效合同。至于双方隐藏在《商品房买卖合同》之下的真实意思即担保,根据《民间借贷规定》第二十四条关于"当事人以签订买卖合同作为民间借贷合同的担保,借款到期后借款人不能还款,出借人请求履行买卖合同的,人民法院应当按照民间借贷法律关系审理,并向当事人释明变更诉讼请求。当事人拒绝变更的,人民法院裁定驳回起诉"的规定,这种以签订买卖合同作为民间借贷合同的担保行为,人民法院并不承认其效力。案涉车位虽办理了预告登记,但新国公司将全部案涉车位作为担保或者出让给曾某元,侵犯了业主的权益。故一审判决认定案涉《商品房买卖合同》无效,并无不当。曾某元负有协助新国公司办理预购商品房预告登记注销手续的义务。故曾某元上诉主张《商品房买卖合同》合法有效,其享有优先受偿权的理由不能成立。综上,一审判决认定事实清楚,适用法律正确,处理结果恰当。判决:驳回上诉,维持原判。

本院再审查明的事实与一、二审查明的事实一致。

【法院认为】

本院再审认为,根据曾某元的再审请求以及新国公司的答辩意见,本案争议焦点为:曾某元与新国公司通过签订《商品房买卖合同》的方式为借贷法律关系设立担保的民事法律行为的效力问题。

本院认为,根据本案已查明事实以及当事人的起诉请求及陈述,案涉《商品房买卖合同》签订的背景及真实目的,系曾某元与新国公司之间存在借贷合同法律关系,为担保新国公司债务的履行,由新国公司以其开发建造的车位通过办理预购商品房预告登记手续由曾某元作为登记权利人的形式进行担保。曾某元与新国公司之间并无商品房买卖合意,双方的真实意思表示系通过由新国公司将案涉车位办理预告登记至曾某元名下作为新国公司履行债务的担保,当且仅当新国公司不履行到期债务时,曾某元有权就案涉车位处置后所得价款受偿。对此,双方当事人明知且均不持异议。曾某元与新国公司之间关于商品房买卖的意思表示并非双方的真实意思表示,属于虚假的意思表示,对双方不具有法律约束力。但是,曾某元与新国公司双方之间隐藏的、以形式上转让所有权的方式设定担保的意思表示并不当然无效,应根据法律的相关规定认定其效力。

本院认为,债务人与债权人订立合同,约定由债务人将其特定财产形式上转移至债权人名下,作为债务人履行债务之担保,债务清偿后,债权人将该特定财产之所有权返还给债务人,债务人到期没有清偿债务,债权人可以对特定财产进行拍卖、变卖、折价以偿还债权的,应当认定合同有效。本案中,曾某元与新国公司通过签订《商品房买卖合同》的方式为双方之间的借贷法律关系设立担保的民事法律行为，未违反法律、行政法规强制性规定，对双方当事人具有约束力。理由如下：

第一，曾某元与新国公司成立借贷法律关系后另行以《商品房买卖合同》办理预购商品房预告登记之行为，实质构成让与担保合同法律关系。让与担保系指债务人或者第三人为担保债务的履行，将担保标的物转移给担保权人，于债务不履行时，担保权人可就担保标的物受偿的一种非典型担保。因让与担保系担保人通过转移担保物的所有权为债务人履行债务提供担保，故在让与担保法律关系中，既存在设立让与担保的合同行为，一般表现为让渡担保物所有权的合同行为，如股权转让协议、房屋买卖合同等，亦存在转移担保物所有权的物权行为。《最高人民法院关于进一步加强金融审判工作的若干意见》第三条规定，依法认定新类型担保的法律效力，扩宽中小微企业的融资担保方式。除符合法律规定的合同无效情形外，应当依法认定新类型担保合同有效；符合有关担保物权规定的，还应当依法认定其物权效力。本案中，就设立让与担保合同行为的法律效力而言，让与担保虽非法定的有名担保，但现行法律并未明确规定禁止该类型担保方式，且其亦属在法理以及司法实践中得到广泛确认的非典型担保。故在让与担保合同本身不违反法律、行政法规效力性强制性规定的情形下，依契约自由原则以及原因行为与物权变动行为相区分原则，应予承认设立让与担保的合同效力。同时，就转移担保物所有权的物权行为而言，债权人与债务人双方虽因缺乏让渡担保物所有权的真实合意，债权人不得基此主张享有担保物的所有权。但若担保物已经实际交付予债权人或担保物已经变更登记至债权人名下，完成了财产权利变动公示，则根据“举重以明轻”的解释规则，否认债权人的所有权人地位，有限度承认让与担保的担保物权效力，支持债权人关于将担保物拍卖、变卖、折价所得价款优先受偿的权利，既系对当事人意思自治的尊重，亦未对债务人之其他债权人利益造成损害，体现了衡平双方利益的让与担保合同的核心价值。

第二，法律设置禁止流质、流押之规定，旨在避免债权人滥用优势地位，乘债务人之危压低担保物价值并免除自身清算义务，以谋取不当利益，造成不公。本案中，为担保新国公司履行债务，曾某元与新国公司在《借款协议》中约定：以新国公司开发的公园一号车位作为抵押，如不能按期归还，出借人有权对借款人资产进行资产保全，申请法院冻结。故案涉《借款协议》及《商品房买卖合同》均未约定新国公司未能清偿债务时，作为担保物的案涉车位的所有权直接由曾某元取得，以消灭双方的债权债务关系。案涉车位以预购商品房预告登记代替办理抵押权登记的目的，系为限制新国公司对该车位进行转让或作其他处分，并非为了确保曾某元取得案涉车位的所有权。因此，新国公司关于本案存在违反禁止流押规定的主张，缺乏事实及法律依据，本院不予支持。同时，承前所述，曾某元与新国公司之间并不存在商品房买卖意思表示，亦不存在案涉车位买卖意思表示，其既非案涉车位的实际买受人，亦未向人民法院提出要求新国公司向其交付案涉车位所有权的主张，故新国公司关于曾某元依据《商品房买卖合同》取得案涉车位所有权将侵害其他业主合法权利的抗辩理由，不能成立。原判决认定《商品房买卖合同》违反法律规定应为无效合同，适用法律错误，本院予以纠正。

第三，《民间借贷规定》第二十四条规定："当事人以签订买卖合同作为民间借贷合同的担保，借款到期后借款人不能还款，出借人请求履行买卖合同的，人民法院应当按照民间借贷法律关系审理，并向当事人释明变更诉讼请求。当事人拒绝变更的，人民法院裁定驳回起诉。按照民间借贷法律关系审理作出的判决生效后，借款人不履行生效判决确定的金钱债务，出借人可以申请拍卖买卖合同标的物，以偿还债务。就拍卖所得的价款与应偿还借款本息之间的差额，借款人或者出借人有权主张返还或补偿。"但本案中，原告新国公司系借款人，并非出借人，且其提起本案诉讼之目的系请求人民法院确认《商品房买卖合同》无效并请求注销基于该合同已办理的预购商品房预告登记，因此，本案不属于适用《民间借贷规定》第二十四条规定之情形。原判决依据《民间借贷规定》第二十四条规定认定当事人以签订买卖合同作为民间借贷合同的担保行为不具有法律效力，适用法律错误，应予纠正。曾某元再审主张原判决认定《商品房买卖合同》无效属于适用法律错误的再审理由，具有事实根据和法律依据，本院予以支持。

第四，承前所述，新国公司与曾某元通过签订商品房买卖合同作为民间借贷合同的担保，未违反法律、行政法规的强制性规定，应为有效，新国公司应当依据承诺，以案涉车位为限，承担担保责任。现新国公司在进入破产重整程序后，以其与曾某元之间并无商品房买卖合意为由，请求确认《商品房买卖合同》无效，既有违诚信原则，亦将导致曾某元与新国公司双方之间合法有效的让与担保意思表示一并无效，不利于债权人合法利益的保护。且案涉车位的预购商品房预告登记具有限制物权所有人对担保标的物进行物权处分的效力。在新国公司处于破产重整状态、案涉车位已办理的预告登记仍然有效的情形下，一旦注销该预告登记，将导致双方设立担保物权的合同目的落空，亦会致使借款债权的清偿缺乏相应担保。故原判决认定案涉《商品房买卖合同》无效，曾某元负有义务协助新国公司为案涉《商品房买卖合同》项下所涉房屋的预购商品房预告登记办理注销手续，缺乏事实和法律依据，亦有失公平。因本案再审审理期间，经本院释明但直至再审庭审程序结束，新国公司并未变更诉讼请求。故新国公司主张的其与曾某元双方基于虚假意思表示而办理预购商品房预告登记所生之障碍或风险，新国公司可依法另通法律途径予以解决。

综上，案涉《商品房买卖合同》系《借款协议》之从合同，系以借贷法律关系之产生为前提，随着新国公司债务的清偿而消灭，为让与担保既有法律特征的有机组成部分。原判决未行甄别，仅依据新国公司诉请直接认定《商品房买卖合同》无效并判令注销预购商品房预告登记，适用法律错误，且处理结果有违担保制度发展之情势，亦有失于案涉双方当事人合法权益的平等保护，本院予以纠正。

【裁判结果】

综上所述，曾某元的再审请求成立。原判决认定事实清楚，但适用法律错误，处理结果不当。再审判决如下：(1)撤销湖南省高级人民法院(2018)湘民终797号民事判决和湖南省娄底市中级人民法院(2018)湘13民初29号民事判决；(2)驳回湖南新国公司的诉讼请求。一审案件受理费80元、二审案件受理费80元，由湖南新国公司负担。本判决为终审判决。

[参见中国裁判文书网。]

3. 当事人之间基于同一款项同时成立了商品房买卖和民间借贷合同，约定借款人未按期偿还借款，对方通过履行商品房买卖合同取得房屋所有权，该约定是否有效？

【典型案例】

朱某芳与山西嘉和泰房地产开发有限公司商品房买卖合同纠纷案

《民法典》生效前，依据《物权法》第一百八十六条的规定，抵押权人在债务履行期届满前，不得与抵押人约定债务人不履行到期债务时抵押财产归债权人所有。《民法典》生效后，第四百零一条规定，抵押权人在债务履行期限届满前，与抵押人约定债务人不履行到期债务时抵押财产归债权人所有的，只能依法就抵押财产优先受偿。禁止流押的立法目的是防止损害抵押人的利益，造成对抵押人实质上的不公平。双方当事人基于同一笔款项先后签订《商品房买卖合同》和《借款协议》，并约定如借款到期，偿还借款，《商品房买卖合同》不再履行；若借款到期，不能偿还借款，则履行《商品房买卖合同》。在合同、协议均依法成立并已生效的情况下。应当认定当事人之间同时成立了商品房买卖和民间借贷两个民事法律关系。当事人之间约定借款人未按期偿还借款，对方通过履行商品房买卖合同取得房屋所有权的，实质是以商品房买卖合同的形式为借款合同提供的担保。当事人对是履行借款合同还是履行商品房买卖合同具有选择性，两个合同均符合双方当事人的意思表示，未损害了任何一方的利益。该行为并不违反法律、行政法规的强制性规定。因此，上述约定不符合法律对禁止流押的规定，应当认定有效。

【案号索引】

一审：山西省太原市小店区人民法院(2007)小民初字第1083号

二审：山西省太原市中级人民法院作出(2007)并民终字第1179号

再审：山西省高级人民法院(2010)晋民再终字第103号

再审：最高人民法院(2011)民提字第344号

【当事人信息】

申请再审人(一审原告、二审被上诉人、原被申诉人)：朱某芳

被申请人(一审被告、二审上诉人、原申诉人)：山西嘉和泰房地产开发有限公司(以下简称嘉和泰公司)

【基本案情】

申请再审人朱某芳与被申请人嘉和泰公司商品房买卖合同纠纷一案，山西省高级人民法院(以下简称山西高院)于2011年2月17日作出(2010)晋民再终字第103号民事判决。朱某芳不服该判决，向本院申请再审。本院于2011年9月16日作出(2011)民申字第816号民事裁定：(1)本案由本院提审；(2)再审期间，中止原判决的执行。本案现已审理终结。

一审法院查明：2007年1月25日，朱某芳与嘉和泰公司签订14份《商品房买卖合同》，主要约定朱某芳向嘉和泰公司购买当地百桐园小区十号楼14套商铺等。同日嘉和泰公司将该14份合同办理了销售备案登记手续，并于次日向朱某芳出具两张总额10354554元的销售不动产发票。

2007年1月26日，朱某芳与嘉和泰公司签订一份《借款协议》，主要约定：嘉和泰公司向朱某芳借款1100万元，期限至2007年4月26日；嘉和泰公司自愿将其开发的当地百桐园小区十号楼商铺抵押给朱某芳，抵押的方式为和朱某芳签订商品房买卖合同，并办理备案手续，开具发票；如嘉和泰公司偿还借款，朱某芳将抵押手续(合同、发票、收据)退回，如到期不能偿还，嘉和泰公司将以抵押物抵顶借款，双方互不支付对方任何款项等。该合同签订后，朱某芳向嘉和泰公司发放了1100万元借款，嘉和泰公司出具了收据。至2007年4月26日，嘉和泰公司未能偿还该借款。

一审法院认为：双方签订的14份《商品房买卖合同》，意思表示真实，依法办理了备案登记手续，应当受到法律保护。根据双方在后签订的《借款协议》约定，可以认为借款协议的约定，实际为商品房买卖合同签订生效后，在履行合同过程中，双方对商品房买卖合同作出的补充。其中《借款协议》约定将到期不还的借款作为给

付的房款，实际上是为已签订并正在履行的 14 份《商品房买卖合同》附加了解除条件，即到期还款买卖合同解除，到期不能还款买卖合同继续履行。现嘉和泰公司到期未能还款，14 份《商品房买卖合同》所附解除条件未成就，应当继续履行。

2007 年 9 月 3 日，一审法院作出（2007）小民初字第 1083 号民事判决：（1）朱某芳与嘉和泰公司签订的 14 份《商品房买卖合同》有效；（2）嘉和泰公司应当按照该《商品房买卖合同》的内容履行合同。一审案件受理费 87800 元，保全费 5000 元，共计 92800 元，由嘉和泰公司负担。

嘉和泰公司不服一审判决，向山西省太原市中级人民法院（以下简称太原中院）提出上诉称。

太原中院认为，双方签订的商品房买卖合同是双方当事人的真实意思表示，且在国家规定的相关部门登记备案，应认定有效。双方在合同履行过程中又签订了借款合同，该合同仅是商品房买卖合同的补充，故一审判决继续履行商品房买卖合同并无不妥。另外，由于嘉和泰公司向朱某芳出具 1100 万元的收款收据，其主张仅收到 10354554 元，证据不足，不予支持。

2008 年 5 月 4 日，太原中院作出（2007）并民终字第 1179 号民事判决：驳回上诉，维持原判。二审案件受理费 43900 元，由嘉和泰公司负担。

嘉和泰公司不服该判决，向山西省人民检察院提出申诉，山西省人民检察院于 2009 年 12 月 4 日作出晋检民抗（2009）60 号民事抗诉书，向山西高院提起抗诉。山西高院于 2009 年 12 月 31 日作出（2009）晋民抗字第 69 号民事裁定，裁定提审本案。

山西省人民检察院抗诉认为，二审法院判决认定的事实缺乏证据证明，适用法律错误。（1）本案争议双方签订的主合同为借款合同，房屋买卖合同只是从属于借款合同的抵押担保内容，属从合同。根据朱某芳在其民事起诉状中关于“2007 年 1 月，被告拟向原告借款，1 月 26 日，原、被告签订借款协议，约定被告向原告借款 1100 万元……为保证原告资金安全，原、被告在协议中约定：被告将其开发的百桐园小区十号楼商铺抵押给原告。抵押方式为和原告签订商品房买卖合同……”的陈述，以及嘉和泰公司与朱某芳所签订的借款协议关于“为保证甲方的资金安全，乙方自愿将本公司开发的百桐园小区十号楼商铺以四千六百元每平米的价格抵押给甲方，抵押面积为贰仟贰百伍拾点玖玖平米，和甲方签订商品房买卖合同并到太原市房地局办理备案手续，同时给甲方开具与备案买卖合同相对应的不动产销售发票”之约定，证明嘉和泰公司与朱某芳在借款协议中已明确约定了抵押担保，商品房买卖合同的真实意思是以买卖房屋作为借款合同的抵押担保内容，借款合同是主合同，商品房买卖合同是从合同。且从双方签订商品房买卖合同后并未实际履行的情况可知，双方签订的商品房买卖合同，是不以买受方支付房款及出卖方交付房屋为目的的，双方的真实意思表示并非买卖商品房，而是将该“商品房买卖合同”以及“发票、收据”共同作为借款合同的抵押担保内容，是为保证借款合同的履行而采取的一种担保措施。原审判决认定借款合同是商品房买卖合同的补充，缺乏证据证明。(2)主合同中关于抵押担保部分无效，从合同亦属无效。①嘉和泰公司为保障朱某芳借款安全，将其开发的百桐园小区十号楼商铺抵押给朱某芳，但是双方未办理抵押登记，根据《担保法》第四十一条的规定，抵押合同并未生效。②嘉和泰公司与朱某芳在借款合同中约定借款到期嘉和泰公司一次性还清朱某芳借款后，朱某芳将抵押手续(合同、发票、收据)退回嘉和泰公司，如嘉和泰公司到期不能偿还或无力偿还借款，将用抵押物来抵顶借款，双方互不支付对方任何款项。从上述内容可知，“商品房买卖合同、发票、收据”的作用在于，不能偿还借款时，将抵押物即所“买卖”的房屋所有权转移为朱某芳所有，该约定内容违反法律的强制性规定，属绝押条款，应属无效。原审判决认定双方之间的商品房买卖合同有效，属适用法律错误。

朱某芳答辩称，双方之间是商品房买卖合同关系，借款协议是商品房买卖合同的补充，商品房买卖合同合法有效。一审、二审判决完全正确。

山西高院再审查明，2007 年 1 月 25 日，朱某芳与嘉和泰公司签订 14 份《商品房买卖合同》，主要约定朱某芳以每平方米 4600 元价格向嘉和泰公司购买百桐园小区十号楼 14 套商铺。同日办理了 14 份《商品房买卖合同》的销售备案登记手续。嘉和泰公司于次日向朱某芳出具两张总额 1035.4554 万元的销售不动产发票。2007 年 1 月 26 日，朱某芳与嘉和泰公司签订一份《借款协议》，约定嘉和泰公司向朱某芳借款 1100 万元，借款期限自借款到账之日起 3 个月即 2007 年 1 月 26 日至 2007 年 4 月 26 日；嘉和泰公司自愿将其开发的百桐园小区十号楼商铺以每平方米 4600 元的价格抵押给朱某芳，抵押的方式为和朱某芳签订商品房买卖合同，并办理备案手续，开具发票；借款到期，嘉和泰公司一次性还清借款，朱某芳将抵押手续(合同、发票、收据)退回嘉和泰公司，如到期不能偿还，嘉和泰公司将以抵押物抵顶借款，双方互不支付对方任何款项等。同日，嘉和泰公司向朱某芳出具 1100 万元收据。

另查明，朱某芳与嘉和泰公司签订 14 份《商品房买卖合同》购买的百桐园小区十号楼 14 套商铺，与嘉和泰公司抵押给朱某芳的百桐园小区十号楼 14 套商铺为同一标的。双方当事人在《借款协议》中约定的“乙方(嘉和泰公司)一次性还清甲方(朱某芳)借款后，甲方将以上抵押手续(合同、发票、收据)退回乙方”，合同即为朱某芳与嘉和泰公司签订的 14 份《商品房买卖合同》；发票即为嘉和泰公司向朱某芳出具的两张总额 1035.4554 万元的销售不动产发票；收据即为嘉和泰公司向朱某芳出具的 1100 万元借款收据。

山西高院认为，双方当事人再审争议的焦点是：(1)本案双方是民间借贷合同关系还是商品房买卖合同关系;(2)《借款协议》中“到期不能还款用抵押物抵顶借款,双方之间互不支付对方任何款项”的约定是否违反法律的强制性规定。

关于本案双方是民间借贷合同关系还是商品房买卖合同关系问题。山西高院认为,本案双方是民间借贷合同关系而非商品房买卖合同关系。嘉和泰公司与朱某芳签订的借款协议约定“为保证甲方的资金安全,乙方自愿将本公司开发的百桐园小区十号楼商铺以四千六百元每平方米的价格抵押给甲方,抵押面积为贰仟贰百伍拾点玖玖平方米,和甲方签订商品房买卖合同并到太原市房地局办理备案手续,同时给甲方开具与备案买卖合同相对应的不动产销售发票”。证明朱某芳的真实意思表示是嘉和泰公司以商铺作为向朱某芳借款的抵押担保。朱某芳在起诉状中陈述:“2007 年 1 月,被告拟向原告借款,1 月 26 日,原、被告签订借款协议,约定被告向原告借款 1100 万元……为保证原告资金安全,原、被告在协议中约定:被告将其开发的百桐园小区十号楼商铺抵押给原告,抵押方式为和原告签订商品房买卖合同……”朱某芳在一审中的辩论意见也说“是怕不给钱才签订了协议……当然就是为了保证资金安全。”也印证了借款是其真实意思表示,而商品房买卖合同是借款合同的抵押担保内容。

关于《借款协议》中“到期不能还款用抵押物抵顶借款,双方之间互不再支付对方任何款项”的约定是否违反法律的强制性规定问题。山西高院认为,《借款协议》中“到期不能还款用抵押物抵顶借款,双方之间互不再支付对方任何款项”的约定违反法律的强制性规定,应属无效。综上,检察机关的抗诉理由成立。鉴于就争议法律关系的性质释明后,朱某芳仍不变更诉讼请求,朱某芳关于确认双方签订的房屋买卖合同有效并继续履行的请求不予支持,但朱某芳可依法另行提起诉讼主张其权利。

2011 年 2 月 17 日,山西高院作出(2010)晋民再终字第 103 号民事判决:撤销太原市小店区人民法院(2007)小民初字第 1083 号民事判决和太原市中级人民法院(2007)并民终字第 1179 号民事判决;驳回朱某芳的诉讼请求。本案一、二审案件受理费由朱某芳负担。

朱某芳不服山西高院(2010)晋民再终字第 103 号民事判决,向本院申请再审。

本院再审查明的事实与山西高院再审查明的事实相同。

【法院认为】

本院认为,在本院再审中,朱某芳与嘉和泰公司对于山西高院再审判决认定的事实均无异议,但对于双方之间的法律关系性质和效力存在争议,故本案再审的焦点问题就是双方当事人之间法律关系的性质和效力。

朱某芳主张其与嘉和泰公司之间是商品房买卖合同关系。嘉和泰公司主张双方之间是民间借贷关系。山西高院再审认为,双方是民间借贷合同关系而非商品房买卖合同关系，商品房买卖合同是借款合同的抵押担保内容，借款协议中“到期不能还款用抵押物抵顶借款，双方之间互不支付对方任何款项”的约定违反法律的强制性规定，应属无效。本院认为，本案中，14 份《商品房买卖合同》涉及的款项和《借款协议》涉及的款项，在数额上虽有差额，但双方当事人对于 14 份《商品房买卖合同》所涉款项和《借款协议》所涉款项属同一笔款项并无异议。也就是说，双方当事人基于同一笔款项先后签订了 14 份《商品房买卖合同》和《借款协议》，且在太原市房地产交易所办理了 14 份《商品房买卖合同》销售备案登记手续。案涉 14 份《商品房买卖合同》和《借款协议》均为依法成立并已生效的合同。本案双方当事人实际上就同一笔款项先后设立商品房买卖和民间借贷两个法律关系。山西高院再审认为本案双方是民间借贷合同关系而非商品房买卖合同关系不当，应予纠正。从本案 14 份《商品房买卖合同》和《借款协议》约定的内容看，案涉《商品房买卖合同》与《借款协议》属并立又有联系的两个合同。案涉《商品房买卖合同》与《借款协议》之间的联系表现在以下两个方面：其一是案涉《商品房买卖合同》与《借款协议》涉及的款项为同一笔款项；其二是《借款协议》约定以签订商品房买卖合同的方式为《借款协议》所借款项提供担保，即双方当事人实际是用之前签订的 14 份《商品房买卖合同》为之后签订的《借款协议》提供担保。同时《借款协议》为案涉《商品房买卖合同》的履行附设了解除条件，即借款到期，嘉和泰公司还清借款，案涉《商品房买卖合同》不再履行；借款到期，嘉和泰公司不能偿还借款，则履行案涉《商品房买卖合同》。关于《借款协议》中“如到期不能偿还，或已无力偿还，乙方（嘉和泰公司）将用以上抵押物来抵顶借款，双方互不再支付对方任何款项”的约定是否违反法律的强制性规定问题。法律上禁止流押的规定。禁止流押的立法目的是防止损害抵押人的利益，以免造成对抵押人实质上的不公平。本案《借款协议》中“如到期不能偿还，或已无力偿还，乙方（嘉和泰公司）将用以上抵押物来抵顶借款，双方互不再支付对方任何款项”的约定，并非法律上禁止的流押条款。首先，《借款协议》上述条款并非约定嘉和泰公司到期不能偿还借款，《借款协议》所称抵押物所有权转移为朱某芳所有。在嘉和泰公司到期未偿还借款时，朱某芳并不能直接按上述约定取得《借款协议》所称的“抵押物”所有权。朱某芳要想取得《借款协议》所称的“抵押物”即 14 套商铺所有权，只能通过履行案涉 14 份《商品房买卖合同》实现。正基于此，朱某芳在本案一审提出的诉讼请求也是确认 14 份《商品房买卖合同》有效，判令嘉和泰公司履行商品房买卖合同。其次，案涉 14 份《商品房买卖合同》和《借款协议》均为依法成立并生效的合同，双方当事人在《借款协议》中约定以签订商品房买卖合同的形式为《借款协议》提供担保，并为此在《借款协议》中为案涉 14 份《商品房买卖合同》附设了解除条件，该约定并不违反法律、行政法规的强制性规定。实际上，双方当事人对于是履行 14 份《商品房买卖合同》，还是履行《借款协议》具有选择性，即商品房买卖合同的解除条件成就，就履行《借款协议》；商品房买卖合同的解除条件未成就，就履行14份《商品房买卖合同》。无论是履行14份《商品房买卖合同》，还是履行《借款协议》，均符合双方当事人的意思表示，且从合同的选择履行的角度看，嘉和泰公司更具主动性。嘉和泰公司如果认为履行14份《商品房买卖合同》对其不公平，损害了其利益，其完全可以依据法律的规定，请求人民法院撤销案涉14份《商品房买卖合同》，但嘉和泰公司在法定的除斥期间内并未行使合同撤销权，而是拒绝履行生效合同，其主张不符合诚信原则，不应得到支持。因此，《借款协议》上述关于到期不能偿还，或已无力偿还，嘉和泰公司抵押物来抵顶借款的约定，不符合法律关于禁止流押的规定。山西高院再审认为，《借款协议》中"到期不能还款用抵押物抵顶借款，双方之间互不再支付对方任何款项"的约定违反法律的强制性规定，应属无效，缺乏事实和法律依据，本院予以纠正。

【裁判结果】

综上，案涉14份《商品房买卖合同》和《借款协议》均为依法成立并生效的合同。《借款协议》约定的商品房买卖合同的解除条件未成就，故应当继续履行案涉14份《商品房买卖合同》。山西高院再审判决适用法律错误，应予撤销。太原中院二审判决虽在判决理由表述上不够准确和充分，但判决结果正确，可予以维持。本院判决如下：(1)撤销山西高院(2010)晋民再终字第103号民事判决；(2)维持太原中院(2007)并民终字第1179号民事判决。本判决为终审判决。

［参见最高人民法院办公厅编：《最高人民法院公报》2014年第12期。］

4. 因借贷而引发的虚假房屋买卖合同应否受司法保护？

【典型案例】

郭某与李某等房屋买卖合同纠纷上诉案

【裁判要旨】

债务人为借贷目的在自有房屋上设立抵押同时出具公证委托书，当债务人未能清偿到期债务，持有债务人委托书的受托人签订房屋买卖合同将房屋出售，对于此类因借贷而引发的房屋买卖合同，房屋权利人并无真实出售房屋的意思表示，且极易存在债权人、受托人、买受人之间恶意串通损害房屋权利人的情形，故应当对交易的真实性、合法性进行严格审查，对于损害房屋权利人权益的虚假交易应认定无效，避免民间高利借贷行为通过司法途径合法化。

【案号索引】

一审:(2016)沪 0120 民初 2999 号

二审:(2016)沪 01 民终 11033 号

【当事人信息】

上诉人(原审原告):郭某

被上诉人(原审被告):李某

被上诉人(原审第三人):王某

被上诉人(原审第三人):戚某

【基本案情】

2013 年 4 月 9 日,郭某与戚某签订《房地产抵押借款合同》,约定郭某向戚某借款 600000 元,借期 3 个月,自 2013 年 4 月 9 日起至 2013 年 7 月 8 日止,月利率为 1.8%;并约定郭某以其所有的本市 F 区 J 村 1 幢 2 号 60(1)复 601 房屋(本案系争房屋)为借款进行抵押,房地产总价值 1200000 元。同日,郭某与王某签订委托书,载明:因郭某无法亲自办理出售系争房屋相关事宜,特委托王某为代理人,就系争房屋代表郭某办理下列附录中所列的全部事项(附录载明:代为签订房地产买卖合同、代为办理房地产转移登记、代为办理变更或注销房地产抵押登记、代为交房等)。上述《房地产抵押借款合同》及委托书均经由上海市东方公证处公证。

2013 年 4 月 9 日,戚某通过银行转账的方式汇款给郭某 600000 元后,同日以利息预先扣除为由要求郭某将借款中的 110000 元转入指定账户。自 2013 年 7 月起,郭某依据合同约定陆续支付戚某利息共计 144000 元。经郭某支付了几次借款利息,戚某于 2013 年 10 月 9 日同意借款延期至 2013 年 11 月 9 日。自上述借款到期后,郭某未如数归还借款。

2014 年 2 月 21 日,王某代理郭某与李某就系争房屋签订了《上海市房地产买卖合同》,约定房价 1100000 元。李某通过银行转账向戚某支付了房款 1097700 元,并以现金方式支付了 2300 元。后戚某撤销了系争房屋的抵押登记,李某和王某于 2014 年 4 月 3 日办理了系争房屋的过户手续,将房屋产权登记至李某名下。经查明,李某与戚某系朋友关系。

房产过户后,李某、戚某未办理房屋物品移交,也未支付任何款项给郭某。相反,李某与戚某将郭某房屋内贵重物品私自处理,且戚某还欺骗郭某继续办理借款延期,要求支付利息等。

2015 年 12 月 31 日,郭某向公安机关报警,称系争房屋门打不开。公安机关表示借贷纠纷到相关部门解决。郭某遂提起本案诉讼,请求确认王某代郭某与李某签订的《上海市房地产买卖合同》无效,李某协助郭某将产权恢复登记至郭某名下,并归还房屋内的家具及财产。

【法院认为】

一审法院认为,王某代理郭某与李某签订的《上海市房地产买卖合同》合法有效,郭某应对该《上海市房地产买卖合同》承担民事责任。在合同履行过程中,李某按出卖方代理人王某的示意将全部房款支付给了抵押权人即戚某,为有效支付方式。至于李某支付戚某的房款是否多于郭某与戚某的借款,或者多付的具体金额,属于郭某与戚某之间的借款关系,不在本案处理范围。据此判决驳回郭某的全部诉讼请求。

一审判决后,郭某不服,提起上诉。

二审法院认为,本案系因借贷而引发的房屋买卖合同纠纷,房屋权利人郭某并无出售房屋的意思表示,从王某代郭某与李某签订的《上海市房地产买卖合同》过程及实际履行情况分析,戚某、王某、李某对系争房屋的交易过户存在明显恶意,3人的行为构成恶意串通侵害郭某的合法权益,故应当认定系争《上海市房地产买卖合同》无效,李某应将系争房屋恢复登记至郭某名下。

【裁判结果】

二审判决:(1)撤销原审判决;(2)王某代郭某与李某就系争房屋签订的《上海市房地产买卖合同》无效;(3)李某协助郭某办理系争房屋的产权变更登记手续,将上述房屋的产权恢复至郭某名下;(4)驳回郭某其余诉讼请求。

[参见中国裁判文书网。]

5. 在房屋买卖关系或民间借贷关系的认定中,应坚持何种原则?

【典型案例】

宁夏象龙房地产开发有限公司与赵某、银川山尊投资咨询有限公司、宁夏庆华小额贷款有限公司房屋买卖合同纠纷案

【裁判要旨】

一方当事人主张是房屋买卖关系,另一方主张《商品房买卖合同》实为掩盖民间借贷关系的形式时,当事人未能提供任何书面证据,仅有证人证言的孤证不足以证明民间借贷关系的存在,法院以优势证据原则认定双方为房屋买卖关系。民间

借贷行为并非为法律所禁止,法律不予保护的是违法高利部分。《商品房买卖合同》的订立目的即便是担保双方的民间借贷行为,如果不涉及违法高利,亦属于当事人之间的一种交易安排,而被法律认可。

【当事人信息】

上诉人(原审被告、反诉原告):宁夏象龙房地产开发有限公司(以下简称象龙公司)

被上诉人(原审原告、反诉被告):赵某

原审第三人:银川山尊投资咨询有限公司(以下简称山尊公司)、宁夏庆华小额贷款有限公司(以下简称庆华公司)

【基本案情】

一审法院经审理查明:2009年8月31日,赵某与象龙公司签订《商品房买卖合同》一份,合同约定:赵某购买象龙公司开发的宁夏回族自治区吴忠市"象龙花寺水晶城"南区东段Ⅰ、Ⅱ段1#-28#营业房共计4696.96平方米,每平方米价款为4500元,总金额为21136320元。买受人应于2009年8月31日付清总房款,出卖人应当在2009年12月30日前将房屋交付买受人使用。双方约定的违约责任为:买受人逾期付款30日内交付房款,应当自合同规定的应付款期限的第2天起至实际全额支付应付款之日止,按日向出卖人支付逾期应付款万分之二的违约金;逾期30日后,出卖人有权解除合同,出卖人解除合同的,由买受人按累计应付款的2%向出卖人支付违约金。出卖人逾期30日内交付房屋的,应当自合同规定的最后交付期限的第2天起至实际交付之日止,按日向买受人支付已交付房款万分之二的违约金,合同继续履行;逾期30日后,买受人有权解除合同,买受人解除合同的,出卖人应当自买受人解除合同通知到达之日起60天内退还全部已付款,并按买受人累计已付款的2%向买受人支付违约金。此外,合同对面积确认及差异的处理、规划设计的变更等事项作了相应约定。2009年9月1日,象龙公司给赵某出具收到21136320元的收据一张,收款事由载明"购房款东商Ⅰ、Ⅱ段1-28#营业房"。

一审庭审中,赵某与象龙公司对购房款的支付问题存在很大争议。赵某称,21136320元购房款由3部分构成,即象龙公司原欠赵某的欠款及利息合计1055万元;2009年9月1日支付现金1136320元;2009年9月2日、9月10日向象龙公司转账945万元。以上共计支付21136320元购房款。象龙公司则称双方之间不存在商品房买卖关系,赵某总共给象龙公司支付过945万元,但该945万元是象龙公司向赵某的借款而非购房款。

一审法院认为,赵某以房屋买卖合同纠纷为由提起诉讼,要求解除双方签订的《商品房买卖合同》,判决象龙公司返还其已付购房款21136320元,赔偿损失21136320元;象龙公司则以双方之间存在民间借贷关系而非房屋买卖关系为由予以抗辩。赵某提交了《商品房买卖合同》以及购房款收据等对其主张予以证明,象龙公司提供了电汇凭证、证人证言等予以佐证。象龙公司提供的上述证据,对其主张的事实虽具有一定的证明力,但仅凭证人证言这一孤证认定民间借贷,证据不足。从双方签订的《商品房买卖合同》看,双方签字盖章形式完备,结合21136320元的购房款的收据,赵某提交的证据的证明力大于象龙公司提供证据的证明力,从证据的盖然性角度看应认定双方签订的《商品房买卖合同》成立并生效,对双方当事人均有约束力。至于合同是否备案,以及备案有无瑕疵,不影响《商品房买卖合同》的效力。象龙公司与赵某签订《商品房买卖合同》,应当知道合同规定的权利义务及其法律后果。象龙公司以其已将涉案房屋出卖给了山尊公司、庆华公司等,且办理了相应的产权证书为由,否定与赵某签订书面合同的真实性,于法无据。依据赵某与象龙公司签订的《商品房买卖合同》第九条"出卖人逾期交房的违约责任"的约定,出卖人逾期超过30日未交房的,买受人有权解除合同,据此赵某要求解除双方签订的《商品房买卖合同》的诉讼请求成立,予以支持。同时依照《商品房买卖合同》第九条的约定,象龙公司未按照双方合同约定期限交付房屋,应当自买受人赵某解除合同通知到达之日起60天内退还全部已付款,并按买受人累计已付款的2%支付违约金,故象龙公司应当返还赵某已付购房款21136320元,并承担违约金422726.40元(21136320元×2%=422726.40元),赵某要求象龙公司返还购房款的诉讼请求成立,予以支持,但其诉请象龙公司赔偿损失21136320元的诉讼请求,因双方当事人合同中对违约责任有约定,应从合同约定,同时基于本案的实际情况,本案适用优势证据原则认定,故对赵某主张象龙公司赔偿其损失21136320元的诉讼请求,不予支持。象龙公司的反诉请求因缺乏确实充分的证据证明,不予支持。一审判决:(1)解除赵某与象龙公司2009年8月31日签订的《商品房买卖合同》;(2)象龙公司于判决生效后的30日内向赵某返还购房款21136320元;(3)象龙公司于判决生效后的30日内向赵某支付逾期交房违约金422726.40元;(4)驳回赵某的其他诉讼请求;(5)驳回象龙公司的反诉请求。案件受理费253163元,由赵某负担124050元,由象龙公司负担129113元;保全费5000元,由象龙公司负担。

象龙公司不服一审判决,向本院提起上诉。

本院经审理查明:象龙公司在一审庭审中对案涉房屋状况的陈述为:"赵某在诉状中所述的《商品房买卖合同》是根本不可能得到履行的合同。在该合同签订的2009年8月31日,象龙公司已经全部将该合同中所记载的营业房出售,买主分别为宁夏山尊投资咨询有限公司、宁夏骊达小额贷款有限公司、宁夏庆华小额贷款有限公司。并全部已经将房屋买卖合同在2009年8月31日前在吴忠市房管局进行了备案登记,上述这些房子的房产证已经办理完毕。上述事实象龙公司在当时就已经如实告知了赵某。"另查明,2009年9月2日和9月10日,赵某分别向李某龙汇款 4725000 元，合计 945 万元。

本院二审查明的其他事实与一审法院查明的事实一致。

【法院认为】

本案的争议焦点为：(1)如何确定双方当事人争议法律关系的性质；(2)原判决认定象龙公司向赵某返还购房款 21136320 元及支付违约金 422726.40 元是否正确。

1. 如何确定双方当事人争议法律关系的性质。本院认为，法律事实须为有合法证据证明的事实。本案中，赵某为证明双方为房屋买卖关系，提交了《商品房买卖合同》和象龙公司出具的《收据》两份证据，象龙公司并不否认该证据的真实性。现象龙公司主张双方实际为民间借贷关系，该《商品房买卖合同》仅是对民间借贷行为的担保，但其未能提供任何书面证据证明其所主张的事实。至于该合同是否能够备案、是否已经备案，不因此影响合同的真实性。象龙公司述称，在其无法按期还款时，是需要用房屋抵顶欠款的，这表明在无法按期还款时，象龙公司有受《商品房买卖合同》约束的意思。因此，即便如象龙公司所述，案涉《商品房买卖合同》实际上为双方民间借贷行为的担保，亦不能因此认定本案《商品房买卖合同》并非双方当事人的真实意思表示。在象龙公司认可其未能偿还借款的情况下，赵某以房屋买卖关系为由诉请返还其已经支付象龙公司的款项，并不违背双方当事人的本意。原判决对象龙公司相应的抗辩主张未予支持，并以优势证据原则认定双方为房屋买卖关系，并无不当。关于象龙公司的反诉请求，本院认为，民间借贷行为并非为法律所禁止，法律不予保护的是违法高利部分，本案《商品房买卖合同》的订立目的即使如象龙公司所述，其亦属于当事人之间的一种交易安排，象龙公司有关案涉《商品房买卖合同》系以合法形式掩盖非法目的，应当认定为无效的主张，无事实和法律依据，原判决驳回象龙公司的反诉请求正确，本院予以维持。

2. 关于原判决认定象龙公司向赵某返还购房款 21136320 元及支付违约金 422726.4 元是否正确的问题。关于赵某已付购房款数额问题。赵某主张，21136320 元购房款由 3 部分构成，即 2008 年年底至 2009 年 8 月象龙公司向其的借款 1000 万元及利息 55 万元，2009 年 9 月 1 日现金支付 1136320 元和 2009 年 9 月 2 日、10 日转账支付共计 945 万元。本院认为，虽然象龙公司于 2009 年 9 月 1 日向赵某出具收到 21136320 元购房款的收据，但其中的 945 万元，赵某并非在出具收据当天支付，而是在其后的 9 月 2 日和 9 月 10 日分两笔支付，故赵某仅以该收据作为证据，证明象龙公司实际收到 21136320 元购房款的事实，证明力不足，其应对每笔款项的具体支付情况进一步提供证据予以证明。对第 1 笔购房款即前期象龙公司的 1000 万元欠款及利息，赵某主张为多笔现金支付，但对每笔款项的数额、借期、支付的具体细节经过均未能明确说明。根据双方陈述，赵某与象龙公司法定代表人在借款行为发生前并不相识,如此大额的现金交易无任何第三人在场,亦不符合双方当事人的关系特征。同理,对第2笔购房款即2009年9月1日现金支付的1136320元,赵某亦未能提供任何具体支付情况的证据。而对象龙公司主张双方为民间借贷关系,并于2009年9月29日已付1个月利息55万元的事实,赵某主张该笔款项为其提供的证据借条中记载的另外一笔借款的利息,但借条出具的时间为2010年1月21日,其中载明的还款日期为2010年3月10日,该时间与象龙公司支付赵某55万元款项的时间明显存在矛盾。在赵某未能提供证据证明双方之间存在其他借款关系的情况下,其对该项主张无法自圆其说。但对该笔款项,由于象龙公司未在本案中提出反诉请求,双方当事人如有争议,可另寻法律途径解决。综上,赵某并无充分证据证明其已经实际支付945万元之外的其余购房款项,在存在上述诸多疑问的情况下,原判决仅以象龙公司出具的收据即认定赵某已经实际支付21136320元,依据不足,本院予以纠正。根据已经查明的事实,仅能认定象龙公司实际收到945万元。

关于原判决判令象龙公司支付赵某违约金422726.40元是否正确的问题。赵某在一审庭审中已经明确放弃对逾期交房违约金部分的诉讼请求,并将诉讼请求变更为解除《商品房买卖合同》,返还已付购房款及赔偿已付购房款1倍的损失。本院认为,赵某并未依据《商品房买卖合同》第九条约定,在请求解除合同的同时,要求按照已付购房款2%支付违约金,故原判决按照《商品房买卖合同》第九条约定,判决象龙公司支付已付购房款2%的违约金422726.40元,超出了当事人的诉讼请求,本院予以纠正。虽然原判决未支持赵某赔偿已付购房款1倍损失的诉讼请求,赵某未对此提出上诉,但本院认为,其原因在于原判决支持了其返还21136320元购房款的主张和请求。现本院对原判决认定的事实进行了重大改变,仅认定赵某实际支付了945万元购房款,故应对赵某的诉讼行为和诉讼目的进行综合考虑。根据一审庭审时象龙公司自认,案涉房屋在双方签订《商品房买卖合同》时,已经出售给第三人。故可以认定象龙公司在签订《商品房买卖合同》时存在明显的欺诈故意。虽然依据《商品房买卖合同》约定,赵某应支付购房款21136320元,但其仅支付了945万元,存在履行不当,但象龙公司从未向赵某催收过余款,在本案诉讼中亦未对赵某未足额支付合同约定购房款行为提出过抗辩。在象龙公司存在明显欺诈故意的情况下,因其违约行为而给赵某造成的损失,理应予以赔偿。根据《最高人民法院关于审理商品房买卖合同纠纷案件适用法律若干问题的解释》第九条的规定,出卖人订立商品房买卖合同时,故意隐瞒所售房屋已经出卖给第三人的事实,导致合同被解除的,买受人可以请求返还已付购房款及利息、赔偿损失,并可以请求出卖人承担不超过已付购房款1倍的赔偿责任。因象龙公司在签订《商品房买卖合同》时存在明显的欺诈行为,且其实际使用了赵某的资金,在综合全部案情基础上,为公平保护双方当事人利益,判令象龙公司赔偿赵某945万元损失,符合本案实际。

此外,一审象龙公司提出反诉,并预交反诉案件受理费50元。原判决驳回象龙公司的反诉请求正确,但未明确反诉案件受理费的负担不当,本院予以纠正。

【裁判结果】

综上所述,本院判决如下:(1)维持宁夏回族自治区高级人民法院(2011)宁民初字第8号民事判决第一项,第四项,第五项;(2)变更宁夏回族自治区高级人民法院(2011)宁民初字第8号民事判决第(二)项为:象龙公司于判决生效后30日内向赵某返还购房款9450000元;(3)变更宁夏回族自治区高级人民法院(2011)宁民初字第8号民事判决第(三)项为:象龙公司于判决生效后30日内向赵某赔偿损失9450000元。本判决为终审判决。

[参见最高人民法院民事审判第一庭编:《民间借贷纠纷审判案例指导》,人民法院出版社2015年版。]

6. 借贷双方签订房屋买卖合同系让与担保的,还款后应否将房屋变更至借款人名下?

【典型案例】

杨某静诉王某民间借贷纠纷案

【裁判要旨】

借贷双方在签订借款协议后,又签订房屋买卖合同作为抵押担保借款的,应认定系让与担保,并非真实的房屋买卖合同。借款人依约偿还借款后,房屋应变更登记至借款人名下。

【案号索引】

一审:北京市昌平区人民法院(2018)京0114民初5942号

二审:北京市第一中级人民法院(2018)京01民终8037号

【当事人信息】

上诉人(原审被告):王某

被上诉人(原审原告):杨某静

【基本案情】

一审法院认定事实:2011 年 5 月 12 日,杨某静及其夫王某虹向王某借款,并签订借款合同,约定:借款金额为 70 万元,用于投资、扩大生产、还银行贷款;借款日期为 3 年,自 2011 年 5 月 12 日起至 2014 年 5 月 11 日止,利息为银行同期利率的 4 倍(月息);借款人用涉案房屋提供抵押。同日,双方签订收据,载明收到借款 70 万元。2013 年 2 月 1 日,杨某静与王某签订《房屋买卖协议》,约定:买房人王某,卖房人杨某静。杨某静以房屋作抵押向王某借款,因到期没有能力偿还,因此,同意将房屋暂时过户给王某。双方经友好协商同意如下条款:(1)房屋产权人杨某静同意将北京市昌平区 452 号的房屋卖给王某,房屋成交价为 98 万元;(2)房屋过户后,产权人王某同意将此房屋出租给杨某静居住,租金每月 2200 元,租赁期为 3 年;(3)王某同意房屋过户后 3 年以内,由杨某静以同等价格 98 万元再赎回此房;(4)3 年以内王某不得将此房屋出租或转卖给杨某静以外的任何人;(5)在租赁期内杨某静按时缴纳房租,如不能按时交纳,王某有权处理此房屋;(6)如果 3 年期满杨某静不能赎回此房时,王某有权处理此房。同日,双方签订《存量房买卖合同》,约定上述房屋成交价格为 10 万元,并办理了上述房屋过户登记手续,涉案房屋所有权变更为王某。2014 年 9 月 19 日至 2015 年 2 月 15 日,王甲代杨某静累计偿还王某上述借款本金及利息共计 100 万元。2018 年 3 月杨某静诉至该院,诉讼请求同诉称。

一审庭审中,王某陈述,其与杨某静签订《存量房买卖合同》后,按照约定向杨某静支付房屋价款 10 万元。杨某静称:双方签订《存量房买卖合同》并非真实的买卖交易,仅是为按照上述协议办理房屋过户手续,王某未给付其房屋交易价款 10 万元。

一审庭审中,王某提交了王某、霍某霞与杨某云、王甲、王某飞签订的《借款协议》,证明杨某静尚有借款 30 万元未还,杨某静称,该《借款协议》的借款人为杨某云、王甲、王某飞,与其无关。

另查明,双方签订的《房屋买卖协议》中约定的“98 万元”是指本金 70 万元及以双方借款 70 万元为基数,自 2011 年 5 月 12 日起至 2013 年 2 月 1 日止的利息 28 万元。涉案房现由杨某静居住使用。

一审法院认为,当事人对自己提出的诉讼请求所依据的事实或者反驳对方所依据的事实有责任提供证据加以证明。没有证据或者证据不足以证明当事人的事实主张的,由负有举证责任的当事人承担不利后果。本案中,根据已生效的人民法院判决认定的事实,双方于 2013 年 2 月 1 日签订的《房屋买卖协议》是对杨某静向王某所借 70 万元的借款本息(本金为 70 万元,利息自 2011 年 5 月 12 日起计算至 2013 年 2 月 1 日止的利息 28 万元)提供的让与担保,非房屋买卖关系,《房屋买卖协议》中约定的房屋价格 98 万元即指前述本息。案外人王甲于 2014 年 9 月 19 日至2015年2月15日代杨某静偿还上述借款本息后，王某应将《房屋买卖协议》中约定的已办理转移登记的涉案房屋变更至杨某静名下，故杨某静的诉讼请求，证据充分，该院予以支持，同时指出，杨某静主张其涉案房屋是为案外人王树祥与王某之间的借款合同提供担保以及对借款98万元的形成，与另案查明的事实不符，该院不予采纳。王某辩解杨某静还有剩余借款30万元尚未偿还，根据其提交的《借款协议》，借款人非杨某静，故该辩解不能成立；此外，根据前述已查明的事实，双方签订《存量房买卖合同》非双方真实意思表示，仅是依据让与担保合同的约定，为办理房屋转移登记而签订的，故该合同不具有法律效力。王某辩称其依据《存量房买卖合同》给付杨某静购房款10万元，对此负有举证责任，其虽提交了税务机关代开的记账联，但该证据不能单独的作为付款凭证，王某应进一步举证证明其付款行为，而根据其提交的另案起诉书等相关证据不能证明其上述辩解，因此，对王某的上述辩称该院不予采信。综上所述，一审判决：王某协助杨某静将昌平区452号房屋（房屋产权证号为×京房权证昌字第××××号）转移登记至杨某静名下，于判决生效后10日内执行。

二审期间，双方当事人均未提交新的证据。

二审期间，本院依法补充查明以下事实：

21573号案件民事判决书认定：杨某云、王甲、王某飞在履行变更后的30万元借款合同过程中，未出现过逾期或未足额支付借款利息的情形，30万元借款本金又尚未到期。故王甲主张其转账交付霍某霞的100万元系代杨某静偿还涉案70万元借款本息之意见，理由正当，该院予以采信。据此，王某要求杨某静偿还70万元借款本息的诉讼请求，缺乏事实依据，该院不予支持。

7839号案件民事裁定书认定，根据查明的事实，王某与杨某静之间存在借贷关系，房屋买卖合同系作为民间借贷关系的担保，双方之间真实的法律关系是民间借贷，房屋买卖合同只是作为让与担保的表现形式……

本院对一审法院查明的其他事实予以确认。

【法院认为】

本院认为，综合双方当事人的诉辩意见，本案争议焦点有三：一是涉案《房屋买卖协议》性质是买卖还是让与担保；二是王甲偿还的100万元是不是替杨某静偿还本案借款；三是王某应否将涉案房屋变更至杨某静名下。

关于第一个焦点问题。本院认为，根据7839号案件民事判决书认定，王某与杨某静于2013年2月1日签订的《房屋买卖协议》是对杨某静向王某所借70万元的借款本息提供的让与担保，双方并非房屋买卖关系。以上系生效判决所认定的事实，王某对此持有异议，应当通过审判监督程序进行救济，而非在本案中予以解决。王某关于《房屋买卖协议》系双方真实意思表示，而非借款本息让与担保的上诉意见缺乏事实基础和法律依据，本院不予采信。

关于第二个焦点问题。本院认为，依据21573号案件民事判决书认定的事实，王甲向王某支付100万元时，其对王某的30万元借款尚未到期，且王甲等人一直按照约定偿还30万元借款的利息，在此情形下，王甲该100万元款项应当认定为偿还杨某静对王某的70万元借款。王某虽然主张现在30万元借款已经到期，王甲等人仍未归还30万元借款，但即便王某所述属实，该事实亦发生在100万元还款之后，不能依据后发生的该事实来推定之前发生的款项性质。王某该上诉意见缺乏事实基础，本院不予采信。

关于第三个焦点问题。基于上述认定，本院认为，既然涉案《房屋买卖协议》是对杨某静向王某所借70万元的借款本息提供的让与担保，并非房屋买卖关系，而案外人王甲已经于2014年9月19日至2015年2月15日代杨某静偿还上述借款本息，故王某应将《房屋买卖协议》中约定的涉案房屋变更至杨某静名下。一审法院处理结果并无不当，本院予以支持。

至于王某所主张的涉案房屋登记在其名下期间，杨某静每月仅交纳2200元房租不符合常理等意见，应当属于在让与担保情形下当事人之间就双方债权债务关系达成的合意，不影响本院在前述认定的基础上对本案作出处理，本院不予采信。

【裁判结果】

综上所述，王某的上诉请求不能成立，应予驳回；一审判决认定事实清楚，适用法律正确，应予维持。判决如下：驳回上诉，维持原判。二审案件受理费13600元，由王某负担。本判决为终审判决。

［参见中国裁判文书网。］

7. 名为房屋买卖实为借款担保的房屋买卖合同是否有效？

【典型案例】

张某玮诉怡豪公司商品房销售合同纠纷案

【裁判要旨】

名为房屋买卖实为借款担保的认定，应根据房屋买卖合同约定的标的物特征、权利义务是否对等、履行方式是否有违常理等多方面综合考虑。如果实为借款担保,应认定房屋买卖合同无效,并驳回出借人要求履行房屋买卖合同的诉讼请求。

【基本案情】

2011 年 12 月,张某玮诉至法院,要求怡豪公司交付房屋并办理房产证等。怡豪公司答辩称:双方签订的房屋买卖合同真实意思不是买房,实质是为借款担保,请求驳回原告的诉讼请求。张某玮自认从 2010 年 11 月至 2011 年 10 月怡豪公司先后共计支付违约金 1248 万元。怡豪公司于 2012 年 9 月、10 月通过银行转账 3500 万元给张某玮。

【法院认为】

重庆市第五中级人民法院经审理认为:本案双方形式上虽签订了商品房买卖合同,但房屋已在双方签约前于 2010 年 10 月 29 日作为酒店正式开业经营。张某玮购买的房屋第 1 层为临街独立门面、酒店大厅、精品店及大堂吧,第 2 层为酒店中餐厅和西餐厅,第 3 层为酒店宴会厅、会议室,怡豪公司将用于酒店经营所必需的重要功能区域房屋单独分解出售,有违常理。此外,房屋为现房,卖方已具备交付条件,但双方在合同约定的交房期限到期后,并未有交接房屋的意思表示,卖方反而从合同签订的当月开始向买方支付逾期交房违约金,还约定由卖方负责人及关联公司对合同履行提供担保,此系列行为明显不符合房屋买卖的一般交易习惯,故认定双方合同名为房屋买卖实为借款担保,判决驳回张某玮的诉讼请求。

【裁判结果】

2013 年 12 月 20 日法院作出一审判决后,原、被告双方均未上诉。

[参见最高人民法院立案庭编:《立案工作指导》2009 年第 3 期。]

8. 第三人与债权人签订房屋买卖合同为债务人借款作担保的,应在何种范围内承担责任?

【典型案例】

双辽天益房地产开发有限公司与李某春、杨某峰民间借贷纠纷案

【裁判要旨】

在以商品房买卖合同的方式提供担保的情况下,当事人之间形成担保法律关

系的前提条件并非签订书面担保合同。第三人与债权人签订商品房买卖合同，约定将合同的标的物作为担保标的物，但并未实际让渡房屋所有权，而是让渡物权期待权，在债务人不能履行还款义务时，债权人在担保标的物进行拍卖折价后从价款中受偿。

【案号索引】

最高人民法院（2017）最高法民申520号

【当事人信息】

再审申请人（一审被告，二审上诉人）：双辽天益房地产开发有限公司（以下简称天益公司）

被申请人（一审原告，二审被上诉人）：李某春

被申请人（一审被告，二审被上诉人）：杨某峰

【基本案情】

再审申请人天益公司因与被申请人杨某峰、李某春民间借贷纠纷一案，不服吉林省高级人民法院（2016）吉民终214号民事判决，向本院申请再审。本院依法组成合议庭对本案进行了审查，现已审查终结。

天益公司向本院申请再审称：（1）一、二审法院对于天益公司承担担保责任的事实认定不清。①李某春与杨某峰在《借款协议》中约定，杨某峰向李某春借款，并用天益公司开发的金鼎花园房屋作为借款的抵押，但天益公司对该《借款协议》并不知情，亦未在《借款协议》的担保人处签字盖章。②天益公司在与李某春签订的金鼎花园住宅认购书中和向李某春出具的房款收据上，未表明天益公司系保证人身份或对杨某峰借款行为承担担保责任。③在天益公司向李某春出具的房款收据上标注的“杨某峰借款”或“此款抵A区杨某峰工程款”字样，系天益公司为了结算时便于识别委托杨某峰卖房情况而标注，有了这些标注就可以向杨某峰支付工程款，其中“杨某峰借款”的意思是杨某峰向天益公司借款。④天益公司提供新证据两份，分别为吉林省高级人民法院法官王钰、刘忠等于2016年5月13日所作的听证笔录以及四平市中级人民法院法官刘士木、崔巍巍于2014年1月17日对杨某峰的询问笔录，拟证明杨某峰自认其与天益公司之间的关系是受托卖房，并非天益公司为杨某峰的借款提供担保。（2）一、二审判决适用法律错误。①本案不构成表见代理。李某春、杨某峰和天益公司对金鼎花园住宅认购书和房款收据各有不同观点，吉林省高级人民法院适用《合同法》第四十九条的规定认为，“天益公司出具认购书和收据的行为，使李某春有理由相信杨某峰有代理权，代理天益公司承诺担保”。而事实上，杨某峰在向李某春借款时，未以天益公司名义订立担保合同，亦未作出代表天益公司承诺担保的意思表示，也就不能得出出借人有理由相信杨某峰有代理权的结论，即本案不构成表见代理。天益公司出具的房款收据上，既未注明

杨某峰系天益公司的代理人,亦未注明天益公司对杨某峰借款行为承担担保责任。②本案不是让与担保。依照《物权法》及《担保法》的相关规定,并没有所谓的非典型担保即让与担保。让与担保在学界属于物权担保中的非典型担保,是一种约定担保,依当事人约定而发生,如在现实中出现,同样亦适用相关法律规定,即让与担保的设定应以书面形式设定。天益公司签订金鼎花园住宅认购书及收据的目的是相信杨某峰能居间介绍李某春购买天益公司开发的商品房,根本没有为借款担保的意思。天益公司不认识李某春,对杨某峰向其借款毫不知情,不是《借款协议》的当事人,未在《借款协议》上签字、盖章,没有任何形式的承诺表示。天益公司未与李某春达成担保合意,李某春也未提供任何担保合意的证据。另外,《借款协议》约定的是以房屋作抵押,并不是以房屋买卖合同为担保,即本案不是让与担保。

综上,天益公司申请再审。

李某春提交书面意见称:(1)李某春与杨某峰之间的《借款协议》真实有效,该协议约定内容是天益公司同意的,虽然没有签字,但事实上天益公司给李某春出具了金鼎花园住宅认购书及房款收据,证明了天益公司担保行为合法有效。(2)天益公司为出具的收据上标注的"杨某峰借款"字样是为了识别杨某峰与天益公司共同向李某春借款,由杨某峰出具《借款协议》,天益公司提供金鼎花园住宅认购书及收据作为借款抵押担保,所以天益公司在收据上作出了标注"杨某峰借款"字样。(3)关于天益公司提供的新证据,杨某峰是本案的义务主体,是为天益公司建楼借款,其表述有损害债权人李某春利益之嫌。杨某峰与天益公司是共同借款,互相之间存在法律上的利害关系,杨某峰陈述中对天益公司有利的内容不能作为证据使用。(4)关于法律适用问题,天益公司用金鼎花园住宅认购书及收据抵押担保的行为,在法律上究竟是让与担保或其他性质的担保,当事人并不清楚,其性质由法院确定。

杨某峰未向本院提交书面意见。

【法院认为】

本案的争议焦点是:天益公司给李某春出具金鼎花园住宅认购书及收据的行为是否构成对杨某峰与李某春之间《借款协议》的担保。

首先,考察双方签订买卖合同的真实意思是为借贷合同设定担保,还是为了通过支付对价获得买卖合同标的物的所有权,是处理本案纠纷的基础。

杨某峰与李某春之间的《借款协议》中明确约定了在杨某峰不能偿还借款的情况下,协议列明的多套金鼎花园住宅楼即归李某春所有,而天益公司与李某春签订的金鼎花园住宅认购书和收据所涉及的住宅楼与《借款协议》完全吻合。可从上述证据来考察房屋买卖合同双方当事人的真实意思,一方面,李某春显然并无购买该房产的意思，原因在于李某春已经与杨某峰签订了借款协议，明确将款项交付给杨某峰，而并非将购房款交付给房屋的所有权人天益公司，可见，其真实意思是与杨某峰之间成立借贷合同关系，并非购买天益公司的房产；另一方面，天益公司亦认可李某春并未缴纳任何购房款，而其仍然向李某春出具了收款收据，且在金鼎花园住宅认购书中明确约定"本认购书付款以甲方出具的收款收据为准"，即天益公司在未收到任何购房款的情况下即认可李某春已经履行了房屋买卖合同项下的付款义务，使自己承担了交付房屋的义务和责任。天益公司作为商事主体，上述行为不符合买卖合同履行的基本规则，显然，天益公司在签订认购书和开具收据之时已经知晓李某春并非真正意义上的买房人，且其自身也并无交付上述房屋的真实意思。综上，本案所涉房屋买卖合同的双方当事人均没有一方取得房屋价款、一方获得买卖合同标的物即案涉房屋所有权的真实意思。天益公司与李某春签订的金鼎花园住宅认购书并非真实的房屋买卖合同。

虽然天益公司并未在杨某峰与李某春的《借款协议》上担保人处盖章确认，也未在金鼎花园住宅认购书上载明为借款提供担保，但是认购书所涉及的房产与《借款协议》所列明的抵押房产完全吻合，且在天益公司给李某春出具的房款收据上，交款单位为"李某春（杨某峰）"，收款方式为"杨某峰借款"，可见，天益公司出具该收据的行为与杨某峰存在必然关联，从现有证据来看，天益公司与李某春签订房屋买卖合同的行为能够与《借款协议》中关于借款人杨某峰不能偿还借款时以房屋抵偿的约定相印证，即天益公司以与李某春签订认购书和出具收据的行为，表示愿为杨某峰与李某春之间的借款协议提供担保。退一步讲，即使天益公司并不认可提供担保的意思表示，天益公司也未在《借款协议》上的担保人处落款盖章，但其出具认购书和收据的行为足以使相对人李某春相信其得到了《借款协议》上所列明的房产的所有权的预期让渡，也就是对《借款协议》约定房产提供担保的认可，同时，在收据上载明的"杨某峰借款"字样，更使杨某峰具有了天益公司承诺提供担保的客观表象，二审法院认定李某春有理由相信杨某峰有代理权，代理天益公司承诺担保，构成表见代理，适用法律并无不当。

至于天益公司提出的其与杨某峰之间是委托售房关系的抗辩理由，并未提供任何书面合同或其他交易惯例作为佐证，且天益公司在未收到任何购房款的情况下即给杨某峰提供的"购房人"李某春出具多套房屋的认购书和收款收据，与常理不符，也不符合委托卖房的交易习惯。李某春提供的证据能够证明其主张的法律事实和法律关系具有高度的盖然性，以买卖合同的形式为借贷合同提供担保的证据链条完整、逻辑清晰严密，而天益公司关于反驳现有事实的主张均无证据支持，天益公司在再审审查中提供的两份笔录是一、二审阶段杨某峰对法院的相关陈述，不能作为新证据进行认定，且杨某峰作为主债务人，与本案的审理结果有利害关系,其在一、二审阶段有多次相互矛盾的陈述,不足以作为天益公司抗辩理由的佐证,故天益公司的上述抗辩理由本院难以采信。

其次,在厘清当事人真实意思表示为担保的基础上,进一步考究双方之间是否成立以及成立何种担保法律关系,是本案适用法律的关键。

本案虽然不属于上述有名担保,但在相关司法解释及法律理论和司法实践中确认的非典型担保物权还有优先权、所有权保留和让与担保。本案以商品房买卖合同为民间借贷提供担保,并约定借款到期不能偿还的则房屋归出借人所有,根据《最高人民法院关于审理民间借贷案件适用法律若干问题的规定》(以下简称民间借贷司法解释)第二十四条关于“当事人以签订买卖合同作为民间借贷合同的担保,借款到期后借款人不能还款,出借人请求履行买卖合同的,人民法院应当按照民间借贷法律关系审理,并向当事人释明变更诉讼请求。当事人拒绝变更的,人民法院裁定驳回起诉。按照民间借贷法律关系审理作出的判决生效后,借款人不履行生效判决确定的金钱债务,出借人可以申请拍卖买卖合同标的物,以偿还债务。就拍卖所得的价款与应偿还借款本息之间的差额,借款人或者出借人有权主张返还或补偿”的规定,案涉担保的性质应当属于上述法条规定的担保。在以商品房买卖合同的方式提供担保的情况下,当事人之间形成担保法律关系的前提条件并非签订书面担保合同,名为买卖实为担保的商品房买卖合同在民间借贷案件中屡见不鲜,债务人或第三人与债权人签订不动产买卖合同,约定将不动产买卖合同的标的物作为担保标的物,但并未实际让渡不动产所有权,而是让渡物权期待权,且在债务人不能履行还款义务之时,也不能转移所有权,而是进行清算,即对担保标的物进行拍卖折价后从价款中受偿。天益公司提出的双方并无担保合同因此不构成让与担保的抗辩理由,本院不予采信。

【裁判结果】

法院裁定如下:驳回天益公司的再审申请。

[参见中国裁判文书网。]

9. 当事人基于同一笔款项先后达成口头借款协议和书面房屋买卖合同的，房屋买卖合同应否被视作借款协议的担保？

【典型案例】

某公司诉某某公司确认合同效力纠纷案

【裁判要旨】

当事人之间基于同一笔款项先后达成口头借款协议和书面房屋买卖合同，房屋买卖合同为借款协议提供担保，双方可在借款协议中为已备案的涉案房屋买卖合同设定解除条件，如按期返还借款和利息，则该房屋买卖合同应予解除。

【基本案情】

2014年1月21日，某公司与某某公司签订《商品房预售合同》，约定由某某公司购买某公司开发的位于西宁市城中区2号第12号楼42套房屋，暂定名为怡沁园，并分别写明了42套房屋的房号，单价为每平方米1980元，总金额20414235元。付款方式为本协议签订时受买人一次性付清全部购房款的百分之百。同日，双方签订一份补充协议，该协议约定，某某公司于2014年1月22日支付首期购房款11000000元，剩余款项待由某公司给某某公司办理完房产证及其土地证后支付。同日，某公司向某某公司出具支付委托书，内容为："贵公司于2014年1月21日购买我公司位于西宁市城中区华盛路2号12号楼的房产，其房屋代码如下：501359、501362等共计42套房屋，首期支付购房款11000000元（剩余款项待由我公司给贵公司办理完房产证及土地证后支付），我公司委托将购房款支付到以下账户中：户名：田某有，账号：62284519×××××××××××。"2014年1月22日，某公司向某某公司的法定代表人交付田某福、田某平等四人的房产证，某某公司的法定代表人朱志雄在房产证明细表中注明"收到房产证"并签名。后某公司曾与某某公司协商过还款事宜。另外，本案涉及房产仍在施工中。双方签订的《商品房买卖合同》约定2014年12月31日前交付商品房。

【法院认为】

四份录音证据结合某公司提交的有某某公司法定代表人签字的房产证明细表上所记载"借款"字样，应确认某公司与某某公司之间基于同一笔款项先后达成口头借款协议和书面房屋买卖合同,房屋买卖合同为借款协议提供担保,双方在借款协议中为已备案的涉案房屋买卖合同设定解除条件,如某公司按期返还借款和利息,该房屋买卖合同应予解除的事实。现某公司未提交截止约定的交房期限前房屋买卖合同解除条件已成就即其已履行还款义务的相关证据。

【裁判结果】

青海省西宁市城中区人民法院于2014年10月30日作出(2014)中民一初字第486号民事判决,驳回某公司的诉讼请求。宣判后,某公司提出上诉。青海省西宁市中级人民法院于2015年4月24日作出(2015)宁民一终字第9号民事判决,驳回上诉,维持原判。宣判后,某公司提起再审。青海省高级人民法院于2015年10月26日作出(2015)青民申字第130号民事裁定,驳回再审申请。

[参见中国裁判文书网。]

10. 债务人到期未能清偿债务与债权人达成合意以房抵债的,应否认定有效?

【典型案例】

吉林鑫城房地产综合开发有限责任公司与汤某鹏房屋买卖合同纠纷案

【裁判要旨】

人民法院依职权审查合同效力并且予以释明,是引导当事人正确诉讼的基础。债务人到期未能清偿债务,重新与债权人达成合意以房抵债,双方签订的《房屋买卖合同》应当合法有效。

【案号索引】

最高人民法院(2018)最高法民申1774号

【当事人信息】

再审申请人(一审原告、二审上诉人):吉林鑫城房地产综合开发有限责任公司(以下简称鑫城公司)

被申请人(一审被告、二审被上诉人):汤某鹏

【基本案情】

再审申请人鑫城公司因与被申请人汤某鹏房屋买卖合同纠纷一案,不服吉林

省高级人民法院(2017)吉民终297号民事判决,向本院申请再审。本院依法组成合议庭对本案进行了审查,现已审查终结。

鑫城公司申请再审称,(1)一审判决程序违法。鑫城公司一审起诉请求解除《商品房买卖合同》,后根据一审法院的释明变更诉讼请求为撤销《商品房买卖合同》,但一审判决驳回鑫城公司的诉讼请求,剥夺了鑫城公司主张原诉讼请求的权利。鑫城公司并未要求法院确认双方《商品房买卖合同》的有效性,一审判决认定《商品房买卖合同》有效,明显超出鑫城公司诉讼请求的范围。(2)一审、二审法院对主要事实认定错误,缺乏证据证明。双方当事人之间仅有借款协议书,并不能由此确定汤某鹏支付了案涉借款。一审、二审法院在未查明借贷关系是否属实的情况下,即判定案涉《商品房买卖合同》有效并驳回鑫城公司的诉讼请求,没有事实依据。(3)鑫城公司并非借贷关系中的借款人,而是担保人。鑫城公司与汤某鹏签订的《商品房买卖合同》是重新设定担保的行为,该合同约定将抵押物所有权转移为债权人所有,系法律明确规定禁止的流质条款。且案涉房屋已经出卖给第三人,《商品房买卖合同》因损害第三人利益,应为无效合同。(4)《商品房买卖合同》存在重大误解,合同价款远远低于实际市场销售价格,显失公平,具备法定撤销条件。(5)《商品房买卖合同》签订之前,案涉房屋已经出卖且交付第三人占有使用,合同目的已经无法实现。且汤某鹏在明知此情况下,仍与鑫城公司签订《商品房买卖合同》并办理备案登记,存在恶意。(6)案涉房屋部分为拆迁补偿安置房屋并签有回迁协议,根据《最高人民法院关于审理商品房买卖合同纠纷案件适用法律若干问题的解释》第七条的规定,回迁协议当然优先于案涉《商品房买卖合同》。鑫城公司申请再审。

汤某鹏提交意见称,鑫城公司的再审申请缺乏事实与法律依据,请求予以驳回。

【法院认为】

本案的争议焦点是:鑫城公司主张撤销案涉7份《商品房买卖合同》,人民法院应否支持。

关于案涉7份《商品房买卖合同》的效力问题。对合同效力的认定,属于人民法院依职权应当审查的范畴,并不局限于当事人的诉讼请求。本案系鑫城公司与汤某鹏基于此前的借款未受清偿,进而签订《商品房买卖合同》达成以房抵债的合意,案涉《商品房买卖合同》是双方当事人真实意思表示,内容不违反法律、行政法规的强制性规定,应当认定合法有效。鑫城公司主张一审法院认定《商品房买卖合同》有效超出其诉讼请求范围,没有法律依据。本案一审中,鑫城公司主张其因受汤某鹏胁迫签订案涉7份《商品房买卖合同》并办理备案登记,案涉7套房屋的市场价格明显高于《商品房买卖合同》中约定的价格,双方当事人订立的房屋买卖合同显失公平,请求解除案涉7份《商品房买卖合同》。鑫城公司以显失公平、受胁迫为由主张权利,而合同显失公平的法律救济渠道是仅能请求人民法院予以变更或撤销,而非解除合同。因此,一审法院向鑫城公司释明应变更其解除合同的诉讼请求为撤销合同,程序并不违法。显失公平系指一方利用对方处于危困状态,缺乏判断能力等情形,致使双方在从事民事法律行为时权利义务明显有违公平的情形。认定合同是否构成显失公平时,应采用主观要件和客观要件相结合。鑫城公司作为独立的商事主体,与自然人汤某鹏相比,并不明显处于劣势地位,且鑫城公司并无相关证据证明其与汤某鹏签订《商品房买卖合同》,系因受汤某鹏欺诈、胁迫,而在违背其真实意思的情况下作出,虽然案涉7套房屋的评估价值高于抵债价格,但也不宜认定《商品房买卖合同》显失公平。一审、二审判决认定《商品房买卖合同》不存在可撤销的法定情形,未支持鑫城公司的诉讼请求,并无不当,本院予以维持。

关于鑫城公司主张借贷关系不真实的问题。禁止反言原则蕴含于我国民法的基本原则诚信原则之中。若一方当事人因另一方当事人的陈述产生依赖,则另一方当事人不得否定其先前的陈述。鑫城公司一审起诉称,其通过案外人宋某某向汤某鹏借款,鑫城公司使用200万元并向汤某鹏偿还本金30万元及按照双方约定支付了利息。鑫城公司向本院申请再审中,又主张汤某鹏并未支付借款,双方借贷关系不真实,与其在一审中陈述的事实相矛盾,明显违背诚信诉讼原则,本院不予采信。鑫城公司在未清偿案涉借款的情况下,与汤某鹏签订《商品房买卖合同》,属于债务到期后双方达成以房抵债合意,而非鑫城公司主张的双方系再次签订了担保合同。此时,案涉7套房屋并非抵押物,故本案并不适用法律规定的禁止流质条款。案涉《商品房买卖合同》依法成立并生效,对双方当事人均具有约束力,当事人应当按照约定履行自己的义务,不得擅自变更或者解除。

关于鑫城公司主张案涉《商品房买卖合同》损害拆迁户和第三人利益应当认定无效的问题。本院在组织双方询问中了解到:经吉林省榆树市人民法院(2016)吉0182民初1253号民事判决和吉林省长春市中级人民法院(2018)吉01民终244号民事判决确认,案外人对案涉7套房屋享有优先权;汤某鹏已另案起诉鑫城公司,要求解除案涉《商品房买卖合同》、双倍返还购房款并赔偿损失共计1000余万元。本案一审、二审判决确认案涉《商品房买卖合同》合法有效,并未损害案外人的权益,且案外人的利益已经上述生效民事判决优先予以保护。鑫城公司作为房地产开发商,对自己手中的房屋信息应当是清楚的,其就案涉7套房屋通过"一房二卖"获取不当利益的故意显而易见,也是产生包括本案诉讼在内一系列诉讼的根源。鑫城公司主张汤某鹏明知案涉房屋已经出卖给第三人,仍愿意承担风险放弃此前14套房屋的抵押担保与其签订《商品房买卖合同》,明显不符合常理,其主张汤某鹏存有恶意不合逻辑。鉴于汤某鹏以合同目的已经不能实现为由而提起了新的诉讼，鑫城公司与汤某鹏之间的民间借贷、房屋买卖合同纠纷可以另案处理。鑫城公司继续对本案申请再审，无益于化解双方之间的矛盾纠纷，也不利于节约司法资源。鑫城公司主张《商品房买卖合同》因损害第三人利益应当认定无效，没有事实和法律依据，本院不予支持。

【裁判结果】

法院二审裁定如下：驳回鑫城公司的再审申请。

［参见最高人民法院办公厅编：《最高人民法院公报》2020 年第 3 期。］

11. 按揭未达到放款条件，是否属于不可归责于当事人双方的事由？

【典型案例】

重庆招商置地开发有限公司与卢某阳、韦某英房屋买卖合同纠纷再审案

【裁判要旨】

在商品房买卖交易当中，卖房人主要义务是按约交付房屋并协助办理产权登记，而买房人的主要义务则是按约支付房款。购房者在决定购买房屋时均应当对自己的支付能力有清晰的认识，以便选择适当的方式付款。通过银行按揭贷款的方式支付房款，其理应对银行相关的贷款政策有一定了解，且其自身的资信情况能让银行为其贷款多少额度由购买方与贷款银行之间就贷款合同的是否签订及贷款的金额等事宜进行协商确定，房屋销售方只是协助购房人办理按揭贷款。按揭系房屋购买方的义务，按揭未成，不属于不可归责于当事人双方的事由。

【案号索引】

重庆市高级人民法院（2018）渝民再 312 号

【当事人信息】

再审申请人（一审被告、二审上诉人）：重庆招商置地开发有限公司（以下简称招商置地公司）

被申请人（一审原告、二审被上诉人）：卢某阳

被申请人（一审原告、二审被上诉人）：韦某英

【基本案情】

重庆市南岸区人民法院一审认定事实:2017 年 3 月 17 日,卢某阳、韦某英(乙方)与招商置地公司(甲方)签订认购书,主要约定卢某阳、韦某英认购招商置地公司开发的重庆市南岸区的房屋,建筑面积 330.49 平方米,套内面积 286.25 平方米,总房款价税合计 10028888 元,乙方在签订认购书时支付定金 50 万元,作为签订《商品房买卖合同》的担保。乙方选择银行按揭贷款方式付款(乙方选择银行按揭贷款方式的,最终审批权在金融机构)。如乙方选择银行按揭的付款方式,因政策变化或银行信贷政策变化、个人资信问题等原因而不能采用贷款方式或贷款金额不足,乙方不得以此为由拒绝签署购房合同或解除本认购书。因任何原因致使乙方不能采取按揭付款方式的,乙方应在甲方通知之日起 7 日内一次性补足房款,否则甲方有权解除购房的所有合同及补充协议,不再退还乙方已付定金。乙方应在签署本认购书 7 日内即 2017 年 3 月 24 日前,到甲方签约中心与甲方签署该房屋的《重庆市商品房买卖合同》。乙方签署《重庆市商品房买卖合同》时,须提交如下资料:个人征信调查表银行同意贷款回执。以下任一情况发生时,甲方有权单方解除本认购书,并将商品房另行出售,乙方已付甲方的定金不再退还。本认购书自甲方向乙方发出书面解除通知的第 3 日起自动解除。如本认购书继续履行的,甲方有权取消给予乙方的所有房价优惠,并按日向乙方收取逾期应收款万分之五的违约金。

认购书签订当日,卢某阳、韦某英向招商置地公司支付了定金 50 万元。根据卢某阳、韦某英举示的韦某英和招商置地公司置业顾问万某的微信聊天记录可以看出,2017 年 3 月 21 日,置业顾问将签约所需资料发送给卢某阳、韦某英,双方约定于 2017 年 4 月 10 日到签约中心进行签约。2017 年 4 月 10 日,卢某阳、韦某英到招商置地公司签约中心拟签订合同,卢某阳、韦某英希望能首付三成,置业顾问并未提出反对,只是表示现在银行一般都只能贷款四成,同时也将首付三成和四成的预算单一并交付卢某阳、韦某英。之后双方一直在就首付比例问题进行协商。2017 年 5 月 15 日,招商置地公司向卢某阳、韦某英发出解除认购书通知,以卢某阳、韦某英未在 2017 年 3 月 24 日到招商置地公司签订正式商品房买卖合同为由,要求解除认购书并不再退还卢某阳、韦某英定金。2017 年 5 月 24 日,置业顾问告知卢某阳、韦某英因正式合同一直未签,故公司才发出解除合同函,同时表示可以继续签订合同,且可以先首付三成,另外一成首付可以写一个欠款说明缓交。卢某阳、韦某英表示可以继续签合同。2017 年 5 月 26 日,招商置地公司再次向卢某阳、韦某英发出律师函,以卢某阳、韦某英未在认购书约定的期限内到招商置地公司签订正式商品房买卖合同为由,要求解除认购书并不再退还卢某阳、韦某英定金。

一审法院于 2017 年 8 月 1 日作出(2017)渝 0108 民初 12040 号判决:(1)招商置地公司于本判决生效之日起 3 日内一次性退还卢某阳、韦某英购房定金 50 万元。

(2)驳回卢某阳、韦某英其他诉讼请求。案件受理费6900元,由卢某阳、韦某英负担3450元(已缴纳),由招商置地公司负担3450元(此款已由卢某阳、韦某英垫付,招商置地公司于判决生效后直接支付给卢某阳、韦某英)。

招商置地公司不服一审判决,向重庆市第五中级人民法院提出上诉。

二审法院查明的事实与一审法院查明的事实相同。

二审法院认为,关于微信聊天记录能否作为认定本案事实的依据问题。招商置地公司虽否认韦某英与万某微信聊天记录的真实性,但其并未对该聊天记录提出任何疑点,只是认为聊天记录载明的内容不能认定万某认可诉争房屋的首付款比例为三成,万某也无权代表招商置地公司承诺继续履行合同。结合招商置地公司认可万某系其置业顾问,工作职责为配合办理合同签订、协助卢某阳、韦某英申请银行按揭贷款,以及卢某阳、韦某英于2017年4月10日前往签约中心签约等事实,与微信记录中万某与韦某英聊天内容基本一致,故该院对聊天记录的真实性予以确认。

《最高人民法院关于审理商品房买卖合同纠纷案件适用法律若干问题的解释》第四条规定,出卖人通过认购、订购、预订等方式向买受人收受定金作为订立商品房买卖合同担保的,如果因当事人一方原因未能订立商品房买卖合同,应当按照法律关于定金的规定处理;因不可归责于双方的事由,导致商品房买卖合同未能订立的,出卖人应当将定金返还买受人。认购书中约定卢某阳、韦某英应于2017年3月24日前往签约中心与招商置地公司签署《商品房买卖合同》,后万某与韦某英商定将签约时间改为2017年4月10日,而韦某英在双方约定的时间如约前往,故其并未违反认购书中约定的缔约义务。因认购书中并未约定房屋价款的首付款比例以及支付时间,且依据聊天记录载明的内容,万某与韦某英就首付款比例以及支付时间等问题一直处于协商处理状态。在此期间,招商置地公司却发函称因卢某阳、韦某英未在约定时间签署《商品房买卖合同》,不予退还已经收取的定金。据此,并非卢某阳、韦某英导致双方未能订立商品房买卖合同,招商置地公司应当将定金返还买受人卢某阳、韦某英。二审法院遂判决:驳回上诉,维持原判。

本院再审查明:一审诉讼中经过双方质证无异议的微信记录书面整理材料(一审卷宗第32-37页)载明该微信记录系本案案涉楼盘置业顾问万某与客户韦某英之间在2017年3月21日至同年5月27日的聊天记录。该记录显示:从2017年3月21日起,万某将签约所需资料告知韦某英并催问其何时可以前来签约,直到4月6日韦某英称10日签约,万某认可逾期到4月10日,双方就银行审核所需材料进行确认,万某还告知韦某英签约地址并称银行在签约现场,流程是银行先审核再缴首付,韦某英答复其流水、征信应该没有问题;4月10日万某告知客户其与银行的人皆已到8楼签约中心,并将三成首付和四成首付单子截图都发给了客户并询问“但是你们三成可以吗,银行好像说不可以的”,韦某英答“应该没问题,我们有托了一层关系去”,万某最后说“现在银行都贷款四成了”;4 月 17 日万某催问韦某英去联系银行并叫其加银行工作人员微信,韦某英答“好的,因为三成通不过就没联系……银行坚持四成……我们准备的是三成的首付……我们拿不出四成的首付……帮我想想有没解决办法”,万某答“银行那边再问一下能不能三成,如果不行确实很麻烦”;4 月 19 日万某再次催问客户韦某英是否凑够了四成首付的钱并告知其公司不许退房,在韦某英请求其找公司领导协商,万某答“领导没用,要银行放过了才行……主要是定房的时候就说我们这边不好退……”韦某英提出换成其他没开的楼盘楼房定金,万某答“确实不行”,韦某英称“公司那边再帮忙周旋一下,我们这边也去银行努力”;4 月 25 日和 5 月 2 日韦某英称正与银行协商中;5 月 8 日、12 日、14 日,韦某英告知万某银行让其交足四成首付,其工程款下来就尽量在两周内办妥,同时要求万某发一个四成首付按揭缴款单子给她;5 月 17 日,万某截图四成的单子给韦某英;5 月 24 日,万某催问何时能签约,韦某英称能签,但称公司邮寄了一份解约通知,其要 6 月底款下来签,万某称“你们拖太久了,公司所以发函,你们可能先交三成把合同签了,再说明一下四成的钱什么时候交,但不能拖太久,公司要审核……先付三成,再写一个欠款说明,晚一点付,六月底是可以的”,此时韦某英答“你怎么不早说先交三成,我们一直努力四成的款,公司的资金暂时挪其他用了,六月底才能下款”,万某答“就是首付先三成要向领导申请,不是谁都可以的,我得向领导说明首付三成,四成什么时候签”;5 月 26 日、27 日,万某多次催问韦某英,韦某英再无任何回复。同年 6 月 8 日,卢某阳、韦某英即提起本案之诉要求招商置地公司双倍返还定金。

再审庭审中,卢某阳、韦某英与招商置地公司皆认可双方未签订商品房买卖合同的原因是卢某阳、韦某英按揭贷款购房是付三成首付款还是四成首付款的问题。卢某阳、韦某英称其签认购书时,招商置地公司的置业顾问万某曾许诺其公司可以为其办到三成首付的按揭贷款手续,依据就是 4 月 10 日与万某的微信聊天记录中万某曾将三成首付单子截图发给了其。

原一、二审认定的其余事实双方并无异议,本院予以确认。

【法院认为】

本院再审认为,2017 年 3 月 17 日卢某阳、韦某英与招商置地公司签订的认购书约定了卢某阳、韦某英认购房屋的位置、面积、单价及签署正式商品房买卖合同的时限等,系商品房买卖之预约合同。为保证正式签订合同,该合同约定了卢某阳、韦某英交付定金 50 万元,该定金为立约定金,其功能只作双方须签订正式商品房买卖合同之担保。再审庭审中,卢某阳、韦某英与招商置地公司皆认可双方未能签订正式商品房买卖合同之原因是卢某阳、韦某英想以三成首付按揭贷款来支付房款未果,卢某阳、韦某英认为招商置地公司的置业顾问万某曾许诺其招商置地公司可以为其办理三成首付的按揭贷款但后却未成,责任在招商置地公司。根据《最高人民法院关于审理商品房买卖合同纠纷案件适用法律若干问题的解释》第四条规定,"出卖人通过认购、订购、预订等方式向买受人收受定金作为订立商品房买卖合同担保的,如果因当事人一方原因未能订立商品房买卖合同,应当按照法律关于定金的规定处理;因不可归责于双方的事由,导致商品房买卖合同未能订立的,出卖人应当将定金返还买受人"。本案争议焦点为卢某阳、韦某英与招商置地公司未签订正式的商品房买卖合同的责任应归咎于哪一方?本院对此评述如下:

1. 招商置地公司是否承诺为卢某阳、韦某英办到三成首付的按揭贷款手续。卢某阳、韦某英称其签认购书时,招商置地公司的置业顾问万某曾许诺其公司可以为其办到三成首付的按揭贷款手续,依据就是4月10日与万某的微信聊天记录中万某曾将三成首付单子截图发给了其。但从置业顾问万某与客户韦某英之间在2017年3月21日至同年5月27日的聊天内容看,4月10日将三成首付单子截图发给韦某英的同时也发了四成首付单子截图并询问"但是你们三成可以吗,银行好像说不可以的",韦某英当时的答复的意思是其有关系办到三成首付按揭贷款。因此,万某将三成首付单子截图发给韦某英的行为并没有保证公司负责为其办到三成首付按揭贷款的意思表示,卢某阳、韦某英也无其他证据证明招商置地公司曾用其他方式表达过为卢某阳、韦某英办到三成首付的按揭贷款手续的意思,故卢某阳、韦某英称其签订《认购书》时招商置地公司承诺可以为其办到三成首付的按揭贷款手续的事实不成立。

2. 卢某阳、韦某英不能以三成首付签订房屋按揭贷款合同的责任不应归咎于招商置地公司。在商品房买卖交易当中,卖房人主要义务是按约交付房屋并协助办理产权登记,而买房人的主要义务则是按约支付房款。购房者在决定购买房屋时均应当对自己的支付能力有清晰的认识,以便选择适当的方式付款。本案中,卢某阳、韦某英选择了通过银行按揭贷款的方式支付房款,其理应对银行相关的贷款政策有一定了解,且其自身的资信情况能让银行为其贷款多少额度皆不由卖房人即开发商招商置地公司来确定,而是由卢某阳、韦某英与贷款银行之间就贷款合同的是否签订及贷款的金额等事宜进行协商确定,招商置地公司只是协助购房人办理按揭贷款。故卢某阳、韦某英究竟付三成首付还是四成首付的问题完全取决于其向贷款银行争取到的贷款金额是七成房款还是六成房款的问题,此事宜与招商置地公司的合同义务无关。因此,无法争取银行给予七成房款贷款导致案涉商品房买卖合同未订立原因不能归咎于招商置地公司。

卢某阳、韦某英与招商置地公司签订的认购书虽属以签署正式商品房买卖合同为目的预约合同,且也是独立的合同,合同当事人理应严格依照合同约定全面履行其合同义务。认购书约定了签署正式商品房买卖合同的时限为 2017 年 3 月 24 日前,后经双方协商一致将该时间确定为 4 月 10 日,该时间双方若能签订商品房买卖合同,卢某阳、韦某英并不违约,但事实上却是卢某阳、韦某英至今仍未与招商置地公司签订商品房买卖合同。卢某阳、韦某英称其与招商置地公司就签订商品房买卖合同一事一直处于协商中,其并无过错。根据本院查明的事实,卢某阳、韦某英与招商置地公司无法协商一致而发生争执的原因系按揭贷款额度多少,这并不属卢某阳、韦某英与招商置地公司可自行协商之内容,而应是卢某阳、韦某英与按揭贷款银行进行协商的事宜。根据双方签订的认购书第三条第二项中约定"选择银行按揭贷款方式的,最终审批权在金融机构……如因政策变化或银行信贷政策变化、个人资信问题等原因而不能采用贷款方式或贷款金额不足,乙方不得以此为由拒绝签署购房合同或解除本认购书。"故卢某阳、韦某英不得以其无法办理三成首付按揭贷款为由拒绝签署购房合同。纵观双方就商品房买卖合同的签订进行协商的整个过程,卢某阳、韦某英不仅未在双方约定的订约时限内与招商置地公司签订商品房买卖合同,而且在招商置地公司多次宽限期限内也未签订该合同,其理应承担不履行认购书确定的签约义务之违约责任,即按认购书第三条规定"因任何原因致使乙方不能采取按揭付款方式的,乙方应在甲方通知之日起 7 日内一次性补足房款,否则甲方有权解除购房的所有合同及补充协议,不再退还乙方已付定金。"承担违约责任。

【法院认为】

综上所述,本案案涉商品房买卖合同未能订立的原因在购房者卢某阳、韦某英一方,并不是原一、二审判决认定的"因不可归责于当事人双方的事由"。因此,本案定金应当按照法律关于定金的规定处理,即交付定金一方违约,接受定金一方可不予退还定金。原一、二审判决认定事实部分有误,导致判决结果不当,应予以纠正。

【裁判结果】

再审判决如下:(1)撤销重庆市第五中级人民法院(2017)渝 05 民终 7425 号民事判决和重庆市南岸区人民法院(2017)渝 0108 民初 12040 号民事判决;(2)驳回卢某阳、韦某英的诉讼请求。一审案件受理费 6900 元,二审案件受理费 13800 元,由卢某阳、韦某英负担。本判决为终审判决。

[参见中国裁判文书网。]

12. 开发商与购房人虚假签订商品房预售合同并以该预售商品房为抵押套取银行贷款，在办理过抵押预告登记的情况下，银行能否就该预售房屋行使抵押权？

【公报案例】

中国光大银行股份有限公司上海青浦支行与上海东鹤房地产有限公司、陈某绮保证合同纠纷案

【裁判要旨】

抵押预告登记，是为抵押权的实现而设立的一种预先的排他性保全，其所登记的是将来发生抵押权变动的请求权，而并非现实的抵押权。以预售商品房作为抵押物，只有在房屋建成并办理抵押权设立登记之后，抵押权人才能享有现实的抵押权。开发商与购房人虚假签订商品房预售合同，目的在于套取银行贷款，属于恶意串通，损害第三人利益的行为，该商品房预售合同应属于无效合同，购房人不能因此取得预售商品房的产权，也就无法为该房屋办理抵押权设立登记，因此，银行不能就该房屋行使抵押权。开发商与购房人签订虚假的商品房预售合同，并以该预售商品房抵押套取银行贷款的，应当认定该商品房预售合同无效，开发商与购房人应当对银行贷款承担连带清偿责任。

【案号索引】

上海市第二中级人民法院(2012)沪二中民六(商)终字第139号

【当事人信息】

原告：中国光大银行股份有限公司上海青浦支行(以下简称光大银行)

被告：上海东鹤房地产有限公司(以下简称东鹤公司)

被告：陈某绮

【基本案情】

原告光大银行因与被告东鹤公司、被告陈某绮发生保证合同纠纷，向上海市青浦区人民法院提起诉讼。

上海市青浦区人民法院一审查明：

1. 2007年8月29日，原告光大银行与被告陈某绮、东鹤公司签订《个人贷款合

同(抵押、保证)》1份,约定陈某绮向光大银行借款37万元,用于购房。陈某绮以坐落于上海市青浦区鹤如路185弄20号102房屋作为抵押物提供担保,担保范围包括利息、律师费等;贷款期限自2007年9月12日至2037年9月12日,还款方式采用等额还本付息法。东鹤公司作为保证人在合同上盖章。合同签订后,光大银行和陈某绮于2007年9月12日办理抵押物登记手续,光大银行于同日发放贷款。

2. 2010年12月28日,上海市青浦区人民法院受理陈某绮诉东鹤公司商品房预售合同纠纷案。审理中,光大银行作为第三人参加诉讼。上海市青浦区人民法院在审理该案中认为,陈某绮和东鹤公司通过签订商品房预售合同的合法形式,掩盖了东鹤公司获得银行贷款的非法目的,该行为损害了他人的利益,故合同无效。因商品房预售合同被确认无效,贷款合同的目的已无法实现,故该贷款合同应一并予以解除。据此上海市青浦区人民法院作出(2011)青民三(民)初字第79号民事判决,判决合同无效;陈某绮归还光大银行借款本金355672.35元及截至2011年3月29日的利息。陈某绮不服该判决提起上诉,上海市第二中级人民法院作出(2011)沪二中民二(民)终字第1370号民事判决,驳回上诉,维持原判。之后,光大银行收到归还的贷款820.09元。

3. 光大银行为本案一审支出的律师费用为5000元。

上海市青浦区人民法院一审认为:原告光大银行与被告东鹤公司、陈某绮签订的《个人贷款合同(抵押、保证)》是当事人在平等、自愿的基础上缔结的,是其真实意思表示,合法有效。由于贷款合同被判令解除后,陈某绮未履行生效判决规定的还款义务,根据合同约定,光大银行有权行使抵押权。东鹤公司作为保证人也应承担相应的保证责任。光大银行为本案支付的律师代理费为5000元,根据合同约定,此款应由陈某绮偿付,东鹤公司承担保证责任。对光大银行主张的其他律师代理费,因非本案支出的费用,故不予支持。由于光大银行的债权既有保证又有物的担保,故东鹤公司对物的担保以外的债权承担保证责任。鉴于借款合同的有效性已在前述作了认定,故保证合同有效,东鹤公司仍应承担保证责任。陈某绮经合法传唤无正当理由拒不到庭参加诉讼,放弃了自己的抗辩权利。

综上,上海市青浦区人民法院于2012年5月30日作出判决:(1)陈某绮应于判决生效之日起10日内偿付光大银行律师代理费5000元;(2)如陈某绮未履行(2011)青民三(民)初字第79号民事判决确定的归还借款本金354852.26元(2011年6月21日后的利息按合同规定计算)以及本判决第一条确定的律师费5000元,光大银行可以与抵押人陈某绮协议,以坐落于上海市青浦区鹤如路185弄20号102室房屋折价,或者申请以拍卖、变卖该抵押物所得价款优先受偿。抵押物折价或者拍卖、变卖后,其价款超过债权数额的部分归抵押人陈某绮所有,不足部分由陈某绮清偿;(3)在陈某绮提供的抵押物不足以清偿全部债务时,由东鹤公司对不足部分债务承担连带清偿责任。东鹤公司承担保证责任后,有权向陈某绮追偿。

光大银行、东鹤公司均不服一审判决,向上海市第二中级人民法院提起上诉。

上海市第二中级人民法院经二审,确认了一审查明的事实。另查明:(1)上诉人光大银行和被上诉人陈某绮于2007年9月12日办理预告登记(预购商品房抵押)。一审对此表述欠妥,应予纠正。(2)上诉人东鹤公司自愿为被上诉人陈某绮在贷款合同项下所产生的全部债务向上诉人光大银行提供阶段性连带责任保证,如陈某绮未按合同约定履行还款义务,东鹤公司保证向光大银行履行还款义务,保证期间从合同签署之日起至抵押人就抵押物有效设定抵押,且相关抵押物权利证明及设定抵押的相关文件交付贷款人正式执管之日止。(3)上诉人光大银行参加被上诉人陈某绮与上诉人东鹤公司商品房预售合同纠纷案一、二审诉讼,为此支出律师费10000元,参加本案诉讼,支出律师费5000元。(4)截至2011年6月20日,被上诉人陈某绮欠付的期内利息及逾期利息计7843.86元,其中,自2011年3月30日起至2011年6月20日止,陈某绮欠付的期内利息及逾期利息计5263.01元。

本案二审的争议焦点是:(1)上诉人光大银行对涉案房产能否行使抵押权;(2)上诉人东鹤公司在本案中是否承担法律责任;(3)光大银行主张的利息、逾期利息及律师费是否应予支持。

【法院认为】

上海市第二中级人民法院二审认为:

1. 关于第一个争议焦点:上诉人光大银行对涉案房产能否行使抵押权。二审法院认为,系争房产上设定的抵押预告登记,与抵押权设立登记具有不同的法律性质和法律效力。根据相关法律法规的规定,预告登记后,未经预告登记的权利人同意,处分该不动产的,不发生物权效力。预告登记后,债权消灭或者自能够进行不动产登记之日起3个月内未申请登记的,预告登记失效。抵押权预告登记所登记的并非现实的抵押权,而是将来发生抵押权变动的请求权,该请求权具有排他效力。因此,上诉人光大银行作为系争房屋抵押权预告登记的权利人,在未办理房屋抵押权设立登记之前,其享有的是当抵押登记条件成就或约定期限届满对系争房屋办理抵押权登记的请求权,并可排他性地对抗他人针对系争房屋的处分,但并非对系争房屋享有现实抵押权,一审判决对光大银行有权行使抵押权的认定有误,应予纠正。

2. 关于第二个争议焦点:上诉人东鹤公司在本案中是否承担法律责任。二审法院认为,东鹤公司提供阶段性连带保证的主合同为系争贷款合同,现主合同虽被解除,在东鹤公司与光大银行未在保证合同中另有约定的情况下,保证人东鹤公司仍应对债务人的相关民事责任承担连带清偿的保证责任。而所谓阶段性连带保证,其本意就是让房产开发商为借款人在该阶段内(贷款合同签署之日起至抵押有效设定,相关权利证明文件交付银行执管之日止)向银行履行还款义务提供保证,亦为银行获得安全的房屋抵押担保的等待过程提供保证。一旦房屋抵押设定成功，该阶段性保证的任务完成，即阶段性保证期限届满之时即银行获得借款人的房屋抵押担保之时。本案抵押预告登记在未变更为抵押权设立登记之前，根据物权法定原则，上诉人光大银行就抵押房屋处分并优先受偿的权利在行使要件上有所欠缺，即上诉人东鹤公司提供的阶段性连带保证的期限届满条件未成就。且该期限届满条件的未成就并非光大银行造成，而是东鹤公司与被上诉人陈某绮恶意串通，以商品房买卖为名，行东鹤公司融资之实，损害了光大银行的利益，危及银行贷款安全，陈某绮与东鹤公司具有明显过错。因此，东鹤公司应对陈某绮因贷款合同产生的所有债务承担连带清偿责任。至于东鹤公司承担连带清偿责任之后与陈某绮之间的权利义务关系，双方可能另行存在约定，东鹤公司可与陈某绮另行解决，本案中不予处理追偿权问题。

3. 关于第三个争议焦点：上诉人光大银行主张的利息、逾期利息及律师费是否应予支持。二审法院认为，上诉人光大银行在本案中对被上诉人陈某绮的利息主张与另案生效判决存在部分期间的重叠，故本案对光大银行向陈某绮主张的利息中，计算重复部分不予支持，本案中陈某绮应付的利息应自 2011 年 3 月 30 日起算。对于光大银行主张的律师费，其作为第三人申请参加另案诉讼的审理，由此产生的律师费不能在本案中予以主张。至于光大银行主张因本案保证合同诉讼所产生的律师费，一审法院已阐明了支持的理由，并无不当。

【裁判结果】

综上所述，一审判决确有错误，应予改判。上海市第二中级人民法院判决如下：(1)维持上海市青浦区人民法院(2012)青民二(商)初字第 457 号民事判决第(一)项；(2)撤销上海市青浦区人民法院(2012)青民二(商)初字第 457 号民事判决第(二)项、第(三)项；(3)被上诉人陈某绮应于本判决生效之日起 10 日内支付上诉人光大银行自 2011 年 3 月 30 日起至 2011 年 6 月 20 日止的期内利息及逾期利息计人民币 5263.01 元以及自 2011 年 6 月 21 日起至实际清偿完毕日止的逾期利息(以本金人民币 354852.26 元为基数，按照合同约定的贷款执行利率基础上上浮 30% 计收)；(4)上诉人东鹤公司应连带清偿被上诉人陈某绮借款本金人民币 354852.26 元，截至 2011 年 6 月 20 日的期内利息及逾期利息计人民币 7843.86 元以及自 2011 年 6 月 21 日起至实际清偿完毕日止的逾期利息(以本金人民币 354852.26 元为基数，按照合同约定的贷款执行利率基础上上浮 30% 计收)；(5)上诉人东鹤公司对本判决第(一)项陈某绮的给付义务承担连带清偿责任；(6)驳回上诉人中国光大银行股份有限公司上海青浦支行其他诉讼请求；(7)驳回上诉人上海东鹤房地产有限公司的上诉请求。本判决为终审判决。

[参见最高人民法院办公厅编：《最高人民法院公报》2014 年第 9 期。]

13. 虚构房屋买卖并抵押贷款情形下抵押权的善意取得如何认定?

【审判专论】

当事人双方虚构房屋买卖合同并以该房屋抵押向银行申请贷款的,房屋买卖合同的效力不影响抵押借款合同的效力,亦不影响银行对抵押权的善意取得。银行可基于善意,依法主张对该房屋的优先受偿权。在不符合贷款条件的情况下,当事人双方虚构房屋买卖合同并以该房屋抵押向银行申请贷款,虽然房屋买卖合同被依法认定无效,但当事人蓄意欺骗、过错在先,如果银行在办理贷款过程中符合内部规范和行业习惯,则不能由此推定银行在审查房屋买卖合同真实性问题上存在过错,且房屋买卖合同与抵押借款合同系两份独立的合同,房屋买卖合同并非抵押借款合同的主合同,因此房屋买卖合同的效力不影响抵押借款合同的效力。在房屋抵押已经办理登记、抵押权依法设立的情况下,如果银行对当事人签订虚假房屋买卖合同的事实并不知晓,且无证据证明银行在取得抵押权的过程中存在过错,则应认定银行依法善意取得该房屋抵押权,房屋买卖合同事后被认定无效的,不影响抵押借款合同的效力,亦不影响银行对抵押权的善意取得,银行可基于善意,依法主张对该房屋的优先受偿权。

[参见吴金水主编:《借款担保案件裁判要点与观点》,法律出版社2016年版。]

第八章 房屋租赁合同效力纠纷

1. 当事人违反法律规定签订的房屋租赁合同是否具有法律效力?

【公报案例】

海军航空兵海南办事处诉深圳市三九旅游酒店有限公司等房屋租赁合同纠纷上诉案

【裁判要旨】

租赁合同是出租人将租赁物交付承租人使用、收益,承租人支付租金的合同。租赁双方当事人订立合同的行为是民事法律行为,民事法律行为不得违反法律或者社会公共利益。《民法典》生效前,我国《合同法》第五十二条规定,违反法律、行政法规的强制性规定的,合同无效。《民法典》生效后,第一百五十三条规定,违反法律、行政法规的强制性规定的民事法律行为无效。但是,该强制性规定不导致该民事法律行为无效的除外。所以,当事人违反法律规定签订房屋租赁合同属无效合同,不具有法律效力。当合同无效时,《民法典》生效前,依据《民法通则》第六十一条第一款的规定,民事行为被确认为无效后,当事人因该行为取得的财产,应当返还给受损失的一方。有过错的一方应当赔偿对方因此所受的损失,双方都有过错的,应当各自承担相应的责任。《民法典》生效后,依据第一百五十七条的规定,民事法律行为无效、被撤销或者确定不发生效力后,行为人因该行为取得的财产,应当予以返还;不能返还或者没有必要返还的,应当折价补偿。有过错的一方应当赔偿对方由此所受到的损失;各方都有过错的,应当各自承担相应的责任。法律另有规定的,依照其规定。

【案号索引】

最高人民法院(2003)民一终字第35号

【当事人信息】

上诉人(原审被告):中国人民解放军海军航空兵部海南办事处(以下简称海航办事处)

被上诉人(原审原告):深圳市三九旅游酒店有限公司[原名深圳三九旅游酒店(集团)有限责任公司](以下简称深圳三九公司)

被上诉人(原审原告):海南三九旅游服务有限公司(以下简称海南三九公司)

【基本案情】

上诉人中国人民解放军海军航空兵部海南办事处与被上诉人深圳三九公司、海南三九公司房屋租赁合同纠纷一案,中国人民解放军军事法院于2003年3月18日作出(2002)军民初字第1号民事判决,海航办事处对该判决不服,向本院提起上诉。本院依法组成合议庭于2003年7月10日对本案进行了公开审理,本案现已审理终结。

一审法院查明:1994年1月25日,深圳三九公司与海航办事处签订《京航大厦租赁合同》,双方约定:海航办事处将其独资兴建的京航大厦(建筑面积22000平方米及大厦东侧、南侧前的场地1500平方米)出租给深圳三九公司经营,租期为12年,从1995年4月1日起至2007年3月30日止,年租金为人民币1500万元。每月1日前付清每月租金125万元,逾期3个月不交清租金,甲方有权收回乙方房产经营权(包括乙方投资装修的不动产)。同日,双方还签订了《京航大厦装修标准及设备标准》,对土建设备、设施部分作了约定。为了履行合同,深圳三九公司出资,以京航大厦为住所地和经营场所,于1994年2月18日注册成立了海南三九公司,委任丁某虹为该公司法定代表人。海南三九公司成立后,又与海航办事处签订一份《京航大厦租赁合同》,时间、内容与深圳三九公司和海航办事处签订的《京航大厦租赁合同》基本相同。1994年11月,经海航办事处同意,海南三九公司又注册成立了海南三九国际大酒店有限公司(法定代表人仍系丁某虹)、海南三九国际大酒店(非独立法人,负责人李某维)。1994年7月15日,海南三九公司与海航办事处签订《京航大厦租赁合同补充协议书》,约定将京航大厦北侧的1330平方米空地划归海南三九公司兴建酒店、餐厅操作间、歌舞厅、锅炉房等附属用房,并对附属房的建设、管理等作了约定。1994年10月25日和1995年3月20日,海南三九公司与海航办事处先后签订了《京航大厦部分楼层移交协议》和《京航大厦项目移交协议》。此后,海南三九公司组织施工,对大厦进行了设备安装、装修和对附楼进行土建。1995年4月26日,海南三九国际大酒店有限公司与海航办事处签订了《京航大厦租赁合同推迟起租日期的补充协议》,将起租时间变为1995年8月1日起至2007

年7月30日止。

签订《京航大厦租赁合同》后,海南三九公司于1994年3月15日付给海航办事处定金500万元,1997年5月8日付租金200万元,1997年6月17日支付5万元。合同约定的其余租金,深圳三九公司和海南三九公司未付。京航大厦的装饰工程亦因深圳三九公司、海南三九公司资金不足,未能按计划和标准完成。在此期间,海南三九公司就水、电、通信等问题曾多次向海航办事处提出要求未果。1996年6月1日至1998年5月27日,海航办事处曾多次致函深圳三九公司、海南三九公司、海南三九国际大酒店有限公司索要房租,否则终止《京航大厦租赁合同》及所有补充协议,按合同约定无条件收回京航大厦的使用权。1998年7月12日,海南三九公司与海航办事处签署了会谈纪要,双方同意从1998年7月13日起,海南三九公司将京航大厦交还海航办事处管理。同时,海南三九公司提出保留通过法律程序解决这一问题的权利。

另查明,1992年7月18日、8月30日,海航办事处向海口市城市规划局申报兴建海军航空兵部综合楼、商住楼项目。海口市城市规划局于1992年11月2日批复同意。但海航办事处未能提交关于兴建京航大厦项目的军队报批文件。京航大厦1992年12月开工,1994年7月30日竣工,外墙装饰工程与内墙4层、5层、6层装饰工程已完工,其余楼层及室外工程和水电部分未完工,亦未验收。京航大厦建成以后,海航办事处至原一审期间未向一审法院提供国有土地使用证和房屋所有权证。1994年10月15日,海军航空兵后勤技术部曾批复同意京航大厦出租,但要求海航办事处办理房产经营许可证。一审期间,海航办事处提交了1995年1月1日由海军房地产管理局签发的中国人民解放军利用房地产开展经营活动许可证复印件,载明房屋地址是海口市机场路33号。但经一审法院查明,该大厦原坐落于机场路1号,1997年7月29日才编制为机场路33号。一审法院重审期间,海航办事处向该院提交了海口市房产管理局1999年8月20日向海航办事处签发的房屋所有权证复印件和海口市国土海洋资源局2000年7月10日的证明函,函中称:1999年8月向海航办事处核发了包括京航大厦建筑在内的国有土地使用证。

1998年8月20日,深圳三九公司向一审法院起诉,要求海航办事处赔偿损失1100万元。1998年10月20日,深圳三九公司变更诉讼请求,请求判决双方签订的所有合同无效,由对方承担全部责任,除返还其全部投入外,赔偿损失1340.2万元,承担诉讼费用。1999年1月27日,中国人民解放军军事法院作出(1998)军经初字第2号民事判决。海航办事处对该判决不服,向本院提出上诉。本院经审理,于2001年12月22日以(1999)经终字第138号民事裁定将该案发回重审。

重审期间,根据海南三九公司的申请,一审法院决定追加海南三九公司为共同原告参加诉讼。海航办事处对此提出管辖权异议申请,认为军事法院对海南三九公司无管辖权，更不应追加其为共同原告。一审法院依法裁定驳回该办事处的管辖异议申请。海航办事处对此未再上诉。2002 年 6 月 21 日，海航办事处就其与海南三九公司的房屋租赁合同纠纷向海南省海口市中级人民法院起诉，请求确认双方签订的《京航大厦租赁合同》有效，判令海南三九公司给付房屋租金 2825 万元。同年 9 月 9 日，海口市中级人民法院裁定将该案移送军事法院审理。一审法院重审期间，深圳三九公司、海南三九公司提出变更诉讼请求为：请求判令海航办事处返还其工程投资款 1722 万元和其直接支付的租金 705 万元；赔偿其缔约损失 2919521.26 元和贷款利息损失 1633.49 万元，并要求重新进行评估。一审法院鉴于双方当事人对原评估报告提出的异议和海航办事处的请求，于 2002 年 10 月 10 日委托北京市金利安房地产咨询评估有限责任公司进行重新评估，结论为：深圳三九公司、海南三九公司安装在京航大厦主楼的装饰及设备 1995 年 8 月 1 日的价格为 12528880.43 元，1998 年 7 月 12 日的价格为 8770216 元；深圳三九公司、海南三九公司对附属楼土建 1998 年 7 月 12 日的价格为 486.0486 万元，到 2002 年 10 月 12 日的折旧价格为 437.4437 万元（均包括建设附属楼的外欠工程款 159 万元）；海南三九公司在 1998 年 7 月 12 日将京航大厦移交给海航办事处时从现场领走设备及有关物品，按照当时的价格为 1462248.3 元；海航办事处 1995 年 8 月 1 日至 1998 年 7 月 12 日京航大厦房地产收益损失即合理使用费为 13890178 元。

【法院认为】

一审法院认为，被告海航办事处在该案重审期间，以原告的身份向海南省海口市中级人民法院起诉海南三九公司，海口市中级人民法院裁定移送该院审理；因海航办事处起诉海南三九公司讼争所指向的标的以及依据的事实均相同，所以该院不再另行作出判决。深圳三九公司 1994 年 1 月 25 日与海航办事处签订《京航大厦租赁合同》后，为履行合同，经申请并经当时的中国人民解放军海南经营开发办事处批准和当地工商管理部门注册成立了海南三九公司，深圳三九公司出资由海南三九公司具体履行合同。海南三九公司 1994 年 2 月 18 日成立后，又与海航办事处签订了和深圳三九公司与海航办事处同一时间和内容的《京航大厦租赁合同》。其间，海南三九公司也从银行贷款用于京航大厦的装修和附属楼的建设。因此，该案的诉讼结果与深圳三九公司和海南三九公司均有直接的利害关系，根据海南三九公司的申请，追加其作为共同原告参加该案的诉讼活动符合法律规定。被告海航办事处提出深圳三九公司没有履行合同，其有起诉权利，但诉讼请求缺乏依据及军事法院对海南三九公司无管辖权、更不应追加其为共同原告参加诉讼的理由不能成立。海航办事处向该院提交的 1995 年 1 月 1 日由海军房地产管理局签发的坐落于海口市机场路 33 号 3 万平方米的京航大厦的中国人民解放军利用房地产开展经营活动许可证不具有真实性，不予采信。考虑原、被告双方对原评估结果提出的异议，该院另委托评估单位进行了重新评估，重新评估的结论，已经双方当事人质证，是为司法裁判的参考依据。海南三九公司保存和自行处理价值 1462248.3 元设备物品，由深圳三九公司、海南三九公司自行负责。深圳三九公司、海南三九公司装修京航大厦外欠工程款 28 万元，随京航大厦的移交由海航办事处负责清偿。深圳、海南三九公司错误估计市场，盲目投资，对于损失的扩大未采取及时有效的措施，应该承担已投入资金的利息损失的责任。海航办事处投资 46734692 元所建 22344.7 平方米的京航大厦，违反了中央军委关于必须向总后勤部报批的规定，出租京航大厦亦没有报总后勤部审批和办理中国人民解放军利用房地产开展经营活动许可证，违反了《城市房地产管理法》，未在法律规定的期限内到有关主管部门登记、办理国有土地使用证、房屋所有权证，故海航办事处与深圳三九公司、海南三九公司所签订的《京航大厦租赁合同》及《补充协议》等附属合同均无效。海航办事处提出应认定其与海南三九公司签订的《京航大厦租赁合同》合法有效的理由，该院不予支持。对此，原告与被告均有过错。海航办事处违反国家和军队的有关规定，建设、出租京航大厦，应承担相应的责任，深圳三九公司和海南三九公司明知海航办事处违反国家规定无权出租，而盲目签约，亦应承担相应的责任。

【裁判结果】

一审判决如下：(1)海航办事处与深圳三九公司、海南三九公司签订的《京航大厦租赁合同》及附属合同均无效。(2)海航办事处返还深圳三九公司、海南三九公司以定金等方式支付的 705 万元及该款利息的 50%（利息从付款之日起算至还款之日止，按中国人民银行规定的同期流动资金一年期贷款利息计算）。(3)深圳三九公司、海南三九公司独资建筑的附属楼随主楼移交给海航办事处。海航办事处支付深圳三九公司、海南三九公司建筑附属楼至 2002 年 10 月 12 日价值 4374437 元的投资款（不含 159 万元工程款的中国人民银行规定的同期流动资金一年期贷款利息）。(4)海航办事处给付深圳三九公司、海南三九公司 1998 年 7 月 12 日移交京航大厦时的投资折价款 8770216 元。(5)深圳三九公司、海南三九公司的投资折旧经济损失 4244713.43 元，自己承担 2122356.72 元，海航办事处承担 2122356.72 元。(6)深圳三九公司、海南三九公司给付海航办事处占用京航大厦期间的合理使用费 1120 万元。以上相抵后，被告海航办事处支付给原告深圳、海南三九公司 11117009.72 元（不含第二条中 705 万元利息的 50%、第三条中 159 万元的利息）。驳回双方当事人的其他诉讼请求。原告深圳三九公司缴纳的诉讼费和被告海航办事处缴纳的上诉费，由原告、被告各自承担。

海航办事处不服一审判决向本院上诉。二审期间，经本院主持调解，双方当事人经友好协商，互谅互让，达成如下调解协议：(1)海航办事处同意将其应返还给深圳三九公司、海南三九公司定金及其利息、京航大厦装修及附楼的折价以及现存于京航大厦、由海航办事处实际保管的卫生洁具等，与深圳三九公司、海南三九公司应当支付给其的房屋使用费进行折抵后，海航办事处再支付给深圳三九公司、海南三九公司900万元，双方就此了结京航大厦房屋租赁合同纠纷。(2)双方同意上述900万元款项分3期支付:2003年9月30日之前，海航办事处支付300万元;2004年7月31日之前海航办事处支付300万元，并按中国人民银行规定的同期贷款利率给付利息，利息按欠款600万元计;2005年7月31日之前支付300万元，并按中国人民银行规定的同期贷款利率给付该款的利息。(3)如果前一笔款项到期后，海航办事处不履行义务，则应当支付罚息;深圳三九公司、海南三九公司也可以就全部债权申请法院强制执行。(4)一审案件受理费由深圳三九公司负担;二审案件受理费由海航办事处负担。鉴定费、诉讼保全费双方已付部分，由双方各自负担。

[参见最高人民法院办公厅编:《最高人民法院公报》2003年第4期。]

2. 房屋租赁合同中，承租人以房屋未依法经消防验收合格为由主张合同无效，但在一审法庭辩论终结前经消防验收合格的，合同效力如何?

【典型案例】

赵某诉浙江现代公司房屋租赁合同纠纷案

【裁判要旨】

无效合同效力补正，是指合同依法本应当被认定无效，但允许当事人在一定期限内采取措施对合同效力加以完善，或者因某些客观事由使合同中的无效情形自动消除，从而使原本无效的合同转化为有效合同。依法必须经过公安消防机构验收的房屋未经消防验收合格，以该房屋为标的物订立的房屋租赁合同，因违反标的确定、可能和合法的合同有效要件之规定，应当认定无效。但是在一审法庭辩论终结前经消防验收合格的，由于租赁标的物符合了法律规定，因此无效合同经过瑕疵补正而变为有效。

【案号索引】

一审:杭州市余杭区人民法院(2011)杭余民初字第287号

二审:杭州市中级人民法院(2012)浙杭民终字第114号

【基本案情】

赵某与浙江现代公司(以下简称现代公司)于2009年11月4日签订营业房租赁合同一份,约定由赵某承租现代公司位于杭州农副产品物流中心的副食品交易市场的2号市场1楼2-1-130号、198号、199号3间营业房,租赁期限1年,时间自所在市场正式开业当天起计算,年租金36278元。合同还约定了其他事项。同时,根据该租赁合同的约定,赵某与现代公司委托管理市场的浙江食品市场另行签订营业房管理合同1份。合同签订当天,赵某支付了租金及其他费用。2009年12月,赵某对所承租的营业房进行了装修。合同期届满后,双方未再续签租赁合同。

赵某以现代公司开办市场的建设工程未经消防验收,违反法律的强制性规定为由,诉至浙江省杭州市余杭区人民法院,要求认定双方租赁合同及管理合同无效。

另查明,现代公司开办的副食品交易市场2号市场于2009年12月28日正式开业,该市场建设工程经杭州市公安消防局进行消防验收,杭州市公安消防局于2011年10月8日向被告出具了工程消防验收合格的意见书。

【法院认为】

余杭法院经审理认为,原、被告之间的房屋租赁合同系当事人的真实意思表示,且合同租赁期限已届满。现原告赵某以被告开办市场的建设工程未经消防验收,违反法律的强制性规定为由,要求认定双方租赁合同及管理合同无效。但被告2号市场的建设工程在本案法庭辩论终结前已经消防验收合格,且原、被告之间的租赁合同已经届满,原告赵某主张租赁合同无效已没有必要。据此,一审法院判决驳回原告赵某的诉讼请求。

宣判后,原告赵某不服一审判决,向杭州市中级人民法院提起上诉。

杭州市中级人民法院经审理认为,原审法院根据现代公司提交的杭州市公安消防局建设工程消防验收意见书,作出现代公司开办的副食品交易市场2号市场已于2011年10月8日经消防验收合格的事实认定,符合证据所反映出的客观情况,故对赵某针对事实认定提出的上诉理由不予支持。原审法院鉴于现代公司的上述工程项目在本案的法庭辩论终结前已经消防验收合格,且双方之间的租赁合同也已经实际履行,故认定赵某与现代公司之间的租赁合同有效,并无不妥,故亦不支持赵某针对合同效力提出的上诉请求。

【裁判结果】

二审判决:驳回上诉,维持原判。

[参见李如兴、付春杰:《未经消防验收房屋出租合同的效力认定》,载《人民法院报》2012年12月6日,第6版。]

【审判政策与精神】

北京市高级人民法院关于印发《北京市高级人民法院关于审理房屋租赁合同纠纷案件若干疑难问题的解答》的通知（2013年12月19日　京高法发〔2013〕462号）

3. 当事人就未经工程竣工或消防验收合格的房屋订立租赁合同的效力如何认定？

当事人一方以租赁房屋未办理工程竣工或消防验收，或者经验收不合格为由，要求确认房屋租赁合同无效的，不予支持。

租赁房屋因出租人原因未经工程竣工或消防验收合格致使房屋不符合使用条件，承租人依据《最高人民法院关于审理城镇房屋租赁合同纠纷案件具体应用法律若干问题的解释》（下称《解释》）第八条第（三）项规定要求解除租赁合同的，应予支持。

3. 房屋租赁合同违反管理性强制规定，是否导致合同无效？

【典型案例】

北京佳融嘉禾投资管理有限公司诉中国人民公安大学等房屋租赁合同纠纷案

【裁判要旨】

“违反法律、行政法规的强制性规定”是合同无效的法定情形之一，但并不是违反强制性规定的合同都必然无效。强制性规定包括效力性强制性规定和管理性强制性规定。效力性强制性规定是指法律及行政法规明确规定违反该类规定将导致合同无效的规范，旨在否定其在民商法上的效力。管理性强制性规定是指法律及行政法规未明确规定违反此类规范将导致合同无效的规范，并不否认该行为在民商法上的效力。当事人之间签订租赁合同未按照法律、行政法规规定办理登记备案手续，属于违反管理性强制规定，不必然导致合同无效。

【案号索引】

一审判决书：北京市昌平区人民法院（2013）民字第01140号

二审判决书：北京市第一中级人民法院（2013）民终字第13718号

【当事人信息】

原告(上诉人):北京佳融嘉禾投资管理有限公司(以下简称佳融嘉禾公司)

被告(被上诉人):北京华人巨擎投资有限责任公司(以下简称华人巨擎公司)

被告(被上诉人):中国人民公安大学(以下简称公安大学)

【基本案情】

北京市昌平区人民法院经公开审理查明:2012年4月21日,华人巨擎公司(甲方)与佳融嘉禾公司(乙方)签订"房屋租赁合同",约定:甲方将位于昌平区沙河镇柴禾市大街2号院内的9号楼(主楼)、6号楼、7号楼、8号楼、5号楼及5号楼配房房屋出租给乙方使用,建筑面积约11000平方米;租赁期限自2012年4月23日起至2020年7月31日止,租期8年整,其中自2012年4月23日起至2012年7月31日止为乙方装修期,装修期内不计房租,水、电按实际使用收费;第1年、第2年、第3年年租金为人民币480万元,第4年、第5年、第6年年租金为人民币500万元,第7年、第8年年租金为人民币520万元,水、电、供暖、卫生、停车费等费用另计;本合同签订时,乙方向甲方支付人民币40万元,作为乙方履行本合同各项条款的履约保证金,若乙方租赁期内违反本合同任何条款约定,则保证金不予退还;乙方于本合同签订时向甲方支付首期租金240万元,方可进场;房屋用途为老人教育、文化、办公、商业(洗浴、KTV除外)等国家允许范围内的合法经营项目,严禁经营法律禁止的项目,租赁期内严禁无照经营;乙方在充分知晓所承租房屋现有的条件和房产手续及周边拆迁环境的状况下,承诺有能力、有关系、有办法独自申报消防手续和申办营业执照,并能搞好今后的经营,在办理和经营过程中若出现任何问题乙方愿自行承担责任,甲方不承担由此带来的任何损失。

同年,佳融嘉禾公司向华人巨擎公司交纳房屋租金240万元、保证金40万元。后华人巨擎公司陆续将房屋交付佳融嘉禾公司。

同年5月31日,华人巨擎公司(甲方)与佳融嘉禾公司(乙方)签订"终止协议",约定,经双方友好协商,甲、乙双方于2012年4月21日签署的"房屋租赁合同"自本协议签订之日起即行终止;因乙方不履行合同,并向甲方提出解除该合同之申请,属乙方单方违约,乙方自愿提出从已交纳的房租、保证金等款项中扣除98万元作为"房屋租赁合同"的违约金、赔偿金及乙方已使用的房屋租金付给甲方,甲方同意乙方申请,从乙方交纳的款项中扣除98万元作为乙方已使用的房屋租金及乙方不履行合同的违约金、赔偿金,并将剩余款项共计182万元足额退还乙方;甲、乙双方承诺所有费用及票据已结清,即日起甲、乙双方之间不再有任何权利义务关系。同日,佳融嘉禾公司撤离场地。

另查明:2000年11月,原交通部人民警察学校整建制划归公安大学,涉案房屋所属土地的使用权及涉案房屋的所有权归公安大学享有,土地属国有土地划拨性质。2012 年 4 月 21 日佳融嘉禾公司与华人巨擘公司签订“房屋租赁合同”时，华人巨擘公司向佳融嘉禾公司出具由公安大学加盖公章的“委托物业管理证明”，其内容为：“我单位同意将我单位所属位于北京市昌平区沙河镇柴禾市街二号 16656.19 平方米的房屋委托拟成立的北京华人巨擘投资有限责任公司昌平物业管理分公司从事物业管理，期限自 2012 年 2 月 1 日起至 2020 年 7 月 31 日止，在委托期限内，我单位同意以受托单位的名义，对外出租委托管理的部分房屋。”

2012 年 8 月 9 日，公安大学出具“关于我校沙河校区有关情况的说明”，载明：“公安大学将沙河校区建筑物、设备、设施整体委托北京华人巨擘投资有限责任公司进行管理，并且在受托期间，我校允许受托单位以自己的名义，对外出租委托管理的部分房屋。”

至法庭辩论终结前，华人巨擘公司与公安大学未能提交土地使用权出让合同和缴纳土地出让金的证明及出租土地的批准登记手续等。

【法院认为】

北京市昌平区人民法院经审理认为：受托人以自己的名义，在委托人的授权范围内与第三人订立合同，第三人在订立合同时知道受托人与委托人之间的代理关系的，该合同直接约束委托人和第三人，但有确切证据证明该合同只约束受托人和第三人的除外。本案中公安大学委托华人巨擘公司出租房屋，佳融嘉禾公司对此亦知情，故佳融嘉禾公司与华人巨擘公司签订的“房屋租赁合同”及“终止协议”应直接约束出租方公安大学与承租方佳融嘉禾公司。佳融嘉禾公司以公安大学擅自出租划拨取得的土地、改变土地用途、违反公共利益、违反有关合同无效的强制性规定、违反《划拨土地使用权管理暂行办法》规定及房屋没有取得产权证为由，要求确认“房屋租赁合同”及“终止协议”无效及二被告返还租金 98 万元。本院认为，第一，依法成立的合同受法律保护，“房屋租赁合同”及“终止协议”，均系当事人的真实意思表示，未违反社会公共利益及第三人合法权益，亦未违反法律法规的强制性规定，合法有效，双方均应按照协议约定全面履行各自的义务。佳融嘉禾公司与华人巨擘公司自愿签订了“房屋租赁合同”，又通过签订“终止协议”的方式协商解除了“房屋租赁合同”，并对房租、违约金、赔偿金等事宜达成一致意见且已履行完毕，故佳融嘉禾公司与公安大学之间有关房屋租赁的权利义务关系即行终止。第二，《合同法》第五十二条第五项①规定：违反法律、行政法规的强制性规定的合同无效。《最高人民法院关于适用〈中华人民共和国合同法〉若干问题的解释（二）》第十四条规定：《合同法》第五十二条第五项规定的“强制性规定”，是指效力性强制性规

---

① 现为《民法典》第一百五十三条：违反法律、行政法规的强制性规定的民事法律行为无效。但是，该强制性规定不导致该民事法律行为无效的除外。

定。《城市房地产管理法》第五十六条规定：以营利为目的，房屋所有权人将以划拨方式取得使用权的国有土地上建成的房屋出租的，应当将租金中所含土地收益上缴国家，具体办法由国务院规定。《城镇国有土地使用权出让和转让暂行条例》第四十四条规定：划拨土地使用权，除本条例第四十五条规定的情况外，不得转让、出租、抵押。第四十五条规定：符合下列条件的，经市、县人民政府土地管理部门和房产管理部门批准，其划拨土地使用权和地上建筑物，其他附着物所有权可以转让、出租、抵押：(1)土地使用者为公司、企业、其他经济组织和个人；(2)领有国有土地使用证；(3)具有地上建筑物、其他附着物合法的产权证明；(4)依照本条例第二章的规定签订土地使用权出让合同，向当地市、县人民政府补交土地使用权出让金或者以转让、出租、抵押所获收益抵交土地使用权出让金。佳融嘉禾公司与华人巨擎公司签订的"房屋租赁合同"，由于租赁房屋坐落的土地为国有划拨土地，名义上是出租划拨土地上的建筑物，实质上是连同国有划拨土地使用权一并出租。至法庭辩论终结前，华人巨擎公司与公安大学未能提交针对房屋及土地租赁行为已获得批准等的相关证据，亦未将租金中所含土地收益上缴国家，不符合法定手续。但上述有关办理审批登记备案手续等的相关法律法规规定属于管理性强制性规定，并非效力性强制性规定，不能作为房屋租赁合同的生效条件。当事人以房屋租赁合同未按照法律、行政法规规定办理登记备案手续为由，请求确认合同无效的，人民法院不予支持，出租方公安大学应当将划拨土地上的房屋出租所得租金中所含土地收益上缴国家，属行政部门处理范围，不是"房屋租赁合同"无效的法定事由，佳融嘉禾公司不能以此要求确认合同无效。第三，出租人就未取得建设工程规划许可证或者未按照建设工程规划许可证的规定建设的房屋，与承租人订立的租赁合同无效。本案中公安大学出租的房屋虽未取得房屋产权证书，但已取得主管部门颁发的建设工程规划许可证，佳融嘉禾公司不能以此理由要求确认"房屋租赁合同"无效。综上，佳融嘉禾公司以上述理由要求确认"房屋租赁合同"及"终止协议"无效以及华人巨擎公司与公安大学返还租金 98 万元的诉讼请求，于法无据，本院不予支持。华人巨擎公司认为"房屋租赁合同"系双方真实意思表示、已实际履行之答辩意见，与事实相符，本院予以采信；公安大学辩称其不应作为被告参加诉讼，与法律相悖，本院不予采信；华人巨擎公司与公安大学其他之答辩意见，对其合理部分，本院予以采信。

北京市昌平区人民法院判决：驳回原告佳融嘉禾公司的诉讼请求。案件受理费 13600 元，由原告佳融嘉禾公司负担(已交纳)。佳融嘉禾公司不服一审判决，提起上诉。

北京市第一中级人民法院经公开审理，确认一审法院认定的事实和证据。法院经审理认为：华人巨擎公司受公安大学委托与佳融嘉禾公司签订"房屋租赁合同”,并在合同履行过程中通过签订“终止协议”的方式协商解除了“房屋租赁合同”。“终止协议”对房租、违约金、赔偿金等事宜达成了一致意见且已履行完毕。上述“房屋租赁合同”及“终止协议”是双方的真实意思表示,且内容未违反法律、法规的强制性规定,合法有效。原审判决驳回佳融嘉禾公司的诉讼请求并无不当。佳融嘉禾公司主张“房屋租赁合同”及“终止协议”无效的理由于法无据,本院对其要求确认“房屋租赁合同”“终止协议”无效以及要求华人巨擎公司、公安大学返还98万元的上诉请求不予支持。

【裁判结果】

北京市第一中级人民法院二审判决:驳回上诉,维持原判。

[参见国家法官学院、中国人民大学法学院编:《中国审判案例要览(2014年民事审判案例卷)》,中国人民大学出版社2015年版。]

4. 租赁房屋具备建设工程规划许可证但未经竣工验收的,房屋租赁合同是否有效?

【典型案例】

七天快捷酒店管理(北京)有限公司等诉上海松瓯实业有限公司等房屋租赁合同纠纷案

【裁判要旨】

《建筑法》第六十一条第二款规定,建筑工程竣工经验收合格后,方可交付使用;未经验收或者验收不合格的,不得交付使用。该规定是管理性强制性规定,而非效力性强制性规定。租赁房屋具备建设工程规划许可证但未经竣工验收,表明该租赁房屋的建设施工是合法的,虽然在施工后的“竣工验收”环节存在瑕疵,会使房屋租赁合同的履行前提条件受到影响,但并未禁止房屋的租赁行为。若强制性规定的意旨是加强行政管理,而非否定私法行为的效力;所规制的是合同履行前提条件,而非合同本身,则该强制性规定为管理性强制性规定,而非效力性强制性规定。因此,租赁房屋具备建设工程规划许可证但未经竣工验收,房屋租赁合同并不因此而无效,承租人以房屋未经竣工验收为由主张房屋租赁合同无效的,不予支持。

【案号索引】

一审:上海市松江区人民法院(2012)松民三(民)初字第1644号

二审：上海市第一中级人民法院(2012)沪一中民二(民)终字第3152号

【基本案情】

原告七天快捷酒店管理(北京)有限公司(以下简称快捷酒店北京公司)、七天快捷酒店管理(北京)有限公司上海松江店(以下简称快捷酒店松江店)诉称:《建筑法》第六十一条第二款规定:“建筑工程竣工经验收合格后,方可交付使用;未经验收或者验收不合格的,不得交付使用。”被告上海松瓯实业有限公司(以下简称松瓯公司)、上海沪松五金建材市场经营管理有限公司(以下简称沪松公司)没有证据证明其向原告出租的房屋已通过竣工验收,因此双方签订的房屋租赁合同违反了法律的强制性规定,应为无效。故请求法院判决:(1)原、被告签订的房屋租赁合同无效;(2)被告退还租赁保证金人民币36万元;(3)原告出资在租赁房屋装修装饰中未形成附合的装修装饰物由原告取回;(4)被告向原告赔偿房屋装修装饰(已形成附合)的损失2665500元;(5)被告向原告支付赔偿款3485830元。

被告松瓯公司、沪松公司辩称:《最高人民法院关于审理城镇房屋租赁合同纠纷案件具体应用法律若干问题的解释》(以下简称《房屋租赁司法解释》)第二条规定:出租人就未取得建设工程规划许可证或者未按照建设工程规划许可证的规定建设的房屋,与承租人订立的租赁合同无效。而被告出租给原告的房屋已经取得建设工程规划许可证,且并无法律规定租赁房屋未经竣工验收的,租赁合同无效,故原告主张合同无效的理由不成立。

【法院认为】

法院裁判认为:本案租赁房屋已取得建设工程规划许可证,对此双方均无异议。二审中上诉人快捷酒店北京公司、快捷酒店松江店所有上诉请求均是基于其对房屋租赁合同无效的判断,而其认为合同无效的理由即租赁房屋未经竣工验收,违反了《建筑法》第六十一条第二款关于“建筑工程未经竣工验收或者验收不合格的,不得交付使用”的强制性规定。

强制性规定分为效力性强制性规定与管理性强制性规定。《最高人民法院关于适用〈中华人民共和国合同法〉若干问题的解释(二)》第十四条规定,违反效力性强制性规定的合同无效。据此,对于违反强制性规定的合同效力的认定,依赖于对该项强制性规定类型的识别。本案二审的争议焦点就在于,《建筑法》第六十一条第二款为效力性强制性规定,抑或管理性强制性规定。

对于强制性规定类型的识别方法,因强制性规定以行为的管制为其目的,故采目的解释的方法,进行法律制度目的的追寻尤为重要;而以体系解释的方法进行类型识别则更加清晰、直观。本案中,从目的解释的角度看:所谓建筑工程的竣工验收是指建设单位收到施工单位的建筑工程竣工验收申请报告后,根据建筑工程质量管理法律制度和建筑工程竣工验收技术规范标准,以及建设工程合同的约定,组织设计、施工、工程监理等有关单位对建筑工程查验接收的行为。国务院于1998年颁布的《城市房地产开发经营管理条例》第十七条规定，房地产开发项目竣工后，房地产开发企业应当向相关房地产开发主管部门提出竣工验收申请。房地产开发主管部门收到竣工验收申请后组织工程质量监督、规划、消防、人防等有关部门或者单位进行验收。而此后，国务院及原建设部于2000年又分别下发了《建设工程质量管理条例》和《房屋建筑工程及市政基础设施工程竣工验收备案管理暂行办法》，规定建设单位收到建设工程竣工报告后，应当组织设计、施工、工程监理等有关单位进行竣工验收，并在竣工验收合格之日起15日内，将建设工程竣工验收报告和规划、公安消防、环保等部门出具的认可文件或者准许使用文件报相关部门备案。国务院《关于取消第一批行政审批项目的决定》（国发〔2002〕24号）第323项，则将"房地产开发项目竣工验收"的行政审批项目列为取消项目。可见，自2000年起，房屋竣工验收即由原来的行政许可制变为备案制。这一变化对于《建筑法》第六十一条第二款的类型认定具有重要意义，一方面，竣工验收是基于建设工程合同关系而在平等合同主体之间产生的权利、义务，而竣工验收由行政许可变为备案制，正是将国家行政权力对私法领域的干预控制在合理范围内。《建筑法》第六十一条第二款之规定强调的是建设单位应自觉、及时地履行竣工验收合同义务，否则将承担包括合同责任及行政处罚等在内的不利后果，而非强调否定私法行为的效力。另一方面，从《建筑法》的立法背景和目的看，《建筑法》出台于20世纪90年代后期，当时我国建筑市场秩序混乱，建筑活动几乎无章可循，《建筑法》正是为加强对建筑活动的监督管理，维护建筑市场秩序而制定。而《建筑法》第六十一条第二款的立法目的同样是为加强针对工程竣工验收环节的规范与管理，而非否定以未经竣工验收的房屋为标的物的合同效力。基于此，应将《建筑法》第六十一条第二款认定为管理性强制性规定，而非效力性强制性规定。租赁房屋未经竣工验收，虽违反了《建筑法》第六十一条第二款的强制性规定，但租赁合同并不因此而无效。

从体系解释的角度看，《合同法》第二百三十三条①规定："租赁物危及承租人的安全或者健康的，即使承租人订立合同时明知该租赁物质量不合格，承租人仍然可以随时解除合同。"《房屋租赁司法解释》第二条规定："出租人就未取得建设工程规划许可证或者未按照建设工程规划许可证的规定建设的房屋，与承租人订立的租赁合同无效"；第八条规定："因下列情形之一，导致租赁房屋无法使用，承租人请求解除合同的，人民法院应予支持：……（三）租赁房屋具有违反法律、行政法规关于房屋使用条件强制性规定情况的。"综合以上法律及司法解释的规定可以看出，第

① 现为《民法典》第七百三十一条：租赁物危及承租人的安全或者健康的，即使承租人订立合同时明知该租赁物质量不合格，承租人仍然可以随时解除合同。

一，如租赁房屋未取得建设工程规划许可证，相当于从“出生”之始，房屋就是违法的。以该类房屋为标的物的私法行为的效力应予否定，因此司法解释明确租赁房屋未取得建设工程规划许可证的，租赁合同无效。反观本案，法律规定房屋未经竣工验收不得交付使用，而如果租赁房屋具备建设工程规划许可证但未经竣工验收，相当于房屋是合法“出生”的，以房屋为标的物的租赁行为本身并未被禁止。当然，在建造过程中“竣工验收”环节存在的瑕疵，可能使房屋租赁合同的履行前提条件受到影响。第二，从法律及司法解释关于承租人合同解除权的规定可以看出，对于租赁房屋未经竣工验收的，法律并无使租赁合同无效之意，而是在维护合同效力的基础上，赋予承租人一定条件下的合同解除权。如果因房屋未经竣工验收导致承租人“无法使用”，即无法按照租赁合同约定的用途使用，或者无法按照租赁房屋的性质使用，则承租人有权请求解除合同。

综上所述，《建筑法》第六十一条第二款为管理性强制性规定，房屋租赁合同并不因租赁房屋未经竣工验收而无效。快捷酒店北京公司、快捷酒店松江店经法院释明后仍坚持合同无效的诉请。

【裁判结果】

上海市松江区人民法院于2012年10月12日作出（2012）松民三（民）初字第1644号民事判决：驳回原告快捷酒店北京公司、快捷酒店松江店的全部诉讼请求。宣判后，快捷酒店北京公司、快捷酒店松江店提出上诉。上海市第一中级人民法院于2012年12月28日作出（2012）沪一中民二（民）终字第3152号民事判决：驳回上诉，维持原判。

［参见邹碧华主编：《2014年上海法院案例精选》，上海人民出版社2014年版。］

5. 租赁房屋未经消防工程验收或消防验收不合格的，其租赁合同是否一律无效？

【典型案例】

深圳市威得利实业有限公司诉深圳市华益达实业有限公司房屋租赁合同纠纷案

【裁判要旨】

在司法实践中，不能简单地以租赁房屋未经消防验收或者消防验收不合格就一律以租赁合同违反消防法规的强制性规定而认定其无效,而应区分不同情况分别作出处理:第一,《消防法》第十条规定的必须经过公安消防机构验收的房屋,未经验收或者验收不合格的,应当认定租赁合同无效。第二,租赁合同涉及的房屋不属于法律规定必须经过公安消防机构验收的,人民法院不应当以该房屋未经消防验收合格为由而认定合同无效。第三,租赁房屋用于开设经营宾馆、饭店、商场等公众聚集场所的,向当地公安消防机构申报消防安全检查的义务人为该企业的开办经营者,但租赁标的物经消防安全验收合格,不是认定房屋租赁合同效力的必要条件。

【案号索引】

深圳市宝安区人民法院(2009)深宝法民三初字第783号

【当事人信息】

原告(反诉被告):深圳市威得利实业有限公司

被告(反诉原告):深圳市华益达实业有限公司

【基本案情】

原告(反诉被告)深圳市威得利实业有限公司与被告(反诉原告)深圳市华益达实业有限公司房屋租赁合同纠纷一案,本院受理后,适用简易程序,于2009年4月14日公开开庭进行了审理。本案现已审理终结。

经审理查明:2008年10月27日,原告与被告签订了3份《房地产租赁及管理合同书》,分别约定被告将位于深圳市光明区公明南环路玉律路段19号A栋厂房第5层1852.9平方米、1栋宿舍第4层567.8平方米、C栋厂房1－2层1110平方米出租给原告使用;A栋厂房第5层、1栋宿舍第4层的租赁期限2008年10月28日至2011年10月27日,C栋厂房1－2层的租赁期限2009年1月1日至2011年1月1日;每月租金分别为人民币16676元、5110元、13320元;合同期内,任何一方提前终止合约,须提前3个月通知对方,并应向对方支付相当于1个月租金的补偿金;涉案房产已经过消防验收合格,生产消防和环保由原告负责,被告同意在西侧和北侧搭建铁皮房,但必须符合消防规定。

合同签订后,原告向被告支付了保证金共计人民币56892元(其中,A栋厂房5层及水电费保证金人民币33352元、1栋宿舍4楼及水电费保证金人民币10220元、C栋厂房1－2层保证金人民币13320元),被告将A栋厂房第5层及1栋宿舍第4层交付原告使用。原、被告双方未办理C栋厂房1－2层的交接手续,原告亦未使用C栋厂房1－2层。原告将A栋厂房5层房屋的部分墙拆除改成一扇门,原告另搭建了铁皮房。

原告已向被告支付A栋厂房5层和1栋宿舍4楼的租金至2009年2月底,支付水电费至2009年1月底。原告尚欠2009年2月水电费人民币6648.13元未支付给被告,原告亦未支付过C栋厂房1-2层的租金。被告花费了电容维修费人民币7580元、电梯维修费人民币8625元。

2009年2月5日,原告向被告发出终止房地产租赁及管理合同通知书,称因被告出租的物业不能办理消防和环保批文,致使原告不能办理营业执照而无法达到合同目的。故通知被告双方签订的上述3份合同于2009年2月28日终止。2009年2月28日,原告撤离涉案房产。

另查明,2004年7月21日,深圳市规划与国土资源局宝安分局下发通知,同意涉案房产复工。2005年8月5日,深圳市公安局宝安分局消防大队向原告出具了涉案房产的关于深圳市华益达实业有限公司厂房、宿舍工程消防验收的合格意见。2009年3月16日,深圳市光明新区公明办事处玉律居民委员会出具证明一份,证明被告位于宝安区公明街道玉律村的厂区为19号,共有3栋厂房及宿舍。

上述事实,有原、被告当庭陈述,原告提供的终止房地产租赁及管理合同通知书、华益达实业有限公司要求赔偿清单、3份《房地产租赁及管理合同》、收据No.0002120、收据No.000219、收据No.0002115、收据No.0002144、收据No.0002117、收据No.00021074、保安和保洁费收据、租金收据,被告提供的深圳市规划与国土资源局宝安分局的通知、消防验收意见书及村委证明、备案租赁合同、企业法人营业执照及税务登记证明、安全卫生协议书、厂房结构及铁皮房照片、民警的出警调解记录、搬迁照片、通知、租赁合同、电容维修款收据及分摊表、电梯维修费发票等证据材料在卷证实,并经庭审举证质证,本院予以确认。

【法院认为】

原告与被告签订的3份《房地产租赁及管理合同书》均是双方当事人的真实意思表示,没有违反法律行政法规的强制性规定,故均应认定为合法有效的合同。原告称涉案房产没有产权证,被告将其出租违反法律规定而无效。对此本院认为,涉案房产虽没有取得房地产证,但房地产行政主管部门已经同意涉案房产复工建设,且根据《最高人民法院关于未经消防验收合格而订立的房屋租赁合同如何认定其效力的函复》的规定,认定房屋租赁合同因出租房屋未办理产权证书而无效,缺少法律依据。故对原告以涉案房产没有产权证而主张租赁合同无效的意见本院不予采纳。原告称因被告出租的房产没有消防合格证、环保合格证,原告无法取得消防合格证和环保批文,致使原告不能办理营业执照的法定地址变更手续,不能继续经营而无法达到合同目的,故而认定双方签订的3份合同无效。对此本院认为,涉案房产已经通过消防部门的验收。且原、被告双方签订的租赁合同中约定生产消防和环保由原告负责,而原告未提供证据证明因为没有消防合格证、环保合格证而导致原告不能继续经营,原告应承担举证不能的不利后果。即使因为没有消防合格证和环保批文致使原告不能继续经营,也仅产生合同是否能够继续履行的问题,而对合同的效力则不产生影响。故对原告要求确认3份合同无效的诉讼请求本院不予支持。

原告已经搬离涉案房产，原、被告双方签订的3份租赁合同已无法继续履行，故对被告要求解除合同的诉讼请求本院予以支持。合同解除后，原告应将涉案房产恢复原状（将拆除的墙恢复原状）、拆除铁皮房并支付尚欠的2009年2月水电费给被告。原告提前终止合同的行为已构成违约，根据合同约定原告应向被告支付1个月租金的补偿金即人民币35106元。上述补偿金足以弥补被告的损失，故被告应将原告已经支付的保证金人民币56892元退还给原告。原告于2009年2月底已经搬离涉案房产且没有使用C栋厂房，被告要求原告支付A栋厂房、宿舍3月租金、管理费及C栋厂房1－3月租金、管理费的诉讼请求没有法律依据，本院不予支持。被告要求原告支付拖欠的保证金、分摊电容维修费、电梯维修费的请求及原告要求被告赔偿经济损失人民币30000元的请求均没有法律依据，本院均不予支持。

【裁判结果】

法院判决如下：（1）解除原告与被告签订的3份《房地产租赁及管理合同书》；（2）被告于本判决发生法律效力之日起3日内退还原告保证金人民币56892元；（3）原告于本判决发生法律效力之日起3日内将涉案房产恢复原状并拆除铁皮房；（4）原告于本判决发生法律效力之日起3日内向被告支付拖欠的水电费人民币6648.13元；（5）原告于本判决发生法律效力之日起3日内向被告支付补偿金人民币35106元；（6）驳回原告的其他诉讼请求；（7）驳回被告的其他反诉请求。

［参见胡鹰主编：《深圳市宝安区人民法院优秀裁判文书集》（2009－2010年卷），人民法院出版社2011年版。］

6. 双方采用口头形式订立的房屋租赁合同，对添附使用时间较为长久的固定设备的处置未进行约定的，合同终止时该添附物应如何处理？

【典型案例】

赣榆县工商行政管理局诉伏某贵房屋租赁合同纠纷案

【裁判要旨】

《民法典》生效前，双方采用口头形式订立的房屋租赁合同，依据《合同法》的相关规定，应当视为不定期租赁，当事人可以随时解除合同，但出租人解除合同应当在合理期限之前通知承租人。《合同法》第二百二十三条第一款及《最高人民法院关于贯彻执行〈中华人民共和国民法通则〉若干问题的意见》第八十六条的规定，承租人经出租人同意，可以对租赁物进行改善或者增设他物。《民法典》生效后，第七百零七条、第五百六十三条第二款以及第七百一十五条等条文作出相同规定。非产权人在使用他人的财产上增添附属物，财产所有人同意增添，并就财产返还时附属物如何处理有约定的，按约定办理；没有约定又协商不成，能够拆除的，可以责令拆除；不能拆除的，也可以折价归财产所有人；造成财产所有人损失的，应当负赔偿责任。由此可见，对添附使用时间较为长久的固定设备的处置未进行约定的，合同终止时，对该添附物的处理应该适用公平原则，以维护当事人之间利益的平衡。

【案号索引】

一审：江苏省赣榆县人民法院(2005)赣民一初字第313号

二审：江苏省连云港市中级人民法院(2005)连民一终字第498号

【基本案情】

2001年，被告伏某贵租赁原告赣榆县工商局所有的位于赣榆县农贸市场西北角处营业房。双方未签订书面租赁协议，被告按月交纳租金。被告在租赁期间，在该营业房内建造简易冷库并对外经营使用。2003年9月至2004年10月被告累计欠原告租金2240元未付。2004年11月，根据赣榆县城整体规划的需要和[赣建拆布字(2004)02号]房屋拆迁公告的要求，赣榆县人民政府决定于2004年11月20日关闭赣榆县农贸市场，并要求工商部门积极配合好拆迁工作。原告遂于2004年11月17日、11月20日、11月29日、12月21日多次书面通知被告限期搬出所租用的营业房内的物品并办理退房手续。被告以租赁期间所建冷库耗资巨大、搬迁给其造成损失太大、原告应予补偿为由，拒绝搬迁。原告经与被告协商未果，遂向法院提起诉讼。

原告诉称，自2001年被告不定期租用原告所有赣榆县农贸市场内西北角营业用房至今，逐月缴纳租金至2003年8月，2003年9月至今没有支付租金。现因原告拆迁，国有土地被征用，须迁出营业房，但被告以营业房有自建冷库为由，拒不退还营业房。被告承租不定期房屋，原告有权随时收回，被告以营业房有自建冷库为由，拒不交还其租用营业房，侵犯了原告的权利。要求依法解除合同并判令被告退还其租用原告所有的位于赣榆农贸市场西北角的房屋，并搬出营业房内物品，同时支付所欠租金2240元，并承担本案的诉讼费用。

被告辩称，原告所诉与事实不符。答辩人租用原告房屋，并建有冷库，若拆迁，将会给我带来140000元的损失，原告应赔偿被告因拆迁所造成的损失。

【法院认为】

赣榆县人民法院经审理后认为，原、被告就房屋租赁所达成的口头约定为有效合同。因双方未采用书面形式,故应视为不定期租赁,对不定期租赁,当事人可以随时解除合同。本案原告作为出租人已在合理期限之前通知被告(本案承租人)解除合同,故对原告要求解除与被告的租赁合同,由被告返还其所租用房屋的诉讼请求,法院予以支持。被告未按约定给付原告租金,被告称不给付租金系经原告方领导同意,对此被告不能举证证实,且原告予以否认,故对原告要求被告给付租金的诉讼请求,法院予以支持。被告不应在不定期租赁的房屋内安装使用时间较为长久的固定设备,安装使用时间较为长久的固定设备应当与原告协商一致签订书面协议;原告对被告在承租的营业房内修建简易冷库,当时未表示反对,且被告已经使用经营多年,原告亦未有提出异议,故应视为原告对被告在该营业房内修建简易冷库的认可。现在原告要求解除租赁合同系城镇建设、旧城改造的需要,并非其主观因素要求解除不定期租赁合同。因双方未对解除租赁合同后该增设物如何处理进行约定,故按公平原则处理为宜。对连云港市价格认证中心的鉴定结论,原、被告虽有异议,但均不要求进行重新评估鉴定,故对该鉴定结论,法院予以确认。一审判决:(1)解除原告连云港市赣榆工商行政管理局与被告伏某贵间的房屋租赁合同。(2)被告伏某贵于本判决生效之日起10日内给付原告租金2240元。(3)原告连云港市赣榆县工商行政管理局于本判决生效之日起10日内补偿被告各项损失(拆装、搬运费用1340元、材料损失21000元)的50%即人民币11170元。案件受理费50元,其他诉讼费450元,合计500元,均由被告承担。评估费用1200元,由原告承担600元,被告承担600元。

伏某贵不服一审判决,向连云港市中级人民法院提起上诉。

二审法院经审理,确认了一审法院认定的事实。二审法院认为,上诉人租赁被上诉人的房屋用于经营,就应按双方约定向被上诉人支付租金。上诉人上诉称其不欠被上诉人2003年9月至2004年10月的租金,并称被上诉人免除了其部分租金,免除之外的租金已被其交付给了被上诉人青口分局的工作人员,但上诉人对此未能提供证据证明,法院不予采信。关于上诉人要求被上诉人应对其冷库设备拆装搬运费及材料损失承担全部赔偿责任的主张,由于双方对解除租赁合同后冷库设备拆装搬运费及材料损失的分担未有约定,且双方对此损失的造成均具有过错,一审依据公平原则判决双方平均分担损失并无不妥,故法院对上诉人的该项主张不予支持。综上,伏某贵的上诉请求不能成立,法院不予支持。

【裁判结果】

二审判决:驳回上诉,维持原判。

[参见最高人民法院中国应用法学研究所编:《人民法院案例选》(2006年第2辑),人民法院出版社2006年版。]

7. 出租人将权利义务转移给第三人，承租人知情并实际履行但未签署书面协议的，该租赁合同对承租人和第三人是否具有约束力？

【典型案例】

上海祥龙置业投资有限公司诉上海必胜客有限公司房屋租赁合同纠纷案

【裁判要旨】

在租赁合同中，将租赁物交付承租人使用、收益的人为出租人，出租人原则上应为租赁物的所有人。《民法典》生效前，依据《民法通则》第七十一条的规定："财产所有权是指所有人依法对自己的财产享有占有、使用、收益和处分的权利。"第九十一条规定："合同一方将合同的权利、义务全部或者部分转让给第三人的，应当取得合同另一方的同意，并不得牟利。依照法律规定应当由国家批准的合同，需经原批准机关批准。但是，法律另有规定或者原合同另有约定的除外。"《民法典》生效后，第二百四十条规定，所有权人对自己的不动产或者动产，依法享有占有、使用、收益和处分的权利。第五百五十五条规定，当事人一方经对方同意，可以将自己在合同中的权利和义务一并转让给第三人。据此，租赁合同中，出租人将权利义务转移给第三人，承租人知情并实际履行的，说明承租人和第三人已经承认了租赁合同的效力，虽然未签署书面协议，并不影响租赁合同对承租人和第三人的约束力。

【当事人信息】

原告(反诉被告、被上诉人)：上海祥龙置业投资有限公司(以下简称祥龙置业公司)

被告(反诉原告、上诉人)：上海必胜客有限公司(以下简称必胜客公司)

【基本案情】

涉讼房屋上海市长宁区长宁路770号登记的权利人为上海市园林职工学校。1994年2月6日，上海市园林职工学校出具授权委托书称："本校同意上海凯旋门实业发展公司(以下简称凯旋门公司)转租位于长宁路中山公园正门处约1550平方米的三层楼，并委托其物业管理，同时确认凯旋门公司与任何第三方签定(订)的租赁合同有效。"

1996 年 4 月 1 日，案外人凯旋门公司与被告签订《租赁合同》，约定凯旋门公司将本市长宁区长宁路 770 号东侧一至二层共计建筑面积 387.40 平方米的房屋出租给被告使用。该合同的主要内容为：凯旋门公司同意被告将承租的房屋用于开设必胜客餐厅；租期自 1996 年 1 月 1 日起至 2016 年 6 月 30 日止。1996 年 1 月 1 日至 1996 年 3 月 31 日为免租期；第一年度、第二年度租金为人民币 120 万元（以下币种均为人民币），自第三租赁年度起，年租金在此基础上每年依次递增 5%；房租每月支付一次，甲方（出租方）收取房租时，应于月前 10 日内开出收款通知，并在当月 3 日前开具房租收款发票交给乙方（承租方），乙方应于每月 3 日前向甲方交付当月租金；合同签订后，乙方于 10 日内支付房租保证金 20 万元，合同期满或终止时如数退还乙方；除本合同明确规定的终止条款外，任何单方面终止本合同皆视为违约；如一方必须终止合同，须提前 60 日通知对方，并征得对方同意，同时赔偿对方相当于 6 个月当月租金的赔偿金，若上述金额仍不足以赔偿对方实际损失的，对方有权就差额部分要求违约方赔偿。双方还就解除合同的条件及违约责任等进行了约定。

签署上述《租赁合同》当日，凯旋门公司与被告又签订了《租赁补充合同》，约定凯旋门公司将上海市长宁区长宁路 770 号大楼 3 楼 306 办公室一间建筑面积 30 平方米出租给被告作餐厅的辅助用房，租金每年 6 万元，年递增 5%；另大楼变电房，其中用于被告电增容应摊给被告的面积为 20 平方米，每年租金 6.2 万元，年递增率 5%；租期自 1996 年 4 月 1 日起至 2016 年 6 月 30 日止。

上述《租赁合同》《租赁补充合同》签订后，得以正常履行，被告在上述租赁房屋处开设餐厅。

1998 年 9 月 20 日，凯旋门公司与原告的前身上海祥龙物业管理有限公司（以下简称祥龙物业公司）签订《协议书》，该《协议书》记载：甲方（凯旋门公司）经上海市虹口区工商行政管理局同意即将歇业。经甲、乙（祥龙物业公司）双方友好协商决定：乙方一次性出资 200 万元，取得甲方原在长宁路 770 号内的 17 年经营权。甲方原有的债权债务由乙方负责清理解决。本协议未尽事宜由双方另行协商。

1998 年 10 月 30 日，被告通过支票转账方式将当年 11 月的租金 115675 元支付给祥龙物业公司。此后，被告按照《租赁合同》及《租赁补充合同》约定的租金递增比例一直向原告支付涉讼房屋的租金，截至目前，租金支付至 2008 年 10 月 31 日。

1999 年 10 月，上海市园林职工学校出具证明称：同意祥龙物业公司继续承租原由凯旋门公司租赁的该校在上海市长宁路 770 号的全部房产（我校产权），并享有凯旋门公司原有的一切经营管理权。

2002 年 7 月 29 日，经上海市工商行政管理局核准，原告的名称由“上海祥龙物业管理有限公司”变更为“上海祥龙置业投资有限公司”。

2008 年 8 月，被告致函原告称：由于持续亏损，决定关闭涉案必胜客餐厅，提前终止双方的租赁合同。

此后,双方就是否提前解除合同及相关问题反复来往函件进行磋商,但均未能达成一致意见。

2008 年 10 月 29 日,被告搬离了涉讼的租赁房屋,并通过上海市东方公证处保全了搬离的证据,在公证机构公证的情况下将房屋钥匙及被告出具的公函邮寄给原告。被告在当日出具的公函声明了已经搬离租赁房屋的情形,并再次要求原告按照合同第 3.4 条款,待被告结清水、电费并提供付款凭证后,10 日内将保证金 20 万元退还。原告在收到上述邮件后将邮件退还被告。2008 年 12 月 1 日,被告下属长宁路店经工商行政管理机关核准,予以注销登记。

自签订《租赁合同》及《租赁补充合同》后,没有其他主体向被告主张涉讼租赁房屋的权利,1998 年 10 月 30 日后,凯旋门公司亦未向被告主张租金。原告认可,被告原向凯旋门公司支付的 20 万元保证金由原告承担相应的权利义务。

原告(反诉被告)祥龙置业公司本诉诉称:2008 年 11 月起,被告拖欠租金不付,经原告多次催讨,被告均以经营不佳为由拒不支付租金。原告认为,凯旋门公司将租赁合同的权利义务转让给原告后,被告也接受,并长期按照原合同约定的内容履行,因而原告已经取代凯旋门公司成为租赁合同中的出租人;被告拒不支付租金,属于违约行为,原告有权按照租赁合同的约定要求被告履行相应的义务。故诉请:(1)要求被告支付 2008 年 11 月 1 日至 2009 年 1 月 31 日的租金人民币 574688.23 元;(2)要求被告,自当月 3 日起,每日按照月租金的 0.5% 的标准向原告支付滞纳金,至被告实际支付租金之日止。

被告(反诉原告)必胜客公司本诉辩称及反诉诉称:被告与凯旋门公司签订了租赁合同,而与原告没有签订租赁合同。凯旋门公司歇业后,自 2000 年起租金虽向原告支付,但原、被告之间就涉讼房屋只是存在不定期的租赁合同关系。被告自 2008 年 8 月起就多次通知原告解除不定期租赁合同,被告也已经于 2008 年 10 月 29 日搬离了涉讼房屋,并通知了原告。被告认为,原、被告之间的不定期租赁合同可以随时解除,原告拒不接受被告腾退的房屋,造成的房屋空置损失不应由被告承担,故被告不同意原告的本诉诉讼请求。同时,被告提出反诉,要求确认双方之间的租赁合同关系于 2008 年 10 月 31 日解除。

原告(反诉被告)祥龙置业公司反诉辩称:双方当事人之间的租赁合同关系受被告与凯旋门公司签订的租赁合同约束,被告作为承租人没有任意解除合同的权利,双方也未就租赁合同的解除达成一致意见,故租赁合同仍在履行过程中。原告不同意被告的反诉诉讼请求。

一审法院经审理认为,根据法律规定,租赁期限不得超过 20 年,超过 20 年的,超过部分无效。本案中凯旋门公司与被告签订的《租赁合同》《租赁补充合同》约定的租期超过了20年,因此,《租赁合同》中2015年12月31日之后的部分无效,《租赁补充合同》中2016年3月31日之后的部分无效。关于涉讼合同约束力的问题。虽然原、被告双方及凯旋门公司未就租赁合同范围内的权利义务转让签署书面协议,但根据凯旋门公司与原告签订的《协议书》、被告向原告支付1998年11月及之后的租金、凯旋门公司未向被告主张租金、被告数次致原告信函中自认及援引合同条款的相关内容,可以认定被告至少在1998年10月就已经知道凯旋门公司将《租赁合同》及《租赁补充合同》中的权利义务一并转让给原告,而被告同意并接受上述合同权利义务的转让。因此,原、被告之间的租赁合同关系受涉讼《租赁合同》及《租赁补充合同》的条款内容约束。

关于涉讼租赁合同是否解除的问题。被告搬离涉讼租赁房屋的行为是否导致租赁合同解除的前提是被告有无合同的解除权。涉讼《租赁合同》及《租赁补充合同》没有约定当事人享有任意解除合同的权利,被告亦未提出原告存在违约行为,导致被告依照约定或者法律规定而享有解除合同的权利。《租赁合同》第11.3条约定:"除本合同明确规定的终止条款外,任何单方面终止本合同皆视为违约。如一方必须终止合同,须提前60天通知对方,并征得对方同意……"虽然被告在2008年8月已告知原告提前终止合同,但原告一直表示拒绝接受,即双方当事人并未协商一致解除合同。因此,被告在不享有合同约定或者法定的解除权,也未与原告协商一致的情况下,其自行搬离涉讼租赁房屋的行为不导致涉讼《租赁合同》及《租赁补充合同》的解除。

据此,被告基于自身经营成本或商业利益的考虑,决定关闭在涉讼租赁房屋处开设的餐厅,其行为本身无可厚非,但在未与原告协商一致,又未通过恰当途径解决租赁合同事宜的情况下,不再支付2008年11月1日之后租金的行为,属于违约行为,应当承担相应的违约责任。在审理中,原告表示,其不在本案中就被告已经搬离涉讼房屋的事实向被告主张相关违约责任,但要求保留相应的权利,并要求被告支付自2008年11月1日至适格交付房屋之日的租金及滞纳金;要求在对房屋设施进行移交、公用事业费用结清前,不予退还保证金。由于被告未提出已经结清水、电费用的相关事实,且原告就解除合同的相关后果坚持不在本案中一并主张,故包括押金等解除合同的其他后果在本案中不作处理,可以保留当事人相应的诉权。被告已经实际搬离租赁房屋,并注销了该处的分支机构,虑及房屋使用权作为债务的标的不适于强制履行,亦为防止损失扩大,故应当解除原、被告之间的租赁合同。被告应当支付自2008年11月1日起至合同解除之日止的租金,并按照合同约定支付相应的滞纳金。

综上,一审法院判决:解除涉案《租赁合同》及《租赁补充合同》;必胜客公司向祥龙置业公司支付自2008年11月1日起至本判决生效之日止的房屋租金;被告必胜客公司向原告祥龙置业公司支付迟延交纳自 2008 年 11 月至合同解除期间租金的滞纳金,滞纳金均自欠租当月 4 日起,每日按当月租金的 0.5% 计算至被告实际支付当月租金之日止,并以不超过当月租金数额为限;驳回被告(反诉原告)必胜客公司的反诉诉讼请求。

一审判决后,被告必胜客公司不服,与一审相同理由提起上诉。

二审认为:根据必胜客公司与案外人凯旋门公司签订涉讼的《租赁合同》《租赁补充合同》取得涉讼房屋的租赁权,后因政策调整,凯旋门公司无法继续经营,将租赁合同的权利义务转让被上诉人,上诉人确认并实际履行至向被上诉人提出终止合同;故涉讼的《租赁合同》《租赁补充合同》对上诉人具有法律约束力,上诉人与被上诉人均应履行;上诉人称涉讼合同的权利义务的转让其并不知晓,其不受涉讼合同约束的上诉理由,与本案已经查明的事实不符,也与上诉人在履行合同和交涉终止合同的明确确认相悖,故原审判决并无不当。

【裁判结果】

二审法院予以维持。

[参见沈志先主编:《2010 年上海法院案例精选》,上海人民出版社 2011 年版。]

8. 双方就未取得合法建设手续且尚未建成房屋签订的预租合同被认定为无效的,承租人所受损失应否赔偿?

【典型案例】

浙江银泰投资有限公司与包头市中冶置业有限责任公司房屋租赁合同纠纷上诉案

【裁判要旨】

在房屋尚未建成的情况下,出租人与承租人签订租赁合同的行为,属于对未来房屋的预租行为。关于此行为,我国现行法律、行政法规尚无规定,其效力的认定可参照适用有关房屋租赁的规定。根据《最高人民法院关于审理城镇房屋租赁合同纠纷案件具体应用法律若干问题的解释》第二条的规定,出租人就未取得建设工程规划许可证或者未按照建设工程规划许可证的规定建设的房屋,与承租人订立的租赁合同无效。由此可知,出租人与承租人就未取得合法建设手续且尚未建成的房屋预租合同应认定为无效合同。由于出租方未取得建设工程规划许可证而使双方租赁合同被认定无效，出租方未实现保证和承诺的出租房屋具备相关适租条件，出租方对于合同无效负有全部过错，应当赔偿承租人因此所受到的损失。

【案号索引】

最高人民法院(2017)最高法民终171号

【当事人信息】

上诉人(原审原告)：浙江银泰投资有限公司(以下简称银泰公司)

上诉人(原审被告)：包头市中冶置业有限责任公司(以下简称中冶公司)

【基本案情】

上诉人银泰公司因与上诉人中冶公司房屋租赁合同纠纷一案，不服内蒙古自治区高级人民法院(2015)内民三初字第3号民事判决(以下简称原审判决)，向本院提起上诉。本院于2017年3月16日立案后，依法组成合议庭，开庭进行了审理。本案现已审理终结。

一审法院认定事实：2011年6月22日，中冶公司作为出租方，银泰公司作为承租方签订《房屋租赁合同》，约定中冶公司将位于包头市阿尔丁大街与黄河大街东南角包头时代广场E2地块商业楼地下1层至地上4层、5层5000平方米以及南侧酒店1楼至2楼部分4000平方米出租给银泰公司；中冶公司应当在2013年12月31日前向银泰公司移交租赁房屋，验收合格后，双方签订租赁房屋移交书；银泰公司享有24个月装修调整期(含试营业期)(经营国际一线品牌的8000平方米场地，装修调整期为48个月)，自双方签订租赁房屋移交书之日起算，装修调整期为免租期，银泰公司无须向中冶公司支付租赁费用；租赁期限为自装修调整期满之次日起20年，期满后可续租10年；银泰公司应向中冶公司支付租赁保证金500万元；中冶公司迟延交付租赁房屋，则其应按每日5万元向银泰公司支付违约金；迟延交房超过12个月，银泰公司有权解除《租赁合同》，中冶公司应一次性向银泰公司支付解约赔偿金1.3亿元，并且应当赔偿银泰公司为主张权利而产生的律师费、诉讼费等合理费用；由于地震、战争等不可抗力，致使任何一方不能履行其在本协议项下的义务，不承担由此给另一方造成的损失；本合同应在双方法人代表或授权代表签字并加盖公章，且中冶公司向银泰公司提供附件1、附件4后方可生效；附件1：用地红线图，总平面图，各层平面图，配套用房位置及平面图，红线内辅助设施平面图。附件4：营业执照、产权人身份证复印件，签约代表授权书，中冶公司同意出租给银泰公司的股东会决议。

2011年8月18日，银泰公司向中冶公司交付租赁保证金500万元。2013年6月14日，中冶公司向银泰公司发送了关于对银泰询问交工期说明的函，表明包头时代广场工程由于开发主体的变更出现了整体延期，但承诺尽快办妥相关变更手续，并于2014年12月31日前向银泰公司交付租赁房屋。2013年6月27日,银泰公司向中冶公司发送了关于对银泰询问交工期说明的函的回函,表明《租赁合同》约定的租赁房屋交付时间为2013年12月31日,而非2014年12月31日,若中冶公司未能按期交付租赁房屋,则其应承担迟延交房的违约责任。2013年12月10日,因交房期限临近,银泰公司向中冶公司发送了关于按合同如期交楼的函,催促中冶公司依约交房。2014年8月13日中冶公司向银泰公司退还租赁保证金500万元。2014年11月17日和12月31日,银泰公司先后向中冶公司发送了关于要求贵司尽快交楼及按照合同约定承担违约责任的联系函和关于要求贵司按照合同约定承担违约责任的联系函,表明中冶公司未能交房的行为已构成违约,要求其按每日5万元的标准支付违约金,并敦促中冶公司加快施工进度,在2014年12月31日前交房。银泰公司于2015年10月30日向中冶公司发送了解约通知书,宣布解除《房屋租赁合同》,并要求中冶公司支付迟延交房违约金3365万元和解约赔偿金1.3亿元。

另查明,包头市荣泰置业有限责任公司为中冶公司设立的全资子公司。2012年10月22日涉案工程项目建设主体由中冶公司变更为包头市荣泰置业有限责任公司。涉案《租赁合同》中位于包头市阿尔丁大街与黄河大街东南角包头时代广场E2地块至一审法庭辩论终结前未取得建设工程规划许可证。

【法院认为】

一审法院认为,根据银泰公司的诉讼请求、事实与理由以及中冶公司的答辩意见,本案归纳如下焦点问题:(1)2011年6月22日银泰公司与中冶公司签订《房屋租赁合同》的效力问题;(2)银泰公司要求中冶公司支付迟延交房违约金3365万元及解除合同赔偿金1.3亿元,律师费、评估费55.4万元的诉讼请求是否成立的问题。

1. 关于2011年6月22日银泰公司与中冶公司签订《房屋租赁合同》的效力问题。《最高人民法院关于审理城镇房屋租赁合同纠纷案件具体应用法律若干问题的解释》第二条规定,"出租人就未取得建设工程规划许可证或者未按照建设工程规划许可证的规定建设的房屋,与承租人订立的租赁合同无效。但在一审法庭辩论终结前取得建设工程规划许可证或者经主管部门批准建设的,人民法院应当认定有效"。本案中,中冶公司作为出租人在2011年6月22日与承租人银泰公司签订《房屋租赁合同》时未取得建设工程规划许可证,至本案法庭辩论终结前亦未取得,故2011年6月22日银泰公司与中冶公司签订《房屋租赁合同》无效。

2. 关于银泰公司要求中冶公司支付迟延交房违约金3365万元及解除合同赔偿金1.3亿元,律师费、评估费55.4万元的诉讼请求是否成立的问题。银泰公司主张迟延交房违约金3365万元及解除合同赔偿金1.3亿元,律师费、评估费55.4万元,均是依据2011年6月22日双方签订《房屋租赁合同》约定所提出。因该合同无效,双方约定上述迟延交房违约金及解除合同赔偿金,律师费、评估费条款均无效。银泰公司主张迟延交房违约金3365万元及解除合同赔偿金1.3亿元，律师费、评估费55.4万元的诉讼请求均不能成立。本案中，中冶公司作为涉案租赁房屋的建设方负有办理建设工程规划许可证的义务，在未办理的情况下即与银泰公司签订《房屋租赁合同》，且至今仍未办理，中冶公司对涉案《房屋租赁合同》的无效后果负有全部过错。中冶公司认为是因政府导致未办理建设工程规划许可证，自身没有过错。本案中，即使中冶公司的该主张成立，也与银泰公司无关。庭审中，经询问，银泰公司表示即使合同无效，责任完全在于中冶公司，其应承担过错责任赔偿损失，自2011年6月签订合同至2015年10月解除合同，加上2年寻找新项目的合理期间，依据评估报告如合同履行每年经营利润为17264465元，6年虽为1亿余元，但仍主张中冶公司赔偿损失1.3亿元。经审查，银泰公司提供的评估报告是针对涉案租赁房屋交付后，在2015年针对之后20年经营期间预期收益情况的预估，由于商业经营具有自身的风险，盈亏具有多种不确定因素，不能据此认定银泰公司的经营就一定能够获得利润，且年利润数额均能高达1700余万元。故银泰公司以评估报告主张赔偿损失数额依据不足，不予支持。银泰公司也未提供其他证据证明其损失数额。考虑银泰公司履行了合同约定支付保证金500万元的义务，其在本案中并无过错，自合同签订至合同解除，银泰公司存在一定的损失，银泰公司虽不能提供证据证明其损失情况，但中冶公司应给予银泰公司适当赔偿。中冶公司持有银泰公司500万元自2011年8月18日起至2014年8月13日止共两年零361天，参照民间借贷年最高24%的利率计算，中冶公司应向银泰公司支付利息3586849元，作为中冶公司对银泰公司的赔偿。

综上，银泰公司的诉讼理由部分成立，一审法院对其诉讼请求部分支持。判决如下：(1)中冶公司于判决发生效力之日起30日内赔偿银泰公司损失3586849元。(2)驳回银泰公司的其他诉讼请求。如果债务人未按判决指定的期间履行给付金钱义务，应当加倍支付迟延履行期间的债务利息。案件受理费862820元，由银泰公司负担843973元，中冶公司负担18847元。

二审中，当事人没有提交新证据。本院对一审查明的事实予以确认。

本院认为，根据双方当事人的诉辩情况，本案二审期间的争议焦点问题为：(1)《房屋租赁合同》的效力如何认定；(2)中冶公司应否向银泰公司支付迟延交房违约金和解约赔偿金；(3)如果认定《房屋租赁合同》无效，中冶公司应否向银泰公司赔偿损失及损失数额如何确定。

关于焦点一，《房屋租赁合同》的效力如何认定的问题。根据《房屋租赁合同》的约定，中冶公司的主要合同义务是按时交付符合合同约定要求的租赁物，银泰公司的主要合同义务是支付履约保证金及租金，双方的主要权利义务符合房屋租赁合同的特点。但《房屋租赁合同》签订时，作为租赁物的房屋尚未建成，因此属于对未来建成房屋的预租。关于房屋预租,在现行法律、行政法规没有规定的情形下,可参照适用有关房屋租赁的规定。《最高人民法院关于审理城镇房屋租赁合同纠纷案件具体应用法律若干问题的解释》第二条规定,"出租人就未取得建设工程规划许可证或者未按照建设工程规划许可证的规定建设的房屋,与承租人订立的租赁合同无效。但在一审法庭辩论终结前取得建设工程规划许可证或者经主管部门批准建设的,人民法院应当认定有效"。同时,根据《城乡规划法》(2007 年)第四十条第一款"在城市、镇规划区内进行建筑物、构筑物、道路、管线和其他工程建设的,建设单位或者个人应当向城市、县人民政府城乡规划主管部门或者省、自治区、直辖市人民政府确定的镇人民政府申请办理建设工程规划许可证"的规定以及第六十四条"未取得建设工程规划许可证或者未按照建设工程规划许可证的规定进行建设的,由县级以上地方人民政府城乡规划主管部门责令停止建设……"的规定,取得建设工程规划许可证是进行合法建设的前提,也是判断是否为合法建筑的标准。本案中,根据双方提交的证据以及一审法院向包头市规划局稀土高新区规划分局核实的情况可以认定,没有证据证明在一审庭审辩论结束之前,案涉地块建设项目已经取得了建设工程规划许可证,即《房屋租赁合同》约定的租赁物既未建成,也没有取得合法的建设手续,这种情形下,《房屋租赁合同》应当认定无效,一审判决对此认定并无不当,银泰公司关于此点的上诉理由不成立。

关于焦点二,迟延交房违约金和解约赔偿金应否支付的问题。《房屋租赁合同》认定无效后,不再涉及违约和解约的问题,有关迟延交房违约金和解约赔偿金的相关条款不再适用,故银泰公司有关中冶公司应支付迟延交房违约金和解约赔偿金的诉讼请求不能成立,一审判决对此认定并无不当,银泰公司关于此点的上诉理由不成立。

关于焦点三,如果认定《房屋租赁合同》无效,中冶公司应否向银泰公司赔偿损失及损失数额如何确定的问题。本案中,根据《房屋租赁合同》第 2.3 条和第 11.11 条约定,中冶公司保证和承诺"租赁房屋为合法建筑,具有中国法律规定的审批合格手续""拥有对租赁房屋范围内的合法开发权",现《房屋租赁合同》因未取得建设工程规划许可证而被认定无效,是由于中冶公司未实现上述保证和承诺所致,故中冶公司对于合同无效负有全部过错,应当赔偿银泰公司因此所受到的损失,中冶公司关于其不存在过错、银泰公司存在过错的主张不能成立。中冶公司称未取得建设工程规划许可证是由于政府行为导致,属于不可抗力,但根据《房屋租赁合同》第 18.1 条约定,双方并没有将政府行为约定为不可抗力,且根据第 18.2 条约定,发生了不可抗力后,中冶公司要立即向银泰公司发出通知并提供相关证明,但中冶公司并没有提交其已经就政府行为构成不可抗力向银泰公司发出通知及证明的相关证据。故中冶公司关于不可抗力的主张不成立。

关于赔偿数额,“对方因此所受到的损失”应限于信赖利益,不包括在合同有效情形下通过履行可以获得的利益。银泰公司所提交的评估报告,是对其在合同有效情形下通过履行可以获得的利益的评估,不能作为认定合同无效后损失赔偿数额的依据,故银泰公司关于应依据该评估报告认定赔偿数额的主张不能成立。另外,因银泰公司已向中冶公司支付了500万元履约保证金,在中冶公司占有此500万元期间,银泰公司遭受资金损失,故对该部分资金损失中冶公司应予以赔偿。一审判决参照民间借贷的相关规定,酌情以500万元为计算基数、以中冶公司占有该500万元的期间为计算期间、参照24%年利率计算损失赔偿数额并无不当,中冶公司关于此点的上诉理由不能成立。关于律师费、评估费,虽然《房屋租赁合同》第11.8条对其负担有约定,但在《房屋租赁合同》被认定无效的情形下,该条款不再适用,故一审判决对该两项费用没有支持并无不当。关于诉讼费用,依据《诉讼费用交纳办法》第二十九条“诉讼费用由败诉方负担,胜诉方自愿承担的除外。部分胜诉、部分败诉的,人民法院根据案件的具体情况决定当事人各自负担的诉讼费用数额……”的规定,在银泰公司的诉讼请求没有得到全部支持的情形下,其要求诉讼费用全部由中冶公司负担的主张不成立。

【裁判结果】

综上所述,银泰公司和中冶公司的上诉请求均不能成立,应予驳回;一审判决认定事实清楚,适用法律正确,应予维持。二审判决如下:驳回上诉,维持原判。二审案件受理费880380.55元,由中冶公司负担35494.79元,银泰公司负担844885.76元。

[参见最高人民法院民事审判第一庭编:《民事审判指导与参考》(2017年第3辑),人民法院出版社2017年版。]

9. 出租人从未占有租赁房屋,租赁合同被认定为无效的,承租人应否返还?

【典型案例】

中交海西投资有限公司诉上海置亚实业有限公司、中国人民解放军93792部队等房屋租赁合同纠纷案

【裁判要旨】

在房屋租赁合同纠纷中,根据《最高人民法院关于审理城镇房屋租赁合同纠纷

案件具体应用法律若干问题的解释》第二条的规定，如果租赁房屋未取得建设工程规划许可证或者未按照建设工程规划许可证的规定建设，则应确认租赁合同无效。合同被认定无效的，《民法典》生效前，根据《合同法》第五十八条的规定，承租人应负返还租赁物的义务。《民法典》生效后，第七百三十三条同样作出明确规定，租赁期限届满，承租人应当返还租赁物。但若承租人与出租人之间仅存在形式上的交接，从未实际占有使用租赁物，租赁物一直由其他主体占有使用，且出租人对此明知，则不应判决承租人负担返还租赁物的义务。

【案号索引】

北京市第一中级人民法院(2014)一中民初字7988号

【基本案情】

法院经审理查明：52号房屋的所有权人为中国人民解放军总后勤部，所有权性质为军产。2009年因市轨道交通施工需要拆除52号房屋。后北京市住建委主持召开协调会，就还建问题形成会议纪要，载明：……按原拆原建的原则，不变更建筑面积、形式，对52号房屋进行复建，不需要重新办理规划手续和房屋产权证……2011年6月13日，部队(甲方)与大昂公司(乙方)签订《项目合作协议书》，约定：甲方提供土地进行重建，产权归甲方。重建面积由乙方使用，乙方负责开发所需资金和施工建设，经营方式由乙方自行决定。2013年8月，部队(甲方)、大昂公司(乙方)、置亚公司(丙方)签订《协议书》，乙方将未履行的全部权利义务转给丙方；乙方已付租金1.2亿元由丙方承担……2013年12月1日，置亚公司与中交公司签订《租赁合同》，自2013年11月16日起至2033年11月16日止承租52号房屋，租金总额1.5亿元，中交公司已支付前述款项，置亚公司亦认可收到。

2013年12月1日，中交公司(甲方)与闽能公司(乙方)签订《租赁权转让及担保协议》，约定：甲方受乙方委托，向置亚公司代付52号房屋租金。双方拟合作成立现代公司，乙方全权委托甲方签订相关租赁协议及支付租赁费用……2013年12月10日，中交公司委托孙某作为其代理人与置亚公司办理52号房屋交接手续。2013年12月11日，置亚公司将52号房屋、所有工程资料及钥匙移交给中交公司，孙某在工程移交清单上签字确认。2014年3月25日，中交公司与闽能公司签订《合同终止协议书》，约定原签订的《租赁权转让及担保协议》未实际履行，于2014年3月29日终止。2014年3月26日，中交公司(甲方)与现代公司(乙方)签订《房屋转租合同》，约定：征得出租人书面同意，将52号承租房屋全部转租给乙方。乙方承担2013年11月16日甲方与原出租方所签订房屋《租赁合同》项下全部租金总计1.5亿元……2014年5月6日，签订《合同终止协议书》终止前合同。2014年5月8日，置亚公司(甲方)与中交公司(乙方)签订《房屋租赁终止协议》，约定终止《租赁合同》，由该《租赁合同》产生的其他有关本房屋的租赁的一切合同、协议同时终止作废。乙方于5日内交付房屋归还甲方并办理移交手续，物业移交完成的15日内甲方退还乙方按《租赁合同》已付全部租金……2014年5月26日，置亚公司（甲方）与现代公司（乙方）、闽能公司（丙方）签订《房屋租赁协议》，约定：转租52号房屋，租赁期15年，自2014年5月26日起至2029年5月25日止。租金总额1.5亿元，由乙、丙方共同承租。甲方同意乙、丙方与中交公司在协议生效之日起15个工作日内完成物业移交；乙、丙方在移交完成后15个工作日内，将租金一次性支付给甲方，丙方预付的定金直接转为丙方应支付的租金。甲方收到乙、丙方租金的同时退还中交公司……协议签订后，置亚公司退还中交公司租金2000万元。截至辩论终结前，置亚公司与部队均认可尚未取得52号房屋的建设工程规划许可证。

【法院认为】

本案的争议焦点有三：(1)《租赁合同》的效力问题；(2)合同无效后的财产返还问题；(3)部队是否负有连带责任的问题。

中交公司起诉要求确认《租赁合同》无效，理由为部队与大昂公司签订的《项目合作协议书》及其附属文件属于房地产合作开发经营合同，因双方均无房地产开发资质而无效。同理，《协议书》《租赁合同》亦无效。但《项目合作协议书》《协议书》与本案《租赁合同》属不同法律关系，前者无效并不必然导致《租赁合同》无效，故中交公司要求确认该合同无效的理由并不成立。但合同效力问题属于法院审理合同纠纷案件首先应当确认的事实，法院应当对是否具有其他无效的法定情形进行审查。根据《最高人民法院关于审理城镇房屋租赁合同纠纷案件具体应用法律若干问题的解释》之规定，出租人就未取得建设工程规划许可证或者未按照建设工程规划许可证的规定建设的城市、镇规划区内的房屋，与承租人订立的租赁合同无效。但在一审法庭辩论终结前取得建设工程规划许可证或者经主管部门批准建设的，人民法院应当认定有效。本案诉争的52号房屋属于城市、镇规划区内的房屋，应当按照法律规定办理相应的规划手续。关于是否具有建设工程规划许可证的问题，由于复建只能在原有用地范围内，不能超过原有建筑面积，而52号房屋复建前后，无论在建筑面积、层数、建筑形式等方面均发生巨大变化，已不属于原拆原建的范畴，应当重新办理建设工程规划许可证。截至辩论终结前，置亚公司与部队均认可尚未取得建设工程规划许可证。故置亚公司与中交公司签订的《租赁合同》无效。

无效的合同自始没有法律约束力。合同无效后，因该合同取得的财产，应当予以返还，不能返还或者没有必要返还的，应当折价补偿。租赁合同无效后，出租人应当返还已付租金，承租人应当腾退租赁物，并支付占有使用费。置亚公司作为出租人收取了中交公司1.5亿元租金，后退还2000万元，故合同无效后还应当将剩余的1.3亿元租金返还中交公司。中交公司作为承租人亦负有返还租赁物的义务，但其主张与置亚公司仅存在形式上的租赁物交接，从未实际占有使用租赁物，租赁物一直由闽能公司与现代公司占有使用,且置亚公司对此明知,故中交公司不应当承担返还租赁物的义务。

本案系租赁合同法律关系,部队并非诉争《租赁合同》相对方,合同亦未约定部队应当承担连带责任,且亦不存在法律规定应当承担连带责任的情形,故中交公司要求部队承担连带责任缺乏事实及法律依据。

【裁判结果】

北京市第一中级人民法院作出民事判决:(1)置亚公司与中交西公司于2013年12月1日签订的《租赁合同》无效;(2)置亚公司于本判决生效后15日内退还中交公司租金1.3亿元;(3)驳回中交公司的其他诉讼请求;(4)驳回置亚公司的全部反诉请求。当事人未上诉,一审判决已经发生法律效力。

[参见最高人民法院民事审判第一庭编:《民事审判指导与参考》(2018年第3辑),人民法院出版社2018年版。]

10. 租赁房屋是否交付的判断标准如何认定?

【典型案例】

李某斌诉廖某进房屋租赁合同纠纷案

【裁判要旨】

双方当事人以在建房屋订立的房屋租赁合同未明确约定交付时间的,租赁房屋的交付应以交付钥匙并且足以使承租人实际掌控讼争房产为判断标准。在承租人已取得讼争房产的钥匙,可自由进出租赁房屋,且无证据证明进出房屋受到阻碍的情况下,法院一般认定房屋已经完成交付。

【案号索引】

一审:福建省厦门市集美区人民法院(2014)集民初字第1262号

二审:福建省厦门市中级人民法院(2014)厦民终字第2883号

【基本案情】

经审理查明:原告李某斌与被告廖某进于2013年9月9日签订《房屋租赁合同》,约定廖某进(甲方)将其承租的第三人厦门超越工贸有限公司名下的讼争房屋转租给李某斌(乙方)。双方约定房屋的租赁期限共10年。廖某进将房屋交付李某斌使用前,房屋应当具备入住条件:水、电等按要求接入到位,店面门窗安装到位,消防设施验收全部完成,店面门口周边围墙全部拆除。双方在违约责任中约定若甲方提供的房屋不符合合同约定条件导致合同无法履行的，乙方有权要求廖某进采取补救措施后继续履行合同，延误交付的时间视为逾期；乙方要求终止合同的，有权要求甲方支付年租金30%的违约金。同日，双方签订《补充协议》，约定："因主合同租赁日期未填写，租赁时间按2013年12月1日开始算起。如房屋建筑未完成，可往后顺延，顺延时间不得超出二个月，如超出二个月时间，乙方有权终止合同，甲方应退还乙方一年租金人民币85万元。"2013年9月25日，李某斌向廖某进付清1年租金85万元。

另查明：位于集美区天凤路××－××号的厦门超越工贸有限公司综合楼是第三人厦门超越工贸有限公司所有的房产。被告廖某进厦门超越工贸有限公司承租1层、2层。经厦门超越工贸有限公司同意，廖某进转租给原告李某斌。厦门超越工贸有限公司于2012年12月3日经网上备案受理系统对综合楼进行工程消防设计备案。该工程未被确定为抽查对象。讼争房屋于2013年2月5日取得建字第350211201314016号建设工程规划许可证。于2013年5月27日开工，于2013年12月13日竣工。2013年12月31日综合楼经竣工验收，评定工程质量等级为合格。

再查明：2013年12月25日，第三人厦门超越工贸有限公司与被告廖某进进行综合楼交接确认，双方在确认书中确认楼梯间钥匙已由现场施工人员经廖某进同意移交给李某斌。经廖某进申请，证人孙某成出庭作证证明：李某斌向孙某成拿钥匙，经廖某进同意，孙某成于2013年12月下旬将讼争房屋的钥匙中其中一把钥匙交付给李某斌。庭审中，李某斌对2013年12月下旬取得钥匙予以确认，并确认使用该钥匙可以在讼争房屋自由进出上下。讼争房屋在李某斌承租后，挂出红布广告"一、二层旺铺出租……联系电话：1803×××××××"。庭审中原告否认是其挂出广告条，确认联系电话确属原告所使用。

又查明：本院于2014年7月14日就有关消防问题向厦门市集美区消防大队庄新宇工程师询问，经答复消防验收有备案和必审必验两种，讼争综合楼属于备案类型，消防备案含有土建设计备案、土建竣工备案及装修设计备案、装修竣工备案，实践中后3项可一并在投入使用前做备案。厦门市集美区公安消防大队出具的《建设工程消防设计审核办事指南》第八点第（三）项记载："装修工程应提供工程所在原建筑消防验收意见书（或备案抽查证明），如原建筑仅通过消防设计审核，应提供消防设计审核意见书（或备案抽查证明）、承诺书，以及所在楼层平面竣工图或施工图（复印件）。"本院于2014年7月16日经查看现场，双方当事人确认：现场水、电接入到位，门窗安装到位，围墙已经拆除，消防设施如消防栓系统、应急照明、安全疏散设施等安装到位。原告李某斌保留认为围墙是在起诉后拆除，被告廖某进在庭审中认可在2014年3月左右拆除围墙。

二审法院经审理查明：双方当事人对原审查明的事实除李某斌认为原审遗漏

查明讼争房产未通过消防验收备案及廖某进、厦门超越工贸有限公司从未告知李某斌可在装修后将3项备案一并进行外,对原审查明的其余事实没有争议。二审法院对各方没有争议的事实予以确认。

【法院认为】

本案原告李某斌要求解除合同的理由是廖某进未依约将讼争房产交由李某斌使用。但根据本案查明的事实,李某斌早已取得讼争房产的钥匙,其也认可可以在讼争房产内自由行动,结合证人证言、李某斌自行拍摄的录像资料及在讼争房产上挂出的广告,虽本案无证据直接证明廖某进已交付讼争房产给李某斌,但上述证据足以证明李某斌已实际掌控讼争房产,其也无证据证明进出讼争房产受到阻碍。故原审法院认定廖某进已将讼争房产交付给李某斌并无不当,厦门市中级人民法院予以维持。至于廖某进提供的房屋是否不符合合同约定导致合同目的无法实现的问题,李某斌认为廖某进提供的房屋未拆除围墙,未通过消防验收备案,导致其无法使用。据李某斌陈述,其承租讼争房产是用于开办酒店和超市,但李某斌始终未对讼争房屋进行装修,也无证据表明围墙未拆除或消防验收未备案导致其无法使用讼争房产。相反在审理过程中,廖某进已拆除围墙,而消防验收备案主管部门也对于实践中消防备案的程序进行了说明,上述两项事由均不会导致李某斌无法使用装修讼争房产。原审法院亦对此进行了充分阐述,厦门市中级人民法院在此不再赘述。由此李某斌提供的证据不足以证明廖某进提供房屋存在的瑕疵导致合同目的无法实现,其要求解除合同的诉讼请求原审法院未予支持并无不当,厦门市中级人民法院予以维持。

【裁判结果】

福建省厦门市集美区人民法院作出(2014)集民初字第1262号民事判决:驳回原告李某斌的诉讼请求。宣判后,李某斌向福建省厦门市中级人民法院提起上诉。福建省厦门市中级人民法院作出(2014)厦民终字第2883号民事判决:驳回上诉,维持原判。

[参见最高人民法院中国应用法学研究所编:《人民法院案例选》(2015年第4辑),人民法院出版社2016年版。]

11. 双方签订房屋租赁意向书，但承租人未接受占有使用房屋的，能否视为合同成立？

【典型案例】

晏某平诉中国工商银行股份有限公司建阳童游支行房屋租赁合同纠纷案

【裁判要旨】

意向书是订立合同前双方意思的表示，案涉双方签订了房屋租赁意向书，但承租人未接受占有使用房屋，不能视为该合同成立，但承租人未与出租人说明原因，有违诚实信用，应当承担缔约过失责任，出租人负有证明自己损失的义务。

【案号索引】

福建省南平市中级人民法院(2011)南民终字第628号

【当事人信息】

原告(上诉人)：晏某平

被告(被上诉人)：中国工商银行股份有限公司建阳童游支行(以下简称工商银行童游支行)

【基本案情】

2009年2月，工商银行童游支行与晏某平经过协商形成了一份房屋租赁意向书，约定主要内容为，甲方(原告)出租给乙方(被告)的房屋位于建阳市宋慈路一层共两间店面；租赁期限、用途，该房屋租赁期限为5年，从2009年3月1日起至2014年2月28日止。租金及支付方式，该租赁房屋每年租金98078元，即人民币玖万捌仟零柒拾捌元整。租金于年初一次性付清，以后各年均为年初一次性支付当年租金。晏某平在双方名称(甲方)处签字，工商银行童游支行负责人朱某在双方名称(乙方)处签字，晏某平、工商银行童游支行未在该意向书的落款处签字。

晏某平称相信工商银行童游支行的承诺，于2009年3月1日与董某安签订《终止租赁协议书》，并赔偿董某安35000元装修费。此后，多次主动要求将房屋交付给工商银行童游支行，工商银行童游支行拒不接受房屋，造成店面空置9个月(2009年3月3日至2009年11月22日)，空店损失45360元。要求被告工商银行童游支行承担缔约过失责任，支付给原告各项损失共计80360元。

工商银行童游支行称房屋租赁意向书因欠缺法定生效要件,不具有法律效力。建阳市宋慈路一层(共两间店面)的食品卫生许可证、个体工商户营业执照及签订的《经营场所租赁合同》,业主都是洪某升而不是董某安,赔偿董某安所谓装修费,都是与董某安恶意串通所为。晏某平这种对缔约的信赖过于追求,赔偿董某安的装修费,及所谓的空店损失 45360 元,不构成合同法上缔约过失,产生法律后果,应由晏某平自行承担。

【法院认为】

一审法院认为:意向书是订立合同前双方意思的表示。工商银行童游支行与晏某平签订了房屋租赁意向书,工商银行童游支行未接受占有使用房屋,不能视为该合同成立。但意向书签订后,工商银行童游支行未与晏某平说明原因,有违诚实信用。双方未能正式签订出租房屋合同,工商银行童游支行负有缔约过失。但损失的范围,举证责任在晏某平,晏某平认为其与案外人在终止租赁合同时达成赔偿案外人董某安房屋装修赔偿金 35000 元,2009 年 3 月 3 日至 2009 年 11 月 22 日的店面空店损失租金 45360 元,是否为缔约损失范围,证据不足,不予支持。工商银行童游支行辩称不负赔偿责任,予以支持。

晏某平持原审起诉意见书提起上诉。二审法院认为:晏某平与被工商银行童游支行负责人在房屋租赁意向书中明确表明双方商拟的是意向书,该意向书的落款处没有双方的签名和签章,也未注明日期,故该意向书无论在形式上还是内容上均不具备正式合同的法律特征,没有正式合同的确定性和约束力。晏某平认为该意向书符合正式合同的法律特征,要求工商银行童游支行承担毁约责任的理由不成立。根据已查明的事实,晏某平并没有向被工商银行童游支行交付房屋,晏某平所主张的与原承租人终止租赁合同后赔偿的房屋装修费和房屋空置损失亦无事实根据,依法不予采信。原审认定事实清楚,适用法律正确,判决并无不当。晏某平的上诉理由不成立,其上诉请求不予支持。

【裁判结果】

二审法院判决:驳回上诉,维持原判。

[参见国家法官学院案例开发研究中心编:《中国法院 2013 年度案例:合同纠纷》,中国法制出版社 2013 年版。]

12. 虚假的房屋租赁关系如何认定？

【审判专论】

（一）举证责任的分配

实践中，对租赁关系真实性的审查一般是由承租人提起异议而引起的（即便是债权人主动要求涤除租赁，也应将争议引导至异议审查程序），即承租人主张租赁权合法有效来阻却执行，而债权人或买受人认为租赁关系是虚假的，实质上是对承租人主张的否认，而非抗辩或提出新的主张。因此，由承租人证明租赁权合法有效且能阻却执行，更符合“谁主张，谁举证”的原则。此时，承租人提供的证据为本证，如不能达到高度盖然性的证明标准，承租人将承担举证不能的法律后果；债权人或买受人为推翻承租人主张所提供的证据为反证，只需削弱本证的证明力从而动摇法官的心证即可。如此分配举证责任，增加了虚构租赁关系的违法成本，在一定程度上可以减少虚假租赁的产生。

（二）形成心证的考量因素

“买卖不破租赁”原则的立法目的在于保护弱势群体，避免由于出租人处分租赁物的行为危及承租人基本的生存权或居住权。该原则所保护的合法租赁关系应当满足租赁合同真实有效、承租人实际占有租赁物在抵押及查封之前等条件。在虚假租赁的审查中，法官可以对比合法租赁权成立的具体条件，将租赁合同签订的时间、租金支付的方式、承租人是否实际占有租赁物、被执行人和承租人之间的关系以及承租人在法庭上的表现等因素作为形成心证的参考。

1. 租赁合同签订时间。我国《城市房地产管理法》明确规定出租人和承租人应当签订书面租赁合同，并向房产管理部门登记备案。长期租赁对当事人权益影响甚巨，更应当签订书面合同。因此，在租赁关系真实性的审查过程中，承租人无书面合同又主张长期租赁的，或者虽有租赁合同复印件但不能提供原件又无其他证据佐证的，一般不认可租赁关系的真实性。承租人能够提供租赁合同原件的，可以审查合同文本在形式上是否符合一般合同习惯，确有条件和必要，可以通过鉴定签字盖章的时间判断合同是否倒签。

2. 租金支付方式。虚假租赁中常见的租金支付方式有以下几种：一是全部现金支付且已一次性付清。对此情形，可以结合承租人的支付能力、租金金额大小、资金来源等进行综合判断，租金金额较大而承租人又无其他证据证明资金来源的，一般不认可租赁关系的真实性。二是未实际支付租金但系以房屋租赁权抵债。三是第三人代为支付租金。应当审查第三人与被执行人、承租人之间有无其他法律关系，防止承租人用其他不相关的资金往来凭证冒充租金支付凭证，承租人无法清晰说明代付租金的法律关系的，对租赁合同的真实性不予认可。四是虽有银行转账凭证但系循环转账。被执行人规避执行的手段越来越隐蔽，有的被执行人收到租金后很快就转回给承租人，或者在多个账户之间经多次转账后又转回给承租人，还有的承租人分几次转账支付租金，但其实是以同一笔资金反复循环，以形成大额租金的假象。对上述情形，不应认可租赁关系的真实性。

3. 承租人是否实际占有租赁物。虽然我国实行房屋租赁登记备案制度，但相关规定的立法在于行政管理和治安管理需要，并非效力性规范，在现阶段，登记并非租赁权的公示方式。《最高人民法院关于审理城镇房屋租赁合同纠纷案件具体应用法律若干问题的解释》第五条规定则强调了占有对于租赁的意义。根据该条规定，出租人就同一房屋订立数份租赁合同，在合同均有效的情况下，承租人均主张履行合同的，人民法院按照合法占有、登记备案、合同成立在先的顺序确定履行合同的承租人，可见占有对于租赁权的成立具有决定作用，因此以占有作为租赁权取得对抗效力的公示性表征日渐成为实务界的共识。在审查租赁关系真实性时，应当审查承租人是否实际占有租赁物，未实际占有租赁物的，或者主张以占有改定、指示交付方式间接占有租赁物的，对该租赁关系不予认可。

4. 被执行人与承租人之间的关系。虚假租赁合同双方之间一般存在亲戚、朋友、关联企业等特殊关系，利用这些特殊关系虚构长期租赁关系，成本较低、操作方便而且易于得逞，因此在认定虚假租赁时，被执行人与承租人之间的关系可以成为法官心证形成过程的参考因素。

5. 承租人在异议审查中的表现。当事人在法庭上的言行举止虽然不能成为认定虚假租赁的证据，但可以成为法官形成心证的辅助性参考。即便是最常说谎的人，也会有一些下意识的言行表现异常，比如前后陈述出现矛盾，对编造的事实刻意回避，等等。

[参见陈琳、孙某春：《虚构房屋租赁关系的认定》，载《人民司法》2016 年第 14 期。]

13. 出租人在划拨土地建房后出租未缴纳土地收益的，承租人主张租赁合同无效的，应否予以支持？

【公报案例】

新疆维吾尔自治区建筑木材加工总厂与中国民主同盟新疆实业发展总公司房屋租赁纠纷上诉案

【裁判要旨】

房屋所有人以营利为目的，将以划拨方式取得使用权的固有土地上建成的房屋出租的，应当将租金中所含土地收益上缴国家。由于房屋租赁合同成立、生效后，出租人才可能收取租金并将其中土地收益部分上缴国库；缴纳土地收益并不是合同成立并生效的前提条件。

【案号索引】

最高人民法院(2000)民终字第115号

【当事人信息】

上诉人(原审被告、反诉原告)：新疆维吾尔自治区建筑木材加工总厂(以下简称木材总厂)

上诉人(原审原告、反诉被告)：中国民主同盟新疆实业发展总公司(以下简称实业公司)

【基本案情】

上诉人木材总厂与上诉人实业公司房屋租赁纠纷一案，不服新疆维吾尔自治区高级人民法院(1999)新民初字第13号民事判决，向本院提起上诉。本院依法组成合议庭公开开庭审理了本案，现已审理终结。

经审理查明：1992年10月6日，木材总厂与中国民主同盟新疆乌鲁木齐现代文化交流站(以下简称交流站)签订《营业大楼租赁合同书》，约定：交流站租用木材总厂办公楼左侧式营业大楼共4层(包括地下室)，建筑面积3.054平方米，作为办公室、宾馆、餐厅、舞厅等，租期为20年。营业大楼续建的工程费用，交流站投资100万元，应在合同生效后半个月内支付给木材总厂20万元，1993年3月底前再支付40万元，其余投资款；在工程竣工前全部交清。交流站支付的续建费用100万元，抵扣租金，扣完后依合同约定继续向木材总厂支付租金。按建筑面积计算，每平方米每月租金20元;每年度分4次支付,一次按年租金的25%付清,每次付款时间为该季度的第1个月。租金价格在合同生效后3年内不变,逾期后在市场平均水平上另行调整。水、暖、电费用按规定分季度向木材总厂交纳。如实业公司拖欠租金,按日千分之五交纳滞纳金。营业大楼正式交付实业公司使用之日为起租日。木材总厂负责办理营业大楼租赁手续。除交流站投资的100万元,续建大楼所需的其他费用由木材总厂承担。在不影响整体结构前提下,可按交流站需要设计。木材总厂保证承租房内的水、暖、电的正常供应。木材总厂在使用期限内,不干预交流站对承租房的使用权、经营权。双方必须严格遵守合同约定的各项条款,任何一方违约,必须向对方赔偿合同额25%违约金及一切相关的经济损失。

1993年7月26日,交流站向乌鲁木齐市沙依巴克区工商局申请将交流站更名为实业公司,以后工商局给实业公司核发了营业执照,注册资金80万元。

签订合同后,实业公司于1992年11月2日向木材总厂付款20万元,1993年5月18日付款10万元,5月29日付款40万元,6月25日付款15万元,9月30日付款30万元,以上共计115万元。此后,从1994年5月至1995年12月实业公司又付给木材总厂款项274847元。关于付款问题,一审判决还认定:讼争的营业大楼原由长城建筑公司所属史某宝工程队施工,后变更为乌鲁木齐市天镁建筑公司(以下简称天镁公司)施工。经实业公司、木材总厂与史某宝协商,由实业公司支付给史某宝前期工程费用4万元,史某宝收款后向实业公司出具了收条并向一审法院出具了证明。1994年5月1日营业大楼1-3层由天镁公司施工完毕后交付给实业公司,地下室于1995年1月1日交付给实业公司。施工中木材总厂共支付给天镁公司工程款984081.17元,其余款项由实业公司支付。1998年7月,实业公司与木材总厂在《建筑与安装工程审核情况说明书》中最后审定的营业大楼工程造价2235789.81元,实业公司实际直接支付给天镁公司工程款为1251708.64元。实业公司付给木材总厂、史某宝、天镁公司款项共计2716555.64元。实业公司为建设营业大楼实际超付资金1716555.64元。对一审判决认定的这一事实,双方在二审期间中均未提出异议。一审期间,双方自1999年11月16日签署了两份付款清单,对账结论为实业公司支付给木材总厂的款项为1424847元,双方无争议。另付给史某宝40000元和搬迁费10000元双方有争议,由法庭确认。木材总厂支付984081.17元双方无争议,另有4笔费用计95230元,双方有争议,由法庭确认。同日,双方还签订了实业公司欠木材总厂款项清单,确认实业公司欠木材总厂64005元。

此外,交流站与木材总厂在1993年3月签订了《协议书》约定:木材总厂同意为交流站向银行贷款150万元提供担保。交流站同意在银行贷款落实到位时,提前将租赁营业大楼合同书中约定应支付的续建工程款80万元一次付清,并同时付足50万元,作为信誉保证金。1997年4月,乌鲁木齐市沙依巴克区税务局(以下简称沙区税务局）无偿使用承租房2楼约325.32平方米房屋作该局办公室，二上诉人均未与沙区税务局签订允许该局无偿使用部分讼争房的书面协议。一审判决认定，1996年1月1日至1999年5月18日，木材总厂反租实业公司两间房，每间每年按1.8万元计算，木材总厂应付实业公司租金121500元；1997年3月18日至1998年2月16日，木材总厂又租实业公司房屋1间，每间每年1.8万元，应付租金1.65万元；1998年7月17日至1999年5月18日，木材总厂又租实业公司房屋1间，每间每年仍为1.8万元，应付租金1.5万元。木材总厂反租实业公司4间房屋，共应支付实业公司租金15.3万元。对上述认定，双方当事人在二审期间均未提出异议。

1997年6月10日，木材总厂与实业公司签订《关于收交金三角租金的协议》，约定：根据双方签订营业大楼租赁合同，经双方充分协商，既考虑到原合同生效之日起3年内租金不变，逾期后在市场平均价水平上另行调整的条款，又考虑到实业公司存在困难的实际情况，同意对实业公司按优惠方案计算租金，即1996年应收租金3054平方米×50元×9个月＝137.43万元，1997年应收租金3054平方米×50元×12个月＝182.24万元，1996年的租金于1997年7月底前交清，1997年的租金于12月底前分3期付清。不再按期付清，按原合同第七条办理，即违约拖欠租金以日千分之五计滞纳金。对于这份协议的效力，一审判决认定木材总厂清算小组写给该厂的清算报告中并未出现和涉及该协议，说明在1998年8月以前双方未就租金价格调整达成一致意见。清算小组负责人俞某元证实报告真实。木材总厂反租实业公司的4间房自1996年至1999年租金价格未作调整，也说明双方未就调整租金价格达成一致。实业公司认为，木材总厂是为了应付上级检查才要求与其签订该协议，该协议是虚假的，不是双方当事人的真实意思表示，应无效。木材总厂清算小组负责人俞某元向一审法院提供的书面补充说明称：清算报告反映的是个人观点，未经集体讨论，未形成领导班子集体意见，报告文本上未加盖单位公章。该报告不具备法律效力，一审法院以该报告作证据不尊重客观事实。木材总厂参与合同签订的工作人员向一审法院提供书面证言证明该合同真实、合法。

另查明，双方在1998年6月28日签订了实业公司欠木材总厂水电费清单。实业公司已支付水电费163710.5元，共欠441631.54元，尚欠441631.54－163710.5元＝277921.04元。1998年11月，木材总厂在讼争房一侧临窗采光处不足5公分间距处另建1栋楼，影响营业大楼部分场地采光、通风，影响承租房屋的正常经营使用。1982年9月15日，木材总厂取得厂区占地的国有土地使用证，土地性质为行政划拨，用途为生产和生活用地。承建讼争房屋先后取得立项批文、建设工程规划许可证、建设工程施工许可证。新疆维吾尔自治区人民政府办公厅发文同意木材总厂建立属社会服务性的大型综合市场商贸城。乌鲁木齐市市场建设领导小组办公室发文同意实业公司开办“金三角大市场”，并到工商、消防、税务等部门办理开办登记证。

又查明,1997 年 1 月 6 日实业公司给乌鲁木齐市鑫源商贸有限公司(以下简称鑫源公司,以后更名为乌鲁木齐市海阔商贸有限公司)出具了委托书,记明:鑫源公司代理实业公司在承租楼内收取租金、水、电、暖费、物业管理、还贷。受托方与木材总厂签订租赁合同如与实业公司、木材总厂签订的合同相抵触,以后一个为准。代理期限为 1997 年 1 月 6 日至 2000 年 1 月 5 日。以后代理期限延期至 2005 年 1 月 4 日。1997 年 1 月 6 日,木材总厂与鑫源公司签订《营业大楼租赁合同书》约定:自签字盖章生效后,租金按建筑面积每月每平方米 20 元计,3 年内不变,逾期后在市场平均水平上另行调整。同日,双方签订的《补充合同》约定、上述协议如与 1992 年 10 月 6 日木材总厂与交流站签订的《营业大楼租赁合同书》相抵触,则以后一协议为准。实业公司以木材总厂、鑫源公司签订的 2 份协议作为证据否认实业公司、木材总厂签订的《关于收交金三角租金的协议》中有关提租的内容。

实业公司以木材总厂违约、影响其正常使用和经营房屋为由向一审法院起诉,要求木材总厂承担违约金,赔偿损失和利息。木材总厂提起反诉称:依租赁合同约定,实业公司投入的 100 万元折抵完租金后应按约定继续交纳租金,但事实上自 1994 年该楼竣工交付使用后,未交纳分文租金,截至 1998 年 8 月 31 日已累计欠租 6641972 元,拖欠水、电、卫生费计 331683.34 元。实业公司承租期间将承租房一层窗户全部改造成门面,造成该楼严重安全隐患。承租期间,实业公司在承担房内从事色情表演,被社会传媒披露因此严重损害了木材总厂的名誉。据此请求:解除双方签订的《营业大楼租赁合同书》。实业公司支付拖欠房屋租金 6441972 元,水、电、暖、卫生费 331683.34 元,利息 57851.32 元。实业公司承担违约金 3579159.64 元。实业公司将擅造的楼层恢复原状,在报纸上公开道歉,消除因从事色情表演给木材总厂带来的不良影响。实业公司承担全部诉讼费用。

【法院认为】

一审法院审理认为,双方当事人签订的《营业大楼租赁合同书》为有效合同。签订合同后,实业公司已依约投入 100 万元的情况下,追加投入全部营业大楼建设款将房建成。木材总厂未依约履行 100 万元以上的补充投资义务,已构成违约。木材总厂为实业公司贷款担保与木材总厂和实业公司间的房屋在租行为,是两个不同的法律关系,木材总厂提出改变投资方式不构成违约的理由不成立。1998 年 12 月,木材总厂在实业公司承租的营业大楼旁另建大楼,致使营业大楼 600 平方米的房产不能采光,严重影响了实业公司对营业大楼的正常使用,给实业公司造成较大的经济损失,也违反了合同约定,构成违约。木材总厂违约行为给实业公司造成的经济损失,用支付违约金的方式即可补偿,实业公司要求木材总厂赔偿经济损失的请求不予支持。沙区税务局无偿占用营业大楼 325.12 平方米房产而造成的损失,实业公司建设营业大楼中多支付的1716555.64元,应从1994年5月1日木材总厂交付房屋时起算利息,并按照折抵租金递减本金的方法计算。实业公司应支付给木材总厂的租金3445274.4元,同实业公司已付款项2716555.64元及多付款1716555.64元的利息相折抵,基本抵平。实业公司未逾期支付租金,因木材总厂反诉请求实业公司支付延期付款违约金并解除合同的请求,一审法院不予支持。实业公司拖欠木材总厂的水、电、暖费277921.04元应予给付,同时应承担延期付款利息56511.28元。实业公司拖欠木材总厂的借款64005元应一并给付。实业公司使用营业大楼中因经营需要对一楼窗户所做的改动,符合合同要求;木材总厂以此主张实业公司违约,要求其恢复原状,一审法院不予支持。据此判决:(1)木材总厂与实业公司签订的《营业大楼租赁合同书》有效;(2)实业公司投入款2716555.64元(预付租金),及实业公司多投入款1716555.64元的利息731428元,共计3447984元;截至1999年8月31日实业公司应付木材总厂租金3445274.4元,两项折抵,实业公司尚余款2709.6元可继续折抵租金;(3)木材总厂偿付实业公司违约金3664800元;(4)实业公司给付木村总厂水、电、暖费27721.04元,偿付利息56511.28元;(5)实业公司给付木材总厂欠款64005元;(6)驳回实业公司的其他诉讼请求;(7)驳回木材总厂的其他反诉请求。案件受理费本诉费60210.4元,实业公司负担30%,即18063.12元,木材总厂负担70%,即42147.28元;反诉费58076.33元,实业公司负担40%,即23230.53元,木材总厂负担60%,即34845.80元。

一审判决主文第2项731428元利息的计算方法是:1994年5月1日木材总厂交付出租房1-3层时,实业公司超付资金1716555.64元已全部投入出租房建设中。从1994年5月1日至1995年11月30日租金100万元折抵完毕,这期间超付资金1716555.64元不分段计息,利率按当时平均利率13.95%(年利率)计息,共计431027元。从1995年11月30日以后每季度扣除租金179430元。本金递减后计租,利息共计300401元时,本金折抵完毕。两项利息合计731428元,一审法院对一审判决主文第3项违约金3664800元,是按下列方法计算出来的,即20元(每月每平方米租金标准)×3054平方米(实业公司承租房屋总面积)×12个月×0.25(违约金标准)×20年(合同约定的程斯)=3664800元。

木材总厂与实业公司均不服一审判决,向本院提起上诉。木材总厂上诉请求:撤销一审判决,判令实业公司承担违约责任并赔偿因违约给其造成的经济损失。事实和理由如下:一审判决认定木材总厂违约缺乏事实和法律依据。实业公司未按合同约定的时间支付租金已构成违约。实业公司向银行贷款支付房租,木材总厂为贷款提供担保,双方改变了合同约定的付款方式,不能认定木材总厂支付续建资金不足构成违约。按合同约定,3年内房租为每月每平方米20元,3年后双方按市场价格商定;一审判决以此价格作为3年后租金标准违反了合同约定,侵犯了木材总厂权益。应认定《关于收交金三角租金的协议》有效。一审判决将实业公司多交的续建承租房的投资款抵作租金,又计算利息,违反了财务原则,而且也不知道利息数额是如何计算出来的。一审判决木材总厂承担3664800元违约金,既不符合合同约定,也没有法律依据,且不知是如何计算出来的。一审判决认定实业公司改建承租房不违约与合同约定不符,违背了意思自治原则。一审判决驳回木材总厂反诉请求缺乏事实和法律依据,请求二审法院支持反诉请求。实业公司亦不服一审判决,向本院提起上诉请求:改判木材总厂承担因其违约给实业公司造成的经济损失3877894.08元;改判木材总厂承担因其违约占用实业公司利息、2497386.74元。事实和理由为:木材总厂多次违约给实业公司造成巨大经济损失,依据《经济合同法》第三十一条规定:当事人一方违反经济合同时,应向对方支付违约会。如果由于违约已给对方造成的损失超过违约金的,还应当赔偿,补偿违约金不足的部分。按法律规定,利息的计算应以银行同期利率作为标准,银行同期利率分别为月利率16.5%、15%、13.725%、12.24%,平均利率为13.9%,以此为标准计算木材总厂应向实业公司支付利息的数额为2222076.3元,而非一审判决认定的利息731428元。

本院认为,木材总厂与交流站签订的《营业大楼租赁合同书》是双方当事人真实自愿的意思表示。出租房屋所占用的土地性质为国有划拨用地,《城市房地产管理法》第五十六条规定,房屋所有人以营利为目的,将以划拨方式取得使用权的固有土地上建成的房屋出租的,应当将租金中所含土地收益上缴国家。由于房屋租赁合同成立、生效后,出租人才可能收取租金并将其中土地收益部分上缴国库;缴纳土地收益并不是合同成立并生效的前提条件。木材总厂应根据法律规定将收取的房租中所含的土地收益部分上缴国家并办理出租登记备案、领取租赁许可证。实业公司承租讼争房屋开办金三角大市场获得乌鲁木齐市人民政府有关部门批准,并已办妥营业、税收、消防审批手续,据此,一审判决认定《营业大楼租赁合同书》;是有效、正确的,应予维持。关于《关于收交金三角租金的协议》的效力问题。《营业大楼租赁合同书》约定:按建筑面积计算每月每平方米20元的租金价格在合同生效后3年内不变,这期后在市场平均水平上另行调整。《关于收交金三角租金的协议》的内容与主合同关于3年后调整租金标准的内容是连贯的、相互衔接的,是租赁合同的补充协议。木材总厂的内部清算报告未署名、未签章、未经厂领导讨论,是木材总厂的内部材料,对外不产生证据效力,实业公司以此作为主张该协议不成立或不生效的证据.理由不成立。木材总厂反租实业公司4间房屋与实业公司承租木材总厂营业大楼是两个法律关系,二者没有必然的因果关系,实业公司上诉主张以反租房屋未提租来否认《关于收交金三角租金的协议》的效力,亦缺乏事实和法律依据。1997 年 1 月 6 日木材总厂与鑫源公司签订了《营业大楼租赁合同书》和《补充合同》,就《补充合同》内容来看,约定如 1997 年 1 月 6 日签订的租赁合同与 1992 年 10 月 6 日签订的租赁合同相抵触,应以 1992 年 10 月 6 日租赁合同为准;后一租赁合同约定按建筑面积每月每平方米 20 元,自合同生效之日起 3 年内不变,合同经双方签字盖章后即生效;前一租赁合同约定营业大楼正式交付使用之日为起租日;两份合同约定的起租日相矛盾,应以前一约定为准。实业公司以前后两个合同约定的租金标准相同来证明《关于收交金三角租金的协议》不成立或无效,也是没有道理的,因后一合同约定的起租日无效而不具备证明力。《关于收交金三角租金的协议》上盖有交流站的印鉴,还有实业公司董事长吴某海的签字,实业公司未能举出签订该协议时存在意思表示不自愿、不自由的法定情形,应认定《关于收交金三角租金的协议》有效。根据《营业大楼租赁合同书》和《关于收交金三角租金的协议》约定的租金标准,实业公司投入的 100 万元资金折抵租金至 1995 年 9 月 12 日,1716555.64 元折抵租金至 1997 年 4 月 8 日。木材总厂未对实业公司履行《关于收交金三角租金的协议》是否存在违约事实以及如何承担违约责任提出明确、具体的诉讼请求,对履行该协议涉及的违约问题,本院不予审理。1993 年 3 月,木材总厂与交流站签订的《协议书》将木材总厂为实业公司贷款提供担保与实业公司向木材总厂提前支付 80 万元联系起来,但未约定提前付款时间,参照《合同法》第七十八条规定,当事人对合同变更的内容约定不明确的,推定为未变更,据此应推定原合同的履行方式未因签订该协议而变更。木材总厂为实业公司向银行贷款提供担保而签订的其他合同,与本案的房屋租赁纠纷是各自独立的两个法律关系,且与本案合同主体亦不同,木材总厂上诉主张因签订贷款担保合同而改变了《营业大楼租赁合同书》的履行方式,从而应免除木材总厂不支付续建投资款的违约责任,其理由不成立,本院不予支持。

依据《营业大楼租赁合同书》的约定,实业公司应于 1993 年 10 月 21 日前支付承租房屋续建投资款 20 万元,实际于 1993 年 11 月 2 日付清;应于 1993 年 3 月底前支付 40 万元,实际在 5 月 18 日支付 10 万元,5 月 29 日支付 30 万元,其延期付款行为已构成违约。合同中有关拖欠租金以日千分之五交付滞纳金的约定,其法律性质为专项违约金,仅对拖欠租金产生法律效力,实业公司应以此为标准承担违约责任。木材总厂未依合同约定支付营业大楼续建投资款已构成违约,应承担违约责任并赔偿实业公司因此造成的损失。实业公司多投入的资金产生的利息应视为木材总厂违约给其造成的损失,由木材总厂予以赔偿。一审判决在计算利息上存在两方面缺陷,应予纠正。其一,一审判决按年利率 13.95% 作为计息利率明显高于国家规定的同期最高类别的利率(固定资产贷款利率),从而违反了《中国人民银行法》规定的利率法定原则,应以同期固定资产贷款利率计息。其二,一审判决以实业公司多投入资金折抵租金期间作为计息期间,未考虑《关于收交金三角租金的协议》生效后提租的事实。实业公司拖欠木材总厂水、电、暖费已构成违约,应承担违约责任;一审判决其承担延期付款利息而不承担违约责任,缺乏法律依据,应予纠正。《营业大楼租赁合同书》约定:任何一方违反合同约定的条款,必须向对方赔偿合同额的25%违约金,即任何一方违约,按比例向对方支付违约金;由于本案双方当事人均违约,违约金比例相同,相互抵销。木材总厂上诉主张实业公司承租期间擅自改变房屋结构、从事色情表演,因证据不足,本院不予认定。沙区税务局无偿使用营业大楼中325.32平方米的房屋是由出租人同意还是承租人同意的,双方各执一词、说法不一,因双方或其中一方均未与沙区税务局签订书面协议而难以查清,根据公平原则,由双方合同约定、法院判令的租金标准,按50%的比例分摊租金。木材总厂在实业公司承租的营业大楼旁近距离建楼房,影响实业公司承租房屋的采光、通风,给其正常经营造成损失,这一行为既是违约行为又是侵犯相邻权的侵权行为,参照《合同法》第一百二十二条规定:因当事人一方的违约行为,侵害对方人身、财产权益的,受损害的有权选择依照本法要求其承担违约责任或者依照其他法律要求其承担侵权责任。实业公司已选择追究木材总厂的违约责任,对该违约行为经实业公司造成的损失是否超过违约金,是否应对超出违约金的损失予以赔偿,缺乏定量化的证据,本院难以对是否应赔偿损失或应当赔偿多少作出判断;由于这一事实有相对独立性,权利人可就此另行提起诉讼。

《关于收交金三角租金的协议》仅对1996年4月1日至1997年年底的租金标准等作出约定,对1998年1月1日以后的租金标准没有约定,导致在诉讼中双方当事人就租金标准不能协商达成一致意见,租赁合同难以继续履行,木材总厂请求解除《营业大楼租赁合同书》,本院准许。本院根据《营业大楼租赁合同书》《关于收交金三角租金的协议》的约定、当地房屋租赁的市场行情、双方房屋租赁关系提前解除以及实业公司出资承运讼争房屋的情况、当事人提出的上诉请求,将1998年1月1日至租赁合同解除之日的租金标准确定为每月每建筑平方米30元。

【裁判结果】

二审判决如下:(1)维持新疆维吾尔自治区高级人民法院(1999)新民初字第13号民事判决第(1)项、第(2)项、第(6)项。(2)撤销新疆维吾尔自治区高级人民法院(1999)新民初字第13号民事判决第(2)项、第(3)项、第(7)项。(3)解除木材总厂与实业公司签订的《营业大楼租赁合同书》,自本判决生效后90日内实业公司将承租房屋交还木材总厂。(4)自判决生效之日起30日内,实业公司向木材总厂支付1997年4月9日至1997年12月30日租金(其中2728.68平方米按建筑面积每月每平方米50元计租,325.32平方米按建筑面积每月每平方米25元计租)。(5)自本判决生效之日起30日内,实业公司向木材总厂支付自1998年1月1日至本判决生效之日租金(其中2728.68平方米按建筑面积每月每平方米30元计租,325.32平方米按建筑面积每月每平方米15元计租)。(6)自本判决生效之日起30日内,木材总厂向实业公司支付1716555.64元利息(1995年9月13日至1997年4月8日,按中国人民银行公布的同期固定资产贷款利率计息)。(7)自本判决生效之日起30日内,实业公司向木材总厂支付延期支付租金的违约金123500元。(8)变更新疆维吾尔自治区高级人民法院(1999)新民初字第13号民事判决第(4)项为:自本判决生效之日起30日内,实业公司向木材总厂支付水、电、暖费277921.04元。(9)驳回上诉人的其他上诉请求。一审案件受理费按一审判决执行。二审案件受理费118286.73元,由实业公司负担82800.71元,木材总厂负担35486.02元。本判决为终审判决。

[参见最高人民法院办公厅编:《最高人民法院公报》2002年第1期。]

14. 出租人未向承租人告知房屋已先行抵押的房屋租赁合同,是否当然无效?

【典型案例】

成都泰华房地产开发有限公司与四川远通物业管理有限责任公司房屋租赁纠纷案

【裁判要旨】

房产中介机构作为出租方出租房屋,应知晓房屋的实际面积,承租方看房时无法推定其有能力看出房屋实际面积,且承租方无提前知晓房屋实际面积的义务。双方缔约时,出租方虚报房屋实际面积,影响承租方实际使用的,承租方有权要求解除房屋租赁合同并主张返还多收租金,赔偿违约金和其他实际损失。

【基本案情】

1997年12月19日,四川远通物业管理有限责任公司(以下简称远通公司)与成都泰华房地产开发有限公司(以下简称泰华公司)签订《租房协议》约定:泰华公司将泰华大厦商场1－5层租赁给远通公司,租期5年,自1998年4月19日起至2003年4月18日止,第1年租金为1000万元,第2年租金为1250万元;自第3年起按国家公布的物价上涨指数逐年递增,从1998年4月19日计租,远通公司第1次付款后的租金均按季度一次性付给泰华公司,交付时间均为本季度的租金于上一季度的最后7日内交齐;泰华公司保证远通公司拥有大楼商场的使用权,并在1998年10月15日前完成该房屋配套设施和周边环境的完整化并办齐相关合格手续交给远通公司使用;远通公司如严重违反本协议或者拖延45天未能交足本季度租金时,泰华公司有权终止本协议,收回房屋使用权,并要求赔偿损失;远通公司须按时向泰华公司支付房屋租金,如拖欠支付,应按拖欠额和拖欠时间向泰华公司支付每月5%的违约金,泰华公司如严重违反本协议,远通公司有权终止本协议,并要求赔偿损失。远通公司可以自己的名义与本商场一、二楼购房业主分别签订租赁协议,泰华公司按购房面积计算一楼租金认定为160元每平方米,二楼租金为130元每平方米,每年按5元每平方米递增等。

泰华公司在出租房的第3层占用800平方米堆放货柜,于1998年11月27日搬走。泰华公司于1996年为他人贷款担保将所出租房屋的第4层、第5层抵押给中国农业银行成都市分行国际业务部(以下简称农行国际部),成都市中级人民法院于1998年12月7日对抵押房屋进行查封,但同意远通公司继续使用第4层的500平方米房屋,该院于1998年12月11日以(1998)成执字第884号裁定将该租赁房屋的第4层、第5层产权抵偿农行国际部。

泰华公司将第3层堆放货柜占用房屋以外的房屋按协议约定的时间交给远通公司,但未按约定时间交付租赁房屋的消防、客梯、货电梯等设施。远通公司从1997年12月23日至1999年4月18日,直接支付给泰华公司房租5048901.2元,向"泰华大厦"业主支付租金2811237.6元,代泰华公司向苏迅公司支付电梯款40万元,代泰华公司向成都锦安典当行支付借款利息13.6万元、向成都市公安局盐市口派出所支付拆迁过渡费10万元,支付水电(含用于发电的油费)、电话费等211609.14元,共计支付租金8707747.94元。

1999年4月7日,泰华公司以远通公司拖欠房租为由向成都市中级人民法院起诉,请求解除双方的《租房协议》并判令远通公司支付1925030元租金。

【法院认为】

成都市中级人民法院审理认为,双方所签订的《租房协议》合法有效。在签订协议时,泰华公司已将租赁房屋第4层、第5层为他人担保抵押给债权人而未告知远通公司,致使该租赁房屋第4层、第5层被法院查封,远通公司只能使用其中500平方米。远通公司不愿意继续租赁第4层、第5层,且有拖欠租金事实,对泰华公司解除合同的主张,予以支持。由于泰华公司的过错造成远通公司无法使用的第4层和第5层部分,以及泰华公司占用的租赁房屋第3层,应扣减相应租金。双方对1999年4月18日以前租金结算为,远通公司欠租金1091682.8元。扣除远通公司已履行的租金、法院查封部分、双方同意抵扣租金后,远通公司尚欠泰华公司294513.1元。1999年4月19日以后的租金共计471560.1元。泰华公司主张的违约金,由于其在履行协议中也有违约事实,不予支持。该院于 1999 年 7 月 26 日作出(1999)成民初字第 177 号民事判决:(1)解除双方的《租房协议》;(2)远通公司支付至 1999 年 7 月 18 日所欠泰华公司租金 1709193.4 元;(3)远通公司腾退租赁房屋给泰华公司,从 1999 年 7 月 19 日以后按每月 471560.1 元租金给付泰华公司至腾退之日;(4)驳回泰华公司的其他诉讼请求。远通公司、泰华公司不服该判决,均提出上诉。

四川省高级人民法院二审认为,泰华公司在签订协议时已将租赁房屋的第 4 层、第 5 层为他人担保抵押给债权人,未告知远通公司,故《租房协议》对第 4 层、第 5 层的租赁内容无效,其余内容合法有效。泰华公司未按约交付全部租赁房屋第 3 层以及整栋楼的消防、客梯、货电梯和配套设施,属违约。泰华公司在第 3 层楼房内堆放货柜,租金应扣除,但由于远通公司不能提供其要求泰华公司交付第 3 层房屋的有关证据,扣除的租金作为损失,由双方各承担 50%。因泰华公司过错造成远通公司无法使用的第 4 层、第 5 层部分,租金应扣除。按照成都市物价局、成都市房地产管理局成价发〔1996〕第 360 号文件规定,对第 3 层、第 4 层、第 5 层应扣减部分租金和使用费。截至 1999 年 4 月 18 日,远通公司以各种方式支付泰华公司租金共计 8707747.94 元,按双方原约定 1 层至第 5 层租金 10000000 元,远通公司尚欠 1292252.06 元,扣除远通公司租金和使用费 1777825.87 元后,远通公司多付给泰华公司 485573.81 元,并未欠租违约。泰华公司主张解除协议的请求,既不符合双方约定条件,也不符合法律法规规定条件,不予支持。该院于 1999 年 12 月 7 日作出(1999)川民终字第 125 号民事判决:(1)维持一审判决的第(4)项;(2)撤销一审判决的第(1)项、第(2)项、第(3)项;(3)双方所签订的《租房协议》除约定第 4 层、第 5 层房屋的租赁关系无效外,其余内容有效,应继续履行;(4)双方签订的《租房协议》中,"泰华大厦"第 1 楼、第 2 楼、第 3 楼房屋,1999 年 4 月 19 日至 2000 年 4 月 18 日的年租金为 7870370.36 元,远通公司应将已发生的租金与泰华公司结算付清,今后的房租,仍应按约定时间支付给泰华公司;(5)远通公司使用第 4 层 500 平方米的房屋从 1999 年 4 月 19 日起至退还给泰华公司止,按每日 1286 元支付给泰华公司。

泰华公司不服该判决,向最高人民法院提出申诉。该院于 2001 年以(2001)民一监字第 126 号民事裁定,指令四川省高级人民法院再审。

四川省高级人民法院再审认为,双方签订的《租房协议》有效,双方基本上按协议履行了各自的义务。原审判决扣除第 3 层堆放货柜部分租金以及对第 4 层、第 5 层扣除使用费的认定和计算方法,均无不当。双方继续合作已失去基础,泰华公司请求解除《租房协议》,予以支持。导致租房协议不能继续履行,泰华公司负有主要过错,应承担相应的违约责任。该院于 2002 年 9 月 4 日作出(2002)川民再终字第 22 号民事判决:(1)维持该院二审判决第(一)项;(2)撤销该院二审判决第(二)项、第(三)项、第(四)项、第(五)项;(3)解除《租房协议》;(4)泰华公司承担违约金3650000元;(5)远通公司使用“泰华大厦”,1999年4月19日至2001年4月18日的租金为15194355.36元,抵扣违约金后为11544355.36元,由远通公司支付给泰华公司。

远通公司不服该判决,向四川省人民检察院提出申诉。该院审查后提请最高人民检察院抗诉。

最高人民检察院经审查认为,四川省高级人民法院(2002)川民再终字第22号民事判决判令远通公司向泰华公司支付1999年4月19日至2001年2月18日的15194355.36元租金,判决内容超出当事人的诉讼请求范围,违反法定程序,认定事实的主要证据不足。(1)终审判决违反法定程序。泰华公司于1999年4月7日起诉时的诉讼请求是解除租赁协议,要求远通公司支付1999年4月之前的租金1925030元及违约金452389.94元。本案经过法院一审、二审和再审三次审理,均认定截至1999年4月18日(第一年度截止日),远通公司并未拖欠租金。终审判决判令远通公司支付1999年4月19日至2001年2月18日的房屋租金15194355.36元,超出了当事人的诉讼请求范围。按照《民事诉讼法》第一百八十四条的规定,本案的再审判决即为生效判决,当事人无上诉权。《最高人民法院关于适用〈中华人民共和国民事诉讼法〉若干问题的意见》第一百八十四条规定:“在第二审程序中,原审原告增加独立的诉讼请求或原审被告提出反诉的,第二审人民法院可以根据当事人自愿的原则就新增加的诉讼请求或反诉进行调解,调解不成的,告知当事人另行起诉。”本案终审法院对诉讼请求之外的事项未经审理和调解,径自作出判决,违反法定程序,致使远通公司就该事项不能举证、辩论与上诉,有碍判决公正。(2)终审判决认定事实的证据不足。终审法院在法庭审理过程中,仅就双方当事人在1999年4月19日前的合同履行情况进行调查和审理,并未组织当事人对1999年4月19日至2001年2月8日的合同履行情况进行举证和辩论,在未查明远通公司是否欠租的情况下即判决远通公司支付1999年4月19日至2001年2月8日的租金15194355.36元,属认定事实不清,证据不足。据此,最高人民检察院于2004年3月5日以高检民抗(2004)11号民事抗诉书,就此案向最高人民法院提出抗诉。

最高人民法院受理最高人民检察院抗诉后,于2004年7月20日公开开庭审理此案,最高人民检察院派员出席法庭支持抗诉。

最高人民法院经审理查明,1998年5月7日,远通公司向泰华公司出具关于交纳租用泰华大厦商场1－5层一季度租金的情况书载明:至该情况书出具之日,扣除已付定金150万元以及支付购房户一季度租金等额外,仅一季度租金尚有233189.2元未付。同年7月8日,远通公司再次向泰华公司出具关于交纳租用泰华大厦商场1－5层一季度租金的情况书1份,载明:至该情况书出具之日,尚欠一季度租金

120210.09 元。同年 7 月 30 日，远通公司向泰华公司承诺书 5 份，承诺：泰华公司在典当行贷款 400000 元，贷款利息 4%（月息）由其承担，期限 2 个月，到期由其还本金，此笔贷款充抵租金。1999 年 1 月 26 日，远通公司再次向泰华公司出具承诺书 1 份，承诺：1999 年 2 月 20 日前支付泰华公司租金 600000 元，3 月 20 日前支付租金 500000 元，4 月 20 日前支付租金 800000 元。同月 29 日，远通公司向泰华公司出具书面函称：同意泰华公司在外借款 400000 元，期限 1 个月，利息按月息 5% 计算，如其未按 1 月 26 日承诺支付租金，则借款利息由其按月支付。

最高人民法院另查明，成都市中级人民法院于 2000 年出具情况说明 1 份，证明出租房屋第 4 层、第 5 层虽经查封及产权冻结，但允许泰华公司经营。2001 年中国农业银行四川省分行也出具情况说明 1 份，承认农行国际部对泰华公司于查封后继续出租并经营使用抵押房屋是同意并予以支持的。

最高人民法院还查明，远通公司于诉讼期间曾多次支付租金。双方于 2000 年 12 月 1 日依据二审判决签署对账单 1 份，载明：截至 2001 年 1 月 18 日，远通公司仍欠租金 644212.19 元，违约金 67017.1 元。2000 年 12 月 2 日至 2001 年 2 月 26 日，远通公司多次向泰华公司支付租金及违约金共计 1334212 元。2001 年 2 月 28 日，远通公司依成都市中级人民法院的强制执行搬出，腾退全部租赁房屋。再审期间，远通公司与泰华公司在调解未能达成一致情形下，为本案所涉租金及因租金支付而产生的违约金结算事宜，当庭陈述并向法庭分别提交书面说明，一致认可以上述对账单及所付款额，作为泰华公司起诉后直至远通公司腾退租赁房屋之前的租金结算依据，并一致认可本案所涉全部租金及因租金支付而产生的违约金，均已结清。

最高人民法院经审理认为，原再审判决认定本案双方所签订的《租房协议》合法有效，并无不当。本案出租房屋第 4 层、第 5 层，虽属泰华公司先行抵押而后出租的情形，但抵押权人农行国际部对该项抵押物的出租，不仅事前未表示异议，而且事后亦表示同意与支持，且事实上直至远通公司腾退房屋之前，农行国际部始终未行使此项抵押物的过户或变卖权利，未干涉远通公司对该项抵押物的实际使用，而远通公司在得知该项抵押物被查封之后，直至泰华公司提起本案诉讼之前，亦一直未就该项抵押物的继续租赁提出任何异议且继续占用该抵押房屋，故远通公司关于本案《租房协议》中涉及出租房屋第 4 层、第 5 层的内容，仅因泰华公司出租之时未曾向其告知已设抵押的事实而应为无效的主张，于法无据，不予支持。泰华公司提起本案诉讼之前，第 4 层、第 5 层出租房屋的租金，远通公司仍应依约支付。第 3 层虽堆放泰华公司货柜，但究竟是为留存远通公司使用还是泰华公司强行占用，双方诉讼中说法不一，而纠纷发生之前远通公司自身所出具的多份有关租金支付的情况说明以及承诺之中，均未就此提出任何异议，亦未将堆放货柜面积的租金从其所欠租金中予以扣减，故远通公司关于因该项货柜堆放而应予扣减租金的事后主张，不能成立。但鉴于泰华公司自愿承担一审判令其所承担的占用期间一半的租金计349204.9元，故该部分租金可予扣减。依照双方协议，1998年4月19日至1999年4月18日，远通公司应付1－5层出租房屋租金10000000元，但远通公司实际所付租金加上其代泰华公司对外实际支付的全部款项仅为8707747.94元，即便加上泰华公司自愿承担的第3层货柜堆放期间的租金数额，与应付租金相抵后，远通公司仍然欠租。且依据远通公司所出具的两份关于交纳租用泰华大厦商场1－5层一季度租金的情况书已足可表明，远通公司原本依协议于1998年4月19日前即应付清的第一季度租金，拖欠至1998年7月8日仍未付清，其首季度应付租金即已逾期超过45天；之后各季度所应支租金，依据远通公司多份承诺函，亦可表明其均未能按约支付。泰华公司依据远通公司欠租情形诉请解除《租房协议》，应予支持。诉讼过程中，远通公司实际占用租赁房屋，原再审判决在判决解除双方所签订的《租房协议》的情形下，判令远通公司应予支付诉讼期间直至其腾退房屋之前所应支付的租金及使用费，未超越本案审理范围。但原再审判决就本案诉讼期间所实际发生的租金款额未经质证，即判令远通公司仍应支付诉讼期间直至腾退房屋之前的租金数额15194355.36元，确有不妥，且在远通公司欠租违约情况下，单方面确认泰华公司违约并责令承担违约金，亦属不当，均应予以纠正。泰华公司就出租房屋第4层、第5层事先设置抵押未告知远通公司，确有违约之处。再审期间，双方均认同2000年12月1日双方所签对账单以及此后远通公司所付款额，认可本案所涉全部租金及因租金支付而发生的违约金均已全部结清，双方均不得就此再行追究。远通公司主张解除合同的过错在泰华公司，要求赔偿其可得利益的请求，缺乏事实依据，不予支持。

【裁判结果】

最高人民法院于2005年1月27日作出（2004）民一抗字第7号民事判决：（1）维持四川省高级人民法院（2002）川民再终字第22号民事判决第（三）项，即解除泰华公司与远通公司于1997年12月19日签订的《租房协议》；（2）撤销四川省高级人民法院（2002）川民再终字第22号民事判决第（一）项、第（二）项、第（三）项、第（五）项和（1999）川民终字第125号民事判决及成都市中级人民法院（1999）成民初字第177号民事判决；（3）驳回双方当事人的其他诉讼请求。

［参见《最高人民检察院公报》2005年第3号。］

第九章

房屋租赁合同违约纠纷

1. 出租人的违约行为发生在不可抗力事件之前，能否免除其责任？

【典型案例】

张某娇诉李林房屋租赁合同纠纷案

【裁判要旨】

因不可抗力事件导致合同目的不能实现的，可根据不可抗力的影响，部分或全部免除义务人的责任，但是并不代表对于发生不可抗力事件导致的合同纠纷均能一概适用不可抗力规则，全部免除不履行义务一方当事人的责任。房屋租赁合同签订后，出租人未按约定期限履行向承租人交付房屋的义务，构成违约。该违约行为发生在不可抗力事件之前，并非不可抗力事件造成合同目的不能实现，出租方不能以不可抗力为由请求免除其责任。

【案号索引】

四川省雅安市雨城区人民法院（2013）雨城民初字第2057号

【当事人信息】

原告：张某娇

被告：李某

【基本案情】

四川省雅安市雨城区人民法院经公开审理查明：2013年3月30日，原告作为乙方与作为甲方的被告签订"房屋租赁协议书"，约定甲方将上里古镇××街26号三楼一底房屋全部租给乙方用于经营客栈；租赁期限为7年，即从2013年4月15

日起至2020年4月14日止；第一年租金4万元，第二年租金4万元，第三年租金4.5万元，第四年至第七年每年租金5万元；乙方于2013年4月15日前交付第一年租金，甲方向乙方出具收据。

2013年4月7日，双方在原合同的基础上就押金、违约责任、免责条款等内容签订了“合同补充协议书”，约定：甲方交付该房屋时，乙方应向甲方支付房屋租赁押金10000元，甲方收取押金后应向乙方开具收款凭证，租赁关系终止时，甲方收取的房屋租赁押金无息归还乙方；租赁期间，非本合同规定的情况甲方擅自解除本合同，提前收回该房屋的，甲方应按提前收回天数的租金的两倍向乙方支付违约金，并且乙方购置的物品，乙方可以进行拆除且归乙方所有；若支付的违约金不足抵付乙方损失的，甲方还应负责赔偿；租赁期间，非本合同规定的情况，乙方中途擅自退租的，乙方应按提前退租天数的租金的两倍向甲方支付违约金，违约之日前所有购置的物品都不得拆走或拿回，全部属于甲方所有。在本合同履行期间，如果遇到法律、政策的变化，自然灾害、灾难或者意外事件的发生造成甲、乙任何一方或双方人员、财产损失，例如……发生地震、洪水……属于不可抗力的特殊情况，甲、乙双方均不算违约，相互不对对方损失承担责任。同日，被告向原告出具收据，载明“收到张某娇租房租金40000.00元(大写肆万元整)”。

2013年4月15日，被告未向原告履行交房义务。2013年4月24日，原告委托四川英冠律师事务所律师张某向被告发送了律师函，告知的主要内容有：(1)解除双方签订的“房屋租赁协议书”及“合同补充协议书”；(2)被告于收到函件之日起7个工作日内，对退还原告40000元房屋租金事宜与张某娇或其律师协商解决。被告于2013年4月27日收悉该律师函。此后，被告存在将上述出租房屋用于自行经营的行为。

2013年8月7日，雅安市雨城区上里镇人民政府、雅安市雨城区上里镇五家村民委员会出具证明：村民李某在上里镇××街26号住房一幢，因“4·20”芦山地震房屋受到轻度损伤，但不影响营业。

审理中，被告认为原告单方解除合同无法勉强认可解除双方的合同关系，但认为原告单方解除合同是违约行为，应按合同约定承担违约责任，已交付的租金不应退还。

【法院认为】

四川省雅安市雨城区人民法院经审理认为：原、被告签订的“房屋租赁协议书”“合同补充协议书”系双方当事人的真实意思表示，未违反法律的禁止性规定，系有效合同，对当事人具有约束力。根据庭审查明的事实，被告未按约定履行向原告交付房屋的义务，其行为已构成违约，在此情形下，原告解除合同的行为并无不当，且该解除行为发生在被告违约及芦山地震之后，这符合双方在“补充协议”中的约定，同时,审理中原、被告双方对解除合同关系均无异议。当双方的房屋租赁关系解除后,未履行的部分不再履行,被告应当返还已收取的原告租金。因此,原告要求被告返还租金的主张成立,应予支持。原告主张的租金利息损失,在双方的合同中并无约定,不予支持。被告未按约定期限履行交房义务的违约行为发生在芦山地震之前,不能免除其责任,当合同解除后,被告应当承担返还原告房屋租金的责任。被告的辩解及所列举的证人证言存有矛盾之处,且与本案查明事实不符,对被告不予返还原告租金的辩解意见不予采纳。

【裁判结果】

四川省雅安市雨城区人民法院判决:(1)被告李林于本判决发生法律效力之日起7日内退还原告张某娇房屋租金40000元;(2)驳回原告张某娇要求被告给付资金利息损失的诉讼请求。如果未按本判决指定的期间履行给付金钱义务,应当加倍支付迟延履行期间的债务利息。案件受理费805元,由被告李某负担。

[参见国家法官学院、中国人民大学法学院编:《中国审判案例要览(2014年民事审判案例卷)》,中国人民大学出版社2016年版。]

2. 出租人先前未依合同约定提供发票,承租人是否有权行使合同履行抗辩权?

【典型案例】

杨某郁诉北京今福阳光酒店管理有限公司房屋租赁合同纠纷案

【裁判要旨】

当先履行一方不履行或不适当履行合同从给付义务,与合同相对方实现合同目的有密切关系时,应视为从给付义务与主给付义务具有牵连关系,合同相对方可以行使后履行抗辩权,拒绝履行相应的主给付义务。当事人之间签订房屋租赁合同,为了保障租赁关系的稳定,约定出租人应按照合同约定期限向承租人开具发票,明确了出租人的合同从义务,并且开具发票的行为与合同目的密切相关,当发生出租人不履行合同从义务而违反合同约定的情形时,承租人有权据此行使合同履行抗辩权。

【案号索引】

一审:北京市石景山区人民法院(2012)民字第4890号

二审:北京市第一中级人民法院(2013)民终字第4573号

【当事人信息】

原告(上诉人):杨某郁

被告(被上诉人):北京今福阳光酒店管理有限公司(以下简称今福公司)

【基本案情】

北京市石景山区人民法院经公开审理查明:2010年11月,杨某郁与今福公司签订房屋租赁合同,其中约定:(出租方、甲方)杨某郁,(承租方,乙方)今福公司;乙方承租房屋的建筑面积2262平方米,用于经营快捷酒店;租赁期限为2010年11月1日至2018年11月1日,租金标准为每年1058616元,半年为529308元(其中2010年11月1日至2011年5月1日的租金为50万元);支付方式:乙方应于每半年的前5日向甲方支付该半年的房屋租金,甲方每次收取租金前除甲方利差部分外,应向乙方出示房屋所有权人北京万商投资发展有限公司(以下简称万商公司)开具的有效发票,并交付乙方复印件;乙方在使用承租房屋期间所产生的水、电、物业等费用均由乙方自行缴纳,如乙方未能按合同约定足额交纳租金和其他费用,甲方将按乙方所欠费用的千分之三向乙方按日主张违约金;逾期10日未交齐租金,甲方有权随时解除本契约,同时乙方已付的保证金将不予返还。

合同签订后,今福公司进行装修后承租房屋用于经营。2010年11月1日至2011年5月1日,今福公司交纳了租金50万元。

2011年7月1日,今福公司与杨某郁共同至万商公司,并向万商公司交纳了房租214200元,由杨某郁出具委托书即委托今福公司交纳房租,万商公司收取上述租金后向今福公司开具了发票。2011年10月19日,今福公司再次受杨某郁委托,向万商公司交纳了租金142800元后收取相应发票。此后,杨某郁尚欠万商公司部分租金,且一直未向今福公司提供由万商公司出具的收取租金发票;今福公司又于2011年11月至2012年1月交纳房屋租金共计8万元。

2012年2月28日,杨某郁与今福公司共同书面确认:自2010年11月1日至2012年1月31日,未付租金为386270元。

2012年3月至同年6月,今福公司分4次直接向万商公司交纳杨某郁所欠的部分房租共计1248072元。此后,今福公司未再支付任何租金。

另查明:今福公司在签约时知晓万商公司与杨某郁就涉案房屋已签订了租赁合同,其中约定:年租金现为856800元;每年年初交纳;当杨某郁未能按期支付房租时,万商公司有权随时解除该合同。杨某郁在诉讼期间提供了由万商公司出具的收取租金发票。

再查明：杨某郁表示未向有关单位垫付物业费、供暖费，今福公司亦表示未交纳物业费、供暖费。

【法院认为】

北京市石景山区人民法院经审理认为：双方当事人在房屋租赁合同中约定，由杨某郁向万商公司交租金并出具相应发票的目的，在于约束杨某郁在收取租金后依约向万商公司交纳，以保证租赁双方之间的合同正常履行和缔约目的实现。在实际履行过程中，杨某郁并未按照约定开具万商公司发票，故明显存在违约行为。今福公司据此享有合同履行抗辩权，杨某郁主张对方存在迟延付款和尚欠租金的事实，并不构成违约行为。因此，杨某郁以对方根本违约为由，要求依约解除合同、腾退房屋并支付违约金的诉讼请求，不应得到支持。经调查核实，根据实际付款情况和合同履行期限，计算得出自合同签订之日至2012年5月31日，今福公司已经向万商公司或杨某郁共计支付房租1651000元，尚欠25142元未付。鉴于杨某郁在诉讼期间已提供万商公司出具的付款发票，因此今福公司应给付所欠合理租金。关于杨某郁主张的物业费、采暖费，因租赁合同并未约定应由今福公司直接给付，且杨某郁亦未实际垫付上述费用，故杨某郁并非直接主张该债权的适格主体，本院对该项请求不予支持。

北京市石景山区人民法院一审判决：(1)今福公司于本判决生效后7日内给付杨某郁租金25142元(2010年11月至2012年5月未付租金)；(2)驳回杨某郁的其他诉讼请求。案件受理费8644元由杨某郁负担(已交纳)。

杨某郁不服一审判决，提起上诉。

北京市第一中级人民法院经审理认为：杨某郁收取今福公司给付的租金后应按时足额向万商公司交纳租金，这是杨某郁与今福公司正常履行合同的重要保障。在双方的履约过程中，杨某郁并未依照租赁合同约定的期限向今福公司开具发票，其行为已经违反了合同的约定。今福公司据此行使延迟交付租金的抗辩权，符合合同约定。现杨某郁以此为由，要求解除双方签订的租赁合同及腾退涉案房屋，缺乏事实依据，本院难以支持。依据本案基础案情，原审法院认定今福公司应支付杨某郁的房屋租金数额并无不妥。因杨某郁表示其未交纳物业费、采暖费，且租赁合同中并未明确约定今福公司向杨某郁直接给付上述费用，故本院对杨某郁主张的该项请求无法支持。

【裁判结果】

北京市第一中级人民法院二审判决：驳回上诉，维持原判。二审案件受理费17062元，由杨某郁负担(已交纳)。

[参见国家法官学院、中国人民大学法学院编：《中国审判案例要览(2014年民事审判案例卷)》，中国人民大学出版社2016年版。]

3. 开发商在对承租人的选择与引进中未尽到合理的审慎选择和管理义务，对由此给业主造成的租金损失应否承担补充责任？

【典型案例】

李某玲诉北京中卡商贸有限公司房屋租赁合同纠纷案

【裁判要旨】

租户长期拖欠租金给业主带来损失，虽然租赁合同系业主与租户签订，但业主之所以选择购买开发商的上述商铺，系开发商在销售时对于业主购买商铺后的统一出租经营、投资收益等进行了宣传和重点介绍，使购买人对购买房屋后的经济回报产生合理预期，故开发商应对后期引进的商业经营企业的状况尽到合理的审慎义务，如此才能与其销售时所做的宣传内容相符合。但在其主导下，业主与租户之间订立租赁合同后，租户却因不具备履行能力导致租赁合同提前解除，给业主带来损失。由此可见，开发商在对承租人的选择与引进中未尽到合理的审慎选择和管理义务，故由此给业主造成的租金损失，开发商应承担补充责任。

【案号索引】

一审：北京市朝阳区人民法院(2011)朝民初字第 18104 号

二审：北京市第二中级人民法院(2012)二中民终字第 6554 号

【当事人信息】

原告(被上诉人)：李某玲

被告(被上诉人)：北京中卡商贸有限公司(以下简称中卡公司)

第三人(上诉人)：北京鹏润房地产开发有限责任公司(以下简称鹏润公司)

【基本案情】

北京市朝阳区人民法院经公开审理查明：原告系北京市朝阳区青年路西里 3 号 03 号商铺的房屋所有权人，该房屋系鹏润公司开发并出售给原告。

2008 年 8 月 23 日，原告与被告签订“商铺租赁合同”，约定由被告承租原告位于北京市朝阳区青年路西里 3 号院国美第一城 18 号楼 jc 层 03 号商铺，建筑面积为 59.34 平方米，租赁期限为 12 年，自 2009 年 3 月 1 日起至 2021 年 2 月 28 日止；被告应在租赁期届满或本合同因其他原因终止之日起 15 日内向原告返还租赁物，原告书面通知被告后,被告仍未返还的,被告应按本合同约定的日租赁费用的万分之三向原告支付逾期费用,且原告有权强行对被告进行清场;在租期届满或合同提前解除时,被告应自费搬运和清理租赁房屋内被告有关设备和物品,该搬运及清理行为不得损坏原告的财产,被告应将该租赁房屋的装修恢复到与原告交房时的标准状态;免租期(含装修期与试营业期)自2008年10月1日起至2009年2月28日止,在上述期限内被告仅免付租金,如因本合同所约定的免责条款以外的任何原因,致使双方未履行完本合同约定的租期,则原告给予被告的免租期应全部按租金标准由被告给付租金,所收取的保证金亦不予退还;所租物业的租金标准为12年平均租金按人民币1.47元/天/平方米执行,具体租金明细为:2009年3月1日至2010年2月28日的日租金为0.78元/天/平方米、月租金为1394.87元,2010年3月1日至2011年2月28日的日租金为0.84元/天/平方米、月租金为1495.38元;被告未能按时足额支付租金的,每迟延一天按日租金的万分之三支付滞纳金给原告,被告迟延支付超过两个月的,除由被告补足已产生的租金、滞纳金外,原告有权选择解除本合同;租金应以先付后租的方式按两个月支付,首期租金应于2008年9月30日起两个月内支付,以后每期缴款月的第一个月30日前交纳下一期两个月的租金(按自然月份计);被告应于2008年9月30日前完成其所在楼层全部面积的租赁合同签署工作,并在开发商完成必要工程改造、达到被告接收房屋标准,被告接收房屋后10日内支付租赁保证金2790元;如被告违反本合同任何条款规定或条件(其中包括但不限于关于交付租金的规定)给原告造成实际损失的,原告可以使用或扣留全部或部分保证金作为违约赔偿金或损失赔偿金,其数额根据实际情况而定;被告未按合同约定按时足额交纳租金、保证金等其他费用,在原告发出书面通知后超过两个月仍未履行的,原告有权单方解除合同,且视为被告违约,同时原告有权扣除被告已支付的定金、保证金并有权要求被告缴付其已享用的免租期租金;如果被告去向不明,原告可以按本合同首页填写的被告地址(如被告的联系方式变更,应及时以书面形式告知原告)以特快专递或挂号信的方式向被告发出书面通知,原告寄出信件的3日后视为到达;除出现不可抗力或本合同约定或双方协商一致外,原、被告双方均不得单方提前解除本合同,当单方擅自解除本合同或提前解除本合同时,违约方应向守约方支付相当于两个月的租金(租金标准按人民币1.47元/天/平方米执行)作为违约金,并承担守约方因解约而遭受的全部损失,守约方有权根据有关法律追究解约方的违约责任。

2008年11月23日,原、被告又签订了"补充协议书",将免租期调整为2008年11月1日至2009年3月31日,租赁合同起始时间调整为2009年4月1日,首期租金的支付时间调整为2009年3月1日。同时约定:如果被告超过约定时限15日内未履行交租义务,原告有权扣留被告已经交纳的费用,并终止双方签订的合同及本补充协议。

合同签订后原告向被告交付了商铺，被告支付了原告保证金2790元，但未支付租金。原告于2009年起诉到法院，要求被告支付租金。2009年10月30日，经(2009)朝民初字第35281号民事调解书确定，被告给付原告2009年4月1日至2009年11月30日的租金9764.09元。现被告拖欠原告2009年12月1日至2010年10月31日共计11个月的租金。

2010年10月26日，原告通过特快专递方式向被告在"商铺租赁合同"首页填写的地址寄送了"解除商铺租赁合同通知书"，通知被告自2010年11月1日起解除"商铺租赁合同"及"补充协议书"，并要求被告返还商铺、支付租金、承担全部违约责任、赔偿全部损失。

另查明，被告系由鹏润公司经过比较后选择确定的经营管理公司，鹏润公司引入被告后由被告与北京市朝阳区青年路西里3号院国美第一城18号楼商铺的业主陆续签订了"商铺租赁合同"，约定业主将其自有商铺出租给被告，由被告统一从事经营活动并向业主支付租金。2008年12月1日，鹏润公司将北京市朝阳区青年路西里3号院国美第一城18号楼商业部分的物业管理及收费权委托给北京中卡物业管理有限公司。

又查明，涉案商铺向被告出租前存在划定四至范围的隔断，被告承租商铺后，已将隔断拆除。

再查明，现被告已经停止对北京市朝阳区青年路西里3号院国美第一城18号楼商铺的经营，北京市朝阳区青年路西里3号院国美第一城18号楼的商铺均处于空置状态。此外，被告因拖欠业主租金被诉至本院，经法院裁决后现尚有数十起案件因无可供执行的财产和缺乏执行线索而未予执行。

庭审中，原告提交了(1)"国美第一商街国美商家手册"第1期(2007年)，其中存在对被告的宣传以及"统一规划、统一招商、统一经营、统一管理"的"四统一"开发理念的介绍；(2)2007年《北京晚报》中对国美商街的宣传报道，其中载有："国美雄厚实力保障，买铺即一次返还三年租金""国美第一商街是京城商业地产项目中率先推出四个统一，不仅帮助投资者解除后顾之忧，保证投资收益，也帮助商家减轻前几年投资运营的压力"的内容。其还提交了"国美第一商街招商消费指南"第2期，其中载有"国美第一商街……将开发责任延伸到后期的运营管理"以及"国美第一商街是京城商业地产项目中率先提出四个统一：统一规划、招商、运营、管理的商业地产项目"等内容。对于上述证据，鹏润公司认可真实性，但认为其仅系对商铺的促销手段，而并非承诺，且与本案缺乏关联性。此外，原告还提交了新浪网、搜狐网对国美第一商街的网络报道打印件，其中载有"国美地产业务总监贾某鹏指出，国美率先引进专业商业运营商模式，与中国领先的社区商业运营管理商——中卡商业集团进行深度合作,联合推出国美居家装饰一条街”,“贾某鹏:……在销售之前我们就已经跟几家大的商业经营公司进行了接洽,后期很有可能会引进一家商业精英公司,统一按照我们规划业态进行经营,在投资过程中业主的风险就小很多,而且几乎是无风险的投资”等宣传内容,并对2008年1月26日在国美第一城售楼处召开的由被告法定代表人马某魁、国美第一城招商经理吴某辰以及国美第一城18号楼业主参加的中卡百货整体运营交流会进行了报道,其中吴某辰和马某魁对被告集中进行了推介,同时对运营前景、租金、回报率、租赁合同的签订等问题作了详细的介绍。对此,鹏润公司不认可真实性。

【法院认为】

北京市朝阳区人民法院经审理认为:依法成立的合同,对合同各方当事人均具有法律约束力。本案中,原告与被告签订的“商铺租赁合同”及“补充协议书”系双方当事人真实意思表示,且不违反法律、行政法规的强制性规定,故应属有效,原、被告双方均应当按照合同约定履行各自的义务。因原告向被告已经交付了涉案的房屋,故被告应当按照合同的约定支付租金。现被告长期拖欠原告租金且已经停止对商铺的统一经营,其违约行为已导致原告无法实现合同目的,在此情况下原告有权解除“商铺租赁合同”及“补充协议书”。因原告已通过特快专递方式向被告在“商铺租赁合同”首页填写的地址寄送了“解除商铺租赁合同通知书”,故“商铺租赁合同”及“补充协议书”应于“解除商铺租赁合同通知书”中确定的2010年11月1日解除。合同解除后被告仍应承担违约责任。因被告拒绝支付租金的行为已构成违约,故其应向原告支付合同解除前所欠付的租金,本院对于原告要求被告支付2009年12月1日至2010年10月31日的租金16147.65元的诉讼请求予以支持。关于原告主张的免租期内租金13084.47元,因双方在“商铺租赁合同”中约定:除因本合同所约定的免责条款以外的任何原因,致使双方未履行完本合同约定的租期,则被告应按租金标准给付原告免租期内的租金,故本院予以支持。另外,对于原告要求被告支付违约金5233.79元的诉讼请求,因符合合同约定,本院亦予以支持。

鹏润公司虽非租赁合同的相对方,但其作为租赁标的物即涉案商铺的开发商,在销售商铺时即对于业主购买商铺后的统一出租经营、投资收益等进行了宣传和重点介绍,且被告之选择和引进并最终与业主签订租赁合同等事项均系在鹏润公司主导下完成,同时鹏润公司通过此种销售模式已经获得了巨大的收益,故本院认为在被告已经不具备履行租赁合同能力并导致租赁合同提前解除的情况下,鹏润公司应对其未尽审慎选择和管理义务所造成的业主损失承担补充责任。鉴于原告在购买涉案商铺并向被告予以出租的过程中,自身亦存在对投资风险的判断和商业行为的选择方面的瑕疵与过错,鹏润公司所承担之补充责任应限定在一定范围内,本院认为以合同解除后原告所应获得的租金收益为限,即鹏润公司对于被告应给付原告的租金和免租期内租金承担补充责任。

被告经本院合法传唤未到庭应诉,放弃了相应的诉讼权利,不影响对本案的审理,本院将据已查明的事实,依法缺席判决。

北京市朝阳区人民法院判决:(1)原告李某玲与被告北京中卡商贸有限公司于2008年8月23日签订的“商铺租赁合同”自2010年11月1日解除。(2)被告北京中卡商贸有限公司于本判决生效之日起7日内给付原告李某玲租金16147.65元。(3)被告北京中卡商贸有限公司于本判决生效之日起7日内给付原告李某玲免租期内租金13084.47元。(4)被告北京中卡商贸有限公司于本判决生效之日起7日内给付原告李某玲违约金5233.79元。(5)第三人鹏润公司对上述第二项、第三项债务承担补充责任。(6)驳回原告李某玲的其他诉讼请求。

如被告北京中卡商贸有限公司、第三人鹏润公司未按本判决指定期间履行给付金钱的义务,应加倍支付迟延履行期间的债务利息。案件受理费662元,由被告北京中卡商贸有限公司负担(于本判决生效之日起7日内交纳)。

鹏润公司不服一审判决,提起上诉。

北京市第二中级人民法院经审理,确认一审法院查明的事实和证据。

北京市第二中级人民法院经审理认为:李某玲与中卡公司签订的“商铺租赁合同”系双方当事人真实意思表示,且不违反法律、行政法规的强制性规定,故该合同应属有效。在履行合同过程中,中卡公司未能依约支付租金且已停止对商铺的统一经营,其行为已构成违约,故对于李某玲要求确认合同已于2010年11月1日解除并要求中卡公司承担违约责任的请求,本院予以支持。

关于鹏润公司是否应承担民事责任问题,鹏润公司虽非租赁合同的相对方,但其作为涉案商铺的开发商,在销售商铺时即对于业主购买商铺后的统一出租经营、投资收益等进行了宣传和重点介绍,使房屋买受人对购买房屋后的经济回报产生合理预期,该种方式促进了鹏润公司商铺的销售,使鹏润公司从中获得收益,则鹏润公司应该在后期引进商业经营企业时对该企业的资金情况、履约能力、承担房屋空置的风险等状况审慎审查,并在商业经营、企业经营过程中进行适度的管理,从而使销售商铺时的相关宣传得以实现。本案查明的事实表明,选择与引进中卡公司及最终与业主签订租赁合同等事项均系在鹏润公司主导下完成,但中卡公司从签约之初即出现未按期支付租金,引发多起诉讼,且有数十起案件未能执行的情况,此次再次出现长期拖欠租金并已停止对商铺统一经营的情况,不能认定中卡公司具有良好的履约能力,同时反映出鹏润公司在中卡公司的选择与引进工作中未完成审慎选择和管理义务。原审法院综合考虑上述事实,判决鹏润公司对中卡公司欠付业主租金的行为承担补充责任,并无不当。鹏润公司以其并非租赁合同的相对方、无审慎选择经营公司的义务及选择中卡公司并无过错等为由,上诉要求不承担补充责任,缺乏依据,上诉理由不能成立,故本院对其上诉请求不予支持。综上所述,原审法院所作判决正确,应予维持。

【裁判结果】

北京市第二中级人民法院,二审判决:驳回上诉,维持原判。一审案件受理费 662 元,由中卡公司负担(于本判决生效后 7 日内交至原审法院);二审案件受理费 531 元,由鹏润公司负担(已交纳)。

[参见国家法官学院、中国人民大学法学院编:《中国审判案例要览(2013 年民事审判案例卷)》,中国人民大学出版社 2015 年版。]

4. 房屋出租人出卖房屋时,未在双方约定的期限通知承租人,承租人能否要求出租人承担赔偿责任?

【典型案例】

上海远大学习广场教育科技有限公司诉上海泰润房地产开发有限公司房屋租赁合同纠纷案

【裁判要旨】

《民法典》生效前,根据《合同法》第二百三十条的规定,出租人出卖租赁房屋时,应当在出卖之前的合理期限内通知承租人,承租人享有以同等条件优先购买的权利。《民法典》生效后,第七百二十六条作出相同规定。因此,房屋出租人出卖房屋时,未在双方约定的期限通知承租人,侵犯了承租人的优先购买权。同时,根据《最高人民法院关于审理城镇房屋租赁合同纠纷案件具体应用法律若干问题的解释》第二十一条规定,出租人出卖租赁房屋未在合理期限内通知承租人或者存在其他损害承租人优先购买权情形,承租人请求出租人承担赔偿责任的,人民法院应予支持。但请求确认出租人与第三人签订的房屋买卖合同无效的,人民法院不予支持。因此,房屋出租人出卖房屋时,未在双方约定的期限通知承租人,承租人可以要求出租人承担赔偿责任。

【案号索引】

上海市杨浦区人民法院(2009)杨民四(民)初字第 3177 号

【当事人信息】

原告:上海远大学习广场教育科技有限公司(以下简称远大教育公司)

被告：上海泰润房地产开发有限公司（以下简称泰润房产公司）

第三人：严某伟

【基本案情】

上海市杨浦区国顺路128弄1－4号、20－21号、22号等房屋权利人登记为中国人民解放军南京军区空军军队干部住房发展中心上海办事处与被告，二者按份共有，被告享有65%，中国人民解放军南京军区空军军队干部住房发展中心上海办事处享有35%。上述产权登记册附记包含系争商铺。根据产权共有人之间约定的分配明细表，系争商铺属被告所有的65%部分，政本路商铺权利人为被告。

2008年3月，原、被告签订《上海市房屋租赁合同》，约定被告将系争商铺326.01平方米出租给原告办公使用，租赁期限自2008年3月8日起至2013年3月8日止；月租金为人民币（以下币种均为人民币）21816元，租金3年内不变，第4年起双方可协商对租金进行调整，有关调整事宜由双方在补充条款中约定；支付租金方式为支票或转账，被告出具正规发票；保证金为21816元；合同第八条第（四）项约定，在租赁期内，被告如需出售该房屋，应提前3个月通知原告，原告在同等条件下有优先购买权。

2009年5月11日，被告与第三人签订备忘录，内容主要为："第三人以总价26584308元购买系争商铺及政本路商铺，由于第三人资金原因，先支付5150958元与被告签订《上海市商品房出售合同》，并支付120万元定金。另政本路115－117号商场在九个月内以每平方15000元价格再与被告签订《上海市商品房出售合同》。若第三人在九个月内未与被告签订《上海市商品房出售合同》，则120万元定金没收。"2009年5月13日，被告与第三人就系争商铺签订《上海市商品房出售合同》，约定"合同单价15800元，总价5150958元；在合同附件一'付款时间和付款方式'中仅约定，付款方式：一次性付款，不贷款；第三人于2009年5月13日与被告签约，并付首付款100万元"。为证明备忘录履行情况，被告提交银行转账支付证明若干，认可第三人为购买两处商铺已支付约1280万元，同时表示因本案诉讼争议，故被告与第三人尚未就政本路商铺签订房屋买卖合同，政本路商铺1－3层商场产权仍属被告。

2009年5月19日，第三人登记成为系争商铺产权人。

诉讼中，中国人民解放军南京军区空军军队干部住房发展中心上海办事处向法院表示作为系争房屋共有人，放弃主张优先购买权。为了解系争商铺价格情况，法院向上海中原物业顾问有限公司、上海鼎族房地产经纪有限公司征询2009年5月及2011年3月的价格，结论为2009年5月价格为2.8－2.9万元/平方米，2011年3月价格为3.4－3.5万元/平方米。2011年4月13日，法院与系争商铺和政本路商铺所在东方家园物业联系，物业工作人员表示东方家园沿街商铺由于地段因素，一直很难出售，系争商铺在2009年5月左右的市场价约为2.2万元/平方米，但要综合地段、人气因素的话很难卖掉。

审理中，为证明被告已履行口头通知的义务，被告提交被告工作人员陈某书面证词，表示其曾在2009年3-4月询问原告是否有意购买系争商铺，但原告工作人员答复不愿购买，故随后被告将系争商铺出售给第三人。2009年5月底向原告催收2009年6月1日至2009年8月30日租金时，原告工作人员要求开具第三人的个人发票，随后陈某找中介开出了第三人抬头的租金发票交给原告工作人员，但两周后原告工作人员称财务不能做个人发票的账。此后三方为发票事宜专门开了协调会。被告同时认为，协调会是三方为商讨发票的具体解决方法，也证明原告当时未对系争商铺提出优先购买权，认可系争商铺出售事实。对此，原告否认被告曾经口头通知系争商铺出售事宜，并认为陈某系被告公司员工，不能仅凭个人口述为依据；2009年7月的协调会是因为被告要求原告向第三人支付租金，至此被告才告知原告将系争商铺出售给第三人，原告事先并不知晓。第三人认为开协调会时向原告明确了商铺转让条件和价格，原告明确不买，故原告已经放弃优先购买权，不存在损失。

现原告认为被告未按租赁合同约定，提前3个月征询对系争商铺的买受意见，构成违约，故诉至法院。

原告远大教育公司诉称：原、被告曾于2008年3月就国顺路126-3号店铺房屋（以下简称系争商铺）订立租赁合同，约定原告承租该处326.01平方米房屋，租赁期限自2008年3月8日起至2013年3月8日止。同时，合同约定，在租赁期内，被告如需出售该房屋，应提前3个月通知原告，原告在同等条件下有优先购买权。租赁合同订立后，双方按约履行。2009年7月，被告告知原告已将房屋出售给第三人，以后的房租由新的产权人（第三人）收取。原告当即提出异议。2009年9月，原告从第三人处取得产权证复印件，明确获知房产已经转让。现原告认为被告未提前3个月向原告征询对系争商铺的买受意见，侵害了原告的优先购买权，故请求判令被告赔偿其出售给第三人的房价与审理中法院评估房价现值的差价及2009年7月至判决日的租金损失。

被告泰润房产公司辩称：不同意原告诉讼请求。被告曾在出售前口头通知原告欲出售系争商铺和政本路115-117号商场（以下简称政本路商铺）事宜，但原告表示不愿意购买，被告才与第三人签订备忘录，将系争商铺和政本路商铺两处打包出售给第三人，因原告在2009年7月三方开协调会之前知道系争房屋出售情况后未提出异议，所以被告没有侵犯原告的优先购买权。关于房屋出售价格，虽然系争商铺买卖合同的单价定为人民币15800元、总价515万元，但按系争商铺与政本路商铺统算，合同单价为2万元。

第三人严某伟述称：被告与第三人在2009年4月已经就房屋买卖进行协商，于

2009 年 5 月 11 日达成协议，即打包购买两处商铺，捆绑总价 26584308 元，2009 年 5 月 13 日先就系争商铺签订买卖合同，为了避税、贷款方便才把总价写成 515 万元，而政本路商铺因资金问题约定于 2009 年年底签订，且第三人也如约支付了部分款项，故第三人是将系争商铺和政本路商铺两处商铺打包购买，实际交易均价为 2 万元/平方米。2009 年 7 月，三方开过协调会，明确房屋转让条件、价格，原告当场表示不购买，故原告已经放弃优先购买权，不存在损失。

【法院认为】

法院经审理后认为：本案的争议焦点有二：(1)对被告是否履行合同约定的通知义务，乃至是否违约侵犯原告优先购买权；(2)如确认被告侵犯原告优先购买权后应以何种标准衡量原告的损失。

关于焦点一：

租赁合同约定"在租赁期内，被告如需出售该房屋，应提前 3 个月通知原告，原告在同等条件下有优先购买权"。故考察被告是否侵犯原告优先购买权，关键在于"提前三个月通知"及"同等条件"两个衡量标准。

根据查明的事实，被告仅提供员工证明，在 2009 年 3 – 4 月口头征询过原告意见，原告不予认可，且根据合同约定，被告应予出售前 3 个月通知，但被告有确切证据证明的询问均发生在系争商铺产权交易过户之后，故即使存在口头通知，被告仍违反了合同约定，对被告主张出售前履行了通知义务，法院不予采信。至于被告认为原告曾在系争商铺过户给第三人后，要求出具发票，以此主张原告接受房屋另行出售的事实，并放弃了优先购买权。对此，法院认为，首先，被告未对此节事实提供证据证明，之后三方对于 2009 年 7 月协调会的内容也说法不一，不能得出被告主张的结论；其次，即使原告曾准备接受第三人的租金发票，也只能认为原告在该时段得知被告与第三人另行出售系争商铺的事实，不能等同于被告出售前尽到通知义务，及出售后原告放弃主张优先购买权，且事实上，原告也在知晓房屋出售的事实后即提出了要求损失赔偿的诉讼，并未放弃主张。

关于被告诉讼中同意给予原告再次购买的机会，是否可免除被告责任的问题，涉及对"优先购买权"中"同等条件"的理解。

审理中，被告提出原告可以按照 2 万元/平方米的均价购买系争商铺和政本路商铺，总价为 2658.4308 万元，对合同定价和首付款条件也提出要求。原告则表示只愿意按照系争商铺合同价 1.58 万元/平方米的条件购买。双方就购买条件未能达成一致。鉴于被告与第三人就政本路商铺并未签订房屋买卖合同，房屋也未交付使用及登记过户；再者，系争商铺和政本路商铺虽属同一东方家园小区，但两处商铺的地理位置、经营内容上没有关联性，不能认为必须整体出售；故被告认为给予原告"同等条件"再次购买的机会，法院难以采信。

按照前述观点,被告未按合同约定,在出售前3个月就出售价格向原告履行通知征询义务,侵害了原告在同等条件下享有的优先购买权。

关于焦点二:

确定损失标准,首先要确定承租人优先购买权的性质。根据法律规定的原意,优先购买权的设立,追求的主要是生存和安全价值,是对一种基本社会秩序的维护,而不是对出卖人所有权的限制。对优先购买权人而言,该项权利意味着购买机会上的优遇和排斥他人取得特定标的物所有权的保障,但并不意味着购买条件上的优惠。根据相关规定,当承租人优先购买权受到侵害、要求作为出租人承担相应的赔偿责任时,要提供相应的证据,以证明存在实际损害的要件事实。

因被告未曾在出售前以同等条件征询原告,故原告丧失了交易机会,因此,从理性的商事交易目的分析,原告诉讼主张房屋差价作为损失,可以支持,但应对确定房屋差价的计算依据作出认定。综合原、被告意见,价格标准存在系争商铺合同价1.58万元/平方米、被告与第三人确认的买卖真实价2万元/平方米、物业经理陈述的2.2万元/平方米、询价结果2009年5月2.8-2.9万元/平方米和2011年3月3.4-3.5万元/平方米。上述价格中,根据系争商铺的交易时间、地理位置等市场因素,以及物业反映的情况和询价结果,合同价明显不能反映真实交易价格,不应作为交易条件考虑。根据庭审查明,系争商铺出售于2009年5月中旬,原告确认于2009年7月初知晓出售,时间间隔短、市场价格变化不大,而在2009年7月时,第三人支付的房款已远超过系争商铺房价,故政本路商铺虽未签订买卖合同和办理过户,但被告与第三人陈述的因两处出售,故售价低于市场价是可以采信的,应以2万元/平方米作为交易价格。至于原告购买系争商铺,作为房屋买卖市场中的买受人之一,其所得到的交易价格只可能是市场价,因为被告准备两处出售的原因而给予第三人较优惠价格,该特殊原因应以金钱折合加入价格中,否则必然造成对被告所有权的侵害。关于市场价的认定,应对房屋的价值有直观的认识,单对房屋价格作出认定不能等同于原告可买受的价格,地段、人气等因素都是商铺买卖需考虑的问题,故作为直接管理系争小区的物业,其所反映的价格综合了系争商铺价值和可交易价格的情况。综上,原告的房屋差价损失应以争议时系争商铺可能交易发生的价格与被告真实售价的差额作为依据。

关于原告主张剩余租期的租金,从维护既有的房屋利用关系而言,"买卖不破租赁",故租赁房屋的出售并不破坏房屋已有的租赁关系,对承租人而言,承租期限的维护是主要目的,是否取得租赁物的所有权并不包含在其预期之内。故原告要求赔偿剩余租期的租金损失之请求,法院不予支持。

【裁判结果】

法院判决:(1)被告泰润房产公司应于本判决生效之日起10日内赔偿原告远

大教育公司经济损失人民币652020元;(2)原告远大教育公司其余诉讼请求,不予支持。一审判决后,双方当事人均未上诉,一审判决已生效。

[参见最高人民法院中国应用法学研究所编:《人民法院案例选》(2012年第4辑),人民法院出版社2012年版。]

5. 承租人违反合同约定但主张滞纳金计算标准明显过高,请求法院调整数额的,应否予以支持?

【典型案例】

深圳维景京华酒店有限公司与吴某平房屋租赁合同纠纷案

【裁判要旨】

滞纳金并不是一个明确的法律术语,但常见于各种实践中的合同中。一般来说,滞纳金是一方不履行或不合格履行义务(尤其是金钱给付义务)时应当向另一方支付的款项。从功能上来说,滞纳金既是一种约束和惩罚机制,也是一种损失补偿机制。从本质上来说,滞纳金在绝大多数场合属于违约金的范畴。因而,当事人在租赁合同中约定,承租人逾期缴纳费用的应当支付滞纳金,在承租人违反合同约定的情况下,由于该滞纳金性质上为违约金,滞纳金计算标准明显过高的,承租人有权请求法院调整滞纳金数额。

【案号索引】

深圳市罗湖区人民法院(2008)深罗法民三初字第1190号

【当事人信息】

原告(反诉被告):深圳维景京华酒店有限公司(以下简称维景酒店)

被告(反诉原告):吴某平

【基本案情】

原告维景酒店诉被告吴某平及被告吴某平反诉原告维景酒店房屋租赁合同纠纷一案,本院受理后,依法组成合议庭,公开开庭进行了审理。原告维景酒店的委托代理人梁洁,被告吴某平的委托代理人王礼伟到庭参加了诉讼。本案现已审理终结。

法院确认下列事实:

1. 2005年12月1日,原、被告双方签订了《租赁合同书》,约定将原告所有的温莎广场(位于深圳市罗湖区东门中路2088号)四楼4098号铺位出租给被告,面积为616平方米。合同期为3年,自2005年12月1日起至2008年11月30日止。其中,2005年12月1日至2006年11月30日,租金按35元/平方米/月,计21560元/月;从2006年12月1日至2007年11月30日,租金按48元/平方米/月,计29568元/月;从2007年12月1日至2008年11月30日,租金按68元/平方米/月,计41888元/月。管理费按20元/平方米/月计收,另外涉案商铺按独立电表的实际用量,依每度1元向甲方缴纳电费。合同约定被告每月10日前缴纳各项费用,逾期则按每日依应交未交的费用的0.5%收取滞纳金,拖欠电费等费用超过5天,原告有权停止供电或停止商铺有关设施的使用。超过1个月未缴清的,原告有权解除合同并要求被告赔偿损失。合同签订时,被告须缴纳相当于1个月租金的履约保证金即人民币41888元。原告拥有该商城及其内部任何部分的命名权,有权修改、取消原有名称,但乙方所使用商铺的名称除外。合同期满后,商铺的固定装修无偿归原告所有,而原告也有权要求被告拆除装修,恢复原状,所需费用由被告承担。合同还约定了原、被告双方的其他权利义务关系。

2. 自2003年12月,吴某平即开始租用温莎广场4098号铺位并以深圳市罗湖区天文星陶瓷展销总部的名义进行经营。

3. 2004年5月15日,京华商业城与吴某平签订了《京华商业城广告位临时使用协议》,约定被告吴某平免费使用温莎广场首层北面和中庭前柱子的广告牌,使用时间为2004年5月10日至2005年5月9日,且被告承担使用期间内产生的电费及其他费用。后广告牌被拆除,2006年12月18日被告吴某平向原告提出申请“2004年在东门中路做了广告牌,广告牌的费用是15500元,几个月后因商城的改造而拆迁,广告牌的拆迁造成的经济损失,希望原告能给予补偿,以广告牌电费8431元作为拆迁广告的补偿”。原告维景酒店同意了该申请。

4. 合同履行期间,被告吴某平自2007年1月开始未按期向原告维景酒店交纳租金、管理费及电费。被告吴某平于2007年4月27日、2007年5月28日向原告维景酒店提出了减租申请,经协商,原告维景酒店同意被告吴某平于5月中旬前支付4月、5月的费用,1－3月的费用于8月、9月、10月分别交清,2007年4－9月按九折收取有关费用。原告提交的2007年费用收取一览表上注明被告吴某平拖欠租金、管理费及电费共计人民币134544元,被告对此予以认可。被告吴某平未交纳2008年1－4月的租金、管理费及电费共计人民币165856.14元,被告对此予以认可。2008年5月19日,原告对被告吴某平承租的4098号铺位停止供电。

5. 深圳维景京华酒店有限公司维景京华商业城(以下简称京华商业城)为原告的隶属企业,注册登记日期为2003年1月27日,核准日期为2005年8月3日。

6. 2008年5月28日,本院根据原告维景酒店的申请对被告吴某平位于温莎广场4098号铺位内的陶瓷等财产采取诉讼保全措施予以查封。

7. 在诉讼期间,本院根据被告吴某平的申请,委托深圳市天旭建设工程造价咨询有限公司对温莎广场4098号铺位的装修原值和现值进行了鉴定,确定装修原值为人民币574508.65元,装修现值为人民币95942.94元。

本案的争议焦点为:(1)本案被告拖欠租金是否具有正当抗辩理由,原告是否可以据此解除合同;(2)租金、管理费及电费应如何计算;(3)滞纳金标准如何确定;(4)原告将京华商业城的商业定位改变,是否构成违约,并赔偿被告经营损失及形象推广费。

【法院认为】

本院认为,原告维景酒店与被告吴某平所签订的《租赁合同书》,是双方当事人真实意思的表示,内容未违反法律和行政法规的强制性规定,合法有效,各方当事人均应严格履行。在合同履行期间,被告未依约交清租金及管理费,构成违约,达到了合同约定的解除条件,原告维景酒店有权单方请求解除合同。因此,本院对于原告维景酒店要求解除租赁合同的诉讼请求予以支持,就原、被告双方争议的一系列问题,本院阐述如下:

关于租金、管理费及电费问题。原告诉请的2007年1月至2008年4月的租金、管理费及电费共计人民币300400.14元,被告对此无异议,本院予以认可。

关于滞纳金的问题。租赁合同明确约定了“被告每月10日前缴纳各项费用,逾期则按每日依应交未交的费用的0.5%收取滞纳金”。该约定虽然是双方当事人的真实意思表示,但是该滞纳金实际上是约定被告违约时应承担的违约责任,属违约金,该计算标准明显过高,原告要求按万分之九点六计算逾期付款违约金,被告认为该计算标准也明显过高,要求调整。因此本院根据合同法的有关规定对违约金计算标准予以调整,以金融机构计收逾期贷款的罚息标准(每日万分之二点一)计算逾期付款违约金。

关于赔偿经营损失及形象推广费的问题。被告认为原告将京华商业城的商业定位改变,构成违约,应向被告赔偿2007年、2008年的经营损失人民币200万元及被告在经营期间的形象推广费人民币30万元。本院认为,虽然《租赁合同书》所附的平面图中注明四楼是酒店用品市场,根据被告吴某平提供的证据3-6,四楼经营的是布料、酒店布草、布艺、服装加工,但被告不能证明该照片的拍摄时间,因此无法证明京华商业城改变商业定位的时间。被告提供的慧聪商情广告日期是2004年11月1日,不能证明2005年12月1日双方签约时京华商业城的经营状况。被告吴某平认为原告维景酒店于2006年12月将京华商业城的招牌名称变更为京华布料城,而根据被告提供的证据7收费通知单,2006年5月5日,即由“京华商业城收费通知单”变更为“京华布料城收费通知单”,名称变更发生在2006年5月而不是被告主张的2006年12月。且根据合同约定“原告拥有该商城及其内部任何部分的命名权,有权修改、取消原有名称,但乙方所使用商铺的名称除外”,原告有权变更招牌名称。根据原告就反诉提供的证据3、证据4、证据6、证据7,证明京华商业城2004年7月30日以纺织品(布料)专业批发市场进行招商,2005年3月10日京华布料批发市场开业,并于2005年6月9日对“京华商业城京华布料批发市场三期”进行招商和宣传,图片显示京华商业城的二楼、三楼均是经营布料,表明京华商业城的经营重点为布料批发,被告吴某平自2003年12月即在京华商业城进行经营活动,从常理分析其对京华商业城的经营变化情况应该非常清楚,但仍在2005年12月与原告签订了《租赁合同书》,被告吴某平作为具有完全民事行为能力的商业经营者,应充分考虑经营中面临的各种商业风险并承担其后果,其行为表明对商业定位改变的情况是明知且同意的。退一步讲,即使京华商业城是在合同签订后改变商业定位,根据合同约定“若因原告违约导致合同目的无法实现,被告需单方面解除合同的,应当及时书面通知原告,并于递交解约通知书之日起三日内迁离所使用的商铺,原告退还履约保证金以及有结余的预交款项的余款”,因此,被告吴某平可以在他认为原告违约时单方面要求解除合同来避免损失的发生,但被告并未采取该救济措施。在其历次向原告维景酒店提出减租申请时只是以“生意不好,业务开支大,资金周转较慢”等原因要求减缓租金,而未因京华商业城商业定位变化而要求解除合同,说明被告吴某平愿意继续履行合同并承担经营风险。本案纠纷因被告吴某平违约拖欠租金及管理费所引起,原告维景酒店作为守约方,依法享有合同约定的解除合同的权利,被告吴某平要求原告维景酒店赔偿经营损失及经营性支出的形象推广费缺乏法律依据;且被告吴某平提供的银行对账单等证据不能证明经营损失的实际发生及其具体数额,其要求原告维景酒店赔偿经营损失亦缺乏事实依据;且企业的经营状况受很多因素影响,被告的证据不能证明其经营利润下降是原告维景酒店造成的,因此,本院对于被告吴某平要求原告维景酒店赔偿经营损失及形象推广费的反诉请求不予支持。

关于被告吴某平请求的因原告停电给其造成的商誉损失问题。合同约定“被告每月10日前缴纳各项费用,逾期则按每日依应交未交的费用的0.5%收取滞纳金,拖欠电费等费用超过5天,原告有权停止供电或停止商铺有关设施的使用”,原告维景酒店有权以停电的方式催促被告履行义务,即使给被告造成损失,也是由于原告系按合同约定采取行动,由此所产生的损失应由被告自行承担,原告对该损失不承担责任。且被告吴某平提供的证据不能证明商誉损失的实际发生及其具体数额,其要求原告维景酒店赔偿商誉损失亦缺乏事实依据,因此本院对于被告吴某平要求原告赔偿因停电给其造成的商誉损失的反诉请求不予支持。

关于被告请求的因原告申请法院对其铺位查封造成的损失问题。本院认为,当事人对自己提出的主张，有责任提供证据，否则，应承担举证不能的法律后果。被告吴某平提供的证据17被查封财产盘点清单无法证明原告维景酒店申请财产保全有错误并造成其财产受到损失，因此本院对于被告吴某平要求原告赔偿因申请财产保全给其造成的财产损失的反诉请求不予支持。

关于装修损失问题。合同约定“合同期满后，商铺的固定装修无偿归原告所有，而原告也有权要求被告拆除装修，恢复原状，所需费用由被告承担”，本案纠纷因被告吴某平违约拖欠租金及管理费所引起，原告维景酒店作为守约方，依法享有合同约定的解除合同的权利，合同提前解除是由被告吴某平的过错导致的，装修损失应由被告吴某平自己承担。

【裁判结果】

法院判决如下：(1)解除原告维景酒店与被告吴某平于2005年12月1日签订的《租赁合同书》。(2)被告吴某平应于本判决书生效之日起10日内向原告维景酒店支付租金及管理费275580.14元、电费24820元，并按每日万分之二点一支付逾期付款违约金(自2008年4月23日起至实际结清之日止)。(3)驳回原告维景酒店的其他诉讼请求。(4)驳回被告吴某平的反诉请求。如未按本判决指定的期间履行付款义务，应加倍支付迟延履行期间的债务利息。案件本诉受理费人民币6158元，由原告维景酒店负担人民币1000元，由被告吴某平负担人民币5158元。案件反诉受理费人民币24870元，由被告吴某平负担。案件诉讼保全费人民币2139元、公告费人民币980元、评估费人民币24000元由被告吴某平负担。

[参见深圳市罗湖区人民法院编：《规范与参考：罗湖法院裁判文书精选(2006－2011)》，人民法院出版社2012年版。]

6. 出租人在房屋租赁合同届满后仍没有向承租人主张返还房屋，对于承租人迟延返还房屋期间应承担的赔偿责任如何确定？

【典型案例】

北京润乾软件技术有限公司诉北京超导咨询有限责任公司房屋租赁合同纠纷案

【裁判要旨】

《民法典》生效前，《合同法》第二百三十五条规定，租赁期限届满，承租人应当返还租赁物。因此，在房屋租赁合同届满后，承租人若迟延返还房屋，应承担相应的违约责任。但《合同法》第一百一十九条同时规定，当事人一方违约后，对方应当采取适当措施防止损失的扩大，没有采取适当措施致使损失扩大的，不得就扩大的损失要求赔偿。《民法典》生效后，第五百九十一条、第七百三十三条作出同样规定。因房屋的返还需要两方的配合，因此，在房屋租赁合同届满后，出租人也应在合理期限内积极采取措施通知承租人返还房屋。因出租人在房屋租赁合同届满后仍没有向承租人主张返还房屋，对于由此造成的扩大的损失，出租人应承担相应的责任。

【案号索引】

一审：北京市海淀区人民法院(2007)海民初字第 28004 号

二审：北京市第一中级人民法院(2008)一中民终字第 04433 号

【当事人信息】

原告(反诉被告、被上诉人)：北京润乾软件技术有限公司(以下简称润乾软件公司)

被告(反诉原告、上诉人)：北京超导咨询有限责任公司(以下简称超导咨询公司)

【基本案情】

北京市海淀区人民法院经审理查明：超导咨询公司(甲方)与润乾软件公司(乙方)于 2006 年 3 月 16 日签订了《房屋租赁合同》，约定甲方将北京市海淀区上地东里一区 4 号楼科贸大厦 406407 号房屋出租给乙方作为一般办公使用，租赁期限自 2006 年 8 月 25 日起至 2007 年 8 月 31 日止，如乙方逾期不搬迁，应赔偿甲方因此所受损失。承租房屋年租金为 198000 元，包含物业管理费、取暖费、制冷费等，乙方另交付押金 16500 元，租赁期满后抵扣应由乙方承担的费用外剩余部分返还乙方。

合同签订后，润乾软件公司向超导咨询公司支付了押金 16500 元。2007 年 5 月 14 日，超导咨询公司与润乾软件公司协商确定承租房屋夏季制冷费 5353.57 元自应缴纳房租扣除后，由润乾软件公司自行向物业管理单位北京实创科技园经营服务公司(以下简称实创科技园公司)交纳，后实创科技园公司要求润乾软件公司除交纳制冷费外，还需代超导咨询公司补缴物业费后方能提供夏季制冷，润乾软件公司未予同意，因此实创科技园公司未向润乾软件公司提供制冷服务，润乾软件公司亦未缴纳制冷费用。

2007 年 9 月 20 日，润乾软件公司与超导咨询公司办理了房屋交接手续，且房屋存在多处破损情况。庭审中，润乾软件公司向法院提供了实创科技园公司的证明，证实润乾软件公司实际于 2007 年 7 月 31 日前已搬离承租房屋，而超导咨询公司就其主张的修理费用未向法院提供证据。

北京市海淀区人民法院经审理认为：超导咨询公司与润乾软件公司签订的房屋租赁合同系各自真实意思的表示，双方均应依约履行各自义务。润乾软件公司向超导咨询公司交付房屋押金后，超导咨询公司可扣除润乾软件公司应承担的费用，并将剩余部分退还润乾软件公司。因此，本案争议焦点在于润乾软件公司所应承担的费用范围。超导咨询公司主张润乾软件公司应承担制冷费、2007 年 9 月 1 日至 19 日房屋租金及修理费。关于制冷费部分，超导咨询公司与润乾软件公司约定制冷费自房租扣除后，由润乾软件公司自行向实创科技园公司交纳，但由于实创科技园公司要求润乾软件公司除交纳制冷费外，还需代超导咨询公司补缴物业费后方能提供夏季制冷，而补缴物业费显然不是润乾软件公司的合同义务，该公司并无义务承担，在此情况下实创科技园公司未向润乾软件公司提供制冷服务，润乾软件公司亦未缴纳制冷费用。在房屋租赁合同中，租金已包含制冷费，双方虽变更合同并约定润乾软件公司向第三人支付制冷费，但超导咨询公司作为出租人仍负有提供制冷服务的合同义务，润乾软件公司在非因自身过错未能享受制冷服务的情况下，未向第三人支付制冷费，系对超导咨询公司正当行使抗辩权利，因此对超导咨询公司要求润乾软件公司承担制冷费用的反诉请求，法院不予支持。关于 2007 年 9 月 1 日至 19 日房屋租金部分，根据实创科技园公司的证明，润乾软件公司实际于 2007 年 7 月 31 日前已搬离承租房屋，并不存在合同载明的逾期不搬迁情形，故法院对超导咨询公司要求润乾软件公司承担上述租金的反诉请求亦不予支持。另外承租房屋虽有破损情况，但超导咨询公司就其主张的修理费用未向法院提供证据，故法院对其该项反诉请求仍不予支持。综合上述情况，现无确切证据证实润乾软件公司所应承担的费用范围，故法院对该公司要求超导咨询公司全额返还押金的诉讼请求予以支持。鉴于承租房屋确有破损情况，超导咨询公司迟延返还押金并无明显过错，且双方未对此约定违约责任，故法院对润乾软件公司要求超导咨询公司支付滞纳金、误工费的诉讼请求不予支持。

北京市海淀区人民法院一审判决：(1)本判决生效后 7 日内，超导咨询公司返还润乾软件公司房屋押金 16500 元；(2)驳回润乾软件公司的其他诉讼请求；(3)驳回超导咨询公司的全部反诉请求。

超导咨询公司不服一审判决，提起上诉。

北京市第一中级人民法院经审理查明：超导咨询公司对原审依据实创科技园公司的证明所认定的事实有异议，润乾软件公司对原审判决查明的事实没有异议。

另查明，本案租赁房屋制冷系统为中央空调制冷系统，本案租赁房屋 2007 年度并未有制冷服务。关于房屋交接的问题，超导咨询公司主张 2007 年 9 月 18 日、19 日左右才联系上润乾软件公司并于同年 9 月 20 日进行交接，润乾软件公司则主张其于 2007 年 8 月 31 日前多次与超导咨询公司电话联系房屋交接事宜，都被超导咨询公司拒绝。但双方除各自上述陈述外均未能提供相应的证据。

双方关于续租的问题约定:在合同期满前,如润乾软件公司有意与超导咨询公司续约,应提前1个月以书面形式通知超导咨询公司,经双方协商一致后,重新签订房屋租赁合同;如润乾软件公司未提前1个月书面通知超导咨询公司,则视为润乾软件公司在合同期满后不再续约,润乾软件公司放弃了优先承租权。

2007年5月14日,润乾软件公司提出自行向实创科技园公司交纳制冷费后,超导咨询公司于同日回复:"同意你单位自行解决制冷问题。"

【法院认为】

北京市第一中级人民法院经审理认为:超导咨询公司与润乾软件公司签订的《房屋租赁合同》系双方真实意思表示,且约定的内容未违反法律、行政法规的强制性规定,属有效的租赁合同。

本案争议的焦点之一是润乾软件公司是否应向超导咨询公司支付2007年度的制冷费。虽然双方约定了润乾软件公司交纳的租金中包含制冷费,但在润乾软件公司于2007年5月14日向超导咨询公司提出自行向租赁房屋的物业管理公司交纳2007年度的制冷费后,超导咨询公司当日表示同意润乾软件公司自行解决制冷问题,此情形表明双方变更了租赁合同中对交纳制冷费的约定。润乾软件公司向物业管理公司交纳制冷费时,物业管理公司未予接收且在2007年度未向润乾软件公司承租的房屋提供制冷服务,故润乾软件公司现无须向超导咨询公司支付制冷费。

本案争议的焦点之二是超导咨询公司是否应向润乾软件公司退还租房押金。双方合同期满后,超导咨询公司应在扣除该扣的费用后向润乾软件公司退还剩余部分。在本案中,超导咨询公司并未提供证据证明润乾软件公司在合同期满时尚有未付费用,故超导咨询公司应当退还润乾软件公司租房押金。

本案争议的焦点之三是润乾软件公司是否应向超导咨询公司支付2007年9月1日至9月19日的租金。从性质上看,超导咨询公司主张该期间的租金实为主张润乾软件公司迟延返还租赁房屋所造成的租金损失。租赁合同期满,润乾软件公司应当将租赁房屋返还给超导咨询公司。在本案中,润乾软件公司提供实创科技园公司出具的证明,该证明本质上属于证人证言性质,但相关人员并未出庭接受询问,且该证明的内容并不能证明润乾软件公司已在该证明所述时间将租赁房屋返还给超导咨询公司,故原审判决以此为据驳回超导咨询公司的请求确有不妥,本院予以纠正。润乾软件公司对其向超导咨询公司返还租赁房屋的事实承担举证责任,但在润乾软件公司返还租赁房屋过程中,双方需要相互配合与协助。而就本案而言,超导咨询公司在已知润乾软件公司于合同期满后无意再继续承租该房屋的情形下,亦未向润乾软件公司主张租赁房屋的返还而避免租赁房屋返还迟延所造成的租金损失的扩大,超导咨询公司对此租金损失亦应承担相应的责任。综上,本院认为,润乾软件公司为此应给付超导咨询公司5000元。

至于超导咨询公司所主张的滞纳金,因该项请求并非履行租赁合同所应给付的租金,而系迟延返还房屋所造成的租金损失,且双方就此数额亦存在争议,故本院对超导咨询公司的滞纳金请求不予支持。

本案争议的焦点之四是超导咨询公司主张的房屋维修费用。从双方交接房屋时所确认的情况看,润乾软件公司返还给超导咨询公司的房屋的确存在多处破损的情况,但超导咨询公司现在未能提供维修该破损之处所需的具体费用标准,润乾软件公司至今也未对该破损之处进行维修,为避免双方的诉累,本院综合破损的具体情况,酌情确定润乾软件公司应当给付的维修费用为3000元。

【裁判结果】

北京市第一中级人民法院二审判决:维持北京市海淀区人民法院(2007)海民初字第28004号民事判决第一项;撤销北京市海淀区人民法院(2007)海民初字第28004号民事判决第二项、第三项;润乾软件公司于本判决生效后7日内给付超导咨询公司8000元;驳回超导咨询公司的其他反诉请求;驳回润乾软件公司的其他诉讼请求。

[参见国家法官学院、中国人民大学法学院编:《中国审判案例要览(2009年民事审判案例卷)》,中国人民大学出版社2010年版。]

7. 租赁合同的当事人因对方的违约行为而主张租赁合同所约定的违约金的,违约方能否要求法院变更违约金?

【典型案例】

农工商超市(集团)有限公司诉上海伊塔纳旅游用品有限公司房屋租赁合同纠纷案

【裁判要旨】

在合同责任中,对违约金条款适用原则上应遵守不干预的准则,但由于双方当事人预先约定的违约金畸高或畸低,且造成双方当事人利益出现明显不公平结果时,据立法本意,法院可以在此条件下,对违约金行使适度变更权。《民法典》生效前,《合同法》第一百一十四条第一款规定,当事人一方可以约定一方违约时应当根据违约情况向对方支付一定数额的违约金,也可以约定因违约产生的损失赔偿额的计算方法。因此,有关违约金的约定,应为合同双方当事人意思自治的结果。根据契约自由原则,法院一般应尊重当事人的约定,不应随意干预当事人的约定。由于违约金兼有补偿性和惩罚性的特点,所以《合同法》第一百一十四条第二款规定,约定的违约金低于造成的损失的,当事人可以请求人民法院或者仲裁机构予以增加;约定的违约金过分高于造成的损失的,当事人可以请求人民法院或者仲裁机构予以适当减少。《民法典》生效后,第五百八十五条作出同样规定。所以,租赁合同的当事人因对方的违约行为而主张租赁合同所约定的违约金的,违约方可以要求法院变更违约金。

【案号索引】

一审:上海市南汇区人民法院(2005)汇民一(民)初字第 2251 号

二审:上海市第一中级人民法院(2005)沪一中民二(民)终字第 2194 号

【当事人信息】

原告(二审上诉人):上海农工商超市(集团)有限公司(以下简称农工商超市)

被告(二审被上诉人):上海伊塔纳旅游用品有限公司(以下简称伊塔纳公司)

【基本案情】

上海市南汇区人民法院经审理查明:2004 年 4 月 3 日,伊塔纳公司(甲方)与农工商超市有限公司(乙方)签订《房产租赁合同》,约定由甲方将坐落于上海市南汇区盐仓镇沿路街 62 号(现门牌号为川南奉公路 5642 号)的一层房产(建筑面积为 740 平方米)出租给乙方使用,承租人可将承租的房产用于开设超市等商业使用。合同约定了租赁期限、租金及支付方式、房产交付使用及违约责任等内容。其中,该合同第二条"租赁期限"中第(一)项约定"租赁期限为 15 年,自 2005 年 1 月 1 日始至 2019 年 12 月 31 日止",第(三)项约定"甲方在翻建房产未向乙方交付前,未经乙方书面同意不得向任何第三人另行出租该房产。否则甲方应向乙方支付违约金 20 万元";合同第三条"租金及支付方式"中第(三)项约定"甲方同意从本合同签署后,自 2004 年 12 月 1 日到 2004 年 12 月 31 日为乙方的免租施工期,此期间甲方不向乙方收取租金,即租金起付日为 2005 年 1 月 1 日";合同第四条"房产交付使用"第(一)项约定"甲方应于 2004 年 12 月 1 日前有效地交付已具备附件四所述之房产技术条件的完整房产,交付时,双方应委派代表到场进行房产移交,并签署附件六所述之房产交付确认书",第(二)项约定"甲方未按上述条款之规定有效地交付完整房产,应视为甲方违约,乙方有权选择相应顺延免租期及租赁期限或提前终止合同,如乙方选择提前终止合同,甲方应承担由此所引起的乙方全部损失的赔偿责任"。同时,合同第九条"违约责任"约定"甲乙双方的任何一方未能按本合同及附件要求履行合同内容，由违约方赔偿守约方由此造成的一切实际损失”。2004年12月11日，伊塔纳公司与上海如海超市连锁有限公司（以下简称如海超市）签订《租赁合同》，约定由伊塔纳公司将位于川南奉公路5642号的房屋租赁给如海超市使用，对租赁期限、费用等分别作了约定，后于2004年12月16日签订补充协议。签约后如海超市使用房屋，并设立上海如海超市连锁有限公司盐仓分公司。

2004年3月25日，上海农工商超市有限公司经国家工商行政管理局审查，核准上海农工商超市有限公司的企业名称变更为“农工商超市（集团）有限公司”，并取得名称为“农工商超市（集团）有限公司”的企业法人营业执照。

农工商超市得知伊塔纳公司将房屋另行出租给如海超市后，认为伊塔纳公司严重违反了双方的合同约定，并给农工商超市造成重大损失，故于2005年4月18日诉至法院，要求解除双方签订的《房产租赁合同》，判令伊塔纳公司支付农工商超市违约金20万元。

伊塔纳公司辩称，该合同系格式合同，有关违约金的约定明显对其不利，且伊塔纳公司到期要求农工商超市接收房屋未果，为减少损失才将房屋另租他人，故请求法院驳回农工商超市要求其支付违约金的诉讼请求，并表示即使其违约，约定违约金明显高于农工商超市的实际损失，故应予以减少。

上海市南汇区人民法院认为：合同所涉的租赁标的房屋已由伊塔纳公司出租给他人，合同已实际无法履行，伊塔纳公司亦同意解除合同，故农工商超市要求解除与伊塔纳公司所签合同，应予准许。依合同的约定及租赁合同履行的交易习惯，向承租人交付租赁标的应当是出租人的义务，伊塔纳公司在庭审中虽陈述已通知农工商超市接收房产，因农工商超市予以否认，而伊塔纳公司未能提供充分证据予以证实，对具备交付条件的房产已向农工商超市履行了交付的通知义务。事实上，伊塔纳公司已将系争房产出租给案外人，致使农工商超市的合同目的未能实现，伊塔纳公司的行为已构成违约，故农工商超市有权向伊塔纳公司主张除合同实际履行之外的违约责任。伊塔纳公司认为合同约定的违约金20万元过高，要求调整。由于农工商超市未提供因伊塔纳公司的违约造成其实际损失的相关证据，故对伊塔纳公司应承担的违约金由法院根据伊塔纳公司的违约性质、程度、在合同履行中所处的阶段等违约情况予以酌定。据此，该法院一审判决：（1）准许农工商超市与伊塔纳公司于2004年4月3日签订的《房产租赁合同》解除；（2）伊塔纳公司应在判决生效之日起10日内支付农工商超市违约金40000元。

判决后，农工商超市不服，上诉至上海市第一中级人民法院。

除上海市南汇区人民法院查明的事实外，上海市第一中级人民法院另查明：农工商超市与伊塔纳公司在2004年4月3日签订的《房产租赁合同》中约定租赁期限自2005年1月1日起至2019年12月31日止；并约定年租金为20万元，自2008年起年租金每年递增3%。伊塔纳公司与案外人如海超市在2004年12月11日签订的《租赁合同》中约定租赁期限自2005年1月10日起至2020年1月9日止。伊塔纳公司与如海超市于2004年12月16日就上述2004年12月11日《租赁合同》又签订了《补充协议》,约定第1年至第5年的年租金为28万元,第6年至第15年的年租金为逐年环比递增3%。

双方的争议焦点在于约定违约金是否过高,应否调低?

【法院认为】

上海市第一中级人民法院认为:约定的违约金低于造成的损失的,当事人可以请求人民法院或者仲裁机构予以增加;约定的违约金过分高于造成的损失的,当事人可以请求人民法院或者仲裁机构予以适当减少。因此,伊塔纳公司要求调低约定违约金,而原审只有在双方约定的违约金数额确实过高的情况下才能予以支持。现农工商超市在原审中已提供了伊塔纳公司未按约履行房屋交付义务,且将房屋另行出租给案外人如海超市的相关租赁合同及补充协议,伊塔纳公司对此事实并无异议。在上述租赁合同及补充协议中,伊塔纳公司与如海超市约定的租赁期限与此前伊塔纳公司与农工商超市约定的租赁期限同为15年,但如海超市承租系争房屋前5年的年租金为28万元,之后10年每年按3%环比递增,而之前农工商超市与伊塔纳公司约定的前3年年租金为20万元,之后12年的年租金为每年按3%递增,故如海超市承租系争房屋前3年应支付的租金已高出农工商超市原与伊塔纳公司约定的前3年应支付的租金达24万元,之后12年,如海超市承租系争房屋的租金高出农工商超市原与伊塔纳公司约定的后12年租金每年均达6万元以上,因此,农工商超市对于伊塔纳公司因违约将获得更大利益的事实已进行了充分的举证。反观伊塔纳公司,对自己主张的曾通知农工商超市前去接收系争房屋的事实并未提供相应依据,亦无依据证明农工商超市拒绝接受系争房屋,故原审行使自由裁量权调低双方合同约定的违约金不当,应予以纠正。

【裁判结果】

二审判决:(1)维持上海市南汇区人民法院(2005)汇民一(民)初字第2251号民事判决第(一)项;(2)变更上海市南汇区人民法院(2005)汇民一(民)初字第2251号民事判决第(二)项为:被上诉人伊塔纳公司应在本判决生效之日起10日内支付上诉人农工商超市违约金人民币20万元。

[参见最高人民法院中国应用法学研究所编:《人民法院案例选》(2007年第3辑),人民法院出版社2007年版。]

8. 因出租方违约而导致合同目的不能实现的，承租方是否有权解除合同并要求其承担违约责任？

【典型案例】

张某利诉天津华润万家生活超市有限公司房屋租赁合同纠纷案

【裁判要旨】

只要合同系双方真实的意思表示，且不违反法律、行政法规的强制性规定，则该合同即为合法有效，双方均应依约履行。在履行过程中，因任何一方的违约行为导致合同目的不能实现的，另一方均有权解除该合同并要求其承担相应的违约责任。在租赁合同中，若因出租方违约导致合同目的不能实现的，承租方有权解除合同并要求出租方承担违约责任。

【基本案情】

2010年5月24日，被告天津华润万家生活超市有限公司作为甲方（出租方）、原告张某利作为乙方（承租方）签订了《场地租赁合同》。该合同约定：原告承租被告坐落于天津市河东区泰兴南路华润万家生活超市招商区位置编号3110001的场地，计租面积为67.8平方米，租赁期限自2010年11月20日至2013年12月31日；租赁期内，场地租赁费自2010年11月19日起至2011年12月31日止为每平方米4.50元，自2012年1月1日起每1年调整一次，每次在上年基础上递增5%；合同履行期间，原告在实际经营过程中发生的电费、水费、燃气费等由原告自行承担，或者由被告代替原告先行垫付，被告按照每月实际发生数额向原告收取；原告于合同签订后7日内一次性给付被告履约保证金20000元；合同期满或因其他非被告过错而致使合同解除时，被告将暂留原告履约保证金作为原告在合同期间所售商品的质量保证金，在原告撤场且其销售的各种服务或商品卡承诺的有效期届满日起3个月后，其已销售商品或服务如无顾客质量投诉或退换货情况，同时原告无任何欠付被告费用的情况，被告将无息退还履约保证金。关于违约责任，该合同约定违约方除按前述违约责任给付对方约定的违约金外，对因违约而造成对方的直接经济损失应负责赔偿，该合同未对被告违约时的违约金进行约定。合同签订后，原告装修承租场地后开始经营，办理了个体工商户营业执照，字号为"天津市河东区金禾轩餐厅”，商铺名为“金禾牛肉饭”。

2012 年 2 月 23 日，因原告经营商铺所在位置消防设备不合格，被告口头通知原告暂停营业，原告遂停止经营。2012 年 3 月 28 日被告又向原告送达了金禾牛肉暂停营业通知。但被告至今未对不合格的消防设施进行整改。2012 年 6 月 12 日，原告向被告邮寄送达了解除场地租赁合同通知，内容为因为被告通知其于 2012 年 2 月 23 日停业无法正常经营，故要求解除合同。被告于 6 月 14 日收到该通知。

【法院认为】

法院生效判决认为，原、被告签订的《场地租赁合同》系双方真实意思的表示，并不违反法律、法规强制性规定，合同合法有效。被告因其出租的场地不符合消防安全要求致使原告不能营业，原告停业后被告未采取任何整改措施，原告不能实现其进行经营的租赁目的。本案中合同不能履行的责任在于被告，双方在合同中对于被告违约时的违约金未进行约定，因此被告应就原告的实际合理损失进行赔偿。

【裁判结果】

法院判决：(1)2010 年 5 月 24 日原告张某利与被告天津华润万家生活超市有限公司签订的《场地租赁合同》于 2012 年 6 月 14 日解除；(2)本判决生效之日起 15 日内，原告张某利将坐落于天津市河东区泰兴南路华润万家生活超市招商区位置编号 3110001(面积为 67.8 平方米)的店铺以天津市滨海房地产工程造价咨询有限公司鉴定现场勘验的装修状态返还被告天津华润万家生活超市有限公司，现存放在该商铺内的餐桌 25 张、餐椅 52 把、排烟罩 1 个、不锈钢工作台 3 个、单眼水盆 1 个、双眼水盆 1 个、冰柜 1 个、冰箱 1 台、电磁炉 3 个、高压锅 3 个、大电饭锅 3 个、小电饭锅 1 个、台秤 1 台、验钞机 1 台、电子收款机 1 台、打印机 1 台、筷子消毒盒 1 个、大不锈钢圆锅 3 个、不锈钢方池 2 个、不锈钢钢盆 10 个、炒勺 4 把、油鼓 1 套、绞肉机 1 台、密胺餐盘 80 个、密胺餐碗 80 个、密胺汤碗 80 个归被告天津华润万家生活超市有限公司所有；(3)本判决生效之日起 15 日内，被告天津华润万家生活超市有限公司退还原告张某利停业期间租金 8768.44 元；(4)本判决生效之日起 15 日内，被告天津华润万家生活超市有限公司返还原告张某利履约保证金 20000 元；(5)本判决生效之日起 15 日内，被告天津华润万家生活超市有限公司赔偿原告张某利合理损失 162406.05 元；(6)驳回原告张某利的其他诉讼请求。案件受理费 5920 元，由原告张某利负担 1717 元，被告天津华润万家生活超市有限公司负担 4203 元。鉴定费 15000 元，由被告天津华润万家生活超市有限公司负担。证人出庭费用 364 元，由被告天津华润万家生活超市有限公司负担。

宣判后，双方当事人均未上诉。

［参见陈灿平主编：《天津法律案例精选丛书：法院卷(2010－2014)》，法律出版社 2015 年版。］

【审判政策与精神】

北京市高级人民法院关于印发《北京市高级人民法院关于审理房屋租赁合同纠纷案件若干疑难问题的解答》的通知(2013 年 12 月 19 日　京高法发〔2013〕462 号)

13. 房屋租赁合同当事人就停产停业损失补偿的分配发生争议的,如何处理?

房屋租赁合同履行过程中遇拆迁解除当事人就停产停业损失补偿的分配存在争议,合同对此有约定的,依约定处理,合同没有约定或约定不明的,应区分以下情形处理:(1)承租人(或次承租人)以拆迁房屋为经营场所办理了营业执照,并在此实际经营,其要求出租人给付拆迁补偿安置协议中确定的停产停业损失补偿的,一般应予支持。出租人以拆迁房屋为经营场所也办理了营业执照的,停产停业损失补偿可在其与承租人(或次承租人)之间合理分配。(2)对于存在房屋性质以租赁为主要用途、租赁合同剩余期限较短等情形的,停产停业损失补偿可在承租人(或次承租人)与出租人之间进行合理分配,但出租人分得的数额不宜超过 50%。(3)有证据证明拆迁补偿安置协议确定不补偿停产停业损失,或者补偿协议尚未签订,出租人亦未取得该补偿费,承租人要求出租人支付停产停业损失补偿的,不予支持。承租人可待出租人取得补偿后再行主张权利或通过其他行政途径解决。(4)房屋拆迁公告发布时租赁合同已经期满终止,承租人要求出租人给付停产停业损失补偿的,不予支持。(5)拆迁公告发布后房屋实际拆迁腾退前,租赁合同期满终止,且出租人已经取得停产停业损失补偿,承租人要求出租人给付该补偿费的,可酌情予以支持。

当事人就拆迁补偿安置协议中停产停业损失的补偿对象、标准和数额等有争议的,法院在必要时可以就相关事实咨询拆迁人予以确定。

9. 在承租人、次承租人逾期腾房的情况下,出租人请求按市场价赔偿的,法院是否应予支持?

【典型案例】

中国农业出版社印刷厂诉北京大国北方物业投资有限公司、北京月福汽车装饰有限公司房屋租赁合同纠纷案

【裁判要旨】

在承租人、次承租人逾期腾房的情况下,以租赁合同及转租合同约定的租金数

额为标准,缺乏合同依据,出租人请求按市场价赔偿的,法院应予支持。以租赁合同及转租合同约定的租金数额为标准,缺乏合同依据。在房屋租赁合同期限已经届满,出租人明确表示不再续约,并要求返还房屋的情况下,原租赁合同终止,此种情况并非原租赁合同的继续,故仍然以租赁合同之约定为标准依据不足。又由于出租人与次承租人之间并未形成直接的租赁合同关系,故直接采用转租合同的标准处理,亦缺乏依据。房屋使用费的给付数额应足以填补出租人之损失。在租赁市场中,早年订立的中长期租赁合同的租金标准不仅低于转租合同,更远低于当前的市场价。适用原合同之标准显然不能弥补出租人的现有损失。在租赁实践中,承租人、次承租人多为企业,并在租赁场所实际经营中,租金构成其主要营业成本,故其对于租赁市场行情均应非常关注,对于承租房屋的现租金标准的变化更应格外关切。故二者在应当腾退而拒不腾退时,亦应明知其行为之后果,应预见到可能给出租人造成的损失。

【案号索引】

一审:北京市通州区人民法院(2016)京 0112 民初 17598 号

二审:北京市第三中级人民法院(2016)京 03 民终 12417 号

【基本案情】

坐落于北京市通州区某某路 16 号临街三层楼房的第一层、第二层的房屋所有权人为本案原审原告中国农业出版社印刷厂(以下简称农业印刷厂)。

2006 年 1 月 19 日,农业印刷厂(甲方)与北京大国北方物业投资有限公司[乙方,后更名为新合商业投资(北京)有限公司,即本案原审被告一,以下简称新合公司]签订《房屋租赁合同》,约定:甲方同意将坐落于北京市通州区北苑南路 16 号院的临街三层楼的房屋出租给乙方作为商业用房;租赁期限为 10 年,从 2006 年 2 月 15 日至 2016 年 2 月 15 日;房屋租赁期届满,甲方有权收回房屋,乙方应如期归还。该合同还约定了其他内容。合同签订后,农业印刷厂依约将涉案房屋交付新合公司使用,双方租金已结清。

2006 年 5 月 17 日,新合公司(甲方)与北京月福汽车装饰有限公司(乙方,即本案原审被告二,以下简称月福公司)签订《房屖租赁合同》,约定:出租房屋地址:北京市通州区北苑南路 16 号院。结构和层数:框架结构,共三层。乙方承租部分位于一层、二层。建筑面积:约 2386.02 平方米。该房屋用途为:汽车服务。合同起止日期:从 2006 年 5 月 18 日至 2016 年 2 月 15 日。租金标准:甲乙方议定的租金标准为每平方米(建筑面积)每天 1.84 元,每月租金 133333.33 元,每年的租金为 1600000 元;合同期满后,乙方应在合同终止日之前搬离并交还承租房屋给甲方。该合同还约定了其他内容。合同签订后,新合公司依约将涉案房屋交付月福公司使用,月福公司已付清租金。

上述两份《房屋租赁合同》履行期限届满前、后,农业印刷厂多次通知新合公司应在届满后腾退涉案房屋;新合公司多次通知月福公司应在《房屋租赁合同》履行期限届满后腾退涉案房屋。

但合同履行期限届满之后,新合公司与月福公司一直未将涉案房屋腾退给农业印刷厂。之后,农业印刷厂与案外人侯某志就位于北京市通州区某某路16号院临街三层楼房签订《房屋租赁合同》,合同期限为2016年2月18日至2026年2月17日,第1-5年年租金为600万元,并约定一方违约时应支付违约赔偿金100万元。

原告农业印刷厂诉至法院,请求判令:(1)新合公司、月福公司腾退租赁之房屋;(2)新合公司、月福公司赔偿农业印刷厂经济损失2298633.6元(其中租金损失1298633.6元,因赔偿案外人违约赔偿金而受到的损失1000000元);(3)本案的诉讼费用由新合公司、月福公司承担。

被告新合公司辩称:新合公司同意腾退涉案房屋,但是月福公司一直拒绝腾退占用房屋,因本案涉案房屋是由月福公司使用、收益,故应由其承担占用房屋给农业印刷厂造成的损失。

被告月福公司辩称:月福公司同意腾退房屋,但不同意赔偿农业印刷厂的经济损失。

一审法院认为:租赁期限届满后,承租人、次承租人应依约腾退涉案房屋,但农业印刷厂主张上述期间120余万元的租金损失,超过新合公司、月福公司订立合同时所能预见的损失,农业印刷厂主张参照其与案外人签订的《房屋租赁合同》的租金标准,依据不足,本案应参照新合公司、月福公司之间签订《房屋租赁合同》中的租金标准,确定租金损失的具体数额。农业印刷厂要求新合公司、月福公司赔偿违约赔偿金100万元的诉讼请求,因其所称的经济损失并未实际发生,故对此项请求,法院不予支持。最终,该院判决:(1)月福公司与新合公司将坐落于北京市通州区某某路十六号临街三层楼房中的第一层、第二层共同腾退给农业印刷厂,于本判决生效之日起30日内执行清;(2)月福公司与新合公司共同赔偿农业印刷厂自2016年2月18日起至2016年5月4日止的租金损失333333元,于本判决生效之日起7日内执行清;(3)驳回农业印刷厂的其他诉讼请求。

宣判后,农业印刷厂及新合公司不服,均向北京市第三中级人民法院提起上诉。另外,二审期间,农业印刷厂提供了侯某志向其发出的要求支付违约赔偿金的函、中国工商银行的业务回单、收条,证明其已向侯某志支付了违约赔偿金100万元。

【法院认为】

二审法院认为:新合公司虽主张未能交付房屋的责任系月福公司造成,但客观上新合公司确实在期限届满后未能交还房屋,故新合公司、月福公司应共同腾退涉案房屋,交还给农业印刷厂并共同赔偿。新合公司、月福公司逾期未腾退房屋,导致农业印刷厂未能整体向侯某志交付房屋，应共同承担因逾期腾房给农业印刷厂造成的经济损失。该部分经济损失在本案中应包括逾期腾房的房屋使用费和农业印刷厂支付的违约赔偿金。就房屋使用费的标准问题，法院认为应参照农业印刷厂与侯某志签订的《房屋租赁合同》的600万元/年租金标准予以计算，原因在于：首先，当事人一方不履行合同义务或者履行合同义务不符合约定，给对方造成损失的，损失赔偿金额应当相当于因违约所造成的损失，包括合同履行后可以获得的利益。本案中，月福公司逾期未腾房，行为明显不当，应赔偿农业印刷厂的损失。农业印刷厂于2016年与侯某志签订的租赁合同约定租金标准为600万元/年，赔偿损失具有填补损失的功能，现一审法院按照160万元/年计算损失，未能填补农业印刷厂的损失。160万元/年与600万元/年的租金标准差距过大，且160万元/年是10年前签订合同时约定的租金标准，在月福公司逾期未腾退的情况下，不能按照合同约定的合同期限内的租金标准予以计算。其次，月福公司对涉案房屋现在的租金标准是有一定预期的。在农业印刷厂签订2016年合同之前，曾组织5家公司进行竞价，月福公司参加此次竞价过程并出价400万元/年，可见月福公司对2016年合同的租金标准有一定预期，并不属于超过订立合同时预见到或者应当预见到的因违反合同可能造成的损失。最后，逾期返还房屋的房屋使用费可依出租人请求，参照租赁合同约定、转租合同约定或当时当地同地段房屋的租金标准酌情确定。本案中，在转租合同约定的租金标准与当前租金标准差距过大的情况下，不宜按照转租合同的租金标准予以计算。一审法院参照承租人新合公司与次承租人月福公司之间的转租合同中约定的160万元/年的租金标准予以计算，处理不当，法院应予纠正。农业印刷厂将涉案房屋按照600万元/年的租金标准将涉案房屋出租给侯某志，故新合公司、月福公司应按照该标准支付农业印刷厂起诉请求的2016年2月18日至2016年5月4日的逾期腾房的房屋使用费。

就违约赔偿金问题，依据农业印刷厂与侯某志之间签订的《房屋租赁合同》约定，农业印刷厂应在2016年2月18日将涉案房屋移交给侯某志，若未能按时交付房屋，农业印刷厂需向侯某志支付违约赔偿金100万元。该赔偿金农业印刷厂已经实际支付，该损失现已实际发生，故农业印刷厂要求新合公司、月福公司支付赔偿给案外人侯某志的违约赔偿金100万元，应予支持。

【裁判结果】

二审法院最终改判月福公司与新合公司共同赔偿农业印刷厂经济损失共计2249300元。

［参见黄海涛、赵卉：《承租人、次承租人逾期不返还房屋之赔偿责任的确定——〈房屋租赁司法解释〉第18条之适用与完善》，载《法律适用·案例》2017年第24期。］

【审判政策与精神】

北京市高级人民法院关于印发《北京市高级人民法院关于审理房屋租赁合同纠纷案件若干疑难问题的解答》的通知(2013 年 12 月 19 日　京高法发〔2013〕462 号)

14. 出租人对承租人的装饰装修或扩建行为未提出异议的,如何认定?

租赁合同约定房屋装饰装修或扩建须经出租人同意,出租人知道或者应当知道承租人对租赁房屋进行装饰装修或扩建,但在合理期限内(一般为六个月)未提出异议,或者在合理期限内提出异议后又继续履行合同或接受承租人履行义务的,可以视为出租人同意装饰装修或扩建,或者放弃再提出异议的权利。

15. 房屋租赁合同无效或解除,承租人未要求赔偿装饰装修损失的,如何处理?

房屋租赁合同无效或非因承租人单方违约导致解除,法院应当释明承租人可就装饰装修的现值或残值损失要求赔偿,承租人坚持不主张或只提出抗辩的,就装饰装修损失,法院不予处理,告知承租人可另行起诉。法院判决承租人腾退房屋的,应当告知其可就装饰装修物申请采取必要的证据保全措施。

16. 法院依职权认定房屋租赁合同无效,对合同无效的后果,包括腾退房屋、装饰装修损失等是否一并处理?

当事人就房屋租赁合同的履行或解除发生争议,经审查认定租赁合同无效,法院应当释明当事人变更诉讼请求,尽量引导当事人就合同无效的法律后果一并处理,经释明当事人坚持不变更的,应当判决确认租赁合同无效,并驳回当事人的全部诉讼请求,同时告知当事人可就房屋腾退、装饰装修损失等争议另行主张。

10. 租赁合同约定的“租期内一方终止合同应提前告知对方并支付违约金”的条款,系违约条款还是任意解除权条款?

【典型案例】

联丰(厦门)房地产开发有限公司
诉骆某蓉房屋租赁合同纠纷案

【裁判要旨】

租赁合同中约定租赁期未满合同一方单方终止合同,应提前告知对方并支付违约金,该条款是否视为赋予合同一方任意解除权,应根据履约本意、违约责任具体约定等客观情况予以具体分析。若是长期租约且租赁目的明确,应认定该条款约定应系对合同履行中违约责任的约定,并非赋予双方任意解除合同的权利。所谓任意解除权,是指不需要以对方违约为理由而主张解约的解除权。相关法律规定不定期租赁合同、委托合同的合同双方或加工承揽合同、保险合同等单方当事人可行使任意解除权。任意解除权除法定外,当事人能否在合同中自由约定?我们认为除了对于任意解除的法律后果亦即违约责任的承担,订约双方对于违约责任进行了详细磋商,且该违约责任足以弥补因任意解除合同而可能遭受的损失之外,当事人不能在合同中自由约定。因为订立合同是一种法律行为,具有明确的订立目的性。民事主体订立合同是为了追求预期目的,即在当事人之间形成某种法律关系,从而具体的享受民事权利、承担民事义务。依法成立的合同对双方均具有法律约束力。当事人约定依照约定履行各自义务,不得擅自变更或解除合同。如果允许当事人在合同中随意约定任意解除权,那么交易的初衷将不复存在。

【案号索引】

一审:福建省厦门市湖里区人民法院(2016)闽0203民初3031号

二审:福建省厦门市中级人民法院(2016)闽02民终字3323号

【基本案情】

法院经审理查明:2000年4月5日,联丰公司(甲方)与骆某蓉(乙方)就租赁联丰商城附属建筑事宜签订一份编号为联丰租房2000第003号的《房屋租赁合同》,约定:(1)该建筑物位于联丰商城二期C型住宅东侧,为独立两层砖混结构建筑物,总建筑面积410平方米,限定功能为幼儿园,现为期房。(2)租赁期自2000年9月1日起至2020年8月30日止,共计20年。(3)乙方应于本合同签订之日缴纳押金1万元;年租金为48000元,每三年递增一次,首次递增8%,以后每次递增幅度10%;乙方应于2000年8月30日前,向甲方缴纳该房产第一年租金48000元,后于每年的第一个月前支付一次年租金。(4)在租用期内,未经甲方同意,乙方不得将租赁房转租给第三方,否则甲方有权立即终止合同,并要求乙方补偿一个月租金;租赁期未满,甲方或乙方单方面终止合同,应提前一个月通知对方,并向对方缴交违约金(以1个月租金计),同时结清其他相关款项。上述合同签订后,骆某蓉均按合同约定予以履行。

2015年12月25日,联丰公司向骆某蓉发送一份通知书,内容如下:因出租方联丰公司经营需要,特提前一个月向承租方骆某蓉提出解除洪莲里65号(联丰商城幼儿园)的租赁协议,出租方按租赁合同约定赔偿承租方1个月租金作为违约金。请承租方接到本通知之日起1个月内积极配合归还洪莲里65号(联丰商城幼儿园)。审理中,联丰公司称其因资金紧张需要出售租赁房产,刚好又找到合适的买家，相关手续在办理中，但还未办理产权过户，故要求提前解除合同，骆某蓉确认其于2015年12月29日收到该份通知书，但认为骆某蓉没有违反合同约定，联丰公司至今仍不享有合同解除权，通知书不产生解除合同的效力，仅是满足解除合同的其中一个条件而已，并表示不同意提前解除合同。之后，联丰公司、骆某蓉双方又多次进行协商，骆某蓉均表示不同意提前解除租赁合同，也不同意提前归还租赁房屋。联丰公司遂于2016年2月25日向法院提起诉讼。

又查明：位于厦门市思明区洪莲里65号房屋的权属人为联丰公司。2015年9月1日，联丰公司收到骆某蓉支付的至2016年8月31日的租金。

审理中，骆某蓉称讼争《房屋租赁合同》第四条第十款仅系双方就租赁期限未满时，一方欲单方终止租赁合同所需履行的程序作出的约定，该条款并不属于《合同法》第九十三条规定的约定解除条件，未赋予任何一方单方解除合同的权利。根据该条款约定，单方终止合同的条件需要提前1个月通知对方、向对方缴交违约金及与对方结清其他相关款项，该“其他相关款项”不仅包括租金、押金、水电费、物业管理费等费用，同时还包含因一方单方终止租赁合同对另一方造成的损失，包括装修损失、购买课本、员工提前解除合同的损失及少收取的补贴等。联丰公司则认为“其他相关款项”仅系指租金。

联丰公司与骆某蓉签订的《房屋租赁合同》合法有效，对双方当事人均具有法律约束力。本案争议在于对《租赁合同》第四条第十款性质如何认定问题。由于《房屋租赁合同》约定的合同租期是20年、限定功能为幼儿园，从订立合同的本意来看，双方没有同意联丰公司可以任意解除合同的真实意思表示，否则，双方对于合同期限20年的约定就形同虚设。骆某蓉承租本案讼争场所用于开办幼儿园，必然要花费大量的人力、财力、物力去进行建设、办理开办手续、招生等工作，如果在合同中同意联丰公司可以毫无正当理由地任意通知解除合同，那么将使骆某蓉为此遭受巨大损失，这并不符合双方签订合同的本意。同时，该合同第四条系对双方责任的具体约定，且讼争条款对于应当结清其他相关款项的性质、范围亦未作明确约定，故该条款约定应系对合同履行中违约责任的约定，并非赋予双方任意解除合同的权利，故厦门市中级人民法院认为《房屋租赁合同》中的第四条第十款并没有赋予联丰公司任意解除合同的权利，在骆某蓉并未违约且不同意解除合同的情形下，联丰公司关于解除合同的诉讼请求缺乏依据，原审法院予以驳回并无不当，法院予以维持。

【裁判结果】

福建省厦门市思明区人民法院于2016年6月18日作出（2016）闽0203民初3031号民事判决：驳回联丰公司的诉讼请求。一审宣判后，联丰公司不服，向厦门市中级人民法院提起上诉。福建省厦门市中级人民法院于2016年12月11日作出

(2016)闽02民终3323号民事判决:驳回上诉、维持原判。

[参见最高人民法院中国应用法学研究所编:《人民法院案例选》2017年第9辑。]

11. 出租人在房屋租赁合同期限内另行挂牌招租的,承租人应否以此拒付租金?

【典型案例】

傅某鸣因业主在房屋租赁合同期限内另行挂牌招租诉辛某鹏、李某勉预期违约纠纷案

【裁判要旨】

在合同履行期限届满之前,当事人一方明确表示或者以自己的行为表示不履行债务的,对方当事人可以解除合同。在处理预期违约的案件中,如何判断一方当事人的行为已经达到表明其将不会或者不能履行债务的程度,是一个需要法官结合法理和经验,进行自由裁量的问题。

【案号索引】

一审:福建省厦门市思明区人民法院(2003)思民初字第421号

二审:福建省厦门市中级人民法院(2004)厦民终字第972号

【基本案情】

原告(反诉被告):傅某鸣

被告(反诉原告):辛某鹏

被告(反诉原告):李某勉

【基本案情】

厦门市水仙路58号房屋系被告所有的产业。2002年12月10日,原、被告签订一份租赁合同,约定由原告承租该房第一、二层。双方还约定:(1)租期自2003年1月1日至2005年12月30日。(2)租金每月11000元,按季度支付共计33000元,每季度第一天付清;押金两个月共计22000元。(3)修缮房屋是被告的义务,被告应对房屋及其基础设施每年认真检查、修缮一次,以保障原告正常使用。(4)原告应按时支付租金,如有拖欠,每天按季度总额的0.2%加收滞纳金,拖欠租金超过半个月的,被告可以单方解除合同,收回房子,没收押金。(5)被告如要提前解除合同,

剩余月份应赔偿原告装修折旧每月3000元,至租约期满。

签约后,原告依约支付了押金及第一季度,第二季度的租金;此后的租金未付。2003年6月底,被告从香港返回厦门并居住在讼争房的三楼。2003年6月28日,原告书面向被告提出要求解除合同;2003年7月4日,原告向被告发出书面通知,表示决定继续履行租赁合同,但要求被告必须在2003年7月10日之前对出租房屋存在"天台玻璃漏水、主墙体渗漏、后巷地板冒水"进行修缮。

2003年7月14日,原告诉至本院。要求:(1)被告退还押金22000元;(2)被告退还因房屋质量问题造成的损失11000元及因非典原因造成的损失22000元。2003年7月15日,被告收到原告当日发出的一份书面解除合同的通知,通知书中原告表示被告拒绝履行前述的房屋修缮义务,却挂牌招租,致其无法继续经营,通知被告解除双方签订的租赁合同,解除时间为2003年7月15日。在此之前,被告将讼争房挂牌招租。2003年7月25日,法院根据原告的申请,对讼争房有关质量状况进行现场勘查。经双方当事人确认,第一层后部有两块天花板发霉,靠后巷门边墙上有一块约4平方米的霉斑,后巷门框有霉变痕迹,现场无法看出原告反映的地板渗水及跳闸问题;四楼大台遮雨玻璃破裂,但因天晴无法看出是否漏雨。

被告辛某鹏、李某勉辩称,原告所述均不属实,即使被告未履行出租房屋的修缮义务,也不成为解除合同的理由。相反原告未依约缴纳租金已构成违约。据此要求驳回原告的诉求。

诉讼中,被告提起反诉,要求:(1)解除双方于2002年12月10日签订的房屋租赁合同;(2)反诉被告按每月11000元的标准支付拖欠的租金(从2003年7月1日起至租赁合同被判定解除之日止)并支付利息(按日0.2%标准,从2003年7月1日起至实际交付租金之日止);(3)没收反诉被告支付的押金22000元;(4)反诉被告将租赁场所玻璃门上拆走的不锈钢门把手恢复原状;(5)反诉费用由反诉被告承担。

反诉被告傅某鸣辩称,因反诉原告严重违约,租赁合同已由反诉被告书面通知而解除;而反诉原告所称的门把手系反诉被告自行安装。因此反诉原告的诉求均不成立。

2003年12月22日,原告撤回起诉时提出的要求被告补偿装修款54111.5元的诉求。

【法院认为】

厦门市思明区人民法院审理认为,原、被告签订的租赁合同应为有效。被告在本案中的挂牌出租行为不构成预期违约。从而原告拒付2003年7月1日以后租金的行为没有正当理由,讼争合同约定的合同解除条件成就,被告取得单方解除合同的权利。反诉原告诉求解除合同、反诉被告支付拖欠租金及没收其支付的押金

22000元,有事实和法律依据,本院予以支持;但拖欠的租金应计至2003年8月1日;反诉原告诉求反诉被告支付拖欠租金的逾期滞纳金,以及将租赁场所玻璃门上拆走的不锈钢门把手恢复原状,没有充分依据,法院不予支持。原告诉求被告退还押金22000元及因房屋质量问题造成的损失11000元,没有事实依据,法院不予支持;原告诉求被告赔偿因非典原因造成的损失22000元,于法无据,法院不予支持。厦门市思明区人民法院一审判决:(1)确认原告傅某鸣与被告辛某鹏、李某勉2002年12月10日签订的房屋租赁合同于2003年8月1日解除;(2)反诉被告傅某鸣应自本判决生效之日起15日支付厦门市水仙路58号房屋2003年7月1日至8月1日的租金11000元给反诉原告辛某鹏、李某勉;(3)反诉被告傅某鸣交付的22000元押金归反诉原告辛某鹏、李某勉所有;(4)驳回原告傅某鸣的诉求;(5)驳回反诉原告辛某鹏、李某勉的其他诉求。本案本诉案件受理费2210元,由原告负担;反诉案件受理费1123元,由反诉被告(原告)负担。

【裁判结果】

宣判后,原告傅某鸣向厦门市中级人民法院提起上诉,因经传票传唤无正当理由拒不到庭,厦门市中级人民法院依法作出本案按自动撤回上诉处理的裁定。

[参见最高人民法院中国应用法学研究所编著:《人民法院案例选》(2005年第3辑),人民法院出版社2006年版。]

12. 因防控疫情需要导致房屋租赁合同不能履行的,承租人应否承担违约责任?

【典型案例】

柯某诉重庆金渝达农贸市场经营管理有限公司房屋租赁合同纠纷案

【裁判要旨】

房屋租赁合同签订后,因防控禽流感疫情,相关部门通知从事禽类经营的承租人暂停营业,承租人存在合同约定的连续数天未经营的违约行为,但其不能履行合同系出于防控疫情需要的不可抗力所致,不应承担违约责任,出租方也不因此享有合同解除权。

【案号索引】

重庆市江北区人民法院(2017)渝0105民初16379号

【当事人信息】

原告:柯某

被告:重庆金渝达农贸市场经营管理有限公司

【基本案情】

原告柯某与被告重庆金渝达农贸市场经营管理有限公司房屋租赁合同纠纷一案,本院2017年8月4日立案后,依法适用简易程序公开开庭进行了审理。本案现已审理终结。

原告柯某向本院提出诉讼请求:(1)确认原、被告双方之间的《金渝达农贸市场摊位、门店租赁合同》于2017年7月20日解除;(2)判令被告向原告退还租金38400元,保证金10000元、管理费2700元,共计51100元;(3)依法判令被告支付原告资金占用损失,以51100元为基数,按年利率6%计算,自起诉之日起至实际履行完毕之日止。本案诉讼费由被告承担。庭审中,原告申请撤回第(3)项诉讼请求。事实和理由如下:2016年12月23日,原告与被告签订了《金渝达农贸市场摊位、门店租赁合同》,约定原告租用重庆金渝达农贸市场经营管理有限公司位于重庆金渝农贸市场活鸡鸭兔门店一个,租赁期限从2017年7月1日起至2018年7月1日止。优惠免租期为2017年1月1日至2017年7月1日。合同约定被告应该为原告提供摊位及相关配套设施和经营条件保障,保证原告正常经营。合同签订后,原告依约向被告交纳了租金38400元、保证金10000元、管理费2700元,共计51100元。市场有一个货运电梯和一个自动扶梯提供使用,自原告进场以来,自动扶梯基本上没有运转过,唯一一个货运电梯在2017年7月11日也因被告未向物业服务公司支付电费及租金等相关费用而断电导致无法使用。后来物业公司关闭农贸市场电计量装置,导致金渝市场全面断电,原告作为经营户根本无法正常营业,原告遂多次找到被告了解情况协商处理。后2017年7月20日,被告向市场经营户出具公开信,载明由于各种原因导致市场难以继续经营,对于目前还在场的经营户按照合同约定进行善后处理。原告在农贸市场的租赁期限才刚刚开始,被告却无法按照合同约定继续提供经营所需要的配套设施、经营条件。

被告重庆金渝达农贸市场经营管理有限公司辩称,(1)截至法庭辩论结束之日,我方因与重庆天拓置业发展有限公司存在纠纷,所以一直没有向原告收取过水电费,原告自己也没有缴纳;(2)原、被告之间的租赁合同尚处于履行状态,我方2017年7月20日发布的通知、公开信等仅仅是对市场停业作出的通知,不是解除合同的意思表示,我方没有行使合同解除权,现在原告提出解除合同,我方也同意,但是需要明确合同解除是因原告的违约造成的;(3)合同履行过程中,原告存在一项违约行为，即违反了该合同第九条第九项的约定，我司对已经收取的租金、保证金、管理费金额没有异议，但是不同意退还；另外，如果人民法院认定应该退还，也应当收取7个月的管理费；(4)货梯停电情况属实，但是有原因的，我司的一个股东从重庆天拓置业发展有限公司承租了涉案农贸市场，因为双方在交接中出现问题才导致出现本案中的相关问题；(5)虽然被告与案外人物业公司以及重庆天拓置业发展有限公司存在纠纷，但不影响市场的正常运行，导致市场停业有原、被告双方的原因，双方都应该负责。

本案当事人围绕诉讼请求依法提交了证据，本院组织当事人进行了证据交换和质证。对当事人无异议的《金渝达农贸市场摊位、门店租赁合同》、告知函、欠费清单、公开信、通知、会议纪要、收据、视频，本院予以确认并在卷佐证。

根据当事人陈述和经审查确认的证据，本院认定事实如下：

2016年12月23日，原告（乙方）与被告（甲方）签订《金渝达农贸市场摊位、门店租赁合同》约定被告将金渝农贸市场门市1个出租给原告用于活鸡鸭兔经营。租赁期从2017年7月1日至2018年7月1日，共计1年，优惠期自2017年1月1日起至2017年6月30日，共计6个月。摊位租金为每月3200元，交费周期为12个月缴一次，应缴费38400元。市场管理费每摊位150元，共计2700元。因经营需要安装水、电表者，需向市场管理办公室提出书面申请，同意后方可安装，费用自理，水、电费按行市收取。保证金应在本合同签订（时）缴纳，摊位、门市每个保证金为1万元，本合同项下实缴保证金10000元。乙方如无违约行为且未给市场造成相应赔偿损失，合同期满乙方完好交回摊位并办理了完退场手续后，甲方凭有效单据，全额退还保证金。该合同第六条"甲方权利、义务"约定："……3.应按本合同约定为乙方提供摊位及相关配套设施和经营条件保障，保证乙方正常经营。7.应对市场进行物业管理，并负责市场内的安全防范和经营设施的建设及维护，包括：建筑物的管理及维护保养，对乙方装修的审查和监督，对市场范围以内的水、电、气、管理、线路、设施的管理、维修及保养，对市场公共区域的清洁管理，并负责市场的公共安全、消防安全，场内各种通道道路的管理等。"第九条"违约及合同解除"约定："乙方有下列情形之一的，属违约行为，甲方有权令乙方停业整顿或解除本合同，同时乙方应当将本合同约定的履约保证金作为违约金支付给甲方：……9.未经甲方同意摊位连续闲置10日或累计闲置30日的。"

合同签订当日，原告向被告支付保证金1万元、租金38400元、管理费2700元。

2017年7月11日，金渝农贸市场货梯因断电不能使用，直至该月20日仍未妥善处理。7月20日当日，市场内部分经营户遂聚集与被告产生纠纷，双方在江北区大石坝街道协调处理撤场善后事宜，产生会议纪要一份。当日，被告发出公开信及通知，公开信载明：由于各种原因导致本市场难以继续经营，为切实合法保障各位经营户的利益,本市场将配合大石坝街道完成各项收尾工作,给各位一个满意的答复,对于目前在场的经营户,我们将参照法律法规,按照合同约定,进行善后处理。通知载明:本市场因多种原因罢市,现决定从罢市之日起,各位经营户自行处理保管自己的一切财物,本市场现在无能力看管,请多多理解。2017 年 7 月 21 日,重庆华润二十四城物业服务有限公司向农贸市场发出告知函(附欠费清单),载明农贸市场拖欠物业服务费、水电公摊费、代支代垫水电费,多次催收未果,将于 7 月 26 日关闭电计量装置。

金渝农贸市场自 2017 年 7 月 20 日发生纠纷后即处于停业状态。2017 年 8 月 4 日,原告诉至本院。

庭审中,被告举示了一组视频,拟证明 2017 年 7 月 1 日至 10 日,原告连续 10 日未经营。原告质证称证据真实性无异议,但是事出有因,原告是卖家禽的,由于禽流感爆发的原因,政府出通知要求停业,具体情况社区居委会都知晓,相关证据我方提供有困难,但确实是客观情况。而且被告也并未因此向原告追究过违约责任,即便原告该承担违约金,合同约定的标准也过高,请求人民法院调整。

2017 年 9 月 20 日,在接受本院询问时,大石坝街道办事处及瓦厂嘴社区居民委员会对于因防控禽流感疫情而通知金渝达农贸市场禽类经营户暂停营业事宜予以确认。

【法院认为】

本院认为,原、被告签订的《金渝达农贸市场摊位、门店租赁合同》系双方当事人的真实意思表示,合法有效,双方均应按约行使权利、履行义务。

对于原告的第一项诉讼请求,本院予以支持。理由如下:(1)《合同法》第七条①规定:当事人订立、履行合同,应当遵守法律、行政法规,尊重社会公德,不得扰乱社会经济秩序,损害社会公共利益。第一百一十七条②规定:因不可抗力不能履行合同的,根据不可抗力的影响,部分或者全部免除责任。本法所称不可抗力,是指不能预见、不能避免并不能克服的客观情况。本案中,即使原告确有存在合同约定的连续 10 日未经营的违约行为,但是系出于防控疫情的需要,被告不因此理由而享

---

① 现为《民法典》第七条:民事主体从事民事活动,应当遵循诚信原则,秉持诚实,恪守承诺。第八条:民事主体从事民事活动,不得违反法律,不得违背公序良俗。第九条:民事主体从事民事活动,应当有利于节约资源、保护生态环境。第十条:处理民事纠纷,应当依照法律;法律没有规定的,可以适用习惯,但是不得违背公序良俗。

② 现为《民法典》第五百九十条:当事人一方因不可抗力不能履行合同的,根据不可抗力的影响,部分或者全部免除责任,但是法律另有规定的除外。因不可抗力不能履行合同的,应当及时通知对方,以减轻可能给对方造成的损失,并应当在合理期限内提供证明。

当事人迟延履行后发生不可抗力的,不免除其违约责任。

有合同解除权,原告亦不应因此而承担违约责任。(2)被告于2017年7月20日发出的通知、公开信,结合当日在街道办事处就撤场善后事宜进行协商的事实,可认定被告于该日向原告发出了解除租赁合同的意思表示,现原告诉请确认双方的租赁合同于该日解除,应属双方在合同解除上达成了合意。(3)即使被告不认为2017年7月20日其发出的通知、公开信系解除合同的意思表示,但是在庭审中,针对原告的诉讼请求,被告也明确表示可以解除合同,只是认为系因原告的违约导致合同解除。(4)2017年7月20日之后涉诉市场确已实际关闭停业。综上,本院认定双方的租赁合同于2017年7月20日已告解除。

本案中,双方对于原告已经实际缴纳租金38400元、保证金10000元、管理费2700元此一事实没有异议。从2017年7月1日至7月19日,原告租赁摊位实际产生租金3200×19/31=1961.29元,合同解除后,被告就租金部分应退还38400-1961.29=36438.71元。原告已缴纳的2700元管理费所含期间是2017年1月至2018年6月底计18个月,现合同于2017年7月20日解除,故原告实际应承担管理费150×6+150×19/31=991.94元,被告应退还2700-991.94=1708.06元。

对于退还保证金的诉讼请求。虽然该合同第九条“违约及合同解除”约定:“乙方有下列情形之一的,属违约行为,甲方有权令乙方停业整顿或解除本合同,同时乙方应当将本合同约定的履约保证金作为违约金支付给甲方:……9.未经甲方同意摊位连续闲置10日或累计闲置30日的。”但是,前述已经认定,原告因防控疫情的需要未能正常经营,免于承担违约责任,故被告已经收取的10000元保证金应该退还给原告。

原告自愿申请撤回第(三)项诉讼请求,系其行使诉讼权利的体现,不违反法律、行政法规的规定,本院予以准许。

【裁判结果】

综上,判决如下:(1)被告重庆金渝达农贸市场经营管理有限公司于本判决生效之日起5日内退还原告柯某已付租金36438.71元、保证金10000元、管理费1708.06元,共计48146.77元;(2)驳回原告柯某的其他诉讼请求。如果未按本判决指定的期间履行给付金钱义务,应当加倍支付迟延履行期间的债务利息。

[参见威科先行法律信息库。]

13. 出租人依据疫情发生后相关部门的规定对承租人断水断电的，是否构成违约？

【典型案例】

苏州中宏商业经营管理有限公司等诉戴某龙房屋租赁合同纠纷案

【裁判要旨】

承租人与出租人签订的房屋租赁合同系双方真实意思表示，合同中对活禽宰杀与销售分离未作约定，出租人也未提供证据证明其在市场管理中曾对此有过异议。出租方仅依据禽流感疫情发生后，相关部门要求将活禽交易与宰杀分离的规定，对承租方进行断水断电处理，构成违约，应承担违约责任并赔偿损失。

【案号索引】

一审：江苏省常熟市人民法院(2013)熟虞民初字第1570号

二审：江苏省苏州市中级人民法院(2014)苏中民终字第02289号

【当事人信息】

上诉人(原审被告)：苏州中宏商业经营管理有限公司(以下简称中宏公司)

被上诉人(原审原告)：戴某龙，系常熟市海虞镇戴某龙家禽店经营者

原审第三人：苏州中茂置业发展有限公司(以下简称中茂公司)

【基本案情】

上诉人中宏公司因与戴某龙、中茂公司房屋租赁合同纠纷一案，不服一审判决，向本院提起上诉。本院立案受理后，依法组成合议庭进行了审理。本案现已审理终结。

原审法院审理查明：2012年1月9日，戴某龙与中宏公司订立租赁合同一份，约定：租赁房产位于中宏新农中心(周行市场)5区170门牌，参考建筑面积16平方米，租赁期间为2012年1月1日至2014年2月28日，租赁期间费用计算为每年人民币5000元。中宏公司收取戴某龙押金人民币1000元。戴某龙在中宏公司管理下的中宏新农中心从事活鸡宰杀与销售，个体工商户的字号为常熟市海虞镇戴某龙家禽店。

2013年6月9日，苏州市常熟工商行政管理局联合常熟市农业委员会、常熟市

卫生局、常熟市商务局发布文件,规定活禽交易严格执行交易与宰杀分开、光禽交易与宰杀区分开。2013 年 9 月 10 日,中宏公司将戴某龙所租赁的房屋停水、停电,导致戴某龙无法经营直至 2014 年 2 月 28 日租赁合同到期,

一审开庭时,戴某龙尚未将租赁房产交还给中宏公司,中宏公司就押金 1000 元也未与戴某龙结算。戴某龙对其主张的停水、停电期间的经营损失 40000 元未能提供相应的证据予以证实;中宏公司主张在停电、停水前向戴某龙发出过通知,但未能提供证据证实。

原审另查明:位于江苏省常熟市中宏新农中心(周行市场)5 区 170 门牌的租赁房产的所有权人为中茂公司,中茂公司委托中宏公司进行管理和租赁;纠纷发生前戴某龙对此并不知情。中宏公司未提供证据证明已就产权人的问题向戴某龙进行了披露。

以上事实,有戴某龙的身份证、当事人双方的工商登记资料、责任书、市场管理公约、租赁合同、工商局的文件、房产证、证明材料、当事人的陈述在卷佐证。

原审原告戴某龙的诉讼请求为,请求判令:(1)中宏公司和中茂公司共同退还 2013 年 9 月 10 日至 2014 年 2 月 28 日的房屋租金;(2)中宏公司和中茂公司共同退还押金 1000 元;(3)中宏公司和中茂公司共同赔偿经营损失 40000 元;(4)诉讼费用由中宏公司和中茂公司承担。

原审法院认为:中宏公司接受中茂公司的授权委托后以自己的名义与戴某龙签订了租赁合同,该合同合法有效,原审法院予以认定。发生纠纷的主要原因是中宏公司质疑戴某龙在租赁房产中杀活鸡并销售的行为,认为戴某龙的行为违反了工商局文件中关于活禽交易严格执行交易与宰杀分开、光禽交易与宰杀区分开的规定,导致中宏公司为防范禽流感而对戴某龙的家禽店停电、停水。原审法院认为,中宏公司认为戴某龙使用租赁房产的行为违反了相关规定和合同约定,可以解除合同或者追究戴某龙违约责任,也可由行政执法部门进行执法处理来解决纠纷;中宏公司采取停电、停水的方法,对戴某龙构成侵权,中宏公司应当承担过错责任。戴某龙要求中宏公司赔偿 2013 年 9 月 10 日至 2014 年 2 月 28 日的房产租金的诉讼请求,合法有据,原审法院予以支持;该租金为 5000 元/年 ÷365 天 ×172 天 =2356.16 元。戴某龙要求中宏公司赔偿经营损失 40000 元,未能提供充分的证据,鉴于戴某龙为个体工商户,其收入标准可以参考江苏省 2012 年个体工商户年收入标准 36650 元/年计算,为 36650 元/年 ÷365 天 ×172 天 =17270.68 元。戴某龙要求中宏公司退还押金 1000 元,因租赁房产尚未交接,押金问题应当另行处理。中茂公司为租赁房产的所有权人,对委托代理人在委托管理房产过程中产生的民事责任,应当承担连带责任。据此,原审法院判决:(1)被告中宏公司于判决生效之日起 10 日内赔偿原告戴某龙租金损失人民币 2356.16 元。(2)被告中宏公司于判决生效之

日起10日内赔偿原告戴某龙经济损失人民币17270.68元。(3)第三人中茂公司对被告中宏公司在本案中的债务承担连带清偿责任。(4)驳回原告戴某龙的其他诉讼请求。案件受理费人民币900元,由原告戴某龙负担50元,由被告中宏公司负担850元。

上诉人中宏公司不服原审法院上述民事判决,向本院提起上诉。

二审查明的事实与原审查明的事实相一致。二审另查明:中宏公司与戴某龙签订的《租赁合同》约定戴某龙交纳1000元作为水电费押金,在合同终止后且乙方腾空退还房屋、缴清拖欠费用、结清损失赔偿金后15日内由中宏公司不计息退还;甲方在合同有效期内、到期或终止时,有权从履约保证金或水电押金中扣除任何费用。《租赁合同》就活禽交易是否需与宰杀分开未进行约定。

一审中,中茂公司出具证明一份,载明:中茂公司系涉案房屋的所有权人,其授权委托中宏公司对涉案房屋进行出租及经营管理。中宏公司确认租赁合同签订时就已经开始存在委托关系了,租金收取后进中宏公司的账,再和中茂公司结算;小维修由中宏公司负责,大的设备、设施维修由中茂公司负责。原审法院以《民事诉讼法》第五十六条第二款为依据追加中茂公司作为无独立请求权的第三人参加诉讼之后,戴某龙明确表示要求中宏公司与中茂公司共同赔偿,如果确实是委托关系,要求委托人承担责任。

中宏公司提交其自行制作的水电费专用收据一张,主张戴某龙尚结欠水电费390元,戴某龙对此不予认可;中宏公司确认其一审中并未提出该项主张。双方当事人一致确认,戴某龙已于2014年3月8日将涉案房屋钥匙交还给中宏公司工作人员;戴某龙明确表示涉案房屋内遗留物品其不要了。各方当事人一致确认中茂公司并未参与诉争租赁合同的履行。

以上事实,由《租赁合同》、中茂公司证明、原审法院参加诉讼通知书、水电费收据及当事人陈述等证据予以证实。

【法院认为】

本院认为,诉争的房屋租赁合同系当事人真实意思表示,合法有效,当事人均应恪守。戴某龙自2012年起即在涉案房屋内从事活鸡的宰杀与销售业务,中宏公司未提供证据证实其在市场管理中曾就此提出异议;租赁合同就销售与宰杀是否必须分离的问题也未进行约定,故中宏公司关于戴某龙在租赁房屋内宰杀活禽的行为构成违约的主张没有事实依据。2013年禽流感疫情发生后,主管部门要求将活禽交易与宰杀分离的规定,不能成为中宏公司对戴某龙进行断水、断电处理的正当理由。中宏公司自2013年9月10日起对涉案房屋断水、断电的行为构成违约,戴某龙要求中宏公司承担违约责任并赔偿损失的主张于法有据,原审法院予以支持并无不当。中宏公司断水、断电后戴某龙客观上无法继续使用租赁房屋,中宏公司收取租金没有事实依据,应予返还。因戴某龙系从事活禽销售的个体工商户,无法开业经营必然造成其经营损失,该损失与中宏公司缔约时即可预见,原审法院参照江苏省2012年度个体工商户收入标准核定戴某龙的经营损失并无不当。中宏公司关于其不应当承担赔偿责任的上诉主张无事实及法律依据,本院不予支持。

诉争的房屋租赁合同系中宏公司以自己名义与戴某龙签订,各方当事人均确认中茂公司作为产权人并未参与合同履行。受托人因委托人原因对第三人不履行义务,受托人应当向第三人披露委托人,第三人因此可以选择受托人或委托人作为相对人主张权利。本案中,中宏公司作为受托人系由于自身原因对戴某龙违约,故即便其对戴某龙披露了委托人中茂公司,也不能产生戴某龙可以向中茂公司主张权利的法律后果;因此,原审法院在戴某龙明确表示如果存在委托关系要求委托人承担责任的情况下,判令中茂公司与中宏公司承担连带责任没有法律依据,本院予以纠正。

关于1000元水电押金是否应当返还的问题。中宏公司提交收据主张戴某龙尚结欠水电费390元,戴某龙对此不予认可,但未提供证据证实已经与中宏公司结清了水电费,故其要求退还水电押金1000元的条件尚未成就,本院对戴某龙的该项抗辩意见不予支持。

综上所述,上诉人中宏公司的全部上诉请求均无事实和法律依据,本院不予支持。原审判决关于中茂公司连带责任的认定适用法律有误,应予纠正。原审判决对于诉讼费用负担的认定不当,本院一并予以调整。

【裁判结果】

二审判决如下:(1)维持常熟市人民法院(2013)熟虞民初字第1570号民事判决第(1)项、第(2)项;(2)撤销常熟市人民法院(2013)熟虞民初字第1570号民事判决第(3)项、第(4)项;(3)驳回戴某龙的其他诉讼请求。如果未按本判决指定的期间履行给付金钱义务,应当加倍支付迟延履行期间的债务利息。一审案件受理费900元,由戴某龙负担493元,由中宏公司负担407元;二审案件受理费900元,由中宏公司负担。

[参见裁判文书网。]

14. 房屋租赁合同当事人就停产停业损失补偿的分配发生争议的,如何处理?

【审判政策与精神】

北京市高级人民法院关于审理房屋租赁合同纠纷案件若干疑难问题的解答(京高法发〔2013〕462号)

房屋租赁合同履行过程中遇拆迁解除,当事人就停产停业损失补偿的分配存在争议,合同对此有约定的,依约定处理,合同没有约定或约定不明的,应区分以下情形处理:(1)承租人(或次承租人)以拆迁房屋为经营场所办理了营业执照,并在此实际经营,其要求出租人给付拆迁补偿安置协议中确定的停产停业损失补偿的,一般应予支持。出租人以拆迁房屋为经营场所也办理了营业执照的,停产停业损失补偿可在其与承租人(或次承租人)之间合理分配。(2)对于存在房屋性质以租赁为主要用途、租赁合同剩余期限较短等情形的,停产停业损失补偿可在承租人(或次承租人)与出租人之间进行合理分配,但出租人分得的数额不宜超过50%。(3)有证据证明拆迁补偿安置协议确定不补偿停产停业损失,或者补偿协议尚未签订,出租人亦未取得该补偿费,承租人要求出租人支付停产停业损失补偿的,不予支持。承租人可待出租人取得补偿后再行主张权利或通过其他行政途径解决。(4)房屋拆迁公告发布时租赁合同已经期满终止,承租人要求出租人给付停产停业损失补偿的,不予支持。(5)拆迁公告发布后房屋实际拆迁腾退前,租赁合同期满终止,且出租人已经取得停产停业损失补偿,承租人要求出租人给付该补偿费的,可酌情予以支持。

当事人就拆迁补偿安置协议中停产停业损失的补偿对象、标准和数额等有争议的,法院在必要时可以就相关事实咨询拆迁人予以确定。

第十章 房屋租赁合同解除纠纷

1. 履行期限届满前承租人以其行为表明不再履行合同构成重大违约的，出租人可否解除合同？

【典型案例】

王某诉张某房屋租赁合同纠纷案

【裁判要旨】

房屋租赁合同履行期限届满前，承租人因经营不善，自行搬离承租房屋并不再继续支付租金，系已经以行为方式表示其不再履行合同，属于严重违约。据此，出租人要求解除合同的法院应予支持。该房屋租赁合同解除后，出租人有权要求承租人返还房屋，并将房屋恢复原状。

2011年，王某与张某签订房屋租赁合同，王某租赁张某名下一处房屋开办餐馆。2014年，因经营不善，王某欠下原料款、工人工资等，在未通知张某的情况下突然停止营业，并撤离租赁房屋，遗留下了大量的设备、桌椅未清理，也未继续交纳租金。因无法联系上王某商讨合同解除事宜，张某诉至法院，要求判决解除双方租赁合同，王某将房屋清理恢复原状后交还张某。王某未到庭应诉，书面向法院表示，除非张某对其物品和装修等予以赔偿，否则不同意解除合同。

法院经审理认为，王某自行搬离房屋且不再继续支付租金，系已经以行为方式表示其不再履行合同，属严重违约，张某要求解除合同，应当支持。租赁合同解除后，出租人有权要求承租人返还房屋。故法院判决解除双方的租赁合同，王某清理房屋并将房屋恢复原状返还张某。

[参见江苏省高级人民法院编:《江苏省高级人民法院公报》(2013 年第 6 期),法律出版社 2014 年版。]

【审判政策与精神】

北京市高级人民法院关于印发《北京市高级人民法院关于审理房屋租赁合同纠纷案件若干疑难问题的解答》的通知(2013 年 12 月 19 日 京高法发〔2013〕462 号)

23. 房屋租赁合同解除的具体时间如何确定?

实践中应区分以下情形处理:(1)诉讼前,当事人一方行使合同解除权,通知对方当事人解除合同,相对方有异议致双方形成诉讼,法院审理后认为当事人行使合同解除权符合合同约定或法律规定的,解除合同通知送达之日即为合同解除之日。当事人诉讼请求中未要求确认合同解除具体时间的,可以在判决理由部分予以明确。(2)当事人一方未通知对方,径行向法院起诉或反诉要求解除合同,法院审理后认为当事人行使合同解除权符合合同约定或法律规定的,应当判决解除合同。(3)当事人双方对合同是否解除存在争议,法院审理后认为主张解除的当事人无合同解除权,合同应当继续履行,但当事人在诉讼中均同意解除合同的,以双方合意解除之日为合同解除之日。

2. 出租方拟定将出租房屋改造他用的,是否属于房屋租赁合同中约定以租赁房屋"重建或改造"作为合同终止条件的情形?

【参阅案例】

杨某平诉南通兴都大酒店有限公司房屋租赁合同条款理解争议纠纷案

【裁判要旨】

房屋租赁合同中以租赁房屋"重建或改造"作为合同终止的条件,系双方的真实意思表示,在不违反法律法规的强制性规定的情形下,合法有效,对双方均有约束力。在此情形下,"重建或改造"是指遭遇不可抗力该房屋及其附属设施损坏情况下的重建或改造，或者是遇到政府规划调整而需要重建或改造房屋等不可归责于合同任何一方的客观情形，而非所有的房屋改造计划均在该范围之列。当事人对合同条文理解不一致时，人民法院裁判时应当紧扣条文文义、参照条文体系、把握合同目的、体现社会习惯以及遵循诚实信用的原则进行合理解释，以符合合同条文的应然意思。因此，出租方拟将租赁房屋改造他用，属于出租方自行拟定的改造或者重整计划，并不符合双方约定的解除合同的条件。

【案号索引】

一审：江苏省启东市人民法院(2012)启民初字第1068号

二审：江苏省南通市中级人民法院(2013)通中民终字第0938号

【当事人信息】

原告(反诉被告)：杨某平

被告(反诉原告)：南通兴都大酒店有限公司(以下简称兴都大酒店)

【基本案情】

原告杨某平因与被告兴都大酒店房屋租赁合同纠纷，向启东市人民法院提起诉讼。

江苏省启东市人民法院经审理查明：兴都大酒店持有汇龙镇人民中路467号(原市百一店、共五层楼，建筑面积为6544.52平方米)房屋所有权证书。2008年2月18日，被告作为甲方与启东市阳光服装大世界作为乙方订立房屋租赁合同一份，载明：甲方将坐落在汇龙镇人民中路467号租给乙方作为商业使用；租赁期限自2008年2月20日起至2014年2月19日止；第一年租金为80万元，后五年为每年100万元，每年分二次付清，分别于当年的1月20日前及7月20日前付清半年的租金；逾期支付租金及其他费用的，每逾期一天，应支付月租金及其他费用总额的5%作为违约金。双方在房屋租赁合同中还约定了其他条款。合同订立后，被告按约支付租金。2010年8月20日，双方订立了补充协议一份。协议载明：因乙方将汇龙镇人民中路467号二、三层转租给五星电器(启东店)经营使用，经甲方同意租赁期限延长至2018年10月31日；延长期的租金，由双方根据同期该地段的市场行情协商确定，如双方未达成一致意见，按原合同租期执行，双方均不算违约；在合同期内，如遇重建或改造房屋，合同终止，甲、乙双方均不算违约。2011年6月27日，五星电器(启东店)发生火灾，外墙装饰广告牌毁损。事故原因系室外霓虹灯电器线路受潮短路而引燃外墙装饰广告牌所致。2012年3月18日，兴都大酒店向启东市阳光服装大世界发出书面通知，要求终止租赁合同。通知载明："因汇龙镇人民中路467号房屋该幢房屋建造时间较长，为保证租赁方的人身和财产安全，需对该房屋进行改造。根据2008年双方签订的房屋租赁合同及2010年8月20日签订的补充协议，我公司决定终止租赁合同。关于你方转租给五星电器(启东店)的部分房屋由你方通知五星电器终止租赁事宜。请你方在2012年5月25日前腾空房屋并向我公司办理交房手续。房屋租金在交房后二日内以实际租赁时间结算。”原告接到通知后,持有异议,向被告交涉未果,遂向法院提起诉讼。

另查明,启东市阳光服装大世界为原告杨某平个人经营,持有个体工商户营业执照。再查明,2012年3月1日,被告与启东美景装潢设计工作室签订一份装饰工程施工合同一份,工程名称为原市百一店装修改造工程,合同价款为460万元。启东美景装潢设计工作室制作了室内装饰设计平面图和效果图及装修改造工程预算汇总表。

审理中,反诉原告表示暂不向反诉被告主张违约金及相关损失。

启东市人民法院一审认为:本案双方订立的房屋租赁合同及补充协议系双方真实意思表示,并不违反法律、法规的强制性规定,合法有效。双方在补充协议中约定在合同期内如遇重建或改造房屋,合同终止的条款对双方均有约束力。

本案的争议焦点是:反诉原告要求对出租房屋进行装修、改造是否属于双方约定的重建或改造。结合房屋租赁合同关于合同解除的条件,应当理解为遭遇不可抗力该房屋及其附属设施损坏情况下的重建或改造,或者是遇到政府规划调整而需要重建或改造房屋等不可归责于合同任何一方的客观情形,而非所有的房屋改造计划均在该范围之列。因此,本案中反诉原告拟将租赁房屋改造成办公及职工宿舍自用,属于出租方自己拟定的改造或者重整计划,并不符合双方约定的解除合同的条件。

反诉原告称房屋年久失修,线路老化,存在一定的安全隐患,而要求对房屋装修改造。经查明,2011年6月27日,五星电器(启东店)发生火灾,致外墙装饰广告牌毁损的事故原因系室外霓虹灯电器线路受潮短路而引燃外墙装饰广告牌所致,并非室内电路老化所致。因此,反诉原告要求终止合同的依据不足,理由不充分,对反诉原告的反诉请求,本院不予支持。原告要求确认被告单方作出提前解除房屋租赁合同无效,本院应予支持。因双方在补充协议中约定:经出租方同意租赁期限延长至2018年10月31日;延长期的租金,由双方根据同期该地段的市场行情协商确定,如双方未达成一致意见,按原合同租期执行,双方均不算违约。因此,双方约定的租赁期限处于不确定状态,原告要求判令被告继续履行与原告订立的房屋租赁合同期限至2018年10月31日的请求,本院也不予支持,双方应继续履行2008年2月18日订立房屋租赁合同及2010年8月20日订立的补充协议。

据此,启东市人民法院一审判决:(1)被告兴都大酒店作出提前解除房屋租赁合同行为无效。(2)原告杨某平与被告兴都大酒店继续履行于2008年2月18日签订的房屋租赁合同及2010年8月20日签订的房屋租赁补充协议。(3)驳回原告杨某平的其他诉讼请求。(4)驳回反诉原告兴都大酒店的诉讼请求。

一审判决后，被告光都大酒店不服，向南通市中级人民法院提出上诉。

南通市中级人民法院二审查明的事实与一审一致。

【法院认为】

南通市中级人民法院二审认为，本案的争议焦点为：(1)双方在2010年的补充协议中约定“如遇重建或改造房屋，合同终止”，对该条款应如何理解；(2)兴都大酒店于2012年3月18日所发出的通知能否产生解除合同的效力；(3)原审法院对杨某平要求履行合同至2018年的请求不予支持，同时判决继续履行补充协议，两者之间是否存在矛盾。

关于争议焦点(1)，双方当事人于2010年8月20日订立补充协议，约定将租赁期限延长至2018年10月31日，在合同期内如遇重建或改造房屋，则合同终止，双方均不算违约。对于该合同条款的理解，应当结合协议订立之时的房屋状况、签订协议的目的综合考量。双方的原租赁合同于2014年2月19日到期，在2010年8月20日再次订立补充协议，其目的即延续双方的租赁关系，充分利用房屋的使用价值与商业价值。在这一前提下，作为房屋的所有权人有义务尽量保障承租人对房屋的正常使用。双方在2010年签订协议之时房屋的基本状况良好，兴都大酒店亦表示订立协议时并未打算对房屋进行改造，结合房屋的状况及双方延续租赁关系的合意，对于该合同约定的“重建或改造”，应当认定为一种特殊情况下客观原因所致的重建或改造，而非纯粹主观取向上的重建或者改造。故此种“重建或改造”应指遭遇不可抗力致房屋及其附属设施损坏，或者是遇到政府规划调整而需要重建或改造的情形，也包括其他为保证房屋的安全性或设施的正常使用所进行的与出租不可兼容的大修。该协议中以“遇到重建或改造”作为合同终止的条件，这一条件是否成就取决于是否具有重建或者改造的客观必要性，或者说如不加以改造或重建将会导致租赁合同无法继续履行，此时方能视为条件成就。

关于争议焦点(2)，五星电器(启东店)因室外线路受潮而发生火灾，导致了外墙的装饰广告牌受损，火灾发生的原因并非室内电路老化所致，兴都大酒店也及时对房屋进行了修复，房屋的安全性能并未因此受到影响，完全具备继续经营的条件，并不存在危及人身和财产安全的隐患。结合本案房屋的客观情况，火灾仅仅导致了表面受损，并没有达到需要重建或者改造的地步，而兴都大酒店以改造为名所发通知则是主观上终止租赁关系意图的借口，这一要求不符合当初订立补充协议的真实意思。在二审中兴都大酒店承认目前的房屋现状不影响正常使用，也就是说，尚不存在必须予以改造或者重建的客观必要性，兴都大酒店以条件成就为由单方解除合同显然是存在违约的故意，系对合同所附条件的曲解，属于滥用合同的解除权。兴都大酒店于2012年3月18日所发出的通知不能产生解除合同的效力，双方仍应继续履行原租赁合同及补充协议。

关于争议焦点(3),2010年8月20日订立的补充协议,系双方当事人自愿签订,内容系其真实意思表示,并不违反法律、行政法规强制性规定,该合同依法成立并对当事人产生约束力,原审法院认定继续履行该补充协议并无不当。因该协议约定"延长期的租金,由双方根据同期该地段的市场行情协商确定,如双方未达成一致意见,按原合同租期执行",该条款对是否将租赁期限延长至2018年10月31日附有条件,即双方对租金达成一致意见。能否继续履行合同至2018年,则视双方的协商结果而定。因诉讼之时,对于双方能否在原合同到期后,对延长期的租金协商一致,无法作出肯定性判断,故原审法院对杨某平要求履行合同至2018年的请求亦不予支持,这与继续履行合同并无矛盾之处。继续履行合同,意即双方在原合同到期后对租金重新协商,若协商一致,则合同所附条件成就,依约定将租赁期限延长至2018年10月31日;若不能协商一致,则所附条件不成就,依约定按原合同租期执行,双方均不算违约。因此,继续履行补充协议与不支持履行合同至2018年的请求之间并不冲突。

【裁判结果】

综上,南通市中级人民法院认为上诉人兴都大酒店的上诉请求无事实和法律依据,其上诉理由不能成立。一审判决认定事实清楚,适用法律正确,应予维持。据此,南通市中级人民法院二审判决:驳回上诉,维持原判。

[参见江苏省人民法院(2013)参阅案例107号。]

3. 承租人对房屋的整体结构进行拆除使房屋改变原有状态的,出租人可否解除合同?

【典型案例】

梁某与丹东边境合作区天扬有限公司、王某玉、大商集团丹东新玛特有限公司房屋租赁合同纠纷抗诉案

【裁判要旨】

当事人之间就出租房屋的改造进行了意思自治,明确约定对房屋的某些部分不得变动。而承租人在对涉案房屋进行重新装修时,不仅对约定不得变动的部分予以改变甚至将房屋的整体结构予以拆除,使房屋的原有状态被改变进而使房屋失去其原有的使用价值。鉴于房屋的整体结构并不属于装修物的部分且承租人也

没有就房屋的建筑可以全部拆除承担举证责任。承租人的行为不但违反了协议约定,还对租赁物造成严重损害,侵犯了出租人的合法权益,故出租人可以要求解除租赁协议。

【当事人信息】

申请人(一审原告、二审上诉人、再审一审原告、再审二审被上诉人):梁某

其他当事人(再审一审被告、再审二审上诉人):丹东边境经济合作区天扬有限公司(以下简称天扬公司)

其他当事人(一审被告、二审被上诉人、再审一审被告):王某玉

其他当事人(再审一审第三人):大商集团丹东新玛特有限公司(以下简称新玛特公司)

【基本案情】

2007 年 1 月 12 日,梁某向辽宁省丹东市元宝区人民法院提起诉讼,以出租房屋被改变结构丧失使用功能为由,请求解除与王某玉的租赁合同、恢复房屋原状。辽宁省丹东市元宝区人民法院于 2007 年 3 月 19 日作出(2007)元民一初字第 132 号民事判决驳回梁某的诉讼请求。梁某不服一审判决,向丹东市中级人民法院提起上诉。丹东市中级人民法院于 2007 年 4 月 24 日作出(2007)丹民一终字第 56 号民事判决驳回上诉,维持原判。梁某不服该二审判决,向辽宁省高级人民法院申请再审,辽宁省高级人民法院于 2008 年 11 月 18 日作出(2008)辽立二民申字第 2316 号民事裁定,裁定驳回梁某的再审申请。2011 年 5 月 19 日丹东市中级人民法院经院长提交该院审判委员会讨论决定,作出(2011)丹立二民监字第 00009 号民事裁定,由该院另行组成合议庭再审本案。2011 年 6 月 8 日,丹东市中级人民法院作出(2011)丹审民再字第 00057 号民事裁定,撤销(2007)丹民一终字第 56 号民事判决和丹东市元宝区人民法院(2007)元民一初字第 132 号民事判决,将案件发回丹东市元宝区人民法院重审。重审期间,梁某依法追加天扬公司为被告,并增加了"赔偿各种经济损失 366.0006 万元、被告承担连带责任"的诉讼请求;元宝区人民法院依法追加新玛特公司为第三人。

丹东市元宝区人民法院重审一审查明,梁某在元宝区金汤街国贸大厦 B 区 3 层分别有通过分割购买的 3099 号面积为 15.669 平方米和 3124 号面积为 14.466 平方米的私有产权摊位两处,面积共计 30.135 平方米,并在该两处摊位建有精品屋。2003 年 9 月 4 日,丹东国贸大厦商场(以下简称国贸商场)经营方王某玉和梁某经协商签订协议,王某玉承租了梁某上述两处摊位。双方在协议中约定:"一、乙方(即梁某)在大厦的产权房屋建造面积 30.14 平方米租赁给甲方(即王某玉)使用。(共两个精品屋)二、月租金叁仟贰佰伍拾元整,¥3250 元,乙方不承担税金和一切费用。三、租赁期限贰拾年。四、付款时间:从国贸商场正式营业开始。每月五日支

付当月租金。五、甲方须保留乙方原房照位置、面积数字，保留铜柱标志和房屋照片。六、双方协议签字后，甲方可以拆除乙方的装修物。”协议签字生效后，梁某将两个摊位的精品屋交付给了王某玉。王某玉租赁经营国贸商场将其承租梁某的摊位重新装修后整体出租，主要用于经营服装。至今，王某玉均按月给付了梁某租金。另查明，王某玉系在2001年9月17日与丹东国贸大厦有限公司（以下简称国贸公司）签订合同并经公证购买上述两个摊位产权，当时该两个摊位共计有8个铜柱标志确定位置，每个摊位有4个。2002年2月9日，丹东市房地产管理局（以下简称房产局）就梁某购买的两个摊位分别颁发了房屋所有权证，并在该房屋所有权证中附图纸确定梁某两个摊位的位置。王某玉在将梁某的两个摊位整体出租时曾弄掉两个铜柱标志，在梁某提起本案诉讼后，王某玉又通过公证机关公证将该两个铜柱标志恢复。

另查明，天扬公司于1996年6月6日成立，法定代表人为王某玉，该公司成立后法定代表人变更情况如下：2004年3月2日由被告王某玉变更为案外人鞠某，2004年6月2日由鞠某变更为王某玉，2007年11月26日由王某玉变更为案外人王某阳，2009年9月17日由案外人王某阳变更为案外人朱晓霞，朱晓霞为该公司现任法定代表人。2003年9月19日天扬公司与国贸公司签订租赁合同一份，约定由天扬公司承租位于丹东市元宝区金汤街1号的丹东国贸大厦地下一层、地上五层商场及其配套设施。该租赁协议中不包括梁某的两处涉案产权。天扬公司承租国贸大厦后对国贸大厦进行了重新装修，拆除了梁某的两个精品间及铜柱标志，后在原精品间位置上重建了精品间、恢复铜柱标志并将精品间对外出租经营。2008年4月24日，国贸公司、大商集团抚顺百货大楼有限公司（以下简称大商集团）与天扬公司签订租赁合同变更协议一份，约定大商集团受让国贸公司与天扬公司于2003年9月19日签署的租赁合同项下的全部权利和义务，并确认其承租范围不包括已经售出的12个分割产权面积（不包括梁某的两处涉案产权）。2008年7月1日，新玛特公司成立后进驻国贸大厦，对国贸大厦整体经营。现天扬公司重建的两个精品间均被拆除，国贸大厦B区三层3124号房屋现位于欧瑞雅（LOLEEL）精品间门前的过道处，国贸大厦A区三层3099号房屋现位于OILRLIE精品间内。梁某与王某玉签订租赁合同后，2008年5月之前的租金，梁某已经领取，2008年6月起梁某未领取租金，天扬公司已经将2008年6月至2011年9月的租金提存。

丹东市元宝区人民法院于2011年12月2日作出（2011）元民一初字第00155号民事判决。该院认为，王某玉以国贸商场经营方的名义与梁某签订的租赁合同合法有效，应受法律保护。王某玉在签订租赁合同时系天扬公司的法定代表人，与梁某签订租赁合同目的系天扬公司能够使用梁某的两处涉案房屋，合同签订后天扬公司实际使用了梁某的两处涉案房屋，故天扬公司应当对其法定代表人王某玉签订租赁合同的行为承担民事责任,并履行租赁合同中的权利义务。对于天扬公司提出梁某与天扬公司建立租赁关系的辩解予以支持。对于梁某要求王某玉赔偿合同诈骗损失 20 万元的诉讼请求不予支持。天扬公司作为租赁合同中的承租人应当按照约定的方法或者租赁物的性质使用租赁物。天扬公司在使用租赁房屋过程中未经梁某同意私自将房屋拆除并对外转租的行为,侵犯梁某作为所有权人的权益,梁某从 2007 年 1 月 12 日起有权与天扬公司解除房屋租赁合同。况且天扬公司已经将国贸大厦交由新玛特公司经营,梁某的两处涉案产权均被改变原有状态,一处被改为通道丧失原有使用价值,天扬公司的行为也表明其不能再继续履行房屋租赁合同。租赁合同解除后,天扬公司应当返还租赁物,返还的租赁物应当符合租赁物的性质、使用后的状态,因梁某所有的涉案房屋均被拆除,现有证据只能确定房屋位置,无法确定房屋的原始状态,考虑到案件执行的可能性,天扬公司应当赔偿梁某房屋损失及恢复房屋的费用,因梁某、天扬公司均已无法提供房屋价值的相关证据,考虑到房屋拆除时间及人工费和物价上涨因素,酌定天扬公司赔偿梁某 20 万元。2008 年 5 月之前天扬公司已付租金,应视为对梁某损失的补偿。因梁某所有的涉案产权面积现由新玛特公司占用,新玛特公司应当将其占用的涉案产权位置倒出,交由梁某自行恢复房屋。天扬公司将承租房屋转交新玛特公司使用既未征得梁某同意也使梁某有理由怀疑其履行能力,因此合同仍由其履行的辩解,不能成立。对于天扬公司提出根据协议书的规定其有权拆除装修物并未违约一节,因梁某所有的两处涉案产权均系房屋,虽然合同中约定可以拆除装修物,但并未约定可以拆除精品屋,现梁某的两处房屋已经全部灭失,丧失使用价值,对于天扬公司该项辩解不予支持。梁某在本案诉讼期间要求撤回对新玛特公司的起诉,是在法律允许的范围内对自己的权利所作的处分,应予以准许。但因本案处理结果与新玛特公司有法律上的利害关系,故将其列为第三人继续参加诉讼。对于梁某要求天扬公司承担拆除其房屋给其造成的精神损害 25 万元、王某玉和天扬公司共同赔偿其全家人上访差旅费、交通费、住宿费 3 万元,其父亲因房屋被抢占产生的医疗费、住院费、护理费及后期治疗费 37.6 万元,其全家人的误工费 38 万元,其房子的抵押贷款损失和诉讼费、律师费 2 万元的诉讼请求,因其主张的上述损失与本案并非出于同一法律关系,梁某在本案中要求天扬公司和王某玉赔偿,于法无据,不予支持。综上,法院判决:(1)从 2007 年 1 月 12 日起解除梁某与天扬公司之间的房屋租赁合同;(2)天扬公司于判决生效之日起 10 日内赔偿梁某 20 万元;(3)新玛特公司于判决生效之日起 10 日内将丹东市元宝区金汤街国贸大厦 B 区三层 3124 号和丹东市元宝区金汤街国贸大厦 A 区三层 3099 号产权位置倒出,返还给梁某,并承担提供通行方便、供电等相邻关系应尽义务。

天扬公司不服该一审判决,向丹东市中级人民法院提起上诉。

丹东市中级人民法院于2013年7月11日作出(2012)丹审民再字第00019号民事判决。该院再审认为:一审法院再审判决关于天扬公司应当对王某玉签订租赁合同的行为及该合同所产生的后果承担相应的民事责任的论述是正确的。根据房产部门颁发的房照附记记载,涉案纠纷中分割买卖的是摊位,故在该分割产权面积上用装饰材料临时装修的"精品屋"应属装修物。根据双方合同第六条约定,装修物可以拆除,但应保留梁某原房照的位置、面积数字、保留铜柱标志和房屋照片,经审查,天扬公司拆除"精品屋"时,并没有改变涉案分割产权面积的位置和面积,虽然在履行合同中,将铜柱标志损坏两个,但在诉讼中,天扬公司已将损坏的铜柱标志恢复原状,且在合同履行中,天扬公司一直按时给付租金,并不存在违约行为,故梁某要求"解除租赁协议、恢复房屋原状、赔偿经济损失366.0006万元"的诉讼请求缺乏事实和法律依据。梁某关于"王某玉与天扬公司将房屋拆除改造后又对外出租,侵害其合法权益"的主张,经审查,2008年4月24日,大商集团受让国贸公司与天扬公司于2003年9月19日签署的租赁合同项下的全部权利和义务时,并不包括梁某的两处分割产权面积,涉案的两处分割产权面积由天扬公司以提存的方式向梁某支付租金,故天扬公司并不存在转租涉案分割产权面积的行为,其与大商集团间的租赁合同并未侵害梁某的合法权益。综上,天扬公司的上诉请求有事实和法律依据,应予以支持。判决:(1)撤销丹东市元宝区人民法院(2011)元民一初字第00155号民事判决;(2)驳回梁某的诉讼请求。

梁某不服丹东市中级人民法院(2012)丹审民再字第00019号民事判决,向检察机关申请监督。辽宁省人民检察院于2014年7月15日作出辽检民(行)监[2014]21000000126号民事抗诉书,向辽宁省高级人民法院提出抗诉。辽宁省人民检察院认为,丹东市中级人民法院(2012)丹审民再字第00019号民事判决认定基本事实缺乏证据证明。具体理由如下:

1.法院判决认定梁某出租的"精品屋"属于可以拆除的装修物,缺乏证据证明。租赁合同的承租人,应当按照约定的方法或者租赁物的性质使用租赁物。本案中,虽然双方在合同中约定可以拆除装修物,但并未约定作为房屋主体的精品屋可以拆除,法院判决认定精品屋属于双方在合同中约定的"装修物",缺乏证据证明。现梁某的两处精品屋已经全部灭失,丧失使用功能,天扬公司应承担违约责任。

2.法院判决认定天扬公司不存在转租行为,缺乏证据证明。大商集团在受让天扬公司与国贸大厦租赁合同下的权利和义务时之所以不包括梁某的两处产权房屋,是因为国贸大厦作为非产权人无权将梁某所有的房屋对外出租。本案中,天扬公司分别与国贸大厦和梁某签订了房屋租赁协议,取得国贸大厦整体的承租权,之后天扬公司作为承租人将梁某的房屋交由大商集团实际占有使用,属于转租行为。梁某有权解除租赁合同,法院判决认定天扬公司不存在转租行为,缺乏证据证明。

3. 梁某在诉讼中提供的证据足以证明其所购的是房屋而非摊位。在历次诉讼中，梁某均提供了其所购房屋的丹房权证元宝区字第 2002110291 号、第 2002110304 号房屋所有权证档案和2003 年 9 月 4 日其与王某玉签订的“协议书”。档案中的房屋所有权证载明的“注意事项”第一条记载：“本证是房屋所有权的合法证件。房屋所有权受中华人民共和国法律保护。”房屋四至图载明：整个房屋建筑面积由套内面积和共用面积构成。该协议书第一条规定：“乙方（梁某）在大厦的产权房屋建筑面积 30. 14 平方米租赁给甲方（王某玉）使用（共两个精品屋）。”就梁某等 9 人所购的国贸大厦 12 处产权究竟是房屋还是摊位问题，丹东市住房和城乡建设委员会（房产）作出丹住建房函〔2014〕13 号“丹东市住房和城乡建设委员会（房产）关于市人民检察院调查国贸大厦房屋登记情况的复函”，明确：房屋权属登记是依法确认房屋产权归属关系的行为。坐落于元宝区金汤街 1 号（国贸大厦）房屋是国贸公司自建的钢混结构商贸大楼，该单位办理房屋登记并领取房屋权属证书，依法对该栋房屋享有所有权。国贸公司将该栋房屋产权分割出售给梁某、李某华、宋某苹、姜某、张某杰、刘某、侯某洪、田某军、栾某 9 人，双方以在地面埋设铜柱和铜牌号为固定界址点划分权属界限，明确基本单元，符合《城市房屋权属登记管理办法》（建设部令第 99 号）第二十条“房屋所有权登记应当按照权属单元以房屋的门牌号、幢、套（间）以及有具体权属界限的部分为基本单元进行登记”的规定。1997 年建设部下发《对〈关于不得给一平方米单位产权颁发“房屋所有权证”的通知〉的补充说明》[（97）建房产字第 019 号]规定“对已建成的商业、办公或其它楼宇分割出售的，如有明确的权属范围和具体的权属界限，不同于搞变相集资的‘一平方米’产权出售，应视为正常的房产交易。可以凭买卖合同、售房发票及其它有关文书办理产权过户手续，并在《房屋所有权证》中的测绘图件上对权属界限准确反映”。房屋权属登记是依法确认房屋产权归属关系的行为，而摊位只是权利人对某个基本单元的使用方式，与房屋产权归属没有关联。可见梁某所购的是房屋而非摊位，原审判决的相应论述缺乏证据证明。

4. 具有既判力的判决足以推翻涉案判决认定的梁某所购的是摊位而非房屋的事实。经查明：与梁某同一批购买国贸公司房屋产权的还有李某华、宋某苹、姜某、张某杰、刘某、侯某洪、田某军、栾某 8 人；丹东市原房地产管理局[丹东市住房和城乡建设委员会（房产）前身]一起为他们颁发了相应房屋所有权证。先于涉案判决生效的（2012）丹审民再字第 00100 号、第 00101 号民事判决分别认定了李某华、宋桂萍所购的是房屋而非摊位。在本案没有证据推翻上述判决证明的事实的情况下，丹东市中级人民法院应承认其作出的上述判决的既判力，认定梁某所购的是房屋而非摊位。

【法院认为】

辽宁省高级人民法院于2015年12月25日作出(2015)辽审一民抗字第68号民事判决书。该院认为,关于梁某所购买的涉案两处产权是属于房屋还是属于摊位的问题。2002年2月9日,丹东市原房地产管理局为涉案的两处产权颁发了丹房权证元宝区字第2002110291号、第2002110304号房屋所有权证,房屋所有权人为梁某。该房屋所有权证载明的“注意事项”第一条记载:“本证是房屋所有权的合法证件。房屋所有权受中华人民共和国法律保护。”房屋四至图载明:整个房屋建筑面积由套内面积和共用面积构成。丹东市住房和城乡建设委员会在丹住建房函〔2014〕13号函中亦明确:丹东国贸大厦有限责任公司将其所有的坐落于元宝区金汤街1号(国贸大厦)房屋产权分割出售给梁某等人,符合《城市房屋权属登记管理办法》的规定,应视为正常的房产交易。可以凭买卖合同、售房发票及其他有关文书办理产权过户手续,并在《房屋所有权证》中的测绘图件上对权属界限准确反映。房屋权属登记是依法确认房屋产权归属关系的行为,而摊位只是权利人对某个基本单元的使用方式,与房屋产权归属没有关联。可见梁某所购的是房屋而非摊位,二审判决认定涉案的两处产权为摊位,没有事实依据。关于梁某要求解除与天扬公司的租赁协议应否得到支持的问题。依据涉案租赁协议约定,天扬公司需保留梁某原房照位置、面积数字、保留铜柱标志和房屋照片。天扬公司对国贸大厦进行重新装修时,拆除了涉案房屋及铜柱标志,虽然协议中约定装修物可以拆除,但涉案产权应属房屋而非摊位,该协议中并未约定该房屋的整体结构均属装修物,天扬公司亦未举证证明该房屋的建筑可以全部拆除。同时,由于地上建筑物被拆除,致使涉案产权均被改变原有状态,且一处被改为通道丧失原有使用价值。因天扬公司的行为违反了协议约定,侵犯了梁某合法的财产权益,故梁某要求解除与天扬公司的租赁协议符合法律规定。租赁协议解除后,天扬公司应当返还涉案房屋,因涉案房屋已经全部灭失,无法确定该房屋的原始状态,故天扬公司应当赔偿梁某房屋损失及恢复房屋的费用。

【裁判结果】

综上,检察机关的抗诉意见成立,应予以支持。因各方当事人均已无法提供涉案房屋价值的相关证据,一审法院考虑到该房屋拆除时间及人工费和物价上涨因素,酌定判决天扬公司赔偿梁某经济损失20万元,较为合理。判决如下:(1)撤销丹东市中级人民法院(2012)丹审民再字第19号民事判决;(2)维持丹东市元宝区人民法院(2011)元民一初字第155号民事判决。

[参见最高人民检察院民事行政检察厅编:《人民检察院民事行政抗诉案例选(第24集)》,中国检察出版社2017年版。]

4. 承租人不构成根本违约，双方也未达成解除合同的合意，出租人要求解除合同应否被准许？

【典型案例】

骆某良诉方某卿房屋租赁合同纠纷案

【裁判要旨】

出租人和承租人在平等自愿基础上达成房屋租赁合同，合同合法有效。出租人要求解除合同，须提供证据证明承租人存在根本违约行为，致使合同目的不能实现，或者说双方达成解除合同的合意。承租人无拖欠租金的行为，也没有变更房屋主体结构，虽然行为有不当之处，但并不构成根本违约，故而出租人不享有单方解除权。且出租人也没有证据证明双方已达成解除合同的合意，故出租人要求解除合同不被准许。

【案号索引】

一审：福建省厦门市思明区人民法院（2012）思民初字第 8421 号

二审：福建省厦门市中级人民法院（2012）厦民终字第 3240 号

【当事人信息】

原告（上诉人）：骆某良

被告（被上诉人）：方某卿

【基本案情】

福建省厦门市思明区人民法院经公开审理查明：案涉房产厦门市思明区禾祥东路 15 号之十一 302 室系骆某良所有。2012 年 2 月 17 日，骆某良与方某卿签订编号为 002672 的《房屋租赁合同》，约定骆某良将案涉房产出租给方某卿作为住宅使用，租赁期限从 2012 年 4 月 1 日起至 2017 年 3 月 31 日止，每月租金为 2666 元，方某卿应每年向骆某良交付 32000 元，按年递增 1000 元/年，押金 2666 元。合同签订当日双方协商一致，同意将押金变更为 2600 元，方某卿已向骆某良支付。2012 年 3 月 5 日，骆某良通过案涉房屋的上一手租赁方与方某卿交接，将案涉房屋交予方某卿使用。2012 年 3 月 17 日，方某卿通过银行账户将第一年租金 30000 元转入骆某良指定的其子骆某达的建设银行账户。2012 年 3 月 21 日至 3 月 24 日方某卿与骆某达有多次电话联系记录。骆某良儿子骆某达于 2012 年 3 月 24 日通过其兴业银行账户将租房款25000元退至方某卿账户,方某卿于2012年5月6日将该25000元转回骆某良儿子骆某达的建设银行账户。2012年5月8日,骆某良委托福建丰一律师事务所向方某卿发出律师函,函告其与方某卿双方房屋租赁合同已于2012年3月24日解除,要求方某卿必须于收到律师函之日起3日内搬离并将房屋交还骆某良。方某卿于2012年5月9日签收该函件,并于2012年5月13日回函,称第一年余下的租金2000元为双方约定好用于处理洗手间的马桶、冲澡室及洗手池重新安装,其未拖欠租金,并且未与骆某良协商一致解除合同。2012年5月20日,双方就案涉事项协商未果引发口角,骆某良将方某卿承租房屋的配电箱空气开关拔掉,后方某卿报警处理。2012年4月30日骆某良另一儿子骆某强由深圳返回厦门工作。

福建省厦门市思明区人民法院经审理认为:骆某良与方某卿签订的编号0002672的《房屋租赁合同》系双方真实意思表示,合法有效。方某卿在2012年3月17日支付租金30000元,骆某良主张其违约未足额缴纳房租,方某卿称是因经与骆某良沟通,骆某良同意方某卿在支付当年度租金时扣除2000元作为租赁房屋内洗手间马桶、冲澡室、洗手池等设备的维修费,届时多退少补,并非拖欠骆某良租金。从方某卿提交的拍摄于2012年3月16日的照片中可以看出租赁房屋洗手间的马桶、冲澡室及洗手池确系有不同程度的损坏,虽然骆某良对该组照片证明的对象予以否认,但并未提供相反的证据予以证明,且方某卿是从上一手租房户手中交接的房屋,方某卿的辩称符合常理,予以采信。骆某良主张方某卿擅自变更租赁房产内的房屋结构,但未能提供相关证据予以证明。骆某良主张2012年3月24日双方当事人已经达成合意解除合同,方某卿对此不予认可,并称其从未同意与骆某良解除房屋租赁合同,方某卿给骆某良的回函中明确表示不同意解除合同。骆某良所提交的通话记录只能证明其在2012年3月21日至3月24日有通话往来,并不能证明通话过程中达成了解除合同的合意。骆某良称是在方某卿知道的情况下将租房款25000元退还给方某卿的,方某卿对此予以否认,骆某良退款使用的银行账号并非方某卿知晓的原支付租金的银行账号,退款金额也不一致,且方某卿后将25000元予以退还,故对方某卿的辩称予以采信。综上,首先,方某卿扣除2000元作为维修费用确属合理,方某卿没有未足额缴纳房租的行为,没有构成合同违约,同时骆某良未能提供证据证明方某卿变更房屋主体结构。据此,方某卿既无拖欠租金的行为,亦无变更房屋主体结构的行为,没有构成违约,致使合同目的不能实现,骆某良不享有合同单方解除权。其次,骆某良所提交的证据不能有力证明其与方某卿之间已达成解除合同的合意,骆某良单方将房款25000元退还给方某卿的行为不具有解除合同的效力。

福建省厦门市思明区人民法院判决如下:驳回骆某良的诉讼请求。

骆某良不服一审判决,提起上诉。

福建省厦门市中级人民法院经公开审理查明:除骆某良认为“原告将被告承租房屋的配电箱空气开关拔掉”系方某卿报警时的说法,及遗漏查明诉争合同备注2012年3月6日交房,说明该日骆某达在场外,对原审查明的事实,双方当事人均无异议。本院对双方均无异议的事实予以确认。

另查明:方某卿在诉争房屋的客厅放置4张办公桌,主卧摆放1张办公桌及沙发,天花板安装宽度为2厘米及1厘米的轻便轨道,悬挂布帘,在朝北卧室的天花板安装挂衣服的不锈钢架,洗手间洗脸盆上水龙头及马桶被更换,淋浴房地板存在破损。

二审中,骆某良为证明经警方处理、方某卿已承诺搬离诉争房产,申请本院向接警的警官了解处理经过和结果。本院向厦门市梧村派出所调取两份派警单和反馈单,显示在公安机关处理期间双方未达成解除合同的协议。

【法院认为】

福建省厦门市中级人民法院经审理认为:第一,关于方某卿是否存在根本违约行为。骆某良认为方某卿扣减2000元租金、屡次催讨不予交纳,应解除合同,以及拖欠物业费、水费的行为构成了严重违约。而方某卿认为其扣减2000元租金系经骆某良同意。本案中双方就骆某良是否同意扣减2000元租金存在争议,方某卿提交的照片亦显示租赁房屋洗手间的马桶、淋浴房、洗手池存在不同程度的损坏,经现场查看,洗手间洗脸盆上水龙头及马桶被更换,淋浴房地板确实存在破损。故本案骆某良在无充分证据证明方某卿存在拖欠租金的主观恶意的情况下,以方某卿擅自扣减2000元租金为由诉求解除合同,本院不予支持。关于方某卿是否将住宅用途的房屋改变为商用。本院认为,方某卿承租房屋主要用于家庭生活居住,同时其本人在诉争房屋内通过网络和电话处理公司业务。骆某良无证据证明唯盛公司除方某卿及其母亲陈花外尚有其他工作人员在诉争房屋内办公,或存在利用诉争房屋通过资讯手段处理公司业务以外的其他经营环节。另外,方某卿在诉争房屋的客厅天花板安装悬挂布帘的轻便轨道及在朝北卧室的天花板安装挂衣服的不锈钢架的行为,尚不构成对房屋主体结构的改变。故方某卿也不存在因为办公需要改变房屋结构的情形。因此,根据查明的事实,方某卿在双方无明确约定的情况下,将诉争房屋地址公布在公司网络上,虽不妥,但不足以构成对诉争房屋使用性质的根本改变。至于骆某良主张的拖欠物业费、水费的行为,因诉争《房屋租赁合同》未明确约定拖欠物业费、水费的违约责任,且方某卿已在二审期间交清物业费、水费,因此,也不构成根本违约行为。综上所述,本案方某卿不存在根本违约行为。第二,关于诉争《房屋租赁合同》是否能够解除。本案中,骆某良未证明方某卿根本违约,故骆某良不享有法定的合同解除权。骆某良关于双方曾多次达成解除协议的主张，因其提供的通话记录不能证明通话的内容，其退款的账号与收取方某卿租金的账号并不一致，且依据本院的调查结果，在公安机关处理期间双方未达成解除合同的合意，因此，本院对其双方已约定解除合同的主张亦不予支持。综上，骆某良的上诉理由不能成立，上诉请求应予驳回。原审判决正确，应予维持。

【裁判结果】

福建省厦门市中级人民法院判决如下：驳回上诉人骆某良的上诉，维持原判。

［参见国家法官学院、中国人民大学法学院编：《中国审判案例要览（2013 年民事审判案例卷）》，中国人民大学出版社 2015 年版。］

5. 在约定解除条件的合同中，条件成就是否必然导致合同解除？

【典型案例】

宁波市鄞州永南服饰有限公司诉宁波市鄞州万嘉工艺品有限公司房屋租赁合同纠纷案

【裁判要旨】

《民法典》生效前，根据《合同法》第九十三条之规定，当事人协商一致，可以解除合同。当事人可以约定一方解除合同的条件，解除合同的条件成就时，解除权人可以解除合同。《民法典》生效后，第五百六十二条作出相同规定。可知，在订立合同时，当事人双方可以约定解除条件，但是，约定解除条件的合同不同于附解除条件的合同。在附解除条件的合同中，条件成就合同即被解除。而在约定解除条件的合同中，只有解除权人在合理期限内将解除合同的意思表示送达给对方当事人后，才发生合同解除的效力。对方有异议的，还可以请求人民法院或者仲裁机构确认解除合同的效力。因此，在约定解除条件的合同中，条件成就并不必然导致合同的解除。

【案号索引】

一审：浙江省宁波市鄞州区人民法院（2012）甬鄞望民初字第 15 号

二审：浙江省宁波市中级人民法院（2012）浙甬民二终字第 221 号

【基本案情】

法院经审理查明：2010 年 1 月 20 日，宁波市鄞州永南服饰有限公司（以下简称永南公司）分别与宁波市鄞州万嘉工艺品有限公司（以下简称万嘉公司）、案外人宁波市十方进口有限公司(以下简称十方公司)签订厂房租赁合同及补充协议,约定万嘉公司的租赁期限为2010年5月1日至2015年2月底;租赁物为永南公司北区除小楼以外的厂房,包括主楼4630.63平方米、变电48.96平方米、门卫9.6平方米,合计4690平方米;第一、二年租金为每月每平方米7.50元,第三年租金为每月每平方米8元,第四年租金为每月每平方米8.50元,第五年租金为每月每平方米9元;永南公司与万嘉公司、十方公司签订的补充协议中还约定"宁波市鄞州万嘉工艺品有限公司与宁波市十方进出口有限公司须同时租用、同时终止"。2011年8月23日,十方公司发函给永南公司,要求提前终止与永南公司签订的厂房租赁合同及补充协议,并愿意支付剩余租期租金10%的违约金,合同解除时间为2011年11月23日,并在2011年11月23日全部搬离永南公司厂房。永南公司于2011年11月25日发函给万嘉公司要求万嘉公司在2011年11月30日前搬出永南公司的厂房,支付剩余租期租金10%的违约金并办理终止手续。万嘉公司于2011年11月26日收到该份函件。

宁波市鄞州区人民法院一审判决:(1)原告永南公司与被告万嘉公司签订的厂房租赁合同及厂房租赁合同补充协议于2011年11月26日解除;(2)被告万嘉公司于本判决生效后15日内腾房,并结清厂房占用费(按同期租金计算),水电费等相关费用;(3)被告万嘉公司支付原告永南公司违约金35175元;(4)驳回原告永南公司的其他诉讼请求。

宣判后,原告永南公司与被告万嘉公司均不服判决,分别向宁波市中级人民法院提起上诉。在二审审理期间,永南公司表示坚决要求解除双方间的厂房租赁合同,但对原判的违约金愿意放弃。

【法院认为】

法院生效裁判认为:永南公司与万嘉公司于2010年1月20日所签订的厂房租赁合同及补充协议系双方当事人真实意思的表示,且内容并未违反相关法律、行政法规的效力性规定,应认定合法有效。根据法律的规定,当事人协商一致,可以解除合同。当事人可以约定一方解除合同的条件。解除合同的条件成就时,解除权人可以解除合同。根据双方补充协议中所约定的"宁波市鄞州万嘉工艺品有限公司与宁波市十方进出口有限公司须同时租用、同时终止",该约定应认定为万嘉公司与案外人十方公司租赁时间应是一致的。鉴于在合同履行过程中,案外人十方公司因故提前解除合同并腾退承租的房屋,永南公司得知后于2011年11月25日曾发函要求万嘉公司腾退其承租的房屋,但万嘉公司收到该函件后并未提出异议,且至今未予撤离,故永南公司根据双方补充协议的约定,认为其提出解除合同的条件已成就,要求万嘉公司腾房的理由成立,应予支持。基于在二审审理期间,永南公司表示对原判的违约金愿意放弃,应予以准许。万嘉公司诉称永南公司在未征得其同意的情况下,单方同意十方公司提前解除合同,对其构成违约,理由不足,难以支持。

至于永南公司提出的增加涉案房屋的占用费及要求万嘉公司搬离厂房时恢复原状的诉请，属二审中新增加的诉讼请求，故不作审理。

【裁判结果】

宁波市中级人民法院对原审法院所认定的事实予以确认，于2012年7月25日作出（2012）浙甬民二终字第221号民事判决：（1）维持宁波市鄞州区人民法院（2012）甬鄞望民初字第15号民事判决的第（1）项、第（2）项、第（4）项；（2）撤销宁波市鄞州区人民法院（2012）甬鄞望民初字第15号民事判决的第（3）项。

［参见最高人民法院中国应用法学研究所编著：《人民法院案例选》（2013年第4辑），人民法院出版社2014年版。］

6. 租户在承租房屋中进行非法活动，出租人要求提前终止租赁关系的应否予以支持？

【典型案例】

郑某通、郭某辉与张某凤房屋租赁合同纠纷案

【裁判要旨】

依法成立的合同受法律保护，但要求当事人订立、履行合同时应当遵纪守法，不得扰乱社会经济秩序，损害社会公共利益。租户在承租房屋中进行非法活动，违背了社会公德，损害社会公共利益。出租人据此要求提前终止租赁关系，合法有据，因此应终止两者之间的房屋租赁关系。

【案号索引】

一审：福建省厦门市湖里区人民法院（2012）湖民初字第48号

二审：福建省厦门市中级人民法院（2012）厦民终字第1387号

【当事人信息】

原告（被上诉人）：郑某通

原告（被上诉人）：郭某辉

被告（上诉人）：张某凤

【基本案情】

福建省厦门市湖里区人民法院经公开审理查明：2006年7月1日，以案外人张某忠为甲方与以张某凤为乙方的双方签订一份《租赁合同》，约定：乙方向甲方承租

厦门市湖里区金尚路759－733号2a单元作为经营之用；租赁期限自2006年7月1日起至2021年12月31日止，每月租金15866元，每月提前5天支付；合同签订之日，乙方向甲方支付15000元作为押金，到合同期满，且乙方缴清租赁期间应交的一切费用后，甲方应将押金无息退还给乙方；租金每3年递增10%，即2010年1月1日至2012年12月31日租金为17452元；租赁期间如有拖欠租金，每天按拖欠租金部分的1%加收滞纳金，拖欠租金达1个月以上的，甲方有权提前解除合同、收回房屋，并有权收取所欠租金及滞纳金；租赁期间，双方均不得借故解除合同，一方如有正当理由要求解除合同时，须提前2个月通知对方，经对方同意后解除合同，提出解除合同的一方支付1个月的租金作为违约赔偿金。补充规定：在租赁期间租赁房产如遇变卖或拆迁等情况，本合同仍继续有效，否则，甲方应赔偿乙方装修及其他投资费用。2009年7月6日，郑某通、郭某辉经拍卖取得诉争的租赁房产，并于2009年9月24日取得该房产的土地房屋权证。

2011年11月20日，厦门市公安局湖里分局作出厦公湖决字[2011]第04109号、第04110号公安行政处罚决定书，决定书查明：2011年11月19日22时许，陈某煌在厦门市湖里区玉龙宾馆203室嫖宿卖淫女徐某娇，被民警当场抓获，分别对陈某煌、徐某娇处以行政拘留15日，并令徐某娇缴800元。法院向厦门市公安局湖里分局金山派出所调取陈某煌、徐某娇以及厦门市湖里区玉龙宾馆的主管柯某芬的询问笔录，三人均陈述道：厦门市湖里区玉龙宾馆的客房内有按摩的广告牌，通过广告牌上的电话（徐某娇的老板）可以联系到按摩女郎。其中柯某芬还陈述道：（按摩）广告牌是老板同意才放的，放了大约半年。

福建省厦门市湖里区人民法院经审理认为：两原告据以要求提前终止、解除《租赁合同》的理由是被告在诉争的租赁场所即厦门市湖里区玉龙宾馆内从事非法活动。根据两原告的举证，公安部门只对两个案外人卖淫嫖娼活动作出治安处罚，并未对被告经营的厦门市湖里区玉龙宾馆作出违法认定。而根据上述查明的事实，在厦门市湖里区玉龙宾馆中放置有提供按摩的广告牌，案外人根据广告牌上的电话联系按摩女进行色情交易。被告作为经营者，在经营管理厦门市湖里区玉龙宾馆中放任不道德行为的发生，违背社会公德。原告主张提前终止租赁合同关系，合法有据，应予支持。按照法律规定，租赁物在租赁期间发生所有权变动的，不影响租赁合同的效力。两原告通过拍卖方式取得所有权，原租赁合同对两原告仍然有效。根据查明的事实，被告在签订租赁合同时已向诉争租赁房屋的原所有人缴纳了15000元的租金，并且按照合同约定，押金至合同期满后返还。两原告对此不持异议。根据合同约定，提前终止合同的，两原告有权要求被告支付相当于押金的违约赔偿金。被告已依约向原出租人支付押金，两原告主张被告再次支付相当于押金的违约赔偿金缺乏事实和法律依据，故本院认定被告已支付的押金抵作违约赔偿金，被告无须再向两原告支付违约赔偿金。

综上，本院认为，诉争的《租赁合同》合法、有效，被告未合理妥当地使用租赁场所，违反社会公序良俗，违背社会道德风尚，故原告依照合同约定主张提前终止租赁合同，合法有据，应予支持。鉴于被告已依约向原出租人缴纳押金，两原告主张未收到押金，也应系其与原出租人之间的法律关系，与被告无关。故被告已支付的押金可作为违约赔偿金不予退还，两原告主张被告应另支付15000元违约赔偿金，缺乏事实和法律依据，不予支持。

福建省厦门市湖里区人民法院一审判决如下：(1)终止原告郑某通、郭某辉与被告张某凤关于厦门市湖里区金尚路759－733号2a单元房屋租赁关系；(2)被告张某凤于本判决生效之日起15日内向原告郑某通、郭某辉返还位于厦门市湖里区金尚路759－733号2a单元的租赁房屋；(3)驳回原告郑某通、郭某辉的诉讼请求。

张某凤不服一审判决，提起上诉。福建省厦门市中级人民法院经审理，确认一审法院认定的事实和证据。

另查明：张某忠为甲方与张某凤为乙方所签订的《租赁合同》中第七条约定："乙方不得利用该房屋之便进行非法活动，如有发现，甲方有权终止合同，乙方所缴纳的押金则作为赔偿甲方的违约赔偿金，乙方要承担因非法而产生的一切民事、经济、法律责任，甲方概不负责。"

【法院认为】

福建省厦门市中级人民法院经审理认为：本案上诉争议的焦点在于郑某通、郭某辉是否有权终止其与张某凤之间的租赁关系。郑某通、郭某辉主张张某凤利用诉争租赁房屋从事非法活动，从而请求提前终止租赁关系。原审法院据此向公安机关调取询问笔录以及现场照片，该证据已经庭审质证，可以证明张某凤存在在湖里区玉龙宾馆中放置提供按摩的广告牌，案外人陈某煌根据该广告牌上的电话联系案外人徐某娇进行卖淫嫖娼的事实。张某凤虽上诉称以上事实并不符合客观情况，但未提供相关证据佐证其主张，故对其主张不予采纳。上述证据可以认定张某凤存在在诉争的承租房屋中进行非法活动的事实。依据张某凤与郑某通、郭某辉之间履行的《租赁合同》第七条的约定，郑某通、郭某辉有权终止合同，张某凤的上诉主张缺乏事实依据，本院不予支持。

【裁判结果】

福建省厦门市中级人民法院二审判决：驳回上诉，维持原判。

[参见国家法官学院、中国人民大学法学院编：《中国审判案例要览》(2013年民事审判案例卷)，中国人民大学出版社2015年版。]

7. 承租人拖欠租金，承租人请求代承租人支付欠付的租金和违约金以抗辩出租人合同解除权的，应否予以支持？

【典型案例】

陈某图与吴某房屋租赁合同纠纷上诉案

【裁判要旨】

《民法典》生效前，我国《合同法》第二百一十二条规定，租赁合同是出租人将租赁物交付承租人使用、收益，承租人支付租金的合同。房屋租赁合同，是指承租人与出租人就房屋租赁的相关权利义务达成一致合意，从而签订的协议。房屋租赁关系中，承租人向出租人支付租金，出租人向承租人交付房屋。《民法通则》第一百一十一条规定，当事人一方不履行合同义务或者履行合同义务不符合约定的，应当承担继续履行、采取补救措施或者赔偿损失等违约责任。《民法典》生效后，第七百零三条、第五百七十七条作出相同规定。

承租人拖欠租金系违约，出租人可依法请求解除合同，而次承租人请求代承租人支付欠付的租金和违约金以抗辩出租人合同解除权的，依据《最高人民法院关于审理城镇房屋租赁合同纠纷案件具体应用法律若干问题的解释》第十七条第一款之规定，人民法院应予支持。但转租合同无效的除外。次承租人代为支付的租金和违约金超出其应付的租金数额，可以折抵租金或者向承租人追偿。

【案号索引】

一审：上海市闵行区人民法院(2009)闵民三(民)初字第1596号

二审：上海市第一中级人民法院(2010)沪一中民二(民)终字第216号

【当事人信息】

上诉人(原审原告)：陈某图

上诉人(原审被告)：吴某

原审第三人：金某荣(KIM SEUNG YOUNG)

【基本案情】

上诉人陈某图、吴某因房屋租赁合同纠纷一案，不服一审判决，向本院提起上诉。本院于2009年12月28日受理后依法组成合议庭，于2010年1月19日公开开庭进行了审理。本案现已审理终结。

原审查明,2006 年 11 月 17 日陈某图与吴某签订《租赁合同》一份,约定:由吴某承租陈某图位于上海市闵行区虹莘路 3800 弄 1 号 701 室房屋,租赁期自 2006 年 11 月 22 日至 2010 年 11 月 21 日,月租金 3800 元;付款方式付二押一,吴某应支付押金 3800 元;吴某应于每年 2 月 20 日前向陈某图支付租金,逾期支付的,每逾期一日,则吴某需按日租金的 10% 支付违约金;如吴某中途擅自退租或不支付租金累计超过四分之一个月的,陈某图可以没收吴某的押金作为违约赔偿;合同还对其他内容作了约定。当日,双方签订《补充条款》,明确陈某图同意吴某对房屋进行装修,并同意吴某进行转租,房屋的租赁税由陈某图承担(转租他人的增值部分由吴某自行承担)等。2008 年 12 月吴某将上述房屋转租给金某荣,转租期限至 2010 年 4 月 30 日。

2009 年 7 月陈某图诉至原审法院,要求判令:(1)确认双方签订的房屋租赁合同终止,并将房屋交付陈某图;(2)吴某支付自 2009 年 1 月 22 日起至 2009 年 7 月 22 日止的租金 20900 元、逾期付款滞纳金 6460 元(从 2009 年 1 月 22 日算至同年 7 月 22 日,按日租金的 10% 计算)、违约金 3800 元(合同提前解除的违约金);(3)解除吴某与金某荣之间的合同,并要求金某荣与陈某图之间建立租赁关系。吴某辩称,其承租的是毛坯房,经装修后陈某图同意将房屋转租他人使用,且陈某图从未提出过终止合同,故不同意解除租赁合同;况且吴某在 2009 年 7 月 10 日已支付了房租 14000 元,并代陈某图支付了至 2009 年 9 月的物业管理费共计 5869.5 元,因此要求在本案中一并处理。金某荣则要求继续履行其与吴某签订的《租赁合同》,并表示若吴某不向陈某图支付租金,则其愿意代吴某支付。

原审另查明,陈某图提起本案诉讼后,吴某于 2009 年 7 月 10 日通过转账支付了租金 14000 元,并代陈某图支付了物业管理费 5869.5 元,合计 19869.5 元。

原审认为,陈某图与吴某签订的《租赁合同》及《补充条款》系双方当事人真实意思表示,且未违反法律规定,应属有效。吴某经陈某图同意后,将房屋转租给金某荣亦不违反法律规定,故该转租合同亦为有效。吴某在房屋承租期间理应按约定及时支付相应租金,由于吴某在陈某图起诉后支付了部分租金,且陈某图亦同意在租金中扣除吴某代付的物业管理费,因此自 2009 年 1 月 22 日起至 2009 年 7 月 21 日止的租金中,吴某拖欠金额为 1030.5 元。虽然因吴某未能按时支付租金致使陈某图提出终止租赁合同的诉请,但由于金某荣在原审中明确作出若吴某不支付租金,其可代为支付的承诺,故陈某图要求终止租赁合同不符合法律规定,不予支持;但金某荣应在吴某未支付租金的情况下,即向陈某图支付吴某拖欠的租金。由于吴某未能按时支付租金已构成违约,故对于陈某图要求吴某支付逾期付款违约金的请求,应予支持,但陈某图主张的金额有误,应予调整。鉴于陈某图要求终止租赁合同的请求未能得到支持,故其主张的关于终止合同的违约金,亦不予支持。

原审法院审理后2009年10月30日作出判决:(1)吴某于判决生效之日起10日内支付陈某图自2009年1月22日起至2009年7月21日止拖欠的租金1030.5元;(2)吴某于判决生效之日起10日内支付陈某图自2009年1月22日至2009年7月21日的逾期付款违约金2280元;(3)如吴某未能履行判决所规定的义务,则金某荣应承担连带清偿责任;(4)驳回陈某图其余诉讼请求。

判决后,陈某图、吴某不服,上诉于本院。

经本院审理查明,原审法院认定事实无误,本院依法予以确认。

【法院认为】

本院认为,上诉人陈某图就上海市闵行区虹莘路3800弄1号701室房屋与上诉人吴某签订的租赁合同以及吴某与原审第三人金某荣签订的转租合同,均系合同各方的真实意思表示,亦不违反我国相关法律、法规的禁止性规定,原审认定上述两份合同均为有效合同,当属正确。根据上述租赁合同的约定,吴某作为承租人理应如期及时向陈某图支付租金,现因吴某拖欠租金,陈某图起诉要求解除双方之间的租赁合同,但因次承租人金某荣在原审中表示要求继续履行上述租赁合同并自愿在吴某不支付租金的情况下代为支付,故原审据此驳回陈某图上述解约请求,于法有据。关于吴某拖欠租金的具体数额问题,陈某图在原审中主张自2009年1月22日起至2009年7月22日止吴某拖欠的租金共计20900元,但鉴于陈某图起诉后吴某即支付过租金14000元,且陈某图在原审中亦同意将吴某代缴的物业管理费在其应付租金中予以抵扣,故扣除吴某代缴的物业管理费5869.5元后,原审认定在陈某图诉请范围内,吴某尚需支付租金数额为1030.5元,当属正确。至于吴某应否承担逾期付款违约责任的问题,虽然吴某认为其拖欠租金系为保护自身利益及次承租人的合法权益,然而即便陈某图存在拖欠物业管理费的情形,亦不能作为吴某拒付租金的抗辩理由,因此根据上述租赁合同的约定,吴某理应就其拖欠租金的行为承担相应的违约责任,原审依据该合同相关约定对违约金数额所作的认定,并无不当。综上,原审判决并无不妥,本院依法予以维持。上诉人陈某图、吴某的上诉请求,本院不予支持。

【裁判结果】

据此,二审判决如下:驳回上诉,维持原判。

[参见中国裁判文书网。]

8. 租赁物在租赁期间发生所有权变动的，原出租人是否可以基于承租人产权变更前的违约行为行使合同解除权？

【典型案例】

善岛建设(天津)有限公司与天津一商集团有限公司房屋租赁合同纠纷上诉案

【裁判要旨】

《民法典》生效前，依据《合同法》第二百二十九条的规定，租赁物在租赁期间发生所有权变动的，不影响租赁合同的效力，即所谓的买卖不破租赁原则。《民法典》生效后，第七百二十五条作出相同规定。产权变更后，原出租人已经不再是租赁合同的当事人，但是现行法律并未限制房屋产权变更后，原房屋出租人依据现存有效的租赁合同主张合同权利。基于承租人产权变更前的违约行为，原出租人仍然可以追究承租人的违约责任，该合同责任既包括追缴租金，也包括违约方承担终止合同履行的违约责任。因此，这种情况下原出租人仍可以行使合同解除权。

【当事人信息】

上诉人(原审被告、反诉原告)：善岛建设(天津)有限公司(以下简称善岛公司)

被上诉人(原审原告、反诉被告)：天津一商集团有限公司(以下简称一商集团)

【基本案情】

善岛公司作为甲方、一商集团作为乙方于2002年8月27日签订了《房屋租赁合同》，约定甲方自愿将自己拥有产权的坐落在天津经济技术开发区第二大街与黄海路交口处的黄海路19号永莲商城部分营业场地共计15300平方米租赁给乙方使用。租赁期限共十年，自2003年1月1日起至2013年12月31日止。租金采用固定租金和分成租金相结合的方法，固定场地租金分四个时间段计算：第一时间段为第一年至第三年，租金为0.80元/日平方米；第二时间段为第四年至第六年，租金为1.00元/日平方米；第三时间段为第七年至第九年，租金为1.20元/日平方米；第四时间段为第十年，租金为1.40元/日平方米。分成租金约定“商场年日平均销货超过30万元时，超过部分甲方可获得销售分成，分成比例按照超过30万元部分的

2%计提"。租金交付时间为每季度支付一次，乙方于每季度初5日前一次性交付给甲方。该合同第五条约定"如甲方将房屋所有权转移给第三方时，合同对新房屋所有者继续有效；如甲方出卖房屋，应提前一个月通知乙方，在同等条件下，乙方有优先购买权；租赁期间乙方如欲将房屋全部转移给第三方使用，必须征得甲方同意，取得承租权的第三方即成为本合同的当然承租方，享有原乙方的权利，承担原乙方的义务，甲方与第三方重新签订以本合同权利义务为基础的新合同，以保证各方的权利义务"。第六条第二款约定"乙方在租赁期间使用一商友谊开发区店或者其他带有友谊字样的字号"。该合同第八条违约责任约定"若甲方提出提前终止合同，甲方应赔偿乙方在承租期间投入的全部各项费用，并赔偿由此造成的其他经济损失及可得利润。若乙方提出提前终止合同，乙方以最后一个租赁年度全年的租金作为对甲方的补偿。乙方逾期交付租金或其他费用时，每逾期一天，向甲方支付当期应付租金或其他费用部分的万分之二的赔偿。若乙方拖欠甲方租金超过30天以上，甲方有权提前终止合同，并由乙方赔偿甲方因此所造成的全部损失。如乙方擅自转让房屋，甲方可以中止合同，甲方中止合同后，乙方以在此期间投入的全部装修和设备作为对甲方的赔偿"。该合同第九条约定双方出现下列情形之一时终止合同：(1)合同到期；(2)乙方擅自将房屋转让给第三方；(3)因不可抗力和甲方不履行合同义务致使乙方达不到预期目的。该合同第十条约定"出租房屋及设备的维修费用、房产税、土地使用费用由甲方承担。出租房屋的内外物业管理由乙方自行安排解决，费用由乙方承担，出现一切问题与甲方无关。租赁期间乙方可以将房屋面积转租给第三方或与第三方合作经营，乙方将租赁房屋面积转租给第三方或与第三方合作经营时，无须再告知甲方，但乙方转租第三方或与第三方合作经营，本合同继续有效，第三方对房屋造成损坏时，乙方应赔偿"。

合同签订后，一商集团为了履行合同，在2002年12月成立了天津一商友谊名都店有限公司(以下简称友谊商厦)，在讼争的房屋中经营百货。截至诉讼时，租赁费以及其他费用均由友谊商厦支付。2004年8月2日善岛公司与友谊商厦签订了《友谊商厦与善岛建设公司就房屋租赁合同的补充事宜》约定：(1)友谊商厦将扣除法院确定的170余万元垫付工程款后的租金(2003年7月至2004年6月)一次全部交付于善岛。(2)双方均同意2004年7月以后应交的租金由友谊商厦按照合同约定的时间交纳。(3)房屋或设备、设施在正常使用过程中出现问题，善岛公司应在接到友谊商厦通知后24小时内进行维修、更换等工作，如逾期不修或修不好时，友谊商厦有权自行维修、更换或请第三方进行维修或更换，所需费用从房租中冲抵。(4)善岛公司在保障设备、设施正常运行的同时，对设备、设施的更新、改造、大修、年检及国家有关部门对有关设备、设施使用的规定及费用负责。(5)友谊商厦负责设备、设施正常运行中的日常维修、保障、管理。(6)房屋存在的维修及改造问题，由友谊商厦详细列出属善岛公司负责的维修,并一致同意由双方工程人员与物业人员具体解决……(9)有关房屋租赁手续问题,友谊商厦将所需资料在近日内报给善岛公司,善岛公司立即解决,房屋租赁合同登记、备案及费用问题允许善岛公司在8月底之前完善上述手续……(12)双方同意就租赁合同未尽事宜及达成的共识问题签订补充协议。

关于支付分成租金问题,善岛公司提供了报纸《新滨海》2004年1月9日的广告"日均销售突破100万元"、2004年2月6日的广告"日销售额达到400万元"以及《天津日报》2005年8月1日的报道"年销售额与建店初期相比增长6.8倍",证明一商集团应当按照日销售额"100万元至400万元不等计算"至少应该支付分成租金3000万元。对此,一商集团提供了2003年及2004年度的财务报告和审计报告,证明其两年内并未达到年日均销售30万元以上。

一审法院另查明,2005年5月8日,善岛公司与案外人天津金元宝商厦集团有限公司(以下简称金元宝公司)签订合同,将上述租赁房屋卖给金元宝公司,双方在2005年5月12日办理了房屋产权移转登记手续。为此,一商集团于2005年5月23日以善岛公司和金元宝公司为被告,向天津市高级人民法院提起诉讼,请求法院宣告善岛公司和金元宝公司之间的买卖行为无效,确认一商集团享有优先购买权,此案正在审理中。2005年6月20日,善岛公司致函一商集团要求解除双方的租赁合同,支付固定租金、分成租金、逾期支付租金的违约金,同时要求一商集团7日内腾房。一商集团未作书面答复,于2005年7月12日起诉至一审法院,请求判令善岛公司赔偿经济损失6720万元;请求法院判令继续履行租赁合同;本案相关诉讼费用由善岛公司承担。同年10月17日,一商集团向一审法院提交了撤诉申请,请求撤回起诉。

善岛公司反诉称,其与一商集团签订《房屋租赁合同》后,将房产交付给一商集团使用并履行了合同约定的义务,但一商集团在承租期间从未如约按期支付租金,至今拖欠2005年第二季度固定租金1109253.6元。更为甚者,一商集团从未依据租赁合同的约定,向善岛公司提供其每日销售凭证并依约支付分成租金。按照一商集团在媒体公布的日销售额为:每日销售额100万元至400万元不等,至今两年半期间,一商集团至少应付分成租金3000余万元,但至今分文未付,严重侵害了善岛公司的合法权益,依据《房屋租赁合同》约定,已经构成根本违约,因此请求终止该合同,解除双方的租赁合同关系。此外一商集团在未经善岛公司同意的情况下,擅自将其承租的房屋全部转让给案外人友谊商厦使用至今,也违反了合同约定。因此,善岛公司有权终止履行该合同。善岛公司基于一商集团上述诸多违约行为,依法于2005年6月20日向其发出解除租赁合同的通知。综上善岛公司主张:(1)依法判令善岛公司与一商集团签订的《房屋租赁合同》终止履行,予以解除;(2)依法判令一商集团立即支付拖欠的固定租金1109253.6元(自2005年4月1日起至2005年6月30日止),违约金19079.16元及2005年4月1日前的迟延履行违约金42497.41元;(3)依法判令一商集团立即支付拖欠善岛公司共计两年六个月的分成租金3000万元;(4)案件受理费由一商集团承担。

在审理期间,善岛公司提出增加诉讼请求:判令撤销2004年8月2日善岛公司与一商集团以友谊商厦名义签订的《友谊商厦与善岛建设公司就房屋租赁合同的补充事宜》(以下简称《补充事宜》),理由是善岛公司在2004年8月2日签订上述《补充事宜》时是与一商集团所签,直到起诉前方知该补充事宜签约一方是具有独立法人的案外人,一商集团在双方履行合同期间一直隐瞒友谊商厦的独立法人身份,属于欺诈行为,故提出增加诉讼请求。

一商集团当庭答辩称,善岛公司要求解除租赁合同依据不足,一商集团一直依约履行,不存在违约行为,而是由于善岛公司未履行修缮义务导致我方租金延付;关于分成租金,一商集团日均销售额从未达到分成条件,且计算日期错误;关于转租问题,并不存在违约行为;关于租金支付,由于我方自行对房屋和设备进行修缮,应当冲抵租金;关于撤销补充协议问题,对方自始知道友谊商厦是承租人。综上请求驳回善岛公司的诉讼请求。

一审法院再查明,2005年7月4日,一商集团向天津经济技术开发区人民法院起诉,要求善岛公司履行修缮义务,该案亦正在审理中。

【法院认为】

天津市高级人民法院经审理认为,一商集团与善岛公司于2002年8月27日签订的《房屋租赁合同》,意思表示真实,且不违反法律规定,应当认定有效。双方应严格依照合同约定履行各自的权利义务。在合同履行期间,善岛公司将出租房屋所有权卖与案外人金元宝公司,因此而产生的优先购买权纠纷由于已经另行诉讼,本案不再解决。在诉讼期间,一商集团提出撤诉申请,经审查,符合法律规定,应当予以准许。

关于善岛公司提出解除双方《房屋租赁合同》的请求,由于善岛公司在本案诉讼前已经将房屋转让给案外人金元宝公司,且办理了房产权属移转登记,虽然该转让行为的效力正在另案审理之中,但本案从形式上看,目前善岛公司已不是该房屋所有人,因此,该房屋在发生权属移转之后,应当由谁承接履行《房屋租赁合同》有待另一诉讼终结后确定。故善岛公司在转让房屋权属之后,再以租赁合同的出租方提出解除合同的诉讼请求依据不足。

关于支付固定租金问题,善岛公司要求一商集团支付从2005年4月1日至6月30日的第二季度租金,一商集团对固定租金拖欠并无异议,仅以善岛公司没有履行修缮义务而要求抵销,由于一商集团已经通过另案诉讼主张善岛公司履行修缮义务,因此不能在本案再要求抵销,善岛公司该项请求成立,但租金计算时间应当从2005年4月1日起,至善岛公司移转房屋所有权的2005年5月12日止,按照双方合同约定为15300平方米×0.8元×42天=514080元。对于2005年5月12日之后的租金问题，由于金元宝公司作为房屋购买人并未参加本案诉讼，因此应当待另一诉讼终结，确定租赁关系后另行解决。

关于支付分成租金问题，虽然双方在《房屋租赁合同》中约定"商场年日平均销货超过30万元时，超过部分甲方可获得销售分成，分成比例按照超过30万元部分的2%计提"。但是，由于善岛公司对此仅以报纸报道及广告作为证据，而报纸报道或广告并不能成为定案依据，且善岛公司在举证期间并未提交其他直接、有效证明该项事实的证据，因此，善岛公司的该项诉讼请求因证据不足不予支持。

关于善岛公司请求撤销2004年8月2日的《补充事宜》问题，该补充事宜是善岛公司与友谊商厦所签，该约定是双方真实意思表示，因此，善岛公司并非不知道该房屋实际使用单位是友谊商厦，从《房屋租赁合同》第六条第二款"乙方在租赁期间使用一商友谊开发区店或者其他带有友谊字样的字号"的约定内容看，一商集团并未违反合同约定，且友谊商厦作为实际使用人亦不违反合同约定。善岛公司称不知情并主张一商集团欺诈要求解除合同的主张与事实不符。因此，善岛公司的该项诉讼请求应当予以驳回。据此判决：(1)准许一商集团的撤诉；(2)判决生效之日起10日内，一商集团向善岛公司支付2005年4月1日至2005年5月12日的房屋租金514080元及上述款项自2005年5月12日起至给付之日止的利息(按照中国人民银行同期贷款利率计算)；(3)驳回善岛公司的其他诉讼请求。案件受理费一商集团所交部分346010元，减半收取，由一商集团自行承担；善岛公司所交部分165864元，由一商集团承担3300元，善岛公司承担162564元。

善岛公司不服一审判决，向最高人民法院提起上诉。

最高人民法院二审查明，2005年12月6日，金元宝公司致函善岛公司称：迄今为止，一商集团仍拒不认可贵司、我司双方签订的《房屋买卖合同》的有效性，认为我司不是该房产的合法所有权人，只承认贵司为其房东，拒绝履行向我司交纳固定租金、分成租金等合同义务……一商集团的上述违约行为不仅已严重侵害了贵司的合法权益，也使我司以后的租赁权益无法得到保证。我司也坚决不同意与违约方一商集团继续维持租赁关系。我司对贵司解除与一商集团之间的租赁合同关系表示认同，对贵司于2005年6月20日向一商集团发出的关于解除房屋租赁合同的再次通知予以认可。

最高人民法院另查明，一商集团诉善岛公司、金元宝公司房屋买卖合同纠纷一案，一商集团于2006年7月12日向天津市高级人民法院提出撤诉申请，天津市高级人民法院以(2005)津高民一初字第0004号民事裁定书准予一商集团撤回起诉。最高人民法院再查明，一商集团逾期支付2004年第三季度固定租金53天，逾期支付2004年第四季度固定租金87天，逾期支付2005年第一季度固定租金51天；截至2005年6月30日拖欠2005年第二季度固定租金1109253.6元,逾期86天。最高人民法院二审查明的其他事实与一审法院查明的事实相同。

【法院认为】

最高人民法院认为,本案双方当事人争议的主要问题是:(1)一商集团在履行租赁合同时是否存在违约行为;(2)善岛公司是否有权请求解除租赁合同;(3)善岛公司要求一商集团支付2005年第二季度的固定租金、违约金以及2005年4月1日前的迟延履行违约金是否成立;(4)一商集团是否应向善岛公司支付分成租金3000万元;(5)善岛公司请求撤销《补充事宜》是否成立。

1.关于一商集团在履行租赁合同时是否存在违约行为的问题。善岛公司要求一商集团支付从2005年4月1日至6月30日的第二季度租金,一商集团对拖欠租金的事实并无异议,但以善岛公司没有履行修缮义务而要求抵消。一商集团称自己只是暂停支付租金,在其发出要求房屋修缮的函件后,善岛公司没有履行义务,所以暂停支付房租。按照双方租赁合同约定,一商集团应当先向善岛公司发出修缮通知,只有发生实际修缮费用后才能冲抵租金,一商集团无权因为房屋修缮问题自行决定暂停支付租金。2005年第二季度的租金应于4月交纳,但一商集团一直没有交纳。在本院二审庭审中,一商集团称维修期间商场并没有停业。故一商集团主张因善岛公司没有履行修缮义务而应抵销租金不能成立,善岛公司在履行租赁合同时存在违约行为,应承担拖欠房屋租金的违约责任。

2.关于善岛公司是否有权请求解除租赁合同的问题。按照双方签订《房屋租赁合同》的约定,如果一商集团拖欠善岛公司租金超过30天以上,善岛公司有权提前终止合同。善岛公司主张的一商集团违约情形,都是发生在其与金元宝公司签约转让房产之前,善岛公司提出解除租赁合同也得到金元宝公司的认可。如果不允许善岛公司根据一商集团的违约行为解除合同,新的产权人金元宝公司又没有权利对一商集团以前的违约行为追究责任的话,将有损房屋出租方的合法权益。善岛公司提出解除租赁合同是基于该租赁房屋产权变更前一商集团的违约行为。现行法律并未限制房屋产权变更后,原房屋出租人不可以依据现存有效的租赁合同主张合同权利,追究违约方的合同责任,该合同责任既包括追缴租金,也包括违约方承担终止合同履行的违约责任。案外人金元宝公司2005年12月6日致函善岛公司,对善岛公司提出解除租赁合同的行为表示认同。故善岛公司请求解除租赁合同,应予以支持。

3.关于一商集团是否应支付善岛公司2005年第二季度的固定租金、违约金以及2005年4月1日前的迟延履行违约金问题。对于善岛公司要求一商集团支付拖欠的固定租金1109253.6元、违约金19079.16元以及2005年4月1日前的迟延履行违约金42497.41元的问题,因双方在《房屋租赁合同》中明确约定:"乙方逾期交付租金或其他费用时,每逾期一天,向甲方支付当期应付租金或其他费用部分的万分之二的赔偿”,而一商集团实际逾期支付2004年第三季度固定租金53天,逾期支付2004年第四季度租金87天,逾期支付2005年第一季度租金51天。故善岛公司要求一商集团按照《房屋租赁合同》的约定支付2005年4月1日前的迟延履行违约金42497.41元,是有事实和法律依据的,本院予以支持。虽然2005年5月12日房屋所有权已经移转给金元宝公司,但《房屋租赁合同》约定按季度支付租金,2005年第二季度的租金应于2005年4月5日前支付,且一商集团至今仍在使用该房屋,故善岛公司要求一商集团支付2005年第二季度的固定租金1109253.6元及违约金19079.16元,应予以支持。

4. 关于一商集团是否应向善岛公司支付3000万元分成租金的问题。一商集团与善岛公司在《房屋租赁合同》中约定:“商场年日平均销货超过30万元时,超过部分甲方可获得销售分成,分成比例按照超过30万元部分的2%计提。”善岛公司仅凭2004年1月9日的报纸广告“日均销售突破100万元”、2004年2月6日报纸广告“日销售额达到400万元”等,在没有其他证据相互印证的情况下,不能得出商场年日平均销货超过30万元的结论,故对于善岛公司要求一商集团支付分成租金3000万元的请求,不予支持。

5. 关于善岛公司请求撤销《补充事宜》是否成立的问题。根据一商集团与善岛公司签订《房屋租赁合同》的约定:“乙方在租赁期间使用‘一商友谊开发区店’或其他带有‘友谊’字样的字号”,一商集团为了履行合同,在2002年12月成立了友谊商厦在诉争的房屋中经营百货销售,每季度的房租也都是由友谊商厦支付给善岛公司,并由善岛公司开具发票。善岛公司没有提供证据佐证其与友谊商厦于2004年8月2日签订《补充事宜》时,存在“重大误解”及“欺诈”情形,故本院对善岛公司的此项上诉请求不予支持。但是,由于本院判决解除《房屋租赁合同》,2004年8月2日的《补充事宜》已经失去了履行基础。

【裁判结果】

最高人民法院判决如下:(1)维持天津市高级人民法院(2005)津高民一初字第0005号民事判决第(1)项、第(3)项;(2)变更天津市高级人民法院(2005)津高民一初字第0005号民事判决第(2)项为:本判决生效之日起10日内,天津一商集团有限公司支付善岛建设(天津)有限公司2005年第二季度的固定租金1109253.6元、违约金19079.16元以及2005年4月1日前的迟延履行违约金42497.41元;(3)解除天津一商集团有限公司与善岛建设(天津)有限公司于2002年8月27日签订的《房屋租赁合同》。如逾期不履行本判决确定之金钱给付义务,应当按照法律的规定,加倍支付迟延履行期间的债务利息。一审案件受理费按一审判决执行;二审案件受理费165864元,由善岛建设(天津)有限公司负担100000元,天津一商集团有限公司负担 65864 元。

[参见最高人民法院民事审判第一庭编:《民事审判指导与参考》,法律出版社 2008 年版。]

9. 房屋租赁合同签订后,是否发生情势变更应如何认定?

【典型案例】

重庆市涪陵汽车运输总公司诉中国石化销售有限公司重庆涪陵分公司房屋租赁合同纠纷案

【裁判要旨】

双方当事人签订合同后发生企业改制的情形,但继续履行合同没有损害当事人的合法权益,也不存在显失公平的情形,故当事人主张的企业改制行为并不符合法律规定的情势变更原则的适用范围。情势变更原则只有在合同赖以成立的基础发生巨大变化,继续履行合同显失公平,双方当事人的利益严重失衡时才能适用。

【案号索引】

一审:重庆市涪陵区人民法院(2019)渝 0102 民初 8620 号

二审:重庆市第三中级人民法院(2021)渝 03 民终 38 号

【当事人信息】

上诉人(原审原告):重庆市涪陵汽车运输总公司

被上诉人(原审被告):中国石化销售股份有限公司重庆涪陵石油分公司

【基本案情】

上诉人重庆市涪陵汽车运输总公司因与被上诉人中国石化销售股份有限公司重庆涪陵石油分公司房屋租赁合同纠纷一案,不服一审判决,向本院提起上诉。本院于 2021 年 1 月 6 日立案后,依法组成合议庭,经阅卷和询问当事人,不开庭进行了审理。本案已审理终结。

一审法院认定事实:2011 年 7 月 20 日,重庆市涪陵汽车运输总公司、中国石化销售股份有限公司重庆涪陵石油分公司签订了两份《乌江加油站租赁合同》,其中一份租赁期限为 5 年的租赁合同已经履行完毕。本案所涉合同约定:重庆市涪陵汽车运输总公司将坐落于涪陵区荔枝街道办事处民协二组的涪陵乌江加油站及其附属设备租赁给中国石化销售股份有限公司重庆涪陵石油分公司使用；租赁期限为15年，从2016年7月20日至2031年7月19日；前5年租金为115万元，后10年租金为240万元。支付时间：第一次付款，合同签订后重庆市涪陵汽车运输总公司将加油站交付中国石化销售股份有限公司重庆涪陵石油分公司后，20个工作日内支付115万元；第二次付款，2021年7月20日前支付剩余10年的租赁费240万元；因地震、战争、洪水等不可抗力，造成一方不能履行合同的，免除违约责任。重庆市涪陵汽车运输总公司按照实际租赁加油站的时间收取中国石化销售股份有限公司重庆涪陵石油分公司租赁费，多收部分由重庆市涪陵汽车运输总公司退回中国石化销售股份有限公司重庆涪陵石油分公司。经营期间，如遇国家规划、拆迁、政府征收等政府行为导致合同目的无法实现，重庆市涪陵汽车运输总公司、中国石化销售股份有限公司重庆涪陵石油分公司应解除合同，互不承担违约责任，政府拆迁补偿归重庆市涪陵汽车运输总公司所有。同时，重庆市涪陵汽车运输总公司按本合同规定的租赁期限减去中国石化销售股份有限公司重庆涪陵石油分公司的实际租赁期限，退还中国石化销售股份有限公司重庆涪陵石油分公司剩余年限的租赁费。合同签订后，重庆市涪陵汽车运输总公司按时向中国石化销售股份有限公司重庆涪陵石油分公司交付了加油站及附属设施设备，中国石化销售股份有限公司重庆涪陵石油分公司也按合同约定向重庆市涪陵汽车运输总公司支付了2016年7月20日至2021年7月19日的租金，共计115万元。

2013年11月12日，中国共产党第十八届中央委员会第三次全体会议通过了《中共中央关于全面深化改革若干重大问题的决定》。2014年9月17日，中共重庆市涪陵区委办公室、重庆市涪陵区人民政府办公室联合下发〔2014〕14号《关于印发〈涪陵区属行政事业单位所属国有企业改革实施方案〉的通知》：重庆市涪陵汽车运输总公司的企业改革形式为暂保留。2016年7月20日，重庆市涪陵区国有资产监督管理委员会作出关于同意重庆市涪陵汽车运输总公司改制立项的复函，同意重庆市涪陵汽车运输总公司改制为非国有的有限责任公司。2017年5月31日，重庆市涪陵区人民政府办公室涪陵府办发〔2017〕106号《关于印发2017年涪陵区国资国企改革工作要点的通知》：涪陵区交委为责任单位，重庆市涪陵汽车运输总公司5月底前拟定改制方案，6－7月审定改制方案，8月安置职工，9－10月实施国有产权公开挂牌交易，11－12月完成工商变更。

2018年12月6日，重庆市涪陵汽车运输总公司向中国石化销售股份有限公司重庆涪陵石油分公司发出关于解除《乌江加油站租赁合同》的告知函，同月29日，中国石化销售股份有限公司重庆涪陵石油分公司回函不同意解除合同。重庆市涪陵汽车运输总公司于2019年1月14日收到重庆市涪陵区交通委员会涪交委发〔2019〕5号《关于收回乌江加油站的通知》：要求重庆市涪陵汽车运输总公司立即依法收回乌江加油站的经营权及附属设施设备使用权，重庆市涪陵汽车运输总公司再次于2019年1月15日向中国石化销售股份有限公司重庆涪陵石油分公司关于解除《乌江加油站租赁合同》的告知函，同年2月20日中国石化销售股份有限公司重庆涪陵石油分公司回函不同意解除合同。重庆市涪陵汽车运输总公司要求中国石化销售股份有限公司重庆涪陵石油分公司解除租赁合同未果，遂于2019年3月14日起诉至法院。

该案在诉讼过程中，中国石化销售股份有限公司重庆涪陵石油分公司于2019年4月25日向重庆市南川区人民法院提起行政诉讼，请求人民法院判决撤销涪交委发〔2019〕5号《重庆市涪陵区交通局关于收回乌江加油站的通知》，2019年7月15日，重庆市南川区人民法院作出（2019）渝0119行初50号行政裁定书：驳回中国石化销售股份有限公司重庆涪陵石油分公司的起诉。但该行政裁定书同时认定："涪陵区交委在重庆市涪陵汽车运输总公司改制为非国有的有限公司过程中，通知其收回已出租的加油站，属于不产生行政法上的权利义务关系的内部行为。中国石化销售股份有限公司重庆涪陵石油分公司与涪交委发〔2019〕5号通知没有利害关系。"

一审法院认为，重庆市涪陵汽车运输总公司、中国石化销售股份有限公司重庆涪陵石油分公司所签订的《乌江加油站租赁合同》是双方当事人的真实意思表示，且内容不违反法律法规的禁止性规定，该合同成立有效，对双方当事人均有法律约束力。合法有效的合同，其解除分为法定解除和约定解除两种情形。该案中，首先，中国石化销售股份有限公司重庆涪陵石油分公司严格履行了合同义务，按时足额支付了重庆市涪陵汽车运输总公司租金，没有因为其违约行为或者不可抗力，致使重庆市涪陵汽车运输总公司合同目的无法实现，故重庆市涪陵汽车运输总公司单方要求解除合同不符合法定解除的条件；其次，双方约定合同解除的条件为"经营期间，如遇国家规划、拆迁、征收等政府行为导致合同目的无法实现，应解除合同"，该约定解除合同的条件也未发生，加之，重庆市涪陵汽车运输总公司、中国石化销售股份有限公司重庆涪陵石油分公司对解除合同未能协商一致，故合同约定解除的条件也未成就。重庆市涪陵汽车运输总公司企业改制并不必然收回租赁物，在保证租赁合同各方当事人利益的前提下，仍可以对租赁物进行处置，但应在出卖前的合理期限内通知承租人，承租人享有以同等条件优先购买的权利，故重庆市涪陵汽车运输总公司要求确认双方所签订的《乌江加油站租赁合同》已于2018年12月6日解除，中国石化销售股份有限公司重庆涪陵石油分公司返还乌江加油站及其附属设备，其诉讼理由不成立，该院不予支持。一审判决：驳回重庆市涪陵汽车运输总公司的全部诉讼请求。案件受理费80元，由重庆市涪陵汽车运输总公司负担。

本院二审查明的事实与一审查明的事实相同。

【法院认为】

本院认为，双方当事人在二审中争议的主要焦点归纳为：(1)案涉租赁合同是否具备法定和约定的解除条件；(2)重庆市涪陵汽车运输总公司向中国石化销售股份有限公司重庆涪陵石油分公司发出解除案涉租赁合同的通知对双方是否具有法律约束力；(3)一审法院审理该案程序是否违法，一审判决适用法律是否错误；(4)案涉租赁合同能否按照公平原则进行变更和解除。

重庆市涪陵汽车运输总公司与中国石化销售股份有限公司重庆涪陵石油分公司经协商签订的案涉《乌江加油站租赁合同》系双方当时的真实意思表示，未违反相关的法律、法规规定，双方又进行了实际的履行，依法应属有效合同，对双方当事人均有法律约束力。该合同第十二条第六项虽然约定的解除条件是“经营期间，如遇国家规划、拆迁、政府征收等政府行为导致合同目的无法实现，双方应解除合同，互不承担违约责任”。但原重庆市涪陵区交通委员会在重庆市涪陵汽车运输总公司改制为非国有的有限公司的过程中，通知重庆市涪陵汽车运输总公司收回已出租的加油站，属于对外不产生行政法上的权利义务关系的内部行为，对案涉加油站的承租人中国石化销售股份有限公司重庆涪陵石油分公司不具备法律上的约束力，也不属于“国家规划、拆迁、政府征收等政府行为”的范畴，不符合案涉合同上述约定的解除条件。尽管重庆市涪陵汽车运输总公司曾向中国石化销售股份有限公司重庆涪陵石油分公司发出了解除《乌江加油站租赁合同》的告知函，但中国石化销售股份有限公司重庆涪陵石油分公司又回函坚持不同意解除案涉合同，双方至今没有对解除案涉《乌江加油站租赁合同》达成一致意见。而重庆市涪陵汽车运输总公司又未向本院提供相应、充分的证据证明双方具备了约定或法定解除案涉租赁合同的其他法定情形。从本案现有的证据来看，案涉租赁合同尚不具备法定或约定的解除条件。重庆市涪陵汽车运输总公司上诉提出“其公司企业改制是在政策指导下的政府行为，符合双方合同约定的解除情形，案涉租赁合同具备了约定的解除条件”的理由，因与本案查明的事实不符，缺乏足够、充分的事实根据和法律依据，依法不予支持。

重庆市涪陵汽车运输总公司曾于2018年12月6日、2019年1月15日两次向中国石化销售股份有限公司重庆涪陵石油分公司发出了解除《乌江加油站租赁合同》的告知函属实，但该告知函只是重庆市涪陵汽车运输总公司作为案涉租赁合同的出租方单方提出要求解除该合同的意思表示，系单方要约行为，在案涉租赁合同的承租方中国石化销售股份有限公司重庆涪陵石油分公司于2018年12月29日、2019年2月20日复函明确表示不同意解除合同后，足以表明，重庆市涪陵汽车运输总公司与中国石化销售股份有限公司重庆涪陵石油分公司并未就解除案涉租赁合同达成一致意见，重庆市涪陵汽车运输总公司单方向中国石化销售股份有限公司重庆涪陵石油分公司发出解除案涉租赁合同的通知不产生解除该案租赁合同的法律效果，对中国石化销售股份有限公司重庆涪陵石油分公司没有法律上的约束力。

重庆市涪陵汽车运输总公司在该案诉讼中虽然提出案涉租赁合同符合情势变更情形，应予解除，但情势变更原则只有在合同赖以成立的基础发生巨大变化，继续履行合同显失公平，双方当事人的利益严重失衡时才能适用。从该案现有的证据看，重庆市涪陵汽车运输总公司所主张的企业改制实际上是将该国有企业改制为非国有有限公司的过程，其企业改制并不必然导致要收回该案租赁物，双方当事人继续履行本案租赁合同没有损害重庆市涪陵汽车运输总公司的合法权益，也未造成重庆市涪陵汽车运输总公司作为出租人的合同目的不能实现，更不存在显失公平的情形，故重庆市涪陵汽车运输总公司主张的企业改制行为并不符合法律规定的情势变更原则的适用范围。重庆市涪陵汽车运输总公司上诉称“一审法院审理该案程序违法、一审判决适用法律错误”的理由，其公司虽然提供了一定的证据予以证明，但其提供的证据不足以证明其理由成立，依法仍然应当承担举证不足的法律后果。至于重庆市涪陵汽车运输总公司提出“要求按照公平原则对案涉租赁合同进行变更和解除”的主张，因无足够、充分的事实根据和法律依据，依法不予采纳。

【裁判结果】

综上，重庆市涪陵汽车运输总公司的上诉请求不能成立，应予驳回。一审判决认定的主要事实清楚，证据充分，适用法律正确，应予维持。据此，二审判决：驳回上诉，维持原判。本案二审案件诉讼费 80 元，由上诉人重庆市涪陵汽车运输总公司负担。本判决为终审判决。

［参见威科先行法律信息库。］

10. 因租赁房屋漏水无法经营使合同无法继续履行的，出租人应否赔偿停业损失？

【典型案例】

孟某海诉辛某房屋租赁合同纠纷案

【裁判要旨】

当事人一方不履行合同义务或者履行合同义务不符合约定的，应当承担继续履行、采取补救措施或者赔偿损失等违约责任。房屋租赁合同有效，租赁期间房屋因漏水无法继续经营的，属于租赁物存在瑕疵，出租人应承担违约责任。承租人有权依据合同约定请求解除合同，返还租金及抵押金，同时有权请求出租人赔偿停业期间的损失。

【案号索引】

一审：内蒙古自治区兴安盟乌兰浩特市人民法院（2013）乌民初字第2638号

二审：内蒙古自治区兴安盟中级人民法院（2014）兴民终字第471号

【当事人信息】

上诉人（原审被告）：辛某

被上诉人（原审原告）：孟某海

【基本案情】

上诉人辛某因与被上诉人孟某海房屋租赁合同纠纷一案，不服一审判决，向本院提起上诉。本案现已审理终结。

原审法院查明，辛某与孟某海于2012年12月22日签订《房屋租赁合同》，辛某将乌兰浩特市胜利街方圆逸居商住楼地下一层的一个摊位租赁给孟某海经营餐饮，租赁期为1年，租金30000元，抵押金2000元。合同签订后孟某海按约定交纳了租金和抵押金，辛某亦交付了所租赁摊位。2013年7月15日因该地下一层漏水导致孟某海停业。起诉后孟某海对停业期间（停业之日至合同期满共计5个月零6天）损失申请鉴定，鉴定意见为停业期间各项损失合计27300元。

原审审理中，孟某海提供租赁合同一份、收据两张、鉴定书一份、评估费收据五张证明上述事实，经质证，该院予以确认。辛某不同意孟某海的请求，但未能提供证据。

原审法院认为，孟某海与辛某签订的《房屋租赁合同》，是双方当事人的真实意思表示，该合同有效。该租赁摊位因漏水无法经营使合同无法继续履行，双方对解除该租赁合同、返还房屋租金13000元和抵押金2000元均无异议，故对孟某海的该项请求，应予以维护。关于停业损失，因自停业至合同期满孟某海经营餐饮存在可期待利益，而停业是由于辛某租赁物存在瑕疵，不符合约定用途造成的，辛某仅同意给付15天的损失于法无据，故孟某海请求给付5个月零6天的停业损失，应予以支持，具体数额应以鉴定意见为准。一审判决：(1)辛某于本判决生效之日起10日内返还孟某海剩余房屋租赁费13000元、抵押金2000元；(2)辛某于本判决生效之日起10日内赔偿孟某海停业损失27300元。案件受理费329元（已减半收取），鉴定费500元，由辛某负担。

上诉人辛某不服原审判决，向本院提起上诉。

本院经审理查明的事实与原审法院查明的事实一致，予以确认。

乌兰浩特市华夏宏润资产评估事务所作出的[华宏鉴字(2014)第5号]资产评估报告书中写明,本次评估的停业损失由于其经营方式及管理模式无法确定其正常月份的经营收入及利润,因此本次评估的餐饮摊位停业损失由停业期间必然发生的最低费用来确定。必然发生的费用为停业期间的人员工资费用。孟某海停业时间5个月零6天,人员工资5250元/月,评估价值为27300元。

【法院认为】

本院认为,本案的争议焦点为,辛某是否应赔偿孟某海停业期间的营业损失。(1)辛红与孟某海在履行租赁合同期间,由于辛某提供的地下室存在漏水问题,使房屋无法使用导致停业,对该事实双方均无异议,且辛某对解除双方签订的租赁合同,并返还剩余租金及抵押金亦无异议,本院予以确认。辛某提供的租赁物不符合约定用途存在瑕疵,导致双方租赁合同无法履行,辛某构成违约,应承担违约责任。(2)辛某是否既返还停业期间租赁费又赔偿停业损失。鉴定评估报告中载明该停业损失仅以人员工资为标准计算的,并未将租赁费计入其中。辛某虽上诉主张原审法院判决既赔偿孟某海停业期间营业损失,又返还停业期间租赁费相互矛盾,对鉴定报告不予认可,但辛某针对其主张未提出重新鉴定,亦未提供反驳证据证明,故本院对其上诉主张不予支持。辛某对孟某海停业期间的损失应承担赔偿责任。在原审法院审理中,因孟某海在其诉讼请求中主张要求解除双方所签租赁合同,且辛某并无异议,但原审法院对此项请求未予以判决,应予纠正,其余判决正确,予以维持。

【裁判结果】

综上,上诉人辛某的上诉请求及理由不成立。二审判决如下:(1)维持乌兰浩特市人民法院(2013)乌民初字第2638号民事判决;(2)解除辛某与孟某海签订的租赁合同。二审案件受理费658元,由辛某负担。本判决为终审判决。

[参见威科先行法律信息库。]

11. 因轻微违约行为解除合同将致双方利益严重失衡时，人民法院可否运用公平原则限制约定合同解除权的行使？

【典型案例】

邓某华、文某英、李某平诉四川安逸连锁酒店有限公司房屋租赁合同纠纷案

【裁判要旨】

当事人有轻微违约行为导致合同约定的解除条件成就，但解除合同将导致缔约双方利益严重失衡的，人民法院可基于案件具体情形，运用公平原则，限制约定解除权的行使，以维护正常的交易秩序。

【案号索引】

一审：四川省南充市顺庆区人民法院(2012)顺庆民初字第42号

二审：四川省南充市中级人民法院(2014)南中法民终字第1411号

【基本案情】

2007年4月29日，邓某华、文某英、李某平(以下简称邓某华等三人)与四川安逸连锁酒店有限公司(以下简称安逸酒店公司)签订合同，将邓某华等三人所有的房屋租赁给安逸酒店公司，租赁期限为12年零3个月，租赁费为每年30万元，支付方式按年支付，每年6月25日前支付，先付租金，后使用。合同约定，安逸酒店公司应于每年6月30日前对案涉房屋投保"综合财产险"，金额不低于800万元，并在投保后3日内向邓某华等三人移交投保凭据复印件，如未按约办理保险，相应的责任由承租人承担。邓某华等三人可自行到保险公司对案涉房屋投综合财产险2000万元，一切费用由安逸酒店公司承担，若安逸酒店公司不承担此费用，则视为其提前终止合同，邓某华等三人有权终止本合同的执行。

合同履行中，安逸酒店公司未严格按照合同约定的时间支付租金。2008年，存在迟延支付租金1至10天不等的情况；2009年、2010年、2011年安逸酒店公司支付租金等均存在迟延支付。邓某华等三人接受了租金，仅于2009年1月20日向安逸酒店公司发函，要求对方承担迟延支付租金产生的违约金7559.38元。同时，安逸酒店公司按约于2007年、2008年为案涉房屋投保了800万元的综合财产险，2009

年、2010年为案涉房屋仅投保了280万元的综合财产险，且未将2007年至2010年的4张保险单复印件交予邓某华等三人。2010年10月，由于与邓某华等三人房产毗邻的南充中心医院工地施工，为保证自身财产安全，三人于同年11月26日投保了2000万元的“综合财产险”，产生保险费23948.27元，并于同年12月6日向安逸酒店公司移交了保险业专用发票，因多次催讨保险费未果，遂以安逸酒店公司多次迟延支付租金、未依约办理案涉房屋综合财产险及未按约转交投保凭据复印件，且在邓某华等三人自行投保后仍不承担保险费，以合同约定的解除条件已经成就为由，提起诉讼，请求：解除合同；安逸酒店公司承担保险费、相应的违约金等。

一审诉讼中，安逸酒店公司按约向邓某华等三人继续交纳租金，可使用期限至2014年8月31日，为案涉房屋投保了800万元的财产险，并向法院提存了欠邓某华等三人的保险费23948.27元。邓某华等三人主张不解除合同的条件是租金由每年30万元上涨为每年100万元。此外，邓某华等三人与安逸酒店公司均认可合同条款中的“提前终止合同”即是“提前解除合同”。

一审判决：(1)被告四川安逸酒店发展有限公司在本判决生效后5日内给付原告邓某华、文某英、李某平违约金共计71.6万元；(2)被告四川安逸酒店发展有限公司给付原告邓某华、文某英、李某平保险费23948.27元(被告已将该款付至本院账户，三原告可在本判决生效后立即领取)；(3)驳回原告邓某华、文某英、李某平的其他诉讼请求。

一审宣判后，邓某华等三人及安逸酒店公司均不服，向四川省南充市中级人民法院提起上诉。

【法院认为】

二审法院认为，合同解除权的立法价值取向是相关主体之间的利益平衡，对利益平衡的追求需要对约定解除权进行必要的限制。当严格执行当事人约定可能导致当事人利益严重失衡时，法院可基于公平原则的考量而施加影响，以保证合同主体利益的基本均衡。邓某华等三人按约履行了交付租赁物的义务，安逸酒店公司虽存在迟延给付租金的情形，但邓某华等三人接受了租金，仅发函要求安逸酒店公司给付违约金。同时，安逸酒店公司未按约为案涉房屋足额投保并交纳保险费的行为已构成违约，符合约定的解除条件，但该违约行为既未动摇合同的履行基础，也不影响邓某华等三人合同目的实现，且安逸酒店公司的违约行为轻微，在可以以给付违约金的方式弥补邓某华等三人的损失时，应慎用合同解除权。在诉讼中，邓某华等三人仍继续收取租金，安逸酒店公司亦愿意给付邓某华等三人为租赁物投保而实际发生的保险费，表明双方仍愿继续履行合同。此外，在安逸酒店公司投保不足期间，客观上未造成租赁房屋受损的后果。加之，合同约定的履行期才过半，安逸酒店公司将租赁房屋用于经营规模较大、期限较长、前期投入较多的酒店业，解除合同将导致不经济、不利益，基于民法公平原则以及利益均衡等因素，应当依法限制邓某华等三人行使合同解除权，合同不予解除。

【裁判结果】

二审判决：驳回上诉人邓某华、文某英、李某平及上诉人四川安逸连锁酒店有限公司的上诉，维持原判。

［参见四川省高级人民法院编：《审判指导》2016 年第 5 期。］

12. 在房屋租赁合同解除中，出租人未积极配合接收房屋的，对由此导致的损失扩大由何方承担？

【典型案例】

陈某兵与周某华房屋租赁合同纠纷案

【裁判要旨】

合同当事人一方违约，对方应当采取适当措施防止损失的扩大，没有采取适当措施致使损失扩大的，不得就扩大的损失要求赔偿。在房屋租赁合同中，承租人同意出租人解除租赁合同的要求，但出租人未积极配合接收房屋的，出租人对由此导致的损失扩大应自行承担责任。当事人一方违约后，对方应当采取适当措施防止损失的扩大；没有采取适当措施致使损失扩大的，不得就扩大的损失要求赔偿，应自行承担。

【案号索引】

一审：辽宁省沈阳市和平区人民法院（2012）沈和民二初字第 1903 号

二审：辽宁省沈阳市中级人民法院（2013）沈中民二终字第 1456 号

【基本案情】

2004 年，周某华与陈某兵签订《房屋租赁协议》，约定周某华将其所有的沈阳市和平区中山路 160 甲房屋 134.9 平方米租给陈某兵使用，之后双方多次续签《房屋租赁协议》，在 2011 年 9 月 9 日续签的《房屋租赁协议》主要约定：房屋租期为 2012 年 3 月 25 日至 2014 年 3 月 25 日，年租金 10 万元，每年 3 月 25 日付房租 10 万元，如不能按期交房租该协议终止履行，不得改变房屋结构，陈某兵对该房屋不正当使用导致后果由其自行负责，合同期满后陈某兵对该房投入的装修（除可搬动装修物品外）不得拆除等内容。陈某兵租赁房屋期间对房屋进行了装修改动，并将部分房屋转租他人使用。2012 年 6 月 6 日周某华通知陈某兵:你方应于 2012 年 3 月 25 日前交付租金,至今未付,我方从即日起将解除双方签订的租赁协议,并限你方于收到通知之日起 7 日内搬出房屋,交付占用租金 19444 元。2012 年 6 月 11 日,陈某兵向周某华银行账户中存入 10 万元。陈某兵于 2013 年 2 月 25 日以特快专递方式向周某华发出解除合同即退还房屋钥匙通知,周某华于 2013 年 2 月 26 日签收。周某华以陈某兵逾期支付房屋租金、私自改动房屋,将房屋转租他人的行为构成违约为由,起诉至和平区人民法院,要求判令解除租赁合同,将诉争房屋恢复原状并赔偿损失,损失数额为转租收益。陈某兵答辩称不存在违约行为,租金后期打入周某华账户,转租行为是周某华默许的,对租赁房屋装修改动没有改变房屋性质及结构,不应承担违约责任。

辽宁省沈阳市和平区人民法院一审判决:(1)解除原告周某华与被告陈某兵签订的关于沈阳市和平区中山路 160 甲房屋的《房屋租赁协议》;(2)被告陈某兵、第三人辽宁乐语宏田科技有限公司在本判决发生法律效力后 10 日内将沈阳市和平区中山路 160 甲房屋腾空返还给原告周某华;(3)被告陈某兵在本判决发生法律效力后 20 日内将沈阳市和平区中山路 160 甲房屋恢复原状;(4)被告陈某兵在本判决发生法律效力后 10 日内赔偿原告周某华经济损失 53284 元;(5)原告周某华在被告陈某兵给付上述款项之时返还被告陈某兵剩余租金(计算方式:被告陈某兵将房屋实际恢复原状之日至 2013 年 3 月 25 日,按年租金 10 万元计算);(6)驳回原告周某华其他诉讼请求。案件受理费 2300 元,由被告陈某兵承担 1182 元,由原告周某华承担 1118 元。宣判后,陈某兵提起上诉,上诉理由主要是认为装修房屋和转租行为不构成违约,不应当负有赔偿责任,上诉人未改变房屋结构,上诉人转租房屋的行为并未违反合同约定,并得到了被上诉人的认可,未构成违约,上诉人转租获益并不构成不当得利,不应当赔偿被上诉人。

【法院认为】

一审法院审理后认为:双方签订的房屋租赁合同合法有效。陈某兵在租赁房屋期间对房屋进行了改动且存在转租行为,陈某兵又没有证据证明上述行为经过了周某华的同意,故陈某兵上述行为属于违约行为,周某华解除合同的主张应予支持。现房屋由第三人乐语宏田有限公司实际使用,陈某兵系公司股东,应视为陈某兵自己使用。合同解除后,陈某兵及第三人应腾退房屋,陈某兵应将房屋恢复原状。因陈某兵已向周某华支付租金至 2013 年 3 月 25 日,所以周某华也应将陈某兵实际将房屋恢复原状之日以后的相应租金返还。关于周某华主张赔偿经济损失 9.8 万元的问题。双方对违约责任的承担、计算方法等在该租赁协议中均没有明确约定,由于陈某兵的违约行为导致合同解除,故陈某兵应赔偿再次进行招租的合理期间的租金,招租的合理期间以 3 个月为宜,故陈某兵应赔偿周某华 2.5 万元(10 万元/

12 个月 ×3 个月）。另外，陈某兵属实存在转租后获得其他利益的情况，即因其违约行为获得利益，故对于该部分利益被告也应赔偿周某华，该部分利益为 28284 元（9.5 万元－10 万元/134.9 平方米 ×90 平方米）。以上两项相加，陈某兵共应赔偿周某华 53284 元。

二审法院审理后认为：周某华与陈某兵于 2004 年 2 月 25 日签订了第一份《房屋租赁协议》，租期届满后，双方就诉争房屋多次续签租赁协议，周某华主张解除的《房屋租赁协议》是双方于 2011 年 9 月 9 日签订的《房屋租赁协议》，该协议是份独立的协议，是双方在平等自愿基础上达成的，合同内容不违反法律、行政法规规定，合法有效，双方均应遵照履行。关于周某华一审诉讼提出解除双方的租赁协议的主张，二审法院认为合同解除有约定解除和法定解除两种事由。本案中《房屋租赁协议》第三条约定："年租金 10 万元，每年 3 月 25 日付房租 10 万元，如不能按期交房租该协议终止履行。"该条属约定解除条件，陈某兵未在 2012 年 3 月 25 日交付该年度房屋租金，约定解除条件成就，周某华于 2012 年 6 月 6 日向陈某兵发出解除协议的通知，合同于周某华提出解除之日即 2012 年 6 月 6 日解除。对周某华以陈某兵逾期支付租金要求解除合同的主张予以采纳。对于一审法院以陈某兵存在改变房屋结构及对外转租构成违约为由认定合同解除一节，二审法院认为，对租赁房屋的装修改动不是合同约定的解除条件，也不是法定解除条件，陈某兵对外转租部分房屋虽未经周某华明确同意，但鉴于双方存在长期租赁合同关系，且在 2011 年 9 月 9 日续签《房屋租赁协议》之前，转租关系一直存在，周某华之前从未提出过异议，可以推定周某华对陈某兵转租行为是默认的，依据《最高人民法院关于审理城镇房屋租赁合同纠纷案件具体应用法律若干问题的解释》第十六条规定，陈某兵的转租行为不构成合同解除理由。综上，二审法院对一审法院认定陈某兵违约解除合同的理由不予采纳，对一审法院据此认定的违约责任承担亦不予采纳。关于周某华提出的要求陈某兵将诉争房屋恢复原状或承担恢复原状所需费用的主张，二审法院认为，合同解除后陈某兵应将诉争房屋恢复原状腾空返还给周某华，故一审法院判决被告将房屋腾空恢复原状还给周某华予以维持。

关于周某华依据陈某兵将房屋转租他人获利 9.8 万元提出要求陈某兵赔偿违约损失 9.8 万元的主张。二审法院认为，法律未规定在租赁期内承租人转租获利应归出租人所有，合同亦无相关约定，但因合同解除日期是 2012 年 6 月 6 日，合同解除后陈某兵继续占有租赁房屋没有合法依据，陈某兵对合同解除后占有租赁房屋的占用费用和基于租赁房屋获得的收益应支付给周某华，因陈某兵于 2013 年 2 月 25 日向周某华发出了同意解除租赁协议并要求接收房屋退还房屋钥匙的通知，周某华收到通知后未积极配合接收房屋，周某华对由此导致的损失扩大应自行承担责任，二审法院认为，陈某兵应向周某华支付 2012 年 6 月 6 日至 2013 年 2 月 26 日的房屋占用费用和转租收益，对此期间以后的房屋损失应由周某华自行承担，此期间房屋占用费用为72329元，此期间的转租收益为20457元。因陈某兵已向周某华支付2012年3月25日至2013年3月25日年度租金10万元，故周某华还应返还陈某兵2013年2月25日至2013年3月25日的租金。综上，费用相抵后陈某兵应支付周某华12124元。

【裁判结果】

辽宁省沈阳市中级人民法院于2013年9月25日作出（2013）沈中民二终字第1456号民事判决：（1）维持沈阳市和平区人民法院（2012）沈和民二初字第1903号民事判决第（1）项、第（2）项、第（3）项；（2）撤销沈阳市和平区人民法院（2012）沈和民二初字第1903号民事判决第（5）项、第（6）项；（3）变更沈阳市和平区人民法院（2012）沈和民二初字第1903号民事判决第（4）项为：上诉人陈某兵在本判决发生法律效力后10日内给付被上诉人周某华经济损失12124元；（4）驳回周某华、陈某兵的其他诉讼请求。一审案件受理费2300元，由被告陈某兵承担1118元，由原告周某华承担1182元。二审案件受理费2300元，由上诉人陈某兵承担1118元，由被上诉人周某华承担1182元。

［参见最高人民法院中国应用法学研究所编著：《人民法院案例选》（2015年第2辑），人民法院出版社2016年版。］

13. 因出租人原因解除房屋租赁合同的，形成附合的装饰装修添附物残值，应否赔偿承租人？

【典型案例】

成都优高投资有限公司诉成都大业国际投资股份有限公司、成都大业物业管理有限责任公司房屋租赁合同纠纷案

【裁判要旨】

2020年修订后的《最高人民法院关于审理城镇房屋租赁合同纠纷案件具体应用法律若干问题的解释》第九条规定，承租人经出租人同意装饰装修，合同解除时，双方对已形成附合的装饰装修物的处理没有约定的，人民法院按照下列情形分别处理：（1）因出租人违约导致合同解除，承租人请求出租人赔偿剩余租赁期内装饰装修残值损失的，应予支持；（2）因承租人违约导致合同解除，承租人请求出租人赔

偿剩余租赁期内装饰装修残值损失的,不予支持。但出租人同意利用的,应在利用价值范围内予以适当补偿;(3)因双方违约导致合同解除,剩余租赁期内的装饰装修残值损失,由双方根据各自的过错承担相应的责任;(4)因不可归责于双方的事由导致合同解除的,剩余租赁期内的装饰装修残值损失,由双方按照公平原则分担。法律另有规定的,适用其规定。因出租人原因解除房屋租赁合同后,其形成附合的装饰装修添附物残值赔偿,仍然应当适用合同相对性原则,以现实添附物残值价值赔偿承租人,无论该装饰装修是否为次承租人添附。

【案号索引】

一审:四川省成都市中级人民法院(2013)成民初字第37号

二审:四川省高级人民法院(2014)川民终字第555号

【当事人信息】

原告:成都优高投资有限公司(以下简称优高公司)

被告:成都大业国际投资股份有限公司(以下简称大业投资公司)

被告:成都大业物业管理有限责任公司(以下简称大业物管公司)

【基本案情】

2009年4月1日,大业投资公司、大业物管公司作为出租房屋及附属设施的出租方,未告知出租标的物已抵押给中国建设银行股份有限公司成都市第七支行(以下简称建行成都七支行)等数家机构,且已被司法查封的事实,与承租方优高公司签订《房屋租赁合同》,将成都市锦江区大业路39号大业大厦地下一层至地上五层的全部物业出租给优高公司经营使用(可以转租),租赁期限为18年,租赁费分段计付:2009年11月5日至2012年11月5日,每年年租费900万元;2012年11月5日至2014年11月5日,每年年租费945万元;以后逐年分段计算至2027年11月5日。

合同中特别约定:在本合同有效期内,若租赁标的物发生任何抵押、转让、继承、赠与及类似情形,出租方均应向相关方面告知租赁标的物已按本合同约定出租的事实,并确保本合同的履行不因该抵押、转让、继承、赠与等情形而受到任何影响,促成新的产权人与优高公司继续履行本合同的各项权利义务。出租方无须向优高公司告知、披露租赁标的物的抵押情况,但出租方在租赁标的物发生转让、继承、赠与前,应提前3个月书面通知优高公司。若因出租方违反合同约定的相关义务和承诺,导致优高公司无法继续使用出租房屋或对优高公司正常经营活动造成严重影响和妨害,优高公司有权停止支付租赁费。若该情形累计持续超过1个月,视为根本违约,根本违约金数额按该违约行为发生时剩余租期内应付租赁费总额的10%计收,且优高公司有权单方解除合同,并要求出租方承担违约责任;若因承租方原因导致合同不能履行或提前解除,承租方交纳的150万元保证金不予退还。任何一方根本违约时,若按约定支付的根本违约金不足补偿对方的经济损失的,还应补足赔偿。

签订合同后,大业投资公司、大业物管公司交付了出租房屋及附属设施。优高公司交纳了履约保证金150万元,并与深圳市金城艺装饰设计工程有限公司签订装饰设计服务合同,进行装饰装修设计,支付设计费40万元。同时,又与四川精成建设工程有限公司签订关于大业大厦一至五楼装饰装修工程总包的协议,将租赁房屋内、外装饰装修发包给其施工。2009年9月28日,租赁双方签订房屋租赁合同补充协议,对优高公司请求因装饰装修需要延长扣除相应承租期限达成一致意见:"同意装修期在原约定基础上增加45天。即原租赁合同第2.2款修改为:装修期自2009年5月30日交房日起计算满200日止。装修期内免租赁费。"装饰装修完成后,优高公司自用了部分楼层,其余部分转租给了第三方。

2010年3月9日、2010年3月22日,案涉房屋的多个抵押权人分别向优高公司发出通知函,告知该出租房屋抵押在先,抵押权人为实现抵押权要求优高公司停止使用案涉房屋。2011年1月24日,人民法院将案涉房屋整体抵偿给建行成都七支行等12家债权人以结算大业投资公司的债务。

优高公司支付了2010年6月20日之前的租赁费450万元后,拒绝支付后续租赁费。大业投资公司、大业物管公司因此提起诉讼。该案经四川省高级人民法院二审终审,于2012年8月30日作出(2012)川民终字第337号民事判决书,认定优高公司依法行使不安抗辩权,逾期支付租金不构成违约,大业投资公司、大业物管公司解除房屋租赁合同及要求优高公司承担违约责任的理由不成立,但优高公司应当支付2010年6月20日至2011年1月24日使用租赁房屋的租金647.3万元。之后,租赁双方就欠付租金及后续租赁房屋事宜进行了协商,但未达成一致。

2012年11月23日,优高公司向案涉房屋的多个抵押权人分别公证送达洽商函,请求洽商以达成继续租赁的新协议,未果。2012年11月29日,优高公司向大业投资公司、大业物管公司公证送达了解除合同通知书,通知解除房屋租赁合同。

2012年12月5日,优高公司提起诉讼,请求法院判令解除双方租赁合同;退还履约保证金150万元;出租方支付根本违约金1844.80万元;出租方赔偿损失2244.54万元。

2012年12月28日,通过公开竞价拍卖方式,案外人杜某蓉、罗某娟取得案涉房产所有权,并于2013年4月1日告知各使用单位:新产权人已经产生,自产权变更之日起案涉房屋产生的收益全部归买受人所有,优高公司使用和处分该部分房屋没有合法依据,无权取得该部分房屋的收益。建议各使用单位暂停向优高公司支付任何费用。

2013年4月,优高公司委托四川京都君益工程造价咨询事务所有限公司(以下简称京都君益造价公司）就承租房屋的装饰装修造价进行审核，审核结果为12012623元。

四川省成都市中级人民法院一审经审理认为，优高公司起诉主张解除租赁合同，大业投资公司、大业物管公司同意解除合同，双方合意解除租赁合同，予以支持。因双方合意解除合同，故合同不能履行不是基于双方的原因，履约保证金150万元应予退还。案涉租赁房屋面积较大，租期较长，优高公司作为承租人，在签订合同时应对租赁标的物的相关情况进行调查了解，优高公司应当知道承租房屋是否存在抵押、查封的事实，故优高公司主张出租方根本违约不成立。优高公司主张赔偿损失与合同约定不符。一审法院判决：双方解除房屋租赁合同；退还履约保证金150万元；驳回优高公司的其他诉讼请求。

优高公司不服一审判决，提起上诉。

【法院认为】

四川省高级人民法院二审经审理认为，本案出租方违反先合同义务，在出租房屋和附属设施时未将标的物存在抵押和被司法查封的重大事项按照法律规定告知承租方优高公司，且在新的产权人出现后，未实现其在合同中承诺的确保租赁合同的履行不因抵押、转让、继承、赠与等情形而受到任何影响，未促成新的产权人与优高公司继续履行其租赁合同的各项权利义务，并最终导致其不能继续提供租赁合同标的物，其违约行为成就了租赁合同约定的合同解除条件。对优高公司于2012年11月29日公证送达解除合同通知书解除合同的效力予以确认。由于解除租赁合同的原因是出租方不能继续提供合同标的物的根本违约行为，故其应当承担相应的合同违约责任。

对于装饰装修残值损失，优高公司接收租赁标的物后，进行了委托装饰装修设计，并发包给四川精成建设工程有限公司总包施工。装饰装修完成后，优高公司自己使用一部分，转租给次承租人一部分。虽然优高公司未能提供充分的实际支付装饰装修费用凭证，但其退还的租赁房屋已经发生装饰装修添附的客观事实存在，其装饰装修造价经具有司法鉴定资格的京都君益造价公司审核为12012623元。经审查，该审核意见应予采信。根据合同相对性原则，租赁合同解除后，其装饰装修添附价值连同租赁房屋一并由出租方接收，出租方应当向合同相对人承担支付装饰装修添附物残值价值的责任。对于装修残值损失的具体金额，参照装饰装修费用在租赁期内摊销完毕的装修残值平均损失计算原则，优高公司的装饰装修残值损失为10343852.50元。

鉴于优高公司作为一个商法人，在签订房屋租赁合同时，未能尽到对租赁标的物是否进行抵押、查封的必要审慎注意，签订长达18年的租赁合同，并进行巨额装修投入，对其发生的损失因其疏忽大意，应当承担一定责任。综合本案出租方违约情形、双方约定违约金确实过高、装饰装修残值计算误差、优高公司存在的疏忽大意等因素，出租方按前述装修残值损失的70%即7240696.75元承担赔偿责任后，不再承担惩罚性违约责任。

【裁判结果】

综上，二审法院判决案涉房屋租赁合同自2012年11月29日送达解除合同通知书之日解除，出租方退还履约保证金150万元并赔偿损失7240696.75元，驳回优高公司的其他诉讼请求。

［参见威科先行法律信息库。］

14. 房屋租赁合同解除致转租合同无法履行，在出租人未主张的情况下，承租人是否有权向次承租人主张逾期腾房占有使用费？

【典型案例】

黄某与唐某房屋租赁合同纠纷案

【裁判要旨】

转租合同的存在须以租赁合同的存在为前提，如果租赁合同终止，承租人对租赁房屋的用益物权消灭，转租的权利基础丧失，转租合同亦因丧失存在基础，无法继续履行而终止；房屋租赁合同解除致转租合同无法履行，在出租人未主张的情况下，承租人无权向次承租人主张逾期腾房占有使用费。虽转租合同是以原租赁合同为基础的独立合同，但承租人转租是以其对租赁房屋享有使用权为基础的，转租合同的存在须以租赁合同的存在为前提，如果租赁合同终止，承租人对租赁房屋的用益物权消灭，转租的权利基础丧失，转租合同亦因丧失存在基础，无法继续履行而终止。

【案号索引】

一审：上海市浦东新区人民法院（2010）浦民一（民）初字第34198号

二审：上海市第一中级人民法院（2011）沪一中民二（民）终字第1325号

再审：上海市第一中级人民法院（2012）沪一中民二（民）再终字第14号

【基本案情】

2002年，黄某自某房管所租赁案涉房屋，租期2年。到期后黄某仍继续使用该房屋。2007 年 12 月 20 日，黄某与唐某签订租赁协议，将案涉房屋转租给唐某使用至 2012 年，租金每年 1.8 万元。唐某支付了 2008、2009 年度的租金。2009 年 6 月，某房管所诉至法院，要求判令唐某立即搬出案涉房屋，并确认某房管所与黄某的租赁关系于 2008 年 12 月 31 日终止。该案生效判决：(1)确认某房管所与某黄之间的租赁关系于 2009 年 5 月 31 日解除；(2)黄某与唐某于判决生效之日起 20 日内将案涉房屋返还某房管所；(3)某房管所在收回房屋 2 个月内维持收回原状。2010 年 3 月，唐某诉至法院，要求黄某支付装修费用和经营损失等，法院经审理后部分支持唐某诉请，双方均未上诉。2010 年 10 月，唐某搬离案涉房屋。同年 11 月，黄某诉至法院，认为其与唐某之间的转租关系在唐某返还房屋之后才解除，故唐某应向其支付自 2010 年 1 月 1 日起至 2010 年 9 月底的租金。唐某认为双方之间的转租合同已于 2009 年 5 月 31 日解除，要求驳回黄某的全部诉讼请求。

【法院认为】

一审法院认为：前案已判令唐某和黄某应在该判决生效之日起 20 日内将案涉房屋返还给某房管所，因此，黄某与唐某之间的转租合同实际解除日期应为该判决生效之日起第 21 日，即 2010 年 3 月 13 日。合同解除以前，黄某作为出租人有权依据转租合同向唐某收取租金；合同解除以后，因双方均负有向某房管所交还房屋的法律义务，由黄某向唐某收取逾期占用的使用费并无法律依据。因此，黄某诉请中要求唐某支付自 2010 年 1 月 1 日至 2010 年 3 月 13 日的租金，应予支持。

二审法院认为：唐某系基于其与黄某间的租赁协议而占有使用案涉房屋，根据合同相对性原则，唐某在向黄某租赁使用案涉房屋后，应履行承租人的义务，向黄某支付租金。至于黄某与某房管所之间租赁合同解除以后的后果处理，可由黄某与某房管所之间进行结算，并非必须与本案一并处理，故一审法院判决并无不当。

检察机关抗诉认为：原审法院判决认定事实错误致判决有误。在某房管所诉请唐某排除妨害案中，已确认某房管所与黄某之间的租赁关系自 2009 年 5 月 31 日解除。故黄某与唐某之间的转租合同依法应于 2009 年 5 月 31 日解除，黄某无权向唐某主张 2010 年 1 月至 3 月 13 日租金。

再审认为：在黄某与某房管所的租赁合同依法解除后，黄某已丧失了对案涉房屋占有、使用、收益的权利，其与唐某的转租合同已丧失继续履行的基础，应当随之解除。虽然唐某在原租赁合同与转租合同解除后，仍实际占有使用了案涉房屋，应支付相应的使用费，但根据《最高人民法院关于审理城镇房屋租赁合同纠纷案件具体应用法律若干问题的解释》第十八条“房屋租赁合同无效、履行期限届满或者解除，出租人请求负有腾房义务的次承租人支付逾期腾房占有使用费的，人民法院应予支持”的规定来看，有权收取占有使用费的是出租人，即某房管所，并非黄某，且从目前情况来看，房管所并未向黄某或唐某主张房屋使用费，因此黄某根据其与唐某间的转租合同向唐某收取费用并无事实或法律依据。综上,检察机关的抗诉意见成立。

【裁判结果】

一审法院判决:(1)唐某支付黄某自2010年1月1日至2010年3月13日的租金;(2)驳回黄某其余诉讼请求。黄某不服一审法院判决,提起上诉。

二审法院判决:驳回上诉,维持原判。

再审判决:撤销一、二审法院判决,驳回黄某全部诉讼请求。

[参见威科先行法律信息库。]

第十一章 房屋转租纠纷

1. 承租人未经出租人同意将房屋转租他人的，转租合同被认定无效后，承租人应当如何返还租赁费？

【典型案例】

袁某生诉刘某英房屋租赁合同纠纷案

【裁判要旨】

《民法典》生效前，《合同法》第二百二十四条规定，承租人经出租人同意，可以将租赁物转租给第三人。承租人未经出租人同意转租的，出租人可以解除合同。第五十八条规定，合同无效或者被撤销后，因该合同取得的财产，应当予以返还；不能返还或者没有必要返还的，应当折价补偿。《民法典》生效后，第一百五十七条和第七百一十六条作出相同规定。因此，承租人未经出租人同意将房屋转租他人的，出租人可以解除合同，并且转租合同因此无效。在转租合同无效的情况下，承租人原则上应当向次承租人返还全部租赁费。但是，如果次承租人已经使用了租赁房屋，那么由于其使用房屋的行为也是一种间接获取利益的行为。店面转让费是市场发展过程中形成的一种商业习惯，因房屋租赁合同产生的店面转让费纠纷，应当在区分转让费性质的基础上，主要考虑次承租人承租店面经营的时间来确定转让费用在承租人及次承租人间的负担。因此，承租人可以在扣除合理的房屋使用费后，将剩余租赁费返还给次承租人。

【案号索引】

一审：江西省永丰县人民法院（2011）永民初字第1190号

二审：江西省吉安市中级人民法院（2012）吉中民一终字第165号

【基本案情】

刘某英于2010年3月20日与店主章某云的岳父涂某贤签订了《店面出租合同》,该合同约定了租期从2010年4月1日至2011年3月30日以及刘某英在租期内无权转租等内容。2011年2月,袁某生得知刘某英承租的店面要转让,便于2011年3月6日与刘某英签订了一份协议,约定刘某英将店面的经营权转让给袁某生等事宜,但未约定租期;袁某生支付给刘某英转让费3.85万元。2011年4月,因合同到期,店主章某云要求收回店面,遂起诉袁某生,要求袁某生搬出店面并赔偿相关损失。后经法院判决确认:袁某生与刘某英签订的转让协议无效,判令袁某生搬出店面,并按每月680元租金支付给章某云。袁某生在该店内从2011年3月经营至2012年1月。

袁某生向江西省永丰县法院起诉,要求刘某英返还转让费3.85万元,并赔偿经济损失。

江西省永丰县人民法院经审理认为,原告袁某生与被告刘某英签订的转让协议经法院判决认定为无效合同,刘某英收取的3.85万元转让费因合同无效而导致其取得该款没有依据,应当予以返还。同时,袁某生在与刘某英协商租赁该房屋时,应当了解房屋的权属及刘某英有无转让权,因其疏忽没有了解,袁某生对造成合同无效存在一定的过错,因此应承担相应的责任;刘某英明知自己无转租权而进行转租并收取转让费,其主观过错较大,应承担主要责任。考虑到袁某生已经营了约10个月,酌定由其承担30%的责任为宜。袁某生要求刘某英赔偿损失,但未提供任何损失证据,故不予支持。

一审判决:(1)被告刘某英返还原告袁某生店面转让费3.85万元的70%即26950元,其余损失由原告自行负担;(2)驳回原告的其他诉讼请求。

袁某生不服,提起上诉。

【法院认为】

江西省吉安市中级人民法院经审理认为,房屋转让费是市场发展过程中形成的一种商业习惯,该费用一般包含房屋装饰装修费用、承租人长期在该房屋经营形成的商业价值、承租人先行占有房屋的垄断利润及优先承租权等多种不同性质的费用集合体。但刘某英与袁某生签订的转让其承租的房屋经营权合同并没有约定转让费用具体包含的费用性质,而且,当事人表示该转让费主要是一种经营权的转让费用,是沿袭市场惯例的做法。现因次承租人袁某生未与房主就租赁房屋事宜达成一致,导致转让行为无效,该转让费应按无效合同的后果进行处理。鉴于次承租人袁某生支付转让费用并意欲承租店面主要目的是经营,原审法院根据袁某生客观上已经在该店面经营约10个月的事实,酌定由刘某英承担返还转让费的70%的责任并无不当。

【裁判结果】

吉安市中级人民法院判决：驳回上诉，维持原判。

[参见彭箭：《江西吉安中院判决袁秋生诉刘晗英房屋租赁合同纠纷案——次承租人经营时间与店面转让费的分担》，载《人民法院报》2012年6月21日，第6版。]

2. 原房屋所有人在存在租赁合同的情况下将房屋转让，待租赁合同到期后原房屋所有人又与他人签订了租赁合同的，该租赁合同是否有效？

【典型案例】

卓某绵诉惠阳区协兴贸易总公司等房屋租赁合同纠纷案

【裁判要旨】

买卖不破租赁，即在租赁关系存续期间，即使出租人将租赁物让与他人，对租赁关系也不产生任何影响，买受人不能以其已成为租赁物的所有人为由否认原租赁关系的存在并要求承租人返还租赁物。《民法典》生效前，《合同法》第二百二十九条规定，租赁物在租赁期间发生所有权变动的，不影响租赁合同的效力。《民法典》生效后，第七百二十五条作出相同规定。但是，买卖不破租赁的适用前提是租赁合同在转让之前已经存在，由于房屋转让后原所有人已经失去了房屋的所有权，其签订的租赁合同属于无权处分行为，除非获得新的所有权人追认，否则属于无效行为。因此，原房屋所有人在存在租赁合同的情况下将房屋转让出去，在租赁合同到期后原房屋所有人又与他人签订了租赁合同的，除非获得新的所有权人追认，否则该租赁合同无效。

【案号索引】

广东省惠州市惠阳区人民法院(2004)惠阳法民一初字第492号

【当事人信息】

原告：卓某绵

被告：惠阳区协兴贸易总公司(以下简称协兴公司)

被告：周某忠

第三人：黄金歌舞厅

第三人:李某河,副食商店店主

第三人:李某端,华泰涂料商店店主

第三人:薛某微,中南五金商店店主

第三人:王某庭,雅庭装饰五金商行店主

第三人:陈某,东方五金电器商店店主

第三人:邓某华,辉煌广告工程部店主

第三人:李某国,吉利工量具商店店主

第三人:陈某香,吉利工量具商店店主。该店实际经营者为第三人李某国

第三人:翟某丽,立交桥福利彩票站店主

【基本案情】

广东省惠州市惠阳区人民法院经公开审理查明:被告协兴公司因欠中国工商银行惠阳支行债务,1996 年 12 月 19 日,双方签订《以物抵债协议书》,约定:被告协兴公司以淡水工业区厂房(黄金歌舞厅整栋楼)和地皮抵偿中国工商银行惠阳支行借款本息 5799831 元,被告协兴公司协助办理过户,支行停止计息,被告协兴公司不得进行转让、出租、拍卖等,并由公证部门公证。在签订《以物抵债协议书》前,被告协兴公司将该工业区厂房出租给被告周某忠,租期为 1991 年 3 月 7 日至 2003 年 2 月 28 日。签订《以物抵债协议书》后,1997 年 3 月 7 日,中国工商银行惠阳支行将黄金歌舞厅整栋楼出租给被告协兴公司,租期为 1997 年 3 月 7 日至 2003 年 2 月 28 日。2003 年 2 月 21 日,被告协兴公司将该楼房出租给被告周某忠,约定租金每月 14000 元,租期为 2003 年 3 月 1 日至 2009 年 2 月 28 日。被告周某忠承租后又将该楼房分别转租给第三人黄金歌舞厅、李某河等人,并签订了《房屋租赁合同》及《承包合同》。该楼房 2004 年 3 月之前租金已由被告协兴公司收取,2004 年 4 月至 10 月租金已由被告周某忠收取。中国工商银行惠阳支行与被告协兴公司签订《以物抵债协议书》后一直未办理过户手续,2003 年 12 月 22 日,中国工商银行惠阳支行委托惠州市运通达拍卖有限公司公开拍卖,由原告卓某绵竞买所得,于当日签订了拍卖成交确认书。2004 年 1 月 8 日,中国工商银行惠阳支行将拍卖结果书面通知被告协兴公司,并告知被告协兴公司:拍卖的房地产已移交给买受人,从 2003 年 12 月起的租金将由买受人收取。后由被告协兴公司协助办理过户,因属于国有资产,经政府审批同意处置,2004 年 5 月 31 日,原告卓某绵取得了该楼房的房地产权证。后因租赁问题和租金收取问题,原告卓某绵与被告周某忠及第三人黄金歌舞厅、李某河等人无法协商,发生纠纷。原告卓某绵 2004 年 10 月 18 日向本院起诉,请求判令确认被告与第三人之间关于涉案房产的租赁合同无效;被告及第三人向原告支付自 2003 年 12 月至今的租金;第三人向原告交还占用的涉案房产。案件经受理庭审时,原告卓某绵坚持其诉讼请求。被告协兴公司认为,过户时已与原告议定黄金

歌舞厅楼房的租金从2004年4月1日起归原告收,此前的租金归其公司收取,租赁合同由原告接管。被告周某忠认为,租赁合同有效,原告的诉讼请求缺乏事实依据和法律依据,请求法院判决驳回原告的全部诉讼请求。第三人黄金歌舞厅及李某河等人辩称,其与被告周某忠签订的房屋租赁合同是合法有效的,不同意原告的诉讼请求。调解无效。

【法院认为】

广东省惠州市惠阳区人民法院审理认为,该楼房是原告卓某绵参加公开拍卖竞买所得,签有拍卖成交确认书并办理了过户手续,取得了房地产权证,其所有权来源是合法的,本院予以确认。该楼房原是被告协兴公司向中国工商银行惠阳支行借款的抵押物,因无现钱还债,双方签订《以物抵债协议书》,是双方的真实意思表示,其内容不违反法律、法规的强制性规定,且已履行完毕,应认定合法有效。该协议书约定,以物抵债后被告协兴公司不得进行转让、出租、拍卖等,但是被告协兴公司在原租赁合同到期后,未征得房屋接受人中国工商银行惠阳支行同意,就将该楼房出租给被告周某忠,属无权出租,其双方签订《租赁合同》,应确认无效。被告周某忠承租后又将该楼房分别转租给第三人黄金歌舞厅、李某河等人,并签订《房屋租赁合同》及《承包合同》,因被告周某忠与被告协兴公司签订《租赁合同》无效,故上述转租的《房屋租赁合同》及《承包合同》也相应无效。关于该楼房2003年3月之前的其他租赁合同,因已履行完毕,本院不予审查。原告卓某绵起诉请求确认被告与第三人之间关于该楼房租赁合同无效;被告及第三人向原告支付自2003年12月至今的租金;第三人向原告交还占用的涉案房产,理由充分,本院予以支持。但是原告主张租金按市场价格每月35000元是不合理的。被告周某忠作为承租方,占用了房屋,就应当支付房屋使用金,房屋使用金应按双方约定的租金每月14000元计付。因该楼房公开拍卖成交后,中国工商银行惠阳支行已于2004年1月8日将拍卖结果书面通知被告协兴公司,而且将拍卖的房地产已移交给原告,通知之日应视为房屋移交之日,标的物在交付之前产生的孳息归出卖人所有,交付之后产生的孳息归买受人所有。所以该楼房租金自2004年1月9日起归房屋所有人原告卓某绵所有。2004年1月9日至3月30日的租金38267元,已由被告协兴公司收取,应由其返还给原告卓某绵,2004年4月1日至10月30日的租金98000元,已由被告周某忠收取,应由其返还给原告卓某绵。被告协兴公司认为,过户时已与原告议定黄金歌舞厅楼房的租金在2004年4月1日之前归其公司收取,因其无证据证实该事实,故本院不予支持。被告周某忠认为,租赁合同有效,原告的诉讼请求缺乏事实依据和法律依据,请求法院判决驳回原告的全部诉讼请求,其理由不充分,本院不予支持。第三人黄金歌舞厅及李某河等人辩称,其与被告周某忠签订的房屋租赁合同是合法有效的,不同意原告的诉讼请求,其理由不充分,缺乏法律依据,本院不予支持。

【裁判结果】

广东省惠州市惠阳区人民法院判决如下：(1)确认被告协兴公司与被告周某忠于2003年2月21日签订的《租赁合同》无效，确认被告周某忠与第三人黄金歌舞厅、李某河、李某端、薛某微、王某庭、陈某、邓某华、李某国、陈某香、翟某丽签订转租的《房屋租赁合同》及《承包合同》无效。(2)被告协兴公司于本判决发生法律效力之日起10日内返还房屋租金38267元给原告卓某绵。被告周某忠于本判决发生法律效力之日起10日内返还房屋租金98000元给原告卓某绵，同时返还已收取的租房押金(数额以实收为准)给第三人李某河、李某端、薛某微、王某庭、陈某、邓某华、李某国、陈某香、翟某丽。(3)第三人黄金歌舞厅、李某河、李某端、薛某微、王某庭、陈某、邓某华、李某国、陈某香、翟某丽于本判决发生法律效力之日起10日内将所承租的房屋交回给原告卓某绵。案件诉讼费7760元由被告协兴公司和被告周某忠各负担3880元。本案宣判后，各方当事人均服判未上诉，并自觉履行了上述判决。

[参见国家法官学院、中国人民法大学法学院编：《中国审判案例要览》(2005年商事审判案例卷)，中国人民大学出版社2006年版。]

3. 承租人未经出租人同意存在擅自改变房屋结构并转租的违约行为，应否认定其已丧失与其他承租人在“同等条件”下承租的权利？

【典型案例】

何某菊诉陈某梅、江某龙房屋租赁合同纠纷案

【裁判要旨】

优先承租权是指在租赁合同到期后，原承租人在同等条件下，享有优先与出租人签订租赁合同的权利。“同等条件”是一个包括租金、租金支付方式、租赁期限、保证以及房屋的用途、装修、宣传等内容的广泛的概念，而不应仅仅理解为金钱因素。承租人存在擅自改变房屋结构并转租的违约行为，应认定其已丧失与其他承租人在“同等条件”承租的权利。租赁合同到期后，出租人另与他人签订租赁合同，没有侵犯承租人的优先承租权。

【案号索引】

一审:湖北省武汉市中级人民法院(2019)鄂01民终1451号

再审:湖北省高级人民法院(2019)鄂民申2765号

【当事人信息】

再审申请人(一审原告、二审上诉人):何某菊

被申请人(一审被告、二审被上诉人):陈某梅

被申请人(一审被告、二审被上诉人):江某龙

【基本案情】

再审申请人何某菊因与被申请人陈某梅、江某龙房屋租赁合同纠纷一案,不服湖北省武汉市中级人民法院(2019)鄂01民终1451号民事判决,向本院申请再审。本院依法组成合议庭对本案进行了审查,现已审查终结。

何某菊申请再审称,(1)原判决认定申请人"未经陈某梅同意,擅自改变房屋结构并转租,构成违约",认定事实错误。①申请人对案涉房屋进行重新装修已经征得陈某梅同意,符合双方的合同约定。案涉《租赁合同》约定:"若确因经营需要改装门面,必须经过甲方(陈某梅)同意后方可施工。"申请人作为承租人有权根据经营需要对租赁房屋进行适当装修,这不仅符合合同的约定,也符合申请人承租房屋进行经营的根本目的。同时,在已生效的(2015)鄂武昌民初字第04218号民事判决中也认定"被告(何某菊)装修也是谁使用谁受益,与我没有关系",说明陈某梅对于申请人进行装修的行为是默认的。②申请人未将案涉房屋进行转租,而是与江某龙进行合作经营。同时,根据案涉《租赁合同》约定:"如乙方(何某菊)经营不善,确需转让时,乙方收取转让费超过10万元的部分按12%付给甲方。"该条款明确约定申请人作为承租人有权进行转让,这充分说明双方对于房屋转让达成了合意。因此,即便申请人将经营权转让,也符合合同约定,不存在违约。③原判决以申请人"擅自改变房屋结构并转租"为由,认定陈某梅不退还1万元押金,认定事实错误。陈某梅未举证证明申请人转租或破坏房屋结构。(2)一审判决遗漏了陈某梅违约侵犯申请人优先承租权的事实,二审虽补充了相关事实,但认定却是完全错误的。无论申请人是否违约,均不影响陈某梅和江某龙恶意串通侵犯申请人优先承租权的客观存在,应依法追究其法律责任。二审判决认为"陈某梅在合同到期后,明确表示不再与何某菊续租",这正好证明陈某梅侵犯申请人的优先承租权。(3)陈某梅违反诚实信用原则,为了谋取不正当利益,严重违反合同和法律规定,恶意与江某龙进行勾结,对申请人进行威胁、恐吓,甚至人身殴打,严重损害申请人合法权益,人民法院应当依法改判,支持、保护申请人的合法权益。综上,何某菊请求对本案再审。

【法院认为】

本院经审查认为，关于何某菊是否存在擅自改变案涉房屋结构并转租的违约行为的问题。案涉《租赁合同》约定："在合同有效期内，乙方（何某菊）不得随意改变商铺结构设施，如确因经营需要改装门面，必须经甲方（陈某梅）同意后方可施工。""甲方如发现乙方私自分租、转租、转让、转借商铺非法牟利时，未经甲方同意，甲方有权中止租赁商铺，押金不退。"承租方改变商铺结构设施、改装门面，以及分租、转租、转让、转借商铺须经出租方同意，否则为违约行为。一审中，陈某梅主张何某菊改变房屋结构并转租，违反双方合同约定。陈某梅需对何某菊改变房屋结构并转租的事实承担举证证明责任。何某菊一审庭审陈述"改变房屋结构和转租是经过陈某梅允许的"，即其存在改变房屋结构及转租的行为，但该行为获得陈某梅同意。现何某菊申请再审主张其未改变房屋结构，未转租，与其原审陈述相悖，有违民事诉讼诚信原则。因何某菊已经当庭自认其存在改变案涉房屋结构及转租的行为，陈某梅无须对何某菊改变案涉房屋结构及转租的事实承担举证责任，人民法院应根据何某菊的自认认定何某菊改变了案涉房屋结构并对之转租。由于何某菊陈述其虽改变房屋结构并转租，但该行为获得陈某梅同意，何某菊应对陈某梅同意其改变案涉房屋结构并同意转租承担举证证明责任。何某菊申请再审主张陈某梅在另案陈述"被告（何某菊）装修也是谁使用谁受益，与我没有关系"，系陈某梅对其装修行为的默认。对此，本院认为，即使陈某梅在另案中确实陈述"装修也是谁使用谁受益，与我没有关系"，但该陈述仅表明陈某梅并未因何某菊的装修行为而获益，并不能据此认定何某菊的装修获得陈某梅同意。因何某菊未提交证据证明其改变案涉房屋结构并转租获得陈某梅同意，其应承担举证不能的不利后果。因何某菊改变案涉房屋结构并转租未获陈某梅同意，根据案涉合同的相关规定，何某菊存在擅自改变案涉房屋结构并转租的违约行为。

关于陈某梅是否侵犯何某菊优先承租权问题。优先承租权是指在租赁合同到期后，原承租人在同等条件下，享有优先与出租人签订租赁合同的权利。此处的"同等条件"是一个包括租金、租金支付方式、租赁期限、保证以及房屋的用途、装修、宣传等内容的广泛的概念，而不应仅仅理解为金钱因素。因何某菊存在擅自改变案涉房屋结构并转租的违约行为，认定其已丧失与其他承租人在"同等条件"承租的权利并不违反优先承租权的内涵。故陈某梅在其与何某菊的租赁合同到期后，另与他人签订租赁合同，没有侵犯何某菊的优先承租权。

关于何某菊主张陈某梅为恶意与江某龙进行勾结，对其进行威胁、恐吓，甚至人身殴打，严重损害其合法权益，与本案房屋租赁合同纠纷系不同法律关系，不是本案审查范围。

综上，何某菊的申请再审事由均不成立。

【裁判结果】

再审裁定:驳回何某菊的再审申请。

[参见威科先行法律信息库。]

4. 拒绝行使代偿权的次承租人,对转租合同无法履行是否具有过错?

【典型案例】

张某琴诉兰州火焰鹅餐饮管理有限公司、郑某贵等房屋租赁合同纠纷案

【裁判要旨】

法律规定次承租人具有代偿权的立法目的在于赋予次承租人代位清偿的权利以对抗出租人的合同解除权,以稳定交易关系,保护无过错次承租人利益。次承租人是否行使该权利系其意思自治的范畴,其并不因拒绝行使该项权利而对转租合同的无法履行具有相应过错。

【当事人信息】

再审申请人(一审原告、二审上诉人):张某琴

被申请人(一审被告、二审上诉人):兰州火焰鹅餐饮管理有限公司(以下简称火焰鹅公司)

一审被告:郑某贵

一审被告:卓某群

一审被告:陈某凯

【基本案情】

再审申请人张某琴与被申请人兰州火焰鹅餐饮管理有限公司、一审被告郑某贵、卓某群、陈某凯房屋租赁合同纠纷一案,不服兰州市中级人民法院(2018)甘01民终71号民事判决,向本院申请再审。本院依法组成合议庭对本案进行了审查,现已审查终结。

张某琴申请再审称,(1)原审适用法律不当。火焰鹅公司另案起诉申请人主张损失。申请人因拖欠杜某平房租和擅自转租的过错已在另案中承担了返还履约保证金10万元、转让费385000元并赔偿装修损失427535元的赔偿责任。本案中,火

焰鹅公司实际占用涉案房屋11个月,拖欠租金1375000元,应全额支付。原审将拖欠租金再适用过错比例划分,致申请人承担了加倍的过错责任。(2)火焰鹅公司经营状况恶化的原因系2017年1月12日发生的顾客喝酒致人死亡事件,与申请人无关。(3)根据《最高人民法院关于审理城镇房屋租赁合同纠纷案件具体应用法律若干问题的解释》第十七条的规定,出租人杜某平以申请人拖欠租金为由起诉申请人时,火焰鹅公司作为次承租人可以代申请人支付拖欠租金以抗辩杜某平行使合同解除权。(4)同意转租声明系书证,杜某平否认出具过声明的陈述证明力小于书证。原审认定申请人擅自转租缺乏证据证明。且杜某平行使合同解除权的原因系申请人未按时支付租金,与是否擅自转租无关。综上所述,申请撤销原判,再审本案。

【法院认为】

本院经审查认为,生效的兰州市中级人民法院(2018)甘01民终336号判决确认了本案案涉租赁合同无法履行的原因系"张某琴未经原出租人杜某平同意擅自转租房屋,又拖欠房租导致其与杜某平之间的合同解除"。对上述生效的人民法院判决确认的事实,应予以确认。

《最高人民法院关于审理城镇房屋租赁合同纠纷案件具体应用法律若干问题的解释》第十七条规定:"因承租人拖欠租金,出租人请求解除合同时,次承租人请求代承租人支付欠付的租金和违约金以抗辩出租人合同解除权的,人民法院应予支持。但转租合同无效的除外。"该规定的立法目的在于赋予次承租人代位清偿的权利以对抗出租人的合同解除权,以稳定交易关系,保护无过错次承租人利益。火焰鹅公司是否行使该权利系其意思自治的范畴,其并不因拒绝行使该项权利而对转租合同的无法履行具有相应过错。且该规定不适用于转租合同无效的情形。

关于原审判决是否存在加重张某琴一方责任的问题,杜某平于2016年8月以张某琴为被告、火焰鹅公司为第三人向法院提起诉讼,要求解除其与张某琴的商铺租赁合同,并要求火焰鹅公司腾房。2016年12月12日,张某琴报停了涉案房屋的电梯。2017年5月杜某平提起的上述诉讼作出终审判决。随后杜某平申请法院强制执行。杜某平的起诉、申请强制执行的行为及张某琴报停电梯的行为势必会影响火焰鹅公司的正常经营。且导致上述行为的主要过错方系张某琴,故原审法院酌情考虑,判决火焰鹅公司向张某琴支付1375000元租金的30%并无不当。

【裁判结果】

综上所述,张某琴的再审申请均不符合法律规定的再审事由,裁定如下:驳回张某琴的再审申请。

[参见威科先行法律信息库。]

5. 出租人知道或者应当知道承租人转租，是否属于出租人同意转租的推定适用前提？

【典型案例】

青海金融超市有限公司与沙某芸房屋租赁合同纠纷上诉案

【裁判要旨】

出租人同意转租的推定适用前提为出租人知道或者应当知道承租人转租，承租人应当承担举证证明出租人什么时间知道或者什么时间应当知道承租人有转租行为的义务。若无法提供相应证据证明，则不能作出出租人同意转租的推定。

【案号索引】

一审：西宁市城西区人民法院(2015)西民一初字第381号

二审：青海省西宁市中级人民法院(2015)宁民一终字第224号

【当事人信息】

上诉人(原审原告、反诉被告)：青海金融超市有限公司(以下简称金融超市)

被上诉人(原审被告、反诉原告)：沙某芸

【基本案情】

金融超市与沙某芸房屋租赁合同纠纷一案，金融超市于2015年2月5日诉至西宁市城西区人民法院，沙某芸亦提起反诉。西宁市城西区人民法院于2015年4月30日作出(2015)西民一初字第381号民事判决。金融超市不服一审判决，向本院提出上诉。本院受理后，于2015年8月3日公开开庭进行了审理，本案现已审理终结。

原审审理查明，2012年7月1日，金融超市与沙某芸签订一份《房屋租赁合同》，沙某芸将其位于西宁市城西区五四大街银路大厦二层39-6号、39-7号，建筑面积为126平方米的商业用房出租给金融超市，租期3年，自2012年7月1日起至2015年6月30日止；年租金95256元，租金交付方式为每年提前一个月交纳全年租金；金融超市交纳6万元押金作为租赁保证金，合同终止后退还。该合同同时约定：金融超市在承租期内不得私自将铺面转让他方经营，如私自转让，沙某芸有权终止合同并扣除预付房租及保证金。合同签订后，金融超市按合同约定将3年合同期限的租金已支付给沙某芸。2012年11月1日，金融超市将该处商业用房转租与华泰证券。金融超市称其转租行为系经沙某芸同意，而且约定由沙某芸直接收取租金，并提供一份由沙某芸出具的证明，该证明记载：“同意青海金融超市在我名下注册华泰证券，租期三年。特此证明沙某芸 2012 年 9 月 21 日。”但在庭审中金融超市称述，华泰证券实际是向其支付租金，已向其支付了前两年的租金，而 2014 年 7 月 1 日到 2015 年 6 月 30 日的租金，华泰证券只支付给其 2014 年 7 月 1 日至 2014 年 11 月 30 日，5 个月的租金 4 万元，剩余 7 个月的租金 55566 元华泰证券未向其支付，而是支付给了沙某芸。现其已将 2014 年 7 月 1 日到 2015 年 6 月 30 日一年的租金支付给沙某芸。故，金融超市诉至本院，要求沙某芸返还剩余 7 个月的租金 55566 元及 6 万元保证金。沙某芸对金融超市所称述的其同意将涉案商业用房转租给华泰证券一事不予认可，称 2014 年 8 月华泰证券公司找到其，才知道涉案房屋已由金融超市擅自高价转租给了华泰证券，后其电话通知金融超市收回租赁房屋，解除租赁合同。并对沙某芸电话通知金融超市收回租赁房屋，解除租赁合同一事，金融超市不予认可，但金融超市认可自 2014 年 11 月 1 日后双方的租赁合同再未实际履行。沙某芸称金融超市出具的证明确由其亲笔书写，但出具该证明的原因是金融超市要在其名下房产注册华泰证券，而非同意金融超市转租给华泰证券，金融超市存在欺骗行为。故沙某芸认为金融超市违反合同约定擅自转租，提起反诉，要求确认双方已于 2014 年 11 月 1 日解除了房屋租赁合同，并要求不予退还金融超市所交的剩余租金及保证金。致使纠纷产生。

另查明，本案诉争商业用房中位于西宁市城西区五四大街银路大厦二层 39 - 7 号商业用房所有权人为沙某芸，39 - 6 号商业用房所有权人为沙某芸胞兄沙某。沙某明确表示认可金融超市与沙某芸签订的《房屋租赁合同》所涉及的 39 - 6 号商业用房系由其授权由其胞妹沙某芸签订，其亦同意该商业用房的本案诉争事宜由沙某芸全权处理。

【法院认为】

原判认为，双方签订的《房屋租赁合同》，系当事人真实意思表示，不违反法律强制性规定，合法有效，双方均应按照合同约定全面履行自己的义务。本案争议的焦点主要为，金融超市将本案诉争的商业用房转租给华泰证券行为，是否经过沙某芸同意。金融超市为证明其主张提供了一份由沙某芸出具的证明，该证明记载：“同意青海金融超市在我名下注册华泰证券，租期 3 年。特此证明沙某芸 2012 年 9 月 21 日”，通过该证明记载的内容来看，只表述了沙某芸同意青海金融超市在其名下注册华泰证券，租期 3 年，并无同意转租的意思表示，金融超市仅凭此证明无法达到沙某芸同意其转租的证明目的，故对金融超市的该项主张，不予采信。金融超市将其承租的商业用房转租给华泰证券的行为未经出租人沙某芸同意，违反了《合同法》的相关规定，出租人可以解除合同，金融超市亦认可自 2014 年 11 月 1 日后双方的租赁合同再未实际履行,故对沙某芸反诉要求确认双方已于2014年11月1日解除房屋租赁合同的诉求,予以支持。金融超市的转租行为违反了双方签订的《房屋租赁合同》,根据该合同第六条第三款:"乙方(金融超市)在承租期内不得私自将铺面转让他方经营,如私自转让,甲方(沙某芸)有权终止合同并扣除乙方预付房租及保证金"的约定,对金融超市要求沙某芸返还租金55566元及保证金6万元的本诉请求,不予支持。对沙某芸要求不予退还金融超市交纳的剩余租金及保证金的反诉请求,予以支持。遂判决:(1)金融超市与沙某芸于2012年7月1日签订的《房屋租赁合同》自2014年11月1日解除;(2)驳回金融超市要求沙某芸返还租金55566元及保证金6万元的诉讼请求,沙某芸无须退还金融超市已交付的剩余租金及保证金。本案诉讼受理费2612元,减半收取1306元,由金融超市负担;反诉受理费25元,由青海金融超市有限公司负担。

金融超市上诉称,2012年11月1日将承租的房屋转租给华泰证券西宁五四西路证券营业部,该转租行为事实上得到沙某芸的认可,2012年至2014年沙某芸没有就金融超市转租的事实提出过异议,期间达2年之久,足以证明沙某芸对转租行为的认同,故转租行为合法有效。因此金融超市向沙某芸主张返还已经预先支付的租金及要求返还保证金的理由充分,请求二审依法改判支持金融超市的上诉请求。

沙某芸答辩称,金融超市的转租行为从未得到其认可,金融超市的擅自转租行为构成违约,要求返还预先支付的租金及保证金无事实根据,一审认定事实清楚,证据确实充分,适用法律正确,请求驳回金融超市的上诉请求,维持原判。

经审理查明,金融超市、沙某芸对原审法院查明的事实均无异议,本院予以确认。

另查明,金融超市与沙某芸就房屋租赁合同发生争议后,华泰证券未向金融超市支付2014年11月1日后的房屋租金,亦未向房屋所有权人沙某芸支付过租金。

【法院认为】

本案争议焦点为:(1)金融超市将涉案房屋转租给华泰证券股份有限公司西宁五四西路证券营业部(以下简称华泰证券)的行为,是否经过沙某芸的同意。(2)金融超市、沙某芸均认可自2014年11月1日双方合同终止,金融超市已预交房租及保证金6万元,沙某芸是否应予退还。

本院认为,金融超市、沙某芸签订的《房屋租赁合同》中明确约定了在承租期限内金融超市不得私自将铺面转让他方经营,如私自转让沙某芸有权终止合同并扣除预付房租及保证金。该约定系当事人双方真实意思表示,系双方共同制定的规则,合同双方应全面遵守约定。本案中,合同约定禁止承租人金融超市擅自转租,金融超市主张转租行为已得到沙某芸的同意,但其提交的证据沙某芸出具的证明判断分析,沙某芸书写的证明仅表明同意在其房产注册华泰证券,并无明确同意金融超市将涉案房产转租他方经营，从当事人双方签订禁止转租的合同分析，金融超市明知合同约定禁止转租，其将承租来的房产转租他方经营，应取得房屋所有权人明确同意转租的证明及意思表示，本案中金融超市提交的证明不能证实房屋所有权人同意金融超市转租涉案房屋，金融超市“转租行为得到沙某芸同意”的上诉理由不能成立，应予驳回。

金融超市诉称，根据《最高人民法院关于审理城镇房屋租赁合同纠纷案件具体应用法律若干问题的解释》第十六条的规定，出租人知道或者应当知道承租人转租，但在六个月内未提出异议，视为出租人同意转租。2012 年至 2014 年沙某芸没有就金融超市转租的事实向提出过异议，期间达两年之久，足以推定沙某芸对转租行为的认同，故转租行为合法有效。本院认为，出租人同意转租的推定适用前提为出租人知道或者应当知道承租人转租，金融超市应举证证明沙某芸什么时间知道或者什么时间应当知道金融超市有转租的行为，本案中沙某芸自述，华泰证券公司的工作人员在 2014 年 8 月因房屋问题找其沟通时才知道金融超市将房屋转租给华泰证券。经核实，华泰证券负责人证实在 2014 年 8 月其主动找到沙某芸了解房屋情况，是第一次与沙某芸相识，双方的陈述相互印证 2014 年 8 月沙某芸知道其购买的房产由金融超市转租给华泰证券。金融超市在一审、二审阶段除提交沙某芸书写的证明外，未提交其他证据证明沙某芸早在 2014 年 8 月前就已知道金融超市有转租行为，根据《最高人民法院关于民事诉讼证据的若干规定》，当事人对自己提出的诉讼请求所依据的事实或者反驳对方诉讼请求所依据的事实有责任提供证据加以证明。没有证据或者证据不足以证明当事人事实主张的，由负有举证责任的当事人承担不利后果。因此，本院认为，现有证据不能证实沙某芸早已知晓金融超市有转租的行为，上诉人金融超市此点上诉理由不能成立，应予驳回。

关于金融超市诉称“华泰证券公司将 2014 年 12 月至 2015 年 6 月的租金直接交付给沙某芸，沙某芸出租一套房屋收取了两份租金，因此其要求沙某芸返还租金的诉求，应得到支持”之理由。本院认为，金融超市与沙某芸订立的合同中明确约定，涉案房屋不得擅自转租，若违约出租方可终止合同并扣除预付房租及保证金。本案中，金融超市在未经出租人沙某芸同意转租的情形下，擅自转租，构成违约。根据双方的合同约定，金融超市要求返还租金 55566 元及保证金 6 万元的理由不能成立，其上诉理由亦不能成立，应予驳回。

【裁判结果】

综上所述，一审判决认定事实清楚，适用法律正确，上诉人金融超市的上诉理由不能成立，应予驳回。二审判决如下：驳回上诉，维持原判。二审案件受理费 2637 元，由上诉人金融超市承担。本判决为终审判决。

［参见威科先行法律信息库。］

6. 以承租房屋为条件与他人合作符合特定条件的，是否构成转租？

【典型案例】

罗某夫妇诉邬某房屋租赁合同纠纷案

【裁判要旨】

以承租的房屋作为合作条件与他人合作是否构成转租，取决于两个条件：一是在形式上，合同的权利义务相对人是否变更；二是在结果上，是否侵犯了出租人对租赁物的收益权与处分权，是否增加了出租人要求返还租赁物的困难并造成出租物的毁损。《民法典》生效前，《合同法》明确规定了承租人未经出租人同意转租的，出租人可以解除合同。《民法典》生效后，第七百一十六条作出相同规定，但对何谓"转租"未作出明确的解释。承租人以承租的房屋作为合作条件与他人合作并不能一概认定为"转租"。是否构成转租，取决于两个条件，即合同相对人是否发生了变化，以及是否给出租人收取租金的收益权及回收房屋等对房屋的处分权行使造成困难。如果承租人发生了变化，第一承租人完全脱离出了合同关系，甚至不知所终，同时，后来的承租人又不能及时交纳租金，出租人无法收回房屋或者存在对房屋造成毁损或带来其他不良影响，妨碍了出租人的收益权与处分权，便构成转租；反之，第一承租人未脱离出合同关系，租金也按时交纳，未造成房屋毁损或带来其他不良影响，就不构成转租。

【案号索引】

一审：(2013)三亚民二初字第91号

二审：(2015)琼民三终字第29号

【基本案情】

2007年6月，常年居住在北京的外国人罗某夫妇与邬某签订一份合同，将二人共同所有的位于海南省三亚市的一间商用铺面出租给邬某经营西餐厅，合同约定如需转租，必须取得罗某夫妇的同意。2012年上半年，罗某夫妇发现工商登记档案中有一份伪造的罗某与王某辉签订的房屋租赁合同，涉案房屋现已由王某辉经营中餐厅。罗某夫妇认为邬某私自将房屋转租给王某辉，邬某已经违约。因此起诉请求法院判决解除双方签订的租赁合同。

邬某辩称其并未转租房屋，而是与王某辉签订《餐厅合作协议》，以承租的房屋作为合作条件与王某辉合作，开业至今双方已经进行了数次分红，请求法院驳回罗某夫妇诉讼请求。

王某辉述称其与邬某之间系合作经营关系，按合同约定承担风险与收益，不是转租。伪造罗某与王某辉房屋租赁合同系其手下员工所为，王某辉与邬某不知情。而且，餐厅现有员工 40 余人，如果解除合同，员工会失业。请求法院驳回罗某夫妇的诉讼请求。

法院查明，邬某与王某辉签订了《餐厅合作协议》，以涉案房屋为合作条件与王某辉合作经营餐厅，并从 2012 年 3 月至 2015 年 3 月，每半年根据餐厅盈利情况收取一次数额不等的分红。在邬某与王某辉合作后，先是邬某向罗某交房租，后来以餐厅或王某辉的账户交过房租，罗某并未提出异议。房屋租金没有拖欠。另外，罗某夫妇最初交付给邬某的是毛坯房，邬某与王某辉为经营而对房屋进行了装修。餐厅至今正常营业，房屋没有任何毁损或造成其他不良影响。

【法院认为】

海南省三亚市中级人民法院认为，邬某的行为属于未经许可将商铺转租他人，违反了双方合同的约定，符合法定的解除条件，出租人可以解除合同，因此，判决解除邬某与罗某夫妇签订的房屋租赁合同。

一审宣判后，邬某不服，提起上诉。

海南省高级人民法院认为，以承租的房屋作为合作条件与他人合作经营是否构成转租，取决于两个方面因素：一是在形式上，对原合同的权利义务的相对人是否作了变更；二是在结果上，是否如罗某夫妇所主张的对其收取租金造成障碍，是否损害了二人对租赁物的处分权，是否增加了要求返还租赁物的困难并造成出租物的毁损等。邬某将房屋承租权作为合作条件与他人合作开发餐厅，未拖欠租金，未影响二人收取租金的权利，未要求二人额外承担其他义务，义务人支付租金的义务也在继续履行，虽然在形式上，支付租金的义务人变更为王某辉，但邬某未脱离出合同关系，合同权利义务相对人未发生实质性变化；在实质结果方面，不存在拖欠租金的情况，房屋也无毁损及其他不良结果，也未损害出租人对房屋的处分权；王某辉向罗某账户支付租金，罗某并未提出异议。邬某的行为不构成转租。罗某夫妇主张邬某转租未获得其二人同意，损害了出租人对租赁物的处分权，增加了出租人要求返还租赁物的困难并使出租物的毁损程度加重，并无证据予以证明，根据《民事诉讼法》的规定，由负有举证责任的当事人承担不利后果，对罗某夫妇请求解除合同的主张不予支持。

【裁判结果】

二审判决:撤销一审判决,驳回罗某夫妇的诉讼请求。

[参见威科先行法律信息库。]

7. 房屋租赁合同无效、履行期限届满或解除,出租人要求返还房屋的,次承租人的诉讼地位如何确定?

【审判政策与精神】

北京市高级人民法院关于审理房屋租赁合同纠纷案件若干疑难问题的解答(京高法发〔2013〕462号)

房屋租赁合同无效、履行期限届满或解除,转租合同亦不能履行,出租人既可以依据合同约定要求承租人返还房屋,也可以房屋物权人名义要求次承租人(实际使用房屋的承租人)腾退房屋。出租人仅以承租人为被告提起诉讼的,法院可以向其释明,告知其可以追加次承租人为共同被告,或者申请通知次承租人作为无独立请求权第三人参加诉讼;法院也可基于判决生效后的执行以及保护次承租人利益的需要,直接通知次承租人作为无独立请求权第三人参加诉讼。如果次承租人为多人,且各方利益不同,则不宜追加次承租人为第三人,可根据案件实际情况,由当事人另行分别解决。

房屋租赁合同无效、履行期限届满或解除纠纷中,次承租人要求租赁合同的承租人或出租人赔偿装饰装修损失或承担违约责任的,与租赁合同纠纷不属于同一法律关系,不构成反诉,应告知次承租人可另行起诉。法院判决次承租人腾退房屋的,应当告知次承租人可就装饰装修物申请采取必要的证据保全措施。

8. 房屋租赁合同解除的具体时间如何确定?

【审判政策与精神】

北京市高级人民法院关于审理房屋租赁合同纠纷案件若干疑难问题的解答(京高法发〔2013〕462号)

实践中应区分以下情形处理:(1)诉讼前,当事人一方行使合同解除权,通知对方当事人解除合同,相对方有异议致双方形成诉讼,法院审理后认为当事人行使合同解除权符合合同约定或法律规定的,解除合同通知送达之日即为合同解除之日。

当事人诉讼请求中未要求确认合同解除具体时间的,可以在判决理由部分予以明确。(2)当事人一方未通知对方,径行向法院起诉或反诉要求解除合同,法院审理后认为当事人行使合同解除权符合合同约定或法律规定的,应当判决解除合同。(3)当事人双方对合同是否解除存在争议,法院审理后认为主张解除的当事人无合同解除权,合同应当继续履行,但当事人在诉讼中均同意解除合同的,以双方合意解除之日为合同解除之日。

9. 承租人在合同租赁期限内单方搬离租赁房屋,并主张解除合同,而出租人坚持要求继续履行合同的,如何处理?

【审判政策与精神】

北京市高级人民法院关于审理房屋租赁合同纠纷案件若干疑难问题的解答(京高法发〔2013〕462号)

承租人在租赁合同履行期限内拒绝接收房屋,或者单方搬离租赁房屋并通知出租人收回房屋的行为,属于以自己的行为表明其不再履行租赁合同,其拒绝接收或搬离房屋的行为不符合合同法规定的解除条件,不具有单方解除合同的效力,出租人有权据此解除合同,但合同另有约定的除外。经法院释明出租人坚持不解除的,考虑到承租人不愿继续履行租赁合同,该义务性质又不宜强制履行,租赁合同目的已无法实现,法院可以直接判决解除租赁合同,并根据案件具体情况以出租人收回房屋、当事人起诉或判决生效之日等时间合理确定合同解除的具体时间。承租人拒绝履行租赁合同给出租人造成损失的,应当承担赔偿损失的违约责任,出租人作为守约方也负有减少损失扩大的义务,具体损失数额由法院根据合同的剩余租期、租赁房屋是否易于再行租赁、出租人另行出租的差价,承租人的过错程度等因素予以酌定,一般以合同约定的三至六个月的租金为宜。

出租人因自身事由主张解除租赁合同收回房屋的,不符合合同法规定的法定解除条件,承租人要求继续履行合同的,应予支持,但合同另有约定的除外。

第十二章 承租人优先购买权纠纷

1. 承租人仅对部分租赁物主张优先购买权，影响出租人利益最大化实现，是否符合“同等条件”？

【典型案例】

广州市百盛市场经营管理有限公司诉广州银行股份有限公司森保支行等房屋租赁合同纠纷案

【裁判要旨】

承租人行使优先购买权的前提是要满足“同等条件”，同等条件是指承租人与其他购买人在买卖条件上等同，包括价格、付款期限和交易方式等。出租人打包整体出售包括租赁房屋在内的若干套房产，则购买条件应指与受让方受让若干套房产相同的价格、付款期限和交易方式等。承租人仅针对其承租的部分房屋主张优先购买权的，可能增加出租人处置资产的难度，降低资产处置效率，故承租人若行使优先购买权则需对整个资产包中的房屋行使，仅对其中部分房产行使，影响出租人利益最大化的实现，不符合“同等条件”。

【案号索引】

一审：广州市天河区人民法院（2019）粤 0106 民初 35969 号

二审：广东省广州市中级人民法院（2020）粤 01 民终 23388 号

【当事人信息】

上诉人（原审原告）：广州市百盛市场经营管理有限公司（以下简称百盛公司）

被上诉人（原审被告）：广州银行股份有限公司森保支行（以下简称广州银行森保支行）

被上诉人(原审被告):广州银行股份有限公司南方支行(以下简称广州银行南方支行)

原审第三人:广州银行股份有限公司(以下简称广州银行)

原审第三人:张某

原审第三人:黄某

原审第三人:郑某烽

原审第三人:邱某深

原审第三人:林某春

原审第三人:黄某强

原审第三人:翼云(广州)环保能源有限公司(以下简称翼云环保公司)

原审第三人:广州市翼云互联网服务有限责任公司(以下简称翼云互联网公司)

【基本案情】

上诉人百盛公司因与被上诉人广州银行森保支行、广州银行股份有限公司南方支行、原审第三人广州银行、张某、黄某、郑某烽、邱某深、林某春、黄某强、翼云环保公司、翼云互联网公司房屋租赁合同纠纷一案,不服广东省广州市天河区人民法院(2019)粤0106民初35969号民事判决,向本院提起上诉。本院于2020年11月11日立案受理后,依法组成合议庭进行审理。本案现已审理终结。

一审法院认定事实:百盛公司于2015年1月19日注册成立,辛某文为百盛公司的法定代表人。广州银行原名广州市商业银行股份有限公司(广州市商业银行),于2009年11月6日经核准变更名称为现名。广州银行森保支行、广州银行南方支行均是广州银行的分支机构。

2014年6月23日,广州银行南方支行、广州银行森保支行(出租人、甲方)与辛某文(承租人、乙方)签订《广州市房屋租赁合同》约定:甲方同意将坐落在天河区粤垦路虹侨阁虹侨楼D座首层(1号商铺除外,共3603.52平方米)及二层(4269.77平方米)的房屋(以下简称涉案物业)出租给乙方作商业用途,建筑面积7876.29平方米;租赁期限至2019年8月31日;租赁期间转让该房屋时,须提前60日书面通知乙方,抵押该房屋须提前60日书面通知乙方。

2015年1月28日,广州银行南方支行、广州银行森保支行(甲方)与辛某文(乙方)、百盛公司(丙方)签订《补充协议书》,约定:三方同意将租赁合同中的乙方辛某文变更主体为丙方百盛公司;乙方辛某文的合同权利和义务全部由丙方百盛公司承继,继续履行原合同。

2018年11月20日,广州银行就委托广州产权交易所开展一批物业资产处置项目交易事宜签订《委托协议》,协议附件《物业资产处置转让清单》中含有:(1)东莞庄路侨源阁虹侨楼D座首层(1号商铺除外),权属证明民事裁定书,面积为3606.52平方米;(2)东莞庄路侨源阁虹侨楼D座二层商场,权属证明民事裁定书,面积4269.7708平方米等物业。之后,广州产权交易所共挂牌三次,公告期分别为2018年11月26日至2018年12月21日、2018年12月29日至2019年1月28日、2019年3月21日至2019年4月18日。

2019年3月21日,广州产权交易所在广东联合产权交易中心网站发布东莞庄路侨源阁虹侨楼D座首层(1号商铺除外)等34套房产权益资产包项目交易信息(项目编号为GR2018GD0000846-3)中的"重大事项及其他披露内容"中载明:"优先组织整体受让'转让前进路46号之一夹层等85套房产权益'项目、'转让东莞庄路侨源阁虹侨楼D座首层(1号商铺除外)等34套房产权益'项目、'转让广州市芳村大道中606号901房等59套房产权益'项目的意向受让方进行网络多次报价活动,如最终未征集到受让方,则分别组织上述三项目进行网络多次报价活动。"

2019年3月21日,广州银行南方支行、广州银行森保支行向辛某文/百盛公司发出通知,内容为:"根据我行工作安排,贵司(您)承租我行位于广州市天河区粤垦路虹侨楼D座(侨燕街20号)首层及二层将于近期在广州产权交易所公开挂牌拍卖,现承租人在同等条件下享有优先购买权,请密切留意相关媒体信息或有关公告。"2019年4月3日,百盛公司收到上述通知。

2019年5月7日,广州银行(出让方、甲方)与张某、黄某、郑某烽、邱某深、林某春、黄某强、翼云环保公司、翼云互联网公司(受让方、乙方)签订《转让协议》,约定:甲方将甲方及其下属机构持有的东莞庄路侨源阁虹侨楼D座首层(1号商铺除外)等34套房产权益资产包按照现状有偿转让给乙方;该权益的转让对价为89172240元。该《转让协议》附件为东莞庄路侨源阁虹侨楼D座首层(1号商铺除外)等34套房产权益资产包明细表。该明细表与前述物业资产处置转让清单的东莞庄路侨源阁虹侨楼D座首层(1号商铺除外)等34套项目一致。

一审另查明:1997年9月29日,广东省农垦华侨实业总公司(以下简称农垦公司)向广州银行南方支行出具承诺书,承诺该司愿意将所拥有的位于本市××路××座商住楼首层商场3648.15平方米作为该司向银行借款3000万元的抵押物。2003年4月14日,广州市中级人民法院作出(1999)穗中法证执字第76号民事裁定书,裁定:将原广东省农垦华侨实业总公司所有的本市天河区东莞庄路农垦疗养院侨源阁虹侨楼D座首层(1号商铺除外)的房产,以物抵债给广州银行南方支行,以抵偿1661.17万元债务。

1997年11月28日,广州市国土局房管局出具《抵押备案证明》(穗押备字第17641号),内容为:抵押人农垦公司、抵押权人广州城市合作银行森保支行、抵押房产天河区沙河东莞庄路农垦疗养院侨源阁D座二层商场。2004年5月14日,广州市中级人民法院作出(2002)穗中法执字第1336号民事裁定书,裁定:解除对属于广东省农垦华侨实业总公司所有的位于本市××路××层商场(总面积4269.7708平方米)房地产的查封及拍卖审定,将上述房地产以人民币872万元的价格转给广州市商业银行森保支行所有等。

2019年6月3日,翼云环保公司向一审法院提起诉讼,要求:广州银行、农垦公司协助翼云环保公司将位于广州市天河区东莞庄路侨源阁虹桥楼D座首层(1号商铺除外)以及广州市天河区东莞庄路侨源阁虹桥楼D座二层商场过户至翼云环保公司名下。一审法院作出(2019)粤0106民初20102号、20103号民事判决,认为:广州银行为涉案物业的权属人,其依法享受处理权利,其经公开场合通过委托广州产权交易所公开出让,张某、黄某、郑某烽、邱某深、林某春、黄某强、翼云环保公司、翼云互联网公司被确认为受让人,并与广州银行签订《转让协议》支付全部对价,各方按协议内容履行各自义务,未违反强制性法律规定,合法有效;并判决广州银行、农垦公司协助翼云环保公司到广州市房地产交易登记部门办理案涉物业的过户登记手续,将房屋登记过户至翼云环保公司名下。广州银行不服上述判决提起上诉,广州市中级人民法院作出(2020)粤01民终5783号、5784号民事判决,认为:涉案物业尚未办理首次登记,诉讼中作为开发商的农垦公司表示不清楚未办理首次登记的原因,涉案物业存在办理相关转移登记手续的障碍,故翼云环保公司要求直接将涉案物业过户至其名下,条件尚未成就,应不予支持。并判决:撤销一审法院(2019)粤0106民初20102号、20103号民事判决,改判驳回翼云环保公司的全部诉讼请求。

百盛公司主张该司作为涉案物业的承租人享有优先购买权,也多次向广州银行南方支行、广州银行森保支行发函表示不放弃优先购买权,该司在2019年4月3日收到的通知中未明确涉案物业挂牌交易的时间、方式以及价款,而且广州银行南方支行、广州银行森保支行也未将该司的优先权人身份告知广州产权交易所,导致该司不知情也无法行权,现广州银行南方支行、广州银行森保支行与张某、黄某等恶意串通,排除其他意向方的参与,要求确认广州银行南方支行、广州银行森保支行与张某、黄某等签订的转让合同无效,并确认百盛公司的优先购买权。对此,百盛公司提交了如下证据:(1)(2019)粤广南沙第45790号公证书,拟证实广州银行就涉案物业多次在广州产权交易所挂牌,但2018年期间的4次挂牌均未通知百盛公司,且此前挂牌价格为13394.54万元,2019年的挂牌底价为8917.2240元,明显低于市场价格。(2)百盛公司于2019年8月12日向广州银行南方支行、广州银行森保支行发出的函询以及邮寄凭证,拟证实百盛公司发函向广州银行南方支行、广州银行森保支行询问涉案物业的出售情况,但广州银行南方支行、广州银行森保支行迟迟未予以回复。(3)2017年9月26日的承租人通知书以及2017年12月8日的物业处置通知书，拟证实百盛公司此前已多次表示不放弃优先购买权，且广州银行南方支行、广州银行森保支行此前通知百盛公司处置物业时均有明确告知挂牌时间、联系人等详细信息，最后一次通知系故意隐瞒。(4)《广州产权交易所交易项目网络多次报价实施办法》，拟证实广州银行南方支行、广州银行森保支行未依规定将涉案物业的优先权情况披露给广州产权交易所，也未将“同等条件”告知百盛公司。(5)百盛公司向广州产权交易所调取的涉案物业的挂牌交易材料，拟证实广州银行南方支行、广州银行森保支行与张某、黄某等原审第三人的交易行为存在恶意串通，交易过程存在违规或违法的行为，其转让协议是无效的。

一审经质证，广州银行南方支行、广州银行森保支行以及广州银行对证据(1)的真实性无异议，但认为广州银行南方支行、广州银行森保对东莞庄路侨源阁虹侨楼D座首层(1号商铺除外)等34套房物业3次打包出售是为了实现国有资产尽快处置，并未设置不当条件侵害百盛公司的购买权；对证据(2)至证据(4)的真实性无异议；对证据(5)的真实性无异议，但认为该挂牌交易材料可以证实在广州银行多次挂牌交易过程中，百盛公司从未参与过竞拍，也没有主张过优先购买权，百盛公司主张广州银行与各原审第三人恶意串通完全没有任何依据。张某、黄某等原审第三人对证据(1)的真实性无异议，但认为公证书显示广州银行在2017年至2019年多次挂牌出售包括涉案物业在内的多套房产，当时原审第三人并未参与竞拍，然而百盛公司也从未行使过优先权，可见是百盛公司自己放弃了权利；对证据(2)至证据(4)的真实性无异议，但认为原审第三人作为受让方，对于广州产权交易所或出租人是否履行合理的通知义务不负有任何责任；对证据(5)的真实性无异议，但认为不能证实百盛公司的主张。

广州银行南方支行、广州银行森保支行主张对于挂牌交易的情况在通知中虽未写得很清楚，但已经口头通知百盛公司的法定代表人辛某文，百盛公司不去参与竞价是其自己放弃权利。另百盛公司在原诉状中陈述“2019年3月下旬，百盛公司得知广州银行南方支行、广州银行森保支行恢复处置抵债物业消息，遂致电第三人查询，但第三人的有关负责人却支支吾吾。之后，迫于百盛公司的多次催促，至2019年4月3日，广州银行南方支行、广州银行森保支行才向百盛公司发出一份处置抵债物业的通知……百盛公司经查询发现，广州银行南方支行、广州银行森保支行于2019年3月25日，已经发出处置公告，并设定了‘优先组织整体受让’的条件，明显对百盛公司行使优先购买权设置人为障碍”。百盛公司在本案第一次庭审时陈述该司在收到通知后了解到是整体受让即需一起购买三个资产包共187套物业，不能单独购买涉案物业，因该司无法整体购买三个资产包，所以就没去参与拍卖，也没有向广州银行南方支行、广州银行森保支行主张优先购买权。

一审法院认为，出租人在出售租赁房屋时，承租人在同等条件下，依法享有优先购买权。百盛公司与广州银行南方支行、广州银行森保支行之间就涉案物业签订的《广州市房屋租赁合同》系双方当事人的真实意思表示，不违反法律、行政法规的禁止性规定，应属合法有效。

本案中，广州银行南方支行、广州银行森保支行将涉案物业出租给百盛公司后，在租赁期内又将租赁房屋转让给了张某、黄某等原审第三人。故本案的争议焦点是广州银行南方支行、广州银行森保支行的转让行为有无侵犯百盛公司的优先购买权。

本案中，百盛公司租赁的涉案物业仅系东莞庄路侨源阁虹侨楼D座首层（1号商铺除外）等34套项目中的其中2套，故百盛公司作为承租人仅对该2套涉案物业享有优先购买权。现百盛公司要求广州银行按照《转让协议》约定的同等条件与其就上述34套房产权益成立房屋买卖合同关系，明显超出了法定的权利范围。

优先购买权系法律赋予承租人的权利，该权利是一种请求权，必须在一定期限内行使才能得到法律保护。承租人对该权利应当合理期限内积极行使。本案中，百盛公司确认在2019年4月3日收到了广州银行南方支行、广州银行森保支行发出的针对涉案物业近期在广州产权交易所公开挂牌的通知，虽然该通知中未明确具体的挂牌时间、交易价格等信息，存在瑕疵；但百盛公司在庭审确认其在收到通知后了解到是整体受让即需一起购买三个资产包共187套物业，不能单独购买涉案物业，因无法整体购买三个资产包，所以就没去参与拍卖，也没有向广州银行南方支行、广州银行森保支行主张优先购买权。也即百盛公司在挂牌公告期已知晓涉案物业挂牌交易一事，广州银行南方支行、广州银行森保支行已履行通知义务。《最高人民法院关于审理城镇房屋租赁合同纠纷案件具体应用法律若干问题的解释》第二十四条规定，具有下列情形之一，承租人主张优先购买房屋的，人民法院不予支持：(1)房屋共有人行使优先购买权的；(2)出租人将房屋出卖给近亲属，包括配偶、父母、子女、兄弟姐妹、祖父母、外祖父母、孙子女、外孙子女的；(3)出租人履行通知义务后，承租人在15日内未明确表示购买的；(4)第三人善意购买租赁房屋并已经办理登记手续的。百盛公司未在挂牌交易期间参与竞买，也未在知晓交易信息后15日内向广州银行南方支行、广州银行森保支行或广州产权交易所明确表示要行使优先购买权，应视为百盛公司放弃优先购买权。

《最高人民法院关于贯彻执行〈中华人民共和国民法通则〉若干问题的意见（试行）》第一百一十八条规定："出租人出卖出租房屋，应提前三个月通知承租人，承租人在同等条件下，享有优先购买权；出租人未按此规定出卖房屋的，承租人可以请求人民法院宣告该房屋买卖无效。"但该规定于2008年12月8日，在最高人民法院通过的《关于废止2007年底以前发布的有关司法解释（第七批）的决定》（法释〔2008〕15号）中已被废止。因此，百盛公司以该规定为依据，请求确认广州银行与张某、黄某等原审第三人签订的《转让协议》无效缺乏法律依据。

综上所述,一审法院判决如下:驳回百盛公司广州市百盛市场经营管理有限公司的全部诉讼请求。案件受理费 487660 元,由百盛公司广州市百盛市场经营管理有限公司负担。

经查,一审查明的事实无误,本院予以确认。

【法院认为】

本院认为,根据《最高人民法院关于适用〈中华人民共和国民法典〉时间效力的若干规定》第一条第二款“民法典施行前的法律事实引起的民事纠纷案件,适用当时的法律、司法解释的规定,但是法律、司法解释另有规定的除外”的规定,本案适用《民法典》施行前的法律、司法解释。本案争议焦点在于:百盛公司对其承租的物业是否享有优先购买权,其请求确认广州银行与受让方联合体签订的《转让协议》涉及本案租赁物业的内容是否无效,广州银行是否应就涉案物业与其签订买卖合同。《合同法》第二百三十条规定,出租人出卖租赁房屋的,应当在出卖之前的合理期限内通知承租人,承租人享有以同等条件优先购买的权利。《最高人民法院关于审理城镇房屋租赁合同纠纷案件具体应用法律若干问题的解释》第二十三条规定:“出租人委托拍卖人拍卖租赁房屋,应当在拍卖 5 日前通知承租人。承租人未参加拍卖的,人民法院应当认定承租人放弃优先购买权。”第二十四条规定:“具有下列情形之一,承租人主张优先购买房屋的,人民法院不予支持:……(三)出租人履行通知义务后,承租人在十五日内未明确表示购买的……”本院认为,首先,承租人就超出租赁范围的标的物是否享有优先购买权存在争议,在不考虑该争议的前提下,承租人行使优先购买权的前提是要满足“同等条件”,同等条件是指承租人与其他购买人在买卖条件上等同,包括价格、付款期限和交易方式等。广州银行系打包整体出售包括涉案租赁房屋在内的 34 套房产,则购买条件应指与受让方联合体受让该 34 套房产相同的价格、付款期限和交易方式等。百盛公司上诉请求仅针对其承租的涉案 2 套物业,而对资产包中的各个房产单独进行出售可能增加广州银行处置资产的难度,降低资产处置效率,承租人百盛公司若行使优先购买权则需对整个资产包中的房屋行使,百盛公司仅对其中部分房产主张行使优先购买权,影响广州银行利益最大化的实现,不符合“同等条件”。百盛公司在不具备同等购买条件的情况下主张对涉案 2 套租赁物业行使优先购买权,依据不足,本院不予支持。广州银行对其所有的房产依法享有处分的权益,有权自行决定资产包的组合方式。百盛公司以广州银行将 34 套物业打包出售是故意设置障碍,侵犯其优先购买权,缺乏法律依据,本院不予采纳。其次,优先购买权的行使应以明示的方式作出,且应在一定期限内行使。虽然广州银行发出的通知存在瑕疵,但广州银行已经明确告知将在广州产权交易所公开挂牌拍卖,百盛公司已于 2019 年 4 月 3 日收到该通知,最后一次挂牌公告期截止时间为2019年4月18日，百盛公司有充分的时间可以参加竞拍或者提出优先购买的主张。在广州银行发出通知后，百盛公司并未在15日内参加竞买或者举证证明其明确表示要求行使优先购买权，故一审法院认定依照《最高人民法院关于审理城镇房屋租赁合同纠纷案件具体应用法律若干问题的解释》第二十四条的规定，视为百盛公司放弃优先购买权并无不当，本院予以认可。依照《最高人民法院关于审理城镇房屋租赁合同纠纷案件具体应用法律若干问题的解释》第二十一条“出租人出卖租赁房屋未在合理期限内通知承租人或者存在其他侵害承租人优先购买权情形，承租人请求出租人承担赔偿责任的，人民法院应予支持。但请求确认出租人与第三人签订的房屋买卖合同无效的，人民法院不予支持”的规定，在出租人侵犯承租人优先购买权的情况下，承租人请求确认出租人与第三人签订的房屋买卖合同无效的，尚且不予支持，在承租人百盛公司不享有优先购买权，其关于广州银行侵犯其优先购买权的主张不成立，且广州银行与受让方联合体签订的《转让协议》系其双方的真实意思表示，无证据证明存在法定的无效情形，因此百盛公司请求确认《转让协议》涉及本案租赁物业的内容无效缺乏法律依据，本院不予支持。百盛公司关于广州银行与其就涉案租赁物签订买卖合同的诉请亦缺乏依据，本院不予支持。

【裁判结果】

综上所述，上述百盛公司的上诉请求不成立，本院不予支持。判决如下：驳回上诉，维持原判。二审案件受理费487660元，由上诉人广州市百盛市场经营管理有限公司负担。本判决为终审判决。

［参见威科先行法律信息库。］

【审判政策与精神】

北京市高级人民法院关于审理房屋租赁合同纠纷案件若干疑难问题的解答（京高法发〔2013〕462号）

同等条件主要是指房屋转让的价格、价款支付方式等。

出租人通知承租人时，应当告知租赁房屋转让的事实、时间及具体出卖条件。出租人虽然通知承租人出卖租赁房屋的事实，但未告知具体出卖条件或告知内容不真实、不全面，或者在出卖条件发生变化后未及时告知承租人的，应当认定其未履行通知义务。

2. 出租人出售房屋，应否被认为承租人行使优先购买权的前提条件？

【典型案例】

中国石化集团资产经营管理有限公司安庆分公司诉虞某春房屋租赁合同纠纷案

【裁判要旨】

出租人出卖租赁房屋的，应当在出卖之前的合理期限内通知承租人，承租人享有以同等条件优先购买的权利。出租人未出售房屋而是收回自用的，承租人不享有优先购买权。

【案号索引】

一审：江苏省南京市鼓楼区人民法院（2018）苏0106民初11017号

二审：江苏省南京市中级人民法院（2019）苏01民终9498号

【当事人信息】

上诉人（原审被告）：虞某春

被上诉人（原审原告）：中国石化集团资产经营管理有限公司安庆分公司（以下简称中石化安庆分公司）

原审第三人：马某地

原审第三人：陆某华

原审第三人：胡某奎

原审第三人：胡某宁

原审第三人：韩某花

【基本案情】

上诉人虞某春因与被上诉人中石化安庆分公司，原审第三人马某地、陆某华、胡某奎、胡某宁、韩某花房屋租赁合同纠纷一案，不服南京市鼓楼区人民法院（2018）苏0106民初11017号民事判决，向本院提起上诉。本院于2019年10月22日立案后，依法组成合议庭进行了审理。本案现已审理终结。

一审法院认定事实：中石化安庆分公司系南京市二板桥559号4单元302室、南京市热河南路37－1号房产的所有权人。2005年7月，中石化安庆分公司开始与虞某春签订租房协议书,虞某春租赁热河南路37-1底层汽车房两间、小厨房一间经营美容服务。2005年12月13日、2006年2月13日、2006年12月15日、2007年7月5日,双方继续对热河南路37-1号房屋签订租赁协议。2007年6月,中石化安庆分公司请示中石化公司财务部,申请对南京市二板桥559号4单元302室、南京市热河南路37-1号房产进行出售处理。中石化公司财务部于2007年8月6日批复同意对外出售,亦同意安庆分公司聘请的评估机构。2008年2月,中石化安庆分公司房管科与虞某春签订委托管理协议书,将南京市二板桥559号4单元302室、南京市热河南路37-1号房产及南京市宝善街9巷1号1单元402室房屋交由虞某春委托管理,双方不付费用,如上述房产评估拍卖成功,虞某春将房产移交,中石化安庆分公司验收合格后,虞某春搬出房屋,如未能拍卖成功,委托管理期限为2008年2月1日至2009年1月31日,并且虞某春享有优先购买权。2009年1月6日,双方继续签订委托管理协议书。2011年9月29日,双方签订租赁协议,将南京市二板桥559号4单元302室、南京市热河南路37-1号、南京市宝善街9巷1号1单元402室房屋(实际并未交付)及相关物品租赁给虞某春,租期自2011年10月1日至2012年9月30日,年租金为2万元。2012年10月1日,双方续签租赁协议,约定租赁期限为2012年10月1日至2014年9月30日,年租金2万元。此后双方未再续签租赁协议,但虞某春也未从案涉两处房屋中搬离。2015年9月17日向中石化安庆分公司支付了2014年10月1日至2015年9月30日的房租2万元。

虞某春陈述热河南路37-1号一楼有4间门面房出租。其提供四份租赁合同:2016年11月27日,虞某春与张秀娟(胡某宁经营的保健品店的店长)签订租房协议,将热河南路37-1号1楼租赁,租期自2016年11月27日至2019年11月27日,月租金为1200元,半年一付;2016年10月,虞某春与胡某奎签订房屋租赁合同,将热河南路37-1号1楼租赁,租期自2016年10月12日至2019年10月12日,租金为2000元/月,半年一付;2016年11月,虞某春与陆某华签订房屋租赁合同,将热河南路37-1号1楼租赁,租期自2016年11月27日至2019年11月27日,租金为1500元/月,半年一付;2017年2月,虞某春与马某地签订租赁合同,将热河南路37-1号1楼租赁,租赁期自2017年2月4日至2020年2月4日,租金每月为2100元,半年一付。关于二板桥559号4单元302室,虞某春陈述由其弟弟、弟媳居住,双方未签租赁合同。

2017年3月22日,中石化安庆分公司委托律师向虞某春邮寄律师函,告知虞某春因房屋租赁合同于2014年9月30日到期,此后双方未续签合同,其也未履行缴纳租金的义务,也未返还房屋,行为构成侵权。中石化安庆分公司为落实2016年中石化集团公司审计提出的规范公有房产管理和收费的整改要求,将收回全部房屋,并按照市场化原则,经评估后公开挂牌出售。鉴于您已违约在先,中石化安庆分公司有权随时收回该处房屋，请您于2017年5月31日将房屋无条件返还中石化安庆分公司，并补缴2015年9月30日之后所欠的房租等费用，逾期将采取相应的措施维权。2018年6月13日，中石化安庆分公司在案涉房屋处张贴通知，载明：虞某春目前占用的热河南路37号-1和二板桥599号4单元02室两处房产，均为中石化安庆分公司合法所有，属国有资产，当受法律保护，关于该两处房产，我公司已于2017年3月22日通过快递邮件形式向你发出律师函，明确要求你于2017年5月31日前无条件交出该两处房屋至我公司，而你至今仍然无理占据。为保护国有资产不受侵害，现我公司再次要求你务必自即日起60天内，即在2018年8月13日前将该两处房产无条件退还我公司，如逾期不退，我公司将依法采取必要的维权措施。

审理中，虞某春提供房屋买卖合同，证明其为了购买案涉房屋先后出售4套房产，中石化安庆分公司对此不予认可。虞某春还提供了4份录音，一份录音是2018年2月10日与行政事务中心部长葛某的录音，双方谈到案涉房屋，葛某陈述公司层面决定将房子收回，自己来经营，即便拍卖虞某春也可以竞拍；一份录音是2018年2月27日其与葛某的录音，葛某在录音中陈述案涉房屋要收回对外招租，准备与人合作经营宾馆，虞某春陈述其要求公司继续将房屋租赁给她，如果涨租金也可以商谈；一份录音是2018年2月10日与房管科主管金某明的录音，询问房屋如何处置一事，金某明回答“好像领导又要招租，但具体情况不清楚”。虞某春：“上次好多部门领导在你们安庆开的会，有会议纪要文字的东西，那上次开会不是定好了才让我走的吗，我回去跟租客签约了。”一份录音为2018年6月13日与房管科科长张某国的录音，谈到其为了购买案涉房屋的经过，张某国陈述公司领导更换、思路更换，且张某国提到房屋不能对外出租。中石化安庆分公司认为录音即使是真实的，也没有要求虞某春卖掉自己的房子来购买案涉房屋。另外，中石化安庆分公司陈述公司将房屋收回是自用。

上述事实，有中石化安庆分公司、虞某春陈述，中石化安庆分公司提供的租房协议、房屋产权证明，虞某春提供的房屋买卖合同，录音，与第三人马某地、陆某华、胡某奎、胡某宁、韩某花的租房协议以及一审法院庭审笔录予以证实。

本案争议焦点为：(1)中石化安庆分公司、虞某春之间的租赁合同是否应解除及虞某春应否将房屋腾空返还中石化安庆分公司；(2)虞某春是否应支付2015年10月1日至2018年9月20日的房屋占用费。

关于第一个争议焦点，一审法院认为：虞某春与中石化安庆分公司的书面租赁合同至2014年9月30日，此后双方未再签订书面租赁合同，虞某春向中石化安庆分公司交纳了2014年9月1日至2015年9月30日的租金2万元，继续使用案涉房屋，双方形成不定期租赁合同关系。根据《合同法》的相关规定，不定期租赁合同中，出租方可以随时解除合同，但应当在合理期限之前通知承租人。本案中，中石化安庆分公司解除与虞某春的租赁合同符合法律规定。2017 年 3 月 22 日，中石化安庆分公司向虞某春发出律师函，告知双方租赁合同关系解除并要求退还房屋，此时已将解除租赁合同之意告知虞某春，并为其保留了腾空房屋的合理期限(5 月 31 日)，故双方租赁合同关系已在 2017 年 5 月 31 日解除。虞某春应当将案涉房屋腾空交还中石化安庆分公司。

关于第二个争议焦点，一审法院认为，2015 年 10 月 1 日至 2017 年 5 月 31 日，双方存在不定期租赁合同关系，虞某春租用案涉房屋，应当按照原合同约定的标准支付即 2 万元/年支付租金。2017 年 6 月 1 日至 2018 年 9 月 20 日，虞某春占有使用并收益，应当向中石化安庆分公司支付房屋占用费，考虑到虞某春对房屋的投入与维修，房屋占用费的标准本院按照原租金的标准确定为 2 万元/年。关于虞某春抗辩的诉讼时效，因虞某春使用、未支付租金是一个持续的过程，中石化安庆分公司在 2017 年、2018 年均向其主张租金，故本案诉讼时效并未超过。综上，虞某春应支付的 2015 年 10 月 1 日至 2018 年 9 月 20 日的房租和房屋使用费为 59452 元。

一审判决如下：(1)原告中石化安庆分公司与被告虞某春的房屋租赁合同于 2017 年 5 月 31 日解除，被告虞某春于本判决生效之日起 10 日内腾空南京市鼓楼区热河南路 37－1 号、南京市鼓楼区(原下关区)二板桥 559 号 4 单元 302 室房屋；(2)原告虞某春于本判决生效之日起 10 日内向原告中石化安庆分公司支付租金及房屋占用费 59452 元；(3)驳回原告中石化安庆分公司的其他诉讼请求。

二审期间，双方当事人均未提交新证据。经审理查明，一审判决认定的事实属实，本院依法予以确认。

【法院认为】

本院认为，租赁期间届满，承租人继续使用租赁物，出租人没有提出异议的，原租赁合同继续有效，但租赁期限为不定期。当事人可以随时解除合同，但出租人解除合同应当在合理期限之前通知承租人。上诉人虞某春与被上诉人中石化安庆分公司订立的房屋租赁合同约定，租赁期限为 2012 年 10 月 1 日至 2014 年 9 月 30 日，年租金 2 万元。合同到期后双方未续签书面合同，虞某春向中石化安庆分公司交纳租金 2 万元并继续使用案涉房屋，中石化安庆分公司对此未提出异议，双方转为不定期租赁关系。2017 年 3 月 22 日中石化安庆分公司向虞某春发函要求解除租赁合同关系，并保留了合理期限，要求其在 2017 年 5 月 31 日前腾空房屋，故双方租赁合同关系已于 2017 年 5 月 31 日解除，虞某春应当将案涉房屋腾空交还给中石化安庆分公司。一审法院据此判令虞某春将案涉房屋腾空并支付欠付房屋租金及占有使用费，并无不当，本院予以维持。

关于虞某春主张其作为承租人享有优先购买权，故不应迁出的意见，本院认为，中石化安庆分公司并未将案涉房屋出售给他人，其在庭审中亦表示其收回案涉房屋系为了公司自用。现双方租赁合同关系已经解除，虞某春以其享有优先购买权为由拒绝迁出案涉房屋，无事实和法律依据，本院不予支持。

关于虞某春主张2015年10月1日至2016年1月底租金已经超过诉讼时效的意见，本院认为，虞某春不支付租金系持续性的违约行为，且中石化安庆分公司于2017年、2018年多次要求虞某春返还房屋及支付租金，并于2018年9月提起本案一审诉讼要求虞某春支付欠付租金及占有使用费，该诉讼请求并未超过诉讼时效，本院对上述主张不予支持。

【裁判结果】

综上所述，虞某春的上诉请求不能成立，应予驳回；一审判决认定事实清楚，适用法律正确，应予维持。二审判决如下：驳回上诉，维持原判。二审案件受理费1287元，由上诉人虞某春负担。本判决为终审判决。

［参见威科先行法律信息库。］

3. 承租人诉请直接实现优先购买权的，应否予以支持？

【典型案例】

刘某昌与安徽省黄山新街商城发展有限公司等房屋租赁合同纠纷上诉案

【裁判要旨】

在承租人行使优先购买权案件中，若能认定承租人有购买承租房屋之意愿，则在认定出租人与第三人所签订的房屋买卖协议无效后，可以径行判决承租人直接依据该协议内容受让承租房屋；否则，应将出租人与第三人之间的买卖协议作为效力待定合同，考虑善意第三人的合法权益保护。

【案号索引】

一审：(2005)屯民一初字第268号

二审：(2005)黄中法民一终字第120号

【当事人信息】

原告：刘某昌

被告：安徽省黄山新街商城发展有限公司（以下简称新街公司）

被告：安徽省黄山西园置业有限公司（以下简称西园公司）

第三人：陈某萍

第三人:张某

【基本案情】

安徽省黄山市屯溪区人民法院经审理查明,2003 年 1 月 1 日,被告新街公司接受房屋产权人被告西园公司委托,与原告刘某昌签订房屋代理租赁合同,将黄山新街购物城一层 A 区南侧 1、2 号,A 区中侧 1 号,E 区南侧 1、2 号出租给原告经营"有意思"休闲饮食。合同租赁期为 3 年,自 2003 年 1 月 1 日起至 2005 年 12 月 31 日止。2003 年 12 月 26 日,被告西园公司在未告知原告的情况下,将位于黄山新街购物城 E 区南侧 2 号卖于第三人陈某萍,将 A 区南侧 1 号卖于第三人张某。

【法院认为】

黄山市屯溪区人民法院认为,被告西园公司在原告刘某昌承租黄山新街购物城一层 A 区南侧 1 号、E 区南侧 2 号店面期间,未履行法定告知义务而将原告承租的房屋出卖给第三人,侵害了原告的优先购买权,故对原告诉请予以支持。据此,法院确认被告西园公司与第三人签订的房屋买卖合同无效,原告刘某昌在西园公司给予第三人的买房条件下,仍享有优先购买权。承租人的优先购买权是一种形成权,只要条件相同,承租人的单方面意思表示就能使承租人与出租人之间形成以出租人与第三人的同等条件为内容的合同。为切实有效地保护承租人的优先购买权,减少当事人的讼累,法院同时确认原告刘某昌与被告西园公司就系争房屋的转让关系成立,双方应严格按照被告西园公司与第三人签订的商品房买卖合同之条款履行。

一审判决:(1)被告西园公司与第三人陈某萍于 2003 年 12 月 26 日签订的商品房买卖合同无效。(2)被告西园公司与第三人张某于 2003 年 12 月 26 日签订的商品房买卖合同无效。(3)原告刘某昌与西园公司就黄山新街购物城 A 区南侧 1 号、E 区南侧 2 号的房屋转让关系成立,刘某昌于本判决生效之日起 3 日内向西园公司支付购房款人民币 348 万元;西园公司按其与第三人张某、陈某萍签订的商品房买卖合同的约定为刘某昌办理该房的房地产权证。(4)被告新街公司不承担责任。

【裁判结果】

宣判后,原告刘某昌以一审判决其应在判决生效后 3 日内支付购房款、期限过短为由提起上诉。二审法院经审理判决驳回上诉,维持原判。

[参见杨力、汪琼:《承租人诉请直接实现优先购买权:判决支持》,载《人民司法·案例》2007 年第 22 期。]

4. 房屋因抵押权实现而执行拍卖的，该房屋承租人能否向出租人主张优先购买权？

【典型案例】

中国农业银行股份有限公司北京西城支行与北京恒祥轩餐饮服务有限公司房屋租赁合同纠纷上诉案

【裁判要旨】

优先购买权，是指特定人依照法律规定或合同约定，在出卖人出卖标的物于第三人时，享有的在同等条件下优先于第三人购买的权利。《民法典》生效前，《合同法》第二百三十条规定，出租人出卖租赁房屋的，应当在出卖之前的合理期限内通知承租人，承租人享有以同等条件优先购买的权利。《民法典》生效后，第七百二十六条作出相同规定。而房屋因抵押权实现而执行拍卖的，不同于法定的优先购买权的条件，故该房屋承租人不能向出租人主张优先购买权。

【当事人信息】

上诉人（原审被告）：中国农业银行股份有限公司北京西城支行（以下简称农行西城支行）

被上诉人（原审原告）：北京恒祥轩餐饮服务有限公司（以下简称恒祥轩公司）

原审被告：北京乐得百货有限公司（以下简称乐得公司）

【基本案情】

2003 年 1 月 1 日，乐得公司作为出租方（甲方）、恒祥轩公司作为承租方（乙方）签订房屋租赁协议，约定：乙方租用甲方位于北京市东城区地安门东大街 83 号的房屋，建筑面积为 4500 平方米；租赁期限自 2003 年 1 月 1 日至 2022 年 12 月 30 日，租期 20 年，租金为 2400 万元人民币；乙方向甲方交纳押金 50 万元，在合同期满终止后，甲方一次性退还给乙方；付款方式为 20 年租金一次性付清（签订日起一年内付清）。后乐得公司为恒祥轩公司出具收据，认可收到租金及定金 2450 万元，恒祥轩公司开始向相关部门交纳各项经营税费。

位于北京市东城区地安门东大街 83 号的诉争房屋已于 2001 年 4 月 5 日抵押给农行西城支行，2002 年 4 月抵押注销。2002 年 4 月再次抵押给农行西城支行，2002 年 5 月抵押注销。2002 年 5 月 23 日，乐得公司与农行西城支行签订最高额抵押合同，再次办理了抵押登记，2003 年 7 月 23 日抵押注销。2003 年 7 月 23 日，乐得公司与农行西城支行又一次签订最高额抵押合同，再次办理抵押登记。

因乐得公司借款未如约归还，农行西城支行向法院提起诉讼。法院作出民事判决，判令乐得公司偿还借款本金及利息等款项，并以其抵押物的价值承担抵押担保责任。该判决生效后进入执行程序，2009 年 5 月 13 日，恒祥轩公司提出执行异议，法院经审查认为，诉争房产自 2001 年 4 月起一直处于抵押状态，恒祥轩公司与乐得公司签订租赁合同的时间发生于抵押之后，且乐得公司及恒祥轩公司均不能提交相关证据材料证明双方签订的租赁合同已经抵押权人农行西城支行同意，故裁定驳回了恒祥轩公司的异议。2009 年 11 月 2 日，恒祥轩公司向法院提起诉讼，请求确认恒祥轩公司对北京市东城区地安门东大街 83 号房产依法享有承租权及优先购买权。

诉讼中，恒祥轩公司向法院提供 2003 年 1 月 1 日与乐得公司的租赁协议，农行西城支行提出异议并申请鉴定，后因不具备鉴定条件而撤回，其亦未能提供相反证据。

对恒祥轩公司提供的交纳租金的银行转账凭证、收据，农行西城支行虽有异议，但未能提供充分证据否定其真实性，乐得公司作为收取租金的出租方对此事实亦予认可。

乐得公司向法院提交了吴某、苏某、赵某三位证人的书面证言，欲证明在办理 2003 年 7 月的最高额抵押合同之前已经告知农行西城支行相关租赁事宜。农行西城支行提供其员工滕某的书面证言，欲否定乐得公司证人证言的真实性。

一审法院经审理认为，本案的争议焦点在于恒祥轩公司依据租赁协议所享有的租赁权、优先购买权与农行西城支行的抵押权之间的关系问题，而依据我国相关法律的规定，这一问题的关键点又在于判断两项权利产生的先后问题。就此问题，根据法院查明之事实，恒祥轩公司于 2003 年 1 月 1 日与乐得公司签订租赁协议，取得合同项下房屋的承租权及相应的优先购买权。农行西城支行因与乐得公司之间的借贷关系，自 2001 年 4 月开始在诉争房屋上设定抵押权至今。但必须注意的是，农行西城支行的抵押经过多次的抵押登记与抵押注销登记，最后一次抵押注销登记是在 2003 年 7 月 23 日，因此，在此日期之前的抵押登记已经失去效力，农行西城支行曾经拥有的抵押权已经消灭，而最后一次抵押登记日期为 2003 年 7 月 23 日，这也正是农行西城支行目前享有并行使的抵押权。因此，法院认为，本案中应当考虑的是恒祥轩公司在 2003 年 1 月 1 日取得的租赁合同项下权利与农行西城支行在 2003 年 7 月 23 日取得的最高额抵押合同及抵押登记的相关权利的关系问题。

依据法律的规定，租赁物在租赁期间发生所有权变动的，不影响租赁合同的效力。因此，虽然抵押权的实现可以引起所有权的变动，但租赁合同在有效期内对抵押物的受让人继续有效。故本案中恒祥轩公司作为租赁协议中的承租方，要求确认其对诉争房屋的承租权，于法有据，应予以支持。就优先购买权问题，依据法律之规定，出租人出卖租赁房屋的，应当在出卖之前的合理期限内通知承租人，承租人享有以同等条件优先购买的权利。而本案诉争房屋因抵押权实现而执行拍卖，不同于法律规定的优先购买权的条件，故恒祥轩公司要求确认其优先购买权，于法无据，不予支持。一审判决如下：(1)确认恒祥轩公司依据其与乐得公司于2003年1月1日签订的租赁合同对北京市东城区地安门东大街83号房屋享有合同项下的承租权；(2)驳回恒祥轩公司其他诉讼请求。

农行西城支行不服一审判决，并上诉至北京市高级人民法院，请求：撤销原判，改判驳回恒祥轩公司的原诉请求。主要理由如下：原判认定租赁协议的真实性错误，且解押当天再续押，抵押一直延续，抵押权应予保护。而恒祥轩公司及乐得公司均同意原判。

【法院认为】

二审法院经审理认为，结合恒祥轩公司的成立时间、住所地、自2003年3月起开始向相关部门交纳各项经营税费以及恒祥轩公司通过北京瑞博源商贸有限公司垫付租金及自付租金等情况，可以认定恒祥轩公司与乐得公司在此期间确实存在租赁关系，并在实际履行。在此前提下，本案各方的争议便集中在恒祥轩公司基于该协议对诉争房产的租赁权与2003年7月23日农行西城支行对诉争房产所设抵押权的关系问题。

从2001年4月起，农行西城支行与乐得公司多次签订借款合同，且均以诉争房产设定抵押，尽管每次抵押登记均是在注销前次抵押的当日进行，但从法律上看，均是针对新签借款合同的新设抵押，而非针对前次借款合同的续押。2003年7月23日所设抵押亦是如此，抵押权从抵押登记之日起发生效力。农行西城支行通过原审法院诉讼主张的债权也是与该抵押权相对应的主借款合同项下的债权，该抵押权设定于2003年7月23日，晚于恒祥轩公司与乐得公司签订租赁协议的2003年1月1日。以此为基础，原审法院确认恒祥轩公司享有租赁协议项下的承租权正确，应予以维持。原审法院对其他诉求事项的处理亦无不当，亦予以维持。

应当指出的是，2003年1月1日，乐得公司将设押的诉争房产出租给恒祥轩公司，未告知抵押权人，有违诚信原则，且不能对抗当期存在的抵押权，这在法律上自无争议。但相对于该租赁合同而言，2003年7月23日设定的抵押权在后，而且是为担保新签最高额抵押合同项下的债权而新设定的抵押，作为抵押权人，农行西城支行将新设抵押误解为续押，未在新设抵押前审慎核实抵押物的实际使用状况，对财产安全未尽谨慎注意义务，置抵押权于高度风险之中，希望农行西城支行在以后的相关业务中能够引以为鉴。

【裁判结果】

二审判决如下:驳回上诉,维持原判。

[参见北京法院网。]

5. 买卖不破租赁的适用条件有哪些?

【典型案例】

陈某林诉黄某娅等在房屋所有权转移后履行房屋租赁合同纠纷案

【裁判要旨】

《民法典》生效前,《合同法》第二百二十九条规定,租赁物在租赁期间发生所有权变动的,不影响租赁合同的效力。《民法典》生效后,第七百二十五条作出相同规定。房屋承租人根据这一规定主张"买卖不破租赁"的,必须属于善意合约且符合出租人在房屋所有权变动以前已将房屋交付给承租人占有居住或对租赁合同进行备案登记的条件,以符合保护承租人居住之基本需求的立法本意,并使第三人容易得知其所受让的标的物上存在租赁关系。适用买卖不破租赁原则,须同时满足四个条件:第一,租赁合同已成立并生效;第二,租赁物已交付承租人;第三,所有权发生变动是在租赁期间;第四,出租人或租赁物的所有人将租赁物的所有权让与了第三人。如果不具备上述条件,则该租赁合同的效力具有相对性,不产生对抗买受人的效力,应依法保护善意买受人的合法权益,对承租人要求买受人继续履行租赁合同的主张不予支持,承租人可通过向出租人主张违约责任进行权利救济。

【案号索引】

常州市钟楼区人民法院(2011)钟商初字第824号

【当事人信息】

原告:陈某林

被告:黄某娅

被告:袁某洪

【基本案情】

原告陈某林因与被告黄某娅、袁某洪房屋租赁合同纠纷一案,向常州市钟楼区人民法院提起诉讼。

常州市钟楼区人民法院一审审理查明:崔某华与舒某东于2010年6月9日登

记结婚,于 2011 年 1 月 24 日协议离婚。本案诉争房屋原登记产权人为舒某东,该房屋于 2010 年 3 月 24 日过户登记于崔某华名下。2010 年 12 月 24 日,原告与崔某华签订房屋租赁合同,约定原告承租甲方崔某华所有的房屋,年租金为 6500 元,租赁期限为 2010 年 12 月 14 日至 2020 年 12 月 13 日。合同签订当日,崔某华向原告出具收条一张,载明:“今收到陈某林房屋十年租金总计陆万伍仟元(65000 元)出租房屋地址蓝天花园 21 幢戊单元 301 室。”2011 年 2 月 24 日,崔某华委托舒某刚将诉争房屋出售,在当日常州市公证处所作的公证询问笔录中,崔某华明确“房屋没有抵押。我没有外债,没有经济纠纷”。常州市公证处于当日出具(2011)常常证民内字第 1352 号公证书,对委托合同进行公证,经公证的委托合同第四条第五款明确“甲方在委托期间不得出租上述房屋给任何人”(崔某华为甲方)。2011 年 2 月 25 日,舒某刚代理崔某华与黄某娅签订房屋买卖契约,约定将诉争房屋以 404380 元的价格出卖于两被告,协议中有“注:舒某刚出售上述房屋已征得崔某华同意,若有任何产权、经济纠纷,均由舒某刚全部负责”。2011 年 3 月 4 日,诉争房屋过户于两被告名下。2011 年 3 月 4 日下午,原告至常州市五星派出所报案,称“发现出租屋内崔某华老婆已入住,联系不到崔某华,无法进入房子居住”。2011 年 4 月 4 日,被告袁某洪与王某勇签订租赁合同,约定将该房屋出租给王某勇使用,租赁期限自 2011 年 4 月 6 日至 2012 年 4 月 5 日,季租金为 4000 元。

庭审中,证人常州市家友房产代理有限公司张某证明“(2011 年 2 月 12 日)房屋买卖合同签订时(房屋)是由崔某华及其妻子、岳母在居住,并向舒某刚、舒某东询问过此房屋有无租赁关系、经济纠纷,他们回答没有”;“房屋买卖时是我们带黄某娅看房时,走错了单元,舒某刚说该房也出售,我们顺便带黄某娅看了房”。证人舒某东证明“房屋的水电费都是我交的”;证人舒某刚(系舒某东之父)明确“原告没有在房屋内居住过”,“原告没有要求我搬离房屋”。原告陈述,65000 元的租金部分系向其亲戚所借,但借款具体金额记不清了。

另查明,江苏省电力公司常州供电公司于 2011 年 3 月 27 日开具发票,证明该公司收取“舒某东”2011 年 2 月电费 129 元;常州市欣祥物业有限公司于 2011 年 4 月 1 日开具收据,收到“舒某东”缴纳的 2011 年 1 月至 3 月物业费 64.2 元;常州市广播电视信息网络股份有限公司常州分公司于 2011 年 4 月 2 日收到“舒某东”有线电视基本收视维护费 72 元。

【法院认为】

常州市钟楼区人民法院一审认为:

本案房屋登记于崔某华名下,舒某刚受崔某华的委托将房屋以 404380 元的价格出卖于两被告的行为并不违反法律规定,应予以确认。

关于两被告提出的崔某华明确表示房屋并未出租,两被告对该房屋出租的事实并不知情的答辩意见,法院认为:(1)原告与崔某华签订的租赁合同未经备案登记,备案登记并非房屋租赁合同生效的必备要件,但在本案中,因租赁合同未备案登记,致使两被告无法从登记机关查悉该房屋是否出租的情况。(2)崔某华与舒某刚签订的委托合同明确崔某华没有经济纠纷,委托期间内崔某华亦不得将诉争房屋出租,舒某刚代理崔某华在房屋买卖协议中保证诉争房屋无任何产权及经济纠纷,委托合同及房屋买卖协议内容及形式均符合法律要求,两被告据此订立的房屋买卖合同合法有效,应受法律保护。(3)房屋买卖合同签订前,证人张某出具的证明显示,两被告看房时由舒某东及其母亲接待,诉争房屋实际上并没有出租给他人实际居住;证人舒某东及舒某刚亦均明确诉争房屋并没有出租。(4)原告虽然曾于诉争房屋过户于两被告名下的当日即 2011 年 3 月 4 日向公安机关报案,称其承租房屋被舒某东占用,该证据不能证明两被告已知晓诉争房屋被出租的情况,却证明诉争房屋由舒某东占用居住,与舒某东、舒某刚的陈述相互印证,足以证明承租房屋由舒某东占有使用而原告并未实际占有居住该房屋。综上,两被告与舒某刚订立房屋买卖协议时有充分理由相信诉争房屋并未出租的事实,故对两被告提出的答辩意见,法院予以采信。

关于两被告提出的原告与崔某华签订的房屋租赁合同并不真实的答辩意见,法院认为,原告与崔某华在常州市家友房产代理有限公司张某的见证下签订了租赁合同,且由崔某华出具的收条予以佐证,故对两被告提出的该答辩意见,法院不予采信。关于两被告提出的租赁合同签订后,原告并未到承租房屋居住,故该租赁合同没有实际履行的答辩意见,法院认为,房屋租赁合同的生效与履行不以实际居住为要件,故对两被告的答辩意见,亦不予采信。

但就原告与崔某华签订的租赁合同而言,法院认为:(1)原告与崔某华于 2010 年 12 月 14 日订立房屋租赁合同,但其后该房屋租赁合同未经备案登记,原告也未实际居住使用承租房屋,致两被告对崔某华已与原告签订租赁合同的事实无从知晓。(2)原告与崔某华签订为期 10 年的租赁合同,当日崔某华即出具收条,明确"今收到陈某林房屋十年租金总计陆万伍仟元(65000 元)",且根据原告庭审陈述,租赁合同的签订距庭审仅时隔不到半年,但原告对租金的来源却无法明确告知,明显有悖常理。(3)原告与崔某华于 2010 年 12 月 24 日签订的租赁合同约定年租金为 6500 元,而在时隔 3 个多月后,被告袁某洪即将诉争房屋以季租金 4000 元(合年租金 16000 元)的价格出租于王某勇,原告与崔某华签订的房屋租赁合同租金明显过低。(4)原告与崔某华签订的租赁合同,仅就租赁期限与租金进行约定,有关房屋内设施、水电费、房屋设施保证金等与房屋租赁关系密切相关的内容均未约定,且房屋租赁合同签订后,原告并未提供证据证明缴纳过水电费,而两被告提供的证据表明水费、电费及物业费均由舒某东缴纳。(5)原告与崔某华租赁合同的签订系双方先形成租赁意向，而后找中介见证，与常理不符；且租赁合同签订后的近3个月内，原告一直未实际居住使用承租房屋，而在房屋过户于两被告的当日，即2010年3月4日，却报案称其承租房屋被舒某东占据，明显不合常理。综上所述，原告虽与崔某华签订了房屋租赁合同，但该租赁合同租金的交付及履行方式存在诸多不合常理之处；而两被告作为善意第三人购买诉争房屋并已进行所有权转移登记，故两被告对诉争房屋的占有、使用、收益和处分权应受法律保护。对承租人要求买受人继续履行租赁合同的主张不予支持，承租人可通过向出租人主张违约责任进行权利救济。

【裁判结果】

综上，常州市钟楼区人民法院判决：驳回原告陈某林的诉讼请求。一审判决宣判后，双方当事人在法定期限内均未上诉，该判决已发生法律效力。

［参见李玉生主编，江苏省高级人民法院编：《江苏省高级人民法院公报》（2012年第1辑），法律出版社2012年版。］

6. 租赁物整体转让时，部分承租人对部分租赁物提出优先购买权的不利于租赁物优化利用，法院应否予以支持？

【典型案例】

天津市塘沽沃特斯阀门有限公司诉天津塘沽阀门有限责任公司房屋租赁合同纠纷案

【裁判要旨】

承租人优先购买权制度的设立，在于保持租赁关系和财产关系的稳定，有利于保持或提高租赁物的利用价值。故房屋部分承租人对租赁物整体转让时提出对部分租赁物优先购买权的，将不利于租赁物的优化利用，法院不予支持。

【案号索引】

一审：天津市滨海新区人民法院（2019）津0116民初25236号

二审：天津市第三中级人民法院民事判决书（2019）津03民终1515号

【当事人信息】

上诉人（原审原告）：天津市塘沽沃特斯阀门有限公司（以下简称沃特斯公司）

被上诉人(原审被告):天津塘沽阀门有限责任公司(以下简称塘沽阀门公司)

原审第三人:天津津通瓦特阀门制造有限公司(以下简称津通瓦特公司)

【基本案情】

上诉人沃特斯公司与被上诉人塘沽阀门公司、原审第三人津通瓦特公司房屋租赁合同纠纷一案,不服天津市滨海新区人民法院(2019)津0116民初25236号民事判决,向本院提起上诉。本院于2019年8月15日立案后,依法组成合议庭,经过阅卷、询问当事人,依据法律规定,不开庭进行了审理。本案现已审理终结。

一审法院认定事实:2014年4月30日,沃特斯公司(乙方)与塘沽阀门公司(甲方)签订《租赁协议》,约定甲方同意乙方租赁甲方所有的在塘沽海洋高新区垮车间厂房中的靠北面的三垮,总面积为4800平方米,另外包括东侧休息间,办公区域为办公楼的2楼。租赁期5年,即自2014年5月1日至2019年4月30日,租赁期满可协商续订,租赁费每年60万元整,交费时间为每年租赁日前的一个月内,交齐当年全年租赁费。双方还约定了其他权利义务。合同履行期间,塘沽阀门公司曾起诉沃特斯公司,要求其腾出涉诉厂房及办公楼,并给付房屋使用费等。经一审法院调解,双方同意履行租赁期限为2014年5月1日至2019年4月30日的《租赁协议》,且沃特斯公司给付塘沽阀门公司自2018年5月1日至2019年4月30日的租金60万元。2019年1月16日,塘沽阀门公司向沃特斯公司发通知函,告知在租赁协议期满后,不再续租,并按期交还厂房。沃特斯公司回函不同意塘沽阀门公司违反承诺提前解除租赁协议。后双方多次发函,对于协议到期后如何处理的问题,双方一直存有争议。2018年5月9日,转让方(甲方)塘沽阀门公司,受让方(乙方)津通瓦特公司签订《房地产转让协议书》,双方就买卖塘沽阀门公司(地址内所有房地产和主要机械设备及股权转让一事)达成协议:转让价格为6300万元整,乙方应于2018年5月9日之前付款200万元,2018年5月30日之前付款2000万元,其余尾款在租房户2018年10月1日前搬离完毕后甲方将股东的股权全部转让给乙方同时付清剩余尾款,甲方应于乙方支付如上价款之后可将标的物房地产交付给乙方使用,待全部价款付清时应移交房地产的全部使用权和有关资料,同时将股东的股权全部转让给乙方。2018年8月1日,买方(甲方)津通瓦特公司与卖方(乙方)塘沽阀门公司又签订《资产收购协议》,约定由甲方向乙方收购下列资产:位于天津市滨海新区,包括该现有房屋、建筑、机器、设备、TVT商标、塘沽阀门公司企业名称和现已占用的土地使用权等,收购价款为6300万元,甲方在2018年6月1日前已付首期收购款2200万元,余款在甲乙双方办完《资产清单》所有移交手续且乙方保证本合同第五条所有乙方承诺均无法律障碍后的30天内陆续付清。另查明,塘沽阀门公司与津通瓦特公司的法定代表人徐某国曾办理涉诉房屋的他项权登记,双方认定该套房产现值为4156万元。沃特斯公司现主张以该价格标准购买塘沽阀门公司名下的房产。

一审法院认为,根据我国法律的相关规定,出租人出卖租赁房屋的,应当在出卖之前的合理期限内通知承租人,承租人享有以同等条件优先购买的权利。但部分承租人对租赁物的整体转让是否享有优先购买权,需要具体分析。本案中塘沽阀门公司与津通瓦特公司签订的收购协议中约定包含房屋、建筑、机器、设备、商标、股权、土地使用权等,对价为 6300 万元,一审法院认为该协议应属整体转让,不应割裂单独转让房屋,而沃特斯公司仅租赁部分厂房及办公室,现沃特斯公司要求确认其对房屋整体具有优先购买权并以 4156 万元的标准行使优先购买权的诉讼请求,第一,沃特斯公司并未提交充足的证据证实沃特斯公司承租的房屋面积超过房屋面积的一半,故沃特斯公司要求确认对于房屋具有优先购买权不符合法律规定。第二,退一步说,即便沃特斯公司的实际租赁面积超过房屋面积的一半,但塘沽阀门公司与津通瓦特公司转让的并非仅仅是房屋,还包括机器、设备、商标、股权、土地使用权等,故从整体转让的角度考虑,沃特斯公司要求确认对涉诉房屋具有优先购买权及购买涉诉房屋,不符合法律规定。第三,现沃特斯公司与塘沽阀门公司之间的租赁合同已经到期届满,塘沽阀门公司已经向沃特斯公司发函且当庭表示不同意续租,双方的租赁合同已经终止,故沃特斯公司所提优先购买权在本案中不适用。综上所述,一审判决驳回原告沃特斯阀门公司的全部诉讼请求。案件受理费减半收取计 40 元,由原告负担(已付清)。

本院二审期间,当事人未提交新证据,本院对一审查明的事实予以确认。另查明,2019 年 3 月 27 日,沃特斯公司在向塘沽阀门公司寄发的告知函中明确表示对涉案房屋主张优先购买权。塘沽阀门公司表示收到该告知函后没有对优先购买事宜进行回复,原因是在塘沽阀门公司与津通瓦特公司签订合同之前多次找过沃特斯公司,沃特斯公司表示不购买,但不能提交沃特斯公司表示不购买的证据。

【法院认为】

本院认为,本案系房屋租赁合同纠纷,争议焦点是沃特斯公司对涉案房屋的整体是否享有优先购买权。承租人优先购买权制度的设立,在于有利于保持租赁关系和财产关系的稳定,有利于保持或提高租赁物的利用价值。根据租赁合同的约定,沃特斯公司承租的房屋是塘沽阀门公司 4800 平方米的厂房,另外包括东侧休息间和办公楼的 2 楼。而塘沽阀门公司与津通瓦特公司签订的收购协议中包含了塘沽阀门公司全部的房屋、建筑、机器、设备、商标、股权、土地使用权等整体资产。沃特斯公司以承租塘沽阀门公司部分房屋来主张对塘沽阀门公司全部房屋具有优先购买权,势必对津通瓦特公司的整体收购产生不利影响,不利于租赁物的优化利用。双方租赁合同在一审诉讼期间已经到期届满,塘沽阀门公司已经向沃特斯公司发函表示不同意续租,双方的租赁合同已经终止,塘沽阀门公司与津通瓦特公司签订的收购协议已部分履行，在此情况下，再赋予沃特斯公司强制缔约权也不利于租赁关系和财产关系的稳定。再者，沃特斯公司在一审中提交的证据也证明其不具备同等条件的购买能力，缺乏实现优先购买权的事实基础。基于以上分析，一审法院驳回沃特斯公司的全部诉讼请求并无不当。

【裁判结果】

综上所述，沃特斯公司的上诉请求不能成立，应予驳回；一审判决结果并无不当，应予维持。二审判决如下：驳回上诉，维持原判。二审案件受理费 80 元，由沃特斯公司负担。本判决为终审判决。

［参见最高人民法院中国应用法学研究所编著：《人民法院案例选》(2019 年第 11 辑)，人民法院出版社 2020 年版。］

【审判政策与精神】

北京市高级人民法院关于印发《北京市高级人民法院关于审理房屋租赁合同纠纷案件若干疑难问题的解答》的通知(2013 年 12 月 19 日　京高法发〔2013〕462 号)

29. 承租部分房屋的承租人在出租人整体转让房屋时是否享有优先购买权？

出租人整体转让房屋，该房屋为不可分割或分割明显降低其整体价值，而承租人仅要求对其承租的部分房屋行使优先购买权的；或者承租人虽主张优先购买整体房屋，但其承租面积未达到整体房屋面积 50% 以上的，对承租人主张行使优先购买权的诉讼请求，不予支持。

7. 对于优先租赁权中“同等条件”如何界定？

【典型案例】

吴某设诉泉州市华祥物业管理有限公司、上海红星美凯龙品牌管理有限公司泉州洛江分公司房屋租赁合同纠纷案

【裁判要旨】

所谓“同等条件”，是指承租人可提供的租赁条件与出租人给予第三人的租赁条件相同或同等。它是承租人行使优先承租权应具备的实质条件和基础，承租人只有在满足与第三人同等条件下才享有优先承租权。对“同等条件”的理解，学理

上和实务中主要有以下两种观点：一是绝对同等说，认为承租人认租的条件应与第三人的承租条件绝对相同，不仅价格要素、支付方式应相同，其他的从给付义务亦应相同；二是相对同等说，认为承租人认租的条件应与第三人的大致相同，在价格条件和支付方式相同的情况下，对于其他交易条件是否需要完全相同，要看该条件是否影响到出租人的利益，如果没有影响，则应当认定为同等条件。虽然审判实践中大多持相对同等说，但不同法官对"同等条件"内涵外延的认识并不统一，导致在操作中各行其是。笔者认为，对"同等条件"的界定应综合考量以下几个方面内容：(1)租金、租赁期限与支付方式。这些条件作为租赁合同的核心内容，自然是同等条件认定的首要考虑因素，如果承租人在这三项条件中与第三人相比稍逊一筹，则应视为其不具备同等条件要求。(2)保证金、房屋用途、承租范围(是整体还是局部)、违约责任，以及对房屋的装修、改造等其他条件。这些条件或多或少影响到出租人的利益，亦应纳入同等条件考察范畴。(3)基于一般社会观念的基本人身信赖感。从租赁关系看，租赁合同属继续性合同，具有双务性，时间因素在债的履行上居于重要的地位，影响到租金给付的次数和内容，正因如此，租赁关系的维持需要有基本的人身信赖感，如果承租人在承租期间存在以房屋作为场所实施犯罪活动、经常拖欠租金、损害房屋价值等行为，致使"信赖基础丧失"，则"法律自应允许一方当事人终止契约"，双方不再续签租赁合同。当然，该事由作为同等条件的内容之一，应以一般社会观念作为是否足以导致出租人丧失信赖基础的评价标准，不能纯粹根据出租人的主观进行判断。租赁期间届满，房屋承租人享有以同等条件优先承租的权利；对于优先租赁权中"同等条件"的界定，应综合考量租金、租赁期限、支付方式、保证金、房屋用途以及基于一般社会观念的基本人身信赖感等多种因素。

【案号索引】

一审：福建省泉州市洛江区人民法院(2017)闽0504民初1441号

二审：福建省泉州市中级人民法院(2018)闽05民终3443号

【基本案情】

法院经审理查明：2016年6月15日，吴某设作为承租方、泉州市华祥物业管理有限公司(以下简称华祥公司)作为出租方、上海红星美凯龙品牌管理有限公司泉州洛江分公司(以下简称红星美凯龙公司)作为管理方签订租赁合同，约定的主要内容有：(1)承租方承租华祥商场(红星美凯龙家居商场)一楼A8007、A8008－1展位(计租面积194.20平方米)用于经营品牌为申鹭达的卫浴类商品；(2)租赁期限自2016年6月15日至2017年7月31日，月租金单价为8元/平方米、月管理费单价为32元/平方米；(3)合同终止前，承租方如有意续约，应在租赁合同期满前2个月向出租方和红星美凯龙公司提出申请，并重新签订书面合同。在同等条件下，承租方享有优先承租权；(4)红星美凯龙公司因经营规划需要，可以提前2个月书面通知承租方解除合同;(5)红星美凯龙公司因承租方违约解除合同、责令承租方停业整顿,或承租方逾期占用展位的,有权停止对承租方的一切服务,包括但不限于采取停水、停电、以合理方式封闭展位等措施。合同签订后,红星美凯龙公司依约交付租赁物,吴某设按时支付租金。

2017 年 6 月 1 日,红星美凯龙公司在商场公告栏进行 7 月续签条件和方案的公示。当月 16 日,华祥公司、红星美凯龙公司与王某峰签订租赁合同,将讼争商铺自 2017 年 8 月 1 日起出租给王某峰用于经营橱柜类商品。次日,华祥公司、红星美凯龙公司向吴某设送达关于回收申鹭达场地的函等函件,书面告知合同到期后不再续约,要求吴某设于 2017 年 7 月 31 日前清空展厅返还使用权。吴某设于 6 月 28 日复函要求续约。2017 年 8 月 1 日,华祥公司在吴某设未主动撤场情况下将讼争商铺内吴某设的物品搬至商场所在的人防中心。2017 年 10 月 18 日,法院进行现场勘验,双方当事人对吴某设上述被撤出讼争商铺另行存放的家具等物品均无异议。

【法院认为】

法院生效裁判认为:吴某设未在租赁期限届满前 2 个月提出续签合同,其主张享有优先承租权的理由缺乏依据。华祥公司、红星美凯龙公司在通知吴某设将承租展位内的物品全部撤出无果后,采取强制清场的措施将吴某设讼争商铺内的物品搬至他处代为保管,吴某设不愿接收上述物品因此而造成的损失应由其自行承担,况且其也没有证据证实这些货物存在缺失或损失。

【裁判结果】

福建省泉州市洛江区人民法院一审判决:(1)华祥公司、红星美凯龙公司应在本判决生效之日起 10 日内返还存放于泉州市洛江区红星美凯龙华祥店人防中心属于吴某设所有的物品(详见附件清单);(2)驳回吴某设的其他诉讼请求。

宣判后,原告吴某设不服判决,提起上诉。福建省泉州市中级人民法院二审判决:驳回上诉,维持原判。

[参见最高人民法院中国应用法学研究所编著:《人民法院案例选》(2019 年第 11 辑),人民法院出版社 2020 年版。]

8. 以房屋使用权抵偿欠款的合同，并非真实的房屋租赁合同，是否适用买卖不破租赁原则？

【典型案例】

原告王某与被告邱某峰、王某及第三人周某、曹某成财产损害赔偿纠纷案

【裁判要旨】

为防止当事人规避执行，人民法院在处理查封、扣押的不动产之上被设置长期租赁关系等权利负担时，应当从租赁合同签订的目的、签订时间、履行过程及是否备案等实质要件和形式要件从严审查。买卖不破租赁原则必须建立在真实有效的房屋租赁合同之上。当事人以让渡房屋使用权的方式抵偿债务而签订的《商铺房屋租赁补充合同》，实质是债务人以其房屋使用权抵偿欠款的合同之债，并非真实的房屋租赁合同，不具有物权性质，从而不能以买卖不破租赁原则对抗法院的依法处置等措施。当事人迟延交付第三人通过竞拍取得或法院裁定移交申请执行人的不动产，给权利人造成财产损失的，应当承担损害赔偿等民事责任。

【当事人信息】

原告：王某

被告：邱某峰

被告：王某

第三人：周某

第三人：曹某成

【基本案情】

原告王某诉被告邱某峰、王某及第三人周某、曹某成财产损害赔偿纠纷一案，向江苏省新沂市人民法院提起诉讼。

江苏省新沂市人民法院经审理查明，2010 年 9 月 1 日，曹某成、周某（甲方）与邱某峰（乙方）签订了《商铺房屋租赁合同》。双方约定：（1）甲方将国际商贸城一期工程 1 号楼 1 室 301 室，租赁给乙方作五金经营、装潢办公使用。使用面积：一楼 66.5 平方米，二楼 66.5 平方米，三楼 180 平方米，合计 313 平方米。（2）租赁期限 10 年。从 2010 年 9 月 1 日起至 2020 年 9 月 1 日止。（3）租金：年租金 8 万元整。

从合同执行之日起，年租金二年内不涨。从第三年（含第三年）开始，年租金每年递增10%，年租金增至10万元时，不再递增。租金根据当时情况另定。(4)租金交付方式：房屋交付使用之日，年租金一次交清，以后每年交付一次，房租不交随即终止合同。交款凭证以甲方收据为准。2012年9月1日，周某（甲方）与邱某峰（乙方）签订了《商铺房屋租赁补充合同》。双方约定：①因甲方在2010年至2011年度多次累计向乙方借款人民币90万元整，另有2011年6月20日甲方抵还沈某欠乙方借款人民币50万元整，计：甲方共欠乙方借款人民币140万元整。②以上欠款乙方多次催要，甲方至今未还。③经甲乙双方协商决定：自2011年9月1日起，甲方欠乙方借款用乙方租赁甲方的商铺租金来抵充，余款甲方承诺在房屋租赁期内还清，否则视为甲方违约，甲方自愿将国际商贸城一期门牌号为A1、A2的门面房所租赁的商铺房屋抵充甲方所欠乙方的借款。商铺每年租金见甲乙双方签订的商铺房屋租赁主合同。后双方按约履行上述两份合同。

因王某与曹某成、周某之间存在民间借贷纠纷，王某申请强制执行。新沂市人民法院执行局拟对曹某成、周某所有的位于新沂市国际商贸城一期1号楼1号上下两层门面房采取强制执行措施。2015年1月20日，新沂市人民法院执行局法官在涉案房屋内与王某就该房屋租赁情况进行谈话，王某称其从2005年起承租该房屋，当时是以其姐夫邱某峰的名义承租的，从2010年起改为以其本人的名义从周某处承租该房屋。2015年8月3日，新沂市人民法院作出(2014)新执字第00784－1号履行到期债务通知书，要求邱某峰向王某履行邱某峰对周某所负的到期6万元债务，后邱某峰未按该通知书履行。经过对涉案房屋多次进行司法拍卖流拍后，2015年12月20日，新沂市人民法院作出(2014)新执字第00784－4号执行裁定书，裁定位于新沂市新安街道国际商贸城1号楼1号上下两层门面房一处归王某所有。2016年8月23日，新沂市人民法院向邱某峰作出协助执行通知书，要求邱某峰协助以下事项：(1)自2016年9月1日起至租赁期限届满之日2020年9月1日止，将承租上述商铺的租金每年8万元按照原租赁合同支付给王某。(2)2020年9月1日租赁合同期限届满后，如邱某峰仍需租赁，须征得申请执行人王某同意。后邱某峰未按该通知履行。新沂市人民法院于2017年4月20日强制执行，将涉案房屋交付给王某。

【法院认为】

江苏省新沂市人民法院经审理后认为，本案的争议焦点为：(1)王某是否应当承担赔偿责任。(2)王某何时对涉案房屋享有所有权。(3)邱某峰与曹某成、周某签订的《商铺房屋租赁合同》以及邱某峰与周某签订的《商铺房屋租赁补充合同》的性质如何认定。(4)王某、邱某峰延期履行的财产损失如何认定。

1.关于王某是否应当承担责任问题。结合当事人的陈述、举证及执行法官与王某的谈话能够认定涉案房屋自2015年12月20日至2017年4月20日,由邱某峰、王某共同占有使用。邱某峰、王某虽辩称王某只是营业执照登记的经营者,实际没有参与经营,不应承担任何责任,但该辩称与上述谈话内容及营业执照登记内容相矛盾,对于该辩称,新沂市人民法院不予采纳。

2. 关于王某何时对涉案房屋享有所有权问题。新沂市人民法院在2015年12月20日作出(2014)新执字第00784－4号执行裁定书,将涉案房屋裁定归王某所有,并于当日送达王某。涉案房屋自该裁定送达王某时起发生所有权转移。邱某峰、王某辩称法院向王某交付该房屋后王某才享有充分的所有权,该辩称于法无据,新沂市人民法院不予采纳。

3. 关于邱某峰与曹某成、周某签订的《商铺房屋租赁合同》以及邱某峰与周某签订的《商铺房屋租赁补充合同》的性质认定问题。房屋租赁合同是指房屋出租人将房屋提供给承租人使用,承租人定期支付租金,并于合同终止时将房屋归还给出租人的协议。故承租人缔约的目的是取得房屋的使用权,出租人则是收取租金。本案中,首先,从合同签订的目的来看,周某(甲方)与邱某峰(乙方)在《商铺房屋租赁补充合同》第三条约定:自2011年9月1日起,甲方欠乙方借款用乙方租赁甲方的商铺租金来冲抵,余款甲方承诺在房屋租赁期内还清,否则视为甲方违约,甲方自愿将国际商贸城一期门牌号为A1、A2的门面房所租赁的商铺房屋抵充甲方所欠乙方的借款。合同签订是邱某峰为了使自己的债权得到清偿,同意周某以让渡涉案房屋使用权的方式抵偿借款。可见,《商铺房屋租赁补充合同》实质是债务人曹某成、周某以其房屋使用权抵偿欠款的合同之债,并非真实的房屋租赁合同。其次,从合同的履行来看,邱某峰与曹某成、周某之间并未真实履行租赁合同所要求一方转移房屋使用权,一方支付租金的行为。如果双方当事人能够履行上述义务,新沂市人民法院也可以在执行程序中通过代位执行周某、曹某成的租金债权的形式来执行周某、曹某成与王某民间借贷纠纷案件,而事实上邱某峰拒绝履行新沂市人民法院于2015年8月3日作出的(2014)新执字第00784－1号履行到期债务通知书及2016年8月23日作出的协助执行通知书。最后,从法规规章的规定分析,建设部《城市房屋租赁管理办法》第十三条规定:"房屋租赁实行登记备案制度。"可见,房屋租赁合同是具有物权性质的合同,而本案双方当事人周某、曹某成与邱某峰从未对房屋租赁合同进行登记备案。综上,买卖不破租赁原则必须建立在真实有效的房屋租赁合同之上。邱某峰、王某辩称其根据买卖不破租赁原则,有权使用涉案房屋至2020年9月1日,该辩称于法无据,新沂市人民法院不予采纳。

4. 关于王某、邱某峰延期履行的财产损失如何认定问题。邱某峰、王某对王某已经取得所有权的不动产继续占有经营并取得收益,已经构成对他人物权的侵害,应当承担赔偿责任。综合考虑涉案房屋的地理位置、房屋类型、面积、同地段同时期的租金标准、市场行情等因素，对于王某主张的租金损失，新沂市人民法院酌定按6万元/年的标准计算，邱某峰、王某应向王某赔偿2015年12月20日至2017年4月20日涉案房屋的租金损失8万元(6万元/年+6万元/年×1/3年)。

【裁判结果】

综上，江苏省新沂市人民法院于2018年7月2日作出(2018)苏0381民初130号民事判决：(1)被告邱某峰、王某应于本判决生效之日起10日内赔偿原告王某2015年12月20日至2017年4月20日的租金损失8万元；(2)驳回原告王某的其他诉讼请求。

原告王某，被告邱某峰、王某不服上述民事判决，向江苏省徐州市中级人民法院提起上诉。在二审审理期间，原告王某书面申请撤回上诉，被告邱某峰、王某虽提起上诉，但二人均未在指定期限内交纳上诉案件受理费。徐州市中级人民法院于2018年10月29日裁定准许王某撤回上诉，按上诉人邱某峰、王某自动撤回上诉处理。一审判决发生法律效力。

[参见威科先行法律信息库。]

9. 出租人在租赁合同到期后不再招租的，承租人能否行使优先承租权？

【典型案例】

上海联登经贸有限公司诉上海雨晰旅馆房屋租赁合同纠纷案

【裁判要旨】

优先承租权的行使须建立在出租人继续出租的前提下，若出租人在租赁合同到期后不再对外招租，也无证据证明有洽商其他承租对象，则承租人没有行使优先承租权的基础。

【案号索引】

一审：上海市黄浦区人民法院(2017)沪0101民初23346号

二审：上海市第二中级人民法院民事判决书(2018)沪02民终4207号

【当事人信息】

上诉人(一审被告)：上海雨晰旅馆(以下简称雨晰旅馆)

被上诉人(一审原告)：上海联登经贸有限公司(以下简称联登公司)

【基本案情】

上诉人雨晰旅馆因与被上诉人联登房屋租赁合同纠纷一案，不服上海市黄浦区人民法院(2017)沪0101民初23346号民事判决，向本院提起上诉。本院于2018年5月2日立案后，依法组成合议庭，开庭进行了审理。本案现已审理终结。

雨晰旅馆上诉请求：撤销一审法院(2017)沪0101民初23346号民事判决，改判驳回联登公司一审诉讼请求。事实与理由：雨晰旅馆与联登公司所订立的租赁合同，约定雨晰旅馆在租赁期满后，在同等承租条件下有优先承租权。雨晰旅馆曾多次与联登公司协商，愿意在联登公司对外承租的同等条件下继续承租房屋，甚至以高出同等条件的租金续租，但联登公司以种种理由拒绝，致雨晰旅馆的优先承租权遭受侵犯。一审判决适用法律不当，严重损害了雨晰旅馆的合法权益。

被上诉人联登公司辩称：联登公司收回房屋是准备整体改建后自用，目前情况下并不对外招租，雨晰旅馆的优先承租权也因此不能成立，请求维持一审判决。

联登公司向一审法院起诉请求：(1)雨晰旅馆立即返还其占用的上海市黄浦区局门路×××号-2房屋(以下简称涉案房屋)；(2)雨晰旅馆支付自2017年5月31日起至实际返还涉案房屋之日的房屋使用费(按原租金的2倍计算)，押金13367元用于抵扣房屋使用费；(3)雨晰旅馆支付水电费至实际返还房屋之日，按实结算。

一审法院认定事实：2011年6月15日，联登公司、雨晰旅馆签订房屋租赁合同，约定联登公司将其所有的涉案房屋出租给雨晰旅馆，期限为2011年6月1日至2017年5月30日，前三年租金为160400元/年，后三年租金为168420元/年。2016年11月2日、12月2日，2017年3月16日、5月10日，联登公司发函通知雨晰旅馆租赁合同于2017年5月30日到期后终止，要求雨晰旅馆做好撤场准备，在同年5月31日前将涉案房屋按原样无条件归还联登公司。2017年5月10日，联登公司再次通知雨晰旅馆在同年5月31日前完成退房事宜。但租赁期限届满合同终止后，雨晰旅馆未按约归还涉案房屋，联登公司遂起诉。

一审另查明：联登公司、雨晰旅馆所签订房屋租赁合同，第二条第三款约定：若雨晰旅馆需继续承租涉案房屋，应在租赁期届满前2个月内，以书面形式向联登公司提出续租申请书，在同等条件下雨晰旅馆享有承租优先权；若经联登公司同意后，必须提前1个月与联登公司重新签订租赁合同；否则，在租赁期满前的1个月内，联登公司有权与任何第三方重新签订租赁合同，雨晰旅馆不得提出异议；第六条约定：雨晰旅馆在租赁期间所用电费、水费按实际使用金额计付，单独装表计量；第十条第四款约定：雨晰旅馆到期后如不按时将房屋完好地归还给联登公司，每逾期一日的租金，以原合同租金的两倍支付联登公司。

合同签订后，雨晰旅馆支付联登公司押金13367元。

2017年5月30日合同期满，双方未重新签订租赁合同。雨晰旅馆曾数次提出续租申请，同年7月8日、10月23日，雨晰旅馆提出愿“在原租金基础上上调5%－8%、20%，最后以双方协定为准”，联登公司未予准许。

同年5月31日、9月1日，雨晰旅馆按合同约定季度租金标准分别支付联登公司42105元、42105元。

一审法院认为，联登公司、雨晰旅馆签订的房屋租赁合同约定的雨晰旅馆承租优先权，需满足雨晰旅馆在租赁期届满前2个月向联登公司提出书面续租申请、联登公司同意、双方重新签订租赁合同这三个条件，现联登公司不同意续租，故对雨晰旅馆续租的辩称，法院不予支持。2017年5月30日，租赁合同期满，合同终止，雨晰旅馆应将涉案房屋返还联登公司，其继续使用涉案房屋已无合法依据，故联登公司要求雨晰旅馆返还涉案房屋并支付2017年5月31日起至实际返还涉案房屋之日止的房屋使用费的诉请，法院予以支持。关于房屋使用费，双方约定为原合同租金的两倍，鉴于原合同租金为14035元/月，再结合雨晰旅馆在申请续租过程中对涉案房屋现行租金的交涉，并促使雨晰旅馆及时搬离涉案房屋，法院酌情判定该费用标准为21894.6元/月，雨晰旅馆已付押金13367元和在合同期满后支付联登公司的84210元用于抵消部分房屋使用费。联登公司要求雨晰旅馆支付水电费至实际返还涉案房屋之日、按实结算的诉讼请求，符合合同约定，法院予以支持。

一审法院据此判决：(1)雨晰旅馆应于判决生效之日起10日内将上海市黄浦区局门路×××号－2房屋返还联登公司；(2)雨晰旅馆应于判决生效之日起10日内按21894.6元/月的标准支付联登公司自2017年5月31日起至上海市黄浦区局门路×××号－2房屋实际返还日止的房屋使用费(雨晰旅馆已付押金13367元和在合同期满后支付的84210元用于抵消部分房屋使用费)；(3)雨晰旅馆应于判决生效之日起10日内支付联登公司使用上海市黄浦区局门路×××号－2房屋至该房屋实际返还日的水电费，按实结算。案件受理费50元，减半收取计25元，由雨晰旅馆负担。

本院经审理查明，一审法院认定事实无误，本院予以确认。

【法院认为】

本院认为，上诉人雨晰旅馆以合同约定的承租人优先承租权对抗联登公司的返还请求权，但优先承租权的行使须建立在联登公司对涉案房屋继续出租的前提下，而目前的状况是联登公司否认收回涉案房屋后对外招租，雨晰公司也无证据证明联登公司已在洽商其他承租对象。所谓的同等承租条件应当建立在出租人初步议定承租对象的基础上，如果不存在出租人议定的承租对象，也就没有所谓同等条件。上诉人的上诉主张缺乏事实与法律依据，本院不予支持，一审判决应予维持。

【法院认为】

二审判决如下:驳回上诉,维持原判。二审案件受理费 50 元,由上诉人雨晰旅馆负担。本判决为终审判决。

[参见威科先行法律信息库。]

10. 优先租赁权中同等条件的基本要件是租金和租期,承租人不接受出租人提出的租金,是否视为放弃优先租赁权?

【典型案例】

南京市新百花园住宅小区业主委员会诉赫某联、南京市建邺区新百花园幼儿园房屋租赁合同纠纷案

【裁判要旨】

双方当事人约定的优先租赁权中同等条件的基本要件是租金和租期,承租人不接受出租人提出的租金报价,视为放弃优先租赁权,出租人有权以同等租金与第三人签订租赁合同。

【案号索引】

一审:江苏省南京市中级人民法院(2014)宁民终字第 4731 号

二审:江苏省高级人民法院(2016)苏民再 163 号

【当事人信息】

申诉人(一审被告、二审上诉人):赫某联

申诉人(一审被告、二审被上诉人):南京市建邺区新百花园幼儿园(以下简称新百花园幼儿园)

被申诉人(一审原告、二审被上诉人):南京市新百花园住宅小区业主委员会(以下简称新百花园业委会)

【基本案情】

申诉人赫某联、新百花园幼儿园因与被申诉人新百花园业委会房屋租赁合同纠纷一案,不服江苏省南京市中级人民法院(2014)宁民终字第 4731 号民事判决,向检察机关申诉。江苏省人民检察院向本院提出抗诉。本院于 2015 年 12 月 29 日作出(2015)苏审三民抗字第 00014 号民事裁定,再审本案。本案现已审理终结。

江苏省人民检察院抗诉认为,(1)新百花园业委会与赫某联在租赁合同中约定了赫某联在租赁合同期满后同等条件下的优先租赁权。优先租赁权虽非法定权利,但只要赫某联未向新百花园业委会明确表示放弃,其应仍享有该优先权。租赁合同到期前,双方就续租租金问题多次进行磋商未达成一致,赫某联未参加新百花园业委会组织的招租,但并未明确放弃优先租赁权,其提供的2014年4月1日《南京市建邺区新百花园幼儿园申明》的公示照片即是印证。在该申明中,赫某联表示同意接受新百花园业委会所提出的第一年租金27万元,且每年递增1万元的要求。虽然此意思表示未直接向新百花园业委会送达,但表明赫某联并未放弃优先权,且在一审庭审中,赫某联亦已明确表示接受新百花园业委会的上述条件。(2)新百花园业委会与爱德贝幼儿园签订有两份租赁合同且租金不同,合同未加盖爱德贝幼儿园公章,签字人吴某珍、徐某玉与爱德贝幼儿园的关系没有证据证明,且吴某珍拒绝检察机关对其调查,爱德贝幼儿园未在区教育局审批备案,无证据证明该幼儿园的真实存在,因此,该租赁合同的真实性无法确认。综上,二审判决认定的基本事实缺乏证据证明,依法提出抗诉,请依法再审。

赫某联、新百花园幼儿园称,完全认可检察机关的抗诉意见。补充意见如下:依据合同约定条款,赫某联在同等条件下有优先承租权。新百花园业委会从未告知赫某联有他人打算租赁涉案房屋及价格、付款方式。赫某联已经通过告示、信函等方式向新百花园业委会表示并主张其优先承租权。新百花园业委会将涉案房屋租赁给第三人的条件也就是赫某联答应的条件。综上,请求驳回新百花园业委会的诉讼请求,并支持赫某联和新百花园幼儿园以同等条件的年租金标准,继续使用涉案房屋直至再次签订租赁合同为止。

新百花园业委会辩称,(1)早在租赁合同到期前,新百花园业委会就通知赫某联来商谈续租事宜,双方6次约谈,2次赫某联失约,最后一次2014年2月20日,赫某联报价上升至23万元,并表示多了不谈,中途退场。(2)赫某联亦未参加新百花园业委会的招租。赫某联张贴在小区的申明中写道"我们的办学得到教育局的支持和肯定,我园会一如既往地办下去,坚决与个别背后操纵的恶势力抗争到底",其实质是一种挑衅,而非承诺。(3)在2014年6月4日一审庭审中,我方律师提出什么价格赫某联能接受,赫某联拒绝回答。(4)赫某联在租赁涉案房屋期间拖欠物管费、垃圾费、公用水电费,早就应当终止合同。(5)吴某珍是当了三十多年公办园和省优质园园长,团队亦非常优秀,爱德贝幼儿园是其团队拟定的幼儿园名称,与其签订的两份合同均为真实,因本案纠纷未了结,吴某珍团队未能进入小区办园,无法办理公章手续。(6)赫某联在与新百花园业委会为续签租赁合同一事,多次组织家长到社区、街道、区政府、市政府上访,并与新百花园业主和业委会主任及业委会成员发生冲突,新百花园业委会无法与其再签订租赁合同。综上,请求驳回赫某联和新百花园幼儿园的申诉请求。

南京市建邺区人民法院一审查明，南京市新百花园住宅小区内面积为1390平方米的建筑物原为南京新百房地产开发有限公司开发建设并经规划用于幼教的小区公共配套用房。南京新百房地产开发有限公司于2008年11月16日通过和新百花园业委会、新百花园物业管理处签订协议的方式将幼教用房划归新百花园全体业主。同年11月17日，新百花园业委会和赫某联签订《房屋租赁合同》一份，约定，新百花园业委会将涉案的房屋及室外幼儿活动场地出租给赫某联开办幼儿园并进行幼教工作，期限自2009年4月1日至2014年3月31日，前三年租金为每年12万元，自第四年起，每年租赁费递增10%，采用先用后租的方式，租金每半年支付一次；在租赁期届满时或赫某联不按时交纳租赁费时，本合同终止；租赁合同终止时，赫某联有权处置办园时购置的所有低值易耗品，但对幼儿园的内外装修及外围墙、地坪铺设一律不得毁损、拆除；协议还约定赫某联在租赁期届满前2个月将续租意向以书面方式通知新百花园业委会，双方在商定下一轮租赁事宜时，以本合同为基础，在同等条件下，赫某联有优先租赁权，并应重新签订租赁合同。

上述合同签订后，新百花园业委会按约将涉案房屋和场地交付给赫某联使用，赫某联在该处开办了新百花园幼儿园，并将该处房屋和场地作为新百花园幼儿园的教学用房和场地使用至今。

新百花园业委会和赫某联的租赁合同到期前，双方多次通过函件往来和面对面沟通的形式就合同到期后续租事宜进行了协商，协商的重点集中在续租租金的价格上。新百花园业委会从开始的报价每年租金30万元降到27万元，并每年递增1万元，但赫某联开始仅接受每年租金23万元的价格。因双方在合同到期前不能就租金价格达成一致，新百花园业委会遂于2014年2月20日在小区张贴招租公告，告知有意者于2014年3月31日前在小区物业管理公司宋经理处登记，赫某联在明知业委会已经发出招租公告的情况下，既没有就续租事宜到新百花园业委会指定的地点和指定的时间内进行登记，也没有向新百花园业委会就续租事宜再行出价。为此，新百花园业委会向一审法院提起诉讼要求赫某联及新百花园幼儿园搬离涉案房屋并按照每天822元的标准给付房屋使用费。一审庭审中，新百花园业委会表示张贴招租公告后，有七人参加了招租报价，其已经选定了其中的一人另行签订了房屋租赁合同，租赁期限为5年，租金价格为第一年27万元，每年递增1万元；赫某联表示愿意以同样每年27万元并每年递增1万元的价格继续租赁涉案房屋，但新百花园业委会表示坚决不同意将涉案房屋和场地继续出租给赫某联使用。

南京市建邺区人民法院一审认为，当事人的合法权利受法律保护。本案诉争的房屋系建设单位开发建设后通过协议的方式划归给小区全体业主所有，业主对该房屋依法享有所有权。新百花园业委会作为小区业主大会选举产生的机构有权依法以其名义向赫某联、新百花园幼儿园主张权利。赫某联承租的涉案房屋和场地期限届满后,其应当将房屋和场地交还。虽然新百花园业委会和赫某联就涉案的房屋和场地约定了优先承租权,但优先承租权既非一种法定的形成权,也不是一种绝对权,而是一种优先缔结合约的权利。法律虽然没有赋予承租人优先租赁权,但也没有禁止当事人约定优先租赁权,根据意思自治的原则,合同中关于优先承租权的约定合法有效,双方之间约定的同等条件下的优先承租权应当得到保护,但要考虑"同等条件"。根据新百花园业委会和赫某联之间合同的约定,优先承租权的前提必须是同等条件下的优先。在双方合同到期前,双方已就涉案房屋是否由赫某联续租进行过磋商,但因赫某联的出价低于新百花园业委会的报价,双方没有就续租涉案房屋达成一致的意见,新百花园业委会从提高资产的使用效益、促进资产的保值增值出发,依法定程序将涉案房屋公开招租,既符合国家政策和法律的规定,也符合常理,赫某联在明知新百花园业委会发出招租公告的情况下,既未在公告指定的期限内和指定的地点参加报名和登记,也未向新百花园业委会重新出价,赫某联的该种行为已经丧失了同等条件的基础。同等条件作为优先承租的前提,在赫某联丧失同等条件基础的情况下,新百花园业委会有权和案外人就承租涉案房屋达成新的租赁合同,赫某联在诉讼中提出新的出价并依据该出价要求享有优先承租权的主张实际上是一种优先承租权绝对化的体现,一审法院不予支持。

新百花园幼儿园作为涉案房屋和场地的实际使用人,在涉案房屋和场地期限届满后,应当和作为承租人的赫某联共同搬离涉案的房屋和场地,但考虑到涉案的房屋和场地系办学所用,基于办学的特殊性,一审法院酌情给予赫某联、新百花园幼儿园一定的搬离期限。

关于新百花园业委会要求赫某联、新百花园幼儿园给付房屋使用费的问题,参照双方在租赁合同中约定的租金给付标准,同时考虑到判决给予的搬离期限短于租赁期限,为此,一审法院酌情认定赫某联、新百花园幼儿园在实际搬离之前按照年房屋使用费16万元的标准给付为宜。综上,一审法院判决:(1)赫某联、新百花园幼儿园于2015年7月10日前将承租使用的位于南京市建邺区新百花园住宅小区1390平方米的幼儿教育用房及室外幼儿活动场地腾空并返还给新百花园业委会。(2)赫某联、新百花园幼儿园自2014年4月1日起至实际搬离上述房屋和场地时止按照年16万元的标准给付新百花园业委会房屋使用费。一审案件受理费80元,由赫某联负担。

赫某联、新百花园幼儿园不服一审法院判决,向江苏省南京市中级人民法院提起上诉。

针对一审法院查明的部分事实，赫某联、新百花园幼儿园认为一审判决书第3页最后一行开始至第4页第一行，即关于“（赫某联）既没有就续租事宜到原告指定的地点和指定的时间内进行登记，也没有向原告就续租事宜再行出价”，该部分内容与事实不符，认为双方在2014年4月1日前就续租问题多次商谈，双方已经确认了27万元/年的租金价格。双方当事人对一审法院查明的其他事实不持异议，二审法院予以确认。

二审法院另查明，（1）一审法院在2014年6月4日组织第一次庭审中，新百花园业委会主任沈某凤陈述，在2014年3月12日招投标结束时参与投标有七家，三家报价是每年租金30万元，其他四家均是28万元；另陈述，我们和赫某联谈了多次，第一次是36万元，第二次是30万元，赫某联说是天价，我们没有告诉过赫某联房屋租金报价27万元，如果（赫某联）非要续租是27万元并每年递增1万元，续租5年，被告报了23万元。赫某联对沈某凤所述的内容表示认可。但在一审法院该次庭审辩论前，新百花园业委会代理人征询赫某联、新百花园幼儿园现在能接受的价格是多少时，赫某联、新百花园幼儿园代理人拒绝回答。（2）一审法院在2014年8月4日组织第二次庭审中，针对双方就价格问题未达成合意的原因，新百花园业委会陈述，“其提出27万元（报价），赫某联只同意23万元”；赫某联表示，“双方共谈了6次，前两次对方提出价格每年30万元，最后一次于2014年2月20日我在前几次谈的基础之上提升到每年23万元，对方将价格降到27万元，我认为双方还有协商的空间”。同时，赫某联在该第二次庭审中表示，其接受新百花园业委会一审第一次庭审中提出租金价格27万元/年并每年递增1万元的报价。对此，新百花园业委会认为，其在一审第一次庭审后已与新投标人签订了租赁合同，现不能接受赫某联、新百花园幼儿园的签约要求。

本案二审庭审中，赫某联、新百花园幼儿园为证明其在2014年4月1日前新百花园业委会拒绝商谈续租和其同意接受新百花园业委会27万元租金报价的事实，分别向二审法院提交2014年3月19日录像资料、3月24日录音资料、2014年4月1日《南京市建邺区新百花园幼儿园申明》的公示照片等。新百花园业委会主任沈某凤质证认为，录像资料所反映新百花园业委会拒绝商谈的内容都是家长说的，不能代表当事人意见；赫某联要求诉争幼儿园所在街道协调的录音资料，其并不在场，而街道找其说让业委会便宜租给赫某联；因赫某联不通过正常途径与新百花园业委会洽谈租金，以张贴公示的方式接受新百花园业委会的报价不予认可，且双方已经协商很多次，赫某联、新百花园幼儿园正式接受租金27万元/年并每年递增1万元报价的时间是在一审法院第二次开庭即2014年8月4日。

新百花园业委会为证明其在一审第一次开庭结束后已与新投标人签约的事实，向二审法院提交租赁合同一份，出租方为新百花园业委会（甲方），承租方为南京市爱德贝新百花园幼儿园(乙方),合同约定租期5年,租金标准为27万元/年、每年递增1万元,签署时间为2014年7月3日,甲方签章:沈某凤、胡某平,加盖新百花园业委会公章,乙方签章:吴某珍、徐某玉。赫某联、新百花园幼儿园质证认为,爱德贝新百花园幼儿园未在合同上盖章,合同未生效,且对该合同真实性、关联性、合法性均不予认可。

江苏省南京市中级人民法院二审认为,虽然赫某联与新百花园业委会签约时就涉案房屋和场地约定了优先承租权,但该优先权只是同等条件下优先承租租赁物的权利,并非绝对优先权。涉案租赁合同租赁期限届满前后,双方虽经过多次磋商,但因租金标准存在分歧致续租合意未达成。通过双方当事人一审陈述的意见来看,双方在租赁期限届满前最后一次商谈的价格为:新百花园业委会租金报价27万元/年并每年递增1万元,赫某联、新百花园幼儿园只同意23万元/年。赫某联、新百花园幼儿园在二审中提交的录音、录像资料,仅能证明其曾要求与新百花园业委会续签协议的事实;赫某联、新百花园幼儿园提供2014年4月1日《南京市建邺区新百花园幼儿园申明》的公示照片,其中虽有"同意接受新百花园业委会27万元且每年递增1万元的数字"内容,但该申明公式方法非系双方约定的签约方法,不能认定系赫某联、新百花园幼儿园向新百花园业委会所作的承诺,且新百花园业委会也不认可赫某联、新百花园幼儿园这种签约的送达方式。故二审法院认为,赫某联、新百花园幼儿园提交的上述证据,不能证明双方就续租问题已达成合意。

赫某联、新百花园幼儿园在2014年6月4日一审第一次庭审中,当庭拒绝回答新百花园业委会向其征询"能够接受的价格是多少"的意见,表明其并未接受新百花园业委会提出27万元/年并每年递增1万元的报价意见。由于新百花园业委会于2014年7月3日与案外人南京市爱德贝幼儿园签订了新的租赁合同,合同约定的租金标准也与新百花园业委会给赫某联、新百花园幼儿园报价相一致,故应当认定在新百花园业委会与新承租人签订租赁协议后,赫某联、新百花园幼儿园已经丧失了同等条件下的优先承租权。

综上,赫某联、新百花园幼儿园上诉理由不能成立,二审法院不予采纳。一审法院认定事实清楚、适用法律正确。二审法院判决驳回上诉、维持一审判决。

本院再审查明:各方一致确认,新百花园业委会系于2014年1月20日在小区张贴招租公告,而非原一、二审法院认定的2014年2月20日。本院再审确认原一、二审查明的其他事实。

本院审理中,吴某珍就其与新百花园业委会签订涉案房屋租赁合同一事向本院陈述,爱德贝幼儿园和新百花园业委会签订的两份2014年7月3日的租赁合同均是真实的,开始是25万元,后业主提高到27万元,后一份合同应当在2014年7

月3日后。当时新百花园业委会与赫某联的合同到期后,向社会进行招标,一共有七家幼儿园竞争。新百花园业委会认为吴某珍做了33年的幼儿园园长,教师团队优秀,就选择了该团队。爱德贝幼儿园是当时准备创建的幼儿园名称,只有涉案纠纷解决了,爱德贝幼儿园才可以进入新百花园小区,并向教育局申报批准,领取办学许可证,才可以去公安机关备案刻章。新百花园业委会与赫某联之间属于房屋租赁合同纠纷,和吴某珍没有关系,经过法官普法宣传,吴某珍同意配合法院调查。吴某珍的陈述与新百花园业委会提供的租赁合同及相关陈述相一致,本院依法予以确认。

本案再审中的争议焦点为,新百花园业委会与吴某珍等签订的租赁合同是否侵犯了赫某联、新百花园幼儿园的优先租赁权。

【法院认为】

本院认为,优先租赁权并非法定权利,而是基于当事人之间的约定而产生,是债权性质的优先缔约权。在租赁合同期限届满前,基于诚实信用原则,作为出租人有义务告知承租人续租租金和租期等同等条件,在承租人拒绝接受的情况下,有权与第三人缔约。作为承租人有义务对出租人提出的同等条件作出同意与否的意思表示,在明确接受的情况下,有权与出租人优先缔约。

关于双方当事人约定优先租赁权的同等条件问题。租赁合同的基本要素是租金和租期,因此,租金和租期是同等条件的基本要件。本案中,双方当事人虽在租赁合同中对于同等条件没有具体约定,但涉案合同租赁期届满前后,双方当事人就续租问题进行了多次磋商,争议主要集中在租金价格上。因此,本案争议的同等条件即是新百花园业委会将涉案房屋和场地出租给第三人的价格。

关于新百花园业委会有无告知涉案房屋和场地续租价格,赫某联、新百花园幼儿园有无接受问题。

1. 赫某联、新百花园幼儿园对于涉案房屋和场地续租报价明确知情,且未能接受。在一审法院2014年8月4日的庭审中,赫某联回答法庭提问时称:“最后一次2月20日,我在前几次谈的基础之上提升到23万元,对方将价格降到27万元,我认为双方还有协商的空间。”因此,至2014年3月31日租赁期限届满前双方最后一次商谈,新百花园业委会已告之续租报价,但赫某联、新百花园幼儿园未明确接受。依据一审法院第一次庭审笔录记载,直至2014年6月4日,赫某联、新百花园幼儿园仍未接受该报价。一审第一次庭审中,法官提问:“被告,原告陈述的房屋租赁情况,‘如续租五年,第一年27万元,以后每年递增一万元’,你是否认可?”赫某联回答:“我认可。”之后,同样在此次庭审中,新百花园业委会询问赫某联、新百花园幼儿园:“你认为你现在能接受的价格是多少?”赫某联、新百花园幼儿园的代理人回答:“暂时不回答。”结合该次庭审中的后两次回答,赫某联第一次对法官提问的认可是对原告陈述的房屋租赁情况的认可，而非对27万元报价的认可。

2. 赫某联、新百花园幼儿园的申明不符合双方关于行使优先承租权的约定。本案中，依据双方《房屋租赁合同》第六条第二款第一项的约定，赫某联应在租赁期届满前2个月将续租意向以书面形式通知新百花园业委会。因此，赫某联、新百花园幼儿园未将续租意向以书面形式通知合同相对人新百花园业委会，而是以在小区内张贴申明的方式通知新百花园业委会，不符合合同约定。况且，该申明中“业委会违背市场价格提出30万元的天价租金”，“我园会一如既往地办下去，坚决与个别背后操纵的恶势力抗争到底”等内容，亦与合同约定不符。因此，在赫某联、新百花园幼儿园不接受报价后，新百花园业委会有权在2014年7月3日之后以同等条件与第三人签订租赁合同。赫某联、新百花园幼儿园在2014年8月4日一审法院第二次庭审中再以该报价主张优先租赁权，不应支持。

关于新百花园业委会与吴某珍等签订的租赁合同的真实性问题。经本院调查核实，吴某珍、徐某玉系在新百花园业委会对外招租期间向业委会递交材料并被选中，与新百花园业委会就讼争房屋和场地签订了租赁合同，拟创办爱德贝幼儿园。由于讼争房屋未能交付，爱德贝幼儿园未获审批，无法刻制印章，租赁合同由其创办人吴某珍、徐某玉签订。由于本案纠纷尚未了结，租赁合同未能履行，但该租赁合同真实存在，且双方不存在恶意串通的嫌疑。

【裁判结果】

综上，赫某联、新百花园幼儿园虽与新百花园业委会在租赁合同中约定了同等条件下的优先租赁权，但由于其未能接受同等条件的租金报价，放弃优先租赁权，新百花园业委会有权以同等价格将涉案房屋和场地出租给第三人。赫某联、新百花园幼儿园再以优先租赁权为由主张以该价格与新百花园业委会签订租赁合同，不应支持。抗诉机关关于赫某联、新百花园幼儿园未放弃优先租赁权，新百花园业委会与吴某珍等签订的租赁合同真实性无法确认的抗诉理由不能成立，本院不予支持。原审判决认定事实清楚，判决赫某联、新百花园幼儿园交还涉案房屋和场地，并赔偿房屋使用费，并无不当，依法应予维持。判决如下：维持江苏省南京市中级人民法院(2014)宁民终字第4731号民事判决。本判决为终审判决。

[参见威科先行法律信息库。]

11. 侵害承租人优先购买权造成其损失的，应否承担相应的赔偿责任？

【典型案例】

李某俭诉韩某伟、邵某美房屋租赁合同纠纷案

【裁判要旨】

不定期房屋租赁合同的承租人与定期房屋租赁合同的租赁人同样享有优先购买权。侵害承租人优先购买权造成其损失的，应当承担相应的赔偿责任。优先购买权受到侵害的，承租人的损失系购买所承租房屋的机会利益，其经济损失的数额应当综合考量房屋的实际成交价与承租人知道或应当知道其优先购买权受到侵害时，该房屋的市场价之间的差价损失、租赁期限的长短、购买机会的大小、承租人如参与购买形成的竞价可能等因素予以确定。

【案号索引】

一审：山东省济南市天桥区人民法院(2014)天民三初字第484号

二审：山东省济南市中级人民法院(2016)鲁01民终4094号

【基本案情】

法院经审理查明：2007年8月1日，李某俭将涉案房屋出租给韩某伟、邵某美使用，韩某伟、邵某美按每月1000元向李某俭交纳房屋租金，租金每半年交纳一次，自2007年8月韩某伟、邵某美交纳房租，最后一次交纳房租至2012年2月，之后韩某伟、邵某美未再交纳涉案房屋租金，韩某伟、邵某美与李某俭之间未签订书面房屋租赁合同，韩某伟、邵某美占有使用涉案房屋至今。2009年12月15日，李某俭与案外人宿某萍签订房屋买卖合同一份，约定以25万元价格将涉案房屋出卖给宿某萍。2009年12月30日，李某俭将涉案房屋过户至案外人宿某萍名下。韩某伟、邵某美于2012年10月被案外人宿某萍起诉，此时其才知晓涉案房屋被过户至宿某萍名下(经鉴定，此时涉案房屋价值492100元)，法院生效判决其腾房。此后，韩某伟、邵某美认为李某俭与案外人宿某萍之间的房屋买卖行为侵犯了其作为承租人的优先购买权，曾以李某俭、宿某萍为被告诉至法院，请求依法判令：李某俭与宿某萍于2009年12月15日签订的《济南市存量房买卖协议》无效，法院生效判决驳回了韩某伟、邵某美的诉讼请求。

山东省济南市天桥区人民法院于 2016 年 6 月 7 日作出(2014)天民三初字第 484 号民事判决:(1)李某俭于判决生效之日起 10 日内赔偿韩某伟、邵某美房屋差价损失 242100 元;(2)李某俭于判决生效之日起 10 日内赔偿韩某伟、邵某美自建房屋价值损失 11500 元;(3)驳回韩某伟、邵某美的其他诉讼请求。宣判后,李某俭不服,提起上诉。

【法院认为】

济南市中级人民法院认为:承租人的优先购买权并未排除不定期租赁情形,因此,韩某伟、邵某美作为涉案房屋的承租人,虽系不定期租赁,在租赁合同解除前,仍然享有对涉案房屋的优先购买权。韩某伟、邵某美一直居住涉案房屋至今,李某俭并未提交证据证实其在出卖房屋之前向韩某伟、邵某美发出过解除租赁合同的通知,因此,双方的不定期租赁关系一直存在至李某俭将涉案房屋出卖给宿某萍。李某俭在不定期租赁合同仍然履行时出卖房屋,未通知承租人韩某伟、邵某美,损害了韩某伟、邵某美的优先购买权,应当适当赔偿韩某伟、邵某美相应损失。

承租人的优先购买权是隶属于租赁权的从权利,为了平衡出租人与承租人之间的利益,确定本案赔偿责任应当考虑以下因素:(1)不定期租赁可以随时解除,具有不稳定性,故本案赔偿责任应当远小于定期租赁情况下的赔偿责任。(2)李某俭损害韩某伟、邵某美优先购买权的后果是使韩某伟、邵某美丧失同等条件下优先购买涉案房屋的机会,但这种机会的丧失并不一定转化为经济损失。假设李某俭出卖涉案房屋时通知韩某伟、邵某美,韩某伟、邵某美可能在同等条件下购买,也可能不购买。如其购买,则能够得到因房屋升值所带来的利益;如不购买,则不能得到因房屋升值所带来的利益。故韩某伟、邵某美所丧失的这种优先购买机会并不必然给其带来房屋差价损失。另外,还存在因韩某伟、邵某美与涉案房屋的其他购买人竞价导致的房屋实际出售价格提高等不确定因素。综合上述两点考虑,韩某伟、邵某美的经济损失应当以涉案房屋实际交易之日与韩某伟、邵某美知道或者应当知道交易信息之日的差价损失 242100 元为基础计算,结合本案不定期租赁的特殊情况和机会利益的特殊性,法院酌情认定李某俭赔偿韩某伟、邵某美涉案房屋差价损失的 20%,即 48420 元。

《最高人民法院关于审理城镇房屋租赁合同纠纷案件具体应用法律若干问题的解释》第十三条规定:“承租人未经出租人同意装饰装修或者扩建发生的费用,由承租人负担……”本案中,韩某伟、邵某美未提交证据证实其对涉案房屋进行扩建或者装修经过了李某俭同意,故韩某伟、邵某美要求李某俭赔偿自建小房损失和装修损失,不符合上述司法解释的规定,法院不予支持。

【裁判结果】

济南市中级人民法院于 2016 年 10 月 10 日作出(2016)鲁 01 民终 4094 号民事

判决;(1)撤销济南市天桥区人民法院(2014)天民三初字第484号民事判决;(2)李某俭于本判决生效之日起10日内赔偿韩某伟、邵某美经济损失48420元;(3)驳回韩某伟、邵某美其他诉讼请求。

[参见最高人民法院中国应用法学研究所编著:《人民法院案例选》(2018年第6辑),人民法院出版社2018年版。]

12. 先抵押后出租的情况,是否适用买卖不破租赁原则?

【典型案例】

厦门宸道商贸有限公司诉施某军等房屋租赁合同纠纷案

【裁判要旨】

抵押权设立在先时,抵押权行使而使租赁房屋在租赁期间发生所有权的变动后,受让人不受租赁合同的约束,即先抵押后出租的情况不适用买卖不破租赁原则。

【案号索引】

一审:福建省厦门市同安区人民法院(2013)同民初字第2115号

二审:福建省厦门市中级人民法院(2014)厦民终字第1740号

【当事人信息】

原告(被上诉人):厦门宸道商贸有限公司(以下简称宸道商贸公司)

被告(上诉人):叶某益

被告(原审被告):施某军

被告(原审被告):丁某峪(曾用名丁某昱)

第三人(原审第三人):杨某平

【基本案情】

福建省厦门市同安区人民法院经公开审理查明:2010年11月5日,施某军、丁某峪与招商银行股份有限公司厦门分行(以下简称厦门招商银行)就双方的借贷关系签订《个人授信及担保协议》。2010年11月10日,施某军、丁某峪向房管部门办理了讼争房屋抵押权登记,将上述讼争房屋的产权抵押给厦门招商银行。

在讼争房屋设定抵押后,施某军、丁某峪于2012年4月20日将讼争房屋出租给被告叶某益,双方签订了《房屋租赁合同》,约定:租赁期限10年(自2012年11月

11 日至 2022 年 11 月 10 日）；叶某益于 2012 年 10 月 1 日将讼争房屋转租给第三人杨某平，叶某益与杨某平签订了《房屋租赁合同》，约定：自 2012 年 12 月 1 日起租赁期限 10 年。

厦门招商银行因施某军、丁某峪无力返还贷款，向福建省厦门市中级人民法院提起民事诉讼，经法院主持调解，厦门招商银行与施某军、丁某峪达成了（2012）厦民初字第 370 号民事调解协议。该调解协议发生法律效力后，厦门招商银行向法院申请强制执行；法院依法委托福建省中新拍卖行有限公司对讼争房屋进行拍卖。2013 年 3 月 12 日，福建省中新拍卖行有限公司与宸道商贸公司签订《竞买协议书》，双方约定：目前，房产带有租约，租期至 2022 年 11 月 10 日，宸道商贸公司应充分考虑上述房产的实际情况，自行与承租户协调成交后房产移交、清空事宜。福建省中新拍卖行有限公司于 2013 年 3 月 13 日举办第 1309 期拍卖会，对讼争房屋进行拍卖，宸道商贸公司以人民币 18485800 元的竞价竞得讼争房屋。当日，福建省中新拍卖行有限公司与宸道商贸公司签订拍卖成交确认书。福建省厦门市中级人民法院于 2013 年 3 月 28 日作出（2012）厦执行字第 255－1 号执行裁定书，裁定讼争房屋过户给宸道商贸公司。厦门市国土资源与房产管理局于 2013 年 4 月 11 日颁发给宸道商贸公司讼争房屋土地房屋权证，将讼争房屋的产权过户给宸道商贸公司。

福建省厦门市同安区人民法院一审判决：（1）被告施某军与被告叶某益签订的《房屋租赁合同》、被告叶某益与第三人杨某平签订的《房屋租赁合同》对原告宸道商贸公司均不具有法律约束力；（2）被告叶某益、第三人杨某平应于本判决生效之日起 3 个月内将位于厦门市同安区中山路 72 号之 21（01）号、22（02）号、23（03）号店面返还给原告宸道商贸公司；（3）驳回原告宸道商贸公司的其他诉讼请求。

叶某益不服一审判决，提起上诉。

福建省厦门市中级人民法院经审理，确认一审法院认定的事实和证据。

【法院认为】

福建省厦门市中级人民法院经审理认为：据相关法律及司法解释规定，叶某益承租讼争房产是在房屋抵押后，在讼争房产的抵押权人因实现抵押权拍卖讼争房产，宸道商贸公司受让讼争房产后，原产权人与叶某益的租赁合同对宸道商贸公司不具有约束力。叶某益与杨某平的租赁合同自然对宸道商贸公司也不具有约束力。宸道商贸公司作为物权人有权要求叶某益及杨某平搬离讼争房屋，原审判决并无不当。至于搬离的时间系原审法院综合考虑实际情况进行裁量的，并无不当。本院均予以维持。

【裁判结果】

福建省厦门市中级人民法院二审判决：驳回上诉，维持原判。

［参见国家法官学院、中国人民大学法学院：《中国审判案例要览》（2015 年民事审判案例卷），中国人民大学出版社 2017 年版。］

13. 房屋租赁合同约定排除承租人优先购买权的效力如何认定?

【典型案例】

成某红与启东市农村信用合作联社、陆某飞房屋租赁合同纠纷案

【裁判要旨】

《民法典》生效前,《合同法》第二百三十条规定:“出租人出卖租赁房屋的,应当在出卖之前的合理期限内通知承租人,承租人享有以同等条件优先购买的权利。”《民法典》生效后,第七百二十六条作出相同规定。该条关于房屋承租人优先购买权的规定,属于强制性规范,无论租赁双方在租赁合同中是否约定了优先购买权,作为房屋承租人都享有优先购买权。如果租赁双方在租赁合同中约定排除了承租人的优先购买权,由于房屋承租人享有的优先购买权属于法定权利,法律并没有约定优先的规定,故租赁双方在租赁合同中约定排除承租人的优先购买权的,应当认定该约定无效,承租人仍享有优先购买权。

【案号索引】

江苏省启东市人民法院(2007)启民一初字第2241号

【当事人信息】

原告:成某红

被告:启东市农村信用合作联社(以下简称启东联社)

被告:陆某飞

【基本案情】

原告成某红系启东市吕四供销商业公司职工,于2001年前已承包经营该公司位于启东市吕四港镇港闸路140号的两间门面房。2001年,该门面房被以资抵贷归被告启东联社所有。其后,原告向被告启东联社租赁该门面房至2005年12月31日。2006年1月8日,原告又与被告启东联社授权的其下属非法人分支机构原启东联社大洋港信用社订立了一份财产租赁合同,该合同为被告启东联社预先制定的格式条款合同。双方约定原告承租该门面房,租赁期限为2006年1月1日至2006年12月31日;租金及其支付期限为2006年5月20日前支付租金5000元。

该合同同时约定,租赁期间如遇中途出售,本合同自动终止,承租方享有优先购买权;租赁期限届满前10日内,双方如愿意延长租赁期,应重新签订合同。2006年5月20日,原告向被告启东联社支付租金3000元。2006年10月,启东联社决定出卖该门面房,并委托南通恒源拍卖有限公司拍卖。在该公司的拍卖清单中,对该门面房在租赁情况栏记载"出租";在租赁期限栏记载"至2006.12.31"。该公司分别于2006年10月12日和11月2日进行拍卖,原告均参与竞买,两次拍卖均流拍。原告仍继续使用该门面房,被告启东联社未提出异议,双方也未重新签订租赁合同。

之后,启东联社委托南通佳德利拍卖有限公司拍卖该门面房,该公司于2007年1月30日在南通日报刊登拍卖公告,定于2月9日进行拍卖。拍卖公告中质量(瑕疵)栏中注明该门面房"划拨土地已租赁"。被告启东联社未通知原告成某红。被告陆某飞出价15万元竞买该房屋并于当日签署了拍卖成交确认书,2月11日付清成交价款。2月14日,被告启东联社下属吕四信用社在该门面房张贴通知,告知原告该门面房已出售给他人,要求原告于3月8日前搬出。3月13日,原告致函被告启东联社和吕四信用社,要求在同等条件下买受该门面房。3月21日,原告向启东市人民法院提起诉讼,请求法院确认两被告之间的房屋买卖合同无效。

【法院认为】

江苏省启东市人民法院经审理认为,原告与经被告启东联社授权的大洋港信用社订立的财产租赁合同,除因第五条第一款(系格式条款)"在出租期间,出租方如将出租财产所有权转移给第三人,不必征求承租方同意,但应告知承租方所有权转移情况"。排除承租方的法定优先购买权而无效外,其余内容未违反法律规定,应为有效。该合同虽是原告与大洋港信用社签订的,但大洋港信用社系受被告启东联社授权处分其财产,故该合同对启东联社有约束力。该租赁合同期满后,原告成某红继续使用租赁物,被告启东联社未提出异议,此时原告与被告启东联社仍存在租赁合同关系,只不过租赁期限为不定期,原告成某红仍是该争讼房屋的合法承租人。

【裁判结果】

据此,判决被告启东联社与被告陆某飞订立的标的物为启东市吕四港镇港闸路140号门面房两间的买卖合同无效。

[参见孙贵斌:《出租人出卖房屋时通知义务的履行》,载《人民司法·案例》2010年第4期。]

14. 承租人对通过公司分立转移的房产能否主张优先购买权?

【典型案例】

宁波博仑渔港大酒店有限公司与宁波经济技术开发区北仑电力实业有限责任公司、宁波经济技术开发区明仑投资有限公司房屋租赁合同纠纷案

【裁判要旨】

房屋承租人主张优先购买权的前提应为出租人出卖租赁房屋行为的发生。《民法典》生效前,根据《合同法》第一百三十条的规定,买卖是指出卖人转移标的物的所有权于买受人,买受人支付价款的行为。《民法典》生效后,第五百九十五条作出相同规定。公司分立过程中的资产转移不属于买卖,故租赁房屋通过公司分立资产划分由出租人移转至第三人,而非通过买卖关系移转至第三人的,承租人主张优先购买权的基础不能成立,故人民法院对其诉讼请求依法不应支持。

【案号索引】

浙江省宁波市北仑区人民法院(2009)甬仑民初字第1892号

【当事人信息】

原告:宁波博仑渔港大酒店有限公司(以下简称博仑渔港公司)

被告:宁波经济技术开发区北仑电力实业有限责任公司(以下简称北电实业公司)

被告:宁波经济技术开发区明仑投资有限公司(以下简称明仑公司)

【基本案情】

2003年12月21日和2004年8月17日,北电实业公司分别取得位于北仑区新矸镇明州西路9号的原北仑电力监控中心土地使用权及该地块上房屋所有权。2004年3月30日,宁波金海豚大酒店有限公司(2006年9月变更名称为博仑渔港公司)与被告北电实业公司签订租赁合同一份,约定北电实业公司将其所有的北仑电力监控中心房产整体出租给原告作酒店、综合娱乐等商业经营场地;并约定北电实业公司出租该约15亩整体土地及该地块上的所有建筑物给原告使用,原告充分享有使用权,租赁时间为2004年4月1日至2014年3月31日。

2008年9月10日,原北电实业公司通过股东会决议,决定将原公司派生分立为两个公司,即北电实业公司(存续公司)和明仑公司,原有股东和投资比例不变,并进行了资产分离。北电实业公司于2008年12月22日经核准办理了公司变更登记,明仑公司于同日成立。本案涉案房产划分给明仑公司。2009年2月20日,明仑公司取得该房产的房屋所有权证;同年3月15日,明仑公司取得该地块的国有土地使用证。在资产转移登记过程中,明仑公司以公司分立资产转移为由向财政机关申请免税,财政机关均同意依照公司分立资产转移的相关规定免交有关税费。

此外,两被告在移转房产的过程中,签订了一份房地产转让合同,系北仑区房地产管理处印制的格式合同,两被告在转让方式的空白处填写为"转移",价格处填写为"20675120.49元人民币"。后经法院向房产管理部门核实,由于房地产成交价格申报制度的存在和公示、纳税的需要,房管部门在办理房屋所有权转移登记的操作实践中,即便是非买卖关系,也要求提交写明价款的房地产转让合同,该价款只是表明该房产转移时的价值,并非双方实际交付的价款。

原告博仑渔港公司认为,在原告承租涉案房地产期间,北电实业公司将涉案房地产有偿转让与明仑公司,未履行通知原告有优先购买权之法定义务,侵害了原告的优先购买权。故原告诉至本院,请求判令两被告共同赔偿原告经济损失人民币37410880元。

两被告辩称:本案明仑公司是从北电实业公司分立而来,北电实业公司与明仑公司之间的股东及股权比例不变,因此明仑公司取得的房产所有权并不是通过法律意义上的买卖,而是公司分立程序中的资产转移。正是基于该原因,财税部门对该资产转移行为批准免收相关税金。因此,原告主张的优先购买权理由不能成立,请求驳回原告的诉讼请求。

【法院认为】

浙江省宁波市北仑区人民法院经审理认为:承租人主张优先购买权的前提应为出租人出卖租赁房屋行为的发生。2009年9月1日起实施的《最高人民法院关于审理城镇房屋租赁合同纠纷案件具体应用法律若干问题的解释》又对房屋承租人的优先购买权作出了新的规定,即当承租人的优先购买权受到侵害,承租人只能请求出租人承担赔偿责任,而不能请求确认出租人与第三人签订的房屋买卖合同无效。本案中,原北电实业公司派生分立为两个公司,即北电实业公司(存续公司)和明仑公司(新设公司)的过程,符合相关法律法规的分立条件和程序,并最终完成了相应的工商登记,因此,本院对明仑公司系从北电实业公司派生分立的事实予以认定。根据公司分立的验资报告和2009年9月30日的北电实业公司资产、负债及所有者权益分割清单,涉案房产确系通过公司分立由原北电实业公司划分给新设的明仑公司,并于新设公司成立后办理了相应的过户登记。故本院认定本案的涉案房产是通过公司分立资产划分由北电实业公司移转至明仑公司，而非通过买卖关系移转至明仑公司。至于原告提供的房地产转让合同，因该合同中约定的转让方式为转移，转移与买卖为包含和被包含关系，并非等同关系，转移行为中既包括买卖，也包括互换、赠与、法人或其他组织分立、合并过程中的房屋权属转移，因此并不能推定签订了该合同即为买卖关系成立。因此，原告主张的优先购买权基础并不成立。

【裁判结果】

法院判决驳回原告博仑渔港公司的诉讼请求。宣判后，双方当事人均未提起上诉，一审判决已发生法律效力。

［参见杜宇、郑智扬：《承租人对通过公司分立转移的房产不享有优先购买权》，载《人民司法·案例》2010年第8期。］

15. 特殊身份关系对承租人行使优先购买权是否构成影响？

【典型案例】

上海曼登实业有限公司与上海立地房地产有限公司房屋租赁合同纠纷案

【裁判要旨】

已被修订的2009年版本《最高人民法院关于审理城镇房屋租赁合同纠纷案件具体应用法律若干问题的解释》第二十四条第二项规定了出租人基于近亲属关系而出卖租赁房屋时，承租人不得行使优先购买权的例外情况，即出租人将房屋出卖给近亲属，包括配偶、父母、子女、兄弟姐妹、祖父母、外祖父母、孙子女、外孙子女，承租人主张优先购买房屋的，人民法院不予支持。《民法典》生效后，第七百二十六条规定，出租人出卖租赁房屋的，应当在出卖之前的合理期限内通知承租人，承租人享有以同等条件优先购买的权利；但是，房屋按份共有人行使优先购买权或者出租人将房屋出卖给近亲属的除外。因近亲属之间的房屋买卖具有浓厚的人身色彩，与纯粹的买卖关系不同，这种身份关系的存在，导致即便承租人愿意支付同样价款购买房屋，也不具备同等条件这一要求。因此，承租人不得行使优先购买权。虽然上述规定仅针对自然人无法包括出租人为法人的情况，但按照该规定的精神，出租人与买受人存在特殊身份关系,此时承租人的优先购买权应受限制。基于此,从平衡出租人和承租人之间的利益考虑,出租人基于特殊身份关系以低于市场价格出卖租赁房屋,而离开该特殊身份关系,出租人则不愿低价出售房屋的,此时的承租人不符合法律规定的同等条件的要求,承租人一般不能行使优先购买权。就自然人来讲,这种特殊身份关系不仅限于近亲属关系,还应包括近姻亲关系,亲属之外的赡养、抚养关系等。就法人单位来讲,这种特殊身份关系包括母公司与子公司、拥有同一控股股东的关联公司、公司与其法定代表人之间的关系等。同时,在出租人与买受人存在特殊身份关系的情况下,判断出卖人是否愿意低价出售房屋,应当从普通大众的视角去审查,要将出租人视作理性的人,根据常识或商业惯例来审查出卖人是否因该特殊身份关系而愿意低价出售房屋。

【案号索引】

上海市浦东新区人民法院(2014)浦民一(民)初字第25032号

【当事人信息】

原告:上海曼登实业有限公司(以下简称曼登公司)

被告:上海立地房地产有限公司(以下简称立地公司)

【基本案情】

2005年9月15日,原告(乙方)与被告(甲方)签订房屋租借合同一份,约定被告将其所有的位于上海市原南汇区航头镇沪南公路4849号桃园大酒店(以下简称系争房屋)出租给原告使用。该合同同时约定:乙方承租期限为15年,自2006年2月15日起到2021年2月14日止;第1年至第3年的租金每年为77万元,第4年起每年增加5万元,并对第8年起的租金标准作了详细约定。2006年7月1日,原、被告签订补充合同,对租赁期限等作了相应的补充约定。

原、被告签订房屋租借合同后,被告向原告交付了系争房屋,原告按约向被告支付租金。另外,原告承租被告房屋后在系争房屋内开设了上海佰祥大酒店,工商登记名称为上海佰祥商务酒店有限公司(以下简称佰祥公司)。

2007年6月,双方就系争房屋办理了租赁备案登记。

2009年12月2日,被告与案外人钟某青签订房屋买卖合同,被告将系争房屋出售给钟某青,价款为9695241元。同时,被告将与系争房屋相邻的另外两幢房屋也出售给了钟某青。2010年1月13日,被告与钟某青申请办理了过户登记。办理过户登记时,钟某青是被告的法定代表人(原告调取的交易中心内档资料显示交易时被告营业执照上记载的法定代表人为钟某青),作为被告的代理人办理相关手续。系争房屋核准登记在钟某青名下后,钟某青为了借款将系争房屋抵押给了银行。银行于2010年对系争房屋进行评估,系争房屋的评估价在1700万余元。

另查明,佰祥公司的股东发生过变化,但系争房屋仍由佰祥公司使用。

原告诉称,2005 年 9 月 15 日,原、被告签订房屋租借合同,约定被告将系争房屋出租给原告使用,租赁期为 15 年。双方办理了租赁备案登记手续。近期至房产交易中心查询得知,2010 年 1 月,被告在未通知原告的情况下将系争房屋出售给案外人钟某青并办理了过户手续,房屋价款人民币(以下币种相同)969 万余元。钟某青就是被告公司实际控制人钟某元的儿子。系争房屋的市场价为 1700 万元,被告低于市场价出售系争房屋,侵害了原告的优先购买权。原告主张享有对系争房屋的优先购买权,起诉请求判令:(1)被告赔偿原告经济损失(房屋市场价与钟某青的购买价之间的差价损失)共计 788.62 万元;(2)本案诉讼费用由被告承担。

被告立地公司辩称,钟某青受让系争房屋时是被告的股东,当时也是被告的法定代表人,所以相关转让不是正常的市场交易,而是基于特殊关系的内部交易。

【法院认为】

上海市浦东新区人民法院经审理认为,本案争议的焦点为原告是否享有优先购买权。出租人出卖租赁房屋的应当在出卖之前的合理期限内通知承租人,承租人享有以同等条件优先购买的权利。但出租人基于特殊身份关系而出卖租赁物,以低于市价出卖房屋,而离开该特殊身份关系,出租人则不愿出售房屋的,承租人一般不能享有优先购买权,此时的承租人不符合法律规定的同等条件的要求。本案被告出售系争房屋给案外人钟某青时,被告公司的实际控制人如原告所述为钟某青的父亲,同时,钟某青当时任被告公司的法定代表人,被告与案外人钟某青之间存在特殊的身份关系。同样,如原告所述,系争房屋出售给钟某青是远低于市场价的,如果不是基于钟某青特殊的身份关系,被告是不可能按照合同约定的价格出售的。因此,法院认为被告将系争房屋出售给钟某青,原告不享有作为承租人的优先购买权。原告基于租赁关系主张其优先购买权受到侵害,要求被告赔偿的请求,于法无据,法院不予支持。

【裁判结果】

法院判决:驳回原告上海曼登实业有限公司的诉讼请求。一审判决后,被告不服,提起上诉,后于二审中申请撤回上诉。二审法院裁定准许撤回上诉。判决现已生效。

[参见陶郑忠、杨立转、孙猛:《特殊身份关系可排除优先购买权的行使》,载《人民司法·案例》2015 年第 22 期。]

16. 承租人的优先购买权主要在哪些情形下受到限制？

【审判政策与精神】

上海市高级人民法院民一庭关于处理房屋租赁纠纷若干法律适用问题的解答［沪高法民一(2010)2号］

主要有共有人优先购买、出租人基于特殊身份而出卖租赁物、租赁物以特定方式发生权属变化等等。如出租人将房屋赠与他人的，房屋被强制征收、征用的，房屋以招标形式出卖的，以及房屋被强制执行等。这主要是考虑到，在赋予承租人优先购买权的同时，也要保障出租人的合法权益，而不是牺牲出租人的权利来满足承租人的要求。因此，优先购买权的行使不是没有任何条件和限制的，它不能损害出卖人的实体利益，而且也不是绝对地剥夺其他人的购买机会。因此，共有人主张优先购买权的，共有人的优先购买权优于承租人的优先购买权，承租人的优先购买权不能对抗共有人的优先购买权；出租人基于与第三人的亲属关系或其他特殊关系，以低于市价出卖房屋，而离开该人身关系，出租人则不愿出售房屋的，一般情况下，承租人不能享有优先购买权；承租人仅租赁部分房屋，而出租人出售整体房屋的，承租人也不是当然可以行使优先购买权。就上述情况而言，因共有人对房屋拥有的是所有权，即使是按份共有，对外而言，每个共有人也都是所有权人。因此，与承租人相比仍然更有优先性。而基于特殊人身关系建立的买卖关系，也与一般的买卖关系不同，它含有身份关系的考虑在内。即仅仅是基于这种特殊的身份关系，出租人才会给出较优惠的出卖条件。没有这些特殊的身份，出租人就不会给出这样的出卖条件，也就不存在承租人同等条件下的优先购买问题。就房屋的部分与整体而言，法律本身就是规定承租人对其承租的部分房屋有优先购买权，而对其他部分则没有优先购买权，故承租人的权利不能超出合同的范围。因此，如果将租赁部分单独出卖给承租人，对整体房屋其他部分出卖不产生实质性影响的，承租人对此部分可以行使优先购买权；反之，则不能行使优先购买权。否则，就是对出租人实体权利构成损害。

17. 承租人以行使优先购买权为由，诉讼请求确认出租人与第三人的房屋买卖合同无效，但未提出行使优先购买权的，如何处理？

【审判政策与精神】

上海市高级人民法院民一庭关于处理房屋租赁纠纷若干法律适用问题的解答［沪高法民一(2010)2号］

第一种观点认为，承租人优先购买权一般包含两个诉讼请求：一为请求出租人与第三人买卖合同关系无效，二是请求与出租人建立“同等条件下”的买卖合同关系。这两个诉讼请求是承租人优先购买权的具体化。为避免讼累，切实维护承租人的优先购买权，法院在保护承租人优先购买权的判决中，可以在判决出租人与第三人买卖合同关系无效的同时，直接判决承租人与出租人买卖关系成立，出租人应依法交付房屋，承租人应（在同等条件、期限内）支付购房款。如不判明，承租人的优先购买权实际上可能无法实现。第二种观点认为，对保护承租人优先购买权的判决中，只要宣告买卖合同无效即可，无需再强行判决承租人与出租人优先购买房屋的关系成立及其他。出租人可再根据房市的情况重新确定房屋的价格，只要出租人出卖房屋，承租人可以再主张其优先购买权。

我们认为，承租人在诉讼过程中仅主张确认买卖合同无效，而未要求行使优先购买权，经法院释明后不变更诉讼请求的，对其诉讼请求不予支持。理由是：优先购买权作为法律赋予承租人的一项权利，其目的在于保证承租人可以相对优先地取得租赁物的所有权。为此，法律允许承租人申请宣告恶意订立的买卖合同无效，以实现这个目的。也就是说申请宣告无效等都是手段，而不是目的。而法律规定保护的是承租人实现优先购买的目的。在当事人不主张购买的情况下，就说明他没有实现这个目的的意思。因此，也就没有继续加以保护的必要。故承租人不主张优先购买权，而仅要求确认合同无效的，不应支持。

第十三章

房屋租金纠纷

1. 房屋出租人拒绝收取租金，承租人是否有权起诉要求其收取租金？

【典型案例】

洪某英诉夏某东房屋租赁合同纠纷案

【裁判要旨】

诉的利益，反映当事人运用民事诉讼手段寻求救济的必要性，是当事人获得诉权的前提条件。当事人只有存在诉的利益的情况下，才有权提起诉讼。在租赁合同法律关系中，承租人应按照合同约定履行向出租人支付租金的义务，但收取租金是出租人所享有的权利而并非义务，出租人对于自己的权利可以进行处分，并且承租人放弃收取租金并未侵害承租人的权利，故承租人并没有诉的利益。因此，出租人拒绝收取租金，承租人无权起诉要求其收取租金。

【案号索引】

浙江省宁波市北仑区人民法院（2011）甬仑港民初字第113号

【当事人信息】

原告：洪某英

被告：夏某东

【基本案情】

宁波市北仑区人民法院审理查明：2009年5月18日，原、被告签订《房屋租赁协议》，该协议约定：被告将位于宁波市北仑区小港街道山下村经四路的厂房600平方米及空地1亩出租给原告使用；租金按厂房每平方米每月6元、空地每年每亩

1万元计算,房屋租金每三年为周期上浮10%,空地价格10年不变;租期为10年,付款方式为每年6月10日付清。后经双方核实,厂房面积为720平方米,空地为1亩,第一年租金为61840元。2009年8月17日,原告给付被告61840元。第二年因原告多租空地140平方米,故多给付被告5000元空地租金及2000元场地填渣费,2010年6月12日,原告给付被告第二年租金共69000元。2011年6月10日,原告委托儿子蔡某民向被告支付租金67000元,但找不到被告本人。次日下午4时多,原告儿子蔡某民找到被告,要求其提供银行账号,欲通过网上银行向被告支付租金,但被告拒绝提供账号。2011年6月12日上午10时,原告找到被告,要求其收下金额为67000元的支票,但被告拒收。

原告起诉称:原、被告《房屋租赁协议》生效后,原告有支付租金的义务,被告有收受原告租金的协助履行义务,被告拒绝收租金的行为导致原告不能履行自己的合同义务。故请求判令被告收受原告给付的2011年7月21日至2012年7月20日的租金67000元。

被告答辩称:原告未按期向其交付租金,且原告使用租赁房屋不当,造成安全隐患。

【法院认为】

宁波市北仑区人民法院经审理认为,租赁合同是出租人将租赁物交付承租人使用、收益,承租人支付租金的合同。对租赁物进行使用、收益是承租人的合同权利,支付租金是承租人的合同义务,收取租金是出租人的合同权利,交付符合约定用途的租赁物是出租人的合同义务。被告放弃或延迟收取租金的行为是其对合同权利的处分,该处分行为并未侵犯原告的合同权利和其他民事权益,原告没有诉的利益,原告的起诉不符合受理条件。

【裁判结果】

法院裁定驳回原告的起诉。裁定作出后,原告未上诉。

[参见浙江省高级人民法院编:《案例指导2012—2013》,中国法制出版社2014年版。]

2. 房屋租赁合同中承租人在房屋内外堆放大量易燃物品导致发生火灾的，是否应承担赔偿责任？

【典型案例】

韩某格诉李某芳房屋租赁合同纠纷案

【裁判要旨】

《民法典》生效前，《合同法》第二百二十二条规定，承租人应当妥善保管租赁物，因保管不善造成租赁物毁损、灭失的，应当承担损害赔偿责任。《民法典》生效后，第七百一十四条作出同样规定。在房屋租赁合同中，房屋承租人对其租用的房屋负有妥善保管、防范火灾、保证安全的义务。承租人应当预见在租赁房屋内外堆放大量易燃物品可能引发火灾损坏租赁房屋，但其依然在承租后在租赁房屋内外堆放易燃物品，最终导致发生火灾，出租人房屋遭到损坏，由此应认定承租人未尽到承租人的管理义务，其应依法承担赔偿责任。

【案号索引】

一审：湖北省秭归县人民法院(2007)秭民初字第1号

二审：湖北省宜昌市中级人民法院(2007)宜中民一终字第00113号

【当事人信息】

原告(被上诉人)：韩某格

被告(上诉人)：李某芳

【基本案情】

李某芳长期在茅坪镇陈家冲村二组加工床垫。双方于2006年4月11日达成口头协议，李某芳租赁韩某格房屋二楼(平公路的一层)使用，月租金150元。达成协议后，李某芳支付了半年的租金900元，韩某格将租赁房屋交由李某芳保管、使用，李某芳在租赁屋内外堆满床垫、家具、草垫等。2006年10月13日，李某芳租赁房屋内堆放的货物突然起火，后消防大队将火扑灭。大火燃烧造成韩某格的房屋损坏，经秭归县房屋安全鉴定所鉴定，必须加固维修后方能使用；经宜昌市隆泰房地产评估咨询有限公司评估，维修费用需57487.49元。李某芳租赁韩某格的房屋使用，对租赁房屋有妥善保管义务，在李某芳租赁期间发生火灾造成韩某格房屋损坏，李某芳应承担民事责任。请求判令李某芳赔偿房屋损失57487.49元、鉴定费

1500 元,并负担本案的诉讼费。

被告辩称,本案是因他人纵火引发火灾的刑事案件,按照先刑事后民事的原则,本案应中止审理,待刑事案件结案后再行处理。李某芳租赁韩某格的房屋是用作储藏货物,李某芳并未在所租房屋内起居生活,未在屋内生火,火灾是因他人纵火引发的,非李某芳的过错,李某芳已尽到善良管理义务,不应承担赔偿责任;韩某格、李某芳只对房屋二楼存在租赁合同关系,韩某格以租赁合同纠纷起诉,只能主张李某芳承租房屋的损失,而韩某格的主张却包含了整栋楼的损失,自相矛盾且于法无据;同时,韩某格提交法庭的房屋安全鉴定与房地产价格评估书系韩某格单方委托进行的鉴定,不是由法定的消防机构进行的鉴定,程序不合法,不能采信。综上,请求驳回韩某格的诉讼请求。

湖北省秭归县人民法院经公开审理查明:李某芳长期在秭归县茅坪镇陈家冲村二组加工床垫。韩某格在茅坪镇陈家冲村二组有砖混结构房屋一栋 4 层。韩某格、李某芳于 2006 年 4 月 11 日达成口头协议,李某芳租赁韩某格房屋二楼(平公路的一层)使用,月租金 150 元。达成协议后,李某芳支付了半年的租金 900 元,韩某格将租赁房屋交由李某芳使用。李某芳租房后,在房屋内外堆放大量床垫、家具、草垫等货物,但未在该房屋内起居生活,未在房屋内生火。2006 年 10 月 13 日 23 时许,李某芳堆放在租赁房屋外的货物起火,韩某格发现起火后立即进行扑救,李某芳得知后也赶到参加扑救,但因火势较大未能及时扑灭并引燃屋内的货物,后消防大队将火扑灭。大火燃烧造成韩某格的房屋二楼、三楼等部分损坏。嗣后,韩某格、李某芳双方一同到秭归县房屋安全鉴定所申请对韩某格的房屋进行鉴定,经鉴定该房屋须加固维修后方能使用,开支鉴定费 800 元,已由李某芳支付。韩某格、李某芳多次就赔偿问题进行协商,但未能对赔偿数额达成协议。韩某格委托宜昌市隆泰房地产评估咨询有限公司对其房屋修复所需费用进行评估,经评估所需维修费用为 57487.49 元,开支鉴定费 1500 元。同时查明,火灾发生后,秭归县公安局消防大队不能确定起火原因,且李某芳怀疑系他人纵火引发的火灾,秭归县公安局刑警大队将该火灾作为刑事甄别案件正在侦查中,但尚未取得系他人纵火的证据或查明起火的原因。

【法院认为】

湖北省秭归县人民法院经审理认为,李某芳承租韩某格的房屋后,在租赁期间负有妥善保管租赁房屋的义务。李某芳应当预见在租赁房屋外堆放大量易燃物品可能引发火灾,从而损坏租赁房屋,而其承租后不仅在租赁房屋内堆满床垫等易燃物品,而且在租赁房屋外亦堆放大量草垫等易燃物品,导致发生火灾造成韩某格的房屋损坏,其未尽到妥善保护和管理租赁房屋的义务,应当承担损害赔偿责任。李某芳未尽到对租赁房屋的妥善保管义务,属于未全面履行承租人义务的一种违约行为,侵害韩某格财产权益,韩某格有权选择要求其承担违约责任或者依照其他法律要求其承担侵权责任。虽然李某芳只承租了韩某格房屋的二楼,但因韩某格的房屋是一个整体,房屋其他部分的损坏因租赁房屋发生火灾直接造成,所以韩某格的损失不仅包括李某芳承租房屋部分的损失,而且包括火灾造成的整栋房屋的损失和因此引起的其他损失,即修复整栋房屋所需要的费用和开支的鉴定费。因此,韩某格要求判令李某芳赔偿损失的诉讼请求成立,应予支持。李某芳提出火灾可能系他人纵火造成,应中止本案的审理和其不应承担赔偿责任的主张,因其未能提供相应的证据证实,且即使是第三人的行为引发的火灾,李某芳也应当向韩某格承担违约责任;李某芳与第三人间的纠纷,可依照法律规定或者约定另行解决,不妨碍韩某格依据租赁合同关系向李某芳请求赔偿;李某芳赔偿韩某格的损失后,如果有证据证实火灾确系他人的行为引起,可以向行为人追偿,所以李某芳的抗辩理由不能成立,本院不予支持。韩某格的房屋在火灾中受损是客观存在的事实,火灾过后韩某格、李某芳一同到秭归县房屋安全鉴定所申请进行房屋安全鉴定,李某芳并支付了鉴定费,该鉴定可视为双方委托进行的鉴定,应予认定。韩某格起诉前委托宜昌市隆泰房地产评估咨询有限公司对房屋修复所需费用进行的评估,虽是韩某格单方委托作出的,而且李某芳提出了异议,但李某芳既未提出足以反驳的证据,在法庭提出是否需要重新鉴定的争议焦点后亦未申请重新鉴定,所以予以采信。

湖北省秭归县人民法院一审判决:李某芳赔偿韩某格的经济损失 58987.49 元,限本判决生效后 3 日内付清。案件受理费 2280 元,其他诉讼费 1140 元,二项合计 3420 元,由李某芳负担。

湖北省宜昌市中级人民法院经审理认为:(1)李某芳作为房屋承租人,对其租用的房屋负有妥善保管、防范火灾、保证安全的义务。虽然本案起火原因不明,但双方当事人对着火点源于李某芳堆放在租赁屋外的货物及大火殃及韩某格房屋其他楼层之事实均无异议。现李某芳既未举证证明自己有法定免责事由,亦未举证证明火灾系由韩某格及该房屋其他承租人用火不慎造成,其应依法承担损害赔偿责任。(2)本案所涉火灾虽已被公安机关作为刑事甄别案件侦查,但公安机关刑事侦查的结果并不影响李某芳依法应承担的民事责任,李某芳关于火灾已被公安机关作为刑事甄别案件侦查,应中止本案审理的上诉请求,不符合法定中止情形,不予支持。(3)关于房屋损失鉴定,李某芳既未举证证明宜昌市隆泰房地产评估咨询有限公司所作的鉴定违反法律规定,亦未在法定期间内申请重新鉴定,其请求不予采信该鉴定结论的上诉理由,于法无据,不予支持。综上所述,原判认定事实清楚,实体处理并无不当。

【裁判结果】

湖北省宜昌市中级人民法院二审判决:驳回上诉,维持原判。二审案件受理费

2280 元，由李某芳负担。

[参见国家法官学院、中国人民大学法学院编：《中国审判案例要览》(2008 年民事审判案例卷)，中国人民大学出版社 2009 年版。]

3. 承租人未经出租人同意将房屋转租他人的，转租合同被认定无效后，承租人应当如何返还租赁费？

【典型案例】

袁某生诉刘某英房屋租赁合同纠纷案

【裁判要旨】

《民法典》生效前，《合同法》第二百二十四条规定，承租人经出租人同意，可以将租赁物转租给第三人。承租人未经出租人同意转租的，出租人可以解除合同。第五十八条规定，合同无效或者被撤销后，因该合同取得的财产，应当予以返还；不能返还或者没有必要返还的，应当折价补偿。《民法典》生效后，第七百一十六条、第一百五十七条作出相同规定。因此，承租人未经出租人同意将房屋转租他人的，出租人可以解除合同，并且转租合同因此无效。在转租合同无效的情况下，承租人原则上应当向次承租人返还全部租赁费。但是，如果次承租人已经使用了租赁房屋，那么由于其使用房屋的行为也是一种间接获取利益的行为，因此，承租人可以在扣除合理的房屋使用费后，将剩余租赁费返还给次承租人。店面转让费是市场发展过程中形成的一种商业习惯，因房屋租赁合同产生的店面转让费纠纷，应当在区分转让费性质的基础上，主要考虑次承租人承租店面经营的时间来确定转让费用在承租人及次承租人间的负担。

【案号索引】

一审：江西省永丰县人民法院(2011)永民初字第 1190 号

二审：江西省吉安市中级人民法院(2012)吉中民一终字第 165 号

【基本案情】

刘某英于 2010 年 3 月 20 日与店主章某云的岳父涂某贤签订了《店面出租合同》，合同约定了租期从 2010 年 4 月 1 日起至 2011 年 3 月 30 日止以及刘某英在租期内无权转租等内容。2011 年 2 月，袁某生得知刘某英承租的店面要转让，便于 2011 年 3 月 6 日与刘某英签订了一份协议，约定刘某英将店面的经营权转让给袁某生等事宜，但未约定租期；袁某生支付给刘某英转让费3.85万元。2011年4月，因合同到期，店主章某云要求收回店面，遂起诉袁某生，要求袁某生搬出店面并赔偿相关损失。后经法院判决确认：袁某生与刘某英签订的转让协议无效，判令袁某生搬出店面，并按每月680元租金支付给章某云。袁某生在该店内从2011年3月经营至2012年1月。

袁某生向江西省永丰县人民法院起诉，要求刘某英返还转让费3.85万元，并赔偿经济损失。

江西省永丰县人民法院经审理认为，原告袁某生与被告刘某英签订的转让协议经法院判决认定为无效合同，刘某英收取的3.85万元转让费因合同无效而导致其取得该款没有依据，应当予以返还。同时，袁某生在与刘某英协商租赁该房屋时，应当了解房屋的权属及刘某英有无转让权，因其疏忽没有了解，袁某生对造成合同无效存在一定的过错，因此应承担相应的责任；刘某英明知自己无转租权而进行转租并收取转让费，其主观过错较大，应承担主要责任。考虑到袁某生已经营了约10个月，酌定由其承担30%的责任为宜。袁某生要求刘某英赔偿损失，但未提供任何损失证据，故不予支持。

一审判决：(1)被告刘某英返还原告袁某生店面转让费3.85万元的70%即26950元，其余损失由原告自行负担；(2)驳回原告的其他诉讼请求。

袁某生不服，提起上诉。

【法院认为】

江西省吉安市中级人民法院经审理认为，房屋转让费是市场发展过程中形成的一种商业习惯，该费用一般包含房屋装饰装修费用、承租人长期在该房屋经营形成的商业价值、承租人先行占有房屋的垄断利润及优先承租权等多种不同性质的费用集合体。但刘某英与袁某生签订的转让其承租的房屋经营权合同并没有约定转让费用具体包含的费用性质，而且，当事人表示该转让费主要是一种经营权的转让费用，是沿袭市场惯例的做法。现因次承租人袁某生未与房主就租赁房屋事宜达成一致，导致转让行为无效，该转让费应按无效合同的后果进行处理。鉴于次承租人袁某生支付转让费用并意欲承租店面主要目的是经营活动，原审法院根据袁某生客观上已经在该店面经营约10个月的事实，酌定由刘某英承担返还转让费的70%的责任并无不当。

【裁判结果】

江西省吉安市中级人民法院判决：驳回上诉，维持原判。

[参见彭箭：《次承租人经营时间与店面转让费的分担——江西吉安中院判决袁某生诉刘某英房屋租赁合同纠纷案》，载《人民法院报》2012年6月21日，第6版。]

4. 租赁合同因出现疫情无法继续履行的，出租人应否返还合同解除后承租人已交纳的房租？

【典型案例】

高某家与张某军租赁合同纠纷上诉案

【裁判要旨】

双方当事人签订的房屋租赁合同系双方真实意思表示，不违反法律法规的强制性规定，且承租人已实际履行了交纳租金的义务，该合同合法有效。因出现非典疫情，承租人按照有关单位通知搬出租赁房屋，租赁合同无法继续履行的，双方对合同解除均无过错。合同解除时间应以出租人同意解除合同的时间确定，对于合同解除后承租人已交纳的房租，出租人应当返还。

【案号索引】

一审：山东省东营市东营区人民法院（2003）东民初字第1056号

二审：山东省东营市中级人民法院（2004）东民四终字第24号

【当事人信息】

上诉人（原审被告）：高某家

被上诉人（原审原告）：张某军

【基本案情】

上诉人高某家为与被上诉人张某军租赁合同纠纷一案，不服东营市东营区人民法院（2003）东民初字第1056号民事判决，向本院提起上诉。本院受理后依法组成合议庭，于2004年2月26日公开开庭进行了审理。上诉人高某家的委托代理人刘某秀及被上诉人张某军到庭参加了诉讼。本案现已审理终结。

原审法院审理查明，2002年10月9日，高某家（甲方）与张某军（乙方）签订了一份房屋租赁合同，主要约定：（1）高某家将坐落在八分场供水新村原供水小学院内的4间平房租赁给张某军使用；（2）房屋年租金为3600元，租赁期限为3年；（3）甲方中途终止合同，乙方拒付承包费；乙方中途终止合同，应向甲方交清全部租金；乙方随意改变房屋结构设施或转租、转让或私自交换使用，甲方有权终止合同并收回房屋；政府主管部门指令终止合同时，甲乙双方均不违约，其租金按实际租期计算；房屋因不可抗力的自然原因导致损坏或造成乙方损失，双方均不承担责任。合同签订后，张某军按约交纳了第一年的租金3600元，高某家将房屋交付张某军使用。2003年5月7日，胜利石油管理局供水公司农副业公司总党支部委员会发出通知一份，内容如下："各住户：接上级通知，供水小学院内的房屋限期清理，限各住户三日内搬走。过期后果自负。"2003年5月12日，该党支部委员会又发出通知一份，内容如下："防非典时期，供水小学院内严禁人员、车辆进入。确需进入的，须经供水农副业公司防非典办公室批准方可入内，违者，将严肃处理。特此通告。"张某军租用的房屋系高某家在原供水小学院内自己建造的房屋。

张某军主张2003年5月8日从房中搬出，高某家对此不予认可，张某军亦未提供此时搬出房屋的证据。2003年7月23日的庭审中，高某家同意与张某军解除合同，且庭审中陈述张某军没有按原样修复房屋。

高某家提交张某军的弟弟张某民书写的证明一份，证明张某军在2003年5月15日还在房中居住，并非2003年5月8日搬出。张某军质证认为：证明上的时间有改动，不予认可。

2003年6月17日，张某军以房屋租赁合同已终止为由，诉请原审法院判令高某家返还租金1500元。

原审认为，高某家、张某军签订的房屋租赁合同，不违背法律的强制性规定，双方意思表示真实，且已实际履行，为有效合同，高某家、张某军均应按合同履行义务。但因"非典"疫情，致使租赁合同无法继续履行，双方对此均无过错。虽不能确定张某军搬出房屋的时间，但高某家在2003年7月23日的庭审中，同意与张某军解除合同，同时陈述张某军未按原样修复房屋，实际已认可张某军搬出了房屋。因此，应按高某家同意解除合同的时间确定为解除合同时间。张某军对合同解除前的房租应当支付，对合同解除后张某军已交纳的房租，高某家应当返还。一审判决：(1)解除张某军与高某家签订的房屋租赁合同；(2)高某家于判决生效之日起10日内返还张某军租赁费750元；(3)驳回张某军的其他诉讼请求。案件受理费70元，由张某军负担35元，高某家负担35元。

高某家不服原判，提起上诉。

二审查明，被上诉人一审期间维修房屋花费60元，上诉人已将该款支付给被上诉人，该事实有双方当事人的陈述在卷为证。

二审查明的其他事实与一审一致。

【法院认为】

本院认为，上诉人、被上诉人签订的租赁合同，是双方真实意思表示，不违反法律、法规的强制性规定，原判认定为有效合同正确。2003年5月，因出现非典疫情，被上诉人按照供水公司下达的通知搬出租赁房屋，之后与上诉人就解除房屋租赁合同发生纠纷。一审中，2003年7月23日双方均同意解除合同，原判予以准许正确,并以此时间确定上诉人返还房租750元并无不当。二审中,双方均认可房屋修复费用60元已退还被上诉人,鉴于修复房屋是被上诉人应承担的义务,因此,被上诉人应将该修复费用再行支付给上诉人。关于上诉人当庭补充主张的房屋损害赔偿问题,其一审并未主张,故本院依法不予审理。

【裁判结果】

二审判决如下:(1)维持东营市东营区人民法院(2003)东民初字第1056号民事判决;(2)被上诉人张某军于本判决生效之日起10日内支付上诉人高某家房屋修复费60元。二审案件受理费70元,由上诉人高某家负担。本判决为终审判决。

[参见威科先行法律信息库。]

5. 房屋租赁合同签订后被确认无效的,承租人应否支付确认合同无效后的占有使用费?

【典型案例】

滕某诉秦某文租赁合同纠纷案

【裁判要旨】

出租人与承租人签订房屋租赁合同,后得知房屋的建设未取得建设工程许可证,属违法建筑时,并未及时通过法律途径,确认双方签订的房屋租赁合同无效,承租人应当将该房屋返还出租人并请求出租人返还已交纳的租金而未与履行,继续占有并使用房屋的,应当支付占有使用费。行为人出租给承租人经营商铺使用的房屋是未经取得建设工程规划许可证而擅自搭建的违法建筑,根据法律规定,双方签订的以该违法建筑作为标的物的房屋租赁合同,依法应认定为无效,承租人的反诉请求应获得法院支持。合同被确认无效后,承租人所欠租金无须偿还,但是,出租人可以请求承租人支付占用房屋使用费。承租人也可以请求相关行政主管机关对出租人予以行政处罚。当然,如果出租人在一审法庭辩论终结前取得建设工程规划许可证或者经主管部门批准建设,合同则应确认为有效。

【当事人信息】

上诉人(原审被告):秦某文

被上诉人(原审原告):滕某

【基本案情】

上诉人秦某文因与被上诉人滕某房屋租赁合同纠纷一案,不服一审判决,向本院提出上诉。本案现已审理终结。

原审法院经审理查明,2011 年 10 月 26 日,滕某与秦某文签订租赁协议,约定,滕某将位于开发区鲜啤广场的自有房屋(鲜啤广场第 13 号小门市车库,该建筑未取得建设工程规划许可)出租给秦某文,期限 5 年(自 2011 年 11 月 1 日起至 2016 年 10 月 31 日止),租金前三年逐年递增,后两年维持不变。首年租金 12000 元;次年 15000 元;第三、四、五年租金均为 20000 元。首年租金分两期付清,签订协议时付 50%,2012 年 5 月 1 日前付另外 50%,其余年度租金均在 11 月 1 日前一次性付清。协议签订后,秦某文将首年租金 12000 元付清,次年租金未付。2013 年 10 月滕某诉至法院,请求确认双方签订的租赁合同无效,并参照合同约定的租金标准,判令秦某文给付房屋占有使用费 15000 元。2013 年 11 月 1 日秦某文将承租的房屋返还滕某。

上述事实,有滕某陈述、购房收据、租赁协议佐证,该院予以确认。

原审法院经审理认为,滕某将未取得建设工程规划许可的房屋出租给秦某文,违反了法律、行政法规的强制性规定,双方签订的房屋租赁协议无效。房屋租赁协议虽无效,但滕某请求参照合同约定的租金标准支付房屋占有使用费的,于法有据,因此,滕某的诉讼请求该院予以维护。一审判决:原告滕某与被告秦某文签订的房屋租赁协议无效;被告秦某文给付原告滕某(2012 年 11 月 1 日至 2013 年 10 月 31 日)房屋占有使用费 15000 元。判决生效后立即执行。案件受理费 175 元,减半收取 87.50 元,由秦某文负担。

上诉人秦某文不服原审判决,提起上诉。

本院经审理查明的事实与一审法院查明的事实一致,予以确认。

另查明,2010 年 9 月 6 日,乌兰浩特市新川城市基础设施投资有限责任公司(以下简称新川公司)将其开发的位于乌兰浩特开发区鲜啤广场的车库(后改为小门市)出售给个人,其中第 13 号出售给滕某。2011 年 11 月 1 日秦某文与新川公司签订《鲜啤酒广场运营协议书》,约定,新川公司将开发区鲜啤广场整体承包给秦某文运营,并由其负责联系鲜啤广场小门市各业主与秦某文签订房屋租赁合同,期限 5 年。

二审庭审中,秦某文承认承租房屋后,其将房屋的门锁上,房屋钥匙是在原审法院审理期间,由原审法院转交给滕某。

上述事实有秦某文二审提供的与新川公司签订的协议书及双方当事人庭审陈述予以佐证。

【法院认为】

本院认为,本案双方当事人争议的焦点为:合同无效后,秦某文是否应参照合同约定的租金标准支付房屋占有使用费。

2011年11月1日秦某文承租房屋后,在得知该房屋的建设未取得建设工程许可证,属违法建筑时,并未及时通过法律途径,确认双方签订的房屋租赁合同无效,不是将该房屋返还滕某并请求滕某返还已交纳的租金,减少其损失,而是将承租的房屋锁上继续占有该房屋至原审法院审理期间,通过原审法院将房屋返还滕某。也就是说,该房屋自2011年11月1日起至2013年10月止由秦某文占有。二审庭审中,秦某文虽提供张某禄出具的书面说明,证实房屋漏雨,但由于张某禄未出庭,依照相关法律规定,对张某禄出具的说明,本院不予采信。虽然秦某文与新川公司签订了整体承包鲜啤广场协议,但在该协议中已明确:新川公司负责联系鲜啤广场小门市各业主与秦某文签订房屋租赁合同,之后,秦某文与13号小门市业主滕某签订了房屋租赁合同,即使确如秦某文所述,其承租的房屋漏雨,无法使用,秦某文应通知出租方滕某予以维修,在滕某不履行维修义务的情况下,可以自行对漏雨的房屋进行维修,维修费由滕某负担。因此,秦某文以房屋漏雨、未使用、一直闲置为由,不同意给付占有期间费用的上诉理由不成立。秦某文与滕某签订的房屋租赁合同虽因违反法律规定而无效,但秦某文占有该房屋达2年,只交付了1年租金的事实客观存在,原审法院依照《最高人民法院关于审理城镇房屋租赁合同纠纷案件具体应用法律若干问题的解释》第五条第一款"房屋租赁合同无效,当事人请求参照合同约定的租金标准支付房屋占有使用费的,人民法院一般应予支持"的规定,判决秦某文给付房屋占有使用费,认定事实清楚,适用法律正确。该案是由于秦某文怠于行使其权利,导致其损失扩大,责任应自负。秦某文的上诉请求及理由无法律依据,本院不予支持。

【裁判结果】

二审判决如下:驳回上诉,维持原判。二审案件受理费175元,由秦某文负担。本判决为终审判决。

[参见威科先行法律信息库。]

6. 未尽审慎选择和管理义务的产权式商铺开发商，应否对业主租金损失承担补充责任？

【典型案例】

李某玲诉北京中卡商贸有限公司房屋租赁合同纠纷案

【裁判要旨】

产权式商铺经营模式存在两种基本的法律关系。第一为开发商与投资者之间的买卖合同关系，第二为投资者与经营管理公司之间的租赁合同关系。本案亦不例外，即原告（投资者）与被告（经营管理公司）之间形成租赁合同关系，原告与第三人（开发商）之间系买卖合同关系。通常情况下，根据合同相对性的原理，投资者在经营管理公司未能依约支付租金且已停止对商铺统一经营，构成根本违约的情况下，只能追究经营管理公司的违约责任，而开发商并非合同的相对方，在租赁合同纠纷中难以追究其责任。但在产权式商铺这一特殊经营模式中，开发商在销售商铺时即对投资者购买商铺后的统一出租经营、投资收益等进行了宣传和重点介绍，使房屋买受人对购买房屋后的经济回报产生合理预期。该种方式促进了商铺的销售，使开发商从中获得巨大收益，故开发商应该在后期引进经营管理公司时对该公司的资金情况、履约能力、承担房屋空置的风险等状况进行审慎审查，并在经营管理公司的经营过程中进行适度的管理，从而保证销售商铺时关于投资收益的宣传得以实现。在开发商未尽到上述义务的情况下其应对投资者因经营管理公司违约造成的损失承担相应的责任。考虑到投资者之损失系经营管理公司直接造成的，开发商未尽审查和管理义务系损失发生的间接原因，开发商所承担责任以补充责任为宜。此外，投资者在购买商铺并向经营管理公司出租的过程中，自身亦存在对投资风险的判断和商业行为的选择方面的瑕疵、过错，故开发商所承担之补充责任应限定在投资者所应获得的租金收益范围内。

【案号索引】

一审：北京市朝阳区人民法院（2011）朝民初字第 18104 号

二审：北京市第二中级人民法院（2012）二中民终字第 6554 号

【当事人信息】

原告（被上诉人）：李某玲

被告(被上诉人):北京中卡商贸有限公司(以下简称中卡公司)

第三人(上诉人):北京鹏润房地产开发有限责任公司(以下简称鹏润公司)

【基本案情】

北京市朝阳区人民法院经公开审理查明:原告系北京市朝阳区青年路西里3号院国美第一城18号楼JC层03号商铺的房屋所有权人,该房屋系鹏润公司开发并出售给原告。

2008年8月23日,原告与被告签订“商铺租赁合同”,约定:由被告承租原告位于北京市朝阳区青年路西里3号院国美第一城18号楼JC层03号商铺,建筑面积为59.34平方米,租赁期限为12年,自2009年3月1日起至2021年2月28日止;被告应在租赁期届满或本合同因其他原因终止之日起15日内向原告返还租赁物,原告如书面通知被告后,被告仍未返还的,被告应按本合同约定的日租赁费用的万分之三向原告支付逾期费用,且原告有权强行对被告进行清场;在租期届满或合同提前解除时,被告应自费搬运和清理租赁房屋内与被告有关的设备和物品,该搬运及清理行为不得损坏原告的财产,被告应将该租赁房屋的装修恢复到原告交房时的标准状态;免租期(含装修期与试营业期)自2008年10月1日起至2009年2月28日止,在上述期限内被告仅免付租金,如因本合同所约定的免责条款以外的任何原因,致使双方未履行完本合同约定的租期,则原告给予被告的免租期应全部按租金标准由被告给付租金,所收取的保证金亦不予退还;所租物业的租金标准为12年平均租金按人民币1.47元/天/平方米执行,具体租金明细为:2009年3月1日至2010年2月28日的日租金为0.78元/天/平方米、月租金为1394.87元,2010年3月1日至2011年2月28日的日租金为0.84元/天/平方米、月租金为1495.38元;被告未能按时足额支付租金的,每迟延一天按日租金的万分之三支付滞纳金给原告,被告迟延支付超过两个月的,除由被告补足已产生的租金、滞纳金外,原告有权选择解除本合同;租金应以先付后租的方式按两个月支付,首期租金应于2008年9月30日起两个月内支付,以后每期缴款月的第一个月30日前交纳下一期两个月的租金(按自然月份计);被告应于2008年9月30日前完成其所在楼层全部面积的租赁合同签署工作,并在开发商完成必要工程改造、达到被告接收房屋标准,被告接收房屋后10日内支付租赁保证金2790元;如被告违反本合同任何条款规定或条件(其中包括但不限于关于交付租金的规定)给原告造成实际损失的,原告可以使用或扣留全部或部分保证金作为违约赔偿金或损失赔偿金,其数额根据实际情况而定;被告未按合同约定按时足额交纳租金、保证金等其他费用,在原告发出书面通知后超过两个月仍未履行的,原告有权单方解除合同,且视为被告违约,同时原告有权扣除被告已支付的定金、保证金并有权要求被告缴付其已享用的免租期租金;如果被告去向不明,原告可以按本合同首页填写的被告地址(如被告的联系方式变更,应及时以书面形式告知原告)以特快专递或挂号信的方式向被告发出书面通知,原告寄出信件的3日后视为到达;除出现不可抗力或本合同约定或双方协商一致外,原、被告双方均不得单方提前解除本合同,单方擅自解除本合同或提前解除本合同时,违约方应向守约方支付相当于两个月的租金(租金标准按人民币1.47元/天/平方米执行)作为违约金,并承担守约方因解约而遭受的全部损失,守约方有权根据有关法律追究解约方的违约责任。

2008年11月23日,原、被告又签订了"补充协议书",将免租期调整为2008年11月1日至2009年3月31日,租赁合同起始时间调整为2009年4月1日,首期租金的支付时间调整为2009年3月1日。同时约定:如被告超过约定时限15日内未履行交租义务,原告有权扣留被告已经交纳的费用,并终止双方签订的合同及本补充协议。

合同签订后原告向被告交付了商铺,被告支付了原告保证金2790元,但未支付租金。后原告于2009年起诉到法院,要求被告支付租金。2009年10月30日,经(2009)朝民初字第35281号民事调解书确定,被告给付原告2009年4月1日至2009年11月30日的租金9764.09元。现被告拖欠原告2009年12月1日至2010年10月31日共计11个月的租金。

2010年10月26日,原告通过特快专递方式向被告在"商铺租赁合同"首页填写的地址寄送了"解除商铺租赁合同通知书",通知被告自2010年11月1日起解除"商铺租赁合同"及"补充协议书",并要求被告返还商铺、支付租金、承担全部违约责任、赔偿全部损失。

另查明,被告系由鹏润公司经过比较后选择确定的经营管理公司,鹏润公司引入被告后由被告与北京市朝阳区青年路西里3号院国美第一城18号楼商铺的业主陆续签订了"商铺租赁合同",约定业主将其自有商铺出租给被告,由被告统一从事经营活动并向业主支付租金。2008年12月1日,鹏润公司将北京市朝阳区青年路西里3号院国美第一城18号楼商业部分的物业管理及收费权委托给北京中卡物业管理有限公司。

又查明,涉案商铺向被告出租前存在划定四至范围的隔断,被告承租商铺后,已将隔断拆除。

再查明,现被告已经停止对北京市朝阳区青年路西里3号院国美第一城18号楼商铺的经营,北京市朝阳区青年路西里3号院国美第一城18号楼的商铺均处于空置状态。此外,被告因拖欠业主租金被诉至本院,经法院裁决后现尚有数十起案件因无可供执行的财产和缺乏执行线索而未予执行。

庭审中,原告提交了(1)"国美第一商街国美商家手册"第1期(2007年),其中存在对被告的宣传以及"统一规划、统一招商、统一经营、统一管理"的"四统一"开发理念的介绍;(2)2007年《北京晚报》中对国美商街的宣传报道,其中载有:"国美雄厚实力保障,买铺即一次返还三年租金""国美第一商街是京城商业地产项目中率先推出四个统一,不仅帮助投资者解除后顾之忧,保证投资收益,也帮助商家减轻前几年投资运营的压力"的内容。其还提交了"国美第一商街招商消费指南"第2期,其中载有"国美第一商街……将开发责任延伸到后期的运营管理"以及"国美第一商街是京城商业地产项目中率先提出四个统一:统一规划、招商、运营、管理的商业地产项目"等内容。对于上述证据,鹏润公司认可真实性,但认为其仅系对商铺的促销手段,而并非承诺,且与本案缺乏关联性。此外,原告还提交了新浪网、搜狐网对国美第一商街的网络报道打印件,其中载有"国美地产业务总监贾某鹏指出,国美率先引进专业商业运营商模式,与中国领先的社区商业运营管理商——中卡商业集团进行深度合作,联合推出国美居家装饰一条街""贾某鹏:……在销售之前我们就已经跟几家大的商业经营公司进行了接洽,后期很有可能会引进一家商业精英公司,统一按照我们规划业态进行经营,在投资过程中业主的风险就小很多,而且几乎是无风险的投资"等宣传内容,并对2008年1月26日在国美第一城售楼处召开的由被告法定代表人马某魁、国美第一城招商经理吴某辰以及国美第一城18号楼业主参加的中卡百货整体运营交流会进行了报道,其中吴某辰和马某魁对被告集中进行了推介,同时对运营前景、租金、回报率、租赁合同的签订等问题作了详细的介绍。对此,鹏润公司不认可真实性。

北京市朝阳区人民法院经审理认为,依法成立的合同,对合同各方当事人均具有法律约束力。本案中,原告与被告签订的"商铺租赁合同"及"补充协议书"系双方当事人真实意思表示,且不违反法律、行政法规的强制性规定,故应属有效,原、被告双方均应当按照合同约定履行各自的义务。因原告向被告已经交付了涉案的房屋,故被告应当按照合同的约定支付租金。现被告长期拖欠原告租金且已经停止对商铺的统一经营,其违约行为已导致原告无法实现合同目的,在此情况下原告有权解除"商铺租赁合同"及"补充协议书"。因原告已通过特快专递方式向被告在"商铺租赁合同"首页填写的地址寄送了"解除商铺租赁合同通知书",故"商铺租赁合同"及"补充协议书"应于"解除商铺租赁合同通知书"中确定的2010年11月1日解除。合同解除后被告仍应承担违约责任。因被告拒绝支付租金的行为已构成违约,故其应向原告支付合同解除前所欠付的租金,本院对于原告要求被告支付2009年12月1日至2010年10月31日的租金16147.65元的诉讼请求予以支持。关于原告主张的免租期内租金13084.47元,因双方在"商铺租赁合同"中约定:除因本合同所约定的免责条款以外的任何原因,致使双方未履行完本合同约定的租期,则被告应按租金标准给付原告免租期内的租金,故本院予以支持。另对于原告要求被告支付违约金5233.79元的诉讼请求,因符合合同约定,本院亦予以支持。

鹏润公司虽非租赁合同的相对方，但其作为租赁标的物即涉案商铺的开发商，在销售商铺时即对于业主购买商铺后的统一出租经营、投资收益等进行了宣传和重点介绍，且被告之选择和引进并最终与业主签订租赁合同等事项均系在鹏润公司主导下完成，同时鹏润公司通过此种销售模式已经获得了巨大的收益，故本院认为在被告已经不具备履行租赁合同能力并导致租赁合同提前解除的情况下，鹏润公司应对其未尽审慎选择和管理义务所造成的业主损失承担补充责任。鉴于原告在购买涉案商铺并向被告予以出租的过程中，自身亦存在对投资风险的判断和商业行为的选择方面的瑕疵与过错，鹏润公司所承担之补充责任应限定在一定范围内，本院认为以合同解除后原告所应获得的租金收益为限，即鹏润公司对于被告应给付原告的租金和免租期内租金承担补充责任。

被告经本院合法传唤未到庭应诉，放弃了相应的诉讼权利，不影响对本案的审理，本院将据已查明的事实，依法缺席判决。

北京市朝阳区人民法院一审判决如下：(1)原告李某玲与被告中卡公司于2008年8月23日签订的"商铺租赁合同"自2010年11月1日解除。(2)被告中卡公司于本判决生效之日起7日内给付原告李某玲租金16147.65元。(3)被告中卡公司于本判决生效之日起7日内给付原告李某玲免租期内租金13084.47元。(4)被告中卡公司于本判决生效之日起7日内给付原告李某玲违约金5233.79元。(5)第三人鹏润公司对上述第二、三项债务承担补充责任。(6)驳回原告李某玲的其他诉讼请求。如被告中卡公司、第三人鹏润公司未按本判决指定期间履行给付金钱的义务，应加倍支付迟延履行期间的债务利息。案件受理费662元，由被告中卡公司负担(于本判决生效之日起7日内交纳)。

鹏润公司不服一审判决，提起上诉。

【法院认为】

北京市第二中级人民法院经审理认为：李某玲与中卡公司签订的"商铺租赁合同"系双方当事人真实意思表示，且不违反法律、行政法规的强制性规定，故该合同应属有效。在履行合同过程中，中卡公司未能依约支付租金且已停止对商铺的统一经营，其行为已构成违约，故对于李某玲要求确认合同已于2010年11月1日解除并要求中卡公司承担违约责任的请求，本院予以支持。

关于鹏润公司是否应承担民事责任问题，鹏润公司虽非租赁合同的相对方，但其作为涉案商铺的开发商，在销售商铺时即对于业主购买商铺后的统一出租经营、投资收益等进行了宣传和重点介绍，使房屋买受人对购买房屋后的经济回报产生合理预期，该种方式促进了鹏润公司商铺的销售，使鹏润公司从中获得收益，则鹏润公司应该在后期引进商业经营企业时对该企业的资金情况、履约能力、承担房屋空置的风险等状况审慎审查，并在商业经营、企业经营过程中进行适度的管理，从而使销售商铺时的相关宣传得以实现。本案查明的事实表明,选择与引进中卡公司及最终与业主签订租赁合同等事项均系在鹏润公司主导下完成,但中卡公司从签约之初即出现未按期支付租金,引发多起诉讼,且有数十起案件未能执行的情况,此次再次出现长期拖欠租金并已停止对商铺统一经营的情况,不能认定中卡公司具有良好的履约能力,同时反映出鹏润公司在中卡公司的选择与引进工作中未完成审慎选择和管理义务。原审法院综合考虑上述事实,判决鹏润公司对中卡公司欠付业主租金的行为承担补充责任,并无不当。鹏润公司以其并非租赁合同的相对方、无审慎选择经营公司的义务及选择中卡公司并无过错等为由,上诉要求不承担补充责任,缺乏依据,上诉理由不能成立,故本院对其上诉请求不予支持。综上所述,原审法院所作判决正确,应予维持。

【裁判结果】

北京市第二中级人民法院二审判决如下:驳回上诉,维持原判。一审案件受理费662元,由中卡公司负担(于本判决生效后7日内交至原审法院);二审案件受理费531元,由鹏润公司负担(已交纳)。

[参见国家法官学院、中国人民大学法学院:《中国审判案例要览》(2013年民事审判案例卷),中国人民大学出版社2015年版。]